U0526625

尼山丛书

第八届
尼山世界文明论坛
文集

第二卷

尼山世界儒学中心
中国孔子基金会秘书处 编

山东友谊出版社·济南

中西文化

中西文明差异之比较

蔡家和

（台湾东海大学哲学系）

摘要：本文对于中西方文明与哲学之不同进路与取向做一说明。在现今世界为一地球村之潮流下，中西双方交流频繁，各种文明不断交互碰撞，未来走向当是一融合态势！而在此交融之前，本文拟于中、西哲学之各自侧重方面来做一探讨，检视中国哲学未来有何发展空间、对未来之世界哲学有何贡献等等问题。中、西文明可说各有长处，要于融合与碰撞之间能取长补短，从而设计出一理想之文化蓝图，俾求有助于世界和平与发展！

关键词：数学；重知；唐君毅；民主；科学

一、前言

回顾世界史上不同文化之间的摆荡、过渡与融合，由来已久；而在中国大地上更是屡见不鲜。如东汉以来佛教之传入，随其势力之扩展、影响之加剧，自然便与传统文化产生了一次次的冲突，包括落发出家、不拜君王、与道教之争端等等，所幸借由一代代精英分子之争取、折冲，而后吸纳与简择，至唐代之际，大致已尘埃落定。又或如基督教在中国之传播，其主张不跪拜偶像，此与中国之祭祖、敬神等礼仪相违，至今仍难有定论。

清末民初之际，中国屡弱而列强入侵，屡因战败或各种冲突等，动辄割地赔款、丧权辱国。此时的中华文化颇危不振，新兴而不同形态之西方文化又来势汹汹，情势所逼，遂令西方思想跃至主流地位，尤以富裕、强盛之欧美国家意识,为世界之中心、"天之骄子"。① 甚至亦有若干中华人士,或为偏见,或为利禄,卑躬屈膝以从,将自身之文化本位抛却脑后。

西学东传之盛,至如学界、知识、教育制度等,也以留学西方、取法西学为尚,这使得真正中华文明之主体性,可能已经有所失落。自己国势屡弱,而欲学习强者西人,自是理所当然!然若一味吹捧、逢迎、照单全收,则恐落入邯郸学步之窘境,甚至永远被西方甩在车尾,无法奋发图强,真正成就自身之优势。

时至今日,中国对于西学之吸纳,已有百年以上之历史,而中西文化之碰撞后,于中华民族社会、文化之影响,业已显示出结果。其中,较令人关注的,如资本主义之扩张,造成生活竞争与压力之加剧,并且扩大了贫富差距,甚至是道德、礼仪之势微,其他如少子化、环境破坏、功利主义挂帅等,于今科学与科技突飞猛进之际,这些问题可说一步步地压迫当今人类,而有迫在眉睫之势。当然,这些问题的产生,未必完全来自西方,地球村下任何之一民族,皆责无旁贷。

当代新儒家之人物代表牟宗三先生曾认为,未来之文化走向必是综合的,乃是一种中西文明之综合体!这种讲法虽为必然,然中、西文明当各以何种比例、元素等,而来参与与呈现于未来?此则见仁见智,中西方学者各有不同见解。以当代新儒家为例,其主张:中学应以德性心为主,继而坎陷以求知识为辅——此为未来之设计,亦为东方人甚至是中华民族所设计。本文即是面对当今社会、文化之表现,而提出反省;依着东、西方各自之文化特点,而作出回应与建议,盼为中华文化与世界文明之发展,略表挚忱。

二、略论东西文化之比较

(一)重德与重知

1. 中国对德行之讴歌

西方学问重知,即使于实践方面,亦常加以理论分析。如康德哲学之"第一批判",谈的是认知的问题;而"第二批判",则是讨论意欲的问题,也就是实

---

① 例如,西方人写哲学史,绝不谈中国哲学、印度哲学,虽题为"世界哲学史",其实只有西方之部分。当然,也有一两位西方学者愿意标注为"西方哲学史",此如罗素。可参见唐君毅:《哲学概论》(上),台北:学生书局1974年版,第19页。

践之事。对此,牟宗三先生在《生命的学问》一书中认为,西方哲学走到康德,其学问主流已甚善,而康德论尽知识,俾为信仰保留出路,其中的信仰则是德性的;但康德本人面对实践,仍是学问的、分析的谈,而非直接置于实践本身。不同于东方哲学之工夫论,或中国士大夫概以治国、平天下自许,若能出任仕职,即是为了实践抱负!

以牟先生看来,康德之实践处尚不如西方之存在主义,更不及中国的"知行合一""学优仕,仕优学"之学。在西方之重知传统下,为学问而学问,于是开出纯粹科学,到了科学之应用,也就演化成船坚炮利。

至于中国思想则是讲求"圆而神",面对世道,毅然转身而追求人生哲学之境界,即所谓的境界论。于是在科学方面,则未能较具规模地进展,虽然中国千百年来,亦有不少优异之工艺发明,却总不能汇聚、勃兴,而为一科学、工艺发展之基础。这是中华文化之优点,也是缺点。如唐君毅先生曾言:

> 唯因中国思想家,太重知与行之相连,学问之贯通,于是使纯知的兴趣未能充量发展,各种不同学问之界域不显,致中国过去历史中,未开出如西方之分门别类之科学世界。此可说是中国文化之短。然此同时亦是中国哲学精神,更能贯注于中国之学术文化与中国人之人生的一证明。[①]

苏格拉底曾提倡"知即德":知道,就该做到!他自己也以生命来证成这一学说。到了亚里士多德,则对苏氏之说作出了修正;他认为一般人的知,经常是成就不了德性之实践的,原因在于意志之薄弱。例如,我们都知道应当孝顺父母,却总未能如愿以偿。

至于中国学问于知之处,亦与西方有着不同侧重。如儒家之四德:仁、义、礼、智,其中,智德排在最后,而以仁德为首。《论语》中,孔子自认不是"多学而识",而是"一以贯之"。又曰:"知之者,不如好之者,好之者,不如乐之者。"意思是,知之者是不足的,还要进到好之者、乐之者。亦曰:"天何言哉?四时行焉,百物生焉!"此谓多言数穷,当须刚毅木讷,而非巧言令色。

又如荀子尝言:"不闻不若闻之,闻之不若见之,见之不若知之,知之不若行之,学至于行之而止。"只是"知之"是不够的,还要到"行之而止"。道家老子亦同样轻忽于名言概念之知,所重者当是超乎此知之外,如其主张:常道不可

[①] 唐君毅:《哲学概论》(上),《唐君毅全集》第二十三卷,北京:九州出版社2016年版,第20—21页。

道、"始制有名,名既有,亦当知止,知止可以不殆"、"知不知,上"、不言之辩、不道之道等等。庄子亦谓:知无涯、随知之无涯则殆,"知止于其所不知"。

比起西方之重知传统,在中国,重知思想是较不受青睐的!如名家、墨辩、荀子等,在势力上皆不如儒、道、释三家。佛教之中,虽也有因明学、量论,以及见量、比量等说,但在中国,因道家玄智之影响,以及后来禅宗之大兴,提出了不立文字、教外别传、止于无净、超越于言与默等等,使得知德方面,难有进展。至于儒家,虽于宋明时期,出现了朱子的格物穷理、阳明的良知学,但二者终究推崇"德行之知",闻见等知还是不被重视。又所谓的"德行之知",亦是以天德良知为其内涵,系以仁为首,而非以智为首。

2. 西方实践哲学之关卡

西方之学术传统,则是较具"为学问而学问"之倾向,于是在文艺复兴、工业革命之后,知能方面的创造更是突飞猛进,从而造就了西方文明数百年来几乎独霸全球之状况!至于中国于知识之独立性则是迟未建立,知识总须套在"正德、利用、厚生"之次序与准则上,凡是不能马上被运用的科技,是不会被重视的。

近代人们亦开始检视东、西方文明之优缺点。以西方国家而言,十八、十九世纪始,拜其船坚炮利崛起之赐,俨然成为新时代之霸主,弱肉强食而食髓知味,到处拓展殖民版图,遂行各种资源掠夺、文化侵略等。此或可溯自亚氏之"幸福"论——俨然而为西方思想文明之主流,所谓的德性伦理学,只是去静观默坐地玄思,如上帝之思其自己!而于德行之实践上,则未能具备一检视之标准,是一种为知识而知识之学。

当今西方文明挂帅,确实给予现代社会不少便利与进步,然其文化性格中的偏差部分,亦影响深远。如其由"全球客观化",落实而为"学术客观化",学术论文写得洋洋洒洒,但与现实之实践、德行却无甚相关,亦无从检验。尤其是德性、实践哲学方面,如表面上宣扬着康德之理想:"将人视为目的,而非工具。"回到现实中,却非如此。这种情形,在当今的东、西方社会,亦皆非罕见。牟宗三先生便常以罗素为例,认为罗素身为大哲,实践上却薄弱。

3. 中国文化之补充

因应近代中国、世界之变局,前贤如熊十力、牟宗三先生等,都亟于努力补充中国文化,以便迎头赶上时代,甚至创造时代,而为中国人民带来福祉。熊先生曾思考中国知识为何开不出科学,然其"量论"一作未能完成,而由牟先生接续。牟先生提出要以"良知坎陷而为知识"——在知识与科学之中立处,稍把良知搁置,令生命暂时离其自己,而来学习西方之科学与知识。这也是当代新儒家面对五四运动以来的反思,亦非全盘西化,而是体察并珍视中国文化与伦理自身之优点,因应变局,而来进行西学东渐之摄受与回应。

中国哲学相对上讲究实践,知后必行,如孔子所言"学而优则仕",又如《中庸》所倡议之博学、审问、慎思、明辨,而后则为笃行,又如宋明理学之大道上,致知与工夫二者须要并重,之后最好还能出仕,以便实践福国利民之抱负。至于西方则较偏重知识之穷究,这也成为西方哲学之传统与主流,大致可追溯自亚里士多德。如唐君毅先生尝言:

> 我们要说哲学之意义,当限于为知识而求知识,在西方盖自亚里士多德始。因为亚里士多德,才确定纯粹的理论理性之高于实用实践理性,亦确定上帝之为一纯静观的思想,同时成立一系统的伦理学政治学。此系统的伦理学政治学,乃他用纯知的态度,去以概念,原理,把握人之伦理活动、政治活动,而加以规定之一种知识的成果。由此而正式把人之行为的世界,隶属于知识之世界之下。[1]

经过亚氏之提倡,渐成西方哲学之主流,系以"知"而把握"行",为知识而知识,其优点便是开出科学、工技,而其缺点,则是"知"终究不能代替"行",有其不足!例如西风东渐后,传统学堂不再,取而代之的是西方式之大学,而大学中的硕士毕业方式,须以理工科式之科学论证论文为凭据,即便是文科,也大多走向社会科学之教育形态。对于德行的强调,渐次崩散,这也容易导致人们素质之低落,某些人经常是表面说一套,私底下上又是另一套,从而危及整体社会生活之质量。

(二)重抽象数学与重即事言理

西方哲学之重知传统,在柏拉图以前就开始了,如柏拉图受了毕达可拉斯学派的影响,此学派企图以数学或数字来解释世界一切事物。冯友兰先生在

---

[1] 唐君毅:《哲学概论》(上),第24页。

其《中国哲学史》一书中，[①]曾把中国的象数之学与西方的毕氏之学做一比较，认为双方具备相似性。可惜在中国，象数之学沦为数术，而不为正统所青睐，如王弼之一扫象数，又如伊川易学；在朱子《周易本义》中，虽有取于邵雍到丹道学派的图象之学，但仍是以义理为主。

至于西方，除了前述毕达哥拉斯学派，尚有埃及所流传下来的抽象几何学等，也影响了希腊。到了亚里士多德，他所提出的三段论逻辑（古典逻辑），足足影响了西方学术一千多年，至近代方有数理逻辑的产生，然其内容也是全称偏称、肯定否定等主谓式之定义。又如近代之斯宾诺莎《伦理学》之写成，倒近于欧几里得的"数学原理"，系以公理、定义而来导出定理，自成一严格体系。

之后康德的"先验综合命题"，也是从数学得来灵感，例如，"五加七等于十二"，其中的五与七两个数字便是先验的，并不依靠五个苹果或五只兔子所得来的数。而康德的"批判哲学"，则仅是百科之后的哲学，其普遍性与严格性不及于物理与数学。康德也对哲学进行普遍性之要求，故有先天综合命题之提出，又如"十二范畴表"，乃是透过质量关系程态的四分，而与逻辑表一一对应……以上，都说明了西方科学之突飞猛进，并非凭空而来，尤其对于抽象数学的重视，已是其文化、学术发展中不可分割之一环。

反观中国，先秦儒家所提倡的六艺教育，系以礼、乐为首，而数则排于最末；名家的概念之学并未受到重视，甚至道家更提出了反智之学，如老子的"为道日损""绝学无忧"，庄子亦谓：生有涯而知无涯，随知之无涯则殆，知止于其所不知！佛教亦有强调思辨的因明学，不过此说在禅宗之后，趋于式微，而以回光返照、无净为尚。

至于中国的象数之学，则与方术道教混流，难登大雅之堂。凡此，可以看出中国之不重视知识与数学，而是以高尚德行、伦常秩序之人生哲学为追求目标，其所绽放出之文化火花，便与西方不同风貌。

而中国哲学之不离象以言理与西方之抽象性不同，即于象与事以言理，道理不在虚悬中，这就可免于西方之抽离事物而走偏锋，以至执一废百，而违背

[①] 冯友兰的巨著《中国哲学史》，乃接续英、美的"新实在论"，进行英、美哲学与中国哲学之会通，而不同于牟宗三则是把欧陆的康德哲学带入中国哲学！冯先生亦相当重视科学这一领域，在其《中国哲学史》书中，对于名家与后期墨家（《墨辩》）等下了不少工夫，亦是对于近代中国科学、科技之不如人，所发出的时代回应。

事实。

(三)重分科与重一本

西方学术风潮习惯对各种学说、主义、技术等,进行分门别类,甚为多元;如亚氏时代便已有伦理学、形上学、物理学、诗学等等之分科,各科亦发展得甚为完备。而中国学术如六艺、四库等,其分类则不似西方之多元;在论述上,也倾向于一大整体、兼容并包而统一之标的,视此为一崇高之原则。

中国方面,举《庄子·天下篇》为例,其主张要以六经之学为尚,而诸子百家之争鸣,则恐为天下裂!其言:

> 天下大乱,贤圣不明,道德不一,天下多得一察焉以自好。譬如耳目鼻口,皆有所明,不能相通。犹百家众技也,皆有所长,时有所用。虽然,不该不遍,一曲之士也。判天地之美,析万物之理,察古人之全,寡能备于天地之美,称神明之容。是故内圣外王之道,暗而不明,郁而不发,天下之人各为其所欲焉以自为方。悲夫!百家往而不反,必不合矣!后世之学者,不幸不见天地之纯,古人之大体,道术将为天下裂。(《庄子·天下》)

这里的意思,以各家自有主张,从而导致道德不一、贤圣不明;多有一曲之士,而把天地整全之美,分崩而离析,拆为各家方术,遂使道术崩裂而不能合体,往而不返。

于是,虽中国在子学时期,曾有一段百家争鸣之风光,但到了经学时期,董仲舒建议汉武帝罢黜百家,自此学术思想大致摄归于经学之下,即使到了宋明时代,虽然诸子家如朱子、阳明子等各有主张,各成一家之言,却也不出对于四书、五经之诠释,仍是一统之势。又如佛学之经典,要都尊为佛说,以"如是我闻"作为经文之开头。

观察今日之世界文化,西方学科、学派之分类,可谓多如牛毛,更甚于中国先秦诸子百家时期。如当今一般大学之中,系所之分设多达五十余数,品目繁多。一般而言,西方讲求一统处较少,如自亚氏起,便曾提出:吾爱吾师,吾更爱真理!则后辈晚生崇尚批判之风,大胆地对前人不断地翻新与检讨,从优点来说,可使学术发展欣欣向荣,精益求精,然恐亦多有谬论伪术、倾轧斗争,其中各有胜场,难以会通。

西方虽曾有柏氏之合会变与不变而为理型论,或如康德之合会理性主义与经验主义两大学派,但大致上,西方之合会少,析离多;同样地,中国虽亦有分科、分系,然大致还是要回归于一体之观,如《论语》:"四海之内皆兄弟也"、"吾道一以贯之";《易传》:"一虑而百致,同归而殊涂,归宗于太极";墨子之"兼爱";《孟子》:"夫道,一而已矣"、"亲亲、仁民而爱物";《庄子》:"天地与我并生,万物与我为一"、"道通而为一"。

至宋明时期,程朱虽言"理一分殊",却也依《礼记》之"天下为公",而言"廓然大公",亦主张"仁者,浑然与物同体";张载的"民吾同胞,物吾与也",概足以感动千古;阳明亦言"一体之仁"!

中国之崇尚"一体",亦表现于政治、外交等方面,遂而讲求富而好礼、异中求同、天下一家等,而西方文化则以分离式之形态较多,讲求自我风格、特立独行、重个人自由主义等。

(四)二元对立与阴阳相涵

唐君毅曾言:"……乃重申先哲阴阳相涵之义,以论中国无自然超自然、心身、心物对立之论之故。"这句话正把中西文化精神之不同,表现无遗!中国之为阴阳文化,阴阳看似对立,却非绝对之二元对立,是乃阴中有阳,阳中有阴,二元对立性不显。

西方文化习惯对立二分,如自然与超自然之间;超自然者,如物自身、自由意志、上帝神学等,神在自然之外;自然者,是为内在,区别于神之超越。又如柏拉图所主张的理型界与现世界之对立,基督教天国与世间之对立。而柏拉图的《斐多篇》,探讨了身心关系,苏格拉底将受死,饮毒之际,心无所惧,因为他相信,灵魂将脱离肉体而重获自由,再不受肉体之控制,灵魂为善而肉体为恶,身、心相抗而为天理人欲之交战。

关于心物之对立,如唯心论与唯物论之二元论调,在笛卡儿的"我思故我在",找到了阿基米德之起点,形成了心、物二元之说。心、物之间的沟通变得困难,笛氏刚开始是以上帝的保证与我思之心作为基点,透过上帝之保证外物是真,而建构了心、物之二元性;之后又提出松果腺作为心、物沟通的桥梁。

笛氏之后,心物的探讨成了大热门,或以心摄物,或以物摄心,产生了唯心论、唯物论,以及心物二元等说。如"新笛卡儿学派"试图以钟表之准时,来谈论心物之沟通,或是以能产自然与所产自然而来代替心物,或以单子论等……

这些都说明了西方学说中二元性之强烈,心与物恒相对立,难以逾越!从优点来说,有助于民主、科学之确立,而缺点上,则如二元之善恶、正反之无止境斗争。

又如康德以现象与物自身之为二,生物与无生物之对立划分,自由与自然之对立,导致以人宰物,形上高于形下。至于介于心与物之间者,如飞禽走兽等动物,既不能归于有心,亦不能单纯地归于物,游离而难以安立。又既以人宰物,一旦人心欲望横流,则恐大肆破坏环境,形成自然之浩劫。

而中国之阴与阳,两者关系即如阴阳鱼图:阴中有阳,阳中有阴!两者绝非对立、抗衡。此即较绝对之二元对立来得圆融、更富变化,涵纳更多。又物我之间,冥灵感通,共依共存。如张载曾依《礼记》之说为准:风雨霜雷,无非至教!又如《易传·大象》,上句言天,下句言人,以人法天,依循之,天地一片祥和,万物共存共荣。

"以人法天",其中之天者,常指地水风雷等,则吾人当效法于无生物,这从西方思维来看,几乎不可思议!而中国文化中,阴阳相涵之特性,也曾遭到胡适之讥评,以为中国哲学近似"差不多先生",精确性有所不足。

(五)奥林匹克之争与东方之让

西方之起源,如希腊等欧洲各国,重视商业竞争,迄今亦相争不断;至于中国自古以农立国,日出而作,日落而息,而有"帝力于我何有哉"之情致。两者之立基似已不同!

代表西方文化之一的奥林匹克精神,崇尚竞争,不断超越,主张通过公平、诚实之竞争,而作为缔造友好关系之基石。至于中国哲学则表彰礼让,如《论语》:"夫子温、良、恭、俭、让以得之。"(学而)又言:"为国以礼,其言不让,是故哂之。"(先进)"君子无所争,必也射乎!揖让而升,下而饮,其争也君子。"(八佾)"泰伯,其可谓至德也已矣!三以天下让,民无得而称焉。"(泰伯)"能以礼让为国乎?何有!不能以礼让为国,如礼何!"(里仁)这是儒家之谦让。又如《易传》之谦卦,六爻皆吉;老子亦言:"不尚贤,使民不争"、低下守柔,不敢为先下先!或如禅宗之"无诤",方能韬光养晦,进而体道。

西方主张尚贤而竞争,崇拜英雄,追求金字塔之顶端,也就容易用尽力气、资源,从而大起大落,造就传奇、传说。东方文化则别具"细水长流"之胸怀,相对较为保守、认分,并且较能欣赏各个存在之美,各美其美,一旦竞争、比较,则容易造成伤害,邪曲纷起。

现今西风东渐,许多西方之风气、制度等,亦为东方国家吸收,甚至蔚为潮流,包括不断竞争、追求绩效、要求卓越等,这便形成尚贤而贵物之风,传统的礼让、无争等观念,似乎变得淡薄。尚贤而贵物,虽然刺激生产、创作、实现理想,但亦容易促发虚伪、诈欺之弊,其中之优劣,还待人们深思。

(六)重超越与重内在[①]

西方学问重视超越性,如自毕达哥拉斯起,便具有宗教性;柏拉图为了解决变与不变的问题,结合了巴门尼德的存有论,与贺里图斯的万物流变说,从而设计了理型论,此仍是以世间并非完美,而务必以模仿彼岸之理型界为追求之目标!到了中世纪,奥古斯丁、多玛斯等人,结合了亚氏的上帝说与基督教的神学说,形塑了超越性之上帝,此上帝在彼岸——让人向往之天堂,于是精神有了飞跃,生活有了向上之引领,但完美总不在世间,追求似亦永无止境。

至于东方之精神提升,便在当下!一方面,面对俗务,需要未雨绸缪,而另一方面,对于人生况味之追求,则在当下,不消远求。如道家庄子尝言:圣人之用心若镜,不将不迎;又如《齐物论》:"俄而有无矣,而未知有无之果孰有孰无也。"[②]西方哲学总在追求第一因,此为他然,认为人是上帝所造;但中国的庄子,则主张自然,不思前想后,用心如镜,活在当下。大致不问太多世界起源等类似玄远之问题。后来的禅宗也有挑水砍柴、绿水青山无非是道、当下即是的主张,若心思不断地用在虚无缥缈的问题上,或只是一味地看图说话,恰如盲人摸象,则可能沦为妄断妄为,就算真谛就在眼前,也会被忽略。

又如荀子:"故千人万人之情,一人之情是也;天地始者,今日是也;百王之道,后王是也。"荀子心思亦不用在天地之始,而是去把握今日的每一时刻。佛教则更为明显,如其根本经典《中阿含·箭喻经》中,明白揭橥佛陀之不答"十四难",如世界起源、末日等等问题。若是康德则甚为热衷此类问题,除了回应

[①] 所谓内在,指内在之心性,是肯定当下之安身立命之事。
[②] "有始也者,有未始有始也者,有未始有夫未始有始也者。有有也者,有无也者,有未始有无也者,有未始有夫未始有无也者。俄而有无矣,而未知有无之果孰有孰无也。"《庄子·齐物论》,本文对这段的解释,近于牟宗三《齐物论演讲录》的见解,视其活在当下,而不往外追逐,追逐物之起始、第一因。

理性主义与经验主义之间的纷争，而有四个二律背反，其中的超越精神亦重，如先验哲学，亦是追问所以然之理、如何可能等。这也看出东、西方思维之不同。

而中国思想之肯定当下，尤其归结于心性之内在性，天理不在外追求，而端在吾人心性之把握。如唐君毅先生言：

> 即东西之哲人、宗教家之能思造渊微者，亦恒难于此义，透彻了悟，直下承担，更不复疑。如彼西哲以理想界、价值界或天国、上帝之超然于人性之上者，或谓人性唯具原始罪恶，或唯是一自然之冲动，原不内具理想，只能在外加以约束规范者，固皆不能知此理想或理所在，即生命之性所在之思想之流。即中国传统思想中，由告子、荀子，至董仲舒、王充、刘劭之传，凡只就生命之现实与气质以言性，而视"礼义为圣王所制、天所定命、风习所成，以为自外化性之用"者，以及佛学中之不知人之成佛之理想所在，即人之佛性所在，亦真正之人之人性所在。[①]

这里，批评了西方哲学与神学之不知仁义内在，无法得知伊川"性即理"之深义；西方之学说，人之为人性，而与神性不同，于是人放弃其人性，往外追求神性，人性是原罪，是亚当、夏娃之罪行，理想惟在天国，不在当下。

然中国视此当下之人性，即是天理至善之所在，此由孟子所发，伊川继之阐明，使用另一创造性语言而为发扬。唐先生此段除了批评西方学说外，也批评了告子、荀子等人的性恶、性为生之质等说，亦认为佛教唯识学所主张的"外薰"有所不足。

如孟子尝抨击告子：

> 告子曰："性，犹杞柳也；义，犹桮棬也。以人性为仁义，犹以杞柳为桮棬。"孟子曰："子能顺杞柳之性而以为桮棬乎？将戕贼杞柳而后以为桮棬也？如将戕贼杞柳而以为桮棬，则亦将戕贼人以为仁义与？率天下之人而祸仁义者，必子之言夫！"（《孟子·告子上》）

这里孟子所批评者，乃不知心性之自有，而为戕贼人性以从仁义。如同西方之不知心性之为自力，而往外追寻，视礼义为圣王所定、天所定命、风俗所成，是皆不知肯定当下之光明心性，待要自修自为，必能臻于美好。

[①] 唐君毅：《中国哲学原论》，北京：九州出版社2021年版，第287—288页。

西方文化既讲求超越性,视人生来本具原罪,因而当设计制度时,便特别关注人欲之节制,以及整体之公平性,如其三权分立、法庭设计、执政与在野党之间的制衡等等,掌控的权力、救赎的力量或评判的标准,须由外来,而不在内!这便与中国儒家之仁义内在、四端之心,或如佛家之自性清净、佛性本有等说,相异其趣,从而形成不同的文化样貌与生活制度,而各有千秋。

(七)客观制度之追求与主体心性之自得

西方学问之追求,以客观性为主,从而建立出客观制度。如今西风东渐,台湾学者也受其影响,例如,某位学者是天主教徒,而他的研究领域是佛教,他不信佛教,认为若信仰佛教而研究佛教,将使研究不够中立、客观;同样的,他本身是天主教徒,却不做天主教之研究,认为这会影响研究结果。

若以中国哲学来说,能够真正信仰佛教,才能使自身更加浸润并体认于佛学之体系与内蕴,从中而自觉、自得、自证,更有体会,相得益彰!而儒家、道家亦然!话说回来,大抵研究佛教或某学说者,最初多是因为好奇、兴趣或欣赏,进而成为教徒等,愿意付出精力来进一步研究、专研,鲜有人确实能够不带任何情感或理由,而进入某学说领域的吧!

关于客观之标准,如庄子便认为,所谓客观之达成,经常是各方角力之后的结果,充其量只是形式之客观、主观之客观,并非真正之客观!例如,某个奖励制度或奖项之设立,最后得奖者并非都是实至名归,未得奖者也未必就是差人一等。当然,所谓客观制度之设立,仍然有其效用,至少大致指出一个运作方向,以利事物之推进与发展。

近代西方所开出之客观而最为人称道者,便是民主与科学,特就民主选举来说,唐君毅先生曾有如下见解:"而留此为中国数千年政治之一基本问题,唯在今日确立一民主选举制度,乃可言实有一贯彻墨子原则之办法,但今日之民主选举,是否必能选出贤者,亦是一问题。"[1]墨子之精神便是"义外",即是外在客观之公义,此近于西方之客观制度;墨子又言尚贤,此客观之公义制度如何开出贤能之政治?亦是一大问题!意思是,例如,民主制度所选举出来的,如何便是好的政府,这才是问题,它是透过看似公平制度所产生,却未必是真廉能、真贤能。也许问题的症结,还是要回到人的素质上。又关于政治,是一个

---

[1]《唐君毅全集》第十九卷,第128页。

极其复杂的问题,难有定论。

三、结语

上面略论东西方文化之比较,各有特色,亦各自具备给予民福祉之处。例如,从促进和平、和谐之国际社会来说,中国文化讲求谦虚涵容、天下一家、让利互惠,而西方社会也强调一种爱与公义、公平竞争之交流方式,若能各取其长而去其短,当是地球公民之福。

然当今国际社会隐含了许多问题,包括军备竞赛、经济垄断、环境破坏、贫富差距、媒体造假、网军横行,以及现今尚未终结的疫情扩散等,所带来之种种冲击,此已非本文所能涵括,惟借此多少了解东、西方文化之间的差异、体制之不同,从而归纳或简择出互利互惠而可长可久之交流方式,又或能作为自身提升、以为借鉴之方向,避免邯郸学步或无谓之纠纷,所谓知己知彼者,不卑不亢而取长去短为是!

现代主体与儒学话语
——兼与福柯话语理论对勘

郭萍

（山东大学儒家文明省部共建协同创新中心）

摘要：建构中国哲学话语的一个重要根由是为了摆脱近百年来西方话语对于中国哲学主体性的宰制，福柯的"话语理论"就对话语宰制主体的问题做了理论的揭示与批判。不过，与福柯批判现代性的后现代立场不同，中国学界大多是基于中西对峙的民族立场而批判现代西方话语的西方性，这也成为近现代儒学话语建构的底色。然而，包括儒学话语在内的任何主体话语都不具有自明性，而是有着前主体的共同本源，即前主体性言说，其本源地生发着主体话语所言说的实质内容，同时也引导着主体话语的时代更迭。因此不论中西，都需要以当下时代的主体价值为根本归旨，建构与之相宜的主体话语。据此而言，传统儒学话语并不是落后于西方，而是落后于时代，故当今建构儒学话语的根本是在于实现传统儒学的现代转化，即以儒家的思维方式言说现代主体价值。唯其如此，我们才能在顺应时代的积极意义上，持守儒学话语的独特性，也才能在发展现代主体价值的普遍意义上，真正有效地批判现代西方话语。

关键词：话语理论；现代主体；儒学话语；西方话语

"中国哲学话语体系建构"是继中国哲学合法性问题、中国哲学"失语"问题之后，对于中国文化主体性问题的新一轮思考。尽管目前国内哲学界已体现出充分的思想自觉，但依然尚未对中国哲学话语建构的实质问题和根本内容给出理论的解释。在这方面，法国思想家米歇尔·福柯（Michel Foucault，

1926—1984)的话语理论作为一种最具影响力的解释,自然是我们所不能回避的。为此,笔者拟通过与福柯话语理论的对勘,尝试从当代儒学的视域,就中国哲学话语建构问题做必要的分析。

一、批判现代西方话语的逻辑与旨趣

(一)批判的逻辑

建构中国哲学话语的一个重要根由是为了摆脱近百年来西方话语对于中国哲学主体性的宰制,这虽然一直渗透在近现代中国哲学的研究与实践中,但国内学界并没有对西方话语与中国哲学主体性之间的逻辑关系问题提出专门的理论解释。而福柯的"话语理论"就话语宰制主体问题的揭示与批判,似乎可以为这一问题提供一种相应的学理支撑。

我们要建构的"话语"不仅仅是代表一种说话的权利(speaking right),而是如福柯所说,是一种在特定历史时期,通过特定知识系统表达出来的一系列陈述(statement),其实质表征和确证的是当时社会的特定权力关系。当然,在福柯的分析中,话语本身也是在特定社会语境中,由特定的说话人、受话人、文本等要素相互影响和共同作用而成的,因此话语本身也是由某种特定的社会关系而决定的。但是他指出,由于"权力与知识就是在话语中相互连接起来的"[1],这使得现实的话语往往在知识与权力合谋下以真理的面目示人,因此话语通常对社会观念和制度规范发挥着主导性和影响性的作用,就此也就成为一种稀少、有用、令人向往和占有的"公共财产"——话语权力(discourse power)。这就意味着,在"制度""机构""网络"中拥有"地位"的人,就是拥有"话语权"的人,而这种特定的权力主体在实质性地宰制着其他人。在这个意义上,"话语并不等于所说的事物,而是构成对象"[2]。如此一来,话语也就成为一种权力关系的表征。[3]

不过,福柯所指的权力已经超出了传统的和狭义的权力范围,他强调:"我们必须首先把权力理解成多种多样的力量关系,它们内在于它们运作的领域

---

[1] [法]福柯:《性经验史》(增订版),佘碧平译,上海人民出版社 2002 年版,第 75 页。
[2] 转引自赵一凡:《福柯话语理论》,选自氏著《哈佛读书札记》,北京:生活·读书·新知三联书店出版社 2016 年版,第 277 页。
[3] 参见姚文放:《话语转向:文学理论的历史主义归趋》,《文学评论》2014 年第 5 期,第 126-135 页。

之中,构成了它们的组织。"①"权力……贯穿于事物,产生事物,引发乐趣,生成知识,引起话语。应该视权力为渗透于整个社会肌体的生产性网络,而不是将它看作一个仅仅行使压制职能的消极机构。"②在他看来,这种话语权力总是以规训的方式驯服他人,就此塑造着人格,日常生活中的"言语惯例""话语圈"和"信仰群体"等都是对人进行规训的话语。

正如有的学者所说,福柯认为"是话语建构了我们的生活世界,是话语建构了我们对这个世界的理解和解释,同时也是话语建构了我们主体自身"③。这套话语构建世界,话语宰制主体的一般逻辑,也自觉或不自觉地体现在诸多中国学者对于西方话语的批判中,也就是说,我们之所以要抵制西方话语,就是因为近代以来,西方话语在建构中国人的生活世界,西方话语在建构中国人对世界的理解和解释,同时西方话语也在建构中国人的主体性,这就将使我们的生活世界、我们对世界的理解以及我们自身都失去中国之为中国的民族性。

(二)批判的旨趣

当然,福柯的旨趣与中国学者不同。他对于现代西方话语的批判是一种后现代主义(Post-Modernism)的立场,即解构现代话语中的一切普遍性的主体价值,进而提出以不确定的、个别性的自我取而代之。然而,正如理查德·罗蒂所批评的那样:"浪漫知识分子自我克服、自我创造的目标对知识分子个人而言是个好的模式(很多好的模式之一),但对社会而言却是个很坏的模式。"④同时,哈贝马斯也直言:"这些试图取消所有的标准,将审美判断等同于客观经验的表现。诸此许诺,都已证明自身是胡闹的实验。"⑤

而以儒家哲学为代表的中国哲学,对于现代西方话语的批判重心在于西方性。因为确实有不少人认为:"我们所操的表面上似乎还是现代'汉语',而

---

① [法]福柯:《性经验史》(增订版),第68—69页。
② 《米歇尔·福柯访谈录》,选自《福柯集》,杜小真编选,上海远东出版社1998年版,第436页。
③ 周宪:《福柯话语理论批判》,《文艺理论研究》2013年第1期,第121—129页。
④ Richard Rorty,"Moral Identity and Private Autonomy", in Tim Armstrong ed., Michel Foucault Philosopher , New York:Harvester Wheat sheaf , 1992,P.331.
⑤ [德]哈贝马斯:《论现代性》,选自《后现代主义文化与美学》,王岳川、尚水编,北京:北京大学出版社1992年版,第18—19页。

实际上讲的却是西方话语;我们不过是以汉语之形,而道西语之实"。① 这里的"汉语之形"是指使用的语言符号,而"西语之实"是指言说的实质涵义。因此中国学者并不像福柯那样否定一切主体性,而是要通过否定西方的主体性,来重建中国的主体性。事实上,从晚清的西学东渐以来,儒家就开始了重建儒学话语的探索,其思想进路大致分为原教旨主义和现代主义两种;其中原教旨主义将中西截然对立,主张以传统儒学话语取而代之;而现代主义进路的儒家则是在借鉴西学哲学的方法、语汇的基础上进行批判地吸收,其理论水平最高的现代新儒学虽然对德国古典哲学多有亲近,但根本还是以改变"花果飘零"的民族文化窘境,实现"灵根自植"为目的。例如:梁漱溟先生进行中西印文化的比较的意图就是为了"重新拿出中国的态度,改造西方的态度,排斥印度的态度";②而熊十力先生的全部工作,"就是面对西学的冲击,在儒学价值系统崩溃的时代,重建儒学的本体论,重建人的道德自我,重建中国文化的主体性"。③但是,仅就儒家原教旨主义与儒家现代主义所言说的内容看,前者通过重启传统儒学话语的言说,始终难以回应现代中国人的价值诉求;而后者立足"老内圣"来言说"新外王"的努力,则暴露出其自身就存在着传统儒学话语与现代性话语的冲突。

而不论哪种进路都存在对传统儒学话语的固守,其背后是将传统儒学话语所言说的内容等同于中国哲学话语的民族特质加以持守,这种民族情结一直左右着儒学话语,乃至中国话语的建构,如林毓生所说:"中国接受西方的思想和价值观念,主要是以中国的民族主义为基础的"。④ 事实上,这依然盛行在当代的儒学复兴过程中。因此有学者说:"中国现代思想领域的言说……其实都是在'中西文化优劣比较'的情绪支撑下进行的,这种情绪本质上是民族主义情结的产物。民族主义情结本身并无所谓好坏,但它如果试图代替严肃的

---

① 黄玉顺:《我们的语言与我们的生存——驳所谓"现代中国人'失语'"说》,《南京师范大学文学院学报》2004年第4期,第58—60页。
② 梁漱溟:《东西文化及其哲学》,北京:商务印书馆1922年版,第129页。
③ 郭齐勇:《熊十力评传》,见方克立、李锦全主编《现代新儒家学案》(上卷),北京:中国社会科学出版社1995年版,第450页。
④ 林毓生:《中国意识的危机:"五四"时期激烈的反传统主义》,贵阳:贵州人民出版社1986年版,第14页。

运思,那就是对真正的哲学之思的遮蔽。"①

哲学之思的特点在于:哲学所思正是其它所思之所不思。任何一种意识形式,作为一个思维过程,总有它的逻辑起点、话语背景或者语境,而这个起点恰恰是这个思维过程本身所不思的,是被作为不证自明的原则接受下来的观念前提。这个观念前提,其实就是现代语义学、语用学所谓的"预设"。……然而哲学所思的正是这个观念前提、这个预设本身。②

这就是说,我们需要对前述的话语权力关系的预设进行检讨。因为话语权力实际总是以"主—客"的存在为前提的,所谓由权力关系"生成知识,引起话语",本身就意味着在话语形成之前,已经预设了某种主体的存在,而话语所言说的内容实质就是以这种预设的主体为标准的,话语宰制主体的背后是一种主体对另一种主体的宰制,而近现代中国思想界所要反对的就是,西方作为建构和掌控话语的主体对于被动接受话语的主体的中国的宰制。然而,我们首先要意识到:要建构的中国哲学话语本身也是一种主体话语,这其中也是以某种主体的先行置入为基础的,那么,以我们置入的主体性为基准来批判现代西方话语,这其中的合理根据又是什么呢?我们如何才能避免如儒墨各执一词的偏见呢?因此,作为一种哲学的思考,我们需要先行为主体话语所根据的主体本身奠基,即先行回答主体何以可能?主体话语何以可能?唯其如此,才能确保我们建构儒学话语的合理性,以及批判西方话语的有效性。

事实上,福柯的话语理论就是要解构一切主体性的预设,其立足特定情境,或可揭示主体话语的渊源(下详),但是在他"知识考古学"和"权力谱系学"的分析中,作为话语基本单位的陈述,却是由一个个现成的主客因素相互关联而成的,因此他最终只是以一种碎片的、个别的、偶然的"自我"主体取代了以往哲学中普遍抽象的主体,其实只是一种在主体性视域之下的否定性思考。这也就提醒我们,当今建构儒学话语势必需要超越主体性的思想视域,即要超越以"中—西"两个既定主体为预设的儒家原教旨主义和儒家现代主义,同时要超越以个别"自我"为预设主体的后现代主义。

---

① 黄玉顺:《"文化保守主义"评议——与〈原道〉主编陈明之商榷》,《学术界》2004 年第 5 期,第 142—145 页。
② 黄玉顺:《现代中国"哲学"的困窘——西方强势话语阴影之下的"文化纠缠"》,《天府新论》2004 年第 3 期,第 83—88 页。

二、主体的本源与前主体性言说

当代哲学的一个根本性突破就是开启了无预设的前主体性思想视域,这在暴露一切主体观念的非自明性的同时,也揭示出前主体性观念乃是一切主体观念得以可能的渊源。[①] 从话语角度上讲,前主体性观念也就是为一切主体话语奠基的前主体性言说,或曰本源性言说。在这方面,海德格尔对"人言"(Sprechen / Speeches)与"道言"(Sage / Language,或译"道说")的区分极具理论启发意义。

对此,当代儒家黄玉顺解释说:"'人言'无论怎么说都只是一种形而下存在者的存在。而'道言'有两种可能的理解:可以理解为形而上者的言说;但我们今天重新发现一个更古老的观念,如果说形而上者这样的存在者尚未存在,那么'道言'就是'道''命''诚''活',这一切都应该理解为动词,先行于任何名词性的实体性的东西。"[②] 如果用海德格尔的话说,"道言"就是"存在"(Being)本身的近邻,它虽然需要经由人之口而传达,但并不是言说某种主体诉求的"人言",而是"大道"(Ereignis/ Event)本身在说话,即所谓"大道之道言"(die Sage des Ereignis / the Language of Event),也就是"前存在者""前主体性"的言说。

事实上,黄玉顺也将其创建的"生活儒学"理论划分为"无所指"和"有所指"的话语层级,恰与海德格尔"人言"与"道言"的区分相对应。其中"无所指"的"道言"作为一切主体话语之渊源的、前主体性的本源言说,有别于"有所指"的"人言",即有别于主体性话语,是因为它所言说的内容没有所谓对象、主体等任何现成的存在者,故而"无所指",因此,这并不是由种种具体的主客观因素而构成的一个陈述,更不是以概念符号系统进行表达的一种思想学说,而只是无言的言说,即先于主客相分的本源情境,在其自行涌现中的示意。

这里所说的"本源情境",并不是一个客观的"场所",即不是一个与对象、主体等现成物并列的、构成陈述的要素,也不是衬托着陈述要素的、但其本身

[①] 参见郭萍:《生活儒学的哲学突破》,见《当代儒学》第16辑,杨永明、郭萍主编,成都:四川人民出版社2019年版,第77—83页。
[②] 黄玉顺:《生活儒学的"生活"观念》,选自氏著《儒家思想与当代生活——"生活儒学"论集》,北京:光明日报出版社2009年版,第74页。

又疏离于要素之外的"背景",而是一种未经自我选择的,浑沌一体的"无我之境",即"作为始终非现成的、非专题的纯态势本身,境域就是既澄明又隐匿着的'存在'本身"①。正因如此,"本源情境"先于一切存在者,也即先于一切主体性,且使一切主体性得以可能。这意味着一切主体性观念并不是人为的理性设定,而是由无前设、无中介的本源情境所造就。

相应地,一切主体性话语是以前主体的本源言说为渊源才得以建构,即本源情境不断生发、涌现的"行"与"事",作为一种前主体的无言之言,总是在向人们示意。可以说:

> 这是存在本身在说话、生活本身在说话。儒家把这种本源的言说领悟为:天命。这就是说,天命乃是一种生活领悟。存在本身的言说、生活本身的言说,乃是无声之命、无言之令。"上天之载,无声无臭。"……天命这种无声的言说,可以通过人言的有声的言说透露出来。②

此即孔子所说的:"天何言哉?四时行焉,百物生焉。"(《论语·阳货》)这在本源的意义上意味着,生活本身无声无臭,但万事万物皆以此为渊源而得以生长。这种无声之命、无言之令,往往通过吟游诗人或巫祝之口传达出来,记录在原始神话、诗歌、卜辞之中,转变为一种有声有言的存在形态。虽然"有声有言"意味着总要以某种语言符号为载体,但这并不是由诸多主客因素构成的知识性陈述,而是一种前知识、前概念的隐喻、象征,其传达或再现着"无我之境"的本源言说。这就好比"写实"与"写意"的差别。试想,我们一旦将诗歌描述的内容视为一种对象性的实物,从理性认识的角度进行打量、分析,也就失去了诗的意境和意蕴,也就是说,诗歌所描述的并非实物,或实物之间的逻辑结构,而是本源情境自行生发出来的意义。此类言说在前轴心时期的《易经》《诗经》等文献中都有明显的体现。其中,有学者就指出《易经》的象辞③部分本身就是一部比《诗经》更为远古的诗集,④而笔者也曾举例说:

---

① 参见余平:《海德格尔存在之思的伦理境域》,《哲学研究》2003年第10期,第63—68页。
② 黄玉顺:《面向生活本身的儒学——"生活儒学"问答》,选自氏著《面向生活本身的儒学——黄玉顺"生活儒学"自选集》,成都:四川大学出版社2006年版,第72页。
③ 《易经》的筮辞分为象辞与占辞。象辞是生动形象的叙事描写,采用的是类似民歌的手法,如排比、反复等;占辞是关于吉凶祸福的断语,是笼统抽象的判断,往往反复使用大致相同的术语。
④ 参见黄玉顺:《易经古歌考释》(增补本),上海:上海古籍出版社2014年版。

"密云不雨,自我西郊""复自道""牵复""舆说辐""夫妻反目""既雨""既处"(《小畜》)情境的描写顿现不睦紧张的感触和情绪。这都是生活情境中的"现身情态"(Befindlichkeit,情绪),即身处其中的人"直观"到当下一幕顿时显现出某种本源的生活情感,诗歌就是基于此而作所谓"诗缘情"。①

而《诗经》作为商周时期的诗歌总集,则早在儒学创建之前就已经存在,其原本也不是一种主体性的儒学话语。其实,"前主体性"一词本身就意味着,前主体性言说根本不是哪一家、哪一派的话语,而只是本源情境自身的言说,否则也不可能成为一切主体话语的共同本源。事实上,正因如此,《易经》不仅被儒家尊为六经之首,而且是儒道阴阳等诸家思想的共同源头;《诗经》也才能成为不同领域思想话语的灵感来源。而《易经》《诗经》之所以成为儒家经典,乃是由于人对自身主体性逐步觉醒,随之形成诸子百家不同的主体性话语所致,即"道术将为天下裂"的结果。

简而言之,本源情境作为本真的"诚",可以说是前主体的"天之道",而人对"诚"的反思则是"思诚",也即主体性的"人之道"。这意味着,唯有以本源言说为源头土壤才能有本有源地建构主体话语,即如《周易·系辞下传》所说:"《易》之为书也,原始要终,以为质也。"②所谓"原始要终"即"原穷其事之初……是原始也。又要会其事之末……是要终也。"③反过来说,任何一种"有所指"的主体性言说,包括我们通常所指的"儒学话语",所言说的实质内容唯有源自本源情境,即唯有以本源情境自行生发的内容为言说的归旨,才具有本然的合理性。

由此也表明,所谓"主体性言说"不仅仅指"言说者"是一个不受役使的能动者,而且指其言说的实质内容总是确证着某种主体性价值。这本身也是"主体"之"主"的基本涵义。汉字"主"本义为灯芯,《说文·丶部》:"主,灯中火主也。从坒,象形,从丶,丶亦声。"由此引申为最基本者、最重要者,进一步引申

---

① 郭萍:《〈周易〉对于儒家哲学当代重建的启示——关于"重写儒学史"与"儒学现代化版本"问题的思考》,《社会科学研究》,2015年5月第3期,第148页。
② 阮元校刻:《十三经注疏·周易正义》,中华书局影印本1980年版。以下所引《周易》皆出自该版本,不再注明。
③ [唐]李鼎祚:《周易集解》卷十六,成都:巴蜀书社1991年版,第319页。

为首领、根本性的人或物，如《广雅·释诂一》："主，君也。"这意味着"主"本身表征着一种根本性的价值存在，而不仅仅是一种自动的机能。同样英文"subject"（主体）也具有类似的涵义，其词根"sub"意为"在……下"，蕴涵着两种基本的含义：一是"基础"，例如 subbase（底基层）、subgrade（路基、地基）、substratum（基质、根据）；二是地位"低下"、"次级"、"附属"等等，例如subsidiary、subordinate、subjection（被支配、被统治）；因此"subject"（主体）一词也相应地兼有两种涵义：其一，指"主体""原因""主题"等真实且独立存在的（substantive）实体、本质、本体（substance），具有可敬的、崇高的（sublime）等特质；其二，指被征服、被驯服的（subdued）的"在底下的东西"（如臣民、蠢才），具有服从的、谦恭的（submissive）特质。这都意味着，所谓"主体"并不仅仅指具有自作主宰（self－mastery）、自主自觉的性能或机能的存在者，也不是仅仅指具有知（理智）、情（情感）、意（意志）等心灵机能的存在者，而且指具有基础性地位、具有根本性目的及最高价值意味的存在者，也即自觉能动者所承载的价值内容本身，其中最后一方面更具有实质性意义。

从本源言说为主体话语奠基的意义上讲，究竟具有何种主体价值并不是人为的理性设定，或由意志偏好自由选择的结果，而是由本源情境所造就。在儒学话语中，这被言说为天命所与的、身不由己的"天命之性"，而人们总是自觉或不自觉地将此视为自身存在的根本意义和自我价值的确证。当然，"天命之性"是儒家形上学化的抽象表达，但作为社会根本性的主体价值内容，它总是现实地投射为支撑着当下生活方式的社会基本单元（social primary unit）。这一方面意味着，它是社会政治经济文化共同体的基础和起点，社会生活基于此而得以组织、安排和运行，因此是我们最终要维护的社会根基；另一方面也意味着，它是政治、经济、道德等各领域的基本价值单位，即其他存在者的价值在根本上皆是此基本价值单位的延伸，而其自身则是一个价值自足的存在者，并不是实现其他价值和目的的手段或工具，因此是社会价值的根本标准和旨归。简言之，源自本源情境的"天命之性"乃是真正的社会主体价值，也是自我主体性的实质内容。

据此便知，任何主体性活动，包括主体话语的言说内容，都不是任意的、偶然的、个别的自我行为，而总是要言说当时社会的主体价值，否则就只是一种无本无源的概念游戏。而主体话语所言说的主体价值之所以是"如此这般",而非"如此那般",也并不是不证自明的,而是由作为不同生活方式而现身的本源情境所造就。或者说,前主体性言说总是在本源之处生发着、指示着一切主体话语所言说的实质内容,而主体话语(包括言说人伦与物理的形下主体话语和言说本体承诺的形上主体话语)实质是对前主体言说的一种反思性表达。

三、主体的演变与主体话语的更迭

然而,本源情境作为前主体性言说,总是在不断地变化着显现样态,所谓"自古及今,法无不改,势无不积,事例无不变迁,风气无不移易",[①]因此原始儒家就有"天命靡常"的领悟,由此也就决定了"天命之性"的与时更新性,即一切主体性观念都要随本源情境的演变而转变。当然,这种表达还是难免抽象玄虚,所以笔者勉为其难地尝试对本源情境的显现样态做一种历时性的、概括性的打量,即人类的生活方式经历了从传统到现代的时代性转变,而这种转变的核心就是社会生活基本单元由传统的部族、氏族、宗族、家族,转变成了现代的个体。这一先于人为设定或意愿、偏好的生活实情,本然地决定了自古至今的"天命之性"实质蕴含着不同时代的主体价值内容。也就是说,人的自我主体意识虽然自殷周之际就开始觉醒,但是其主体性的实质却存在着根本差异,其中与现代个体主体价值相比,前现代的自我所认同和践行的实质主体价值是氏族、宗族或家族的,即以氏族、宗族、家族作为自身的价值追求和自身存在的价值和确证。

这里需要强调的是,作为"自我"的"个人"与作为"社会主体"的"个体"根本不同:"自我"(个人)普遍地存在于古今中外的任何社会中,而"个体"则是现代生活得以组建和运行的基本单元,也是现代"自我"的一般的主体性,或曰是现代人的类本质。从词义上区分:"个人"(英文 person)是指当事人(private person)、本人、亲自(in person)、自我(ego)、自身(self),与"他者"(others)相对;而"个体"(英文 individual)表示的是指一个独立单元(independent unit),一个具有价值的自足性和完整性的实体(entity),表示伦理生活中的自治之民(self-governed),与"集体"(collectivity)相对的,但是一个具有价值的自足性

---

① [清]龚自珍:《龚自珍全集》,上海:上海人民出版社1975年版,第319页。

和完整性的实体(entity)。总之,前现代的个人并不是一个目的性的存在者,因此不是当时社会真正的价值主体;而现代社会的个体,则是一个目的性存在者,是现代社会真正的价值主体。

这就意味着前现代的儒学话语与现代的儒学话语,虽然在言说的形式上保持着某种一贯性、稳定性,但实质却分别言说着不同时代的主体价值。对此,福柯也提供了一种具有冲击性的理论解释。他通过经验性的"历史批判"和现实的"历史实践"否定了以往哲学家凭借理性的逻辑推演而构造出的历史真理,如黑格尔所谓的合目的的"历史逻辑",进而指出,话语总是在特定社会语境中形成,是一种人与人之间的具体言语行为,因此始终受到特定的说话人、受话人、文本、语境等诸多要素的影响。由于这些要素都具有现实变动性,因此话语总是"处在不断的更新之中,不断地有所发现、批评和纠正谬误;而已确定的形成的系统一直是稳定的。但要明白:持久不变的既不是对象,也不是对象形成的范围,甚至也不是对象的出现点,或者它们特征化的方式,而是对象可能出现的、自我界限的、自我分析和自我说明的表层的相互关系。"[1]其中,人们对陈述进行生产、改造、重组或分解,并反复加以使用,以至于"话语在本身无需发生变化的情况下,可以同时或者连续地产生出相互排斥的对象"[2]。因此,主体与话语并没有任何确定性的、一贯性的实质内容,话语形成的知识总是断裂的、不确定的、任意的、偶然的,并不存在哲学家所宣扬的绝对真理,因此历史上那些神圣理念、崇高原则,在各自漫长的嬗变中,都不过是一些"意义弥散系统":其间充满了断裂差异,纠结互动,几乎没有什么稳定的组合规律,真实的历史根本不是一个连贯的,合目的发展的过程。

尽管福柯用琐碎的事件分析来彻底否定主体话语内容的一般性并不恰当(下详),但他由此却直接揭穿了形而上学家以人为构造的观念逻辑去裁剪现实历史的把戏,同时揭示了一切将传统内容视为不证自明的真理,且不假思索地接受和奉行,都是经不起推敲的。因为任何主体话语总是一种对特定社会历史情境的陈述,而不是恒常不变的,而这种时代情境的转变,也就是我们审视传统儒学话语和建构当代儒学话语的一个最基本的维度。

---

[1] [法]福柯:《知识考古学》,谢强、马月译,北京:生活·读书·新知三联书店2003年版,第51页。
[2] [法]福柯:《知识考古学》,第48页。

我们知道，儒家的哲学话语从先秦的原始儒学，演变出两汉、魏晋、隋唐等不同时期的儒家哲学形态，而经唐宋之变又形成了宋明新儒学，后到救亡图存的20世纪初形成了现代新儒学，再到21世纪的当代儒学的种种新理论。每一次转变都不仅仅是儒家哲学话语的语汇、理论形态等的变化（事实上，这并没有改变儒学话语的一贯稳定性），而是言说的实质内容，也即话语所表达的主体价值的改变。这明显地体现在儒家哲学基本概念内涵的变迁。且以"天命"的涵义为例，在西周时期，周公言"天命""惟德是辅"，而"德"乃为君所得，即君德，因此只有周天子配享天命，此"天命"所代表的是以周王室为首的宗族价值；而后孔孟将"德"普遍化试图打破君对天命的垄断，但秦汉以降的传统社会是以"移孝作忠"方式普遍实践着"孝"本仁德，此是"天命"实质成为以皇族为首的家族价值的合理根据；这显然都与我们在现代生活方式下所依据的"天命"有着实质内涵的差异。同样，遵从"天命"所塑造的"君子"，其内涵也发生着相应的时代转变：商周时期"君子"就是处于尊位的君主；而自孔孟以来，尤其是秦汉一统之后，"君子"主要是指代道德高尚却无尊位者，即作为忠臣孝子的臣民；但在近代"君子"实则指代有德有位的现代国民，这在梁启超的"新民说"等近现代儒家的论著中都有普遍论及。[①] 另外，历代儒家追求的"家国天下"理想，其所指的"家""国"的涵义也都发生了实质性转变："家"由宗族之家，转而为家族之家，再到现今的个体之家；"国"则由封建诸侯国，转而为一统帝国，而今则是现代民族国家。此类转变不胜枚举。

这同样体现在儒家的经学话语中。最典型的就是绵延至今的"汉宋之争"。事实上，令汉宋经学话语相互抵牾无法协调的，根本并不在于解经的具体方法或思路的差异（事实上，汉宋经学中训诂考据与阐发义理的方法并不偏废，"我注六经"与"六经注我"的思路也难说是泾渭分明；不仅如此，解经方法和思路具有一贯传承性，而使得汉学宋学都保持了儒家经学话语的特色），而是在于汉宋儒家对于六经实质内容的理解发生了时代性改变，也即对于"文以载道"之"道"的内涵产生了不同的理解。其实质是：汉学与宋学分别代表着皇权社会的前半期与后半期，人们身处家族生活方式兴盛与衰落的不同情境中，所获得的领会感悟的主体价值内容发生了变化，汉学宋学的不同解读正是不

[①] 参见郭萍、黄玉顺:《"君子"人格的政治哲学意涵及其时代转换》,《社会科学战线》2021年第8期。

同时代的价值内容在经学中的体现,反过来说,汉学与宋学所言说的是两汉和两宋不同时代的主体价值内容。

此外,在社会转型时期,维护没落主体价值的旧话语与表达新兴主体价值的新话语往往是交错并生,甚至同一话语本身也同时存在着新旧两种不同的主体价值,这也使儒学话语言说内容的时代性差异就更为集中地凸显出来。不难发现,不仅晚清时期的洋务儒学、维新儒学就是前现代与现代主体价值的杂糅,就连20世纪现代新儒学也是老内圣和新外王的嫁接,既有意彰明现代个体,又摆脱不了前现代家族主体的印记,其间往往自相矛盾。但也正是在这些新旧并立的节点上,我们能更直接地察觉到儒家主体话语的时代更迭。更进一步看,这种转变也是当前我们进行传统儒学创造性转化与创新性发展的题中之意。

凡此表明:不同时代的儒学话语所言说的内容实质发生了时代转变,只不过这种转变也并不是福柯所认为的那样充满着偶然性、个别性和任意性,而总是有其根本的价值基准,即涌现于生活情境中,支撑当下生活方式的基本单元所体现的主体价值。当然,传统儒士"从道不从君""格君之非"的立场,反映着历代儒学话语的确立都伴随着知识与权力的斗争,但是我们并不能就此将当时的知识与权力所维护的社会主体价值根本对立起来,毕竟二者都源于前现代的家族生活方式,而且传统士大夫作为一个高度自觉自主的群体,往往比官吏甚至帝王,更深切地维护当时社会的主体价值。也就是说,同一时代的知识集团与权力集团的分歧更多地是在于理解主体价值的维度和深度,或实现主体价值的方式和途径等方面,而并非根本的主体价值的差异。事实上,同一时代的儒学话语内部也同样存在着分歧和较量,例如:汉代经学内部的古今文之争,宋代理学内部的程朱陆王之争,都不妨碍其言说实质主体价值的根本一致性。

总之,不同时代的儒学话语实质维护着不同的主体价值,其中与前现代生活方式相适宜的传统儒学话语维护着前现代主体自由,在历史上有其存在的合理性;但是这并不意味着传统儒学话语确立的主体价值观念,是不证自明的绝对真理,即不意味着依然适用于现代社会。恰恰相反,儒学话语的历时更迭本身就提醒我们,对待传统的儒学需要"在这些文献所叙述的事情的基础上——有时是只言片语——重建这曾经是文献的来源,而今天却远远地消失在文献背后的过去",[①]由此认识到任何时代的儒学话语都有其时代局限性,传统儒学话语并不能表达现代主体价值,无法与现代性生活方式相适宜;而在当前,中国现代社会转型尚未完成,现代主体自由观念不甚成熟,尤其需要我们立足现代生活的实情,突破传统儒学的局限,以新的儒学话语表达现代主体价值。

四、建构维护现代主体价值的儒学话语

(一)维护现代主体价值的言说

不过,任何时代都不只存在一种话语,因为即便在同一时代,生活情境也不可避免地存在种种差异,以至于不仅不存在完全一样的民族国家,甚至也不存在完全一样的两个人。因此,同时代的不同民族、国家、性别、行业,都存在着各自的话语。但这并不意味着各话语之间没有任何实质性的价值共识,事实上,在同一时代组建和支撑着当下一切民族国家和行业领域的基本单元实质是一致的,这也就成为那个时代人们共同追求和维护的价值底色。因为追根溯源地看,这并不取决于话语的实际建构者,也不能归因于言说的场所、对象等因素的具体差异,而是当下的生活本身使然。例如:先秦诸子虽然各有一套话语,但最终还是殊途同归,即"此务为治也",这是因为争鸣是以当时社会的主体价值为基本共识的前提下展开的,诸子百家的话语都是为了化解当时天下礼崩乐坏的危机,解决当时宗族生活方式下的群体秩序问题,根本上还是为了维护当时宗族主体的价值。也正因如此,百家争鸣才是积极而有效的。

同样,个体性生活方式作为现代人类的共同生活,在全球化趋势下体现更为突出而深切,这意味着各民族国家的利益诉求不可分割地紧密联系在一起,人类发展的历史趋向也是根本一致,因此,但凡是现代性话语,不论哪种语言、哪个领域、哪个民族国家,根本上也是殊途同归,即都是要为当代人类的共同生活秩序提供解决方案。如若不然,就意味着各民族国家不存在价值共识,也就前提性地否定了人类命运共同体的可能。但事实上,我们提出"人类命运共同体"就意味着已然承认:在当今支撑着各民族国家生活的基本单元是根本一

[①] [法]福柯:《知识考古学》,谢强、马月译,北京:生活·读书·新知三联书店2003年版,第5页。

致的,即社会生活的方方面面皆是以个体为基本单元才得以开展和维系。因此,个体作为当下人类共同生活所造就的一般主体之价值,也是各民族国家的现代主体话语的共同旨归。可以说,不论中国话语,还是西方话语,只要是一种现代性话语,其根本言说的都是一种现代性的个体价值诉求,在这个意义上,各民族国家对于现代主体价值的言说是共同的,无国界的,无民族性的,就如同科学公理一样。

只不过由于各民族国家的现代性发展快慢早晚不同,导致前现代话语、现代话语乃至后现代话语并存,而不论是以亨廷顿为代表的"文明冲突论",还是近代以来中西对峙的"文化纠缠",都是强调各民族国家话语的言说形式的差异,而恰恰掩盖了不同话语所言说的实质价值诉求的时代性差异,进而也否定了当今时代需要以人们共同的现代性生活情境所造就的个体主体价值,作为审视、分辨不同民族国家话语的根本基准。具体说到近代以来中西话语的差异,并不是因为民族文化的对立冲突,而是因为西方作为先发的现代性国家,已然建构了自己的现代性话语,而中国作为后发的现代性国家,依然延续着前现代话语,还没有建构起自己的现代性话语。就此回看,胡适所说的"我们必须承认我们自己……不但物质机械上不如人,不但政治制度不如人,并且道德不如人,知识不如人,文学不如人,音乐不如人,艺术不如人,身体不如人"[1]并不恰当。因为这根本不是中国文化落后于西方文化,而是当时中国文化落后于时代发展的要求,同样在话语问题上,根本不存在中国比西方低劣的问题,而是当时的中国话语没有言说现代性主体的诉求。

因此,当前中国哲学话语的建构最根本的是要实现传统哲学话语的现代转化,而不是纠缠于主体话语民族属性的优劣。毕竟当今进行中国哲学话语的建构是为了解决当今时代人类共同生活的问题,而不仅仅是为了一国一族的安宁,因为我们当下体验着的具体生活总是以全人类共处其中的当下时代情境为源头的。也就是说,"同一时代"作为共同生活的情境,不仅先行于某个人具体个别的生存遭际,而且先于民族、种族、国家、性别等等将共同生活区隔化的各种殊类情境,这就本然地要求当今的儒学话语与其他民族国家的话语

---

[1] 胡适:《介绍我自己的思想》,收入《胡适文集》第五册,欧阳哲生编,北京:北京大学出版社1998年版,第515页。

一样,所言说的根本内容都要以现代社会的主体价值为旨归。

(二)基于现代主体价值的批判

当然,这并不意味着我们否定主体话语的民族特质。事实上,这不仅是没必要的,也是不可能的。因为主体话语(discourse)并不是一种"以说话人的意志为转移的"的个人言语(personal parole),而是如福柯所说,具有明确、稳定形式的"陈述",以及由一系列陈述构成的系统性的"陈述群",其言说的内容虽然是"处在不断的更新之中,不断地有所发现、批评和纠正谬误;而已确定的形成的系统一直是稳定的",①而不会随着具体言说内容的变化而改变,其间即便是加入一些其他话语的语汇也不会影响一种话语的独立性,例如宋明儒学引入了一些佛教语汇,现代新儒家也借鉴了不少德国古典哲学的语汇,却依然是儒学话语,而没有因此变成佛教话语或西方哲学话语。

同时,主体话语也不同于作为"表达观念的符号系统"——语言(langue)②。因为一方面,任何一种语言都可以产生各种不同的话语,汉语本身就包含着很多话语,不仅诸子百家各有一套话语,社会的各行各业也各有不同的行业话语,例如政治话语、金融话语、历史话语等等;另一方面,不同语言也完全可以共享一种话语,比如既有讲日语韩语的日韩儒家,也有讲法语英语的欧美儒家,同时也有讲汉语的基督徒或佛教徒。也就是说,话语与语言之间不存在一一对应关系,是否保持儒学话语的特质并不在于是否采用汉语。

其实,从哲学角度看,主体话语根本是与思维进路,或曰思维方式相关联,而思维进路、思维方式作为一种思想的方法(approach)、途径(way),既具有历时的一贯性,也具有共时的公共性,即并不限于哪些人使用,或使用哪种语言,或思考哪些内容、表达哪种立场。正因如此,一种主体话语才能形成一套稳定的言说系统,或者说,主体话语就是一种直接体现其思维方式的言说系统。这使一种主体话语保持古今一贯性的同时,能够接纳和言说各种不同的价值内容。

但是这也就意味着:我们并不能根据选择何种主体话语来判定其言说的内容是否具有正当合理性。例如:当前儒学界呈现更为复杂的思想光谱就表

---

① [法]福柯:《知识考古学》,第51页。
② (瑞士)索绪尔:《普通语言学教程》,高明凯译,北京:商务印书馆1999年版,第37页。

明,不论是前现代的价值立场,还是现代的价值立场,甚或后现代的价值立场,都可以运用儒学话语进行论说,"儒学已沦为各派思想斗争的一种话语工具;换言之,人们是在用儒家的话语来表达截然不同的甚至截然相反的价值观念和价值立场"。① 对此,我们唯有回到当下的生活情境中,以当代主体价值为基准来考量各种主体话语言说内容的正当性;而只要其言说的实质内容顺应当下的社会历史情境,也即能够恰当表达当下社会的主体价值诉求,自然都有其存在的正当合理性。

在此前提下,不同的主体话语都有必要积极发挥自身言说的独特性,促进彼此之间借鉴、对话、会通和批判,就此在完善自身的同时,最终形成合力,多角度、多途径地推动人类价值共识的实现。我们也只有在这个意义上,发挥儒学话语的独特性,才能确保对现代西方话语批判的普遍有效性,也才会摆脱中西优劣比较的纠缠。换言之,建构当代儒学话语以及对现代西方话语的批判,必须立足于现代主体价值的时代共识,而不能囿于中西对峙的民族主义立场。

在这方面,福柯对于现代话语所确立的知识系统的批判,或对我们展开相关批判有所启发。他指出,在生产话语的过程中,每个环节都充斥着"权力和知识的合谋",由此所确立的"真理制度"就成为规训人们的话语权力。不过,话语权力本身是隐身的,大多借助治安和秩序呈现,因为现代社会是依靠学科化的知识形式和制度化的法律形式维持着秩序和治安。这就是说,话语名为表意系统,但往往在权力的暗中压制下变成一种"强加于事物的暴力",而权力的"暴虐就表现为'善'对'恶'、秩序对失序的公正的统治。"② 可以说,福柯"质疑的是与权力相关的知识循环与运作方式。简言之,就是质疑知识的体制。"③

福柯的批判一方面属于政治哲学层面,即对于现代社会的资本权力、政治权力界限的反思及其滥用的控诉,另一方面则深入到存在论层面,即对现代科技控制论的反思和控诉。就前一方面讲,他指出,"所有门类的知识的发展都

---

① 黄玉顺:《儒学之当前态势与未来瞩望》,《孔子研究》2018年第4期,第17—21页。
② (法)福柯:《知识分子与权力》,选自《福柯集》,第208页。
③ Michel Foucault: Power, Edited by James D. Faubion, Translated by Robert Hurley and others, Essential Works of Foucault(1954—1984) Volume Three, The New Press, New York, 1997, p. 330—331.(参考董政译文)

与权力的实施密不可分";[①]"权力……贯穿于事物,产生事物,引发乐趣,生成知识,引起话语。应该视权力为渗透于整个社会肌体的生产性网络,而不是将它看作一个仅仅行使压制职能的消极机构"。[②] 因此,权力的扩张直接造成对个人生存空间的压迫以及对个人精神的入侵,而且导致整个人类群体的分割和仇视。就后一方面讲,他认为,"在现代社会中,知识与权力的交织是最深入和全面的",[③]尤其是全覆盖性的网络大数据、人工智能等高科技等,作为一种尖端知识,与资本权力、政治权力等深度渗透、高度结合,已经形成了一个庞大的严密的规训技术体系。以科技为主导和核心的知识本身就成为控制和规训现代人的一种权力。

可以说,这种"一切均在话语中"(Nothing exists outside of discourse)的思想图景,意味着人们的一切都在知识与权力的规训控制中,社会如同一个"全场景监狱",每个人都是囚徒。这种偏激的观点让我们警醒地认识到,在现代社会,人们往往为了得到知识与权力的保护而不得不放弃隐私,为了自由而不得不接受知识与权力的规训,由是维护个体权利的公共权力反而成为现代主体的宰制,造福人类的科学技术也变为控制人类性命的"攸关技术",这样一套现代西方话语使个体最终沦为各界精英塑造和控制的大众(mass),而没有兑现个体主体价值承诺。

我们当然不必,也不可能像福柯那样消极地否弃一切知识与权力,而是从发展现代主体价值的目标出发,运用儒家的思考方式,即以仁爱为大本大源,尝试克服由现代科技为主导的知识体系和资本权力、政治权力所构成的社会规训系统的弊端,提供一种能够实现个体独立价值的儒学方案。就此而言,现代性的儒学话语对于现代主体价值的言说至少包括两个层面:一是从形下层面,对现代主体与知识、权力的关系作出儒学的解释,以确保知识和权力是维护现代主体价值的现实力量,而非现代主体的宰制;二是从形上层面,抵制科技对人自身的控制,以及遏制由此造成的人性对神性的僭越,重建对神圣超越者的敬畏。儒家要对这些内容进行有本有源的言说,并不能以儒家主体性为

---

① (法)福柯:《权力的眼睛:福柯访谈录》,严锋译,上海:上海人民出版社1997年版,第31页。
② (法)福柯:《米歇尔·福柯访谈录》,选自《福柯集》,第436页。
③ (法)福柯:《福柯说权力与话语》,陈怡含编译,武汉:华中科技大学出版社2017年版,第251页。

渊源，而是要复归到前主体性的本源言说中，以当下的生活情境中的本真领悟，才能得到有本有源的呈现。唯其如此，儒学话语才能积极回应当今时代人类共同的问题，而现代西方话语的宰制也是不攻自破的问题了。

综上所论，中国哲学话语的建构需要先行探究其得以可能的渊源，即要突入本源视域，揭示前主体性言说，从而明确前主体性言说总是在本源之处生发着主体话语所言说的实质内容，同时也引导着其时代性的更迭。因此不论中西，都需要以当下时代的主体价值为根本归旨，建构与之相宜的主体话语。据此而言，传统儒学话语并不是落后于西方，而是落后于时代，故当今建构儒学话语的根本在于实现传统儒学的现代转化，即以儒家的思维方式言说现代主体价值。唯其如此，我们才能在顺应时代的积极意义上，持守儒学话语的独特性，也才能在发展现代主体价值的普遍意义上，真正有效地批判现代西方话语。

从中西哲学的元问题看其对人类共同价值的不同贡献

郭沂

（韩国首尔国立大学哲学系）

一、哲学及其研究对象

作为舶来品，"哲学"并没有统一的定义。在中国哲学史学科奠基之作《中国哲学史大纲》中，胡适提出："凡研究人生切要的问题，从根本上着想，要寻一个根本的解决。这种学问，叫做哲学。"[①]将"哲学"的外延限定在"人生切要的问题"，显然过于片面。相比之下，张岱年的意见要合理得多："哲学是研讨宇宙人生之究竟原理及认识此种原理的方法之学问。"[②]在人生之外，加上宇宙的维度，更接近实际。冯友兰虽然在中国哲学史学科的另一部奠基之作《中国哲学史》中对哲学没有给出明确的界定，认为"知其内容，即可知哲学之为何物，而哲学一名词之正式的定义，亦无需另举矣"[③]，但是他在晚年的《三松堂自序》中，则有清晰的表述："哲学是对于人类精神生活的反思，人类精神生活所涉及的范围很广，这个反思所涉及的范围也不能不随之而广。这个范围，大概说起来，可以分为三部分：一部分是自然，一部分是社会，一部分是个人。"[④]这里的"自然"，相当于张岱年的"宇宙"，"个人"则相当于胡适和张岱年的"人生"。这样，在宇宙和人生之间，再加上社会的维度，就更加全面了。不过，从形成次序和逻辑关系来看，自然早于人类，社会由个人组成，因而也许以自然、个人、社会的次序为宜。

[①] 胡适：《中国哲学史大纲》，华东师范大学出版社2013年版，第2页。
[②] 张岱年：《中国哲学大纲》，中国社会科学出版社1982年版，第1页。
[③] 冯友兰：《三松堂全集》，河南人民出版社2001年版第2卷，第245页。
[④] 冯友兰：《三松堂全集》，第245页。

自然、个人、社会用中国传统哲学的概念如何表达呢？冯先生接着说："自然就是中国传统哲学中所说的'天'；社会和个人，就是中国传统哲学中所说的'人'；人和自然之间的关系就是中国传统哲学中所说的'天人之际'。人类的生活，无论是精神的或物质的，都是和'天人之际'有关系的，所以中国哲学认为'天人之际'是哲学的主要对象。"[1]我则认为，"自然"与"天"之间恐怕难以画上等号。冯先生曾经说："在中国文字中，所谓天有五义：曰物质之天，即与地相对之天；曰主宰之天，即所谓皇天上帝，有人格的天、帝；曰运命之天，乃指人生中吾人所无可奈何者，如孟子所谓'若夫成功则天也'之天是也；曰自然之天，乃指自然之运行，如《荀子·天论篇》所说之天是也；曰义理之天，乃宇宙之最高原理，如《中庸》所说'天命之为性'之天是也。"[2]在"天"之五义，只有物质之天和自然之天与"自然"相应，而其他三义，恐怕不是"自然"所能概括的。因此，中国传统哲学中的"天"涵盖自然又不限于自然。

哲学概念是由古希腊先哲首先提出来的，那就让我们看看亚里士多德对哲学的理解吧："假如自然所成各物以外别无本体，则自然科学（物学）将是第一学术；然而，世间若有一个不动变本体，则这一门必然优先，而成为第一哲学，既然这里所研究的是最基本的事物，正在这个意义上，这门学术就应是普遍性的。"[3]可见，哲学研究的对象包括两类事物，一是"自然所成各物"。对这一类事物的研究，为"自然科学（物学）"，也就是"第一学术"。二是"自然所成各物以外"的"不动变本体"。对这一类事物的研究，才是"第一哲学"。

由是观之，冯先生所说的自然、个人、社会，属于第一类事物。现代汉语中的"自然"，主要指自然界，也就是宇宙万物，即"自然所成各物"。人本属宇宙万物之一，但由于人为"我们"这一类事物，是认识的主体，所以才有必要将其从万物中区分出来。至于社会，则是由个体的人组成的群体。诚如冯先生所说："社会和个人就是中国传统哲学中所说的'人'"。也就是说，中国传统哲学中的"人"，包括作为个体的人和由个体组成的社会两个层面。然而，他说人和自然之间的关系，恐怕有失笼统。确切地说，人和自然的关系相当于中国传统

---

[1] 冯友兰：《三松堂全集》，第1卷，第210页。
[2] 冯友兰：《中国哲学史》（上册），中华书局1961年版，第55页。
[3] 亚里士多德著，吴寿彭译：《形而上学》，商务印书馆1959年版，第120页。

哲学中所说的人、物关系。"自然所成各物"也好,自然、社会、个人也好,人、物也好,都是并列的关系,所以我称之为哲学研究对象的横向维度。

然而,仅仅研究自然、个人、社会或人、物的学问,显然只是亚里士多德所说的"物学",还算不上严格意义上的哲学。哲学研究,更重要的是对自然、社会、个人或人、物背后的"本体"的探讨。胡适所说的"从根本上着想,要寻一个根本的解决"、冯友兰所说的"对于人类精神生活的反思",是否意味着对"本体"的探讨,至少从字面上是看不出来的。不过,张岱年所说的"究竟原理",当属这个层面,只是这个概念难以涵盖"本体"之义。众所周知,"原理"指具有普遍意义的最基本的规律。显然,"本体"并不局限于此。"本体"一词早在西汉时期的《京氏易传》中就已经出现,与"变体"相对,指本来的卦体,引申为事物的本身或原样。可见,这才符合亚氏所说"自然所成各物以外"的"本体"之义。其实,作为事物的本身或原样的"本体",已经蕴涵具有普遍意义的最基本的规律的意思。当然,亚里士多德所说的"不动变本体"和中国哲学所理解的"本体"是不一样的,前者为不变动的理念,后者为生生不息的宇宙万物之母。尽管如此,它们都属事物的本身或原样。就此而言,二者具有相同的性质。

中国哲学用"天""道"等概念来指称本体。因而,中国古人所说的"天人之际",主要着眼于作为本体的"天"和作为现象的人、物之间的关系。由于天和人、物之间是上下的、纵向的关系,所以我称之为哲学研究对象的纵向维度。当然,由于在中国古人看来,人、物皆由天所生,也就是说,人、物同源,因而"天人之际"也包含了人和物之间的关系,即横向维度。但相对于纵向维度,横向维度是次生的,也是次要的维度。

哲学研究对象的两个维度,可以用下图表示:

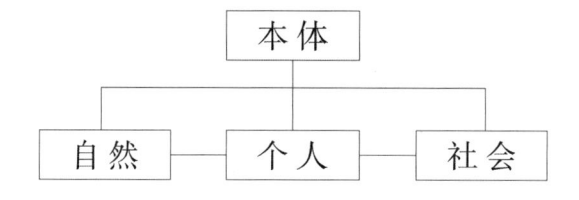

```
        本体
    ┌────┼────┐
   自然  个人  社会
```

此图只是表达了哲学研究对象的基本框架,但由于关注点有所不同,因此各种哲学对其取舍不同,增减亦异,由此形成了形形色色的哲学体系。

综合上述横向和纵向两个维度,参以胡适、张岱年、冯友兰、亚里士多德诸家之说,可以说哲学就是探讨自然、个人、社会及其本体的学问。就此而言,中国古人的"天人之际"算得上对哲学研究对象的最准确、最周延的界定了。它包含五个方面的内容,一是天,二是人,三是物,四是天人之间的关系,五是人物之间的关系。

据此,所谓中国哲学,就是指中国历史上所出现的探讨自然、个人、社会及其本体,表现为"究天人之际"的学问。不过,近代以来,西方哲学开始大规模传入中国,这使"中国哲学"概念变得复杂起来。为研究之便,本文的"中国哲学"概念限定于中国传统哲学。

从亚里士多德的表述看,本体论为第一哲学。在亚里士多德的有关著作被命名为"形而上学"后,人们通常把这个命题表述为形而上学为第一哲学。因此,形而上学是哲学的核心。既然如此,有无形而上学,也就成了判断一种思想是否哲学的标准了[①]。

形而上学有两个突出的特征,一个是亚里士多德所说的普遍性,另外一个是超越性。形而上学所研究的是宇宙万物的最终根据,它隐藏在现象的背后,是人们无法经验到的,因而是超越的。

宇宙万物是无限的,因而对其本体的理解与解释也具有开放性和无限性,任何一种文明、任何一个民族、任何一位哲学家,都可从自己的角度来探究之,从而给出不同的答案,建构出不同的哲学体系。这就是说,人类历史上之所以出现了形形色色的哲学,主要是由于它们所发现的本体的不同所导致的。

二、中西哲学的基本问题与元问题

那么,它们所发现的本体之所以不同,又是什么因素决定的呢?我以为,是问题意识。

谈起哲学的问题意识,人们首先想到的当然是哲学的基本问题。对此,恩格斯的经典表述是:"全部哲学,特别是近代哲学的重大的基本问题,是思维和存在的关系问题。"[②]他还进一步根据对思维和存在何者为第一性问题的不

[①] 近代以来,西方出现了"解构形而上学"的思潮,甚至"哲学的终结"的呼声也此起彼伏。但究竟应该如何评价这种思潮,恐怕有待时日。
[②]《马克思恩格斯选集》第4卷。北京:人民出版社1972年版,第219页。

同回答,把哲学划分为唯物主义和唯心主义两大阵营。对于这个判断,早有学者指出,这是恩格斯对西方哲学的总结,不一定符合中国哲学的实际。

如果不是思维和存在的关系,中国哲学的基本问题又是什么呢?许多学者倾向于天人关系。上引冯友兰所说"中国哲学认为'天人之际'是哲学的主要对象"已经蕴含着这层意思。钱穆在去世之前也特别著文强调:"中国文化过去最伟大的贡献,在于对'天''人'关系的研究。中国人喜欢把'天'与'人'配合着讲。我曾说'天人合一'论,是中国文化对人类最大的贡献。""我以为'天人合一'观是中国古代文化最古老最有贡献的一种主张","实是整个中国传统文化思想之归宿处。"①余敦康更明确指出,"一部中国哲学史就是围绕着天人关系这个基本问题而展开,由各种各样矛盾片面的看法及其相互之间的争论而构成的";"道家言天未尝不及于人,儒家言人往往上溯于天,他们的思想体系始终没有脱离天人关系这根主轴,从两家运思的方向及其所欲达到的目标来看,都是着眼于天人之合的。"②我认为,这个判断是正确的,天人关系的确是中国哲学的基本问题。

不过,尽管我们承认思维和存在的关系、天和人的关系分别是西方哲学与中国哲学的基本问题,但这恐怕仍然不是双方的终极问题或元问题,因为人们还可以进一步追问,西方哲学为什么要研究思维和存在的关系、中国哲学为什么要研究天和人的关系?在我看来,西方哲学之所以研究思维和存在的关系问题,是因为它要追究"这个世界是什么?"而中国哲学之所以要研究天和人的关系,则是因为它要说明"人应当如何活在这个世界上?"这才是中西哲学的元问题,才是决定中西哲学根本宗旨与特质的终极根源。换言之,中西哲学的基本问题不过是解决各自元问题的方式和途径而已。

亚里士多德的《形而上学》开宗明义:"求知是人类的本性。"③在此书中,他还阐述了对哲学何以产生的见解:"就从早期哲学家的历史来看,也可以明白,这类学术不是一门制造学术。古今来人们开始哲理探索,都应起于对自然万物的惊异;……他们探索哲理只是为想脱出愚蠢,显然,他们为求知而从事学

---

① 钱穆:《中国文化对人类未来可有的贡献》,转引自《中国文化》1991年第4期。
② 余敦康:《魏晋玄学史》,北京大学出版社2004年版,第3页。
③ 亚里士多德著,吴寿彭译:《形而上学》,第1页。

术,并无任何实用的目的。这个可由事实为之证明:这类学术研究的开始,都在人生的必需品以及使人快乐安适的种种事物几乎全都获得了以后。这样,显然,我们不为任何其它利益而找寻智慧;只因人本自由,为自己的生存而生存,不为别人的生存而生存,所以我们认取哲学为唯一的自由学术而深加探索,这正是为学术自身而成立的唯一学术。"①在这里,有几点值得注意。其一,哲学产生于"对自然万物的惊异",而这种"惊异",则出自人类的求知本性。其二,正是由于这种"哲理探索""起于对自然万物的惊异",因而它是纯知识的,非功利的,"并无任何实用的目的","不为任何其它利益而找寻智慧"。其三,这样一来,哲学产生的前提条件便是,"人生的必需品以及使人快乐安适的种种事物几乎全都获得了以后",也就是说哲学家们生活优渥,衣食无忧。可想而知,在物质条件充分得到满足的情况下,在求知本性的驱使下,哲学家们由"对自然万物的惊异"而不带有任何功利所探索的,只能是"自然万物"的真相。也就是说,其元问题只能是"这个世界是什么"。

不错,西方哲学也研究人事,但它是把人事作为客观对象来研究,以获得人事的知识为目的的。正如牟宗三所说:"希腊最初的哲学家都是自然哲学者,特别着力于宇宙根源的探讨,……至希腊第二期的哲学家才开始注重人事方面的问题,……然而,他们都以对待自然的方法对待人事,采取逻辑分析的态度,作纯粹理智的思辨。把美与善作为客观的求真对象,实与真正的道德无关。"②因此,西方哲学对"人应当如何活在这个世界上"的追问,也从属于"这个世界是什么"这个元问题。

中国哲学是如何产生的呢?在中国哲学乃至整个中华文明中,《易》乃大道之源。孔子在谈到《易》的成书的时候说:"《易》之兴也,其于中古乎?作《易》者,其有忧患乎?""《易》之为书……又明于忧患与故。""《易》之兴也,其当殷之末世,周之盛德耶?当文王与纣之事耶?是故其辞危。"(《系辞》下传)③司马迁在谈到往圣先贤著书立说过程时也有类似的描述:"文王拘而演《周易》;

---

① 亚里士多德著,吴寿彭译:《形而上学》,第5页。
② 牟宗三:《牟宗三全集》第28卷《中国哲学的特质》,台北:联经出版事业有限公司2003年版,第9页。
③ 笔者认为,《系辞》反映了孔子晚年的思想。详见郭沂:《从早期〈易传〉到孔子易说——重新检讨〈易传〉成书问题》,《国际易学研究》第3辑,华夏出版社1997年出版。

仲尼厄而作《春秋》;屈原放逐,乃赋《离骚》;左丘失明,厥有《国语》;孙子膑脚,《兵法》修列;不韦迁蜀,世传《吕览》;韩非囚秦,《说难》《孤愤》;《诗》三百篇,大抵贤圣发愤之所为作也。"(《汉书·司马迁传》)他还在《史记·孔子世家》中提到:"尝困于宋,子思作《中庸》。"不难看出,孔子和太史公所描述的境况和亚里士多德迥然有异。首先,中国哲学产生于忧患和危惧,所要解决的是现实人生和社会所面临的迫切问题。而要解决这些问题,必须首先懂得人生和社会,因而"人应当如何活在这个世界上"也就理所当然地成了中国哲学的元问题。其次,由于中国哲学所要解决的是人生和社会所面临的实际问题,这就决定了它具有明显的实用性和功利性。再次,基于以上两点,中国哲学的产生,并不依赖物质条件。恰恰相反,哲学家们往往是在生活困顿之中开始著书立说,并建构自己的哲学体系的。

既然中国哲学的元问题是"人应当如何活在这个世界上",那么它对"这个世界"也并不是漠不关心的,只是它往往是为了寻找人生和社会的根据才去进一步探索"这个世界"的。因而,在中国哲学中,对"这个世界是什么"的追问,是从属于"人应当如何活在这个世界上"这个元问题的。

三、中西哲学对人类共同价值的不同贡献

中西哲学的元问题虽然不同,但其出发点却都是现实世界。中国哲学产生于现实的人生和社会自不必说,亚里士多德所谓西方哲学"起于对自然万物的惊异",而"自然万物"也属于现实世界,这说明西方哲学的出发点也是现实世界。正如上文所述,形而上学是对现实世界背后的本体的探讨,因此哲学的核心虽为形而上学,但其出发点必在现实世界,也就是哲学研究对象的横向维度。如果我们用中国传统哲学中的人、物这对概念来指称现实世界的话,那么可以说西方哲学的元问题基于物("自然万物"),而中国哲学的元问题基于人(人生与社会)。

人本来是万物之一,因而在广义上,物也包含人。正是由于西方哲学的元问题为这个世界是什么,所以它把包括人在内的世间万物作为客观对象来研究。其实,精神和物质、思维和存在何者为第一性的问题,正是对客观世界亦即物的起源的追问。因此,西方哲学是站在物的立场上,把人作为万物之一来

研究的。换言之，它对人也是从物的角度来研究的。这种哲学，可称为泛物论或泛物主义①。

泛物主义有四个突出的特征。一是主客二分。由于这种哲学把包括人在内的世间万物作为客观对象来研究，而作为研究者的主体，则超然于被研究者之外，这样就必然拉开了双方的距离，造成主客两截乃至主客二分的局面。二是知识性。研究包括人在内的世间万物的结果，是形成了一套客观知识。因此，知识论是西方哲学的一个重要组成部分。三是思辨性。一套客观知识必然寄托于一系列语言概念，而语言概念则便于用来运用逻辑推导进行纯理论的思考。以上三点共同决定了西方哲学的第四个突出特征，这就是客观性。西方哲学不但把包括人在内的世间万物作为客观对象来研究并建构了一套客观知识和概念系统，而且它所追求的是客观的本体。

由于中国哲学的元问题是人应当如何活在这个世界上，因此它所关注的是这个世界对人的生存意味着什么，或者说这个世界与人的生存的关系，这样一来天人之际也就自然成了中国哲学的基本问题。也正因如此，中国哲学就难免从人的角度来探索客观世界。这种哲学，可称为泛人论或泛人主义。

与泛物主义相对应，泛人主义也有四个突出特征。一是主客合一。由于中国哲学往往是为了寻找人生和社会的根据才去进一步探索客观世界，因而可以说对客观世界的探索是对主体世界探索的延伸，对物的探索是对人的探索的延伸，这样就将主体和客体融为一体了。二是价值性。由于中国哲学的元问题是人应当如何活在这个世界上，而只有价值才能正确地引导人活在这个世界上，因而泛人主义所建构的是一种价值性的哲学。三是体验性。如果我们把人大致分为人生和社会两个方面，而社会是由个人组成的，因此在二者之间人生是第一位的。在这个意义上可以说人生是中国哲学的出发点。人们对客观世界和主观世界的认识方式是不同的，如果说对前者的认识方式主要是理性认知的话，那么对后者的认识则更多地出于感性体验。中国哲学正是将这种对人生的体验方式推广到整个哲学体系的，因而具有鲜明的体验性。

---

① 这里的"泛物主义"涵盖西方的唯心主义和唯物主义两派。此两派虽然对精神和物质谁是第一性的问题有不同见解，但立足点都是客观世界，尤其是物质世界起源的问题，所以可以统曰泛物主义。

四是主观性。不管是对主体世界的探索,还是对价值的追求,抑或对主观世界的体验,都是以主观性为前提的。

主观性往往意味着任意性和不确定性。既然中国哲学基于对自我生命的体验,而这种体验是因人而异、因时而异的,那么将其推广到社会生活乃至客观世界,所得到的结论也必然是形形色色的,这正是中国哲学丰富多彩的根源。

西方哲学既然以包括人在内的整个客观世界为研究对象,而判断客观世界理应有客观的标准,那么西方哲学所得到的结论是否一致呢?回答是否定的。客观世界可以分为两个层面,一是现象,二是现象背后的本体。前者是可以经验到的,因而具有一定的客观标准,为科学研究的对象;后者是超越的,没法经验到的,当然也就没有客观的标准。在这个意义上,对本体的判断,同样具有主观性和任意性,因而西方哲学同样是丰富多彩的。

人们通常将天人关系与主客关系混为一谈,以为主客二分意味着天人相分,主客合一意味着天人合一,因而西方哲学的特点是天人相分,中国哲学的特点则是天人合一。其实不然。天人关系是人和宇宙万物的关系,属于宇宙论的问题,而主客关系是认识者和被认识者的关系,属于认识论的问题,二者不是一个层面的问题。中国哲学讲天人合一,主要着眼于宇宙论,认为人和宇宙万物皆由作为宇宙本原的天或道所生,因而包括人在内的世间万物犹如一个巨大的家庭,混为一体。相比之下,西方哲学只是视人为宇宙万物之一,天和人之间无所谓相分还是相合,甚至天人关系并不是西方哲学所关注的问题。因此,以西方哲学为天人相分的看法,并不确切。如果可以把这种关系称作天人相分的话,又何尝不能说天物相分呢?只是这种判断毫无意义。

那么,泛物主义和泛人主义孰胜孰劣呢?由于二者的立场和出发点不同,因此它们各有所长,亦各有所短。借用中国古人的表达方式,可以说泛物主义蔽于物而不知人,而泛人主义则蔽于人而不知物。

评价哲学的一个重要标准,是其在解释现实生活中的效用。由于任何哲学的出发点都是现实世界,因而不管它有多高深,总要落实于现实生活,只是其落实的方式和路径或有不同。如果说体现泛物主义精神的西方哲学是从理论到实践的话,那么体现泛人主义精神的中国哲学则呈现为从实践到理论再到实践的模式。也就是说,西方哲学往往是哲学家们在摆脱了现实生活的纠缠之后,凭自己卓越超拔的智慧建构起来,然后再用以指导现实生活的。而中国哲学则是哲学家们一开始就陷入现实生活的纠缠,只是为了解决这些纠缠而建立起来的。当这种哲学一旦建立,便反过来指导现实生活。

就实效而言,以主客二分、知识性、思辨性和客观性见长的泛物主义显然在理性领域独领风骚,有利于物质文化的发展,因而近代科学发生于西方也就不足奇怪了——科学的研究对象正是大自然、正是天。不过,这种哲学在感性领域就相形见绌了,以致西方在人生尤其在作为人类精神生活的最高层面信仰方面,不得不依赖宗教的作用。与此不同,以天人合一、价值性、体验性和主观性见长的泛人主义在理性领域显得苍白乏力,这正是近代科学不能在中国自发产生的主要根源。然而,这种哲学却在感性领域大放异彩,不但建构了一套精致的人生学说,而且它本身就成为信仰。当然,这种信仰与宗教信仰有所不同。我把这种通过人自身、依恃人自身来实现,表现为哲学的信仰称为恃人信仰。鉴于宗教主要是借助他者,即依恃外在的神灵和偶像来培育和树立信仰,因而,相对于恃人信仰,我称之为恃神信仰[①]。另外,由于泛物主义是从物的角度来探究人的,因而很容易导致人的物化和异化。相反,由于泛人主义是从人的角度来探索物的,则较容易维护人的主体性。至于政治体制、制度规则方面,中西也是分别站在天和人的立场上来建构的。鉴于政治体制、制度规则为天人交界处,既有客观之理,又有主观之情,因而西方的民主政治和中国的贤能政治各有优劣,取长补短才是未来的发展方向。

[①] 详见郭沂:《"价值"结构及其分层——兼论中西价值系统的区别与融通》,《南国学术》2018 年第 3 期。

马克思与孔夫子：一个跨时空的相遇

何中华

（山东大学哲学与社会发展学院）

马克思和孔夫子作为两个象征，前者代表着马克思主义，后者代表着儒家学说。本文论述马克思与孔夫子的跨时空相遇，大体上从四个方面来展开：一是我们党百年来实现的"三个结合"，二是马克思主义与儒学相遇的历史必然性，三是马克思主义与以儒家为代表的中国传统文化相遇在时代性和民族性维度上存在的矛盾和一致，四是马克思主义同儒学会通的学理依据。了解这些内容，或许会有助于更深刻地理解马克思主义基本原理同中华优秀传统文化相结合。

一

第一个问题，我们党从1921年建立，到今天已经历了整整一个世纪。在这个百年历史中，我们经历了由"站起来"到"富起来"再到"强起来"的飞跃；与此相对应的，我们成功地实现了三个"结合"。

一是马克思主义基本原理同中国具体实际的结合。这主要是由毛泽东领导中国共产党人实现的，在实践上就表征为中国革命和建设取得的历史性成就。中国革命和建设的丰富历史经验，经过理论的反刍和升华，其成果就是毛泽东思想。刘少奇当年在延安说过：毛泽东思想就是马克思主义的"亚洲形式"。

作为马克思主义创始人，马克思和恩格斯反复强调，他们的学说不是可以到处套用的教条，不是死板和抽象的原则，而是行动的指南。恩格斯就曾明确指出："在我看来，马克思的历史理论是任何坚定不移和始终一贯的革命策略的基本条件;为了找到这种策略,需要的只是把这一理论应用于本国的经济条件和政治条件。"而"要做到这一点,就必须了解这些条件"[1]。除了要了解本国的经济条件和政治条件之外,还需要了解其文化条件。因为只有深入到文化层面,才能真正把握一个国家的具体国情。

从中国革命和建设的历史看,我们吃教条主义的亏不少。最典型的是王明所代表的"左"倾错误路线造成的惨痛教训,它从一定意义上导致了红军第五次反"围剿"失利而不得不进行长征。可以说,一部党的奋斗史,也是一部不断地同形形色色的教条主义进行斗争的历史。历史经验反复证明,什么时候我们坚持了理论联系实际,克服了教条主义的错误影响,什么时候中国的革命、建设、改革和发展的事业就取得成功;反之,我们的事业就会遭遇挫折。

当年毛泽东在延安撰写的两部哲学著作《实践论》和《矛盾论》,主要就是为了反对和清算党内的教条主义倾向的。我们回过头来看,历史之所以选择了毛泽东,一个重要原因就在于毛泽东熟谙中国国情。从某种意义上可以说,读不懂毛泽东就读不懂中国;反过来也一样,读不懂中国也就读不懂毛泽东。他之所以能够胜出,绝不是偶然的,归根到底就在于他始终立足于中国的具体国情,从中国具体实际出发,灵活地、创造性地运用了马克思主义。毛泽东区分了两种马克思主义,一种是"活的马克思主义",另一种是"死的马克思主义"。他主张的是"活的马克思主义",也就是同中国具体国情有机结合,指导中国人具体实践,从而能够在中国大地上生根开花结果的马克思主义。这种马克思主义才是有生命的,是一种活在中国人的具体实践中的学说。另一种则是教条主义式的马克思主义,它仅仅是把马克思主义当作一种与具体实际无关的、抽象的、不变的、超历史的理论教条而到处套用。这种马克思主义不过是书本上的马克思主义,它是没有生命力的。所以,中国革命和建设的历史实践之所以取得成功,其关键就在于从中国的具体国情出发,在实践上真正把马克思主义基本原理同中国具体实际有机地结合起来。

二是实现了社会主义和市场经济的有机结合。这主要是由邓小平领导我们党完成的。人们一般认为,社会主义同市场经济是无法结合的,因为前者以生产资料公有制为基础,后者是以生产资料私有制为基础,它们怎么能够兼容

---

[1]《马克思恩格斯选集》第四卷,北京:人民出版社1995年版,第669页。

呢？有西方经济学家认为，谁要是能够从学理上解决这样一个世界性和世纪性的难题，那么他就应该获得诺贝尔经济学奖。我们党恰恰在实践上成功地实现了这两者的有机结合。我们提出了在中国建立"社会主义市场经济体制"这一改革目标，并把它付诸实践。事实表明，我们正因此才取得了举世瞩目的伟大历史成就，从而达到了马克思当年所谓的"实践能力的明证"。

这一成功的结合，经过理论的反刍和升华，就形成了邓小平理论。如果没有这个结合，人们就完全无法想象今天中国老百姓的物质生活资料能够如此丰富。我们人还是那些人，还是那样的基础和条件，为什么仿佛一夜之间就能够创造出如此巨大的物质财富呢？不得不承认，其中的一个重要原因，就在于我们的社会主义制度充分借鉴和利用了市场经济体制的优点和长处。

从某种意义上说，所谓市场经济就是在人与人之间对稀缺资源进行配置的一种最有效率的制度安排。从历史上看，资本主义正是借助于市场经济创造了经济奇迹，极大地推动了生产力的空前发展。对此，马克思和恩格斯在《共产党宣言》中说得非常明白，他们指出："资产阶级在它的不到一百年的阶级统治中所创造的生产力，比过去一切世代创造的全部生产力还要多，还要大。"[1]其中的原因和秘密究竟在哪里呢？就在于资本主义充分利用了市场机制。社会主义与市场经济相结合，我们同样能够创造出巨大的物质财富。事实也充分表明，我们通过这种结合，的确创造了中国改革开放40多年来的经济奇迹。这一点谁都无法否认。

当然，把社会主义同市场经济相结合，仍然属于把马克思主义普遍原理同中国具体实际相结合这一范畴，但是它又带有新的特点。如果说社会主义制度安排的合法性仍然要由马克思主义来给出的话，那么市场经济就是我们中国特有国情所决定的一种选择。

三是把马克思主义基本原理同中华优秀传统文化相结合。习近平总书记在庆祝建党100周年大会上提出了"两个结合"的问题，特别是把马克思主义基本原理同中华优秀传统文化相结合突出出来，把它主题化。我个人认为，这是有其特定的历史原因和历史语境的，这大概可以从如下几个方面看：

首先，文化问题到了今天已经变得格外重要和突出，这是由人类历史演变

---

[1]《马克思恩格斯选集》第一卷，第277页。

的大趋势决定和要求的。20世纪末,美国学者亨廷顿曾发表《文明的冲突》一文,认为人类冲突的原因在古代、近代、当代是不一样的。人类冲突的最典型的形式就是战争。古代战争的爆发主要是由于经济原因造成的,例如掠夺财富、抢夺地盘;近代战争的主要原因就由经济转移到了政治,不同社会制度之间的碰撞、摩擦导致了冲突,引发了战争;到了当代,人类冲突的主要原因又从政治转移到了文化。在今天的历史语境下,文化问题已经关系到一个国家的国家安全和国家战略。任何一个有远见的国家领导人在作出选择和决定的时候,一定要有一种自觉的文化意识和文化眼光。正因此,美国另一位学者约瑟夫·奈就把文化看作软实力。

其次,这也是由中国现代化的历史发展的节奏决定和要求的。中华民族追求现代化应该追溯到1860年代,第一波现代化是洋务运动,也就是实业救国,寻求经济现代化,但甲午海战的失败宣告了洋务运动的破产。当时北洋水师硬件系统并不亚于日本,为什么被打得全军覆没、失败得一点尊严都没有?这对国人刺激很大。我们发现,这不仅仅是个经济问题,还涉及政治变革的问题。当时的日本已经开始"明治维新"了,我们还是封建王朝。由此"逼"出了中国的第二波现代化,也就是戊戌变法和辛亥革命,一是改良,一是革命,但它们都没有成功。"百日维新"随着戊戌六君子被押上了断头台而宣告破产。孙中山先生1925年去世的时候,是带着遗憾离开这个世界的。他的遗嘱是"革命尚未成功,同志仍需努力"。怎么努力呢?就是要改造国民性,所以又"逼"出了第三波现代化,也就是五四新文化运动。显然,中国现代化的重心经历了经济、政治、文化等三个环节的交替。改革开放以来,我们的现代化在一定意义上又重演了这一脉络和逻辑,其重心也是沿着经济、政治、文化依次展开的。

因此,无论从国际还是国内看,都交集在了一个点上,那就是文化问题。文化的结构类似于地球,大致分为三个层次,最外面的是地壳,这是物质文化,最核心的是地核,是精神文化,介于两者之间的是地幔,属于制度文化。马克思主义同中国具体实际的结合,也是从器物、制度、精神诸层面一步步深入的。所以,马克思主义中国化的深化和发展,必然要求触及中华优秀传统文化这个最内在的核心。可以说,马克思主义基本原理同中华优秀传统文化相结合,是马克思主义中国化内涵丰富和深化的必然诉求。马克思主义中国化不是"完成时"的,它是"进行时"的,是向未来敞开着的,它永远没有完结,而是需要不断地深化和拓展。

再次,这是我们走向文化自信的一种表现,也是这种文化自信的一个要求。晚清以来,我们被西方列强打败,中华民族有一种强烈的挫折感。随着"西学东渐",中华民族通过"西学"这面镜子,逐渐看清自己的面目,从而有了一种文化自觉。我们很多措辞,像"国学""中医""中国画"这些词,在古代是没有的,它们只是晚清以后的产物。这些称谓所指称的那些东西,我们古已有之,但原先从不这样称呼。所以,这些措辞的出现,其实就折射着东西方两大文明相遇这一特定历史语境。正是这种相遇,使中华民族的文化自觉成为可能。

但毋庸讳言,这种文化自觉一开始是表现为文化自卑的。晚清之际,我们的受挫极大地伤害了文化上的自尊。强烈的挫折感使我们出现了一种自卑的文化心理,这也是可以理解的。这种文化自卑一个主要表现,就是所谓的"全盘西化"论。对此,当年胡适虽然不是发明者但却鼓吹得最有力。当然,胡适也承认,他并不相信中国人能够百分之百地西方化。他甚至说,我在这里写"全盘西化"的文章,使用的仍然是中国的"文房四宝",身上穿的还是长衫。但为了改造中国文化,只好提出一个极端的口号来,其结果才能达成一个折中。这不过是一种策略上的需要罢了。尽管如此,这个口号一经提出,它在客观上就起到了全盘否定中国传统文化的负面作用,也就是让人觉得自己百事不如人,什么都不行。后来又出现了一种新形式,就是文化上的"自我殖民化"。比如中国人生产的一种产品,本来就是供中国人自己使用的,但在它的说明书什么语言都印上,就是不印中文。这并不是外国人强迫我们这么做的,而是我们自己心甘情愿这样做的。我认为,其中反映出来的文化心态,也是文化自卑的一种表现。

但是,在今天,中国国家实力的空前增长,使中华民族的国际地位不断提升。可以说,我们从未像现在这样接近中华民族伟大复兴这一历史目标和愿景。这一切,都使得我们的文化自信有了足够的底气。而且,中国传统文化不再是一个在现代化语境中的负面形象,随着西方后现代的来临,它的当代价值也愈加表现出来。比如,"天人合一"的古老智慧,有助于当代人类缓解人与自然之间的紧张;"以义制利"的价值取向,有助于当代人类在追求物质利益时有一种道义上的自我约束,从而优化人与人的关系;有关提升人生境界的理念,也有助于当代人类在心灵上找到安心立命的处所,如此等等。英国哲学家罗素说过,如果说西方文明的优点和长处是它的科学,那么中国文明的优点和长处就是它的健全的人生观。因此,我们提出文化自信决不是虚妄的,而是有充分理由的。在由文化自卑向文化自信转变的过程中,客观上要求我们必须把弘扬中华优秀传统文化格外突出地提上日程。

最后,实现马克思主义基本原理同中华优秀传统文化相结合,还是马克思主义中国化在新时代达到自为存在的需要。马克思主义传入中国,首先要让马克思主义说汉语,这本身就是中国化的第一步。海德格尔说过:"语言是存在的家"。一种语言就折射着一个民族的历史—文化存在。在此意义上,语言不是工具性的,它不是"用"而是"体";不是我们说语言,而是语言说我们,语言本身就建构着我们的存在方式。

拿汉语化了的马克思主义,来指导中国人的具体实践,这其实就是实践意义上的中国化。我们在这个过程中取得的丰富历史经验,经过理论的反思和升华,使其内在规律变成我们自觉把握了的内容,也就是深刻地揭示马克思主义中国化的具体机制、实现条件等规定。从总体上说,以前的中国化探索,往往是在"不知其所以然"的状态下实现的,我们甚至未曾刻意地去追求中国化,也没有完全自觉地把握这种中国化的内在机制及其边际条件。但是,要能动地建构 21 世纪的马克思主义,创造性地实现马克思主义中国化在新时代的进一步深化和拓展,客观上就要求马克思主义中国化实现由自发到自觉、由自在到自为的转变。这一转变有利于我们在马克思主义中国化的过程中少走或不走弯路,因而它也是马克思主义中国化走向更加成熟的一个重要标志。正是在这一历史语境中,我们格外地提出把马克思主义基本原理同中华优秀传统文化相结合的问题。

二

第二个问题,是马克思主义同儒学相遇的必然性。这个问题,我认为大致可以从学理的和历史际遇的这两个方面来看。

先从马克思的唯物史观来看。一是马克思考察人类历史的单位不是国别史,不是地域史,也不是民族史,而是全球史。应该说,马克思有一种自觉而清晰的全球视野,它涵盖了整个人类的历史。东方社会,包括俄国、中国、印度,并不处在马克思唯物史观的"盲区",中国也绝不是马克思唯物史观的一块"飞地"。所以,马克思主义传入中国,指导中国的革命、建设、改革和发展的实践,恰恰是唯物史观的题中应有之义,这并没有超出马克思当年的理论预期。

二是马克思在《德意志意识形态》"费尔巴哈"章中提出了一个重要论断,叫做"历史向世界历史的转变"。在马克思那里,不是说自从有了人类,就开始了"世界历史","世界历史"本身不过是人类历史发展到特定阶段上的一个产物。对此,马克思在《政治经济学批判·导言》中说得很明白。只有通过人类的普遍交往,不同民族、不同地域、不同国家的人们才能彼此连成一个有机整体,由此才开始了"世界历史"。"历史向世界历史的转变",其内涵非常丰富,其中的一个含义就是:西欧资本主义国家内部的雇佣劳动和资本之间的矛盾,通过"世界历史"而"溢出"国家的范围,外化为一种全球性的现象,即世界范围内的殖民国家与被殖民国家之间的矛盾。欧洲资本主义的殖民体系建立之后,整个世界就变成了一个"小村庄",也就是所谓的"全球化"。由此也可以理解,依附理论和世界体系论等发展学说,其理论根源为什么要到马克思的"世界历史"理论中去寻找。发达国家扮演的是资本家的角色,发展中国家扮演的是雇佣劳动者的角色。这样一来,看待革命的视野也被改变了。原来认为社会主义革命只能发生在资本主义最发达的国家,因为它的社会矛盾最尖锐、最容易激化。但是,由于"世界历史"的崛起,资本主义国家内部劳资之间的零和博弈,就"溢出"了国家的范围,变成了整个世界的基本结构,表现为发达国家和落后国家之间、殖民国家和被殖民国家之间的矛盾。马克思在《关于自由贸易问题的演说》中指出:"在任何个别国家内的自由竞争所引起的一切破坏现象,都会在世界市场上以更大的规模再现出来。"[①]他还说过:"如果说自由贸易的信徒弄不懂一国如何牺牲别国而致富,那么我们对此不应该感到意外,因为这些先生们同样不想懂得,在每一个国家内,一个阶级是如何牺牲另一个阶级

[①]《马克思恩格斯选集》第一卷,第228页。

而致富的。"[1]马克思说的就是这种情形。恩格斯也曾认为,随着"世界历史"的崛起,欧洲的发达资本主义国家,特别是像英国,它的无产阶级也在某种程度上被资产阶级化了。这一历史语境,决定了革命的重心开始由欧洲向东方转移。因此,社会主义革命最先发生在落后的东方殖民地国家和民族,就是顺理成章的事情,因为这里的人民群众最具有革命的诉求。俄国革命和中国革命之所以发生,其内在理由和历史必然性归根到底就是由"世界历史"这一格局决定的。就此而言,俄国革命也好,中国革命也好,都未曾超出马克思晚年的理论预期。它不是对马克思学说的证伪;恰恰相反,而是对它的证实。

三是马克思唯物史观还揭示了东方社会的亚细亚生产方式特点。按照马克思的说法,亚细亚生产方式的特征很多,但最突出的就是土地国有制,像《诗经·小雅·北山》所说的"普天之下,莫非王土;率土之滨,莫非王臣。"马克思在其晚年,也就是1881年,在给俄国女革命家、民粹派领袖查苏利奇复信中曾经建议,俄国可以利用建立在土地国有制基础上的"村社"制度的特点,"不通过资本主义制度的卡夫丁峡谷",直接过渡到共产主义,以避免资本主义制度带给人们的一切"波折"和"痛苦"。当然,马克思同时又指出,这种"跨越"必须以"移植来自资本主义制度的一切肯定的成果"为条件。因为"世界历史"的崛起也使得这种移植成为可能。必须强调的是,这个设想并不是马克思的一时心血来潮,它植根于马克思唯物史观的一贯立场和方法论原则。早在1877年,马克思在给俄国《祖国纪事》杂志编辑部的信中,就已经有过类似的说法。后来在1882年,马克思和恩格斯在为《共产党宣言》俄文版写的序言当中,又重申了类似的设想。应该说,这既是马克思一贯思想引申出来的一个结论,也符合其唯物史观的基本立场和方法论原则。马克思在思想上一旦成为马克思主义者,就从未发生过思想断裂,他的学说始终是一个有机的整体。按照马克思的这个设想,一方面是跨越,一方面是移植,两者缺一不可。

从某种意义上说,俄国革命和中国革命不过是执行了马克思晚年"政治遗嘱"罢了。"十月革命"胜利之后,列宁所采取的"战时共产主义",完成的主要是"跨越"的任务。但是,由于拒绝商品货币关系,结果导致效率低下,国民生产总值急剧下滑。实践迫使列宁作出调整,大致从1920年代初开始实行"新

---

[1] 同上书,第229页。

经济政策",从某种意义上说也就是利用资本主义的手段来发展社会主义。这完成的主要是"移植"的任务。从中国的情形看,新中国建国以来有前后两个30年,如果说前30年我们完成的主要是"跨越",那么后30年完成的则主要是"移植"。习近平总书记提出前后"两个30年"不能相互否定。为什么这样说?因为这前后两个30年是相辅相成、缺一不可的,它们在客观上共同完成了马克思晚年提出的那个设想。只有放在这样一个历史坐标当中去定位,我们才能真正看清并理解前后两个30年的实质和它背后的含义。因此,我们说马克思主义传入中国,并实质性地介入中国社会,改变和塑造了现当代中国历史进程,绝不是偶然的,它有其内在的必然性。

再从中国社会本身的历史际遇来看。晚清以降,西方列强凭借坚船利炮轰开了中国的大门。中华民族遇到了"三千年未有之大变局"(李鸿章语),遭受了前所未有的挫折和灾难。这使得一些中国人对本土文化失去了信心,我们发现老祖宗留下的遗产"不济事"了。这说明老路走不通。让我们殊难接受的是,中日甲午海战的惨败表明"学生打败了先生"。日本人为什么能够打败我们?原来是他们搞了"明治维新",它有一个口号就叫"脱亚入欧"。既然是日本学习了西方近代文明特别是先进技术才打败我们的,那我们也应该走这条路。近代以来的中国人始终有一个打不开的"文化情结":对于西方文化,我们是因憎而爱,所谓"师夷长技以制夷"(魏源语);对于本土文化,我们是因爱而憎,所谓"爱之深,责之苛"(鲁迅语)。

可是,走西方近代资本主义的路,客观上已不可能,主观上也不情愿。西方列强决不允许中国建立资本主义制度,走资本主义的路,以此来实现崛起和繁荣,从而形成一个旗鼓相当、势均力敌的对手同它分庭抗礼。对此,毛泽东在他的著作和访谈中已经反复指出过。这是客观上不可能。另一方面,主观上也不情愿。正当我们力图学习和模仿西方近代文明时,爆发了史无前例的第一次世界大战。这时我们突然发现,西方近代文明并不像原来想象的那么完美,它在带来福祉的同时,也导致了空前的灾难。具有反讽意味的是,第一次世界大战恰恰发生在20世纪所谓人类文明最昌明的时代。所以,梁启超当年带领一个庞大的考察团游历欧洲和美国,回来他写了一本书,叫做《欧游心影录》,宣布科学之梦破产了,对西方近代文明表示失望。科学及其代表的文化本来是一种拯救的力量,结果在第一次世界大战中却沦为人类自相杀戮的工具。因此,我们开始丧失对近代西方文明的信任。

老祖宗的路走不通,近代西方的路也走不通和不想走。那么,出路究竟何在呢?正是在这个时候,"十月革命一声炮响,给我们送来了马克思列宁主义"。我们党早期的领袖人物,也就是中国早期的马克思主义者,像李大钊、陈独秀、瞿秋白,包括毛泽东,都认为俄国十月革命为我们中国昭示前景,它代表了"第三条道路"或曰"第三种文明"。因为"十月革命"之路,既能够克服我们传统文化的弱点,从而使我们走向现代化,同时又能够摆脱西方资本主义文明的固有局限;它既能够使我们实现国家富强,又能够使我们实现民族独立。所以,"走俄国人的路",就成为当年中国最先进的志士仁人们的不二选择。

马克思的学说传入中国其实很早。有人考证,早在19世纪末就已经在当时的新闻纸上零星地刊登马克思和恩格斯著作的翻译片段了。为什么只是到了"五四"时期才发生决定性的影响呢?因为只有在那个时候,中国革命的合法性问题才真正被自觉地提上日程。马克思主义恰恰契合了中华民族在这一特定语境下的期待和诉求,从而成为中国人的历史选择。

三

第三个问题是马克思主义同中国传统文化相遇,在时代性和民族性维度上存在的纠结。我们一开始看这两种学说、两种文化体系,所得到的最直观的印象,无疑是它们彼此是冲突的。在时代性维度上,它们一个是传统的,一个现代的;在民族性维度上,它们一个是中学,一个是西学。两者不仅存在着古今之别,而且存在着东西之异。这种不相侔是一个很直观的文化事实。

但是,当我们对其有了相当深入的了解之后,就会越来越多地发现它们之间彼此内在会通的方面。这也符合我们一般的认知逻辑。比如,对于儒家和道家,我们一开始接触的时候,往往看到儒家是积极入世的、务实的,道家是出世的、空灵的。这是一个最直观的印象。但实际上,无论是儒家还是道家,它们所追求的最高境界都是自然而然,也就是"天人合一"。唯一的差别,仅仅是在次要层面上的分歧,即对究竟什么才是自然而然的境界的判断上存在差别罢了。在道家看来,人伦规范都是违背人的天性的繁文缛节;但在儒家看来,这恰恰不是繁文缛节,而是人之所以成其为人的内在本性的要求和体现,正是人之自然,不是人为强加的规定。所以,在看待马克思和孔夫子的关系问题上,也应该有这两个不同的层面,一个是直观的、表面化的,一个是本质的、深层次的。

从时代性维度来看,马克思主义同中国传统文化何以能够相通?这是因为马克思的学说本质上不是现代性的,而是后现代的。马克思终其一生的使命,就是批判和解构资本主义。在马克思所处的那个时代,资本主义就是所谓的现代社会,它构成现代性赖以产生和存在的最深刻的世俗基础和历史根源。毋宁说,现代性就是在资本主义社会土壤中孕育出来的一个产物。从某种意义上说,马克思的学说可谓是对现代性的一种釜底抽薪式的颠覆。在这个意义上,马克思的学说属于后现代范畴。那么,它同后现代主义又是什么关系呢?就试图解构现代性而言,两者有一致的地方;但马克思主义同后现代主义还具有本质区别,后者追求的是绝对的颠覆性和纯粹的破坏性,它不肯定任何东西,所以只能走向虚无主义,前者则是在破坏一个旧世界的同时还要建立一个新世界,它是一种辩证的否定。毋宁说,马克思主义是一种建设性的后现代主义,它并不导致虚无主义。

既然马克思主义具有后现代性,它就有了同作为前现代的儒家学说相遇的可能性了。辩证法讲的辩证否定,就是否定之否定,它意味着在更高的基础上向出发点的复归。马克思主义经过对现代性的否定,就在更高基础上向作为出发点的前现代复归。在这个意义上,马克思主义又有了同儒学相遇的逻辑可能性。

从民族性维度来看,西方文化也不是"铁板一块"。我们知道,20世纪西方哲学分为两大思潮,也就是科学主义和人文主义。从地域上说,前者主要是英美哲学,后者主要是欧洲大陆哲学。中国传统文化和欧洲大陆文化具有格外的亲和性。我们对英美传统存在着相当大的隔膜,因为它属于科学主义传统。所以,英美哲学传入中国之后,我们就很难把它消化掉。比如分析哲学、逻辑实证主义等等,我们现在总体上仍然局限于"说"分析哲学,介绍逻辑实证主义,而不是"做"分析哲学,接着逻辑实证主义讲,总之还只是个"旁观者"的角色。但是,欧陆哲学一旦传入中国就会发生实质性的影响,这种现象也非常耐人寻味。比如卢梭、康德、黑格尔,比如马克思、恩格斯,还有叔本华、尼采、海德格尔、萨特等等,他们的学说一旦传入中国,我们不再像是一个"旁观者",而是作为一个"参与者"实现一种体认式的把握。马克思主义是欧洲大陆文化的产物,这不能不影响到它同中国传统文化的关系。

四

最后一个问题,就是马克思主义同儒学会通的学理依据。我着重从三个方面来展开。

第一,无论是马克思主义还是中国传统文化,都高度推崇实践。中国很多学者都把中国传统社会说成是一种礼治的社会。应该说,这个观点是符合历史事实的。"礼"究竟是法律还是伦理秩序呢?我个人认为,它是法律和伦理分化之前的一种更原初的规定,后来才由此演化出法律,演化出伦理道德。按照《说文解字》的诠释,"礼"训为"履",也就是人穿的鞋子,引申为走路、践履、实践,所以礼治的社会必然是特别强调实践的。我们知道,"仁"和"礼"构成孔子学说的两个核心范畴,仁是内在的,礼是外在的,两者是表里的关系。仁赋予礼以合法性和内在根据;反过来遵循礼、践履礼,则能够激发道德的觉解,激发对仁的自觉。前者是一种逻辑学预设,后者是一种发生学的顺序。仁义道德属于实践的领域。《礼记·曲礼上》曰:"道德仁义,非礼不成。"在古希腊哲学家亚里士多德的知识分类当中,道德就被归类于实践知识。一直到康德,道德的形而上学问题被归结为"实践理性"的范畴。人的德性归根到底是"养成"的,而不是"学成"的。所以,道德一定是实践性的,它必须在实际的生活中才能培养出来。一个人是无法通过理论的学习,就能够变成一个君子的。

儒家所追求的是人的道德人格的成就,这一根本旨趣注定了它格外地凸显实践的优先地位。据司马迁《汉书·孔子世家》记载,孔子从小就喜习礼,所谓"孔子为儿嬉戏,常陈俎豆,设礼容"。对"礼"的践履,构成人的道德自觉的条件。大家知道,20世纪最典型的一位儒家就是梁漱溟先生。美国汉学家艾恺写过一本梁漱溟传记,题目就叫《最后一个儒家》。20世纪研究儒学的大师级人物多的是,为什么单单说梁先生才是一位真正的儒家呢?因为梁漱溟认为,"儒学即生活"。在他看来,儒学不是理论的,而是生活本身。梁漱溟不是坐而论道,而是躬行实践,他在山东邹平搞乡村建设试验。正因此,梁漱溟才有资格被称作"最后一个儒家"。

从高度重视实践来说,马克思主义也不例外。马克思把自己所创立的新哲学就命名为"实践的唯物主义"。马克思从未把它称为"辩证唯物主义",那不过是工人理论家狄慈根的说法。可以说,马克思主义哲学的最本质、最核心、最突出的特点就是推崇实践。在《关于费尔巴哈的提纲》中,马克思把自己的哲学称做"把感性理解为实践活动的唯物主义",也就是"实践的唯物主义"。而这个《提纲》,恩格斯把它说成是"包含着新世界观天才萌芽的第一个文件",由此可见是多么重要。它是马克思1845年春在布鲁塞尔写的,一共11条,其中的最后一条大家都熟悉,就是"哲学家们只是解释世界,问题在于改变世界"。马克思去世后,这句话被作为他的墓志铭。可以说,这句话就穷尽了马克思一生的哲学主题。马克思所主张的新哲学,就是基于并且为了"改变世界"的。按照马克思的说法,所谓"改变世界"也就是实际地反对和改变现存的一切。

纵观马克思的一生,他所扮演的角色就是一个"革命家"。1883年,马克思去世后下葬的时候,恩格斯在他的墓前发表过一篇著名的讲话,其中说"马克思首先是一个革命家"。为什么这么说呢?不是因为马克思天生就有革命的偏好,而是说马克思所秉持的哲学立场,内在地要求他必须扮演一个革命家的角色。革命家显然是起而实行的实践家,而不是坐而论道的理论家。马克思说实践的唯物主义者也就是共产主义者,他把这两者看作同义词。如果说实践的唯物主义者是一个哲学家角色,那么共产主义者就是一个革命家角色。在马克思那里,这两者是高度地集于一身的。对于马克思主义及其哲学来说,实践具有本质的地位和意义。

实践唯物主义为我们提供了一种真正有效的批判方式。马克思的时代就是一个批判的时代,大家都在那里"批判"。康德是德国古典哲学的第一个代表性的哲学家,他的三本代表作就是三大"批判"。和马克思大致同时的浪漫派思想家施莱格尔就说过,"批判"这个词在我们这个时代已经被用烂了。马克思认为他之前的批判方式主要有两种,它们都是苍白无力的,因而是无效的。一种是逻辑的批判,这主要是以青年黑格尔派的思想家为代表,他们天真地认为只要在人的大脑中置换掉几个概念,现实就会为之改观。但马克思说,物质的力量只能用物质的力量才能摧毁,思想不能改变什么。所以,这种思辨的批判是无济于事的。马克思为什么要同青年黑格尔派决裂?一个重要的原因就在于他看透了这些思想家的批判方式的虚假性,马克思认为他们虽然口头上激进地把"革命"口号喊得震天响,其实却是一批最大的保守派,因为他们不过是用一种新的解释来重新肯定现存的一切罢了。另一种批判是道德的批判,它的代表就是费尔巴哈和德国的"真正的社会主义者"。这种批判方式对现实也不满意,但仅仅局限于诉诸对现实的道德谴责。马克思和恩格斯把这种批判方式讽刺地叫做"爱的呓语"。马克思提供了第三种批判方式,那就是实践的批判,亦即实际地反对和改变现存的一切,诉诸感性活动去真正地变革现存事物。只有这种批判方式才是彻底和完备的,从而也才是有效的。因为它针对的不是结果而是原因,它是一种釜底抽薪式的批判。例如,马克思认为,要想批判宗教,不能直接针对宗教本身去批判、去否定,而是应该把派生宗教的社会根源给实际地解构掉,那么即使不去直接批判宗教,它也就自然而然地消亡了,因为"皮之不存,毛将焉附"。这种实践的批判就是马克思所主张的实践唯物主义所特有的一种批判方式,只有这种批判方式才能在实践中获得证明,这也就是马克思所谓的"实践能力的明证"。由此可见,在推崇实践这个方面,马克思主义和儒家的确有其一致的地方。

第二,"天人合一"和马克思学说的内在贯通。儒家讲究"天人合一"。其实不止儒家,儒道释之最高境界,都是主张"天人合一"的。钱穆先生认为,中国文化的实质,可以"一天人,合内外"六字尽之。"天人合一"作何理解呢?中国古代典籍赋予"天"的含义很多,我认为"天人合一"在儒家语境中大体上有两种含义:一种是天和人作为两个实体,它们之间要和谐和统一。天作为实体就是自然界,人作为实体就是人类,人类要和大自然之间保持和谐与统一,这是天人合一的第一层含义。另一种是境界意义上的"天人合一",天和人是两种不同的状态和境界。天是自然而然的、非人为的状态,人是非天然的、人为的状态。中国文化尤其是儒家特别强调最大限度地祛除人为性,以回复到自然而然的境界上去。《庄子·秋水》说:"牛马四足,是谓天;落马首、穿牛鼻,是谓人。"一匹马长了四个蹄子,一头牛长了一只鼻子,这就是天。因为它是本来如此的，不是人为强加给它的。搞了一个笼子把马头套起来，找一条绳子把牛鼻子穿起来，这就是人了，因为这不是它本来如此者，而是人为强加给它的。

在中国传统文化看来，凡是人为的都是糟糕的，都把本真的状态给遮蔽掉了，因此也就变得虚伪了。汉字的"伪"字，就是人为的意思，凡是人为的都是虚伪的。道家推崇的最高境界就是"赤子之心""婴孩状态"。婴儿最纯真，他吃饱了一定安详，饥饿了一定啼哭，这就是天的境界。成人就比较虚伪，因为他学到的繁文缛节把本真的状态给遮蔽掉了。所以《庄子·田子方》上说："哀莫大于心死"。最大的悲哀不超过"心"死掉了。当然，这个"心"不是指肉体的心脏，而是指本真的原初状态。"赤子之心"被遮蔽了，这是最大的悲哀。

那么，马克思意义上的"天人合一"又意味着什么呢？我认为，它主要表现为两个方面：一是马克思主义哲学肯定人的本质力量的对象化，或者说是自然界的人化，马克思把它称作"人类学的自然界"。它意味着人在自然界中打上自己的意志和意识的烙印，使其变成人的活动的产物，也就是人的创造物。一是马克思主义哲学还追求人本身的自然化，它意味着人必须摆脱其非自然的状态，使自己能够按照自身的内在必然性去生存，从而实现人的历史解放，也就是人的真正的自由。人的自然化是相对于人的不自然而言的。所谓人的不自然，就是说人受制于一个外在于他的、作为异己之规定的"他者"的支配和宰制，这也就是人的异化状态。所以，马克思终其一生的哲学使命，就是克服和扬弃人的异化状态，使人达到历史的解放和真正的自由。人一旦走向异化，就陷入奴役和不自由的状态，也就是被一个异己的他者外在地支配和决定。什么叫自由？所谓自由也就是由自，由自己，自己使自己成其为自己，这就是自由。自由也就是自然。"然"是一个肯定词。自然意味着自己使自己成其为自己，换句话说也就是自由。

同样一个状态，是不是自由的，关键在于下达指令的来源到底是内在的还是外在的。如果是内在的，那就是自由，是自己决定自己，自然而然。如果是外在的，那就是奴役，就是不堪忍受的负担。这就是自由和奴役的区别。马克思认为，人在其存在的历史展现过程中必然要经历一个异化的阶段，处于这个阶段上的人，就陷入奴役状态之中，从而变得"不自然"了。因此，马克思把人类的历史解放作为自己整个学说的根本的出发点和归宿。只有使人摆脱这种异己化的状态,历史地扬弃异化,从而复归到人的自然而然的自我支配上来,才能实现人的自然化。马克思说:"人以一种全面的方式,就是说,作为一个总体的人,占有自己的全面的本质。"①按照马克思的说法,这也就是所谓的"人性的复归"。它意味着人的历史解放和自由的来临,即马克思意义上的理想社会的状态及其性质。

可见,马克思一生所孜孜以求的,一个是自然界的人化,另一个就是人的自然化。自然界的人化为人的自然化的实现奠定历史基础。因为人类改造自然,积累物质财富,为人的历史解放提供前提。马克思在《黑格尔法哲学批判·导言》中就说过,革命需要被动因素,需要物质基础。这正是唯物史观的核心之所在。人的历史解放不是想象出来的,不是任意,它必须有客观的物质条件作基础。马克思在《德意志意识形态》中也说过,建立共产主义实质上具有经济的性质。它归根到底是由自然界的人化来提供的,其归宿和目的就在于实现人的自然化。马克思在《1844年经济学哲学手稿》当中说过,彻底的人道主义就等于彻底的自然主义;反过来也一样,彻底的自然主义也就等于彻底的人道主义。所谓彻底的人道主义就是"人",而所谓彻底的自然主义就是"天",这两者在马克思那里是完全统一的。我认为,这就是马克思意义上的"天人合一"。

第三,"大同社会"愿景同"共产主义"理想会通的可能性。《礼记·礼运》上有一段很有名的话:"大道之行也,天下为公,选贤与能,讲信修睦。故人不独亲其亲,不独子其子,使老有所终,壮有所用,幼有所长,矜寡孤独废疾者皆有所养。男有分,女有归。货恶其弃于地也,不必藏于己;力恶其不出于身也,不必为己。是故谋闭而不兴,盗窃乱贼而不作,故外户而不闭,是谓大同。"应该说,这段话很好地刻画了儒家心目中的社会愿景,它也是中华民族自古以来所追求的理想中的社会状态。我认为,社会学家费孝通先生所说的"各美其美,美人之美,美美与共,天下大同",可以很好地诠释儒家所主张的这种社会理想的深刻内涵。

那么,马克思意义上的"共产主义"又意味着什么呢?马克思对于共产主义有不同的称谓,《德意志意识形态》所说的"真实的共同体",《共产党宣言》所

---

① 马克思:《1844年经济学哲学手稿》,北京:人民出版社2000年版,第85页。

说的"自由人的联合体",《资本论》第三卷所说的"自由王国",指的都是"共产主义",它意味着人的历史解放的来临、人的自由的彻底实现。早在《1844年经济学哲学手稿》中,马克思就提出,共产主义意味着人的个体和类之间矛盾的彻底解决。在他看来,人之所以陷入不自由,亦即奴役或异化状态,就是因为人的个体和类之间互为外在化,从而陷入彼此的对立,这表征为特殊利益和普遍利益之间的矛盾。作为外在于个体的人的特殊利益的规定,普遍利益是一个异己的他者来支配和决定个体的人,由此造成了人的异化,使人陷入奴役状态,也就是人的自由的丧失。作为这个矛盾的历史的克服和扬弃,共产主义意味着特殊利益只有以普遍利益为中介才能实现自我肯定;反过来,普遍利益也只有通过特殊利益才能肯定自身。如此一来,它们就变成一种内在的互为中介、互为条件的关系。所以,在共产主义条件下,人的个体自由必须以共同体的自由为绝对前提,反过来也一样,共同体的自由也必须以人的个体自由为绝对前提,它们是相互肯定、相互成就的关系。不然,人的自由就只能是一句空话。

一方面,马克思说:"每个人的自由发展是一切人的自由发展的条件"[①];另一方面,马克思又说:"只有在共同体中,个人才能获得全面发展其才能的手段,也就是说,只有在共同体中才可能有个人自由。"或者说,"在真正的共同体的条件下,各个人在自己的联合中并通过这种联合获得自己的自由"[②]。这充分表明,人的个体与类的矛盾的彻底解决,就是两者的双重解放。它们互为条件、互为中介,其关系不再具有外在的、异己的性质。如此一来,一个人的自我实现不再以牺牲和否定他人的自我实现为条件,而是以肯定他人的自我实现为条件,反之亦然。这也就是说在人与人之间、人的个体与类之间,不再是相互否定的关系,而是变成了相互肯定的关系。这不正是儒家所孜孜以求的那个"大同理想"吗?由此也就不难理解,马克思主义传入中国后,为什么中国人对它没有一种陌生感。当时进入中国的西方思潮不下几十种,马克思主义之所以能够最后胜出,其中的原因何在呢?我们对于马克思主义之所以格外具有认同感,在社会愿景和社会理想层面上的一致性,无疑是一个很重要的原因。

---

① 《马克思恩格斯选集》第一卷,第294页。
② 同上书,第119页。

绵延与转化：钱穆先生的中国文化观及世界意义

孔德立

（首都师范大学哲学系　尼山世界儒学中心孟子研究院）

中国文化作为世界文化的重要组成部分，既具有人类文化演变的普遍性，又具有自身的独特性。中国文化的独特性从纵向的历史发展中，表现为绵延不绝、从未中断的特征；从横向的社会生活中，表现为入世情怀与宽厚包容的精神。当前，人类社会正处在一个新的百年未有之大变局的时代，面对不可预测的各种风险，加强中外文化交流与对话，在当前显得尤为重要。

一、文明与文化

开展文化交流与对话，首先要搞清楚文化是什么？或许有人认为这不是一个问题，但是，何谓"文化"？"文明"与"文化"的区别是什么？确实又是现实存在的问题。以往有中外学人曾关注这个问题，如英国著名的社会人类学家马林诺夫斯基，1936年写出《文化论》初稿，书中指出："'文化'一词有时和'文明'一词相混用。但是我们既有这两个名词，最好把他们分别一下，'文明'一词不妨用来专指较进展的文化中的一特殊方面。"[①]1948年，钱穆先生提出，"'文明''文化'两辞，皆自西方移译而来。此二语应有别，而国人每多混用。大体文明文化，皆指人类群体生活言。文明偏在外，属物质方面。文化偏在内，属精神方面。故文明可以向外传播与接受，文化则必由其群体内部精神累积而产生。"[②]

这两位著名学者都指出"文明"与"文化"不应该混用，都发现了"文明"与

[①] [英]马林诺夫斯基著，费孝通等译：《文化论·译序》，北京：中国民间文化出版社1987年版，第2页。
[②] 钱穆：《中国文化史导论·弁言》，北京：商务印书馆1994年版，第1页。

"文化"之间的差异。马林诺夫斯基是从广义上分析"文化"的概念,认为"文化是指那一群传统的器物,货品,技术,思想,习惯及价值而言的,这概念实包容着及调节着一切社会科学。"①如果我们把马氏所说的"文明"属于"文化中的一特殊方面",从他给出的"文化"概念中剥离出来,那应该就是"文化"中的"器物、货品"。这些为人们所见的,又可称之为物质文化。如果用钱穆先生的讲法,这些物质文化称之为"文明"。

我们对文化与文明所指内容试作概括。首先,文化为人类所创造,在所有生物种群中,为人类所独有。其次,文化包含人类制造的工具与器物等物质层面的存在,也包括制度、思想与思维方式等精神层面的意识,以及与之密切相关的伦理道德、礼法规范、文学艺术、宗教神灵等方面的内容。再次,物质器物层面的文化在满足人类身体需求方面具有普遍性,精神意识层面的文化在满足人类精神需求方面具有差异性。因此,为了区别与表述方便,物质器物层面的文化可以称为文明。最后,支撑衣食住行等层面的文明,可以直接移植、借鉴,支撑精神与思想层面的文化因其地理空间、历史传统、社会结构等因素而带来的差异,应该彼此尊重,互相交流,经过长时间的深入接触之后,才可能融合为新的文化。

中国古代典籍《尚书》与《周易》中有"文明"一词,"文化"则是从《周易·贲卦》中集出来的。中国古代的"文"既包括自然现象(天文),也包括人类社会创造的成果(人文)。天文背后有天道秩序,人文背后有人道规则。道家主张人道效仿天道,儒家重视人道教化。孔子以"文行忠信"教弟子,其"文"应该指的是三代以来的诗书礼乐以及人道教养。相比西方古代重视抽象、理性、逻辑与科学,中国古代更关注现实经验的社会与人生。就此而言,对于中国古代的社会发展的成果,用"文化"表述更为合适。

二、绵延与转化:钱穆先生的文化观及其启示

钱穆先生在其《中国文化史导论》的《弁言》中指出:"'文明''文化'两辞,皆自西方移译而来。此二语应有别,而国人每多混用。大体文明文化,皆指人类群体生活言。文明偏在外,属物质方面。文化偏在内,属精神方面。故文明

---

① [英]马林诺夫斯基著,费孝通等译:《文化论》,第2页。

可以向外传播与接受,文化则必由其群体内部精神累积而产生。"①文明的英文是 Civilization,释义 a society that is well organized and developed. 指文明社会。② 文化是 Culture,含义是 the ideas, beliefs, and customs that are shared and accepted by people in a society.③不难发现,Civilization(文明)侧重总体上的社会特征,Culture(文化)则是社会中较为深层次的思想、信仰、习俗等内容。这正与宾四先生所指出的"文明偏在外,属物质方面。文化偏在内,属精神方面"是一致的。

宾四先生总结了人类文化的三种形态,即游牧文化、农耕文化、商业文化。他说:"游牧文化发源在高寒的草原地带,农耕文化发源在河流灌溉的平原,商业文化发源在滨海地带以及近海之岛屿。三种自然环境,决定了三种生活方式,三种生活方式,形成了三种文化型。"④在此基础上,宾四先生把游牧与商业文化归为一类,农耕文化为一类。这种划分的标准是从不同文化对待人己关系与天人关系上出发的。

在此基础上,宾四先生分析了它们各自的文化特征。"游牧、商业起于内不足,内不足则需向外寻求,因此而为流动的,进取的。农耕可以自足,无事外求,并必继续一地,反复不舍,因此而为静定的,保守的。"草原与滨海地带的不足,遂激发出"战胜与克服欲",并随之促进"工具"的发展,如草原民族的马,滨海民族的船。在世界观与人生观方面,产生强烈的"对立感",对自然的天人对立,对人类的敌我对立,因此在哲学心理上之必然理论则为内外对立。"于是而'尚自由','争独立',此乃与其战胜之要求相呼应。故此种文化之特性常见为'征伐的'、'侵略的'。"农业文化与游牧、商业文化不同。"农业生活所依赖,曰气候,曰雨泽,曰土壤,此三者,皆非由人类自力安排,而若冥冥中已有为之布置妥帖而惟待人类之信任与忍耐以为顺应,乃无所用其战胜与克服。故农耕文化之最内感曰'天人相应''物我一体',曰'顺'曰'和'。其自勉则曰'安

---

① 钱穆:《中国文化史导论·弁言》,第1页。
② 英国培生教育出版有限公司编:《朗文当代高级英语辞典》,第317页,外语教学与研究出版社,2004年。
③ 英国培生教育出版有限公司编:《朗文当代高级英语辞典》,第457页。
④ 钱穆:《中国文化史导论·弁言》,第2页。

分'而'守己'。故此种文化之特性常见为'和平的'。"①

与之哲学思想相适应,三种文化各自有其生活目标之向往。"游牧、商业民族向外争取,随其流动的战胜克服之生事而俱来者曰'空间扩展',曰'无限向前'。农耕民族与其耕地相联系,胶着而不能移,生于斯,长于斯,老于斯,祖宗子孙世代坟墓安于斯。故彼之心中不求空间之扩张,惟望时间之绵延。绝不想人生有无限向前之一境,而认为当体具足,循环不已。其所想像而蕲求者,则曰'天长地久,福禄永终'。"②

在此社会目标指引下,游牧与商业文化表现为追求富强,农耕文化表现为安足。"富者不足,强者不安,而安足者又不富强。以不富强遇不安足,则虽安足亦不安足,于是人类文化乃得永远动荡而前进。"③农耕文化的"安足静定"与游牧、商业文化的"富强动进"正相冲突,因此,古代农耕民族之大敌,常为游牧民族。近代农耕民族之大敌,则为商业民族。纵观中国历史的演进,在古代时期,中原民族的最大威胁,一直是北方的游牧民族。近代以来,所遇到的强敌就是来自西方的商业民族。

1993年夏,亨廷顿发表 *The Clash of Civilizations?*(《文明的冲突》),认为现代全球政治,应当从世界不同宗教与文明间的深刻冲突来理解。亨廷顿观察国家间政治的视角,与其说是文明的视角,不如说是文化的视角。文明冲突的根源在于文化的冲突。如果从宾四先生分析的三种文化观来破解亨廷顿的文明冲突论,实际上就是商业民族的"富强动进"与农耕民族的"安足静定"之间的文化冲突。冲突的起因在于商业民族内在的向外诉求的利益造成的。

冲突能否化解?按照宾四先生的讲法,"然人类生活终当以农业为主,人类文化亦终必以和平为本。故古代人类真诚的文化产生,即在河流灌溉之农耕区域。而将来文化大趋,亦仍必以各自给足的和平为目的。"④美好的生活必然向往和平。和平本应成为全人类的追求。以此而言,根植于农耕文化的和平理想为人类的永续发展指明了方向。以此而言,科学的发展,技术的进步,耕作方式的提升,生活方式的改变,甚至农业产值所占国民生产总值的比重下

---

① 钱穆:《中国文化史导论·弁言》,第2—3页。
② 钱穆:《中国文化史导论·弁言》,第3页。
③ 钱穆:《中国文化史导论·弁言》,第4页。
④ 钱穆:《中国文化史导论·弁言》,第4页。

降,就说明农耕文化落后了的说法,没有领悟到农耕文化精髓。

以此而言,西方商业民族近现代以来的对外侵略与殖民之路,是在"工具"之下的"空间扩展"。但这种商业民族的"空间扩展"如果从历史长时段上来看,终究无法和农耕民族的"时间绵长"来相持。近现代西方国家的此消彼长,就说明了"富强动进"的文化,其"兴也忽焉,亡也忽焉"。

古代的农耕民族不独有中国,还有古代埃及、巴比伦等地。那为什么只有中国的农耕民族与文化绵延而不绝。宾四先生认为,农业文化有大型、小型之别。古代埃及、巴比伦等皆为小型农国,其内部发展易达饱和点,其外面又不易捍卫强暴,因此古代小型农国之文化生命皆不幸而夭折。独中国为古代唯一的大型农国,因此其文化发展,独得绵延四五千年之久,至今犹存。

中国的农耕文化历经几千年之演进,经历一个阶段的外界刺激与冲突之后,进入一个新的发展阶段,再经历一个阶段的外界刺激与冲突之后,又进入一个新的发展阶段。如此往复周行,不断演进。从演进的结果看,每一历史时期,均有新的文化成果呈现出来。中国人的文化是中国人生活方式,是沉淀在内心深处的,在一定时期、特定时间内不断呈现出来的精神追求。比如,与农耕文化密切关联的二十四节气,各种节日,均有特定的文化符号与标识。刚过去的中秋节,无论哪里的中国人,一句"海上生明月,天涯共此时"就把大家的心连在了一起,节日送去祝福,月饼寄托相思。这就是文化情结。从这个意义上,宾四先生所言"文化也就是此国家民族的'生命'。""如果一个国家民族没有了文化,那就等于没有了生命。因此凡所谓文化,必定有一段时间上的绵延精神。换言之,凡文化,必有它的传统的历史意义。"[①]

宾四先生强调,"不单要用哲学的眼光,而且更要用历史的眼光"解答中国文化。近代以来,当中国的农耕文化遭遇到西方商业文化(进而发展为工业文化)的碾压时,中国人的无力感使他们认识到文化的革新,并进而产生对农耕文化的批评。从新文化运动,到后来现代化与传统的对立,均是沿着这种思路推进。每个时代总有其思想引领者,当大多数人一味批评传统文化时,一代学人陈寅恪、钱穆等先生都在反思与探寻中国文化的走向与出路。面对西方进来的先进科学技术,宾四先生的文化观正可以给我们带来清醒的认识。

---

① 钱穆:《中国文化史导论》,第231页。

宾四先生言:"中国今后出路,只要政治有办法,社会有秩序。要政治清明,社会公道,把人生安顿下来,则西方科学文明并不是不能接受。"[1]近代时期,西方比中国强大的科学技术与先进的器物,是外在的物质文明。文明是可以借鉴的,科学技术是可以通用的。宾四先生举了一个生动的例子,他说:"电影是物质的,可以很快流传,电影中的剧情之编制,演员之表出,则有关于艺术与文学之爱好,此乃一种经由文化陶冶的内心精神之流露,各地有各地的风情。从科学机械的使用方面说,电影可以成为世界所共同,从文学艺术的趣味方面说,电影终还是各地有区别。这便是文化与文明之不同。"[2]

近代以来的中西文化相遇,一般的理解是,从器物、到制度、再到思想,逐步认识到中国的落后,从而不断地向西方学习,先是学欧洲,再次是学美国,后来是学苏联。从科学到制度,从器物到教育,无不以西为师。文明可以学,这是一个问题,文化是否可以学,又是另外一个问题。"说到政治清明和社会公道的本身,那就是我们自己内部的事,这些却不能专去向外国人学。好像花盆里的花,要从根生起。不像花瓶里的花,可以随便插进就得。我们的文化前途,要用我们自己内部的力量来补救。西方新科学固然要学,可不要妨害了我们自己原有的生机,不要折损了我们自己原有的活力。能这样,中国数千年文化演进的大目的,大理想,仍然可以继续求前进求实现。"[3]在近代中国文化普遍面临质疑的时候,宾四先生既不悲观,也不盲从,而是从本国本民族文化自身发生的特点、演进的特征,以历史的长时段观点,提出农耕文化之于中国发展的根源性基础性的作用。面对西方的科学技术与先进器物,宾四先生以可学可用的开放态度,为中国文化的转化提出了新的视角。

---

[1] 钱穆:《中国文化史导论》,第 255 页。
[2] 钱穆:《中国文化史导论·弁言》,第 1—2 页。
[3] 钱穆:《中国文化史导论》,第 255—256 页。

中西哲学中的德性概念比较
——以亚里士多德的"德性"和《大学》中"明德"概念为例

李娟　贾晓东
（河南省社会科学院《中原文化研究》杂志社）

摘要：亚里士多德和儒家的伦理学都属于德性伦理学，但是他们对德性的理解是有不同之处的。亚里士多德的德性来自有理性的灵魂，并且和他对人的灵魂与身体的区分有很大关系，德性的实现也需要付诸现实的活动；《大学》中的明德是来自天，一直存在于人的本性之中，并且不会被戕害的。对于彰显自身德性来说，最重要的就是发现明德是每个人本身具足的这一事实。这种差异来自他们对人的本质的不同理解，亚里士多德从身体和灵魂二分的二元论角度来理解人，而《大学》从"性命"的角度来理解人。这也导致了他们在实现德性的方法上的差异。

关键词：德性；明德；灵魂；性命

引言　"明智"和"止于至善"

亚里士多德的"德性"(virtue)概念和中国传统儒家经典《大学》中所提出的"明德"概念都指向一种属于人的自然的（本性的）道德生活方式。但是，两者作为不同哲学思路中的代表性概念，又存在很大差别。以明智(prudence)和"止"为例，明智描述的是我们选择实现好的活动的做法的能力。在亚里士多德看来，实践德性内蕴于灵魂与身体的互动关系，而明智的作用就是沟通人的身体和灵魂。它一方面关注着公正高尚的事物，另一方面也确保我们拥有着实现德性目的的手段。明智具有两个特点，第一，它是人灵魂中的一种品质，以灵魂为前提；第二，它规定着人实现德性的活动方式。与之不同的是，《大学》中用"止"来表示德性实现的状态，也就是"止于至善"，按照朱熹的说法即达到"事理当然之极"。同时，"止"又可以描述各种具体的德性。比如"为人君，止于仁；为人臣，止于敬；为人子，止于孝；为人父，止于慈；与国人交，止于信"(《四书章句集注》，第6页)。尽管"明智"和"止"的概念都表达了人的道德行为的分寸感，但明智仅仅是实践德性的最高点，而在明智之上还有更高的沉思德性；相反，"止"则是最高的德性要求，既是具体实践的极致（道问学），也是抽象理性的极致（尊德性）[①]。以此为例，我们发现亚里士多德的德性概念和《大学》中的明德概念的确有很大的差异。

一、"德性"与"明德"

亚里士多德认为"幸福是灵魂的一种合于完满德性的实现活动"(《尼各马可伦理学》，1102a5)，可见，幸福以及德性的实现是依赖于灵魂的。通过对灵魂不同部分的划分，产生了与之对应的不同的德性。首先，灵魂被划分为有逻各斯的部分和没有逻各斯的部分，有逻各斯的部分对应的是理智德性，正如我们在引言中已经提到的，因为逻各斯思考的对象不同，思考永恒和不变事物的部分产生理论理性的德性，思考变动的事物的部分产生实践理性的德性。没有逻各斯的部分又被分为两个部分，一个是提供营养的部分，是植物性的，为所有生命物所共有，亚氏认为这一部分和人的德性无关。另一个是欲望的部分，这部分自身并不会产生逻各斯，但是在自制的人身上它能够听从逻各斯。所以，在这个意义上可以说这个部分是分有逻各斯的，而其产生的德性就是道德德性，正如我们平常所说的勇敢和节制等品质。下图展示了亚里士多德对灵魂和德性关系的划分。

[①] "尊德性"和"道问学"是《大学》中"修身"的两个方面，"尊德性"指的是德性是人本身具足的确认，"道问学"指的是德性在具体实践活动中的显现，尤其是在格物的过程中对德性的体悟。

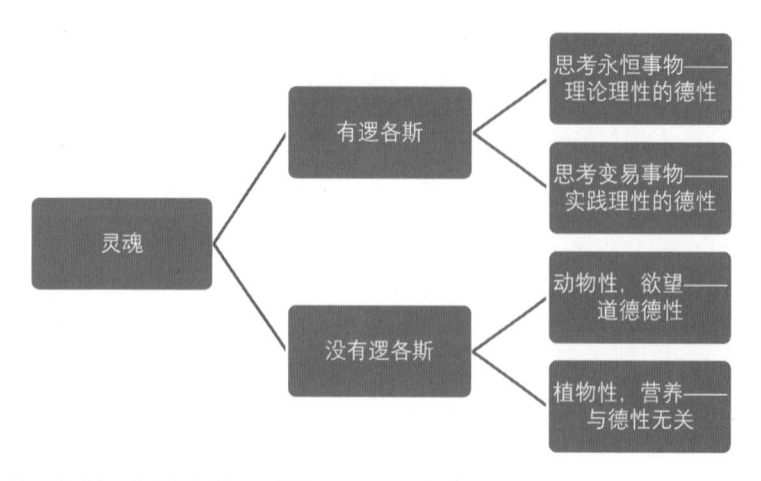

```
灵魂 ─┬─ 有逻各斯 ─┬─ 思考永恒事物——理论理性的德性
      │            └─ 思考变易事物——实践理性的德性
      └─ 没有逻各斯 ─┬─ 动物性，欲望——道德德性
                     └─ 植物性，营养——与德性无关
```

明德是《大学》中最为核心的概念，是"格物、致知、正心、诚意、修身、齐家、治国、平天下"的基础。郑玄注曰："明明德者，谓显明其至德也"，孔颖达疏曰："章明己之光明之德，谓身有明德而更彰显之。"（《礼记正义》），在郑玄看来，明德就是至德，在孔颖达看来，至德就是光明之德。朱熹对明德的注释为历代注家广泛接受。他说"明德者，人之所得乎天，而虚灵不昧，以具众理而应万事者也"（《四书章句集注》第 4 页），他认为明德是从天那里获得的，是光明且不会晦暗的，具备了人为人处事的万事万物的道理。之后的宋代学者也对这一注释进行了发挥，如倪思注曰："惟人万物之灵，具秉彝之性，未有不明者"，（《礼记集说》卷一百四十九），仍然强调了明德是每个人天生具有的光明的德性。

通过以上对德性和明德的考察，我们发现他们都属于人的本性（灵魂）。亚里士多德的德性存在于人的灵魂的实现过程中，而明德存在于每个人的天性当中；其次两者都有内在德性和外在德性的分别，亚氏的内在德性表现为理智德性，如智慧和明智，其外在的德性表现为实践过程中产生的具体的道德德性，如节制、慷慨等等；明德的内在方面表现为修身，也就是"格物致知，正心诚意"，外在的德性主要表现为"修身齐家治国平天下"。两者亦有不同。首先，亚氏认为人的德性从属于人的灵魂，与人的身体没有本质关系。但是灵魂中的德性需要被实现，因此身体又是必不可少的，这就导致了理智德性和道德德性的二分。明德则本自于天理而足具于人性当中，且和人的身体密切相关。其次，亚氏认为德性是会被毁丧的。我们如何行为决定了我们的品质，我们做事公正，才能够成为公正的人，如果我们做了不公正的事，那么就会毁丧我们的德性。明德作为人性本身具足的品质，可能会被遮蔽，但不会被毁丧。朱子注曰:"(明德)为气禀所拘,人欲所蔽,则有时而昏;然其本体之明,则有未尝息者"(《四书章句集注》,第4页)。朱子认为人的"气"会阻碍明德的彰显,但就明德本身而言,它并不会遭受污染。吴如愚注曰:"人之生也,均有是德(明德),感物而动,或为所蔽",他也认为明德可能会被物遮蔽,但是仍然是人生来就有的。

下表总结了我们对两种德性概念的比较

	概念	实现的途径	最高的德性
亚里士多德:德性	灵魂和身体	内在性道路:伦理学 外在性道路:政治学	沉思的德性
《大学》:明德	天理与遮蔽	内在性道路:格物致知,正心诚意(修身) 外在性道路:齐家治国平天下	人极(分位的极致)
相同点	属人的	注重实践	对有限生命的超越

二、"二元论"与"性命观"

亚里士多德的德性概念和《大学》中的明德概念的差异,最主要的原因是对人性以及人和这个世界关系的理解不同。亚里士多德按照他的四因说来理解人这一自然存在物,他把人看作是形式和质料的结合体。《大学》则从性命的角度来理解人,人的德性和寿夭都由上天赋予。

亚里士多德认为人作为一种自然存在物,包含了形式和质料两部分。分别说来,人的形式的部分由灵魂组成,质料的部分由人的身体构成。一个人能够实现自己德性的生活正是因为他灵魂当中拥有逻各斯的部分,这是亚里士多德对这个世界存在方式的独特理解[1]。在灵魂和身体的二分的观点下,人的

---

[1] 最早的希腊哲学家们认为这个世界是由一些元素组成的,比如水,火以及原子等等;而后来的柏拉图则用理念世界来解释我们所看到的和经历着的现实世界,他用洞穴比喻来描述人们并未真实地了解世界本质的现象。而亚里士多德意在承认现实世界本身,他用实体来描述现实世界当中的存在物,并且把柏拉图的两个世界的区分规定在了实体当中。但是这种分别只是以另外一种方式继续存在着,比如人身体和灵魂的二分。

目的就是实现自己的灵魂。亚里士多德认为灵魂有植物灵魂、动物灵魂和理性灵魂，这三者在人身上分别对应了营养、运动和沉思的能力。理性灵魂是有逻各斯的，而动物灵魂和植物灵魂没有。在人这里，动物灵魂对应了欲望的部分，这个欲望的部分虽然没有逻各斯，却可以像"父亲对与子女一样"受到理性灵魂的影响。德性的产生，就在于灵魂在人实践活动不同层面的实现，也就是欲望的合理性满足。同时人的身体和身体之外的环境是不断变化的，在这种变化中，灵魂能够实现出不同的德性。因此，亚里士多德认为，我们追求幸福生活是因为我们的灵魂要求我们如此，这是灵魂的目的。灵魂作为目的决定了理论理智这一前提的必要性，灵魂和身体的区分也决定了理论德性和道德德性的二分。

相较而言，《大学》中的德性观念则来自中国人的"性命观"。"明德"是在人作为一个生命主体的意义上存在的，从属于"性—命"的生命结构，命强调生命由天所赋予，关心生命展开之轨迹；性则是生命的实质内容，是生的本质，关心生命的展开倾向。《大学》有"顾諟天之明命（《四书章句集注》第5页）"的说法，《中庸》的"天命之谓性"，都证明了明德正是这样一种在人性中最为显明的，由天所赋予的品质。亚里士多德认为"德性因何原因和手段而养成，也因何原因和手段而毁丧"（《尼各马可伦理学》1103b, 6—7），但是明德却是不会从人性当中丧失的，那么明德的系统中不存在不道德这一问题么？当然是存在的，明德指的是生命所固有的反思性能力，这种反思性能力在人的生命活动中的展开形成了人的各种具体德性，《大学》中提到的仁、敬、孝、慈和信等等，都是人性对生命本身反思之后的结果。比如，仁是对生生的反思和规定；义则是对生生的远近关系的规定和判断。当然在人与外物的接触过程中，也会存在拒绝对生命性进行反思的情况，这会使明德遭到遮蔽，无法外显，导致不道德行为的产生。这并不影响明德存在于人性当中这一事实。明德是在人的生命过程的全幅意义上展开的，它有超乎实践德性之外的意义。天作为生生之德的最终来源，不仅仅将生生的意义赋予了人类，也将其赋予了所有的生命，因此，这种德性其实是可以在人和其他生物当中相互体认的，正如程颢所说："万物之生意最可观"。这在亚里士多德的灵魂身体二分的观念中是无法体会到的。

三、灵魂的实现与"修身为本"

在如何实现德性的问题上,中国哲学与亚里士多德哲学也有着截然不同的思路。首先,在亚里士多德看来,灵魂的德性面向身体从而有了实践德性,面向自身或者其他形式有了沉思德性。相对于实践德性来说,沉思德性是最终目的。灵魂以身体为工具,逐步实现自身,也正是在这个过程中,灵魂的德性也一步步从潜能变成现实。其次,亚里士多德所说的幸福具有公共的性质,他认为幸福的生活是城邦式的。"人是政治的动物",必然隶属于一个政治团体,德性的实现只能存在于城邦的政治实践中。一个人在孩童时期接受城邦的教育,养成良好的习惯;青年时期参与城邦的政治生活,培养勇敢、节制、正义和友爱等德性;最终在老年时期过一种沉思的生活,实现最终的沉思德性。最后,最高的德性的实现过程是自然目的论式的。他认为政治学中的主体会经历由家庭到村落,由村落到城邦,最后再到沉思绝对者的演变,这是自然产生的演变。亚里士多德说,"在凡是有一个终结的连续过程里,前面的一个个阶段都是为了最后的终结"(《物理学》,第63页)。在德性实现的连续过程中,家庭、村落和城邦都是最后沉思生活的准备。在家庭和村落中需要从事生产活动,并不具有实现沉思德性的条件,只有在城邦中的老年生活才会有闲暇,才能过上沉思的生活,实现最高的沉思德性。这代表了灵魂的德性在不同层面的生活世界中的展开形态,这样一种有秩序的生活世界构成了最高的德性实现的一个过程,灵魂也最终得以完全地实现自己。

《大学》中"格物、致知、正心、诚意、修身、齐家、治国、平天下"表述了一个人如何实现其德性的方法。《大学》强调修身为本,"自天子以至于庶人,壹是皆以修身为本"(《四书章句集注》,第5页),天子和庶人虽然有身份的差别,但是在修身的功夫上却是相同的,因为这个身体并不是人性之外的身体,而是人性本身,所以修身就是明明德之本。类比亚里士多德的理智德性和道德德性的划分,其中修身以下的部分(格物致知,正心诚意)可以理解为是认识德性的方法。这些功夫的目的在于发现存在于人性当中的光明之德,和明智与智慧的作用一样,它们给予我们关于明德的知识,这种知识需要在"格物(和万事万物打交道)"的过程中发现和体会。"正心诚意"则表明对自己本心中德性知识的确认,从而认识到关于德性的知识就存在于人性当中这一事实。而"齐家治国平天下"和亚里士多德的道德德性一样,都面向实践的向度,包含了参与政治的要求。但是不同于亚里士多德以城邦为德性实现的场所的是,《大学》认为家庭、国家和天下都是德性实现的场所。一个人如果认识到德性存在于自身当中,那么所处的场所并不会限制他展现自己的光明之德。当他作为一家之主的时候,就能够使家庭和睦;当他作为国家的治理者时,他就能使国家繁荣,百姓安居乐业;当他作为天下之主的时候,他就能够使天下安定太平。

《大学》中德性的实现是有次第的,不是自然目的论式的。次第关系并不要求严格地遵循从前一环节到后一环节的先后关系,也就是说拥有平天下之德性者并不一定需要先拥有治理一个国家的德性。每个人所处的社会地位不同,并且在不同的环境中会有不同的社会身份。一国之君在自己的家庭中也是一位丈夫,或者一名父亲,作为国君和丈夫的德性内容是不同的。因此,在不同的伦理分位上,一个人会有不同的伦理考虑,但是这些考虑都基于天命和公理的度量。一个人德性的实现,并不以沉思德性为目的,而是以当前伦理分位的极致——"人极"为目的。

结论

通过以上我们对两种德性的分析,亚里士多德的德性和明德在结构上有相同之处,他们都考虑德性的来源,考虑德性的实现途径,也关注最高的德性。在理论内容上,两者却十分不同:亚里士多德把人分为灵魂和身体两部分,以城邦为场所,让灵魂实现自身,最终实现关于永恒的沉思的德性。《大学》则以人的生命过程为基础,确认人的生命反思性能力,最终达到生命体之间的互相体认与和谐状态。

儒学：由对象到方法

李若晖

（中国人民大学国学院）

摘要：真正的中国研究，必须建构自身的方法论。我们将中国研究分为四个层次，即社会结构、政治制度、伦理道德、哲学思想，贯穿这四个层次的便是儒学。在此，儒学不是研究的对象，而成为研究的方法。

关键词：中国研究；儒学；方法

陈来曾归纳儒学研究方法为11种，即传统儒学研究的方法4种：文献注疏、义理诠解、学案年谱、思想发展；现代儒学研究方法7种：哲学的研究方法、儒学史与经学史的研究方法、文献学与考证学的方法、宗教学的研究方法、历史学的研究方法、社会科学的方法、思想史的研究方法[1]。这些方法各有侧重，也各有所得。在儒学研究蓬勃发展的今天，我们有必要对儒学研究方法进行反思，尤其是深入思考儒学与中华文明发展演进的关系，并在此基础上思考儒学的整全性研究。

一、儒学的现代境遇

近代以来，中华文明的整体危机，集中体现为儒学之沉浮。列文森指出，清末将祭孔提到"上祀"一级，被认为是试图以君臣之义钳制新学。"这样，儒学最后的一点思想意义也被剥夺了，它现在主要成了抵制革命的一种象征，当革命来到时，显而易见，政体上的变革有力地推进了思想上的变革。经典和礼仪被广泛地抛弃了，而旧儒家力图结合成一些私人团体，他们成了最完整意义上的反动分子，由于他们唯一的事情就是反对新潮流，因此，儒家已不再是他

---

[1] 参见陈来：《儒学通诠》，贵阳：孔学堂书局2015年版，第77—82页。

们自己社会中的天生的行动者。"①这在事实上使得中华文明的发展与儒学最大程度地分离,即中华文明以反儒的方式获得发展。

经历了辛亥革命之"地裂"与五四运动之"天崩"的儒学究竟是何种形态,学界颇有争议。余英时即提出著名的"游魂说":"儒学和制度之间的联系中断了,制度化的儒学已死亡了……让我们用一个不太恭维但毫无恶意的比喻,儒学死亡之后已成为一个游魂了。"②这是坚持制度是儒学不可或缺的组成部分。郑家栋则认为:"儒学之所以为儒学必然有其'一贯之道'。林安梧先生说:'儒学之为儒学乃是实学,他所著重的是人伦的实践,政治的实践,任何的儒学理论都必得关联实践'。人伦的实践属'内圣',政治的实践属'外王','内圣外王'就是儒学的一贯之道。确切地说,儒学之所以为儒学乃在于它自觉地以'内圣'统贯全体,用'内圣'统驭'外王'。因为在儒学看来,政治实践不过是道德实践的扩充而已,此乃是'由体达用'的工夫。"③这是认为不但制度不是,甚至政治实践也不是儒学的必要组成部分,儒学的核心乃是其道德工夫。

我们可以举一个现代新儒家的例子。李明辉认为:"清末以来,传统儒学面对西方文化之强烈冲击及国人追求现代化的迫切愿望,陷于内外交迫的困境中。在社会急剧变化、文化日趋分化的情况下,儒家底传统价值逐渐失去其权威和维系力。"④李先生着重关注了两点,即儒家传统价值失去其权威和维系力,传统儒家思想成为批判的主要目标。基于这一根本判断,李先生对症下药,认为应当重建儒家的核心价值。于是首当其冲的,就是寻找并确认儒家的核心价值是什么:"依传统儒家底观点,'内圣'为'外王'之基础,'外王'为'内圣'之延伸,故传统儒学底核心可说是'内圣'之学。传统儒学在'内圣'方面均承认道德底普遍性,亦即秉持道德普遍主义(moral universaliam)之观点。"⑤在此,李先生以其哲学目光之深邃,对儒家传统核心价值进行了精细的剖析,区分了这一核心价值的古典表述"内圣外王",以及对这一核心价值的现代把握,即对"内圣外王"进行分析,以"内圣"为"外王"的基础,并从现代哲学的角度,

---

① [美]列文森:《儒教中国及其现代命运》,郑大华等译,北京:中国社会科学出版社2000年版,第155页。
② 余英时:《现代儒学论》,上海:上海人民出版社1998年版,第232—233页。
③ 郑家栋:《现代新儒学概论》,南宁:广西人民出版社,1990年,第8页。
④ 李明辉:《康德伦理学与孟子道德思考之重建》,台北:"中央研究院"中国文哲研究所1994年版,第1页。
⑤ 李明辉:《康德伦理学与孟子道德思考之重建》,第1—2页。

将"内圣"转换为"道德普遍主义"。与此严格对应,传统儒学的现代转换的根本,即在于:"传统儒学在今日若要继续坚持道德底普遍性,均得面对一个无可规避的问题:它如何能在一个多元化的现代社会超越不同文化底差异,而证成其道德普遍主义底立场?"① 李先生的论述,包含了两个层次,即只有坚持"道德底普遍性"这一核心价值,儒家才成其为儒家;只有在现代社会不同文化差异的背景下,重新证成其"道德普遍主义底立场",才能真正进入现代社会,成为一种现代学说,即成为既传承其核心价值又具有现代性的"现代新儒家"。建构"现代新儒家"的具体学理路径,则是:"传统儒家底道德普遍主义以心性论为其基础,故发展出一套心性之学。在儒家底心性之学中,孟子底性善说实占有一个特殊的地位。"② 亦即作为传统儒家核心价值的"道德普遍主义",在古典时期的具体学术表现,即为"心性论",在古典心性论的诸多论述中,"孟子底性善说实占有一个特殊的地位"③。"传统儒学核心价值的现代困境"这一宏大叙事,其具体学理表征即"孟子性善说"受到来自不同方向的质疑与批评。"总之,无论从马克思主义底观点,还是从实证论底观点来看,孟子底性善说均是虚构的,而非以'事实'为基础。因此,除非我们在今日能提出一套论证策略,为孟子底性善说辩护,儒家底道德普遍主义很难不受到质疑。"④ 孟子性善说所遭遇的质疑,至关重要的就是其并非以"事实"为基础。李先生认为,康德"纯粹实践理性底事实"这套论证策略可以证成道德普遍主义的观点。而其"理性底事实"之概念亦可用来诠释孟子的道德思考。因此,我们可藉康德伦理学的论证策略来重建孟子的道德思考⑤。这实际上是一种哲学还原的方法,将儒学由"内圣外王"的整体特征,两分之后,以"内圣"为"外王"的基础,再将"内圣"转换为"道德普遍主义",而以孟子性善说非"事实"作为儒学"道德普遍主义"现代论证的切入点。其所提供的现代论证,则是基于康德"纯粹实践理性底事实"。由此,儒学研究最终转换为西方哲学研究。虽然其出发点确实是儒学的整全性,但是无论是李明辉的"'外王'是'内圣'之延伸",还是郑家栋的"政治

---

① 李明辉:《康德伦理学与孟子道德思考之重建》,第2页。
② 李明辉:《康德伦理学与孟子道德思考之重建》,第2页。
③ 李明辉:《康德伦理学与孟子道德思考之重建》,第3页。
④ 李明辉:《康德伦理学与孟子道德思考之重建》,第5页。
⑤ 李明辉:《康德伦理学与孟子道德思考之重建》,第5—6页。

实践不过是道德实践的扩充而已",他们对于儒学的研究,在一头扎入"哲学"之后,便再也没有"延伸"到"外王","扩充"到"政治实践"。如果这一研究方法仅仅限于现代新儒家,那么其作为儒学在一定阶段的一个流派,有如此表征,也无可厚非。问题的严重性在于,由于当前秉持现代新儒家理念的学者成为绝大多数大学哲学系中国哲学专业教师的主体,所以对于古代儒学的研究,也往往是以现代新儒家的理论模式为基准,进行上推。也就是说,按照现代新儒家的理论模式重塑了整个中国儒学史的整体面貌。

关于儒学的现代境遇,陈来有言:"现代学者一致认为,自20世纪初期以来,随着政治、社会、教育制度的改变,儒学已经陷入了困境。然而,从20世纪哲学史来看,梁漱溟、熊十力、冯友兰代表的现代儒家哲学及台港当代新儒家的哲学,他们的贡献相当可观,在这个意义上,'儒家哲学'在20世纪不仅不能说是衰微,反倒可以说是相当活跃的……'作为哲学的儒学',不同于'作为文化的儒学(教)',前者是学术思想的存在,而后者则是社会化、制度化、世俗化的整合的文化形态。现代儒家哲学和当代儒家哲学虽然十分活跃,但是这样一种儒学对社会文化的影响与宋元以来的儒学根本不能相比,其中的主要原因便是缺少'作为文化的儒学'以为基础。所以,现代儒家哲学尽管是对于儒学现代困境的一种哲学的回应,甚至在现代哲学论域中占了重要的地位,却仍然不能改变儒学在现代中国的社会—文化层面的尴尬处境。"[①]以当代儒学形态为基准进行逆推的方法来研究古代儒学,将扭曲甚至裁割古代儒学的真实面貌。我们应当回到历史现场,回到历史情境中去理解原汁原味的儒学。

二、思想与制度

康有为早年著作《实理公法全书》开篇第一句话就是:"凡天下之大,不外义理、制度两端。"[②]康氏几部重要学术著作,如《孔子改制考》《新学伪经考》,就都是结合制度与义理二者论述的。谭嗣同《仁学》有一痛切之言:"故常以为二千年来之政,秦政也,皆大盗也;二千年来之学,荀学也,皆乡愿也。惟大盗利

[①] 陈来:《干春松〈制度儒学〉序》,载干春松:《制度儒学》,上海:上海人民出版社2006年版,第1页。
[②] 康有为:《实理公法全书》,姜义华等编校,《康有为全集》,北京:中国人民大学出版社2007年版,第一集,第147页。

用乡愿,惟乡愿工媚大盗。二者交相资,而罔不托之于孔。"①"秦政"乃制度,"荀学"则思想,可见谭氏实以制度和思想之相关性把握中华文明的基本格局。

金耀基对于儒学的研究,也正是从"内圣外王"入手:"儒家的'政治设计'结晶于'内圣外王'的理想规模上。内圣属道德范畴,外王属政治范畴,而在儒家眼中,这二者是不可分的……君主居于国家的中枢位置,故期望他是一有道德的君主,也即'圣王',然后可'作之君,作之师'。在这意义上,儒家的'政治设计'是政治与道德合一的,是'政教合一'的。"②金氏认为,中国古代政治传统不只是一套帝国的制度结构,还有一套绵密的以儒家为主的政治文化。儒家的规范理论不仅关系到帝国的君主制的"正当性",并且影响到国家政策的制定及统治精英的选拔与任用。因此称汉之后帝国体系下的儒家为"制度化的儒学"(institutional Confucianism)。但二千年来真正所实现的却不是一"儒教之国"(Confucian state),而是一"国家儒学体制"(state Confucianism)。先秦儒家的政治设计(Confucian project)由于帝国政治之形势,也由于儒家理论本身之制限,并未能建立起依照儒家理想的政治秩序,儒家之"政治设计"是流产了的③。进而,"中国一统性的'国家儒学体制'之特性,不在它的绝对的'专制性'或专制的'绝对性',而在于它体制'内'没有真正制衡的机制,因为'内圣外王'的理念排除了对人君权力从制度上加以制衡的可能性,而就体制'外'言,由于国家或人君对'社会'有'干预'与'转化'之责任与权力,根本上也排除了在金字塔型的国家机器(皇权加官僚结构)之外承认或允许独立的反制力量。"④金耀基且指出"制度化儒学"的具体表现:"制度化儒学是制度和文化的复合体,它所指的主要是以下三个方面:一、政治制度,包括作为国家系统之基石的皇权;二、作为帝制国家之工具的庞大的官僚机器;三、文人学士和地方绅士,他们作为一个身份群体将'国家'与'社会'联为一体。所有的制度性结构都同儒家的文化价值交融在一起。"

金氏最后所列的三个方面,将政治制度与官僚机器区分开来,与士绅并列,并不妥当。毫无疑问,官僚机器就是政治制度不可分割的有机组成部分。

---

① 谭嗣同:《仁学》,蔡尚思、方行编,《谭嗣同全集》,北京:中华书局1981年版,下册,第337页。
② 金耀基:《中国政治与文化》,香港:牛津大学出版社,2013年增订版,第32页。
③ 金耀基:《中国政治与文化》,第31—32页。
④ 金耀基:《中国政治与文化》,第37—38页。

这也正是金氏所说的,"皇权加官僚机器",构成"金字塔型的国家机器"。金氏另有一精确之论:"儒家政治理念与道德是不分的,理想性的'仁政'即是一种高境界的德政。"①儒学政制是道德与政治合一的制度。这主要体现在两个方面,一方面,道德必须有社会群体来承载,其核心是家族;另一方面,道德无法直接成为或支撑制度,制度的实现需要权力的支撑,权力在传统中国主要是君权。质言之,儒学政制的核心是:家族承载道德,君权支撑制度。

儒学的整体性不仅限于政制维度。对于这一儒学的整体性,我们可以通过《尚书》开篇三圣王,即尧、舜、禹之记载来进行分析。《尚书》作为儒学重要经典,其地位非他书所可比。《尚书》所载尧、舜、禹事迹或许并非历史真实,但是唯其并非历史真实,尧、舜、禹作为儒学理想之圣王,更具有分析价值。

尧的主要事迹,《尚书·尧典》曰:"乃命羲和,钦若昊天,历象日月星辰,敬授人时。"②则尧乃是依据天象制定人民行事之历法,这一历法也就是后世《月令》类文献。其通俗版则为近年出土战国秦汉时期的《日书》和后世的所谓老皇历。可知尧的历史意义是以天象规范人事,亦即天人合一。

舜的主要事迹,是命官授职。其中最为关键的是命契为司徒:"帝曰:'契!百姓不亲,五品不逊。汝作司徒,敬敷五教,在宽。'"③西汉刘歆创"诸子出于王官"之论,即以儒家出于司徒。《汉书》卷三十《艺文志》:"儒家者流,盖出于司徒之官,助人君顺阴阳明教化者也。"④"五教"的内涵,《左传》文公十八年史克曰:舜"举八元,使布五教于四方,父义、母慈、兄友、弟共、子孝,内平外成。"⑤吴承仕解释道:"《左传》中的'父义母慈',父母自相对,即是'夫妻至亲';'父义母慈子孝',即是'父子至亲';'兄友弟共',即是'兄弟至亲'。"⑥父母的关系为夫妻,加上父子与兄弟,实为家内三伦。太史克并认为由此就可达致"内平外成",即只要家内人伦和谐,就可化成天下。孟子用父子、君臣、夫妇、长幼、朋

---

① 金耀基:《中国政治与文化》,第 35 页。
② 孔安国注、孔颖达疏:《尚书注疏》,阮元校刻《十三经注疏》,台北:艺文印书馆 2007 年版,第 1 册,第 21 页。
③ 孔安国注、孔颖达疏:《尚书注疏》,阮元校刻:《十三经注疏》,第 1 册,第 44 页。
④ 班固:《汉书》,北京:中华书局 1962 年版,第六册,第 1728 页。
⑤ 杜预注、孔颖达疏:《春秋左氏传注疏》,阮元校刻《十三经注疏》,台北:艺文印书馆,2007 年版,第 6 册,第 353—354 页。
⑥ 吴承仕:《五伦说之历史观》,《吴承仕文录》,北京:北京师范大学出版社 1984 年版,第 5—6 页。

友五伦解释"五教"。《孟子·滕文公》上释曰:"人之有道也,饱食暖衣,逸居而无教,则近于禽兽。圣人有忧之,使契为司徒,教以人伦:父子有亲,君臣有义,夫妇有别,长幼有叙,朋友有信。"①吴承仕释曰:"孟子于旧说'三至亲'而外,又加君臣朋友二伦,以君臣表示不平等——统治与被统治——关系,以朋友表示平等关系,于是社会间一切伦理,包含无遗,而五伦说于此完全成立。"②孟子实以太史克家内三伦为根基,由父子去除血缘亲情而得到君臣一伦以建构国家,于是君臣有等级之尊卑——《孝经·士章》有谓:"资于事父以事君而敬同"③;由兄弟去除血缘亲情而得到朋友一伦以建构社会,于是朋友为平等与责善。舜的历史意义为依据德行授予官职,即德位合一。

禹的主要事迹,一般认为是治水。考《尚书·禹贡》序曰:"禹别九州,随山浚川,任土作贡。"④固然有属于治水的"随山浚川"这一自然地理方面的内容,但是更着重的,是"禹别九州,任土作贡"这一政治地理方面。其中最为关键者为"锡土姓"⑤。伪孔《传》:"天子建德,因生以赐姓。谓有德之人生此地,以此地名赐之姓以显之。"孔颖达《疏》:"'天子建德,因生以赐姓',隐八年《左传》文。既引其文,又解其义:土,地也,谓有德之人生于此地,天子以地名赐之姓以尊显之。"⑥胡渭进而解释道:"有土则必有氏,而赐姓为难,锡土姓谓始封之君有德者也。锡土姓是一事。……《王制》云,有功德于民者,加地进律,即其事也。"⑦土地与姓氏共同传之子孙,造就了血缘与地缘的合一。血缘与地缘的合一必然导致变禅让为传子,既然传子就必然要讲究孝道。而作为君主,孝道不仅仅用以传家,还必须用以治国。于是大禹的历史意义就在于造就孝治合一。

三、儒学作为方法

张德胜高屋建瓴,提炼儒学之终极关怀:"中国自秦始皇统一天下以来的

---

① [清]焦循:《孟子正义》,北京:中华书局1987年版,上册,第386页。
② 吴承仕:《五伦说之历史观》,《吴承仕文录》,第5—6页。
③ 李隆基注、邢昺疏:《孝经注疏》,阮元校刻《十三经注疏》,台北:艺文印书馆2007年版,第8册,第24页。
④ 孔安国注、孔颖达疏:《尚书注疏》,阮元校刻《十三经注疏》,第1册,第77页。
⑤ 孔安国注、孔颖达疏:《尚书注疏》,阮元校刻《十三经注疏》,第1册,第91页。
⑥ 孔安国注、孔颖达疏:《尚书注疏》,阮元校刻《十三经注疏》,第1册,第91页。
⑦ 胡渭:《禹贡锥指》,上海:上海古籍出版社2006年版,第659—660、661页。

文化发展,线索虽多,大抵上还是沿着'秩序'这条主脉而铺开。用弗洛伊德的术语,中国文化存在着一个'秩序情结';换做潘乃德(Ruth Benedict)的说法,则中国文化的形貌(configuration),就由'追求秩序'这个主题统合起来。……儒家正是以建立秩序为终极关怀。它之所以能于传统时代脱颖而出,长时间成为国家意识形态,相信这是最主要的原因。"①儒学之"秩序追求",如以三圣王之天人合一、德位合一、孝治合一进行探讨,则可分析为四个维度。

第一,哲学思想。基于尧的天人合一,探寻秩序的终极根据,这一终极根据就是"天道"。作为一切秩序的终极根据,笼统地说"天道"过于浮泛。此处无法将整个中国思想史上的天道观进行概述,一般地说,作为一切秩序的终极根据的"天道"既不是视之可见的物质之"天",也不可直接等同于无形无象的"道",而是二者的综合体,即不可知不可言的"道"在可知可言的"天"上的显现。也就是说,人通过星辰运行与气候变化所构成的"天象",去思考"天象"背后的必然性规律,从而到达对于"道"的认识,这一认识就是"天道"。因此"天道"内在包含了超越性的"天"与终极性的"道"。"天"虽具超越性,"天象"却并不仅仅具抽象性,而是实实在在地内嵌于人的日常生活之中。正因为如此,"天"就不仅仅是一抽象原则,还介入到人的日常生活中直接判断具体行为的是非善恶,这便成为汉代"天人感应"学说的哲学基础。汉儒对于"天人感应"学说的精耕细作,条分缕析,实现了"天"对于万事万物的统摄。但是"天人感应"的弊端在于停留于"天象",仰望超越性的同时却淡忘了终极性。终极性的隐而不显,必然使得"天"受制于其物质性,其超越性与抽象性被淹没于"天象"与"物象"的烦琐对应之中。玄学兴起,崇本息末,以终极性的"道"拔"天"于"天象",使"天"重归其超越性与抽象性。自宋代以来,儒学转向内在。尤其在近代西学东渐之后,新儒家以宋明理学化合西方唯理论哲学,将儒学造就为书斋中的"中国哲学"。

第二,伦理道德。"天人合一"即意味着"天"与"人"相贯通。"天""人"相通的通道,也就是"人"所禀受于"天"的根本。《礼记·中庸》:"天命之谓性,率性之谓道,修道之谓教。"人所禀受于天者,即"性"。在人事中不违背"性",实质上就是对于"天"的遵循,这就是"道"。以"道"指导人事,就是"教","政教"

---

① 张德胜:《儒家伦理与社会秩序》,上海:上海人民出版社 2008 年版,第 110 页。

也就是儒家的制度。蒙培元指出:"孔子的仁学思想,是中国心性论的真正开端。仁作为一种道德境界,被认为是人的本质存在,而且是心所具有的;只是孔子还没有提出'仁就是性'的思想。当孟子提出'仁,人心也'以及'君子所性,仁、义、礼、智根于心'等命题时,第一次把反映人与人的关系的伦理道德变成了人的内在本性,建立了心性合一的道德主体论。"①于是儒学便有了两个对应的内外结构:一是将人际关系之伦理道德归结为人之心性,亦即以天人关系规定人际关系;一是以道德主导政治,亦即以"内圣"主导"外王"。一般认为,宋明理学是中国转向内在的进程中形成的。余英时则断定:"理学家的特殊贡献虽在'内圣'之学,但他们并未脱离宋代儒家政治文化的主流,因此如何从'内圣'转回'外王'成为他们必须面对的新课题。他们继承了北宋儒家重建理想秩序的运动,'回向三代'也依然是他们的共同要求……他们努力发展'内圣'之学,以为重返'外王'奠定坚固的精神基础。'外王'必自'内圣'始,终于成为南宋理学家的一个根深蒂固的中心信念。"②特别是对于海外儒学而言,面对西方哲学的理性主义传统,伦理学、心性论、修养功夫,成为"中国哲学"/中国儒学的特色与标志。

第三,政治制度。儒家实质上对于基于暴力的国家政治制度持敌视态度③。《新唐书》卷十一《礼乐志》:"由三代而上,治出于一,而礼乐达于天下;由三代而下,治出于二,而礼乐为虚名。"④儒家所重视的,是儒者的造就与儒者的批判精神。司马迁作《史记·儒林列传》大有深意。其于辕固生传中则载其三事:一为在景帝前与黄生争论汤武革命;二为对窦太后问以老子书为家人言;三为责公孙弘"务正学以言,无曲学以阿世"⑤。此三事大有深意。其一为国家批判,尤其以君主批判为核心,由正君而正国。其言"夫桀纣虐乱,天下之心皆归汤武,汤武与天下之心而诛桀纣,桀纣之民不为之使而归汤武,汤武不得已而立,非受命为何?"发扬孟子民本之义,为汉代儒学奠立根基。其二为意识形态批判,反对汉初黄老道家清静无为地安于现状,要求移风易俗,改造社会。

---

① 蒙培元:《中国心性论》,台北:学生书局1990年版,第3页。
② 余英时:《朱熹的历史世界》,北京:三联书店2011年版,第420—421页。
③ 参见李若晖:《中国哲学与古典政制》,北京:商务印书馆2020年版,第300—302页。
④ 欧阳修、宋祁:《新唐书》,北京:中华书局1975年版,第2册,第307页。
⑤ 司马迁:《史记》,北京:中华书局1959年版,第10册,第3123—3124页。

其三为儒者批判,或曰士人批判,即将国家、社会的批判寄托于儒者士人,因此儒者士人必正学以言,无曲学阿世,才能实现对于国家、社会的批判,使天下复归于三代之盛。正是基于这一根本认识,儒学性政治制度便不是指向处理政务的国家政府机构,而是指向创建将儒者引入国家政府机构的政治制度。孟子区分了现实世界中实有之位与依据每一人之德行所应有之位,以前者为人爵,后者为天爵。"仁义忠信,乐善不倦,此天爵也。公卿大夫,此人爵也。"理想的秩序应当是"修其天爵而人爵从之"[①],亦即人爵应以天爵为依据。文帝时开始奠定察举制为基本的选人制度,这实际上就是孟子以德定位思想的现实化。文帝时以《孟子》立于博士学官(赵岐《孟子题辞》),绝非偶然。于是,正如赵翼《廿二史札记》卷二"汉初布衣将相之局"条所言:"盖秦汉间为天地一大变局。自古皆封建诸侯,各君其国,卿大夫亦世其官,成例相沿,视为固然。……秦皇尽灭六国以开一统之局。……汉祖……既起自布衣,其臣亦自多亡命无赖之徒,立功以取将相。……天之变局,至是始定。……迨至七国反后,……于是三代世侯世卿之遗法,始荡然净尽,而成后世征辟、选举、科目、杂流之天下矣"[②]。事实上,自汉代叔孙通、贾谊等人之制礼,下至王安石变法,汉唐儒学以经学为核心,其核心信念,就是以变革制度来追求太平。

第四,社会结构。以德定位的实践也开启了世袭与选举之间的冲突。这种冲突反映在政治制度上是门阀与君权之间的冲突。汉代是通过培养家族来承载道德,但是豪门世族的兴起又侵害了君权。家族与君权的矛盾是儒学政制的内在矛盾:家族过盛则有德而无治,君权过盛则有治而无德。门阀挟制君权主要是在东晋。到隋唐,科举制兴起,最终以和平的方式导致世家大族的衰弱。但是,无家族制衡君权,政治则污浊。因而,宋代的时代任务就在于重建国家与社会。宋代主要面临三个问题。国家层面有两个问题,其一是削平藩镇,重建中央政权,宋太祖"杯酒释兵权"等措施很好地解决了藩镇问题,大权收归中央。其二是重新统合上下,使皇权下及乡村,下到最基层,这点始终没有做到。这点反映出从汉末一直到唐代,中国历史的一大特点就是豪族与皇权对基层控制权的争夺。一方面,宋王朝不直接掌握土地,无法授田;另一方

---

① 焦循:《孟子正义》,下册,第 796 页。
② [清]赵翼:《廿二史札记》,北京:中国书店 1987 年版,第 21—22 页。

面作为经济上的主体力量,地方豪族不能获得政权,无法将经济力量上升为政治力量。从而出现"民与君为二"[①]的情况,豪族与君权争夺地方的控制权,政治体系与经济体系相分离。宋代的第三个问题是社会问题,即道德的重建。北宋早期的理学家,如程颐、张载都致力于寻找一个新的道德承载者,这样一个道德承载者既要能够承载道德,又不能像以前的世家大族一样威胁君权。这样一种群体可称为"县下家族"。以前的世家大族是"县上家族",家族本身就是国家的政治力量之一。而县下家族偏于一隅,最多只是地方上的政治力量,在国家层面再无政治力量可言。朱子定家礼,丘浚改家礼,使县下家族只有亲亲之意,而无尊尊之等。于是县下家族上服朝廷规制,不会对君权造成危害,下有人伦之亲,成为道德承载的中坚。但是,实际上县下家族的形成取消了县上家族对君权的规制,君权在现实政治中失去了制衡的力量,从而明清君权大盛于以前。纵观整个中国历史,自周至清,儒学与家族相结合,构成了中国基层社会最为稳定的格局。

综上所述,本文所论要点有三:其一,大格局,中华古典政制是道德与政治的合一,是德与位的合一,承载德的是家族,承载位的是君权,而中华政制的内在矛盾即是家族与君权的矛盾,家族盛则有德无治,君权盛则有治无德;其二,这一格局由三圣王所奠定,尧奠定了天人合一传统,舜奠定了孝治合一传统,禹奠定了位德合一传统;其三,变局是,周代以后,无法再实现以位定德,孔孟将其更改为以德定位,家族承载道德,与君权相对抗,形成士族门阀制度,隋唐用科举解决豪族问题,北宋解决藩镇问题。同时,在社会层面上,理学家建立县下家族,承载道德,但是县下家族不再成为国家层面的政治力量,君权失去了制衡,从而权力过盛。

我们今天说起古代中国,往往包括哲学思想、道德伦理、国家政治、社会结构等方面。如何将这四个方面结合成为一个有机整体,纵横贯通地予以把握和阐释?如上所述,儒学在不同的历史时期,曾经在这四个方面有所偏重,但作为一个完整的综合体系,儒学是内在有机总括这四个方面的。事实上,也只有儒学能够真正抟合起这四个方面。这就意味着,儒学是把握和理解中国的主要方法;同时,也意味着儒学作为方法,也是把握和理解儒学自身的重要方法。

---

① 叶适:《叶适集》,北京:中华书局2010年版,第二册,第651页。

中国传统文化精神与铸牢中华民族共同体意识
——以书法文化为例

孟鸿声

（山东省文联）

习近平总书记在中国共产党第十九次全国代表大会上的报告中指出要"铸牢中华民族共同体意识"，此后又在各种不同场合多次强调这一理念，这充分说明了中华民族共同体意识的重要性，是国家统一之基、民族团结之本、精神力量之魂。而中国书法与中华文化相表里，并以其独特的共同关注力、感染力和凝聚力，为各族人民营造了共有的精神依托，可在铸牢中华民族共同体意识的过程中，起到重要的推动作用。

一、中国传统文化中的"家国情怀"与凝聚中华民族政治向心力

自古，中国书法一直与文士相伴，又经过传统儒家哲学及伦理道德思想的熏染，以及大浪淘沙般的历史沉淀，流传至今且被奉为经典的书作，其字里行间每每充满着浓郁的家国情怀以及忠孝节义思想。

被誉为天下第二行书的《祭侄文稿》，是唐颜真卿追祭从侄的一件草稿，它被推崇不仅仅缘于颜真卿的书法造诣之高，以及文稿"达其性情、形其哀乐"之至境，更在于其所彰显的颜杲卿父子奋勇抵抗叛军安禄山，最终"父陷子死，巢倾卵覆"的忠烈形象及家国情怀。被元朝鲜于枢称为"天下第三行书"的苏轼《黄州寒食诗帖》，开篇便写道："自我来黄州，已过三寒食。年年欲惜春……"，那种被贬黄州、壮志难酬，并期盼北上以报效国家的苦闷思想跃然纸上，这与他文学作品《江城子密州出猎》中"会挽雕弓如满月，西北望，射天狼"的思想相呼应，都散发着强烈的家国情怀。

事实上，魏晋以降，随着文艺思想的自觉，包括书法在内的众多艺术形式都被文人志士赋予了丰富而又深刻的文化内涵。王羲之《兰亭集序》虽是一篇雅集序文，但却深刻反映了当时文人名士豁达逍遥、追求自然、哲思人生的文化情怀；唐楷经典《九成宫醴泉铭》由魏征撰文、欧阳询书丹而成，作品除了颂扬唐太宗武功文治、克俭克勤的美德之外，末句"居高思坠，持满戒溢"实有直谏、箴规帝王之深意，又配之以方正舒朗、气韵萧然的欧体书法风格，令人瞬间肃然起敬、备受感染。再有，书法经典"二爨"之《爨宝子碑》以及绘画唐阎立本《步辇图》分别反映了汉族与西南少数民族以及西藏地区的文艺交往；楼兰简牍、吐鲁番文书更是充分展示了中央政权对西域的有效管理。这些书法经典在阐释民族文化互通互融的同时，也极大凝聚了各族人民的政治向心力。

东汉马融《忠经》有云："天下至德，莫大乎忠"。而由"忠"派生出的中国儒家的家国情怀，则体现在包括书法在内的诸多文艺经典当中。实际上，经典的价值与意义正在于为后世立"法"，使人民在日常的耳濡目染中见贤思齐、自我提升。于是，以书法为重要载体的中国文化，对于增强中华民族的政治向心力，起着内在的重要推动作用。

二、中国传统文化中的"重法尚古"与共寻中华民族之根

中国书法之"法"范畴："法度""师法""笔法""得法"，与"古"之领域："复古""古意""拟古""古趣"，二者构建并成为书法审美的核心归宿。而"法古"一词又将这两种范畴予以勾连，从而诠释着中国书法所遵循的法则、规矩，其本质是对古典传统的一种审美追索，这与当下中华民族的文化寻根路线是相一致的。

从秦始皇统一文字，设置书写规范；到唐李世民将王羲之树为"尽善尽美"的书法楷模，并号召士人学习；再到明、清时期台阁体、馆阁体科举应试书风的出现，都说明自古书法与政治始终紧密相连且彼此渗透。虽然这种关联对于书法艺术的发展曾产生过一些消极影响，但不可否认的是，中国书法在历史的很多重要时期一直担负着人伦情感教化的重要使命，而这种担当的力量来源也正是各民族基于书法而迸发出来的内在的文化归属感。

从历史来看，愈是强大的朝代愈加"尚法"，因为只有设置科学的制度与标

准,人们才能各司其职,社会才能长期稳定发展。受儒学影响较深的唐代,其书学便极重"法度"。张怀瓘《六体书论》中云:"故学必有法,成则无体,欲探其奥,先识其门。"虞世南、欧阳询、颜真卿等代表书家也都守法、创法,他们创作的《孔子庙堂碑》《九成宫醴泉铭》《颜勤礼碑》等书法经典,无不突显出彬彬君子、端人雅士的正大气象。再有,整个唐代的文艺思想也都充盈着极具法度色彩的儒家"中庸"理念,"肥瘦合度""刚柔互济"等字眼多出现在该时期书论以及文论当中。最后,"法"的标准与对象则来源于"古",这种"古"也正是中华民族的文化渊源。于是中国书法经典的"重法尚古"不仅为中华民族的文化寻根铺设了道路,同时也提供了强大的理论依托。

三、中国文艺品评的"德艺双馨"观与加强中华民族道德建设

受传统儒家文化影响,中国历代文艺批评遵循德艺并举,且尤重人品。从汉代扬雄的"书为心画",到唐柳公权的"心正则笔正",宋苏轼的"书有工拙,而君子小人之心不可乱也",再到清刘熙载"书,如也,如其学,如其才,如其志。总之曰如其人而已。"形成了一条以书家品操、学养、情怀等为重要准则且层层递进的"书如其人"乃至"以人论书"的审美批评轨迹。

《乐记》云:"德成而上,艺成而下",强调人之品操凌驾于技能之上;孔子也谈道:"志于道,据于德,依于仁,游于艺。"纵观流传至今的书法经典,其作者无不具备君子般的道德品格,其文辞内容也都凸显或隐含着文人风骨,以及丰富而深厚的修身哲学。正如习近平总书记在中国文联十一大、中国作协十大开幕式上发表的重要讲话:"那些在历史长河中经久不衰的经典,都体现了文学家、艺术家襟怀和学识的贯通、道德和才情的交融、人品和艺品的统一。"相反,诸如宋人蔡京、秦桧,近代之郑孝胥、康生等人,纵使他们在书法上颇有成就,终因人格上的污点而令后世"因厌其人而废其书"。因此,无论我们临摹经典法帖,还是研读古典文艺理论,这种"书如其人"的品评观念,对于中国各族人民反思并不断完善自己的道德修养具有重要的引导与教化作用。

四、余论

费孝通指出,文化自觉即"生活在一定文化中的人,对其文化有'自知之

明',明白它的来历、形成过程,所具有的特色和它发展的趋向。"费孝通所讲的文化自觉其最终将升华为一种强大的"文化自信",这为铸牢中华民族共同体意识起到至关重要的推动作用。习近平总书记曾指出:"文化自信,是更基础、更广泛、更深厚的自信。"纵观当今,全球化已成为世界之主旋律,这也宣示着国家的语言及背后的文化成为世界各国竞争的核心元素。因此,一些西方势力试图在意识形态领域模糊、消减中华民族共同体意识。针对于此,中国书法经典便凸显了民族文化的优势,其集外在的笔墨、形态,与内在的民族文化精神为一体,最能牵动各族人民的心弦,陶冶各族人民的道德情操,增强各族人民的文化归宿感,进而凝聚中华民族强大的政治向心力,为铸牢中华民族共同体意识提供强大的精神力量。

儒墨比较的一个向度：
墨家从"天本论"到"义本论"的转向

曾振宇

（山东大学儒学高等研究院）

内容摘要：王阳明批评墨家"兼爱"属于"无根"之爱，墨家根本缺失在于道德形上学没有建立。阳明之判词也存在一些误解，忽略了墨家学派有"墨离为三"史实。《墨子》一书囊括了前期墨家和后期墨家的思想，墨子（前期墨家）建构了以上天信仰为核心的"天本论"，天是社会政权存在合法性的本源，也是"兼爱""尚贤"等主张存在正当性的最高依据。但是，这是一种原始宗教意义上的本体宇宙论，而不是哲学义的本体论。后期墨家另辟蹊径，建构了哲学义的"义本论"。"仁义内在""贵义""义政""利民"等主张的表述，表明后期墨家正逐步与儒家汇通，道德形上学已经建立。墨家从"天本论"到"义本论"的大转向，凸显的恰恰是诸子百家经过数百年相互驳难之后文化融合与会通大趋势。

关键字：兼爱；天本论；义本论；前期墨家；后期墨家

在儒学史上，墨家几乎一直为"不受欢迎的人"。孟子抨击墨子兼爱"无父"，"无父"近于"禽兽"。宋代程伊川评论说："能亲亲，岂不仁民？能仁民，岂不爱物？若以爱物之心推而亲亲，却是墨子也。"[①] 从"爱物之心"推及"亲亲"，也就是从道德理性推演至道德情感和情感冲动，与儒家仁爱逻辑恰好相反。在程伊川看来，这种逆推在逻辑上和理论上一大谬误就在于忽略了世界首先是人的世界，而非物的世界。"人的世界"意味着人首先是情感的存在，情感是

---

① 程颢、程颐著，王孝鱼点校，《河南程氏遗书》卷二十三，《二程集》，北京：中华书局 2004 年版，第 310 页。

人本源的行为动力,情感透显了人的生命本质和生命意义。王阳明接踵而起,批评墨家"兼爱"是"无根"之爱。基于儒家仁爱思想逻辑推论,仁是本体,"仁是造化生生不息之理"[①];爱是情,属于已发。仁作为本体,其发生"有个渐",既然爱人有个逐步发散的层次("渐"),必然也就"有个发端处"[②]。"仁理"发端的第一个经验世界生活场景是父母子女血缘挚爱之情,也即孟子所说"亲亲"之爱;由"亲亲"向外"推",显现为"仁民"之爱,"民"是陌生人,"仁民"即是陌生人之爱;由"亲亲""仁民"往外推所能达到的最终境界是"爱物"。因此,儒家仁爱哲学是"爱有差等"和"爱无差等"的辩证统一。作为"爱之理"的仁,没有时间性和空间性,因为它是形上学本体。但是,人作为"存在者"是有时间和空间的具体存在。"爱人"作为"仁理"的呈现,爱是普遍的无差等之爱;在工夫论层面,爱又自然而然呈现出由近到远的差等性。从"爱有差等"向外"推",才能引向"爱无差等"。"爱有差等"是"有个深爱做根"[③],犹如大树有根,春天方能发芽。"墨氏兼爱无差等,将自家父子兄弟与途人一般看,便自没了发端处。不抽芽,便知得他无根。"[④]儒家爱人,强调爱必须合乎人性与人情。方其如此,"仁者爱人"才不会陷入宗教的偏执与狂热。墨家"兼爱"泯灭"亲亲"之爱,片面追求"爱无差等",犹如大树无根,"有根方生,无根便死。"王阳明对墨家"兼爱"学说的批评,旨在揭露墨家思想的一大理论缺陷:墨家学说没有建立道德形上学!墨家"兼爱"思想单纯停留在经验世界的层面"转说转糊涂"。只看到了情,没有看到性;只看到了用,没有看到体;只注重枝叶繁茂,却忽略培植根本。换言之,"兼爱"何以可能?墨子并没有从哲学层面加以证明。

王阳明的"无根"之论,确属"烈耀破迷"之识,但也存在一些误读之处:其一,墨家学派有"墨离为三"之说,《墨子》一书成书时间从战国初期延续至战国晚期,前后持续二百余年[⑤]。《墨子》一书所载并非仅仅反映墨子本人思想,弟子以及再传弟子的思想也涵括其中,胡适将墨家学派划分为前期"宗教的墨

---

① 王阳明著,三轮执斋执校,《标注传习录》,北京:光明日报出版社2014年版,第86页。
② 《标注传习录》,第86页。
③ 《标注传习录》,第8页。
④ 《标注传习录》,第86页。
⑤ 参见胡适:《中国哲学史大纲》,北京:东方出版社1996年版,第六篇、第八篇。

学"和后期"科学的墨学"①。王阳明将墨子思想与墨子后学思想混合为一,忽略了墨子后学对墨子思想既有所继承,也有所发明;其二,墨子没有建构哲学义的本体论,建立的只是原始宗教意义上的本体论;后期墨家扬弃了前期墨家"天本论",建构了"义本论",道德形上学基本确立。本文按照这一问题意识展开论述,不当之处,敬请方家教正。

一、"尚同于天":前期墨家"天本论"的建构

墨子从经验世界的维度,证明"兼爱"观念存在的正当性与重要性。自西周晚期以降,天子失驭,礼坏乐崩。《兼爱》篇云:"今若国之与国之相攻,家之与家之相篡,人之与人之相贼"。② 天下大乱的根源是"不相爱",有鉴于此,墨子开出的治世"药方"是"兼相爱,交相利"。墨子所倡行的"兼相爱",在伦理学上属于"爱无差等"人类普遍之爱,"夫爱人者,人必从而爱之"。

墨子虽然力倡超越血缘与地域的人类普遍之爱,但并没有抛弃父慈子孝、兄友弟悌的家庭伦理,"为人父必慈,为人子必孝,为人兄必友,为人弟必悌"。值得注意的是,墨子将家庭伦理的边界无限扩张、蔓延,导致家庭伦理与社会政治伦理混杂为一,私德与公德缠绕不清。"臣子之不孝君父""君之不慈臣""君臣父子皆能孝慈""视父兄与君若其身,恶施不孝"、"视子弟与臣若其身,恶施不慈"之类表述俯拾皆是,由孝父扩张到孝君王,由父慈子扩张到君慈臣。家庭血缘亲情之爱与社会政治伦理边界模糊,私德与公德夹杂不分。墨子"爱无差等"观念的哲学性质与特点,与儒家著作《孝经》有些雷同。《孝经》作者在论证孝是"天经地义"的同时,立足于为天下立法的高度建构孝本论。孝不仅仅是家庭伦理,也是涵摄人与自然、人与社会政治的价值本体。无论是天子"治天下",诸侯"治国",抑或庶人"治家",最高价值原则一律是孝。忠孝合一,从"孝亲"证明"孝君"正当性,是《孝经》作者的真实政治意图,《孝经》由此得以可能成为古代帝制意识形态的理论根源。与之相对,孟子从"恻隐之心"证明人性先天有善端,仁本论初步得以建构。仁本论的提出,既是对孝本论的否定与回拨,也是儒家内部的一场自我拯救运动。汉代董仲舒以天论仁,北宋程明

---

① 参见胡适:《胡适学术文集·中国哲学史》,北京:中华书局1991年版,第127—128页。
② 吴毓江撰,《墨子校注》,北京:中华书局2006年版,第158页。

道首次提出"仁体"观念,"学者识得仁体,先实有诸己,只要义理栽培。如求经义,皆栽培之意。"①程明道的"仁体"说旨在表明:天地万物由气所化生,实现了天地万物的浑然一体。这种天地万物浑然一体的人文表达就是"仁体",这种仁体之"实",通过"天地生物之心"得以外显;与此同时,在工夫论层面,通过后天的"栽培",仁体可以贯通、内化为人的本质,成为人人有可能真实拥有的生命之"实"。隋唐以降,无论气学、心学抑或理学,无论对《论语》《孟子》存在多少种"异见","仁本"论已确立为儒家道统之核心思想,孝本论从隋唐已降逐渐被主流思想家扬弃。

缘此,王阳明对墨家学说所作"无根"的评价,实际上是想揭示墨家思想的根本缺陷:道德形上学缺失。墨家"兼爱"思想只不过是治世之策论,而不是一种哲学思想。冯友兰先生也认为墨子"对于形上学本无兴趣"②,其思想学说只是一种客观知识,哲学形上学的大厦没有建立。但是,王阳明和冯友兰的论断也存在一些偏颇之处,忽略了墨子的天本论其实也是一种特殊类型的形上学。

墨子天本论的建构与其国家起源理论紧密相连。在国家建立之前,"人是其义,以非人之义",人类处于"皆以水火毒药相亏害"的自然状态。墨子所言"若禽兽然"的天下大乱,近似于霍布斯所说"所有人反对所有人的战争"的自然状态。墨子认为天出于"爱民""利民"目的,从茫茫人海中选拔"贤可"者,"立以为天子",建立国家与公共权力,继而"划分万国,立诸侯国君。"随着从里到乡、由乡到国之公共权力的完善,意识形态和价值观的建构应时而生。"上之所是必皆是之,上之所非必皆非之。"全里平民百姓的利益诉求和价值观必须"尚同"于里长,全乡平民百姓的利益诉求和价值观必须"尚同"于乡长,全乡人民的利益诉求和价值观必须"尚同"于国君,全国人民的利益诉求和价值观必须"尚同"于天子。方其如此,才能"一同天下之义",达到天下大治。墨子这一观点与逻辑,有点类似俄罗斯套娃。无论里长、乡长,抑或国君、天子,他们之所以能高踞这一官位,取决于一个根本性的前提——"仁人"。由此推论,墨子"尚同"论不是论证自下而上必须绝对服从上级个人权力意志,而是服膺里长、乡长、国君和天子这一官位所承载的义理——仁义。尤其值得一提的是,

---

① 黄宗羲,《宋元学案》卷十三《明道学案》,北京:中华书局1986年版,第561页。
② 冯友兰,《中国哲学史》上册,上海:华东师范大学出版社2000年版,第80页。

墨子"尚同"与"天志"逻辑的最终端并非推演至天子戛然而止,天才是天下共识的创立者。换言之,天是本体。"天子又总天下之义,以尚同于天。"在墨子思想体系中,天存在的意义犹如"轮人之有规,匠人之有矩"。天是位阶最高的"第一概念",天的本质是"爱人""利民","爱人利人,顺天之意"。墨子天论的这一逻辑与观点,不禁使人联想起董仲舒的一大命题:"故屈民而伸君,屈君而伸天,《春秋》之大义也。"①学界对董仲舒这一命题多有误读。譬如,李泽厚先生认为"董仲舒搞这一套,主要是为了以这种宇宙论系统确定君主的专制权力和社会的统治秩序"②。但是,如果将这一段话放在董仲舒政治哲学体系中考察,李泽厚的评论有待商榷。徐复观先生对董仲舒这一命题的评论发人深思,他认为"屈民而伸君"是"虚",属于"陪衬",目的是在策略上"先迎合统治者的心理"。"屈君而伸天"一句话才是"实",才是"进而说出自己的真正主张"的"主体"。先虚后实,虚晃一枪,"盖欲把君压抑(屈)于天之下,亦即是压抑于他所传承的儒家政治理想之下,使君能奉承以仁为心的天心,而行爱民之实"③。在两屈两伸中,落脚点是"伸天"。"天"指谓天命、天心,天命、天心的本质就是民心,民心即天命。因此,"屈君而伸天"的本质在于凸显民心,制约君权。两相比较,我们不难发现董仲舒天论对墨子天论有所绍承。在董仲舒天论的背后,我们时常可以发现墨子的身影。

统而论之,墨子天本论的本质在于论证上天是社会政权存在合法性的本源,政权兴亡存废由天主宰。天首先是宇宙生成论层面的本原,天创生日月星辰,为人类带来光明;天创造山川河谷、五谷丝麻,布列春夏秋冬,为人类生活创造基本保障。天地万物变化无常,天是天地万物变化无居背后永恒不变的最高存在。不仅如此,天为人类社会创设国家这一社会管理制度,"为王公侯伯,以临司民之善否,使之赏贤而罚暴"。既然国家由天创立,人间政权存在合法性和正当性的本源自然而然来自上天,而不是人间君王。具体而论,"爱人利人"(兼爱)是政权存在合法性和正当性的最高依据。天出于"爱人利人"目的建构国家,国家和政府自然应奉"兼爱"为治国理政最高圭臬。何以证明上

---

① 董仲舒,《春秋繁露·玉杯》。曾振宇、傅永聚注,《春秋繁露新注》,北京:商务印书馆2010年版。
② 参见李泽厚,《中国古代思想史论》,北京:人民出版社1986年版,第149页。
③ 徐复观,《先秦儒家思想的转折及天的哲学的完成》,《两汉思想史》第二卷,上海:华东师范大学出版社,2001年版,第212页。

天是"爱天下百姓"？四海之内，上自君王列侯，下至贩夫走卒，"莫不犓牛羊，豢犬彘，洁为粢盛酒醴，以祭祀于上帝鬼神"。从普天下无所不在的祭天习俗，可以证明上天确实"兼而食之"；由上天"兼而食之"，证明上天"兼而有之"；由上天"兼而有之"，证明上天"兼而明之"；由"兼而明之"，证明上天"爱天下百姓"。从形式逻辑而言，墨子这一论证过程恰如冯友兰先生所论有些"浅陋"①。但是，思想学说是否具有严密的逻辑性，并不是墨子政治思想的最高追求。墨子只是出于救世目的，力图阐述一个核心政治理念："爱人利人，顺天之意。"缘此，天主宰人间政权的兴亡存废，已是不证自明的结论。统治者如果"爱人利人"，顺天之意，国家就兴旺发达；统治者"憎人贼人"，逆天之意，国家必将土崩瓦解。墨子在《天志》《明鬼》诸篇中，不厌其详地通过"本之于古者圣王之事"证明这一观点：夏桀虽贵为天子，富有天下，但"上诟天侮鬼，下殃傲天下之万民"。于是上天命令商汤替天行道，讨伐夏桀；商纣王虽拥有广土众民，但"上诟天侮鬼，下殃傲天下之万民，播弃黎老，诛贼孩子"。于是上天命令周武王兴师讨伐商纣王，欺天侮鬼的商纣王政权灰飞烟灭。墨子在论述夏朝和商朝为何灭国失政的原因时，无一例外都用"天乃使汤""天乃使武王"文句，意在阐明商汤灭夏和周武王灭商都是承顺天命。上天这一至上人格神所承载的道德精神是兼爱——"爱人利人"，因此，与其说上天命令商汤灭夏、武王灭商，毋宁说人民"命令"商汤灭夏、武王灭商。"天乃使"是虚，"民乃使"才是实。尤其值得注意的是，当有人与墨子辩论天帝鬼神是否确实存在时，墨子的回答时常游移不定、模棱两可。在他看来，从历史悠久的祭天事鬼传统信仰，可以证明天鬼的存在是一客观知识。但是，墨子继而又指出，"虽使鬼神请亡，此犹可以合欢聚众，取亲于乡里"。"请亡"意谓"确实不存在"，丰盛的祭品即使因为天地神祇不存在，神祇因此无缘享用，也可用来款待亲朋好友、协和邻里乡亲。借天言事是墨子一以贯之的叙事模式，另一方面，墨子又无法从哲学维度解决"天"观念内在的逻辑矛盾。天观念的本质以及蕴含的内在逻辑缺陷，限制了墨子思想上升为哲学。尽管如此，以上天信仰为核心的"天本论"已经建立。但是，这是一种原始宗教意义上的本体宇宙论，而不是哲学意义上的本体论。胡适将前期墨家称之为"宗教的墨学"，可以说把握了墨子思想的精髓。在中国哲

---

① 冯友兰，《中国哲学史》上册，第 80 页。

学史视域中,宗教意义上的本体论有别于哲学意义上的本体论,前者建立在"想象""信仰"和"相信"基础上,属于对可感事物的想象性认识。这种想象性认识缺乏确定性,因此这种认识只是信仰而非真理。后者属于对可知世界的认识,这种对思维"抽象世界"的认识建基于逻辑推理与思辨证明基石之上,因此属于真理性认识。

二、"贵义":后期墨家"义本论"的建构

"兼爱"依然是后期墨家的思想核心,"兼爱相若,一爱相若""爱人之亲,若爱其亲""爱人非为誉也"之类表述不胜枚举。墨家主张"爱无厚薄","秦国产的马"和"齐国产的马"都是马,没有必要刻意区分马的产地与类型,爱马在逻辑上指谓爱所有的马。兼爱天下,并非一定要枚举天下所有人的姓名之后才能证明兼爱具有普遍性,而是每个人在其生活经验所涉范围内将兼爱精神播撒出去。但是,在何种话语系统中论说"兼爱",前期墨家和后期墨家已有云泥之别。前期墨家在"天本论"语境中论说兼爱如何可能,后期墨家另辟蹊径,开始在哲学层面上证明兼爱何以可能。

其一,仁义内在于人性。"仁,爱也。义,利也。爱利,此也。所爱、所利,彼也。爱利不相为内外,所爱利亦不相为外内。"后期墨家此处所说"内外",与战国中晚期关于仁义与人性关系的争论密切相关。与孟子同时代的告子主张"仁内义外",《管子·戒》篇也主张"仁从中出,义由外作"。后期墨家观点与孟子相近,皆倡导仁义内在于人性。仁与义是人性,爱与利人是情感;仁义是未发,爱利是已发。在后期墨家看来,"仁内义外"说犹如将左眼所见说成是视觉自内出、右眼所见说成是物象自外入一样,皆是疯癫谵妄"狂举"。值得一提的是,后期墨家已经提出了"体爱"和"利爱"一对概念。"体爱"是指仁爱源自人性,普遍先天禀具的爱在后天经验世界中自然而然流露,"说仁:爱民者,非为用民也"。与此相对,"利爱"建基于功利主义基础上,爱他人带有某种功利性、目的性,"仁而无利爱,利爱生于虑"。爱"获"这种"爱人"行为,并非纯粹出自内在人性,而是出于"虑获之利"的实际功利目的。由此可见,墨家"体爱"近似于孟子"由仁义行","利爱"类似于孟子"行仁义"。后期墨家的观点在逐渐向儒家"靠近",这不得不说是一令人关注的文化现象!在儒学史上,孔子"仁者

安仁,智者利仁"之说犹如空谷足音,孔子把"仁"分为"安仁"与"利仁"两类,《礼记·表记》进而将"仁"细分为三类:"仁者安仁,知者利仁,畏罪者强仁。"①

"安仁"也可以理解为"乐仁",《大戴礼记·曾子立事》有"仁者乐道,智者利道"表述。以仁为"安",以仁为"乐",意味着仁与人性有内在牵连。毛子水说"安仁,天性自然"②,可谓切中肯綮。仁内在于生命本然是真理,仁不是外在强制性行为准则,仁蕴含自由意志。正如牟宗三先生所言:孔子之"仁即是性,即是天道。"③仁既然源自普遍人性,就具有普遍性、绝对性特点。普遍性意味着平等,人性平等思想,在孔子思想中已有萌芽。孟子接踵而起,继而从"恻隐之心"证明仁确实普遍存在于人性之中,人有"不忍人之心"是真理,人人皆可在经验世界中自证自成。人先天"饱乎仁义",是从"实然"意义上立论。两相比较,后期墨家的"体爱"与孔子"安仁"、孟子"由仁义行",后期墨家的"利爱"与儒家"利仁""强仁""行仁义"之说,无论在内涵上,抑或在逻辑上,都存在逐渐会通与契合之处。

其二,"万事莫贵乎义"。墨家特别重视"义",无论前期墨家抑或后期墨家,率无差异。《墨子》一书正文"义"凡292见④,代表前期墨家的《兼爱》等"十论","义"凡出现191次。后期墨家"墨辩"部分(《经》上下、《经说》上下、《大取》《小取》),"义"总共出现16次。后期墨家"墨语"部分(《耕柱》《贵义》《公孟》《鲁问》《公输》),"义"凡66见。在后期墨家思想架构中,义是最高价值本体,"万事莫贵乎义"。手足贵于冠履,生命贵于王位。但是,为了正义事业,应该舍生取义,视死如归。"争一言以相杀,是贵义于其身也。"越国国君想用高官厚禄聘用墨子,墨子回答说,如果越国君王采用我的道术治理国家,我愿南下就职。如果只是以高官厚禄笼络我,却不推行我的治国之策,这是可耻的"以义粜"。义重于生命,出卖道义以换取个人利益,墨家弃之如敝屣。墨家以"义"为天下立法,"义"不是董仲舒所言仅限于"正我",而是"志以天下为芬",义的适用范围是天下,无论处江湖之远,还是居庙堂之高,义是绝对的道德律令。"义可厚,厚之。义可薄,薄之,之谓伦列。"后期墨家谈兼爱,以义为鹄的。

---

① 孙希旦,《礼记集解》卷五十一《表记》,北京:中华书局1989年版,第1301页。
② 参见毛子水注译,《论语今注今译》,重庆:重庆出版社2011年版,第50页。
③ 牟宗三,《名家与荀子》第三讲,长春:吉林出版集团有限责任公司2010年版,第135页。
④ 根据孙诒让《墨子间诂》注本为依据统计。

爱已有差等"伦列",与前期墨家"天下之人皆相爱"的爱无差等相比较,已有轩轾之别。"厚之"抑或"薄之",以义为规矩准绳。"德行、君上、老长、亲戚"这四类人应当厚爱。但是,如果这四类人的行为不符合义,是否还应当一如往旧"厚之"?后期墨家的回答是否定的。"厚亲,不称行而类行。"如果亲情与道义发生冲突,应当重义而薄亲。后期墨家虽然论证爱有差等,但因为以义为最高价值原则,差等之中又彰显些许平等精神。

后期墨家贵义的另外一个非常重要的表现,体现于在"义政"方面有不同于前期墨家的政治诉求。"义政"与"力政"相对,"义政"建基于义本论基石之上,义是国家主流意识形态和政治行为的最高价值原则。"力政"建立在功利主义价值观基础上,以追逐实际利益为基本内容,以满足统治者个人私欲为最终目标。"义政"则以"上利于天,中利于鬼,下利于人"为基本内容,以"兴天下之利"为最终理想归宿。广而论之,"义政"属于前期墨家和后期墨家共同的政治主张,前期墨家"义政"体现在"尚贤""尚同""非攻""非乐"等具体措施,尤其在"尚贤"策略上着墨极浓。前期墨家认为"尚贤"是"为政之本",而且"尚贤"主张不是人为的臆想,乃"取法于天",是上天意志的彰显。尧舜禹汤文武以"爱利万民"为治理天下之圭臬,这是贤能之人治理天下的典范,因此得到上天奖赏:"立为天子,以为民父母,万民从而誉之曰圣王"。遵循上天意旨、以"尚贤"治理天下者,被称为"圣王";与此相对,诟天侮神,贬斥贤能,如夏桀、商纣之流,被贬称为"暴王"。"圣王"或"暴王"的裁定者是至上人格神——天,前期墨家由此具有主权在天、治权在贤的特色,与儒家主权在民、治权在贤观点有所不一。

后期墨家将"义政"论证为"良宝"。和氏之璧、隋侯之珠是世俗社会所追捧的"良宝",在后期墨家看来,判断一件物品是否"良宝"的标准在于是否"利人",和氏之璧、隋侯之珠显然"不可以利人"。因此,"是非天下之良宝也。"但是,"义政"与和氏之璧、隋侯之珠不同,"今用义为政于国家,国家必富,人民必众,刑政必治,社稷必安"。"义政"才是"天下之良宝"。在后期墨家的这一论证过程中,"义政"所追求的社会理想目标涉及"国家""人民""刑政"和"社稷",恰恰没有指涉前期墨家念念不忘的"上利于天"、"中利于鬼",而只保留了"可以利民"。从"利天"、"利鬼"过渡到"利民",这是前期墨家转向后期墨家的一大变化。理论重心的转变,凸显的是天本论与义本论的本质差异。天本论在社会政治上的最高原则是以天为本原,义本论在社会政治信奉的最高价值原则是义。《鲁问》篇是后期墨家的文章,其中记载墨子与齐国国君的一番对话。墨子问:有人以砍斩人头来测试刀剑是否锋利,经过砍斩多人头颅之后证明刀剑确实锋利。但是,善恶必有报应,谁将承受滥杀无辜的报应?与此相应,侵占他国领土、抢掠他国百姓、屠杀无辜平民,谁将"受其不祥"?墨家并非一概反对战争,而是将战争分为"诛"与"攻"两类。"诛"是正义战争,"攻"是非正义战争。前期墨家认为战争正义与否的标准在于是否禀受上天意志,"天命殛之"。后期墨家则认为战争正义与否的标准在于是否"贼敖百姓"?换言之,"利民"是决定战争正义或者不正义的唯一标准。

后期墨家在"义政"上的另一大特点是以利训义。"义,利也。"道义以利为具体内容,缺乏利的道义,属于空而无当的"客言"。广而论之,尚利也是前期与后期墨家共同的政治主张,"利"在《墨子》一书凡 378 见,其中"十论"部分出现 248 次,"墨辩"与"墨语"部分出现 94 次[①]。前期墨家论"利",立足于至上神上天信仰而发,《尚贤》等"十论"主张是"利"的具体内容;后期墨家已将至上神上天信仰边缘化,尚利建立在义本论基石之上。"功,利民也。""利"与"禄"相对,"禄"是私利,有"利民"之"功"的"利"才是公利。墨子派遣弟子胜绰前往齐国辅佐齐国大将项子牛。项子牛三次侵略鲁国,胜绰三次陪同项子牛。墨子勃然大怒,立即召回胜绰,并批评他说:"言义而弗行,是犯明也。"口头信奉道义,背地里却为了高官厚禄背弃正义,这是典型的"禄胜义"和"倍义而乡禄"。"利"是代表天下大多数人根本利益的公利,后期墨家称之为"天下之利"。弟子问墨子"为义孰为大务?"墨子以"筑墙"为例作答:能挖土的挖土,能填土的填土,能夯筑的夯筑,各司其职,各尽所能,共同完成"筑墙"任务。"为义"与"为利"同义反复,"筑墙"之利在于"利人"。"筑墙"之利实现,"义事"也就大功告成。

"利"既然是天下之公利,这种"利"往往又以人同此心、心同此理的情感的方式呈现出来:"利,所得而喜也。""利,得是而喜,则是利也。其害也,非是也。"喜属于情感,只有能激发人内在普遍喜悦之情的"功",才是真正的公利。

[①] 根据孙诒让《墨子间诂》注本为依据统计。

公利顺应人类普遍的、善良的情感与欲求,而不是违忤人类普遍的情感。缘此,喜是公利在情感上的表达。巫马子质问墨子:你提倡"兼爱",我主张"别爱",皆是空而无征的阔论,都没有产生实际的社会功效。为何你决绝否定我的主张,却始终不渝称赞自己的理想?墨子反驳他说:假设有一个恶人蓄意在这儿纵火,有一个人立即端着一盆水想要浇灭大火,另一个人却拿来火把想要增加火势。面对此情此景,你赞同端水者还是赞同举火把的人?巫马子说:我赞许"捧水者",鄙视"掺火者"。其中的原因就在于"捧水者"的动机和意愿代表了天下大多数人的根本利益,动机善和功效善和谐一致。动机和功效的中和,能使人滋生喜悦的情感。值得注意的是,后期墨家"以利训义"政治思想,与战国晚期儒家"以礼训义"相映成趣。《荀子·大略》属于荀子后学作品,"以礼训义"体现的是儒家演变至战国晚期的哲学思考,"行义以礼,然后义成。"《礼记·礼运》也有类似的表述:"礼也者,义之实。"义虽是本体,但需要借助礼外显。在实践伦理层面行义,需要以礼来节制。"仁有里,义有门"。义的"门"是礼,义通过礼这唯一的"门"出入才赋有正当性。"义非其门而由之,非义也。""礼义"在《荀子》一书中是一复合词,出现 115 次。"以礼训义"目的在于理顺欲望与道德理性之间的关系,后期墨家"以利训义"则力图证明权利与道德理性之间的辩证关系。墨家"义政"是"义本论"在政治生活领域的下贯,"天下之利"并非仅仅只涵摄经济利益、物质利益,其深层的内涵应当是义这一本体观念下蕴含的人先验自然权利。"圣人有爱而无利,伣日之言也,乃客之言也。"此处"圣人"应是义本论的具象化表达。"伣日"当是"伣曰"之误,《说文》:"伣,譬喻也。""圣人有爱而无利"只是一譬喻性表达,属于"客言",而不是"主言"。这一命题真实内涵应表达为:"圣人"(义本体)是无时间、无空间性的存在,人是有时间性和空间性的具体存在者。圣人之爱通过"伣曰之言"委婉曲折显示给世人:圣人之爱下贯于人间,彰显为"利"。利源出于圣人(义本体),而不是出自人世间物质利益之间的交换。因此,此"利"具有普遍性和绝对性。

三、结语

春秋战国时代的诸子百家争鸣,经过数百年的相互驳难与碰撞之后,自战国中期以降,已逐渐形成相通相融的文化大趋势。《墨子·公孟》是后期墨家作品,其中记载的墨子与程子一番对话颇具深意:墨子在对话中,居然多次称赞孔子。程子对此迷惑不解:"非儒,何故称于孔子也?"墨子回答说:"是亦当而不可易者也。"鸟在大暑热天高飞,鱼在大暑热天却深潜河底。孔子儒家思想具有客观知识特点,真理蕴含其中。

"是亦当而不可易"这一观点,典型地反映了后期墨家在战国晚期文化融合汇通大趋势之下的文化立场。后期墨家思想体系中"爱人之亲,若爱其亲""仁义内在""万事莫贵乎义""义政""利民"等观念,表明后期墨家已在逐渐向儒家"靠近"。诸子百家从相反走向相成,从相互辩驳走向相互融合这一文化现象,早在《汉书·艺文志》已有深刻剖析:"其言虽殊,辟犹水火,相灭亦相生也。仁之与义,敬之与和,相反而皆相成也。"韩愈起而踵之,从兼爱、尚贤等方面对儒墨两家思想内在的相融相通性加以阐发[①]。缘此,我们不难发现,王阳明对墨家兼爱思想所作的"无根"之论,显然存在片面偏曲之处。王阳明只看到了前期墨家原始宗教义的"天本论",却忽视了后期墨家在心性论基础上建构的"义本论"。"仁义内在"不是"想象""信仰"之类宗教精神寄托,而是世俗感性生活中人人可以自证自成的客观真理,道德形上学在后期墨家已经建立。

---

① 参见韩愈,《读墨子》,《韩愈全集》,上海:上海古籍出版社1997年版。

"三合然后生":康有为论孔子人道教的优越性

翟奎凤

(山东大学易学与中国古代哲学研究中心、哲学与社会发展学院)

摘要:《穀梁传·庄公三年》说"独阴不生,独阳不生,独天不生,三合然后生",康有为从早年到晚年经常引述这句话来阐述孔教的特点与优越性。人由天而生,决定了人要敬天、祭天,人的灵魂也来自上天,修心养性,净化灵魂,也是"事天"的重要工夫。上天有好生之德、仁爱之心,也决定了人要有博爱精神。由阴阳而生,即人由父母而生,决定了人要孝敬父母,要祭祀祖先。爱由亲始,仁要以孝为基础和生发点。康有为认为,基督教、佛教、伊斯兰教等宗教都是神道教,只注重上天或灵魂的一面,忽视了人的身体性,对父母和祖先的敬重不够,即只有仁的向度,"孝"的维度较弱。而孔子儒学是全面的,"三合而生"、仁孝并重、祭天与祭祖并重、情理并重、智仁勇统一。晚年康有为认为,孔教是一种人道教,此教兼摄神道,但以人道为主,有着很强的整体性、中和性和包容性。作为人道教的孔教本质上是一种文明之教,它可以与所有神道宗教对话融合,化解宗教冲突。孔子人道教有着很强的中国性,是中华民族国魂所系,康有为对孔子人道教的阐发对我们重新认识儒学,探索儒学与当代中国社会的精神建构,有重要启发意义。

关键词:三合;康有为;孔子;神道教;人道教

康有为以弘儒、救国为一生志业,在中西文化碰撞的大变革时代,他融汇中西思想,对儒学有所创新;他对儒学的阐释,既有坚定的中国主体性内在价值,又不失世界眼光。用我们今天的话来讲,可以说在构造中国风格、中国特色、中国气派的学术话语体系与文明话语体系方面，康有为是有其历史贡献的，在今天也仍有其一定的时代意义。本文即以"三合而后生"为视角，来阐释康有为论孔子人道教的优越性，并探讨其对于我们今天重新建构儒学的现代意义。对于康有为提出的人道教，学界有些讨论，但尚不够充分，对人道教的核心内容"三合然后生"问题更是少有正面阐述。

一、神道、宗教与"三合然后生"问题

与"哲学"一样，"宗教"也是日译词语。1904年，康有为对日本人以"宗教"来翻译Religion颇为不满，他说"日人以神道为宗教，乃日人之妄定名词耳"[①]"若以宗为神，则中国宗之文尊也，有祖义而无神义。即以佛教《传灯录》创立'宗'字，彼禅宗、天台宗、慈恩、华严皆指心现境，不尚鬼神。故以宗教代神教之名，谬矣"[②]。他认为，"宗教"一词源自佛家，并无"神"义，"Religion"一词翻译为神道或神教才更确切。

但是若"教"只是神道教，有人认为"孔子既不语神，则非教主也"[③]，"于是谓孔子仅为教育家，仅为政治家，于是不敢奉为国教"[④]，康有为强烈批判这种观点，认为"此不明教之为义也"[⑤]，在他看来，把孔子仅仅视为哲学家、政治家、教育家，这是拉低了孔子。1912年，康有为强调"太古尚鬼，则神教为尊；文明重人，则人道为重。要神道人道，其为教人民则一也。孔子者，以人道为教，而亦兼存鬼神"[⑥]，由此，他认为"以孔子不言神道，即不得为教，则知二五而不知十者也"[⑦]。孔教以人道为主，同时也兼含神道，他认为"孔子之教，固以尊天、明鬼神、养灵魂为道，而尤以人道为主"[⑧]、"孔子是圆通无碍，无所不包，欲攻之而无可攻也。盖人道义，又兼神道，故不可遗也"[⑨]。神道、人道同为教，孔子也

[①] 康有为撰，姜义华、张荣华编校，《康有为全集》第八集《英国监布烈住大学华文总教习斋路士会见记》（1904年），北京：中国人民大学出版社2007年版，第33页。
[②] 《康有为全集》第八集，第35页。
[③] 《康有为全集》第九集《孔教会序》（1912年），第345页。
[④] 《康有为全集》第十集《参政院提议立国之精神议书后》（1914年），第204页。
[⑤] 《康有为全集》第九集《中华救国论》（1912年），第326页。
[⑥] 《康有为全集》第九集《中华救国论》（1912年），第326页。
[⑦] 《康有为全集》第九集《中华救国论》（1912年），第346页。
[⑧] 《康有为全集》第九集《孔教会章程》（1912年），第348页。
[⑨] 《康有为全集》第十一集《与日人某君笔谈》（1920年前），第118页。

是教化之主。魏义霞认为"康有为使用最多的概念不是宗教、教育或教化,而是内涵相对模糊的教","康有为将教与宗相剥离,使教既包括宗教,又包括教育","教有神道教、人道教之分"①,这些看法大体上是正确的,但对人道教、"三合然后生"问题未作深入探讨。

1914年,康有为在《致某督军书》中明确提出"人道教":"孔子拨乱改制,立人道教"②。1923年,在开封、济南、长安等地的演讲中,他反复指出孔子之教为人道教,认为"人之生世,不能无教。教有二,有人道教,有神道教。耶、佛、回诸教皆言神,惟孔子之教为人道教"③。有意思的是,1923年康有为对日本人翻译Religion为"宗教"转而表示肯定④,他说"日本人译为宗教,不误也。日本人信仰佛教,佛教下有禅宗、真宗、天台、华严、慈恩诸宗,故宗教诚为神道教,与中国数千年所谓教固不同也。中国两汉以前,外教未入,所谓教者,非孔子而何?孔子之教,不专言灵魂,而实无所不包,简而言之,曰人道教而已"⑤。这与他1904年对佛教背景下"宗教"的理解发生很大翻转。实际上,这是由康有为对"神"的理解前后发生变化引起的。1904年甚至到1923年以前,他所谓"神道"主要是指上帝、上天,为鬼神、人格神,其相对应的是人,是天人、神人关系。如1904年,康有为说日本人之所以"宗教"来翻译Religion可能是"因耶教尊上帝,而欧土之教只有耶氏,故附会之"⑥,又说"故太古之教,必多明鬼,而佛、耶、回乃因旧说,为天堂地狱以诱民。今读佛典言地狱者,尚为之震栗。"⑦1914年,在《致某督军书》中,康有为还说"管子曰:'不明鬼神则陋民不悟。'故凡诸教之流行,多托于鬼神。耶耸以上天,佛警以地狱,故人皆耸而信从不贰。吾《易》《礼》亦言神道设教,百官以畏,万民以服,而惠迪则吉,从逆则凶,积善余庆,不积善余殃,亦频垂经训,但敷教在宽,以人道为主,故不迫切耳。"⑧显然,这些都

---

① 魏义霞《康有为对教之释义与用意》,载《学术交流》2018年第12期。
② 《康有为全集》第十集《致某督军书》(1914年),第215页。
③ 《康有为全集》第十一集《长安讲演录·第四次讲演》(1923年),第282页。
④ 干春松认为,康有为晚年越来越接受以"宗教"来翻译"religion"的做法,可能的原因是这个翻译的词语已经被广泛地接受。见干春松《宗教、国家与公民宗教——民族国家建构过程中的孔教设想与孔教会实践》,载《哲学分析》2012年第2期,第15页。
⑤ 《康有为全集》第十一集《长安讲演录》(1923年),第275—276页。
⑥ 《康有为全集》第八集《英国监布烈住大学华文总教习斋路士会见记》(1904年),第34页。
⑦ 《康有为全集》第七集《意大利游记》,第374页。
⑧ 《康有为全集》第十集,第215页。

是神道为天神、鬼神之义。而在 1923 年他所谓的神道主要是指"灵魂"之神，其相对应的是身体，康有为说"日本人所谓宗教，英文为哩利尽 Religion，即神道教也。如婆罗门教、佛教、基督教、回教，皆劝人为善者，但只注重灵魂，所谓神道教也。日本人译为宗教，不误也"①，这里认为这些宗教"只注重灵魂"。1915 年，康有为在《致朱师晦书》中说："孔子人道也，佛神道也"，并说"佛弃其身，出其家，绝其世，以修炼精神为主；故终日所言皆在神识心性，而于处人接物讲求者寡"②。在他看来，佛教诸宗所讲心性之学大致就是灵魂之学，这也属于神道。康有为还认为"基督教行于耶路撒冷，衍于罗马，后入中国，以保养灵魂、博爱平等自由为义"③，这里也把基督教视为保养灵魂之教，没有强调其上帝外在超越之神。康有为甚至还说"若夫言灵魂，则诸教无不同者。……耶所谓灵魂，佛所谓阿赖耶识，深之则不生不灭、不增不减、不垢不净者也，明之至则超凡入圣、造化同游"④。很明显，晚期康有为把神道主要限定为灵魂。当然，灵魂与上天是有关联的，可以说灵魂来自上天，但两者毕竟还是有差别的。

晚期康有为认可把 Religion 翻译为宗教，虽然这与他早期的观点很不一致，但是他始终把宗教视为为"神道教"，只不过是他对"神道"的理解发生了变化，早期以神道为帝天之神，晚期以神道为灵魂之神。这样在康有为，宗教即神道教，孔子之教非宗教、非神道教，而是一种人道教。康有为在 1923 年反复强调"孔子之教，不专言灵魂，而实兼身兼魂，无所不包，简而言之，曰人道教而已"⑤，而他论证孔子人道教全面性与优越性最核心的经典依据是《春秋穀梁传》所说"独阴不生，独阳不生，独天不生，三合然后生"，即人的身体来自父母，而灵魂来自上天。因此，人既要崇敬上天，又要孝敬父母。

在古典世界的表述中，一般说是天地阴阳和合产生万物，如《易传·系辞》说"天地氤氲，万物化醇；男女媾精，万物化生"。益卦象传所说"天施地生，其益无方"、《荀子·礼论》"天地合而万物生，阴阳接而变化起"、《礼记·郊特牲》"阴阳和而万物得"，表达的也是这个观念。天地相当于大父母，天地和合产生

---

① 《康有为全集》第十一集《长安讲演录》(1923 年)，第 275 页。
② 《康有为全集》第十集，第 255 页。
③ 《康有为全集》第十一集《长安讲演录》(1923 年)，第 279 页。
④ 《康有为全集》第八集《日耳曼沿革考》(1906 年)，第 253 页。
⑤ 《康有为全集》第十一集《开封演讲辞》，第 236 页。

万物,这是较为普遍的观念。这种观念可谓是"二生万物"。《文子·九守》中说"精神本乎天,骨骸根于地",《淮南子·精神训》也说"夫精神者,所受于天也;而形体者,所禀于地也",这也可以看作是"二生"模式,人的精神来自天,而形体源自地。

在先秦还有一种"三生万物"的生物观。这可以以《老子》为代表,其第四十二章说"道生一,一生二,二生三,三生万物。万物负阴而抱阳,冲气以为和"。所谓"三",就老子这里文本来看当指"阴、阳"与"冲气"之"和"。《庄子·田子方》中说"至阴肃肃,至阳赫赫;肃肃出乎天,赫赫发乎地;两者交通成和而物生焉"。类似的,《淮南子·览冥训》也说"故至阴飂飂,至阳赫赫,两者交接成和,而万物生焉"。《文子·上仁篇》也说"天地之气,莫大于和,和者,阴阳调,日夜分,故万物春分而生,秋分而成,生与成,必得和之精。故积阴不生,积阳不化,阴阳交接,乃能成和。"这似乎是对老子思想的进一步阐发。这样来看,老子"三生万物"实际上还是"二生"的模式,只不过进一步强调了阴阳交通成"和"的重要性。

《穀梁传·庄公三年》说"独阴不生,独阳不生,独天不生,三合然后生。故曰母之子也可,天之子也可",这里明确提出一种"三生"生物观,即"阴"、"阳"、"天",阴阳这里其实也就是指父母。《楚辞·天问》"阴阳三合,何本何化",当是本此而言①。显然,这里"天"非简单的阴阳之"和",而是一种独立甚至超越阴阳之上更为神圣的存在。西汉董仲舒《春秋繁露·顺命》说:"天者万物之祖,万物非天不生。独阴不生,独阳不生,阴阳与天地参然后生。"这可以看作是对《穀梁传》"三合然后生"的发挥②,其实"阴阳与天地参然后生"严格说来是有问题的,当作"阴阳与天参然后生",这里"天"有绝对超越性,是形而上存在,是"一",而"天地"实际上又落于阴阳二分模式(当然,天地也可以作为一种神明整体,理解为"一")。东晋徐邈解释说"古人称'万物负阴而抱阳,冲气以为和',然则《传》所谓'天',盖名其冲和之功而神理所由也。会二气之和极发挥之美者,不可以柔刚滞其用,不得以阴阳分其名,故归于冥极而谓之天。凡生

---

① 庞朴《一分为三浅说》(新华出版社 2004 年版)一书对此有讨论,可参看,见该书 32—24 页。
② 杨树达称,"董生通《春秋》之学,为汉世大儒,《春秋繁露》一书,皆述公羊家说,而亦时时用穀梁"(《积微居小学述林全编》上册,上海:上海古籍出版社 2007 年版,第 360 页)。

类禀灵知于天,资形于二气,故又曰独天不生,必三合而形神生理具矣"①。这是借用老子"冲气以为和"的观点来解释"天",把"天"看作"冲和"之"神理"。这样的话,把"天"看作"和"的一种状态,似乎弱化了"天"的独立性②。

"三合"生物观也见于《文子》《淮南子》等文献,如《文子·精诚篇》说"阴阳四时非生万物也,雨露时降非养草木也,神明接,阴阳和,而物自生矣"。类似的,《淮南子·泰族训》也说"故阴阳四时,非生万物也;雨露时降,非养草木也。神明接,阴阳和,而万物生矣"。显然,"神明接,阴阳和"也是一种"三合而生"的生物模式,与《穀梁传》是一致的,"神明"相当于"天"。当然,就思想的丰富性而言,"神明接,阴阳和"比《穀梁传》所言要更为精细。"阴阳和"有老子"冲气以为和"的意思,"神明"直接揭示了一种灵魂性、神性存在。

二、早期康有为论"三合然后生"与仁孝并重

康有为对《穀梁传》"三合而后生"的关注与阐释相当早。在作于1893年至1897年的《春秋董氏学》中,康有为就注意到董仲舒《春秋繁露·顺命篇》所说与《穀梁传》同,而非《公羊传》③,他认为这句话"当是孔子口说"。康有为由此发挥说:

盖性命、知觉之生本于天也,人类形体之模本于祖父也。若但生于天,则不定其必为人类形体也。若但生于祖父,则无以有此性命、知觉也。故仁人享帝而郊之,报性命知觉之本也。孝子享亲而禘之,报气类形体之本也。享帝,则凡在生物皆吾同胞,圣人所以爱物而治及山川、草木、昆虫也。享亲,则凡在宗族皆吾同气,圣人所以亲亲而推及九族也,百姓万国也。若但父天,则众生诚为平等,必将以父母侪于万物,则义既不平,无厚薄、远近之序,事必不行。若但父父,则身家诚宜自私,必将以民物置之度外,仁既不广,将启争杀之祸,

---

① 《春秋穀梁传注疏》,济南:山东画报出版社,2004年,第76页。
② 朱熹说"《穀梁》言天而不以地对,则所谓天者,理而已矣。成汤所谓'上帝降衷',子思所谓'天命之性'是也。是为阴阳之本,而其两端循环不已者为之化焉"(朱杰人等主编《朱子全书》第19册《楚辞集注》,上海古籍出版社、安徽教育出版社2010年版,第65页)。朱子此解是颇为深刻的,强调了"天"是形而上存在,是"阴阳之本"。
③ 1901年,康有为在《春秋笔削大义微言考》中说"《穀梁》所引《传》,即《公羊》也"(《康有为全集》第六集,第60页),又说"《穀梁》所引'或说',即《公羊》说,可见《穀梁》在后。盖《穀梁》别有师传,而兼采《公羊》者也"(第43页)。

道更不善。①

康有为这里视"天"为性命、灵知之根本,对应"仁"、泛爱万物;阴阳、父母、祖宗为人类形体之本,对应孝、宗族亲亲。尊天、"父天",如基督教所言"上帝面前人人平等",容易导出众生平等的观念,但如果过于强调这一点,于父母特殊的恩情就抹杀了,这是不现实、行不通的。如果只尊父母,又会导致自私,仁爱精神无法推广,最终也会使得社会相互争斗甚至残害,弊端更大。值得注意的是,康有为以"本于天"的为"性命知觉"、本于父母的为"气类形体",其实,这个区分还不够精确,后来他分别用的是"灵魂"与"身体",更直接鲜明地点出两者的不同。

1901 年,41 岁的康有为在《春秋笔削大义微言考》中,论及《穀梁传》这段话,认为此"真孔门微言,而为孔子一切义所出也",又说:

盖孔子之穷理,以为人皆三合而后生,故天与父母并重。性灵生于天,所谓天命之谓性也;体魄生于父母,而体魄性灵之相合,亦必天与父母和合而后生。故禽兽知有母而不知父,野人知有父母,智人知有天。世俗仅知身之出于父母,固为得半;若神教专归于天而薄父母,亦为得半,而理未足也。孔子发明天与父母三合而生之义,于理最为明足。故人当事父母,尤当事天。《易》曰"如临父母",《诗》曰"上帝临汝",明事天、事父母一也。……盖乱世以天统君,以君统民,故有尊卑之隔。太平世则无尊卑之别,人人独立,直接于天,则人人皆可称为天子矣。若当升平,则人人亦可行郊禘而称天子。此孔子之意也。②

康有为这里由"三合而后生"的思想强调人应当孝敬父母,更应该尊天敬天。知母不知父(禽兽)、知父母(野人)、知天(智人)是一个文明递进序列。他认为,俗人只知生身父母,不知尊天;"神教"是说基督教过于尊天而对父母的重视不够,这两种倾向都是不正确的、片面的。康有为这里特别强调了"事天"的重要性,古代专制社会帝王自命天之子,垄断了祭天的权利,他认为太平世人人独立平等,皆可谓"天之子",都可以祭祷上天。这里他以"生于天"的为"性灵",生于父母的为"体魄",应该说"性灵"比"性命知觉"要更准确一些。

1901 年,康有为在《中庸注》中解释"子曰:舜其大孝也与!德为圣人,尊为

---

① 《康有为全集》第二集《春秋董氏学》,第 375 页。
② 《康有为全集》第六集《春秋笔削大义微言考》,第 60 页。

天子,富有四海之内。宗庙飨之,子孙保之"时说:

> 人非三合不生,非天不生,非父母不生。人能覆载群生,与天同心,是天之大孝子也,若舜是已。受天之性识,则聪明睿智,而迥异愚顽。受天之爵位,则坐禅帝位,而迥非奴隶。受天之禄食,则富有四海,而迥绝贫穷。传天之神明,则庙祀百世。传天之体气,则子孙千亿。自古之大福,未有过之者。舜亦人耳,何修而一切崇高尊厚过于人哉?①

这是讲大舜能"覆载群生,与天同心",是天之"大孝子","传天之神明"有灵魂不朽的意思,"传天之体气",是从子孙绵延来说。《中庸注》在解释"子曰:武王、周公其达孝矣乎"时,康有为说:"天、父、母三合而生人。体天之心,是谓大孝,舜是也。体父母之心,是谓达孝,武王、周公是也。"②康有为从天心、父母之心的角度来区分舜之"大孝"与武王之"达孝",可谓别出新解。

1901年,在《孟子微》中,康有为注孟子所说"尧舜之道,孝悌而已"(《孟子·告子下》)时说:

> 盖人道非天不生,非父母不生,三合而后生。本仁于父母而孝弟,本仁于天而仁民爱物,皆人性之次第也。父母兄弟之亲亲,乃不忍之起点。仁虽同而亲亲为大,仁虽普而孝弟为先。若经营国民,恩及庶物,而忍于家庭、薄于骨肉,则厚薄倒置,不合人理,苟非行诈矫伪,则为骛外逐世,非人道也。……夫尧舜之圣至矣,孟子言尧、舜之道,以为不外孝弟,可谓直指了当。③

康有为强调仁爱发端于孝悌亲亲,强调了血肉亲情对于仁爱的基础性、生发性意义。不爱父母兄弟的所谓大爱,在康有为看来,是虚伪不真实的。当然,"仁于天"与"仁于父母"是不矛盾的,真正的儒家是两者的有机结合。

1901年,在《礼运注》中解释"故人者,其天地之德,阴阳之交,鬼神之会,五行之秀气也"时,康有为说:

> 《穀梁》曰:"人非天不生,非阳不生,非阴不生,三合而后生",故谓阴阳之交。《祭义》曰:"气也者,神之盛也。魄也者,鬼之盛也。"盖魂灵精气与魄质形体合会,而后成人。……此孔子言人生最精微之论,与"知气在上"之旨可同参

---

① 《康有为全集》第五集,第376页。
② 《康有为全集》第五集,第377页。
③ 《康有为全集》第五集,第418页。

之。明此,而孔子治教之意乃知其本。或疑孔子为无神教,岂知此为朱子误乱之义,非孔子之教旨也。①

这里也是认为人的"魂灵精气"、"灵魂"来自"天","魄质形体"、"体魄"来自父母。《礼记·礼运篇》说"故天望而地藏也,体魄则降,知气在上",这也是讲人死后肉体降落分解归于大地,而灵魂(知气)升于上天。朱子包括很多理学家喜欢以屈伸往来说鬼神,把鬼神哲理化,这当是康有为批评朱子疑孔子为无神教的重要原因②。

《论语·泰伯篇》载"曾子有疾,召门弟子曰:启予足!启予手!《诗》云'战战兢兢,如临深渊,如履薄冰。'而今而后,吾知免夫!小子!"1902 年,康有为在《论语注》中对此解释说:

> 孔子以凡物非父不生,非母不生,非天不生,三合然后生全,而受者当全而归之。故云:身体发肤受之父母,不敢毁伤。少有毁伤,则无以对所生。论传体之义,自为完全,非全身无以极其重。曾子终身戒谨,仅能全不敢毁伤之义。然此义也,不过孝之始而已。盖人之生也,有神魂体魄。专重神魂者,以身为传舍,不爱其身,若佛、耶、回皆是也;专重魄者,载魄抱一,以求长生,若老学、道家是也;专重体者,战兢守身,启手启足,若曾子是也;三者各有所偏。孔子则性命交修,魂魄并养,合乎人道,备极完粹。然一传而为曾子,即已偏于体魄如此。……孔子兼备万法,无所不在。不又云:杀身以成仁,见危授命,战阵无勇非孝乎?不又云:体魄则降,知气在上,若魂气则无不之乎?不称比干谏死为仁乎?曾子兢兢于保身,至于垂没,自是教之一义,然亦偏矣。若后儒说,以曾子为孔子正传,以为孔子大道之宗,则大谬也。③

康有为认为爱护、保全身体只是"孝之始"④,像曾子这样过于注重身体性命,也会偏于一端,远非孔教之全、非孔教之正。在他看来,佛教、基督教、伊斯兰教专重神魂、轻视身体;老学、道家专重气魄,追求肉体长生;曾子太偏重身

---

① 《康有为全集》第五集,第 561 页。
② 康有为在《中庸注》中说"程、朱以为天地之功用,张子以为二气之良能,由于阮瞻《无鬼论》来,于是鬼神道息,非孔子神道设教意也。"(《康有为全集》第五集,第 376 页)
③ 《康有为全集》第六集,第 436 页。
④ 康有为在另一处讲到养护生命的重要性。《论语·乡党篇》载有孔子对饮食的注重与谨慎,康有为认为:"圣人养生之慎如此,盖天与父母三合而生身,必当敬谨之,非为徇口体之欲也。"(《康有为全集》第六集,第 460 页)

体,这些都有所偏。真正的孔子儒学是"性命交修,魂魄并养,合乎人道,备极完粹"。康有为反对将曾子作为儒学正宗,他强调孔子儒学也有"杀身成仁"的一面,强调道义(灵魂性存在)高于肉体生命。

在作于1902年后的《大同书》论"投胎之苦"时,康有为也说:

> 凡此体肤才智,等是人也,孔子所谓人非人能为,天所生也。孔子又曰:夫物,非阳不生,非阴不生,非天不生,三合然后生。故谓之"母之子也可,天之子也可"。同是天子,实为同胞,而乃偶误投胎,终身隳弃,生贱蝼蚁,命轻鸿毛,不能奋飞,永分沦落,虽有仁圣不能拯拔,虽有天地不能哀怜,虽有父母不能爱助。①

这里也是强调了在灵魂层面,人由天生,"天命之谓性",人人皆为"天之子",但是在现实层面,人又是由父母而生,出生于不同的家庭,命运又千差万别。

在作于1904年或稍后的《请尊孔圣为国教立教部教会以孔子纪年而废淫祀折》(简称"国教折")②中,康有为也引述了《穀梁传》这段话,并说"《论语》子路请祷于天,孟子曰:虽有恶人,斋戒沐浴,可以祀上帝。然则孔、孟大义,许人人祷祀天帝矣"③,这里强调人人皆有权利祷祀上帝,专制社会帝王独享祭天权,在康有为看来这也是据乱世的表现。所引孟子这句话,1901年康有为在《孟子微》中解释说"恶人可祀上帝,则当时民间人人皆祀上帝,可知此大地通行之礼,乃知惟天子郊禘祭天,为据乱之制。孟子传平世之学,固知人人祭天,乃平世之制也。"④后来康有为在作于1912年的《孔教会章程》、1913年的《以孔教为国教配天议》、1914年的《人民祭天及圣祔配以祖先说》中都有提到孟子"虽有恶人,斋戒沐浴,可以祀上帝"这句话⑤。

以上论述可见,1901、1902年前后,康有为对"三合而后生"有反复论述,这段时间里他先后以"生于天"为人性命知觉、性灵、魂灵、神魂之根源(越来越倾向以"灵魂"来表述),以"生于父母"为气类形体、体魄、魄质来源,他由此出发

---

① 《康有为全集》第七集,第10页。
② 唐文明认为"国教折的写就大概在1904年或稍后",(《敷教在宽:康有为孔教思想申论》,中国人民大学出版社2012年版,第151页),"国教折最能代表康有为流亡期间的孔教思想,他在流亡期间的其他地方谈到孔教问题的,主旨基本上不出国教折"(第152页)。
③ 《康有为全集》第四集,第97页。
④ 《康有为全集》第五集《孟子微》(1901年),第488页。
⑤ 孟子这句话与佛家竺道生强调的"一阐提人皆可成佛"有些相似,佛教人人皆有佛性的思想,与孟子性善论的主张有内在呼应性,这大概也是唐宋佛教鼎盛时期孟子"升格"的重要原因。

也比较了儒家与佛教、基督教、伊斯兰教的不同,认为孔子儒学性命交修、仁孝并重,是最全面的一种教化之道。但这一时期,他还没有明确使用"人道教"一词来称呼孔子儒教。

三、晚期康有为论"三合而后生"与"人道教"

1912年中华民国成立后,55岁的康有为发起孔教会,试图推动以孔教为国教。民国初年,康有为论孔教的优越性也反复论及"三合而后生"。1912年10月,康有为在《孔教会章程》第九条说:

孔子最尊上帝,《春秋》谓人物非天不生,非父不生,非母不生,三合而后生。故谓之母之子也可,谓之父之子也可;尊者取尊称焉,卑者取卑称焉。又曰天者,人之曾祖父也。又曰乾为天而坤为母。故祭天者,大报本而反始也。……故庄子尊孔子为神明圣王。孟子、荀卿、七十二子后学所称先王,皆指孔子也。故凡奉孔子教者,当知孔子为立教制法之神明圣王,其道参赞化育,峻极于天,故可以配天。凡奉孔教者,当祀上帝,以孔子配享。[①]

康有为这里以"天"与"上帝"互释,将孔子神圣化、教主化,把儒学往宗教化的方向诠释,主张祭帝天时以孔子配享。这里所说庄子尊孔子为"神明圣王",是康有为据《庄子·天下篇》作的概括,对此后面我们会再作讨论。1913年4月,康有为在《以孔教为国教配天议》进一步申述了这一思想主张,他说:"古今万国,未有不尊天者。孔子曰:'人非天不生。'"[②]这里也强调了尊天、祭天的重要性。

1914年12月下旬,康有为在《人民祭天及圣袝配以祖先说》中认为,《穀梁传》"三合而后生"这段话是"孔子之学说微言大义,人莫不诵之读之、信之受之者也",并说"推孔子之意,诚以人为天所生,凡圆颅方趾之黔黎,莫不为天之子,非独乘黄屋、戴左纛、垂冕旒而被山龙者,然后为天子也。推说是也,不独公卿大夫士为天子,乃至马医夏畦之子,驵侩椎埋之夫,蹒跚跛躄之丐,倚门卖淫之妓,盖莫非天子也,盖天子之云,犹父母之子之云尔。因父母所生而曰父

[①]《康有为全集》第九集,第349页。
[②]《康有为全集》第十集,第94页。

母之子,因天所生而曰天之子,岂有异耶?岂妄耶"①。这里康有为再次申辩了人人皆有祭天的权利,在他看来这是社会进步、文明彰显的表现。无论高低贵贱,甚至罪恶之人,皆为天之子,都可以而且应该祷祀帝天,他反对将祭天视为最高统治者的特有权利。

1914年,康有为在《致某督军书》中也大体上重复了这种观点,他说:

尊天事上帝者,孔教最勤勤,经传最谆谆者也。《诗》《书》《春秋》不赘引,开口言天命,终言天载。《穀梁》曰:……此为孔子口说之微言,凡圆首方足之民,一一皆天之子也。昔事天者专归之帝王,故帝王号天子。今为民主,则人人皆实为天子,安有子而不事父母者乎?②

在君主专制社会,祭天为君主权利象征,百姓不得祭天,而在如今民主社会,人人都可以祭天。康有为接着又发挥说:

孔子以天与父母并为生我者,故并尊而亲之,故主仁、孝两义。祭郊社而飨生我之帝,以明万物一体、仁民爱物之义,故曰仁;祭禘尝而飨生我之父祖,以明报本反始之义,故曰孝。故曰:明乎郊社之礼,禘尝之义,治国其如视诸斯乎指其掌。……墨氏知仁而不知孝,则父母不报,非人道之宜矣。孔道仁且孝,不既备乎?③

这里再次把"仁、孝"问题提出,事天对应"仁",事父母对应"孝",仁、孝并重是儒学的重要特征,同时仁要以孝悌为本,才有根基,才可行;由此,他批评墨家尊天本仁而不重视孝,不符合人道。《中庸》说"郊社之礼,所以事上帝也;宗庙之礼,所以祀乎其先也。明乎郊社之礼、禘尝之义,治国其如示诸掌乎",康有为常引述这句话,他认为"盖郊祭天,社祭地,春禘秋尝,皆以行大祫之祭,以合亲祭祖祢也。祭天以明万物一体之仁,祭祖以明家族相亲之孝"④。"郊、社"分别是祭天、祭地,宽泛而言,"郊社"也可以说是祭天、祭上帝,天地作为一个整体统一为"天"或"上帝"。"禘尝"是祭祖先。在康有为看来,《中庸》所强调的"郊社之礼,禘尝之义"也体现了《穀梁传》"三合然后生"的观念。

1923年4月、6月、10月、11月间,康有为先后在开封、保定、济南、西安等

---

① 《康有为全集》第十集,第200页。
② 《康有为全集》第十集,第215页。
③ 《康有为全集》第十集,第215页。
④ 《康有为全集》第十一集《开封演讲辞》,第236页。

地及孔子诞辰日作讲演,演讲主题、内容也相似,都集中阐发了孔子儒学作为"人道教"的优越性,其间也都引述讨论到《穀梁传》"三合而后生"的问题。如1923年4月,在《保定河北大学演讲辞》中,康有为强调说:"孔子为中国之圣,于中国最宜,盖孔子圣之时者也。时中之圣,则能斟酌损益,兼容并包,其教义乃为人而设,是可谓为人道教,而非神道教也。"①康有为晚年非常喜欢以与"神道教"相对的"人道教"来称赞孔子之教的特征与优越性。他在1923年讲演中多次以《礼记·礼运篇》"故人者,其天地之德,阴阳之交,鬼神之会,五行之秀气也"为引言,然后说"《穀梁》与董子曰:非天不生,非父不生,非母不生,三合而后可生。故谓之天之子也可,谓之母之子也可。此孔子至要之微言也,孔教与各教不同之处在此。"②对此,康有为还举例说明:"夫种瓜仁而得瓜,种豆仁而得豆。以人生人,岂非赖父母乎?若只赖天而不须父母,则程生马,马生人,能之乎?瓜生豆,豆生瓜,能之乎?"③用今天的话来讲,这是强调父母基因的重要性。同样,"若只赖父母而不赖天,则灵魂所托,六道轮回,诚有自神道、自禽兽道来者,此岂父母所能生乎?以瞽叟而有舜,以净饭王而有佛,此岂父顽母嚣所能生乎?"④这里实际上杂糅了佛教六道轮回的思想,圣人非父母所能成就,乃是由天而生。由此,康有为再次强调"故孔子三合而后生,乃至论也"⑤。

天与阴阳三合而生,"天"是上帝,也对应灵魂层面;阴阳对应父母,是人的身体层面。仔细分析的话,"三合"实际上牵涉到"上帝"(上天)、"灵魂"(性理)、阴阳(父母)、身体(气质、欲望)等多个层面,这些层面体现了人的全面性、立体性,儒学对这些都有兼顾。在灵魂层面的强调上,康有为认为,基督教重灵魂,受到佛教的影响,他说"耶教虽出于犹太,实兼采于佛,故注重灵魂略同也"⑥。灵魂来自上天,但与上天又有不同,康有为认为佛教注重灵魂,轻视帝天,对此,他在长安演讲录中多次批评说:"各教莫不尊天事上帝,惟佛以为天帝与佛战,天帝为佛所败,因为佛弟子,颇为可异也。"⑦1926年在《诸天讲》中,

---

① 《康有为全集》第十一集,第240页。
② 《康有为全集》第十一集《开封演讲辞》,第236页。
③ 《康有为全集》第十一集,第236页。
④ 《康有为全集》第11集《开封演讲辞》,第236页。
⑤ 《康有为全集》第十一集《长安演讲录》,第276页。
⑥ 《康有为全集》第十一集《长安演讲录》,第286页。
⑦ 《康有为全集》第十一集《长安演讲录》,第287页。

康有为又说:"惟佛不尊上帝,谓与上帝战,上帝败而屈为弟子,见佛则合掌恭敬,拜跪受教,佛之尊骄至极而至奇矣"①。实则,在佛教,此为神话故事,其寓意类似《老子·第四章》论"道"之语"吾不知谁之子,象帝之先",以"道""真如"佛性的绝对性、无为性,消解帝天之神圣性和主宰性。而且,佛教典籍中的天帝,与基督教所说上帝,乃至儒家所说上天,其实也不是一回事,康有为对此似没有具体分疏,因而这些看法也难免有武断之嫌。

康有为还从智、仁、勇的角度来比较诸教,认为"孔教中庸,以智、仁、勇三达德为要。大概佛家言广大圆明,智也。耶言博爱,仁也。回教勇猛严敬,勇也。知各教不外智、仁、勇,则吾人之求智、仁、勇以立道德之基,以宏道德之量,不可不勉也"②,佛家偏于智,基督教偏于仁,回教偏于勇,而儒教智、仁、勇圆融。康有为认为智、仁、勇可以统一于《大学》所说"明德":"仁、智、勇之本,皆在明德。明德即佛、耶之灵魂也,但名不同耳。虚灵不昧,有以养之,则光大无穷。……明德之极,通于鬼神"③。康有为以"明德即灵魂":"自精言之则为明德,自粗言之则为灵魂"④,而"灵魂之明,以配上帝仁爱之心,以及人物,须有以养之。养之者,斋戒以神明其德而已。终日顾諟天命,恪恭乾乾,令其明德大明"⑤。从这段话来看,可以说,上帝、天命是灵魂和明德的来源。

对儒家而言,气质、身体也是非常重要的维度。康有为在1923年的诸次讲演中多次批判了程朱"性即理"的观点,他由《中庸》"天命之谓性",认为"荀子、庄子、《孝经纬》、《礼纬》、董子《繁露》,皆以性为生之质也。盖性有德性,有气质之性。董子所谓性有阴阳,阳者德性也,阴者气质之性也。二性皆天与人,不可少者。若朱子之说,则有阳无阴,偏而不举,不能该人之性,即不能尽人之道也"⑥,"德性有仁、义、礼、智、信之德,质性有视、听、言、动、触之能。率

---

① 《康有为全集》第十二集《诸天讲》,第93页。
② 《康有为全集》第十一集《长安讲演录》,第287页。
③ 《康有为全集》第十一集《长安讲演录》,第284页。
④ 《康有为全集》第十一集《长安讲演录》,第280页。有意思的是,康有为还结合当时的自然科学,以"电"来诠解"明德",颇为新奇。他说"《大学》之道在明明德,明德即收电也。明之不已,则大明终始,不可思议。此人人可能之事也"(《全集》第十一集《长安讲演录》,第274页)。又说"明德乃天所生,人人有之,能相视以目,相听以耳,如电灯焉。吾已作一书,名《电通》,电一发,即到十二万里。行而上者谓之神,行而下者谓之电"(《全集》第十一集《济南演讲辞》,第249页)。
⑤ 《康有为全集》第十一集《长安讲演录》,第280页。
⑥ 《康有为全集》第十一集《开封演讲辞》,第236页。

性而行,能视能听"①,又说"朱子谓天命之谓性,谓性即理也,不以性为质。则凡人道之饮食、男女、衣服、家室,皆不在道中矣。则孔子所制之五声、五色、五味、五伦,皆不在道中矣。然则孔子言心而不及身,言灵魂而不及体魄,是割孔子天地过半,而孔子偏安矣。盖朱子不知《春秋》大同、太平之道,故今新学者疑孔子之道不备,而来攻焉。是则朱子之大误也。"②康有为激于时人对孔子的批判,认为这很大程度上是由朱子过于强调性理(灵魂层面)而忽视气质(身体层面)引起的,他还认为新文化运动中对孔教的批判实际上批的是朱子所塑造的孔子儒学,而非孔子学说本然。

四、余论

《庄子·天下篇》称:"古之人其备乎!配神明,醇天地,育万物,和天下,泽及百姓,明于本数,系于末度,六通四辟,小大精粗,其运无乎不在。其明而在数度者,旧法世传之史尚多有之。其在于《诗》《书》《礼》《乐》者,邹鲁之士、搢绅先生多能明之。《诗》以道志,《书》以道事,《礼》以道行,《乐》以道和,《易》以道阴阳,《春秋》以道名分。其数散于天下而设于中国者,百家之学时或称而道之。"康有为认为庄子这里所说"古之人"即指孔子,这是对孔子的最高盛赞,虽孔门高足也说不出这样的话,他甚至说"老子之学全从外道想出,庄子之学全从人间世道见得破,而庄子之聪明直过于孔子,故超孔子范围,亦不落老子窠臼也"③。在《孔子改制考》中,康有为认为"庄子学出田子方,田子方为子夏弟子,故庄生为子夏再传,实为孔子后学"④,"有庄生之说,乃知孔子本数、末度、小大、精粗无乎不在。信乎惟天为大,固与后儒井蠡之见异也"⑤。《庄子·天下篇》首段中还说"古之所谓道术者,果恶乎在?曰:'无乎不在。'曰:'神何由降?明何由出?''圣有所生,王有所成,皆原于一'",康有为据此认为庄子以孔

---

① 《康有为全集》第十一集《济南演讲辞》,第248页。
② 《康有为全集》第十一集《孔子圣诞日演讲辞》,第269页。
③ 《康有为全集》第二集《南海师承记》(1896年),第234页。
④ 《康有为全集》第三集《孔子改制考》,第139页。1901年在《论语注》中,康有为又以庄子师承田子方,而以田子方为子贡弟子,认为"庄子传子赣微妙之说,遗粗而取精,亦不过孔子耳目鼻口之一体耳。近者世近升平,自由之义渐明,实子赣为之祖,而皆孔学之一支一体也"(《康有为全集》第六集,第411页)。
⑤ 《康有为全集》第三集《孔子改制考》,第140页。

子为"神明圣王",又说"自古尊孔子、论孔子,未有若庄生者"[①]。其后在《礼运注》《中庸注》《论语注》(1901)、《意大利游记》(1904)、《孔教会序》(1912年)、《论中国宜用孔子纪年》(1910)、《丁巳代拟诏书》(1917年)、《〈中国学会报〉题词》(1913年)、《孔子圣诞日演讲辞》(1923)、《答朴君大提学书》(1924)等书信文章中康有为称赞孔教之圆满高明,几乎必引庄子这句话。

康有为在与其他宗教的比较中来突显孔子人道教的全面性、中道性,他说"诸教只言天,只修魂,道教只修魄。基督至仁,盖专重天也;佛教至智,盖专修魂也,而佛谓战胜上帝为弟子,过矣。基督与佛同,言魂盖与佛之人天教同,故不嫁娶,独尊天,而寡及父母;言仁而寡言孝,尊魂而少言修身也",而"孔子则天与父母并重,故仁孝兼举,魂与体魄交养,故性命双修"[②]。康有为这里从"帝天、神魂、体魄"的角度区别诸教颇有意味,不过他说"道教只修魄"实际上并不准确,后世丹道也讲"性命双修",当然,儒家是在伦理与社会交往实践中来修性命,而道教的性命双修一定意义上是脱离人伦与社会实践。对于儒家的社会性,康有为也予以特别强调,他说"诸教皆言魂,而不及为家、国、天下。惟孔子于人身之动静云为,家、国、天下之大小多少,条理至详,纤悉皆备。此可谓诸教所无,而孔子特备者也。"[③]儒教的人伦社会性、政治性,佛、道、耶诸教皆不具备,"佛以空妙,耶以神道,实不详及政治人道"[④]、"基督尊天爱人,养魂忏罪,施之欧美可矣,然尊天而不言敬祖,中国能尽废祠墓之祭而从之乎?必不能也。吾有自产之教主,有本末精粗其运无乎不在之教主,有系吾国魂之教主,曰孔子者"[⑤]。康有为认为,基督教虽尊天、爱人、养魂,但是对祖先敬重不够,甚至反对祠堂祭祀和墓地之祭,这是中国民俗和情感心理习惯所无法接受的。他又说"夫佛教精微而寂灭,不宜于为治;基督尊天爱人与孔教近,而不事祠墓与中国俗异。若孔教以人为道,而铸范吾国数千年人民、风俗、国政者也"[⑥],"佛言虚无出家而不言治道,基督尊天而不及敬祖,故无祠墓之祭;俗立为圭臬

[①]《康有为全集》第三集《孔子改制考》,第140页。
[②]《康有为全集》第十一集,第276页。《长安讲演录》《开封演讲辞》中也有此段文字,参第237页。
[③]《康有为全集》第十一集《孔子圣诞日演讲辞》,第269页。
[④]《康有为全集》第十集《拟中华民国宪法草案》(1913年),第82页。
[⑤]《康有为全集》第十集《〈中国学会报〉题词》(1913年),第18页。
[⑥]《康有为全集》第九集《孔教总会弘道募捐序》(1909年),第115页。

乎,非所宜于中国也。然则中国舍尊孔子而何尊也?"①在康有为看来,只有孔子兼摄神道的人道教才适合中国国情,是中国人心理信仰的最大公约数。

　　康有为主张以孔子人道教为中国国教,在国家层面以儒学为中国人精神信仰的标识,而这并不妨碍社会层面宗教信仰自由,他说"宜立儒教为国教,而其余听民之自由信仰"②,"孔子敷教在宽,不尚迷信,故听人自由,压制最少"③,"宽大以听民之自由,特尊以明国所崇敬,并行而不悖焉"④。《中庸》说"万物并育而不相害,道并行而不悖",在康有为看来,孔子儒学就是有这种"和而不同、与人为善"的包容气度,也正是这种理性、文明、宽和的雅度,使得中国没有发生宗教战争。康有为又说:"盖孔子之道,敷教在宽,故能兼容他教而无碍,不似他教必定一尊,不能不党同而伐异也。故以他教为国教,势不能不严定信教自由之法。若中国以儒为国教,二千年矣,听佛、道、回并行其中,实行信教自由久矣。然则尊孔子教,与信教自由何碍焉?"⑤"中国数千年来,虽尊孔教为国教,而实听信教之自由。自汉、唐、宋、明来,佛、回、基督入中国,道并行不悖,并育不害。盖我国之信教自由,大地莫先焉,于今二千年矣"⑥。康有为认为,中国古代虽然没有标榜宗教信仰自由,但这在中国已经自然而然地实行了两千年,这些都归于孔子人道教的精神。甚至在中国历史上,尊奉孔子的士大夫,可以兼信佛老,乃至回教、耶教,康有为说"盖千余年中,孔教之君相士夫,多兼学佛理、崇老氏者。……诚哉!以敷教在宽,免二千年争教之巨祸,此孔子之大德,而为今文明国家之良法也"⑦、"孔子言敬敷五教在宽,孔子言人道,饮食男女,本不可离。既无人能离孔教者,则他教之精深新理,如佛教之养魂,耶、回之尊天,本为同条共贯。奉孔教者,凡蒙、藏之奉佛教,新疆、云南之奉回教者,不妨兼从"⑧。因其中和、中道精神,儒学可以与任何一种宗教结合;因顺人性、人情,只要是人群生活的地方,孔子人道教就有其可以发挥作用的价值。

---

① 《康有为全集》第十集《参政院提议立国之精神议书后》(1914 年),第 206 页。
② 《康有为全集》第八集《英国监布烈住大学华文总教习斋路士会见记》(1904 年),第 36 页。
③ 《康有为全集》第七集《意大利游记》(1904 年),第 375 页。
④ 《康有为全集》第九集《中华救国论》(1912 年),第 326 页。
⑤ 《康有为全集》第九集《中华救国论》(1912 年),第 327 页。
⑥ 《康有为全集》第十集《丁巳代拟诏书》(1917 年),第 402 页。
⑦ 《康有为全集》第十集《拟中华民国宪法草案》(1913 年),第 82 页。
⑧ 《康有为全集》第九集《孔教会章程》(1912 年),第 349 页。

《尚书·舜典》载"帝曰：'契，百姓不亲，五品不逊。汝作司徒，敬敷五教，在宽。'"康有为据此常称"敷教在宽"，这也可以说是孔子人道教的重要特点。

孔子人道教本质上是一种文明之教，康有为说："夫大地教主，未有不托神道以令人尊信者，时地为之，若不假神道而能为教主者，惟有孔子，真文明世之教主，大地所无也"[①]，"故孔子之道，大之弥于天地，小之始于夫妇，言天而不离人，所以为文明之教主也"[②]。干春松认为，"对于'国教'，康有为是从保存中国的文化和风俗的角度来理解的，着重于塑造国民的国家意识以增强凝聚力，在这个意义上看，康有为的国教论说更接近于贝拉所提出的'公民宗教'"，而"如果从'文明'的含义来理解，那么 civil-religion 可以被理解为一种文明的宗教，这接近于康有为的'人道教'。就我个人而言，我愿意接受在'文明'含义上来理解的公民宗教，并认为这是一个值得肯定的儒教发展方向"[③]。唐文明认为，康有为孔教思想中有强烈的国家关切，孔教为国魂所系，"康有为明确指出，孔教与中国不可分离，从历史上看，孔教是中国成立的内在根源，无孔教则无中国""既然在历史上儒教是中国成立的内在根源，是几千年中国得以维系的一个主导性的、具有强烈政治意味的教化传统，那么，我们必须谨慎思考中国这个维系了几千年的历史国家（historical State）的根本性质"[④]。

党的十八大以来，习近平总书记对以儒学为代表的中华优秀传统文化的内在价值和时代意义作了充分肯定，指出"中华优秀传统文化是中华文明的智慧结晶和精华所在，是中华民族的根和魂，是我们在世界文化激荡中站稳脚跟的根基"。孔子儒学是中华优秀传统文化的主干，代表了中华民族的精神脊梁。我们要立足时代与世界，推进儒学与中华文化的创造性转化、创新性发展，挖掘、阐释儒家文明的普遍价值与永恒魅力，为中华民族伟大复兴、探索人类文明新形态作出贡献，而康有为结合《穀梁传》"三合然后生"对孔子人道教价值优越性的揭示与论述，无疑对我们这个时代仍有重要启发意义。

[①]《康有为全集》第四集《请尊孔圣为国教立教部教会以孔子纪年而废淫祀折》，第97页。
[②]《康有为全集》第九集《论中国宜用孔子纪年》（1910年），第162页。
[③] 干春松《宗教、国家与公民宗教——民族国家建构过程中的孔教设想与孔教会实践》，载《哲学分析》2012年第2期，第4页。
[④] 唐文明《敷教在宽：康有为孔教思想申论》，北京：中国人民大学出版社2012年版，第193、194页。

儒法文明的重构：
西方冲击与中日现代国家建设的两条道路

张广生

摘要：在现代西方的冲击之下，东亚儒法文明中的中国和日本共同把富强作为最急迫的国家应战目标，但是在"儒主法辅"还是"脱儒入法"这一大战略选择上则分道而行，日本不仅走向"脱儒入法"的资本—军国主义的发展道路，而且在文明归属上纠结于"脱亚入欧"；中国则在重建大一统文治国家的曲折探索中，迈向轴心文明国家的复兴。从区分利害与是非的高度上比较中日现代国家建设经验的得失，有助于我们从历史中汲取智慧，更深入地理解当代东亚世界的发展方向。

关键词：儒法文明；西方冲击；中国；日本；国家建设

在现代西方的力量深入东亚之前，汉字的广泛使用，儒教伦理政治学说的普遍传播，还有以君主制为中心的律令法制在各个国家的渐次建立，构成了有悠久历史的东亚文明[1]。伴随着现代西方冲击的加剧，东亚世界的秩序与意义不再能够安立，东亚文明圈中的国家，纷纷调整发展战略，中国和日本在这一历史转变过程中，也逐渐走向了不同的国家发展道路。中国和日本相对于欧洲，有着更加连续的历史文明，要理解其现代国家建设道路，我们必须对清朝时的中国和幕府时的日本所呈现的政治文明的传统及其现代影响有所辨析。学者们探讨东亚传统文明的时候重视儒家传统，应该是有道理的，因为，对于

---

[1] 西嶋定生把这一以中国为中心的多国体系的自律性世界称为"东亚世界"，参西嶋定生：《中国古代国家と東アジア世界》绪言，东京大学出版会，1983年版。

以原住民为主体的农业定居文明来说,其政治社会构造的原理被勾画为由"亲亲"推恩为"亲仁人"和"亲民"的儒家式"家—国—天下"伦理—政治原则无疑是合理而自然的。① 不过,"国"和"天下"的秩序虽然就发生逻辑来说离不开"家"的起源,但它们相对于"家"演化出某种独立的结构与动力原则,比如,要具体揭示以君主制为中心的政治制度对东亚世界伦理—政治生活的结构性影响,忽略"法""术""势"的作用,仅仅用"移孝作忠"的伦理有机论来弥合家—国领域的张力明显是不够的。② 我们用儒法文明来标识东亚政治世界,强调的是,东亚传统里不仅有儒家实践与理论所强调的相亲、相与的社会文化与政治整合方面,还有从亲缘伦理中分离出独立军事—政治组织原则的法家实践与理论的方面,法家集中关切的是"尊尊",确立垂直统治秩序,并相应地以战略思维因应时势,实现国家的军事—政治,甚至是文化目标。虽然现实中的秩序多是"霸王道杂之"的局面,但是,从东亚古代士人共通的经史教养传统来看,"王道之国"自然是文明阶梯上高阶的"上国",退而言之,哪怕在战国时代,儒主法辅的标准,仍然是"大国"能否被寄予"天下定于一"的希望,并成长为"中心之国"的判断权称。然而,当清政府和幕府日本由各自的承平时代进入由现代西方开启的列国争衡的新时代之际,由"天理"来统摄"实力"的典型儒家理论遭遇到了严重的挑战,危机时势的刺激以道路之争的形式成为人们必须面对的理论和实践问题。③ 在西方冲击的时势语境下,结合中国和日本传统政治社会体系的特点,对中国和日本现代国家建设道路的基础与发展方向进行比较分析,是本文的核心任务。

---

① 东亚士人共通的文教意识当然主要是由诸如《论语》和《孝经》这类儒家典籍塑造的,儒家倾向于强调家—国—天下领域,还有私德和公德的有机整合性。参高明士:《东亚古代士人的共通教养》,见高明士编《东亚文化圈的形成与发展:政治法制篇》,华东师范大学出版社2008年版,第13页。
② 无论对中国这样广土众民的国家还是对日本这样的岛屿国家来说,父—子关系和君—臣关系都展现出不同的结构和动力原则,父权家长制的正当性原理和以君主为首脑的国家的正当性原理难以完美地整合一体。参尾形勇:《中国古代的"家"与国家》,中华书局2010年版,第218—231页;王金林:《日本天皇制及其精神结构》,天津人民出版社2001年版,尤其第2章《有天下之势者,朕也》。
③ 儒法文明语境下的"儒主法辅"原则是否能够因应东亚世界近世的转变?"脱儒入法"是否明智的道路选择?有关国家道路之争呈现出理论的辩难,参韩东育:《日本近世新法家研究》,中华书局2003年版;张广生:《在历史与理论之间:西方冲击、儒法传统与中国发展道路》,《中国政治学》第3期,2019年5月。

一、"文野"还是"利害":西方冲击与中日现代国家建设的时势语境

东亚儒法文明的现代转变与现代西方的挑战有着深刻的历史关系。要理解中国和日本现代国家建设道路的特点,我们必须把比较的视野扩展到西方。现代西方把贸易和战争的重量加诸东亚世界的"天平",无论人们对西方所表征的价值的是非优劣是否有深刻的认知,出于"利害"的压迫,他们不得不作出"权衡"。中国和日本不仅不得不回应以欧洲为中心的新国际体系的冲击,而且,甚至不得不效法西方,主动推动自己的现代转变。也许是出于后见之明,今天有识之士一方面认为二十世纪早期的知识分子把现代西方冲击力量的原理归结为"天演"也即"进化",的确体现了一种利害层面的敏感,但另一方面也认为,流行于二十世纪初日本与中国的"社会达尔文主义"思潮也是深有其弊的。器物—制度—思想这些不同层次的对西方的回应,被一元论的框架理解为某种逐渐深化的"进化"过程,这种"社会达尔文主义",虽然激励人们自强不息的奋进精神,但它有意回避自然史和政治社会史上常见的"劣胜优汰"的"退化"现象,不能预见"现代文明"的"新野蛮"[①]。

近代东亚所直觉的他者力量首先是西方国家在塑造国际体系方面展现的国家权力和财富的综合实力——也即"富强"方面。英法的铁甲蒸汽船舰队能够突袭中国,正如美国佩里舰队能够威慑日本,军舰可以绕过防卫森严的要塞,攻克海岸线的薄弱点,然后逼迫中国和日本签约媾和,开关贸易。相对来说,军事尚未工业化的国家,不仅陆地兵力投送能力不够,没有足以改变战略被动局面的现代海军力量,而且,更重要的是亟待创造现代工业技术和国家财税汲取体系,船坚炮利是由基础技术能力和举国财政能力来支撑的。出于后见之明的我们知道,回应战略的关键是理解作为"资本和暴力的集装器"的西方现代国族—国家体制所示范的军事和工商业发展道路的力量:国家军力和资本这些"势"的积累不仅开始冲击那些传统帝国的秩序,甚至开始从社会演进之"理"上塑造世界历史的目标。从区分"理"与"势"也即"优劣是非"与"利

[①] 当严复用欧罗巴三百年"进化"成果之"利己杀人,寡廉鲜耻"来对比孔孟之道"量同天地,泽被寰区"时,他不仅是在批评社会达尔文主义流行思潮,也是在对当年热衷此思潮的自己做自我批评。参严复《与熊育锡》,见李建平等编《严复全集·卷八·信札》,福建教育出版社2014年版。

害"的角度来认识西方,这个挑战我们的西方,是由国族—国家和工商业资本主义体系所表征的"现代西方"[①]。

人们不得不从"利害"的角度来考虑制度和思想文化改变的必要,是因为由现代西欧示范的军事强制和资本积累能力的扩张不仅设定了东亚世界的政治经济议程,而且,甚至开始深入其内部,设置其思想文化议程。如果说,在军事和资本力量增长这一"富强"目标之外,政治系统和社会文化系统的调试与变迁有着另外的逻辑,那么,我们就不得不触及另外一个问题,那就是,出于"利害"之"势"的权变,虽然名为"文明开化",但是却伴生着一种新形式的野蛮。不仅"弱肉强食"的军事侵略表征着"强权就是正义"的"率兽食人",而且罔顾"民生"的目的,放任工商业进程对人类社会和大自然的无节制榨取,同样意味着对文明的"相与之善"与"向上之高贵"的蔑视。面对挑战,东亚世界必须对自身的应战问题进行大战略思考,典型如明治时代的日本有着更加敏锐的"利害"认识,同治中兴时代的清朝,虽然也有相当程度的"利害"认识,但是,出于中国"天下—国家"的传统,对政治系统和社会文化系统的独立目标也有着更加"傲慢"和冷静的优劣是非理解,这些对现代西方冲击的自觉认识,催生了儒法文明的现代重构,中国和日本国家发展道路的现代转变表征着这一复杂重构进程。

对于中国来说,因为大一统国家的持续存在,因为一直缺少强有力的外部挑战者,天朝上国的文明智慧更集中于在"向上"的德性与"相与"的伦理上用力,儒法文明的天平明显更加倾向于儒家[②],秦汉以后的中国"大一统"国家的确是"以国家兼天下"的"天朝",这个承平日久的政治体已经疏于战国时代曾经熟悉的富国强兵的治术了[③]。遭遇到现代西方冲击的历史时势,东亚以中国为中心的天下体系趋于解体,中国出于积极防御的需要,其法家的本能就被激

[①] 蒂利分析了战争与条约平衡体系对欧洲不同地缘人文条件国家的不同影响,站在欧洲之外看,战争和工业资本主义在欧洲国家发展道路的形成方面无疑是一种可辨识的动力结构。参蒂利:《强制、资本和欧洲国家》,魏洪钟译,上海世纪出版集团2007年版,第209—213页。
[②] 出于中国国家体系和欧洲国家体系形成历史经验的比较,尤其汉朝"援儒入法"对纯粹军事和经济理性主义的限制而构造出的国家的特性,有学者直接把秦汉立定规模而不断得到重建的"大一统"国家称为"儒法国家",参赵鼎新:《儒法国家:中国历史新论》,浙江大学出版社2022年版。
[③] "以国家兼天下"的判断可参康有为:《上清帝第二书》,见姜义华、张荣华编校:《康有为全集》,第二集,中国人民大学出版社2007年版,第37页。

活起来了。典型如魏源所开启的争论,"有不王道之富强"是目前的时势,"无不富强之王道"①则是对既往的回顾,能否开辟出"王道之富强"则是对天朝未来的期望。

日本和中国虽然同受儒法文明的影响,但和中国相比,在传统国家和社会组织原则方面,日本更倾向于强调"尊尊"的秩序原则,甚至把这种原则混合进家族伦理之中,更重要的是,面对西方的冲击,其利害意识十分敏感,从海保青陵倡言"脱儒入法",以霸道为"天理"②,到福泽谕吉主张"脱亚入欧",以西欧为"文明开化"的"导师",近代日本把儒家所重视的孝和仁这些重要道德价值悬置起来,把封建分散主义秩序改造为中央集权的一统秩序,通过举国体制全面推进富国强兵的军事—政治目标。日本的回应比中国迅捷,最初也显得相当成功,中国的政治家相对日本政治家来说,明显没有把西方的冲击看得那么急迫。清朝最后一次科举考试史论场考题为"诸葛亮无申商之心而用其术,王安石用申商之实而讳其名论"③。从命题意图来看,中国的政治家其实知道,西方的挑战是要激起一种中国战国时代熟识的更有斗争性的"现实主义"的应战,但同时,还要把这种回应统摄在儒家式的"道德理想主义"的框架里,这种坚持文野之辨的"倨傲"和日本的"谦逊"比起来,的确造成了中国现代国家改造进程的"迟缓"。

二、传统儒法文明下中日国家的不同结构特点

中国儒法国家传统政治体系构成的特点,概括来说是用"天命民本"原则统摄"社稷担纲"和"贤能理政"原则。"天命民本"意味着"天命"可以转移,也即"革命","革命"原则典型标识了中国在儒法文明的平衡方面更倾向于儒家。④ 西周的王官学与"封建一统"礼法体系是中国政教相维的文明秩序的源

---

① 魏源对日本的思想影响,此处且不论,参魏源:《默觚下·治篇一》,见刘鸣泰等编《魏源全集》,岳麓书社 2011 年版,第十二册,第 36 页。
② 海保青陵否定荻生徂徕的儒家礼乐主义,认为法家所鼓吹的"大智"者之功"霸道"为合乎"天理"的最高级政治形态,参韩东育:《日本近世新法家研究》,中华书局 2003 年版,第 233 页。
③ 参法式善等《清秘述闻》(下),中华书局 1982 年版,第 1002 页。
④ 日本政论家对儒家经典《孟子》的批评,非常关键的一点就是"暴君放伐"和"天命转移"学说对万世一系的皇权的威胁,参见郭连友:《孟子思想与日本》,见孟子研究院编《孟子思想与邹鲁文明国际学术研讨会论文集》(上),山东人民出版社 2017 年版。

起,秦汉王朝又开辟了儒法合作的"大一统"传统,在这样的"政教相维"秩序中,作为"有位者"的皇帝和官员不仅承担着政治—社会的实际治理责任,而且也被要求担负表率人伦的道德—文化责任。在帝制时代,这种儒法政治文明之道,具体表现为君主与士大夫合作治天下的制度。中华政治文明在儒法合作的实践中有几个重要的结构性原则值得我们注意,归纳起来有如下几条:第一,天命民本原则;第二,社稷担纲原则;第三,贤能理政原则。[①] 这三个原则形构了大一统中国政治体系的精神,作为这一精神与秩序继承者的清政府,遭遇了现代西方的挑战,中国君主和士大夫合作治天下的制度功效越来越遭受批评,最后科举制和君主制都被废除,在我们探讨中国国家的现代转变之前,分析一下这一制度的构成原则无疑是我们进一步判断中国现代国家建设得失的基础。

首先,"天命民本"原则。"天命民本"是形构中华政治体系正当性的第一原则。所谓"天命民本",强调的是统治权的来源在于敬天保民的责任。一代国朝之所以拥有统治天下的"正当性"或者丧失统治天下的"正当性",就在于统治者是否能自觉承担起敬天保民的责任,其统治是否能"顺天应人"。相对于儒家,法家乃后起的学派,但"立君为民"的统治责任论是儒法两家申论天下"致治"之道的共同前提。法家虽同意立君为民,但出于保守主义,对儒家传统的"天命转移"学说常常抱有警惕。儒家的天命学说则既允许革命,又允许保守。此学说革命的一面在于,天命可以转移,敬天保民的责任要选择有皇皇大德者来担负,"皇天无亲,惟德是辅"(《尚书·蔡仲之命》),"民为贵,社稷次之,君为轻"(《孟子·尽心下》),"汤武革命,顺乎天而应乎人"(《易·革·象传》);其保守一面在于,天命不可人为授予,无论孟子还是荀子都批评过"禅让",儒家不鼓励随意革命,革命的前提是统治者罔顾"天命民本"的责任,导致"天怒人怨",同时必须找到有道的竞争者真正能够担负起重建天下文明的责任。

其次,"社稷担纲"原则。"社稷担纲"原则是统治责任集中原则。治国平天下的事务千头万绪,其制度施设千条万缕,最高统治者是最终与最高责任的"担纲者","纲举"才能"目张"。法家鲜明地强调,君主应该是大政的最高决断者,儒家虽然有"民贵君轻"的说法,但对既成政治体系中政治责任要有明确集

[①] 参见张广生:《返本开新:近世今文经与儒家政教》,中国政法大学出版社2016年版,第239—250页。

中的担当者这一点和法家有着共识,在帝制中国的语境下,儒家的"尊君"与"贵民"并非对立的关系。"江山社稷"的说法强调"守社稷"和"治天下"责任的核心承担者首先是最高统治者,也即君主,无论其作为新的"天命"的赢得者还是王朝法统的继承者。在既成政治体系下,志士仁人要参与治国平天下的大业,就要"得君行道",团结在君主周围,"社稷担纲"原则强调,作为最高统治核心的君主和辅佐核心的士大夫要凝聚起来承担统治责任,领导人民。

第三,"贤能理政"原则。"贤能理政"就是"贤贤"原则,"贤能理政"原则在"天命民本"和"社稷担纲"之间建立了有机的联系。虽然在"贤君"治国还是"中主"治国的问题上儒家和法家有争论,但在一个既成的政治社会中,儒家和法家都认同"贤能理政"。儒家主张在伦理和政治体系中发现、培养和选拔德才兼备的贤人,也即"为天下得人"是政治文明建设的第一要务。法家承认儒家强调修身自律的必要性,但"修廉之士"只能修己还不够,还需要把"能法之士""杜奸进贤"(《韩非子·孤愤第十一》)的斗争精神注入政治生活。儒家的"希圣希贤"与法家的"杜奸进贤"都希望把伦理德性和理智德性优异的士人从人民当中选拔出来,积极参与现实政治,和作为"社稷担纲者"的君主一起,共同承担起"治天下"的责任。

从上面的分析中我们可以概括总结,中国儒法政治文明体系的盛衰原因就其内部视角来看,关键在一代国朝是否能让更多的德才兼备之士团结在"社稷担纲者"的周围,由"保国"而"保天下"[1],共同承担起"天命民本"的伦理与政治责任。

在秦汉以后,君主和皇室家族在大一统国家中并不采用封建制的办法把社会统治和政治统治结合起来,为了遏制"封建化",秦汉以后的王朝国家开辟的新经验是,不仅实行郡县制和"官天下"的官僚制,而且将这些制度和人才"选举"制度,尤其是科举制结合起来,从而在"社会之上"培养了一个文士统治阶层。中国的国家组织形式使中国的社会垂直流动性远远大于欧洲和日本。中国基层社会更加强调"亲亲"原则的家产继承制度也催生了家族分产析户的互助习惯,使中国的社会阶级没有欧洲那样固化。中国这样的国家与社会之间更倾向于消极相安,广大基层社会处于自治之中,国家对社会主要采取不干

---

[1] 参张广生:《"保国"以"保天下":〈劝学篇〉文明—国家重建的筹划》,《学术月刊》,2021年9月。

预的政策，其统治主要不是依赖于军队武力，而是要依赖于文教，这样的国家对社会的财力和人力不能强力榨取，更强调社会的和谐①。但是，近代中国遭到列强的强烈挑战，为了起而应战，国家兴办现代军事、教育、铁路等公共事业都需要从社会汲取资源，基层社会不堪重负，国家建设和社会革命成为中国现代历史的两条时而分离时而交叉的线索。

日本有着自己的政治社会实践路径，其政治制度尤其在唐朝时期开始和中国同受儒法政治文明精神的影响，我们的分析如果能够结合历史和理论勾画出幕府日本政治体系相对于中国政治体系的特点就足够了，因为幕府日本所承袭的政治传统是我们观察明治日本国家现代转变的基础。对比中国政治体系的构成原理，理解幕府日本承先启后的政治体系，至少有三点不能忽视，那就是：第一，神人合一的最高统治权；第二，天皇与幕府将军的二元结构；第三，贵族世袭封建制。

首先，神人合一的最高统治权。神人合一的最高统治权是讲，天皇是天照大神之子，神格和人格在天皇这里获得了统一，在理论上，没有其他家族可以替代天皇家族承担沟通天人的祭祀大政，对人民的最高统治权正是来自天皇沟通天人的位格（personality），天皇之位由唯一神圣家族也即天皇一姓之家的继嗣"万世一系"地来传递和延续②。在中国儒教的传统看来，忠君爱国当然有很高的价值，这就是为什么伟大的诗人屈原一直得到中国人怀念与尊敬的原因。但另一方面，与忠君爱国的政治伦理相联系的还有"天命转移"的观念，这种观念对国家最高统治权正当性的反思比日本更加复杂。中国政教相维的政治理论是高度理性的，这一体系无论在制度还是理论上都要处理德与位的合一与分离的理论与现实，从而使最高统治权更有开放的竞争性。与中国相对照，日本天皇万世一系的理论与经验是一种神权图景支持的尊尊与亲亲原则的混合，中国把异姓竞争和贤贤原则引入最高统治权传递的"天命转移"理论，

---

① 关于中国大一统国家的文治传统以及中国国家和社会消极相安的特点，参见梁漱溟：《中国文化要义》，见中国文化书院学术文员会编《梁漱溟全集》第三卷，山东人民出版社1990年版，第180—185页。
② 本居宣长着力辨分日本神道传统，尤其强调有创制大能的皇祖神区别于"汉意"自然理性主义圣王论的特点。参见丸山真男：《日本政治思想史研究》，王中江译，三联书店2000年版相关部分。关于天皇与日本政治体系之间的关系参见苅部直：《"国家"像の変遷》，载苅部直、黒住真、佐藤弘夫、末木文美士编《日本の思想 第6卷秩序と規範》，岩波书店，2013年，第9—14页。

被日本的水户派学者们看作极度危险的思想而遭到批评和拒斥。①

其次,天皇与幕府将军的二元结构。日本不能接受"天命—革命"的观念,这不仅仅是出于政治保守主义的考虑,而且与实践中天皇尊位虽然是政教合一的象征,但治事权力自1147幕府机构建立后,一直牢牢掌握在将军的手中,天皇的最高统治权只不过是悬空虚位的现实有关②。无论是日本国学还是日本儒学给天皇的角色都是维持日本宗教与政治统一的象征性整合的角色,日本万世一系的"国体"因这一象征的存在而延续。相对于中国天子来说,日本天皇统而不治,是国家的最高元首,但却不负担实际的治国理政责任。现实中政治与政策的失误可能会使中国的君主失位,甚至使其王朝丧失"天命";但日本天皇在理论上则是不会犯道德与政治错误的,犯这些错误或者对这些错误的问责只能指向具体的幕府将军,或者是具体的内阁,天皇变成了一个抽象国体的纯粹象征。

第三,贵族世袭封建制。日本虽然敬仰大唐天下文明的礼法智慧,但是却把自己的学习重点放在了中国的官制律令方面,为了继续坚持自己的贵族世袭制度,中国更能塑造社会政治平等的科举制度并没有完全被学习采择③。如果从中国儒法文明传统来看,世卿世禄似乎因为缺少全国范围的"贤贤"制度的挑战,会造成社会长期等级分化、阶级固化。但对日本来说,以尊尊原则统亲亲原则的贵族世袭制度恰恰因为把贤贤原则驯服为从属原则,而更倾向于促成政治统治与社会统治的合一,维系政治—社会秩序的长期稳定。日本政治社会的结构特点是,以"纵向"为结构核心原则,吸纳亲亲和贤贤原则。日本在社会上,一方面维持着士、农、工、商名分等级,另一方面,通过家族继承制度中的长子继承、次子季子过继制度,婿养子制度来实现某种意义上的社会流动。日本家族,特别是贵族家族的长子身位要求,相对于中国的特点非常值得注意,日本不仅要强调长子对家族团结与整合的功能,更强调其业绩与表现,所以血缘自然意义的长子地位是不稳定的,他必须在业绩与表现上实际展现

---

① 参见丸山真男:《日本政治思想史研究》相关部分。日本从律令国家时代起就导入了中国"天""天帝"的概念,却唯独对其背后的根本性观念"天命转移"未能接受。参见关晃《日本古代の政治と文化》,吉川弘文馆,2017年,第70—71页。
② 从藤原氏、源氏、平氏对天皇和皇族的制约,到镰仓、室町、江户幕府对天皇的控制,天皇权力衰落的历史长达1000多年,参见《日本天皇制及其精神构造》,第3章。
③ 关于中国、朝鲜和日本"士人"制度的比较分析,参见渡边浩:《東アジアの王権と思想》,东京大学出版会,1998年,第123—126页。

出继承家族物质与精神财产的能力,否则就会被其他人,如养子取代。① 如此看来,义父与义子关系中的权威与恩义联结了家与国,甚至展现了家—国同构的混合原则:尊尊原则所统摄的家—国秩序中,贤贤原则被吸纳进来,补充亲亲原则的不足。

从中国和日本政治体系的对比来看,日本的政治文化的确是更加"特殊主义"的。在日本的德目表中,"忠"是最高的共同体德性,"仁"是"尊尊"秩序"法外"和"分外"的东西,这种特殊主义的价值体系对于日本来说是有优势的,忠和与之相配的恩义原则可以把日本锻造成一个以"尊尊"为主要组织原则的"纵向的社会"②,在这一社会中每个人似乎都能找到自己的等级身份与职业身份。一方面,忠与恩义的原则既然都是建立在"血"的原则上的,无论是家族血缘意义的血,还是武士集团流血的血,在其上缺少"仁"的原则,那么这种人伦秩序扩展的理想不可能是"天下主义"的;另一方面,在武士伦理中,我们的确可以发现一种超个体、超经济的忠诚伦理③,这种强调担负共同体义务的"任劳任怨"伦理指向某种"国家主义"。近代日本回应现代西方挑战,无论是"尊王攘夷"还是"尊皇攘夷",都是以国家建设为中心主题的。福泽谕吉的"文明开化"主张是极度"西化"的④,其"文明论"在面对西方挑战时处理利害与是非优劣的关系充满朴素的"社会达尔文主义",日本的风俗、文化,甚至政统(political legitimation),都可按照现代西欧的模式改造,据其说,西欧在人类进化的道路上是领先,虽然还没达到完美。但值得注意的是,其西化主张的前提是,必须保证"日本人统治日本人"这一"国体"(nationality)。

三、中日现代国家建设的不同道路

面对西方的挑战,中国和日本拥有富国强兵的共同应战目标,因而也有同治中兴和明治维新这样的回应性改革,但因为在儒法文明圈中的中国和日本

---

① 参见本尼狄克特:《菊与刀》,吕万和等译,商务印书馆1996年版,第39页。
② 中根千枝甚至强调,日本"尊尊"的纵向序列意识并不只是历史风俗,而且是具有超历史时间的结构性特质,参见中根千枝:《纵向社会的人际关系》,陈成译,商务印书馆1994年版,第7页。
③ 我们主要关心的不是德川时代武士道伦理观念的形而上内涵,而是其对社会行动的影响,参见贝拉:《德川宗教:现代日本的文化渊源》,王小山等译,三联书店1998年版,第110—120页。
④ 参见福泽谕吉:《文明论之概略》,岩波书店1995年版,第38—55页。

有差异的伦理文化与政治社会结构,特别是不同的对西方的回应战略,两国也走上了不同的国家发展道路。就我们所关心的儒法文明的重构来说,中国现代发展道路仍然深受儒家的理想主义和天下主义框架影响,而日本则是脱儒入法,走向了更现实主义和国族主义,乃至军国主义的国家发展道路,无论对内对外都倾向于认同以强者来定义正义的冷酷的丛林法则。

日本通过明治维新的自强改革,经历仅仅一个世代的时间就迅速崛起为富强的现代国家,除了外在原因,比如地缘政治因素——英法等列强的注意力被印度和中国这些富庶之地所吸引之外,尤其值得注意的内在原因,就是明治维新建立的集中统一的举国体制。这个举国体制有如下几点值得注意:首先,结束中枢层次上的天皇与幕府的二元格局,建立以天皇为中心的议会君主集权体制。第二,重建公侯伯贵族等级制,把封建旧贵族和明治维新的新贵族,整合进同一贵族荣礼体制中,建立新的精英团结机制。第三,结束大名藩国封建自治局面,"家禄奉还"使得大封建主转变为金融与工商业财阀,实现了上层阶级身份的和平转变。第四,建立东京大学,用贤贤原则补充既往封建原则的不足,为国家培养官僚。第五,统一国家财政,竭力保持国家金融与财政的独立。[1]

明治维新后的日本举全国之力发展军事工业,尤其推行以海军力量塑造为中心的军事赶超战略。虽然尊尊的纵向社会鼓励上下一心,舍家为国,但日本举国体制推动的重工业赶超战略,最终把积累的重担压在下层人民,尤其是农民身上。德川幕府统治260多年间总共的暴动次数不超过600次,相比之下,明治政府统治前10年,农民暴动竟然达190次以上。[2] 不过明治国家的工商业寡头和地主联合政权,成功地镇压了这些叛乱,并在自己的国家经济军事实力蓄积足够之时,军事入侵朝鲜,并通过马关条约,从中国获得2.3亿两的赔款,总数约等于日本国家4年财政收入的总和。在1895年的《马关条约》宣告日本对东亚传统宗主中国的战略性胜利后,1905年日俄战争以朴次茅斯条约的形式确认了日本对俄国的胜利,日本富国强兵的功效令整个东亚侧目。随后日本在两次欧洲大战期间更是"脱亚入欧",加入世界列强的军事与外交角

---

[1] 参见诺曼·赫伯特:《明治维新史》,姚曾廙译,吉林出版集团2008年版。
[2] 参见诺曼·赫伯特:《明治维新史》,第61页。

逐中。如果人们认同社会达尔文主义的社会政治法则，那么，不仅在国际政治层面，而且在国内社会生活层面，弱肉强食就是自然法则，包括日本的对外政策，日本内部的政治生活都是"自然"的。日本近代选择资本主义的道路就因为日本原有的"现实主义"的强者支配原则和新的丛林法则本来就是相近的。①

在日本充满危机意识，尤其通过明治维新结束天皇与幕府二元的政治架构，塑造中央集权的统一国家，迅速走向变革之时，中国对西方挑战的回应仍然是傲慢和犹豫的。

同治中兴的名臣，把改革的目标指向为镇压太平天国运动而不得不引进的先进的军事技术和军队组织方法，还有传统社会秩序的重建，这种秩序重建运动充满着儒教的保守主义气息。张之洞是在同治中兴的余荫下成长出来的，他的《劝学篇》虽然是在甲午中国战败后写成的，但观其要旨，可谓是对同治中兴精神的一个回顾与展望，典型地反映了儒教道德主义框架下中国士大夫阶层对中西问题的认识。《劝学篇》认为西方在英法助剿太平天国运动中展现出来的力量，甚至日本在甲午战争中展现出来的力量，究其根本，主要是一种法家式的因应外部挑战不得不进行的富强变革，华夏智慧文明在是非优劣的层面不仅是高贵的，而且是高明的，以三纲为中心的中国伦理政治制度，在基本理论层次上是有牢固根基的②，而中国伦理制度中的君主制与科举制，正是中国"保种、保教、保国"目标实现的关键。既然华种的概念并非血统意义上的种族和民族概念，而是伦理—政治概念，或者说是文明的概念，那么保种的关键就在于保护华夏的智慧文明，在确认华夏智慧文明之高明与高贵这种最重要的"保天下"层次的问题之后，最急迫也是最必要的"保国"问题才能得到进一步明确，华夏文教与华种依赖于有组织的、因应现实的清朝国家的政治力量，和由政治力量支撑的军事经济力量的保护。《劝学篇》的方略，其核心在于维护满汉精英集团的团结，共御外辱，即便地方督抚在同治新政中造成了地方军事化的现实，但重建儒家主导的正统社会秩序，在这一大框架下，容纳富国强兵的军事技术与政治经济改革则是他们的一致目标。

---

① 参见沟口雄三：《中国的冲击》，王瑞根译，三联书店2011年版，第123—125页。
② 《劝学篇》认为，三纲不仅仅是中国文明特有的习俗，而是古今之长经，中西之通义。参见《明纲》，张之洞：《劝学篇》，见《张之洞全集》，苑书义等编，河北人民出版社1998年版。

光绪朝的戊戌变法的确是受到由甲午战争失败和日本富国强兵成功的刺激而发动的。正是甲午战争使中国在儒教道德主义和天下主义框架里包藏的道德的傲慢，受到了直接的羞辱。在康有为看来，儒教保守主义框架下的同治中兴不足以因应列国争衡的时势，大一统中国的政教关系应该调整，中国一方面要坚持自己的天下主义理想和修齐治平的伦理—政治教化，另一方面应该运用儒家今文经学的"三世"之教的智慧重新评估当代时势，允许政治家以更加开放务实的态度学习自己最迫近的对手的举国体制，以实现"保国、保种、保教"的完整战略目标。以往我们往往习惯用保守、改良和革命的断裂性叙事来描述戊戌变法，而从国家建设的连续性视野来看，戊戌变法的整体政略重心在效法俄国、日本等国家的赶超战略，加强君主集权，建立举国体制，推动"保国、保种、保教"目标的实现。对于科举制，康有为主张要改革考试科目，在既有科目基础上增加自然科学和策论的权重而不是要彻底废除之。总而言之，国家建设而不是简单地扩大代表制①，才是其政治改革的核心关切。

现实中，中国所走的道路，并不像1890年代的张之洞和康有为所期望的那样，而是走向了废除科举制和君主制的道路，科举制和君主制是中国儒法国家的核心制度，是中国超民族和种族的政治—文化团结的关键机制，中国的大一统国家借此才得到维系。随着科举制的废除，中国士大夫精英参与政治生活的机制被阻断了，士大夫蜕化成土豪劣绅的趋势日益显现，而光绪帝模仿日本明治维新的宪政改革则被怀疑是违背"公天下"原则，垄断统治权、促使满汉离心离德的危险实践。从后见之明的角度来看，简单学习日本，抛弃中国儒法政治文明的复合政治构架和组织原则，建构单纯的君主集权，建立"皇族内阁"，推进官职改革和新军建设，以为如此就能承担起中国现代国家建设的任务的设想，在理论上低估了中国大一统国家重建任务的复杂性，在实践中也走向满汉的分裂。

随着清帝逊位，满汉问题转变成了更广泛的汉满蒙回藏共和的问题。依法选举出来的总统作为合法元首是否能承担起社稷担纲者的责任？选举出来的议员组成的议会乃至内阁能否发挥贤能理政的功能？不仅如此，最核心的问题是，中国传统上超民族—种族的"天下—国家"是否可以简单由"国族—国

---

① 参见康有为：《答人论议院书》，姜义华、张荣华编校：《康有为全集》，第四集，第306页。

家"的法权机器替代其功能？在中国这样的巨型国家中，必须由从人民中选拔出的精英集团来代表人民履行治国平天下的责任，问题是，科举选拔制度的废除和新的学堂与代议制度实践的结果是军阀割据和土豪劣绅当道。"合法"的政治并不能替代"有道"的政治，如果精英的文化共识破碎，那么，"天命"将无所归。面对共和的新时势，从历史上看，为了重建现代中国的统一，政治家首先诉诸传统的精英团结原则，但袁世凯式的奸雄对传统文化符号的滥用不仅令君主制度背上了僭主帮凶的恶名，而且使得儒教也被贴上了家族主义和权威主义的标签。看似传统"天下—国家"的"上下一心"团结原则已经失效了。逻辑上，面对列强环伺的外部处境，政治家还可诉诸新的国族主义的主权机器构架和"国族利益一致"的团结原则，但大一统的中国政治文明又缺少国族主义的传统。日本式单一民族非常方便地可以诉诸国族主义，甚至由国族主义而军国主义。日本把西方列强看作"弱肉强食"法则的新导师，在自己富国强兵的改革颇见成效后，立刻对东亚邻国展开军事侵略和经济掠夺。中国有深厚的天下主义的传统，正如梁启超注意到的，与西方和日本相对照，中国传统的"平天下主义"[①]具有"世界主义"、"民本主义"和"社会主义"的特征，其侧重在普遍人伦秩序的一端，确实国族意识薄弱。但是，优点和弱点就像一个硬币的两面，中国文明传统的格局如此，即便在列强侵逼之下有反应性的"激励种姓"的倡议，但探索道德主义和天下主义新路的"保教"与"弘教"的自觉一直蓬勃不息，因为中国要重振的不仅是国族的强大，而且是文明的荣耀，这也是中国选择社会主义道路的原因。

四、结语

文明的核心标准是人们在同居合群的生活中展现出的卓越："向上之高贵"与"相与之善"。从儒法文明的传统来看，国家在战争中能够克敌制胜，保持自身独立，当然是必要的和值得尊重的，但战争的目的是和平，把战争的德性和克敌制胜的能力当作文明的"权称"是偏颇的，抛开是非只论利害，这会使得人们用最急迫的事情替代最重要的事情，儒法文明之所以称之为文明，当然

[①] 参见梁启超：《先秦政治思想史》，汤志钧等编《梁启超全集》第11集，中国人民大学出版社2018年版，第419页。

是要以王道统御霸道。从海保青陵到福泽谕吉,从"脱儒入法"到"脱亚入欧",日本的"新法家"倾向于把东亚儒家文化的传统看作是迂腐和落后的教条,把东亚邻国看作"恶邻",把西欧看作是"文明开化"的典范。在这样的战略视野下,日本在东亚较为迅速地完成了工业化和军事现代化,不仅由被动地受西方侵略和压迫的国家变成摆脱了压迫的国家,而且挑战了儒法文明圈的传统秩序,成为对东亚共同文明母体所孕育国家的侵略与压迫者,信奉"弱肉强食"是文明进化的法则的人,似乎可以把日本国家看成"文明"的佼佼者。但第二次世界大战日本失败和沦为主权不独立国家的当代历史似乎又表明,日本这个学习欧美文明的"优等生"也是学习这一"文明"的受害者。在权力和财富积累上曾经遥遥领先东亚邻人的日本进退失据,在文明上日益沦为无所适从的国家。和日本相比,中国不放弃儒法文明核心国家的身位和儒主法辅的文治主义传统,在列国争衡的时代,先挫于英法,又挫于日本,再挫于八国列强。共和制代替君主制后,仅凭取代帝制法统的共和宪法构架并不能树立中央的权威,"主权"虚悬于上,军阀割据于下,国势日蹙,人心日危,重建一统国家的道路步履维艰。在探索共和新道路的问题上,如果说,军绅已旧,那么,城市资产阶级和工人农民这些新社会力量纷纷成为共和"天命"的应召者。在各个阶级展开的越来越激烈的寻求秩序与意义的斗争中,人民共和的方案经过历史的洗礼,获得了最后的胜利。尽管中国的国家建设经历了如此曲折的过程,但是,在现代中国,儒法文明的传统并没有因为中国的革命、建设和改革而彻底丧失声誉,而是得到了批判地继承。中国对"天下"与"国家"问题有着更加复杂的经验与反思能力,和东欧相比,中国的社会主义具有明显的内生性,改革开放的中国在坚持中国特色社会主义道路的过程中迈向复兴。从局外人来看,中国的崛起是影响世界未来的最重要的地缘政治事件,但在中国自己看来,中国的崛起更是轴心文明国家的复兴。中国给现代世界那些追求独立自主发展道路的发展中国家树立了新的典范,依靠"勤劳革命"富强起来的中国不走大国称霸的老路,而是坚持和平发展道路,推动建构人类命运共同体。中国如果不仅能够通过高明的社会建设战略实现"小康",而且能够坚持"大同"的目标,那么,它给世界包括日本带来的冲击就不仅仅是经济和政治层次的,而且是文明层次的。

浙江衢州南孔文化的精神特质

张宏敏

（浙江省社会科学院哲学所）

浙江衢州素有"东南阙里、南孔圣地"之美誉，是南孔文化的主要发源地。一部儒家经典《论语》，蕴藏着传统中国的人文精神根脉。孔子创立的以"仁本礼用"为学术架构的儒家学说，以及在此基础上发展起来的儒家思想对中华文明产生了深刻影响，是中华优秀传统文化的重要组成部分。儒家思想同中华民族形成和发展过程中所产生的其他思想文化一道，记载了中华民族自古以来在建设家园的奋斗中开展的精神活动、进行的理性思维、创造的文化成果，反映了中华民族的精神追求，是中华民族生生不息、发展壮大的重要滋养。

2006年9月，习近平同志在《致中国·衢州国际孔子文化节和中国·衢州国际儒学论坛的贺信》中指出："儒学思想作为人类文化的瑰宝，源远流长，博大精深，是中国传统文化的象征，对人类文明的发展产生了深远影响。"[1]2014年9月，习近平总书记在纪念孔子诞辰2565周年国际学术研讨会暨国际儒学联合会第五届会员大会开幕会上的讲话中明确指出："研究孔子、研究儒学，是认识中国人的民族特性、认识当今中国人精神世界历史来由的一个重要途径。"[2]"仁"，作为体现孔子儒学本体论的一个学术范畴，既是一个本体性的道德范畴，也是一种至高的道德最求和理想的精神境界。"仁者人也"[3]，"仁者爱

---

[1]《2006年习近平致衢州国际儒学论坛的贺信》，《衢州日报》2006年9月28日。
[2] 习近平：《在纪念孔子诞辰2565周年国际学术研讨会暨国际儒学联合会第五届会员大会开幕会上的讲话》(2014年9月24日)，《人民日报》2014年9月25日。
[3]（宋）朱熹：《四书章句集注》，中华书局1983年版，第28页。

人"①,"文明以止,人文也。……观乎人文,以化成天下"②,"博爱之谓仁"③,"仁者,以天地万物为一体"④,这就是对传统儒家仁学的经典描述。在《论语》中,"仁"字一共出现了109次⑤。"天行健,君子以自强不息",中华民族的基本精神就是以"仁、义、礼、智、信"的传统核心价值观为追求的道德人文精神,抑或一种尊重人的价值、尊重精神的价值的"精神人文主义"⑥。

"人而不仁,如礼何?""礼",是孔子所创立的儒家思想体系中的另一个重要观念。有学者统计,"礼"字在《论语》中共出现了74次⑦。在孔子以前,已有夏礼、殷礼、周礼。三代之礼,因革相沿,到周公时代的周礼,已经比较完善。生活于"礼崩乐坏"的春秋时代的孔子,一生都在致力于恢复周礼。而在儒家思想体系中,"礼"不仅包含日常生活中待人接物的礼节或规矩,而且包括传统中国社会生活中各个领域的制度和规范,甚至还包容了与这些制度和规范相适应的思想观念或道德理性。

在我们看来,"仁爱有礼",就是中华民族自古以来所追求并传承延续至今的一种高雅的生活方式。孔子告诫自己的儿子孔鲤:"不学礼,无以立。"⑧孔子对弟子颜渊讲:"非礼勿视,非礼勿听,非礼勿言,非礼勿动。"⑨私淑于孔子的孟子也有这样的论述:"君子以仁存心,以礼存心。仁者爱人,有礼者敬人。"⑩这也启示我们,传承中华优秀传统文化,弘扬中华道德人文精神,一定要从学"礼"、知"礼"、懂"礼"、行"礼"开始。这既是衢州在中国特色社会主义新时代努力打造四省边际文化文明高地的举措,也是浙江在高质量发展建设共同富裕示范区的历史新征程中弘扬社会主义核心价值观、打造精神文明和谐高地、推动新时代文明实践、促进人民精神生活共同富裕的题中应有之义。

---

① 杨伯峻译注:《孟子译注》,中华书局1960年版,第197页。
② (宋)朱熹撰,廖名春点校:《周易本义》,中华书局2009年版,第104页。
③ (唐)韩愈著,严昌点校:《韩愈集》,岳麓书社2000年版,第145页。
④ (宋)程颢、程颐著,王孝鱼点校:《二程集》,中华书局1981年版,第15页。
⑤ 杨伯峻译注:《论语译注》之《论语辞典》,中华书局1980年版,第221页。
⑥ "精神人文主义"一词是当代新儒家学者杜维明先生的发明,相关阐释可参阅《儒学第三期的人文精神:杜维明先生八十寿庆文集》,人民出版社2019年版。
⑦ 杨伯峻译注:《论语译注》之《论语辞典》,中华书局1980年版,第311页。
⑧ 杨伯峻译注:《论语译注》,第178页。
⑨ 杨伯峻译注:《论语译注》,第123页。
⑩ 杨伯峻译注:《孟子译注》,第197页。

一、"仁爱有礼"的历史文化渊源及其在衢州南孔文化中的衍变

孔子虽然重视"礼"的作用,但他从当时"礼崩乐坏、天下无道"的政治现实中,深切感受到维系道德仁心的重要,认识到"礼之本在仁"这个基本道理。所以,他发出了"人而不仁,如礼何?人而不仁,如乐何"的无限感叹[①]。在回答鲁哀公问政时,孔子清楚地阐明了"仁""礼"之间的本末关系。在他的思想逻辑中,政治的中心在人,治道的根本在树立道德之仁,而仁道源于亲情,并以尊贤为宜。所以,礼制的规范是以道德之"仁"为依据的。

在回答颜渊"问仁"时,孔子明确给出答案:"克己复礼为仁。一日克己复礼,天下归仁焉。"[②]再次重申了"仁"与"礼"的内外、体用关系。"复礼"以克己自修为前提,"克己"则以符合礼义为归宿,内修自省与外在规范的统一便是"仁",而"仁"的确立则取决于人自身的道德自觉。在这个模式中,"仁"是源于人情而又经过后天修养体悟的道德自觉,并且是主导建立人伦秩序——礼义的内在根据;"礼"是成全内在道德情感的外在性伦理规范和制度。易言之,"仁"是本,是体;"礼"是末,是用。所以,我们可以把孔子儒学思想体系概括为"仁本礼用"之学[③]。

"礼"作为典章制度和礼仪规范的统一,涵括的内容极其广泛,大到国家的根本法度,小到待人接物等生活细节,几乎整个上层社会的领域都在"礼"的支配之下。《礼记·冠义》:"凡人之所以为人者,礼义也。礼义之始,在于正容体、齐颜色、顺辞令。容体正,颜色齐,辞令顺,而后礼义备。"[④]《礼记·昏义》说:"夫礼始于冠,本于婚,重于丧祭,尊于朝聘,和于射乡,此礼之大体也。"[⑤]庙堂之礼、民间化民成俗之礼等等,构成了"礼"的主体内容。简言之,在传统中国,"礼"作为"天之经也,地之义也,民之行也",起着维持社会政治秩序、巩固等级制度的基本作用,是调整人与人之间各种社会关系和权利义务的基本规范和准则。

[①] 杨伯峻译注:《论语译注》,第24页。
[②] 杨伯峻译注:《论语译注》,第123页。
[③] 参见吴光:《仁本礼用:儒家人学的核心观念》,《文史哲》1999年第3期。
[④] 李慧玲、吕友仁注译:《礼记》,中州古籍出版社2010年版,第384页。
[⑤] 李慧玲、吕友仁注译:《礼记》,第391页。

这也就引申出孔子儒家所提倡的一个"礼者,理也"的基本常识。孔子已经对"礼"与"理"关系予以明确论述。《孔子家语·论礼》载孔子所言:"夫礼者,理也。"[①]《礼记·仲尼燕居》云:"礼也者,理也。……君子无理不动。"[②]在《孔子家语》《礼记》看来,"礼"的作用在于把混乱无序的东西加以分理,使之合乎秩序、条理有序,进而合于纲常伦理。这也启示我们,无论是为人为学,还是齐家治国平天下,皆需依"礼"而行以合乎"理"。这里的"理"有伦理、情理、天理、理性等多重含义。"礼"是"理"的重要表现形式,它本于情理,建构伦理,体现天理。朱熹《朱文公文集》卷六十《答曾择之》说:"礼即理也,但谓之理,则疑若未有形迹之可言;制而为礼,则有品节文章之可见矣。"[③]礼仪、礼节之"礼"是天理、伦理之"理"的外在表现形式,"理"是本体,"礼"是形式,"理"本"礼"用,"理"比"礼"更具有本体论意义。

北宋末年,金兵南下,赵构南渡,于临安(今杭州)建立南宋。孔子第48代嫡长孙衍圣公孔端友离开祖居地——山东曲阜,带领部分族人追随南宋朝廷,扈跸南渡,后在浙江衢州安家,成为具有重大历史意义的孔氏家族"宗子南渡"事件。此后八百多年间,发源于浙江衢州的孔氏南宗,繁衍不息,继承并实践了孔子儒家仁学中的仁爱、礼让之"理",守正创新,进而融汇为江南的儒学正脉。

(一)孔洙"宁违荣而不违道"的"让爵"之"礼"

亲亲、仁爱、礼让、谦逊,是孔子儒家文化的基本精神。这种儒家的道德人文精神,在作为孔氏宗子的南孔后裔身上,就有着淋漓尽致的体现。

元世祖忽必烈统一中国后,北宗"衍圣公"孔浈,因冒姓而被夺爵。对于由谁继续袭封衍圣公这一爵位,历经廷议,确认"寓衢(州)者乃其宗子"。元至元十九年(1282),元朝廷诏南孔第53代长孙衍圣公孔洙入觐,令其携家从衢州北迁至曲阜,袭爵奉祀孔庙。接诏后,孔洙进京,向元世祖当面陈述了自己的"两难心境":衢州已有五世先祖的坟墓,若奉诏北迁,则不忍离弃先祖坟墓;若不离弃先祖庙墓,又有违圣意。再加上有老母要奉养,孔洙表示,愿将衍圣公

---

① 王国轩、王秀梅译注:《孔子家语》,中华书局2011年版,第326页。
② 李慧玲、吕友仁注译:《礼记》,第212页。
③ 朱熹著,郭齐、尹波编注:《朱熹文集编年评注》,福建人民出版社2019年版,第2972页。

爵位让给在曲阜的族弟孔治。

元世祖大喜,称赞孔洙:"宁违荣而不违亲,真圣人后也!"[①]就这样,由于衢州南孔孔洙的礼让,曲阜孔治获元代衍圣公世袭爵位。南宗罢封,亦自此始。孔洙"让爵"之举,既体现了儒家的亲亲、仁爱、尊亲、孝道理念,又践行了"以和为贵"的君子谦让风范。正如浙江省儒学学会会长吴光教授所言:"南宗孔洙的礼让,是让爵、让政统,不是让嫡、让血统。孔洙以后,'衍圣公'的爵号就归北宗了,南宗只有'五经博士'的称号,但这并没有改变南宗仍然是孔氏大宗、宗子的地位。所以明末大儒刘宗周还是称南宗为大宗。南宗的'让爵'体现了'违荣不违道'、以大局为重、以和为贵的精神,这是儒家文化的真精神。"[②]

(二)楷木像归还事上的"仁爱礼让"

孔子与其夫人的楷木圣像是极为珍贵的孔氏家族宝物。其像古朴厚重,生动地表现了万世师表孔子与亓官夫人的形象,相传为孔子弟子子贡所刻。这两尊雕像,因孔子后裔向来不轻易示人,所以外人能见到者极少。历代文人名士均以得瞻仰之为重大荣幸。熟悉孔氏南宗史的学人都知道,出生在衢州的浙江龙游人,近代著名史学家、鉴赏家余绍宋,曾为1948年出版的《孔氏南宗考略》题签,并于1930年夏拜谒衢州南孔家庙时为孔子与亓官夫人楷木像题词《楷木圣象图略》以考其成像年代:"上为至圣先师及亓官夫人楷木像,相传为端木子贡手雕,刘佳《游家庙诗》所谓'传是卫国贤,摹刻志师谊'者也。《西安旧志》仅云'宋衍圣公孔端友随高宗南渡,抱负以来',不言何人所制,盖无确证,不敢轻说耳。今观两像,木理坚结,几化石质,而雕刻又极古朴浑穆。虽不敢必其出于子贡,要为汉以前人之制作则无可疑。木质而能流存至今,世间更无其偶,况属圣容,尤堪珍重。旧奉家庙思鲁阁下,今移奉阁上。孔裔向不轻示人,非其时,不许瞻仰。十五年前,绍宋商诸前博士肖铿先生,始许摄影,渐传于世。人多未详其由来,用志数言,藉传梗概。"[③]

自孔端友偕其至衢州后,楷木圣像便一直珍藏在衢州南宗孔庙"思鲁阁"内,也成了孔氏南宗最有代表性的家传信物。顾名思义,"思鲁阁"的命名,有

---

① 转引自 徐寿昌编纂:《孔氏南宗史料》,浙江古籍出版社2021年版,第55页。
② 巫少飞、陈霞:《"南孔不仅在文化史上有重要地位,在当代也具有价值":吴光教授做客首期"南孔大讲堂"精彩实录》,《衢州日报》2018年9月10日。
③ 徐寿昌编纂:《孔氏南宗史料》,第625页。

南迁孔裔在"东南阙里"衢州,不忘山东曲阜(阙里)的故乡和家人之意,寄托着孔氏南宗无时无刻不思念故乡、思念先祖和骨肉兄弟的真挚感情。①

(三)"礼,时为大":南孔的"当代人祭祀孔夫子"

孔子在后世被尊称为"万世师表""至圣先师",而"祭孔"活动则是历代帝王、士人民众表达对孔子崇敬之意的重大社会活动。作为有"宣圣正宗""先圣嫡派""先圣嫡裔"之称的孔氏南宗,亦将祭孔典礼置于重要的地位,世代传承,并且秉持"礼,时为大"的与时俱进精神,不断创新形式、丰富内容、深化内涵,结合时代特色并不断赋予新的内涵与文化特质。

对于为儒家文化所熏染的中华文明来说,祭奠孔子既是寻根,也是在寻找民族文化的认同。1949年以前,衢州各界每年都要在孔子的生辰农历八月二十七日举行祭孔仪式,最后一次祭孔仪式于1948年八月二十七日举行。

2002年12月28日至30日,时任浙江省委书记习近平同志第一次到衢州调研。12月29日晚,习近平同志做客衢州孔府花园"大中堂",时任衢州孔庙管委会主任、孔子第75代嫡长孙孔祥楷,向习近平同志详细介绍孔氏南宗的历史沿革,以及今后祭孔的设想:"南宋以降,衢州一直是孔子嫡长孙一脉的居住地。我们希望恢复南孔祭典,采用'现代人祭孔',就是摒弃旧礼仪,穿现代人的服装,行现代人的礼节。"听到这里,习近平同志点头说,孔氏南宗家庙的历史文化内涵深广,是浙江历史文化中的一个亮点,南孔文化值得很好地挖掘和弘扬。一番话,让孔祥楷对发扬南孔文化,有了十足的信心。②

2004年9月27日至28日,时值孔子诞辰2555周年,由"祭孔大典""国际儒学论坛"等活动组成的"首届衢州国际孔子文化节"举办③。2004年9月28日上午举行的纪念孔子诞辰2555周年的衢州祭孔大典,系1949年以来的首次举办。时任衢州孔庙管委会主任孔祥楷先生以"当代人祭孔"的理念,征求社会各方意见,策划设计了南宗祭孔的全部仪程。南孔祭祀大典定位为"当今社会各界祭祀孔子,不沿袭仿古的祭祀形式",即"当代人祭祀孔夫子"。传统的祭孔典礼是由乐、歌、舞、礼四部分构成的大型庙堂祭祀乐舞。南孔祭典则大

---

① 吴锡标、刘小成等:《孔氏南宗文献整理与研究》,国家图书馆出版社2021年版,第177页。
② 本书编写组:《干在实处 勇立潮头:习近平浙江足迹》,浙江人民出版社、人民出版社2022年版,第234—235页。
③ 《浙江衢州举办首届国际孔子文化节》,新华网,2004年9月27日。

胆革新,将祭祀仪式中的歌舞演出部分剥离,独立为祭孔典礼前一天的纪念晚会。而其余部分,则简化为"礼启、祭礼、颂礼、礼成"四个篇章,整个礼程不到40分钟。用"献五谷"代替了"供太牢",银杏叶和古柏树叶系以黄丝带代替了贵宾佩戴的鲜花,着现代正装的市民代替了着古代服装的"演员",改佾舞为朗诵《论语》章句,全场合唱《大同颂》,歌词是《礼运·大同篇》。整个活动既有传统特色,又有时代气息。

此外,孔祥楷先生还力主把孔氏南宗家庙中孔子牌位上"大成至圣先师之神位"中的"神"字删掉,改成了"大成至圣先师之位","因为孔子他是人,不是神。"①参加了衢州南孔"祭孔大典"的葛德斯堡大学教授司马黛兰女士,表述了自己对"南宗版"祭祀典礼的看法:"我们看到你们在祭孔改革方面进行着严肃的、踏踏实实、成功的尝试……你们废止了华丽的服饰和舞蹈,废止了牛羊祭品,废止了古乐旧器的喧闹,把钢琴搬到大成殿前是个很了不起的创造!你们删去了孔子牌位上的'神'字,堪称大手笔。"②

历来对帝王和圣人的祭祀活动,基本上以社会精英为主。而南孔祭典则分社会公祭与学祭两种。社会公祭除了社会各界代表参加外,还从衢州市民众中遴选代表一同参与。中国孔子基金会认为,这是让孔子走向民间的最好方法之一。同样,学祭除了请教育部门公职人员、学校师生代表,还经常请聋哑学校和特殊学校的师生参加,充分体现孔子"有教无类"的教育理念。

2006年9月28日是孔子诞辰2557周年纪念日,以"和谐社会与儒家文化"为主题的"中国衢州国际孔子文化节暨第二届中国衢州国际儒学论坛"在衢州举办。来自中国、美国、俄罗斯、日本、韩国、新加坡等近10个国家和地区的80多位专家学者,如当代新儒家、美国哈佛大学杜维明教授等与会,重点研讨了孔氏南宗在儒家文化中的地位以及对江南政治、经济、社会、文化发展的影响。南孔"祭祀大典"同时举行。

2008年9月27日至28日,"2008中国·衢州国际儒学论坛"召开。来自全国40多所知名高校、社科机构以及来自美国、俄罗斯、韩国、日本、德国、喀麦隆等国家的近百名儒学专家、学者会聚衢州,交流探讨儒学文化在当今社会

---

① 郭学焕:《孔子后裔在浙江》,浙江人民出版社2013年版,第133—141页。
② 转引自李啸:《孔氏南宗家庙祭祀孔子:"当代人祭孔"的衢州实践》,《衢州日报》2011年9月30日。

道德建设中的现实意义。南孔"祭祀大典"在9月28日举行。

2010年9月27日至28日,"中国衢州国际孔子文化节暨第三届国际儒学论坛"在衢州举行。参加本次国际儒学论坛的有来自美、英、日、韩、德、俄、意等7个国家以及中国社科院、北京大学、清华大学、中国人民大学、山东大学、厦门大学等著名高校、科研院所的50多名儒学专家。论坛以"儒家文化与时代精神"为主题,就"儒家文化的本质及其在构建时代精神中的地位、作用、意义""全球化进程中,如何创新儒家文化""儒学在世界的传播与影响""孔氏南宗文化对江南发展的影响"等论题展开了深入讨论。会议还通过了旨在促进弘扬孔子儒家学说的《衢州宣言》。9月28日,衢州南孔"祭祀大典"同时举行。

基于孔氏南宗及"南宗祭孔"的重大文化价值与社会影响,在衢州市文宣部门的努力下,2005年,南宗祭孔被列入衢州市首批市级"非遗"名录;2007年,又入选浙江省首批省级"非遗"名录。2011年,以"当代人祭孔"和"百姓祭孔"为特色的"南孔祭典",被列入第三批国家级非物质文化遗产名录。2018年8月,孔祥楷先生入选国家级非物质文化遗产"祭孔大典"("南孔祭典")传人。至2021年9月,衢州南孔的"当代人祭祀孔夫子"活动已进行了18次,真可谓是——弦歌十八载,在当代人祭孔理念中创新前行。

通过以上三个案例的梳理,我们完全可以发现:"浙泗同'源',南北一'孔','礼'贯古今。""仁爱有礼"就是孔子儒家思想的核心要义,而历史上的孔氏南宗也是"仁爱有礼"的传承与弘扬者。与此同时,"仁爱有礼"的儒家道德人文精神,贯穿着南孔文化的历史、当下和未来。

进而言之,源远流长的儒家文化,脉出一"源";"浙泗同源"的孔氏南宗北宗,同根同宗。孔氏南宗,始盛于南宋,继兴于明清,绵延于当下。数百年间,孔氏南宗"衣冠未坠,诗礼未歇"。对于以浙江为中心的江南区域,历史上的孔氏南宗在儒家文化的传播、社会文明、人文教化的发展乃至民风习俗的改良和维持社会和谐安定等方面,都曾经发挥过重要的影响和作用。对于中国近世文明的演进,甚至对于改革开放以来中国江南经济、社会和文化的进步,孔氏南宗都产生了积极和重要的影响。

二、"仁爱有礼"的表述语与"南孔圣地、衢州有礼"的衢州城市品牌、"浙江有礼"的省域文明新实践一脉相承

从传播孔子儒家文化这个意义上说,衢州孔氏南宗与曲阜的孔氏北宗,具有同等重要的地位和价值。作为孔氏后裔的第二故乡、"四省通衢、五路总头"的衢州,作为近世中国的"东南儒学走廊",更是备受儒风润泽;宋明以来,朱熹(朱熹后裔亦有迁居衢州定居者)、陆九渊、吕祖谦、王守仁、邹守益等大师名儒纷纷前来设坛讲学,盛极一时。世世代代的衢州普通百姓也多受儒学中"仁爱有礼"的道德人文精神熏陶,始终保持古朴的民风和良好的道德水准,"仁爱有礼"的道德之风更是传承千年而不衰。

(一)"仁爱有礼"是对当代衢州人价值观与衢州城市品牌的迭代升级

自2011年始,"最美爷爷"占祖亿,"最美教师"陈霞、姜文、江忠红,"最美司机"毛志浩,"时代楷模"万少华,"人民英雄"胡兆福等一大批"最美衢州人",用他们的感人事迹、崇高精神感动了所有衢州人,他们这些"平民英雄"引领着社会风尚,彰显着道德主流。自2012年始,"最美衢州人"年度人物选树活动接力寻美,通过深入挖掘身边的典型、广泛宣传源于平凡的感动,探索和构建了培育"最美"、选树"最美"、弘扬"最美"、践行"最美"、关爱"最美"五大宣传实践机制,形成了"有礼之星""有礼标兵""最美教师""最美医生""最美警察""最美志愿者"等"最美现象",有力地推动社会主义核心价值观的落地生根。

2012年4月6日是衢州市的第二个全民学习日,为"推动衢州'最美'由'盆景'成为'风景'","发现'最美',学习'最美',争做'最美'",衢州市委在群众中开展了"做最美衢州人——我们的价值观"大讨论。衢州社会各界人士通过座谈、演讲、辩论、问卷调查等形式,为"最美衢州人"画像,并最终确定了"诚信、责任、仁爱、奉献"的当代衢州人价值观核心词。这里,源于孔子儒家文化的"仁爱"一词被当代衢州人所认可,这足以说明当代衢州人对以孔子儒学为主体的中华优秀传统文化的回归。同时,也是对衢州这座国家历史文化名城作为"东南阙里""南孔圣地"的自豪与骄傲。一直以来,继承着南孔儒家人文基因的衢州,持续不断地释放出推进社会、经济和谐发展的强大正能量。如今,"最美衢州人"的奖项设置中,就设有"仁爱奖"。在此,我们也有理由用"仁

爱之城"这四个字来定义这座闪耀着仁爱精神的江南小城——衢州。

2012年,中国社会科学院哲学研究所派出12名骨干专家组成"国情调研组"来到衢州,寻找在衢江两岸处处生根的真、善、美,勾勒"平民英雄"汇聚成闪耀道德光芒的"最美"群像,专题调研和剖析提炼衢州在公民道德建设和社会主义核心价值体系建设方面作出的探索和实践,发掘衢州持续不断发生"最美现象"背后的根源,希望为全国的精神文明建设提供一个鲜活具体的区域性案例。2013年,系统阐述解读衢州社会主义核心价值体系建设模式的《衢州样本:社会主义核心价值体系与道德文明建设的实践和创新》一书,在中国社会科学院正式发布,盛开于衢州的"最美"之花,飘香京城。时任衢州市委书记陈新为该书作"序"——《最美衢州,仁爱之城》。"最美衢州人"的道德实践也启示我们,想让"仁爱"之花在"东南阙里"衢州永久绽放,就要重视对普遍性的道德情感的培育,只有人人都有了仁爱心和责任心,伟大而人人可为的"最美"现象,就会像雨后春笋般竞相涌现。

2018年,为了让"有礼"成为一种生活方式,衢州市委、市政府在北京举行新闻发布会,公布了"南孔圣地·衢州有礼"的衢州城市品牌。"南孔圣地·衢州有礼"这一城市品牌立足衢州南孔文化,深度融合了衢州最具特色、最富代表性的南孔儒家文化元素,深度契合了衢州人民尊敬历史、敬畏传统、热爱现实、向往未来的积极心态,内涵丰富、承载厚重,包含"对历史有礼""对自然有礼""对社会有礼""对未来有礼"等深刻内涵。近年来,衢州以"南孔圣地·衢州有礼"城市品牌为引领,全力打造"一座最有礼的城市",2018年,荣获联合国"国际花园城市"并获"全国文明城市"提名;2020年,以全国第四名的优异成绩荣获第六届"全国文明城市"称号;"2021中国地级市品牌综合影响力指数",列全国第35位。2021年在全国文明城市年度测评中,衢州在114个地级市文明城市中排名第一,同时荣获"国家生态文明建设示范区"称号。

总之,衢州立足南孔文化,深度融合衢州最具特色、最富代表性的文化元素。2021年是"最美衢州人"年度人物选树活动的第10个年头。10年来,涌现出了各行各业、各个年龄段的最美衢州人200余位,"最美典型""最美现象"在三衢大地持续接力、蔚然成风,为衢州古城带来了满满的正能量,为衢州经济发展和社会进步提供了强大的精神动力。"一张蓝图绘到底,一茬接着一茬干",自信有礼的衢州人将一如既往地秉持孔子儒家提倡的"仁爱有礼"精神,世世代代传承并发扬光大。

(二)"仁爱有礼"是对"衢州有礼"与"浙江有礼"的积极回应

"礼",古体"禮",为会意字,从示从豊,本义为举行仪礼,祭神求福[①]。现代引申为好的道德观念、行为准则、态度动作、馈赠之物。以"礼"组词,诸如礼宾、礼遇、礼赞、礼尚往来、礼贤下士,等等,无不闪耀着中华文化之精髓和价值追求之高尚。"不学礼,无以立","仁爱有礼"渗入每个中国人的精神世界,同时也影响了后世中国。"衢州有礼,从我做起"。如今的"衢州有礼",是以"八个一"作为文明城市测评体系的一部分:一座"车让人"的城市、一座"烟头不落地"的城市、一座"自觉排队"的城市、一座"使用公筷公勺"的城市、一座"不随地吐痰"的城市、一座"行作揖礼"的城市、一座"没有牛皮癣"的城市、一座"拆墙透绿"的城市。

浙江历史悠久,人文积淀深厚,以"仁爱有礼"在"南孔圣地"衢州的代代传承为例,"有礼"一直是浙江人引以为傲的文化基因。在中国特色社会主义新时代迈向第二个百年奋斗目标的新征程中,浙江开启了高质量发展建设共同富裕示范区的新蓝图;而推进"浙江有礼"的省域文明新实践,也是浙江高质量发展建设共同富裕示范区重点打造的标志性成果之一。2022年2月,浙江省委在高质量发展建设共同富裕示范区推进大会上,明确提出要打造"浙江有礼"省域文明新实践标志性成果。

与此同时,浙江省文明办印发《关于推进"浙江有礼"省域文明新实践的实施意见》,旨在浙江全省域倡导践行"浙风十礼",力推"浙江有礼、从我做起"成为两浙儿女的行动自觉,让每一个浙江人都成为"文明有礼"的代言人。《关于推进"浙江有礼"省域文明新实践的实施意见》明确指出,"浙江有礼"是指以人的现代化为核心,适应新时代要求、彰显浙江特质、符合高质量发展建设共同富裕示范区之义的思想观念、精神面貌、文明风尚、行为规范。具体表述为:大力倡导"爱国爱乡、科学理性、书香礼仪、唯实惟先、开放大气、重诺守信"六种时代新风,崇尚践行"敬有礼、学有礼、信有礼、亲有礼、行有礼、帮有礼、仪有

[①] 参见许慎撰,徐铉校定:《说文解字》,中华书局1963年版,第7页。

礼、网有礼、餐有礼、乐有礼"十种礼节礼行的"浙风十礼"。①"浙风十礼",蔚然成风,浙江大地呈现正气充盈、彬彬有礼、温暖如春的幸福图景。

"浙江有礼,衢州先行"。从"衢州有礼"到"浙江有礼",从"衢州有礼,从我做起"到"浙江有礼、从我做起",从"衢州有礼"中的"八个一"到"浙风十礼"中的"六种时代新风""十种礼节礼行",说明提倡与践行"仁爱有礼"就是对"衢州有礼"与"浙江有礼"的积极回应。

(三)"仁爱有礼"是对"文化自信"与"精神富裕"的有机结合

"文化自信"是一个国家、一个民族发展中最基本、最深沉、最持久的力量。党的十八大以来,习近平总书记反复强调"文化自信"并作出许多深刻阐述。2016年7月,习近平总书记在庆祝中国共产党成立95周年大会上的讲话中说:"文化自信,是更基础、更广泛、更深厚的自信。在5000多年文明发展中孕育的中华优秀传统文化,在党和人民伟大斗争中孕育的革命文化和社会主义先进文化,积淀着中华民族最深层的精神追求,代表着中华民族独特的精神标识。"②2019年8月,习近平总书记在敦煌研究院座谈时的讲话中指出:"中华文明5000多年绵延不断、经久不衰,在长期演进过程中,形成了中国人看待世界、看待社会、看待人生的独特价值体系、文化内涵和精神品质,这是我们区别于其他国家和民族的根本特征,也铸就了中华民族博采众长的文化自信。"③2021年3月,习近平总书记在福建武夷山市朱熹园考察时,再次谈到文化自信:"没有中华五千年文明,哪有我们今天的成功道路。"④

如前文所言,"仁爱有礼"是以儒学为主体的中华优秀传统文化的思想精华和道德精髓。2014年2月,习近平总书记在十八届中央政治局第十三次集体学习时指出:"对历史文化特别是先人传承下来的价值理念和道德规范,要坚持古为今用、推陈出新,有鉴别地加以对待,有扬弃地予以继承,努力用中华民族创造的一切精神财富来以文化人、以文育人。""要认真汲取中华优秀传统

---

① 《浙江省文明委:让"浙江有礼"成为共同富裕美好社会建设标志性成果》,《浙江日报》2022年2月24日。
② 习近平:《在庆祝中国共产党成立95周年大会上的讲话》(2016年7月1日),《求是》2021年第8期。
③ 习近平:《在敦煌研究院座谈时的讲话》(2019年8月19日),《求是》2020年第3期。
④ 《习近平考察朱熹园谈文化自信:没有中华五千年文明,哪有我们今天的成功道路》,新华社,2021年3月23日。

文化的思想精华和道德精髓,大力弘扬以爱国主义为核心的民族精神和以改革创新为核心的时代精神,深入挖掘和阐发中华优秀传统文化讲仁爱、重民本、守诚信、崇正义、尚和合、求大同的时代价值,使中华优秀传统文化成为涵养社会主义核心价值观的重要源泉。"①2022年5月27日,习近平总书记在十九届中央政治局第三十九次集体学习时要求:"研究阐释中华文明讲仁爱、重民本、守诚信、崇正义、尚和合、求大同的精神特质和发展形态,阐明中国道路的深厚文化底蕴。"②在这里,习近平总书记已经把"仁爱"一词置于中华优秀传统文化核心价值观的首要地位了。

2014年9月,习近平在纪念孔子诞辰2565周年国际学术研讨会暨国际儒学联合会第五届会员大会开幕会上的讲话中,对孔子创立的儒家学说以及在此基础上发展起来的儒家思想中"关于仁者爱人、以德立人的思想,关于以诚待人、讲信修睦的思想"等予以高度评价,进而指出:"研究孔子、研究儒学,是认识中国人的民族特性、认识当今中国人精神世界历史来由的一个重要途径。"③故而,我们可以说,"仁爱有礼"作为"仁者爱人""讲仁爱"的传统儒学核心价值观的提炼与总结,完全符合五千年中华文明"文化自信"观。

"衣食足而知荣辱,仓廪实而知礼节"。传统儒家提倡最大限度、最广泛地满足人们物质生活、精神生活的需要,但是更为追求物质富裕之后,道德精神生活的富有,这集中体现为"富而不骄""富而后教""富而好礼""富而好德"。《论语·学而》载:"子贡曰:'贫而无谄,富而无骄,何如?'子曰:'可也;未若贫而乐,富而好礼者也。'"④这里,孔子弟子子贡所倡言的"富而无骄",即富有但不趾高气扬的谦虚态度固然重要,然而"富而好礼"即富庶而又讲礼教,在孔子看来,则更为重要。当然,子贡作为孔门弟子中最为富裕者,"好废举,与时转货资……家累千金"⑤,其自身精神世界也是富足的。《礼记·曲礼》对"富而好

---

① 《习近平在中共中央政治局第十三次集体学习时强调 把培育和弘扬社会主义核心价值观作为凝魂聚气强基固本的基础工程》,新华网,2014年2月25日。
② 《习近平在中共中央政治局第三十九次集体学习时强调 把中国文明历史研究引向深入 推动增强历史自觉坚定文化自信》,《人民日报》2022年5月29日。
③ 习近平:《在纪念孔子诞辰2565周年国际学术研讨会暨国际儒学联合会第五届会员大会开幕会上的讲话》(2014年9月24日),《人民日报》2014年9月25日。
④ 杨伯峻译注:《论语译注》,第9页。
⑤ 司马迁著:《史记》,岳麓书社2016年版,第484页。

礼"也有论述:"富贵而知好礼,则不骄不淫"①。只要做到了"富而好礼",自然也就"富而不骄"。儒家所倡导的"富而好礼",对于当代浙江实施全域文明创建工程,深化"最美浙江人"行动,培育"浙江有礼"的省域品牌也有现实启迪。

"物质生活和精神生活都富裕",是扎实推动共同富裕的题中应有之义。2021年8月,习近平总书记在中央财经委员会第十次会议上的讲话中指出:"共同富裕是全体人民共同富裕,是人民群众物质生活和精神生活都富裕。"② 2021年8月,浙江省委书记袁家军在省委文化工作会议上的讲话中指出:"共同富裕既是人民群众物质生活共同富裕,也是精神生活共同富裕,需要坚持以文化人、以文培元,大力推进以人为核心的现代化。"③ 2021年9月,《中共浙江省委关于加快推进新时代文化浙江工程的意见》要求新时代的文化浙江建设:"坚持用人文精神激发全省人民的凝聚力、创造力","精神立德,打造精神富省。"④ 2022年2月,浙江省委提出培育"浙江有礼"文明品牌,要求打造精神文明高地,在共同富裕中实现精神富有、在现代化先行中实现文化先行。

所以说,扎实推动共同富裕,解决发展不平衡不充分的问题,满足人民日益增长的美好生活需要,其中一个重要方面就是统筹推进物质文明和精神文明协调发展,既要实现物质生活水平提高、家家仓廪实衣食足,又要实现精神文化生活丰富、人人知礼节明荣辱。在中国特色社会主义新时代,"仁爱有礼"作为一种高雅的生活方式,更是物质富裕基础上的"精神富裕"的代名词。所以说,在衢州、在浙江,提倡"仁爱有礼"完全是助力于"人民群众物质生活和精神生活都富裕"。

三、"仁爱有礼"是塑造新时代衢州人文精神的基本诉求

2022年4月,衢州市第八次党代会报告和衢州市政府工作报告,均提出了"新时代衢州人文精神全面塑造,成为物质富裕精神富有样板地"的要求与期许。2022年7月20日,中共衢州市委八届二次全会在召开,正式提出了"崇贤

---

① 杨天宇撰:《礼记译注》,上海古籍出版社2004年版,第3页。
② 习近平:《扎实推动共同富裕》,《求是》2021年第20期。
③ 袁家军:《为高质量发展建设共同富裕示范区注入强大文化力量》,《今日浙江》2021年第17期。
④ 《让文化成为最富魅力、最吸引人、最具辨识度的标识——五问新时代文化浙江工程》,浙江新闻客户端,2021年9月30日。

有礼、开放自信、创新争先"的新时代衢州人文精神,明确要大力培育弘扬新时代衢州人文精神,汇聚起衢州全市上下共同奋斗的磅礴力量。7月21日,中共衢州市委召开新闻发布会并介绍当地"新时代衢州人文精神"。未来五年,衢州作为全省首批共同富裕精神文明高地领域唯一市域试点,将紧紧围绕浙江省委"在共同富裕中实现精神富有"的工作要求,努力打造四省边际文化文明高地,在推动"浙江有礼"的省域文明新实践落地、数字文化系统改革等各子跑道上跑出特色,以"衢州之礼"为"浙江有礼"的示范标杆,以"衢州之进"提升浙江共同富裕的成色,以"衢州之窗"展现浙江"重要窗口"的独特人文魅力。

(一)提倡与践行"仁爱有礼",就是深入落实习近平总书记"让南孔文化重重落地"殷殷嘱托的一个有力举措

习近平同志在浙江工作期间,先后8次前去衢州考察调研、指导工作,其中就有3次为衢州"南孔文化"点赞,而习近平同志寄予衢州的"八个嘱托"中有一个嘱托就是"让南孔文化重重落地"[1]。

2002年12月28日至30日,时任浙江省委书记的习近平同志第一次到衢州调研时就格外关注衢州孔氏南宗家庙及南孔文化研究的开展。12月29日晚,习近平同志做客衢州孔府花园"大中堂",时任衢州孔庙管委会主任、孔子第75代嫡长孙孔祥楷,向习近平详细介绍孔氏南宗的历史沿革,以及今后祭孔的设想后,习近平点头说:"孔氏南宗家庙的历史文化内涵深广,是浙江历史文化中的一个亮点,南孔文化值得很好地挖掘和弘扬。"[2]12月30日,习近平在衢州考察调研时的讲话中有两处提到"南宗孔氏家庙":"衢州历史悠久,人文荟萃,有著名的孔氏南宗家庙,被称为'东南阙里'";"衢州有丰厚的资源优势。……南宗孔氏家庙是全国仅有的两座孔氏家庙之一。"[3]2004年10月,习近平同志第四次在衢州调研时强调:"从旅游讲,衢州有优势,生态本来就是衢州的特色,要保护好,同时要积极挖掘文化内涵,打好'两子文化'品牌。南孔文化关键要扩大宣传,提高知名度和影响力;围棋文化要进一步提高运作水

---

[1]《习近平在衢州考察调研讲话资料汇编》(内部资料),中共衢州市委办公室、中共衢州市委宣传部汇编,2019年9月。
[2]《干在实处 勇立潮头:习近平浙江足迹》,第234—235页。
[3]《习近平在衢州考察调研讲话资料汇编》(内部资料),第1、10页。

平,开展一些有影响的活动。"①2005年9月6日,习近平同志第五次到衢州考察时,衢州正力推"棋子"和"孔子""两子文化",习近平同志对挖掘弘扬南孔文化作出重要指示:"衢州历史悠久,是南孔圣地,孔子文化值得很好挖掘,大力弘扬,这一'子'要重重地落下去。"②

2006年9月28日是孔子诞辰2557周年纪念日,以"和谐社会与儒家文化"为主题的第二届中国·衢州国际孔子文化节和中国·衢州国际儒学论坛在衢州举办。来自中国、美国、俄罗斯、日本、韩国、新加坡等近10个国家和地区的80多位专家学者与会,他们围绕"和谐社会与儒家文化"主题,重点研讨孔氏南宗在儒家文化中的地位以及对江南政治、经济、社会、文化发展的影响。浙江省委高度重视这次国际儒学论坛,时任浙江省委书记习近平,省委副书记夏宝龙,省委常委、宣传部部长陈敏尔,相继作出批示,明确了"南孔文化要重重落地",作为加快浙江文化大省建设的一项载体。

其中,习近平同志在致中国·衢州国际孔子文化节和中国·衢州国际儒学论坛的贺信("贺信"落款日期是"2006年9月26日")中,对开展儒家文化尤其是南孔文化研究又有重要指示:"儒学思想作为人类文化的瑰宝,源远流长,博大精深,是中国传统文化的象征,对人类文明的发展产生了深远影响。实现社会和谐是儒家思想的重要内容,以和谐为价值追求是儒家文化的基本精神。认真研究探讨儒家文化与和谐社会的关系,深入挖掘儒家文化中的社会和谐思想,可为构建社会主义和谐社会提供可资借鉴的重要思想资源,对于弘扬优秀传统文化、促进社会和谐发展具有重要的现实意义。衢州素有'东南阙里,南孔圣地'之美誉,是孔氏南宗文化的重要发源地,在浙江的历史文脉传承中具有独特优势。对于这一珍贵历史文化遗产一定要倍加珍惜、发扬光大。希望你们以这次高水平的论坛为契机,着眼于世界文化发展的前沿,从更高的层次、更宽的视野、更新的角度来加强对儒学文化的研究,积极探索儒学文化的现代意义,为中国传统文化的发展和在世界各地的传播,发挥积极的推动作用。"③

---

① 《习近平在衢州考察调研讲话资料汇编》(内部资料),第57—58页。
② 《干在实处 勇立潮头:习近平浙江足迹》,第235页。
③ 《2006年习近平致衢州国际儒学论坛的贺信》,《衢州日报》2006年9月28日。

2013年11月，习近平总书记到曲阜孔府考察，并来到孔子研究院。桌子上摆放着展示孔子研究院系列研究成果的书籍和刊物，他一本本饶有兴趣地翻看。看到《孔子家语通解》《论语诠解》两本书，他拿起来翻阅，说："这两本书我要仔细看看。"[1]如前文所述，2014年2月，习近平总书记在十八届中央政治局第十三次集体学习时要求"深入挖掘和阐发中华优秀传统文化讲仁爱、重民本、守诚信、崇正义、尚和合、求大同的时代价值，使中华优秀传统文化成为涵养社会主义核心价值观的重要源泉。"2014年9月，习近平在纪念孔子诞辰2565周年国际学术研讨会暨国际儒学联合会第五届会员大会开幕会上的讲话中，对孔子创立的儒家学说以及在此基础上发展起来的儒家思想中"关于仁者爱人、以德立人的思想，关于以诚待人、讲信修睦的思想"等予以高度评价[2]。2021年3月，习近平在福建武夷山朱熹园考察时也指出："我到山东考察时专门去看了孔府孔庙，到武夷山也专门来看一看朱熹园。……我们要特别重视挖掘中华五千年文明中的精华，把弘扬优秀传统文化同马克思主义立场观点方法结合起来，坚定不移走中国特色社会主义道路。"[3]

浙江是中国革命"红船"的启航地，是中国改革开放的先行地，也是习近平新时代中国特色社会主义思想的重要萌发地。习近平总书记对传统儒学的重视与弘扬，可以溯源到2005年9月习近平同志第五次到衢州考察时参观衢州孔氏家庙及对挖掘弘扬南孔文化作出的指示和2006年9月致"中国·衢州国际孔子文化节和中国·衢州国际儒学论坛"的贺信中关于"儒学思想作为人类文化的瑰宝，源远流长，博大精深，是中国传统文化的象征，对人类文明的发展产生了深远影响"的重要论述。2022年4月，衢州市第八次党代会报告要求衢州"开展新时代儒学文化研究，深化南孔北孔合作交流，让南孔文化成为'宋韵文化传世工程'的璀璨明珠"，也是顺理成章。故而，我们要说，新时代提倡与践行"仁爱有礼"，就是深入落实习近平总书记对传承弘扬南孔文化的重要指示尤其是"这一'子'要重重地落下去"的殷殷嘱托。

（二）提倡与践行"仁爱有礼"，就是要努力把"衢州有礼"打造成为"浙江有

---

[1]《习近平：创造中华文化的新辉煌》，新华网，2013年11月26日。
[2] 习近平：《在纪念孔子诞辰2565周年国际学术研讨会暨国际儒学联合会第五届会员大会开幕会上的讲话》（2014年9月24日），《人民日报》2014年9月25日。
[3]《习近平谈治国理政》第四卷，外文出版社2022年版，第315页。

礼"的示范标杆

浙江历史悠久，人文积淀深厚，"有礼"一直是浙江人引以为傲的文化基因。以衢州为例，2018年，衢州提出打造"一座最有礼的城市"，推广"车让人""自觉排队""烟头不落地"等8方面的有礼行动。文明创建，改变着一座城市的颜值和气质，也把"仁爱有礼""文明有礼"融入百姓的日常生活。2020年11月，衢州获评第六届全国文明城市。2022年3月底，2021年全国文明城市年度测评结果出炉，在114个全国文明城市地级市中，衢州排名第一。

这些年，浙江在省域层面注重以社会主义核心价值观为引领，将创建全国文明城市活动作为传递主流思想、弘扬社会新风和提高公民文明素养的重要实践。在发现"最美"、表彰"最美"活动中，见贤思齐、崇德向善的氛围更加浓厚，文明的力量不断凝聚升华。2021年9月，《中共浙江省委关于加快推进新时代文化浙江工程的意见》要求新时代的文化浙江建设要"突出以人为核心的现代化，推动社会主义核心价值观教育实践入法入规，培育'浙江有礼'省域品牌，努力让每个浙江人成为文明代言人""实施先进典型群像选树计划，挖掘宣传'文明使者''之江美丽心灵'等最美人物，健全关爱礼遇机制，擦亮'最美浙江人'品牌"，[①]进而实现"精神立德，打造精神富省""人文立身，打造最美之省"的愿景。

2022年2月，浙江在高质量发展建设共同富裕示范区推进大会上明确提出要打造"浙江有礼"省域文明新实践标志性成果，以全面推进浙江的全域精神文明创建。以"浙风十礼"为主要内容，以凝聚有"礼"之魂、营造有"礼"生态、推进有"礼"实践、推介有"礼"品牌、推动数智赋"礼"为路径，浙江号召人人争当文明代言人，让"有礼"成为浙江最具标志性成果、最具辨识度标识之一。

2022年6月，浙江省委书记袁家军主持召开省高质量发展建设共同富裕示范区重点工作推进例会，专题研究"浙江有礼"省域文明实践品牌重点任务，强调要深入学习贯彻习近平总书记关于精神文明建设重要论述精神，把打造"浙江有礼"省域文明实践品牌这一重大课题，放到推进共同富裕和现代化先行的大格局中来谋划推进，以促进人的全面发展为核心，以社会主义核心价值

---

① 《中共浙江省委关于加快推进新时代文化浙江工程的意见》（浙委发〔2021〕34号），2021年9月16日。

观引领,深化实施文明素质工程,以"浙风十礼"为主要内容,加快推动形成适应新时代要求、体现浙江气质的思想观念、精神面貌、文明风尚、社会行为规范和社会形态,努力打造具有全国影响力的文明浙江,探索培育践行社会主义核心价值体系、促进人民精神生活共同富裕的具有普遍价值的有效路径,努力做到在"浙"里看见文明中国。要进一步明确"浙江有礼"的内涵和目标,把握"礼"的内涵要求,明确"浙江有礼"文明实践目标,迭代完善"浙江有礼"指标和评价体系。要进一步深化"浙江有礼"省域文明实践,强化全民参与、全域推进、全程培育,在浙江大地全面展现文明有礼新图景。要进一步谋划打造更多"浙江有礼"金名片,持续打响"最美浙江人"品牌,全面深化诚信建设,全面建设"志愿浙江",探索网络文明建设新模式,高质量建设"15分钟品质文化生活圈",高水平创建现代社区,探索时代难题的解决途径。要进一步完善"浙江有礼"省域文明实践推进机制,强化统筹协调、数字赋能文明实践、宣传教育引导、监督考核,远近结合、久久为功,持之以恒加以推进。[①]

2022年4月,衢州市第八次党代会报告也要求衢州在未来五年"扎实推进打造精神文明高地试点,加快建设'五区一市',在共同富裕中实现精神富有,在现代化先行中实现文化先行。弘扬文明有礼新风尚。深入践行社会主义核心价值观,持续开展新时代文明生活十大行动,不断擦亮'最美衢州人'品牌,把'衢州有礼'打造成为'浙江有礼'的示范标杆。全域推进文明创建,力争实现全国县级文明(提名)城市'满堂红'。健全志愿服务体系,打造'15分钟文明实践服务圈'。加强家庭家教家风建设,让'有礼家风'浸润千家万户。"

"浙江有礼,衢州先行"。毋庸置疑,"衢州有礼"理念的提出与探索实践早于"浙江有礼",这就是"勇立潮头、干在实处、走在前列"的浙江精神在衢州的具体体现。所以说,提倡与践行"仁爱有礼",就是要把浙江打造"浙江有礼"省域文明新实践标志性成果在衢州已经落地生根的基础上开花结果,努力让衢州成为物质富裕精神富有样板地,进而把"衢州有礼"打造成为"浙江有礼"的示范标杆。

(三)提倡与践行"仁爱有礼"是全面塑造新时代衢州人文精神的一条有效

[①]《袁家军主持召开高质量发展建设共同富裕示范区重点工作推进例会强调 踏踏实实推进共同富裕先行》,《浙江日报》2022年6月14日。

路径

衢州是一座具有1800多年历史的江南文化名城,1994年被国务院命名为国家级历史文化名城。衢州是"至圣先师""万世师表"孔子后裔的世居地和第二故乡,是儒学文化在中国东南区域的传播中心;历史上的衢州儒风浩荡、人才辈出,素有"东南阙里、南孔圣地"的美誉,位于衢州市区的孔氏南宗家庙是全国仅有的两座孔氏家庙之一。1996年,国务院确立"孔氏南宗家庙"为全国重点文物保护单位。人文精神是一座城市的灵魂,并根植和影响于城市的历史发展过程之中。毫无疑问,南孔文化就是衢州所呈现出来的最具历史辨识度的独特人文基因。

2005年9月,时任浙江省委书记的习近平同志第五次前往衢州调研时,突出强调了"文化的精神"对于建设文化大省的重要性:"文化大省建设首先要体现在文化的精神上。欠发达地区往往自然条件比较差、发展基础比较弱、生活条件比较艰苦,更加需要一种自强不息、后发进取的精神,有一种乐于奉献、不计得失的精神,有一种知难而进、艰苦创业的精神。……在这方面,要充分发挥文化的功能,通过文化建设来引导群众大力弘扬浙江精神的与时俱进,提高自身的素质。大力弘扬有利于促进改革发展与和谐稳定的文化因子(比如南孔府的资源就值得开发利用),为欠发达地区加快发展提供精神动力和智力支持。"①也正是在这次衢州调研时,习近平同志突出强调了挖掘南孔文化的急迫性与重要性:"衢州历史悠久,是南孔圣地,孔子文化值得很好挖掘,大力弘扬,这一'子'要重重地落下去。"②

2022年4月,衢州市第八次党代会报告和衢州市政府工作报告中均有"新时代衢州人文精神全面塑造,成为物质富裕精神富有样板地"的语词,这一提法也是自信满满、渊源有自、顺理成章、水到渠成:因为早在2014年衢州市民就是以"仁爱"作为当代衢州人价值观之一;2018年提出的打造"一座最有礼的城市""南孔圣地、衢州有礼"既是一个成功的城市品牌宣传语,也是新时代衢州人历史自信、文化自信的充分彰显。时任浙江省委书记的习近平同志在衢州调研时说过这样的话:"要做好衢州工作,首先要自信,不是等靠要、降格以

---

① 《习近平在衢州考察调研讲话资料汇编》(内部资料),第74页。
② 《习近平在衢州考察调研讲话资料汇编》(内部资料),第74页。

求,也不是小富则安、不思进取,而是要坚持建设一流、创造一流、达到一流,这种精神状态是搞好各项工作的保证。"①所以,我们完全有理由说,"仁爱有礼"这一体现衢州历史人文特色的表述语,完全适应、适合、匹配2022年7月20日衢州市委八届二次全会确定的"崇贤有礼、开放自信、创新争先"12字的新时代衢州人文精神;而提倡与践行"仁爱有礼"这一源于传统儒家文化传统的道德人文精神,就是塑造新时代衢州人文精神的一条有效路径。

人无精神不立,国无精神不强。习近平总书记指出:"精神是一个民族赖以长久生存的灵魂,唯有精神上达到一定的高度,这个民族才能在历史的洪流中屹立不倒、奋勇向前。"②"中国优秀传统文化的丰富哲学思想、人文精神、教化思想、道德理念等,可以为人们认识和改造世界提供有益启迪,可以为治国理政提供有益启示,也可以为道德建设提供有益启发。"③这也启示我们,在中国特色社会主义新时代,基于"历史自信""文化自信",发掘并梳理以南孔文化为代表的中华优秀传统文化中"仁爱有礼"的道德人文精神,借此全面塑造新时代衢州人文精神,这对于坚守中华文化立场、弘扬儒家道德人文精神,推动南孔文化的创造性转化和创新性发展,无疑具有重大的学术价值与理论意义。

---

① 中央党校采访实录编辑室:《习近平在浙江(上)》,中共中央党校出版社2021年版,第219页。
② 习近平:《在纪念红军长征胜利80周年大会上的讲话》,新华网,2016年10月21日。
③ 习近平:《在纪念孔子诞辰2565周年国际学术研讨会暨国际儒学联合会第五届会员大会开幕会上的讲话》(2014年9月24日),《人民日报》2014年9月25日。

互镜与融通

——从"一多关系"反思中西形而上学的特质

张丽丽

摘要：如何在比较的视阈下探索中西哲学的特质是学界关心的重要课题。然而比较方法的择取会影响其结论。鉴于"和而不同"共识下的同异方法之争所带来的哲学困境，当代比较路径旨在以互镜的模式澄清误解、以对话的方式共谋发展、以融通的宗旨范式创新。以中国哲学"一多不分"而西方哲学"一多二元"的研判为例，用旧的方法解读，中西很可能会陷入"文化本质主义"的危机。使用新方法则能挖掘出"一多关系"背后中西深层的形上关联及各自的理论倾向。在形而上学的论域内，中西均存在"不分"和"二元"的情况。只是中国侧重建构"感通的形而上学"，西方倾向发展"超越的形而上学"。

关键词：比较哲学；一多关系；形而上学特质；感通；超越

如何在比较哲学中激活和重构古典文献是学界关心的重要课题。自"西学东渐"始，学者们尝试唤醒中国传统文化内在的生命力来回应时代问题。但由于比较方法选择的不同，学界内部逐渐分化为几股力量：有的参照西方的框架建构中国哲学；有的坚持回归中国传统；有的希望借由西方的刺激重构元典；有的运用中国智慧解决西方文明危机；还有的主张积极对话。随着"中国哲学合法性"问题讨论的日臻成熟，中西"和而不同"渐趋成为学界共识。学者们继而开始关注双方各自的哲学特质和话语体系。

中西比较的哲学困境与反思

中西相遇后"美美与共"的诉求主要来自中国哲学界，西方主流学界并未给予足够的回应。学者们曾质疑：如果西方哲学的范式像一面镜子那样照见他人，这面镜子如何照见自己？他们反对西方标准的绝对和唯一，驳斥"唯西为是"的比较方法，强调从中国的视角反观西方。然而，西方主流学界坚信其自我批判、更新和解决问题的能力，因此常反问：为何西方需要异质的中国思想？在他们看来，自身理论的更迭足以解决不同时代的问题。与其花费精力和时间去学习完全陌生的中国语言、文化和思维方式，不如专注自身的传统并发展新范式。为了弥补分歧，境外中国哲学的研究者们上下求索，在"和而不同"的共识下逐渐形成三条理论进路。

坚持"一本"的学者认为哲学有普遍适用的研究范式。有些学者曾将西方哲学的研究范式当作普遍真理，并以此来质疑中国哲学的合法性。后来新儒家思潮力证中西哲学"殊途同归"，即面对相同哲学问题时有各自的理论倾向。此时"一本"的内涵发生变化：从以西方哲学范式为本并用它来重构中国哲学，转变到以哲学问题为本并探讨中西各自的话语体系。学界将他们分别视为狭义和广义的"以西释中"方法，并坚持扬弃前者。但近来学者们对后者也颇有微词。例如质疑"内在超越"概念看似使用了广义方法从哲学问题本身出发，但实际上却在使用狭义方法从西方问题出发从而忽视了中国哲学特质。于是，学者们尝试用现代哲学理论重新阐释"一本"，力求保证其客观普遍性。森舸澜（Edward Slingerland）和梅森（Joshua Mason）的"一本"指向了生存世界。[1] 森舸澜特别论证了如何保证主观建构的普遍有效。他指出人类在认识世界时都借助隐喻（metaphor）和象（image）的帮助，中西在认知过程中使用不同的象来把握世界及其意义，继而产生了两种概念组合模式，这两套话语体系并不影响生存世界本身的普遍有效。[2] 然而，随着"一本"进入认知领域，普遍范式的建构便无法避免特殊因素的介入。

坚持"二本"的学者认为哲学研究与历史、文化和语言紧密相关，不同民族有不同的哲学范式。该解释传统可以追溯至葛兰言（Marcel Granet），后来李约瑟（Joseph Needham）、葛瑞汉（A.C. Graham）、郝大维（David Hall）、安乐

---

[1] Joshua Mason, "Generalizations, Cultural Essentialism, and Metaphorical Gulfs", *Dao* vol. 17(4), 2018.

[2] Edward Slingerland, "Metaphor and Meaning in Early China", *Dao* vol.10(1), 2011.

哲（Roger Ames）和王蓉蓉（Robin Wang）等相继加入讨论，并揭示了中国哲学以阴阳为核心的关联性思维（correlative thinking）特质——重视对等关系、双赢共生逻辑和多元世界秩序。该解释传统有强弱两种立场。强立场认为关联性思维为中国独有，彰显中西根本的哲学范式差异。弱立场却坚持该思维为中西共有，中西差异的根本在于文化和语言。这两种立场可能会导致一些问题：从强立场出发，作为异质的中西思维能否理解彼此？是否会造成比较中的"自说自话"甚至对抗？从弱立场来看，双方是否会陷入"文化本质主义"的危机？[①] 另外，中西哲学各自内部都有丰富多样的思想，其中不乏遥相呼应的理论主张以及互为补充的哲学旨趣。如何判定中西哲学是否存在本质差异迄今仍无定论。

"和而不同"共识下的同异之争造成了中西比较的两难困境：坚持前者就无法避免特殊因素介入而无法保证普遍的有效；坚持后者可能陷入"自说自话"或"文化本质主义"的危机。"一本"和"二本"的分类意在说明中西比较中存在不同的理论倾向（同或异），并非要呈现两种互斥的立场。同异之争的价值在于试图打破西方中心主义，改变中国哲学的弱势地位，避免单边的交流模式，创建双边平等的对话机制。李晨阳、方岚生（Franklin Perkins）、陈素芬（Sor－hoon Tan）、柏啸虎（Brian Bruya）和黄勇等域外学者正在深挖此需求的潜力。[②] 他们在同异倾向的基础上，将哲学视为"未完成"的开放状态，专注探讨"和"的可能。以黄勇的研究为例，他分析了莫顿（Adam Morton）、斯洛特（Michael Slote）和王阳明如何回答"为何要对恶人有同感"（empathy）的问题。他指出，莫顿同感的目的在于宽恕，同感恶人作恶的外部条件继而宽恕其恶行；斯洛特的同感造成道德反对，同感主体在情感上反对其感受到的恶人的冷酷和坏心肠；王阳明的同感指向帮助，感受恶人作恶的原因并想办法帮助他不再作恶。[③] 黄勇最重要的哲学贡献在于丰富了同感的范式：在宽恕、反对和

---

① Yiu-ming Fung, "On the Very Idea of Correlative Thinking", *Philosophy Compass* vol.5(4), 2010.
② Chenyang Li and Franklin Perkins ed., Chinese Metaphysics and Its Problems, Cambridge: Cambridge University Press, 2015; Brian Bruya eds., The Philosophical Challenge from China, Cambridge: The MIT Press, 2015.
③ Huang Yong", How to do Chinese Philosophy in a Western Philosophical Context", Chinese Studies, Vol. 31(2), 2013.

帮助的基础上,同感成为感受者与被感受者共有的道德心理。以此为底本,"和"的理论倾向要求当代的比较路径应旨在以互镜的模式澄清误解、以对话的方式共谋发展、以融通的宗旨范式创新。

重温"一多关系"的必要

近来有学者呼吁用"一多不分"阐释中国哲学及其在"人类命运共同体"中的价值。[①] 然而,囿于旧比较方法的影响,该呼吁并未达到预期的效果。[②] 甚至中国哲学"一多不分"而西方哲学"一多二元"的研判常被贴上"文化本质主义"的负面标签。从普鸣(Michael Puett)对安乐哲的批评可以管窥该标签背后的逻辑。普鸣认为安乐哲对中国古典文献做了断章取义的解读,将之放大为中西的本质差异,继而涉嫌价值高下较量。[③] 按照普鸣的说法,安乐哲用"一多不分"和"一多二元"指称中西哲学各自的特征时犯了两个错误:将中西之间的个别差异绝对化为本质的不同;认为"一多不分"具有价值的优先性。如果普鸣的批评属实,"一多不分"的呼吁不仅无法代表中国哲学的特质,而且还会削弱中国哲学的时代价值。

安乐哲也意识到问题的严重,并努力消除"一多不分"的负面效应。他反驳普鸣时指出二人对"本质"概念的理解完全不同:本质应该指归纳和总结某个民族具有的既普遍又特殊的特征,而不是西方传统哲学中决定物之为物的纯粹不动的属性。[④] 安乐哲由此认为普鸣对自己的批评是以西方传统本质框架为依据而产生的误读。作为现代学者,安乐哲强调自己的本质概念意在用"一多不分"和"一多二元"来概括中西既是民族又是世界的文化特征。他将关联性思维分为正式的和非正式的两种:前者指中西共有的关联逻辑;后者指中

---

① 安乐哲发起,艾文贺(Philip J. Ivanhoe)、任博克(Brook Ziporyn)、方克涛(Chris Fraser)、王蓉蓉、弗拉纳根(Owen Flanagan)和梅勒(Hans-Georg Moeller)等从不同角度均有回应。境内新华网、光明网和人民网均有报道,其弟子田辰山和温海明等亦撰文声援。
② 旧方法指广义和狭义的"以西释中"和"二本"强弱两种立场。
③ Michael Puett, *To Become a God: Cosmology, Sacrifice, and Self-Divinization in Early China*, Cambridge Mass: HarvardUniversity East Asian Center, 2004.
④ Roger T. Ames, Confucian Role Ethics: A Vocabulary. Hong Kong: The Chinese University Press, 2011.

西有别的关联文化。① "一多关系"属于关联逻辑;"一多不分"和"一多二元"属于关联文化。他这样区分的目的在于表明自己的立场——接受中西哲学"和而不同"的共识,反对用西方标准衡量中国哲学的同时彰显中西各自的理论特色。安乐哲通过重释本质概念指出了普鸣批评的疏失,摆脱了西方传统意义上"文化本质主义"的标签。但是他并未察觉到自己和普鸣对"一多不分"的不同解读亦受到比较方法的影响。他反驳普鸣时暗示后者使用狭义"以西释中"的不合理,但他并未发现因"二本"弱立场(过于强调不同)的作用自己才会受到"文化本质主义"的质疑。

另外,安乐哲虽然通过重释本质概念驳斥了普鸣的质疑,但也因此使自己的"一多不分"面临其他难题。一方面,安乐哲提到自己的中国哲学"一多不分"是在西方哲学"一多二元"的参照下得出的结论,旨在凸显中国有一套完全不同于西方的理论体系和诠释世界的模式。该提法在某种程度上是以西方"一多关系"为底本的。由于"一多问题"是古希腊形而上学的基本问题,中国哲学"一多不分"的阐释应该与传统形而上学唇齿相依。② 另一方面,当普鸣用传统形而上学中的本质概念来质疑安乐哲时,后者的回应明显受到现代语言哲学和现象学"面向事情本身"的影响,体现了较高的反本质倾向。此时安乐哲对"一多不分"的阐释明显又与传统形而上学背道而驰。若此,安乐哲"一多不分"似乎"自我矛盾":既要与传统形而上学相关又要不相关。

安乐哲可能也意识到他在传统和现代转换的过程中造成了"一多不分"的解释困境,因此强调自己的"一多不分"是指中国哲学"在有感知与无感知、有生气与无生气、有生命与无生命之间并无一种最终界限。而在传统西方思想中……总是把赋予生命的'原则'与被它赋予了生命的'东西'设想为二元分离。"③据此推测,安乐哲呼吁关注中国哲学"一多不分"的本义应该是在中西对话中突出中国哲学的特色,勾勒中国传统文化创造性转化后的当代哲学样态。由于迫切想要改变单边交流的模式,他以西方熟悉的问题和语言转译了中国

---

① David Hall and Roger T. Ames, *Anticipating China: Thinking through the Narratives of Chinese and Western Culture*, NewYork: SUNY Press, 1995.
② 参考亚里士多德的形而上学定义,包括神(soul, spiritual, god)、本质、变化、宇宙论、同一性等讨论。
③ Roger R. Ames, *Confucian Role Ethics: A Vocabulary*, 2011.

传统思想,同时在转译中凸显了"一多不分"的价值。这很可能是一种反格义的策略,其目的并非对中西文化做价值比较,而是尝试引起西方主流学界对中国哲学的兴趣和关注。从这个角度来看,安乐哲"一多不分"自相矛盾的问题迎刃而解。"一多不分"与希腊形而上学相关是为了突出中西面临相同的宇宙起源问题;不相关是因为中国有自己的形上模式。但是,因为他没有自觉意识到比较方法的负面作用,所以他在发展新儒家"一多不分"理论时无法避免广义"以西释中"带来的麻烦;在坚持中西文化有别时由于"二本"弱立场的影响又使自己陷入"文化本质主义"的危机。即便他对普鸣的反驳在逻辑上是成立的,但囿于旧比较方法的影响,他理论的核心内容(用"一多不分"阐释中国哲学及其当代价值)并没有发挥预期的积极作用。重温"一多关系"的必要就在于用当代研究进路澄清"一多不分"的形上含义、使其本义显露出来、揭示中西深层的形上关联并探索各自的理论特质。

感通的形而上学

当代研究进路要求在互镜与融通的视域下厘清"一多不分"概念的来龙去脉。"一多不分"最早由唐君毅提出,被视为中国人宇宙观的特质。唐君毅虽未言明"一多"是什么,从他的论述中不难推测出以下内容:

一多是数字。"一生二……三生万物"等。

一是宇宙始基,多是由此衍生的万物。"万物得一以生"等。

一是太极/理,多是拥有并呈现它的万物。"一物一太极"等。

一是感通之道,多是感通的万物。"天下同归而殊途"等。

唐君毅引用这些内容是为了论证"中国哲学中,素不斤斤于讨论宇宙为一或多之问题。盖此问题之成立,必先待吾人将一与多视作对立之二事。而中国人则素无一多对立之论。"[①]此处"一多不分"有三种解释可能:中国宇宙论没有一多概念、有一多概念但无一多对立主张、有一多概念且将一多视为一体。前两种解释都需要进一步澄清:中国宇宙论应该是忽视了一多问题,但是仔细研究则不难发现一多概念有迹可循。比如,天人之分、天人交相胜和理一分殊等都暗示了一多的对待互补关系。因此中国宇宙论中"一"和"多"必然一体两

---

① 唐君毅:《中西哲学思想之比较论文集》,北京:九州出版社2016年版,第9页。

面、不即不离并且没有预设的宇宙秩序。唐君毅的"一多不分"虽然指宇宙论的特质之一,但实则给后人留有丰富的解释空间。为了探究"一多不分"如何从中国宇宙论的某个特质变成中国哲学既普遍又特殊的特征,以及这种创造性的解释是否合理,下面将评析安乐哲等人的理论。

郝大维和安乐哲首先指出中国典籍外译时存在的问题。以天(Heaven)和帝(God)为例:他们认为西方语境下 Heaven 指"超越[的]和精神的"天堂,而 God 指唯一的造物主;中国语境下的天没有超绝意义,而帝也不是宗教神学中的造物主。然后,他们借用维特根斯坦的"鸭兔"比喻来说明"天和 Heaven""帝和 God"绝不相同,并以此为契机探讨了中西"一多关系"的差异。[①] 在他们看来,一在西方代表上帝或超绝的存在;多代表由上帝/超绝创造和支配的万物。西方"一多二分"就是指上帝/超绝与万物分属两个不同世界。据此推测他们认为"一多"在西方的含义应该是:

一是上帝,多是上帝创造的万物。

一是超绝之物,多是受超绝规定的万物。

一是本体世界,多是现象世界

安乐哲等人认为,天地氤氲万物一体的中国传统思想并没有预设"一高于多"的宇宙秩序。中国古人也不关心在人世之外是否存在本体世界的问题,他们关心的是活泼泼的现实世界。安乐哲进一步以"心"为例来解释中国哲学的"一多不分"。他指出"心"是五脏中跳动着的感知身体和整个宇宙的"心",而不只是西方科学意义上人体的生物器官。前者心(一)和整个身体(多)是活生生的唇齿相依;后者心身关系更像是冰冷冷的概念剖析。安乐哲继而根据中国"天人合一"的思想,认为宇宙论的"一多不分"特质可以概括整个中国哲学、文化和思维的特征。

但是,他们的论述存在几处理论隐患,这迫使其给"一多不分""既普遍又特殊"的定位不得不回到形而上学的论域中。一是,他们呈现中西差异时忽视了二者的相似之处。安乐哲十分熟悉怀特海(Alfred Whitehead)的有机哲学——强调宇宙是活泼泼的彼此联系的有机整体,但他却较少提及西方的这种"一多不分"的情况。而且,当他和郝大维突出 Heaven 的宗教面向的时候,

---

① David Hall and Roger T. Ames, 1995; Roger T. Ames, 2011.

忽视了其精神或灵性(Spiritual)的维度。二是,安乐哲等人误将传教士翻译中国典籍时的故意曲解当做中西文化的客观差别。当利玛窦(Matteo Ricci)借由"苍天者,抱八方,何能出于一方"质疑"帝出乎震"的合理性时,意在强调God(帝)是中西共同的造物主,否定太极、道、水和太一等中国的宇宙起源模式。[①] 然而,当传教士将中国典籍译本带回西方促使单数大写的God变成复数小写的gods时,又暗示他们实际上承认中国有自己的宇宙起源且该起源模式对西方产生了影响。[②] 只是在名称上,传教士们没有使用中国的称谓,而是沿用了神学中的God概念。这种主观曲解不该被用来佐证中西文化的客观差异。三是,他们忽视了中国"太一"的宇宙起源模式。中国古代除《周易》"太极生两仪、两仪生四象"的线性创生宇宙模式外,还有以郭店楚简《太一生水》为中心的回环复生模式:"太一生水,水反辅太一,是以成天;天反辅太一,是以成地。" "太一"能够直接创生万物,成为宇宙的开端和起点。这与普罗提诺提到"太一"是形而上学的最高本原有诸多相似之处。

显然,中西在形而上学的层面都既有"一多不分"也有"一多二元",但安乐哲对此避而不谈且坚持使用"一多不分"来阐释中国哲学及其当代价值。由此推测"既普遍又特殊"应该是说中国形而上学更重视发展"一多不分",即他自己提到的"无最终界限"的理论倾向。根据经典文本的记载来看,这种形而上学倾向可以从三个层面展开。一是以气为中心的"通而为一"。它强调宇宙是天地氤氲的混沌状态,万物的生化都是气作用的结果。例如《淮南子·俶真训》中记载了宇宙的气生模式"天气始下,地气始上,阴阳错合,相与优游竞畅于宇宙之间,被德含和……气遂而大通冥冥者也。"万物生于气又复归于气,气的聚散主宰着万物的生死存亡。由于气无形无状无成无毁,整个宇宙遂可以被视为"一气",也就是《庄子》所说的"通天下一气耳"。二是以心为中心的"感而为一"。它突出人的意识(心)和道德行为均是在宇宙活动的过程中产生,具有形而上学的特征。宇宙的心生模式靠"感而遂通"实现,包括感乎心而成乎形的受感而生;怀天心并感于内的施感而生;尽心知性和继善成性的交感而

[①] 张丽丽:《卫德明易学哲学思想研究》,博士学位论文,山东大学哲学系,2017年。
[②] Nicolas Standaert, "Don't Mind the Gap: Sinology as an Art of In-Betweenness", *Philosophy Compass* Vol. 10(2), 2015.

生;人副天数天人合德的类感而生。① 心生的宗旨是以至诚来"通天下之志",体现的是"吾心即宇宙"的万物一体思想。三是以虚空为中心的"一切即一"。它强调万事万物都应该是"天籁"式的"虚以待物"模式,突出中国宇宙起源的"无"的特征,而且还挖掘了佛教"诸法自性空"的"无我"思想,强调"法不孤起,仗境方生"的形上价值。与前两种构建"一体"模式来消解物我、彼此和是非的界限不同,以虚空为起源的宇宙观彻底打破了万事万物的界限。一切和一在"常驻不灭"中实现了"一切法空如实相"。

概言之,安乐哲"一多不分"应该是强调气生、心生和虚空生相互圆融的宇宙生成模式,突出中国侧重建构"无最终界限"的形而上学特质。在互镜的视域下,以"一多不分"阐释中国哲学既普遍又特殊的特征应该意在强调中国哲学侧重建构"感通的形而上学"。

超越的形而上学

澄清中国"一多不分"的形上含义及中西均存在"不分"和"二元"的深层形上关联后,重新审视并探索西方哲学"一多二元"的理论内涵成为题中之意。自巴门尼德用"一即一切"反对赫拉克利特的流变说之后,西方哲学家们致力于形而上学"一高于多"的理论建构。② 这种理论预设可以回溯至柏拉图,两千多年来西方哲学的发展之所以会被视为柏拉图的注脚,正是因为他们在某种程度上(接受或反对)都与以"一多关系"为中心的形而上学发生关联。以亚里士多德的《形而上学》为例,其议题"存在者之为存在者"的研究应该就发端于柏拉图的"理念"思想。若此,理解柏拉图的"理念论"便等于帮助我们理解了西方哲学"一多二元"在形而上学论域内的理论侧重。

"理念"通常被学界认为是超越于现象世界的本体世界,是复杂多变背后的永恒,是超绝完满的实体。在古希腊探讨"为何一切是一"的背景下,柏拉图也要处理"理念"和"一"之间的关系。与巴门尼德直接陈述"存在是一"的规定不同,柏拉图认为"无论一存在或不存在,其他事物存在或不存在,它们都以所

---

① 参见李巍:《早期中国的感应思维》,《哲学研究》2017 年第 11 期。
② Gail Fine, *On Ideas*, Oxford: Oxford University Press, 1993.

有事物的方式和样式,对它们本身或在它们之间,显得既存在又不存在"。[①] 这段话暗示作为一切的"一"既是"一"也是"多",既"存在"又"不存在"。但是,具有杂多性的"一"不能作为超越世界的终极本原。柏拉图这里提到的"一",指的并不是圆满的且具有优先地位的终极本原,而应该是整个"理念世界"。[②] 该推论的依据是,柏拉图在《智者篇》中假"理念的朋友"之口,提出了理念之上的"通种论"。他认为"是者""静止""运动""同一"和"差异"是比理念更为深层的更具有普遍适用性的解释原则。

但是,理念论和通种论还是没有回答古希腊"为何一是一切"的问题。柏拉图在晚期的思考中重新修正了理念论,并且提出了"理念的理念"学说。他认为"善的理念"是"最高层次的理念",是自洽完满的"一"。善并"不像其他的学科部门一样可以进行表达"[③],它总是以"不在场"的方式"在场",是优先的不可见的存在。那么这种"超理念"的"善"是如何同其他杂多的"理念"发生关联呢?"善"作为始基和超验的优先存在如何保证其作为"一"的完满性呢?虽然"善的理念"出现在《国家篇》,但是该篇并未给出"善"的定义。它预设了"善"是绝对的完满的"一",但是并未说明"善"如何成为理念和通种之上的更为超越的存在。即便如此,柏拉图理念世界的雏形也已经被勾勒出来,它内部显然包括了层级的次序——由低到高的排列应该是"理念—通种—善"。但是,在柏拉图早期的对话录中,该等级排列背后的内在逻辑还没有被揭示出来,这才导致了理念既是"一"也是"多"的情况发生。

那么,为何"善"作为理念的理念可以从众多其他的理念中脱颖而出?这显然涉及柏拉图希冀将伦理学作为哲学的最终出路,也为后来康德和黑格尔等人"主体的形而上学"翻转提供基础。但由于此处探讨的是"一多关系"的问题,因此上面的问题可以转化为"一"如何成为支配且超越"多"的终极存在?这也就等于是在形而上学的理念世界内部来探讨"善"(一)是如何与其他的理念(多)发生关联。为了更好地呈现柏拉图对该问题的思考,澄清其哲学中的"一多关系",下面将引用其"未成文学说"的原话来加以辅助分析:

[①] 柏拉图,王晓朝(译):《柏拉图全集》(第二卷),北京:人民出版社2003年版,第806页。
[②] 参见祝莉萍:《柏拉图的理念论与数论关系新释》,《哲学研究》2015年第1期。
[③] 波普尔,陆衡等译:《开放社会及其敌人》,北京:中国社会科学出版社1999年版,第268页。

柏拉图……认为定义不能针对那些可以感觉的东西,而是只能给另一类东西下定义,其所以如此,是因为感觉到的东西是变化不定,不能有共同的界限。他把这另外一类东西称为"理念",说它在可以感觉的东西之外,可以感觉到的东西都是按照它来称呼的;因为众多事物之所以与它同名都是由于分有了它……在可以感觉的东西和理念之间还有"数学事物",是中间性的东西:数学事物与可以感觉到的东西的区别在于它的永久和不动,与理念的不同在于它有很多相似的,而理念在每一种情况下都是唯一的。既然理念是其他事物的原因,他认为理念的元素就是一切事物的元素。作为质料,"大和小"是本原;作为本体,一是本原;因为由"大和小",通过分有一,就产生出各种数来。①

这段话在很多方面与"对话录"谈到的内容遥相呼应:理念超越了可感世界,成为知识的对象而非感觉的对象。因此,理念成为超越于可感世界之外的整体的"一"。虽然"理念在每一种情况下都是唯一的"支持这样的猜测和分析,但是也可能有人会提出"分有"的概念是不是暗示了理念的整全性的可能?换言之,若理念是一切事物的共相,事物作为个体是否分有了理念中的殊相呢?这个问题亚里士多德也注意到了,他指出"分有"和"摹仿"几乎表达同样的含义,柏拉图使用"分有"只是为了与毕达哥拉斯学派"万物摹仿了数"加以区分。在他看来,理念高于"数学事物",理念的哲学任务是在数学之上提供终极的存在依据。若此,理念世界内部的层级性仍然服务于解决理念既是一又是多的问题。

同时,这段话的某些方面与柏拉图早期的思想又有不同:其早期学说中强调善是本原的时候,可以将之看做一元本体论;而上述"未成文学说"的引文中"大和小"与"一"都是本原,这显然是二元本体论。② 那么,这是不是预示了"理念论的柏拉图"和"数论的柏拉图"在自身思想内部决裂了呢?数论的提出旨在解决理念中"一"和"多"之间的矛盾:绝对的"一"并不能作为多样性的起源,它需要"大和小"来规定"多"。辛普里丘将之进一步抽象为倍与半的关系,他

---

① 先刚:《柏拉图的本原学说:基于未成文学说和对话录的研究》,北京:三联书店2014年版,第98页。
② 学界对于一元论和二元论亦争论不休,盖瑟尔、芬德莱、福格尔等强调"一"是最高本原,而魏伯特、克雷默和雷亚利强调两个本原。具体的争论可参考:先刚:《柏拉图的本原学说》,2014年,第113—116页。

认为事物的多样性均可以通过倍来增大和半来缩小两个环节实现。即便如此,柏拉图一元论和二元论的问题依然没有得到有效的解决。先刚提出将"一"与"大和小"看做是最终的本原,而将"一"称为最高本原。他认为一多关系不是数的关系,而是确定与不确定及同一与差异的关系。① 先刚结论的可取之处在于看到了形而上学内部所包含的一多的层级结构,但他忽视了作为"理念的理念"的善的价值。善之所以能够成为最高的本原,在于它能够提供一种价值的规定。

讨论至此,柏拉图以理念论为中心的形而上学体系的架构已经完成。它并非人们所预设的"可感世界"与"理念世界"的二元隔绝,而是在"可感世界—理念世界—通种—数(一和不定的二)—善"的五维结构中建立起来。在柏拉图那里,"一多"的含义包括:

一是善,多是可感世界、理念世界、通种和数;

一是绝对的一,多是不定的二;

一是理念世界,多是可感世界;

一是理念,多也是理念。

对柏拉图思想的回顾印证了上文提到的中西的形而上学均存在"不分"和"二元"的情况。但是柏拉图的理论始终维护其"一高于多"的预设,总是给宇宙以前在的规定,使其按照既定的秩序来发展。这种宇宙秩序影响了后来的宗教神学和莱布尼茨的单子论建构。安乐哲"一是神、造物主和超绝存在"的认识是以柏拉图的理念论为根据的,在不断向上追溯宇宙起源的过程中,当时的学者将 God(全知全能全善)作为终极的造物主。在互镜的视域下,以"一多二元"阐释西方哲学既普遍又特殊的特征应该意在强调西方倾向发展"超越的形而上学"。

结语

通过互镜的方式,"一多不分"和"一多二元"的文化本质误会得到澄清。中西在形而上学的论域内都存在"不分"和"二元"的情况。只是西方始终有"一高于多"的宇宙秩序预设,并孜孜以求地寻找维护该假设的超越哲学范式。

---

① 《柏拉图的本原学说》,第 115—117 页。

相较之下，中国哲学中宇宙的起源不仅有自然自发的模式，还有空无的模式；并且以气生、心生和虚空生为核心的相融宇宙发生模式建构了感通哲学范式。"和而不同"共识下的三种理论侧重就其本质来讲都是在探索中西对话的可能。只是因为比较方法使用的不同，造成了中西比较中的某些哲学困境。采用当代互镜与融通的研究方法后，中西各自的哲学特色得以呈现。而且，从学者们不同的理论建构来看，中西有诸多的对话的可能。无论是上文提到的有机宇宙论、"太一"思想、同感问题、一多问题，还是后来具体谈及的道德心理学、宇宙生生模式，中西哲学显然能够并且应该走"相互丰富"的比较路线。值得一提的是，柏拉图"理念论"的最高指向是"善"，这向形而上学与道德结合敞开大门。同时也与中国哲学宇宙的"心生"模式相契合，特别是与继善成性和天人合德的交感和类感有诸多共鸣。概言之，在形而上学的论域内，中国哲学"一多不分"与西方哲学"一多二元"难分伯仲，特别是以"和"为旨归的形上新范式建构中二者同等重要。当代的比较进路的价值是：在异同的分辨中或许可以开启"心灵"和"道德"融通的可能范式。这恰恰是用"一多不分"阐释中国哲学的当代价值所在——为中国哲学参与"人类命运共同体"的世界哲学建设提供形而上学的基础。

以"两创"促进"两个结合"实现中华优秀传统文化的新发展

赵金刚

（清华大学哲学系）

习近平总书记2014年9月《在纪念孔子诞辰2565周年国际学术研讨会暨国际儒学联合会第五届会员大会开幕会上的讲话》中提出"努力实现传统文化的创造性转化、创新性发展"（以下简称"两创"），之后在论及中华优秀传统文化时，习近平总书记更是不断强调"两创"的重要性，"两创"已正式写入党的十九大报告等重要文件中。在庆祝中国共产党成立100周年大会上的重要讲话中，习近平总书记又提出"两个结合"，即"坚持把马克思主义基本原理同中国具体实际相结合、同中华优秀传统文化相结合"，站在新时代中国文化发展的角度，对中华优秀传统文化的发展指出了方向。可以看到，"提出中华优秀传统文化的创造性转化和创新性发展，这是在坚守中华文化立场的基础上，马克思主义基本原理与中华优秀传统文化发生互动反应而产生的新的、正确的中华文化发展的理念和方法，是构建中华新文化的基本原则"，"提出坚持把马克思主义基本原理同中国具体实际相结合、同中华优秀传统文化相结合，这是站在新时代的历史高度，统揽中华民族伟大复兴战略全局和世界百年未有之大变局，对中国马克思主义发展规律的新认识、新总结，是构建中华新文化的基本路径"[1]。新时代，我们需要坚持"两创"这一基本原则，进一步促进中华优秀传统文化的新发展，实现马克思主义基本原理同中华优秀传统文化相结合，以新时代的中华文化，促进构建人类文明新形态、推动构建人类命运共同体。

---

[1] 王立胜：《"两创""两个结合""时代精华"：构建中华新文化的基本原则、基本路径、指导思想》，《马克思主义哲学》2022年第3期，第6页。

一、坚定理想,推动构建人类文明新形态

习近平总书记《在纪念马克思诞辰 200 周年大会上的讲话》中指出:"马克思主义博大精深,归根到底就是一句话,为人类求解放。在马克思之前,社会上占统治地位的理论都是为统治阶级服务的。马克思主义第一次站在人民的立场探求人类自由解放的道路,以科学的理论为最终建立一个没有压迫、没有剥削、人人平等、人人自由的理想社会指明了方向"。马克思主义所期待的理想社会,物质生活条件高度发达、个人实现自由而全面发展、每个人处在真正的共同体而不是虚幻的共同体当中。马克思主义所描述的理想社会正是能够吸引无数有识之士为之奋斗的重要动力。

早在马克思主义传入中国早期,中国的先进知识分子就被马克思主义的理想感召。李大钊在描述未来的理想社会时就指出,"在此一大横的联合中,各个性都得自由,都是平等,都相爱助,就是大同的景运"[1],"现在世界进化的轨道,都是沿着一条线走,这条线就是达到世界大同的通衢,就是人类共同精神联贯的脉络。"[2]

李大钊不是复古主义者,然而他在描述马克思主义的理想社会时却借用了"大同"这一儒家话语,其实这也在一定程度上说明了马克思主义对于人类理想社会的描述,与儒家理想有其一致之处。郭沫若在《马克思进文庙》一文中借由"孔子"和"马克思"的对话,描述了马克思主义理想与儒家理想的相通之处:

——是的,孔子又才接着说下去:我们的出发点可以说是完全相同的。不过你要想目前的世界适合于我们的生存,那么要怎样的世界才能适合,要怎样的世界才能使我们的生存得到最高的幸福呢?你定然有这样一个理想的世界的。你的理想的世界是怎样的呢?

——你问我的理想的世界吗?好啊,好啊,你真问得好啊!有许多人都把我当成个物质主义者,他们多以为我是禽兽,我是只晓得吃饭,我是没有理想的人。其实我正如你所问的一样,我是有一个至高至远的理想的世界,我怕是

---

[1] 李大钊:《由纵的组织向横的组织》,《李大钊全集》第三卷,北京:人民出版社 2006 年版,第 168 页。
[2] 李大钊:《平民主义》,《李大钊全集》第四卷,第 122 页。

一个顶理想的理想家呢。我的理想的世界,是我们生存在这里面,万人要能和一人一样自由平等地发展他们的才能,人人都各能尽力做事而不望报酬,人人都各能得生活的保障而无饥寒的忧虑,这就是我所谓"各尽所能,各取所需"的共产社会。这样的社会能如是实现了的时候,那岂不是在地上建筑了一座天国吗?

——啊哈,是的呀!这回连庄重的孔子也不禁拍起手来叫绝了。——你这个理想社会和我的大同世界竟是不谋而合。你请让我背一段我的旧文章给你听罢。"大道之行也,天下为公,选贤与能,讲信修睦;故人不独亲其亲,不独子其子,使老有所终,壮有所用,幼有所长,矜寡孤独废疾者皆有所养,男有分,女有归;货恶其弃于地也不必藏于己,力恶其不出于身也不必为己;是故谋闭而不兴,盗窃乱贼而不作,故外户而不闭,是谓大同",这不是和你的理想完全是一致的吗?[①]

这里"孔子"引用呼应马克思关于理想的话,就出自《礼记·大同》。马克思主义和以儒家为代表的中华优秀传统文化,都把人的价值的实现当作自身思想的核心,并以之为奋斗目标。"大同"代表了儒家社会对于美好生活的向往,孔子之志在于"老者安之,朋友信之,少者怀之"(《论语·公冶长》)。儒家并不把人类的幸福建立在虚幻的彼岸世界,而是希望在人世实现"太平"。在这重意义上,比起很多古典文明的理想,儒家与马克思主义更为接近。历史上的儒家知识分子,正是怀揣着这样的理想奔走呼号,杜甫的"安得广厦千万间,大庇天下寒士俱欢颜",张载的"为天地立心,为生民立命,为往圣继绝学,为万世开太平",都是这种理想的展现。这些理想不仅激励着历史上的知识分子,同样也感召了近现代中国革命中的仁人志士。当然,囿于古代的社会政治条件,儒家的理想始终难以实现,而经过了现代社会主义革命的中国,打破了原有社会结构对儒学的结构性束缚,儒家的理想反而可能更容易实现,而这一实现也必将借助马克思主义基本原理所拥有的理论的、实践的力量。

今天,我们要发展中华优秀传统文化,就需要坚定理想,只有坚定马克思主义的理想信念,我们才能正视发展当中的种种挫折,不因一时的顿挫而对我们选择的道路产生怀疑,从而确立道路自信。

[①] 蔡乐苏编:《郭沫若学术文化随笔》,北京:中国青年出版社1996年版,第124—125页。

同样地，坚定理想还需要我们在"百年未有之大变局"的今天，充分挖掘中华文明的核心价值，弘扬中华文明蕴含的全人类共同价值，推动构建人类命运共同体。

近代以来，由于西方在"用"上的成功，人们一直将西方理想、西方价值作为普遍价值，西方的物质文明不仅征服了非西方的土地，同时也俘获了不少人的"心"，借由"西用"，"西体"的普遍性得以"证成"，进而带来文明论上的"西方中心"，从而将中华文明等其他文明视为地方性、特殊性的要素。而随着苏联解体，东欧剧变，不少人怀疑社会主义理想，将西方的价值理想视为人类的终极目标，更有所谓"历史终结论"的出现。某些知识分子，将西方的价值理想当成唯一价值追求，以之为尺度，衡量一切人类文明形态。当前，世界百年未有之大变局和疫情危机叠加，技术加速迭代和区域生产力水平发展不平衡并存，价值保守主义兴起和新自由生活方式共在，人类正站在命运的新十字路口，进行未来道路的选择。随着人类发展中越来越多的问题突显，"西用"的有效性发生了动摇，"西用"似乎不再那么灵，不能解决人类文明发展中的很多问题，特别是解决人类共同发展的问题。"新冠"的发生更使得有识之士开始质疑"西体"与"西用"。在这样的格局下，西方文明的中心立场，始终将自身的发展凌驾于其他民族和国家之上，西方文明普遍性的世界图景，依旧是金字塔的世界格局。这就使得我们不得不重新思考以中华文明为代表的其他文明所蕴含的"内在普遍性"的价值，并创造条件，使之成为"实现的普遍性"。

中国拥有百万年的人类史、一万年的文化史、五千多年的文明史。中华文明是世界上最古老的文明之一，不仅为中华民族提供了丰厚滋养，也为人类文明作出了重大贡献。中国自古就有"大道之行也，天下为公"的追求，中华民族历来讲求"天下一家"，主张民胞物与、协和万邦、天下大同，憧憬"大道之行，天下为公"的美好世界。中华文明的理想的基础是万物一体，这就不同于西方以原子化的个体建构的文明形态。庄子讲"天地与我并生，万物与我为一"，名家的惠施也讲"泛爱万物，天地一体也"。宋代以后的大多数哲学家，都强调从"万物一体"出发，思考人与人的现实关系。理学家程颢讲，"仁者，浑然与物同体"，仁人超越作为个体的小我，能够像感受自己身体的一部分那样感受他人的内在感受。只有认识到他人是跟我们自己连通在一个整体当中，才能真正感知到他人的真实情感、真实处境。从这种一体的前提出发,儒家强调"仁民爱物""博施济众",真正促进人与人的共存、共生。此外,中华文化主张"和而不同""与人为善"。"和而不同"指包容差异,尊重差异,注重多元;而"与人为善"包含着与自己不同的他者和善相处、友好对待。这两点也应是处理文明关系的原则,也符合人类文明新时代道德观、价值观、世界观的基本方向。中华文明始终坚信人类的普遍感通,追求人类的普遍幸福。从古代中华优秀传统文化的"仁者与万物一体"的精神境界,到今天习近平总书记提倡的"人类命运共同体"的价值理念,都蕴含着多元共存、和合共生的美好愿望,中华优秀传统文化认为不同事物的调和、互补才能满足人们社会文化实践的需要,多样性、差别性、他性的存在是事物生长的前提,差别的多样性的调和才是生生的根本条件。孔子主张"和而不同",明确反对单一性,认为多样性才是繁盛发展的根本。把追求永久和谐作为对待外部族群的态度,在中国文明中也是源远流长。万物的生生、共生是中华文明的追求目标。中华文明主张"乾道变化,各正性命,保合太和,乃利贞",最高的和谐不是泯除多样性,而是强调各种差异的事物都能在整体当中找到合适的位置,并将自身的价值实现出来。《周易》讲"同归而殊途,一致而百虑",文明与文化之间要相互尊重,才能并行不悖、各自发展。《中庸》讲:"万物并育而不相害,道并行而不相悖。"文明的繁盛、人类的进步,离不开求同存异、开放包容,离不开文明交流、互学互鉴。不同的文明怀着开放的心态,才能走近彼此。

中华文明中的这些思想都有助于推动构建多元、开放、包容的人类文明新时代。而只有我们把握好人类发展的理想,才能确信共同价值,才能更进一步地挖掘中华文明蕴含的全人类共同价值,促进人类文明的新发展。

二、以人民为中心,发挥仁爱精神的当代价值

习近平总书记指出"人民性是马克思主义最鲜明的品格。"人民群众作为历史主体推进中国式现代化建设不断发展,中国共产党始终依靠人民力量为实现人民幸福而奋斗。我们党自成立之日起,就把为中国人民谋幸福、为中华民族谋复兴确立为自己的初心和使命。我们党坚持以人民为中心,党除了工人阶级和最广大人民群众的利益,没有自己特殊的利益。坚持以人民为中

心,是马克思主义不断中国化的基本推动力,也是"两个结合"的基本指引。之所以要坚持马克思主义基本原理同中国具体实际相结合、同中华优秀传统文化相结合,就是为了实现中国最广大人民的根本利益,推动全面建成富强、民主、文明、和谐的社会主义现代化国家。习近平总书记指出:"我们的目标很宏伟,也很朴素,归根结底就是让全体中国人民都过上好日子。以人民为中心是我们的根本执政理念。"

中华优秀传统文化蕴含着丰富的以民为本、安民富民乐民的思想。"天民合一"是中国古代政治哲学的重要主题[①],儒家强调作为最高主宰的"天"与在下的人民的直接连通,《尚书》讲"天听自我民听,天视自我民视",人民的意志展现着"天命",人民拥护不拥护、赞成不赞成、高兴不高兴、答应不答应是为政者得失的标准。在这重意义上,儒家强调"敬天爱人,德政保民",认为"民惟邦本,本固邦宁""民者,国之根也"。因此为政者需要"如保赤子"般对待百姓,从政者要能够爱民保民、顺应民心、富民安民。

中国古代政治家十分重视了解民间疾苦,大凡古代的盛世,其确立的前提都是政治家对民间疾苦的感知、对人民的活生生问题有切实体会。《贞观政要·论君道》就指出:"为君之道,必须先存百姓。若损百姓以奉其身,犹割股以啖腹,腹饱而身毙。若安天下,必须先正其身,未有身正而影曲,上治而下乱者。朕每思伤其身者不在外物,皆由嗜欲以成其祸。若耽嗜滋味,玩悦声色,所欲既多,所损亦大,既妨政事,又扰生民。且复出一非理之言,万姓为之解体,怨讟既作,离叛亦兴。朕每思此,不敢纵逸。"

当然,从哲学上看,需要特别注意"民本"的基础是"仁爱",万物一体的仁学是重民本的基础,"讲仁爱"和"重民本"具有体用关系。仁的一个重要特征就是"浑然与物同体",也就是仁人超越作为个体的小我,能够像感受自己身体的一部分那样感受他人的内在感受。对于一个为政者,如果不能够感受百姓的疾苦,那就是最大的不仁。为政者如果没有意识到他与百姓的感通、一体,就不可能发自内心地化解百姓的痛苦。孟子就特别强调,理想的政治是由不忍人之心发出,只有把不忍人之心贯穿在一切政治行动中,才能使得人民得到保障。"仁"是贯穿在一切政治活动中的核心原则,为政者要做到"以百姓心为

---

① 参见陈来:《中国早期政治哲学的三个主题》,《天津社会科学》2007年第2期,第47页。

心"。儒家的这些思想都是我们今天需要进一步发扬的,也是两个结合的一个重要结合点。

习近平总书记高度重视中国传统思想中的民本思想。2018年6月,在十九届中央政治局第六次集体学习时的讲话中,习近平总书记强调加强党的政治建设,要紧扣民心这个最大的政治,把赢得民心民意、汇集民智民力作为重要着力点。今天,要实现中华优秀传统文化的创造性转化与创新性发展,需要进一步地发挥中国传统思想中的民本思想,同时需要牢牢立足于"以人民为中心"这一立场,实现从民本转向人民中心的转化。

需要看到,传统所讲的"民本"不能完全等同于"人民性"。"民本"依旧是为政者站在"上位"立场对于一般群众的态度,其内涵了某种等级意识、精英意识,是知识精英对于人民群众的单向输出。在具体的历史实践上,君王和某些官僚士大夫,强调"民本",依旧是为统治阶级服务,人民在实践上依旧是"第二序"的。而人民性则拒斥这种等级性、精英性,要求知识分子、公职人员本身就是"人民",从人民出发是人民性的基本态度。"人民性"强调"人民是历史的创造者",不认为少数精英是历史变革的动力。"人民性"强调人民是自我命运的改造者,人民对自身的改造、改变,绝不需要某种外在性的东西。

我们要发挥仁爱精神的当代价值,发挥民本思想的积极意义,首先就需要立场的转变。无论是研究传统文化的知识分子,还是公职人员,都需要坚定人民立场,首先将自我视为人民中的一员,而不能不自觉地使自己处于官僚士大夫的立场看待群众,要避免居高临下的姿态,避免以"启蒙者"的心态看待人民。只有把自己置身于人民之中,才能看到人民的"具体性"。只有自觉树立人民性的立场,才能避免自我感动、自我想象,才能真正了解人民的所思所想与所求,避免"一厢情愿"地看问题。

从万物一体的仁学来看,从民本转向人民性对于中华优秀传统文化并不是过分的要求,而是思想的自然发展,仁学的哲学基础本身就与"人民性"的哲学基础高度一致。可以看到,无论是万物一体的仁学还是马克思主义对"人民性"的强调,都拒斥原子化的个人主义的观点。马克思主义反对脱离人的社会关系把人理解为抽象的个人,仁学则从各种人伦关系当中理解现实的人。无论是马克思主义的基本原理,还是中华优秀传统文化,都在哲学根源处拒斥

"原子式的相互敌对的人"的观点,这也是"马克思主义基本原理同中华优秀传统文化相结合"最深层的哲学根据。当然,相比于马克思主义强调现实的活动及其物质生活条件,中国传统思想所强调的万物一体更为抽象,我们在发展中华优秀传统文化时,需要借鉴马克思主义对现实的人的分析,以使传统文化获得新的生命力。

三、立足实践,促进中华文化的新发展

理想是前进的方向,人民是前进的动力。我们需要看到,理想是具体的理想,人民是具体的人民。要让理想照进现实,要真正地坚持以人民为中心,就需要我们以问题为导向,解决实践当中的具体问题,立足实践、发展理论。站在"两个结合"的立场上,马克思主义基本原理要同中国具体实际相结合,中华优秀传统文化的新发展同样需要立足中国具体实际,与实际相结合。

在理论上,我们也可以看到,问题意识、实践立场不仅仅是马克思主义的基本要求,也内在于中华优秀传统文化。

马克思认为:"问题就是公开的、无畏的、左右一切个人的时代声音。"[1]马克思主义哲学始终以实践为根本出发点和立足点,"它不是在每个时代中寻找某种范畴,而是始终站在现实历史的基础上,不是从观念出发来解释实践,而是从物质实践出发来解释观念的形成。"[2]恩格斯明确指出:"如果不把唯物主义方法当做研究历史的指南,而把它当做现成的公式,按照它来剪裁各种历史事实,那它就会转变为自己的对立物。"早在马克思主义传入中国之初,中国的马克思主义者就对此有明确的自觉。李大钊指出,中国的马克思主义者"应该细细的研考马克思的唯物史观,怎样应用于中国今日的政治经济情形"。[3]毛泽东同志指出"问题就是事物的矛盾"[4],"如果我们身为中国共产党员,却对于中国问题熟视无睹,只能记诵马克思主义书本上的个别的结论和个别的原理,那末,我们在理论战线上的成绩就未免太坏了"[5]。研究问题离不开主义的指

---

[1] 马克思,恩格斯:《马克思恩格斯全集》第40卷,北京:人民出版社1982年,第289页。
[2] 马克思,恩格斯:《马克思恩格斯选集》第1卷,北京:人民出版社1995年版,第92页。
[3] 李大钊:《李大钊全集》第四卷,第397页。
[4] 《毛泽东选集》第3卷,北京:人民出版社1991年版,第839页。
[5] 《毛泽东选集》第3卷,第814页。

导,在解决问题的实践中,主义最终也获得发展。这是实践、问题与主义的辩证关系。当代中国马克思主义的发展,中华优秀传统文化的发展,都需要立足研究并解决当代中国问题。

习近平总书记在哲学社会科学工作座谈会上指出:"坚持问题导向是马克思主义的鲜明特点。"他认为,"要有强烈的问题意识,以重大问题为导向,抓住关键问题进一步研究思考,着力推动解决我国发展面临的一系列突出矛盾和问题。我们中国共产党人干革命、搞建设、抓改革,从来都是为了解决中国的现实问题。"只有坚持问题导向才能正视问题、善于发现问题、科学分析问题、深入研究问题,避免看问题简单化、片面化、绝对化,避免教条主义、惟理论。而只有坚持问题意识,坚持在实践中发展理论,以发展的理论解决实际问题,才能促进问题的系统解决,避免就事论事,头痛医头、脚痛医脚。

习近平总书记形象地说,经过三十多年的改革,"容易的、皆大欢喜的改革已经完成了,好吃的肉都吃掉了,剩下的都是难啃的硬骨头"。这就指出了"两个结合"在当前的迫切性。

站在中华优秀传统文化的立场上,我们也会发现中国传统思想历来重视实践,重视在实践中发展理论。张岱年先生特别指出,"合知行"是中国哲学的重要特征,中国哲学的特点在于"思想学说与生活实践,融成一片"。《大学》将"格物"置于八条目之首,主张通过格物来认识事物的道理。《汉书》讲"实事求是",即是强调在具体的事中去判断是非标准,而不是用一个抽象的、悬搁的教条规约具体的实践。明末清初的大哲学家王夫之更是主张"言必征实""即事穷理",他讲"有即事以穷理,无立理以限事。故所恶乎异端者,非恶其无能为理也,闷然仅有得于理,因立之以概天下也"(《续春秋左氏传博议》),主张在解决实际的问题中认识事物的规律,发展关于事物的认识。近代思想家、政治家曾国藩同样主张"实者,不说大话,不务虚名,不行架空之事,不谈过高之理",强调在践履中解决问题。

近代中国遭受西方冲击,传统的"儒教中国"解体,在这一过程中,中华优秀传统文化的存在样态也发生了变化,一方面作为"文化心理"存在在广大人民群众的日用常行当中,另一方面则退守书斋,成为纯粹的学理研究。今天就中华优秀传统文化的发展来看,人民群众在实践中对传统文化的积极发扬,已经日渐显现,而广大传统文化研究者则更多地是在书斋中做纯粹的理论研究。而要实现中华优秀传统文化的创造性转化与创新性发展,就需要对传统文化有研究的学者走出书斋,了解当前中国的实践,了解当前中国人民群众的心理实际。传统文化如果不能为解决当今中国社会的人伦生活、精神追求等问题提供切实有效的方案,那就不会在当代焕发出生命力,而要能够有效地发挥传统文化的作用,就需要研究者主动融入实践、参与实践。《庄子》曾批判过一种现象,即"明于礼义而陋于知人心",一个学者可以知道很多知识,却对时代的社会文化心灵缺乏了解,如此,理论只能是"死"的理论,若想发挥理论活生生的在场的能力,就必须对时代问题有真正的知晓。真正的以人民为中心,就要了解人民的实际、服务于人民的实际;只有真切地解决一个个具体的问题,理想才可能逐步实现。传统文化只有真正面对当代社会诸多切实的诉求,并努力服务于当代社会,才可能在当代获得活力,才有"活"起来的意义;只有具有解决实际问题的能力,儒家理想中的社会道德伦理才有落地的可能。这些是今天有志于优秀传统文化发展的学者特别需要注意着力的。

需要指出的是,中华优秀传统文化诞生于传统社会,进入到现代社会以后,学者更多地在学术领域开展研究,从思想内部来看,传统文化还缺乏真切地分析中国当下问题的实际能力,这一方面需要激活传统思想中"即事显理"的资源,另一方面,也需要中华优秀传统文化的研究者主动与马克思主义基本原理相结合,学习马克思主义分析现代社会的基本方法。

所谓中华优秀传统文化的创造性转化,其创造需要扎根于当下中国的具体实践,不能离开中国问题,悬空创造,抽象的概念游戏般的创造是没有生命力的;所谓创新性转化,其转化也需要结合当下中国具体问题,即激活传统资源,使之以符合时代特征的形式显现出来,也需要吸收先进的理论,特别是马克思主义理论的基本方法,来丰富传统文化的内容。

今天,促进两个结合,理想指引了结合的具体方向,人民是结合的历史主体,实践则是结合的具体场域。只有在实践中坚持以人民为中心,谋求人民的根本利益,我们才能真正地实现中华优秀传统文化的新发展。

东方设计学——中华优秀传统文化走向世界的文化通道

周武忠

(上海交通大学创新设计中心)

摘要：现代设计理论脱胎于西方文化，中国设计创新因此常受制约，设计实践亟需探索一个中国特色的设计学理论体系。本文通过回顾上海交通大学创立东方设计学并将其作为设计学学术传统之一的历程，剖析了东方设计学之所以在上海交大发生发展的学术根基，解读了东方设计学的研究内容和研究意义。东方设计学是以中华优秀传统文化为核心的东方文化与现代创新设计相结合形成的理论体系、实践体系和评价体系。东方设计学在传承中华优秀传统文化的同时也可以成为文化自信根源，并更有效地将东方文化传递给世界。

关键词：东方设计学；东方设计论坛；文化通道

由于现代设计理论脱胎于西方文化，中国设计创新常受制约。现阶段中国尚未走出"世界设计、中国制造"的窘境。为建设适应东方文化的设计理论体系，笔者提出并构建了东方设计学。[①] 构建东方设计学涵盖了多方面，包括但不限于以"东方设计"为主题培育品牌、创设论坛。在学术研究领域，笔者不仅构建了东方设计理论体系、开设东方设计学研究和地域振兴设计相关课程，还于2017年通过上海交通大学向全国艺术科学规划领导小组办公室推荐了关于"东方设计学"研究的选题。该选题被采纳后列入了2018年度国家社会科学基金艺术学重大项目招标课题，这在体现国家对此的重视的同时，也侧面印证了现阶段东方设计学研究迫在眉睫。

---

① 参见周武忠. 中国设计学，更"东方"才能更"世界". 人民日报(海外版),2018-4-8.

东方文化和东方哲学是东方设计学的理论基础。东方设计学是以现代设计精华为"骨",中国传统造物的实践和理论积累为"肉",理论和实践双线并行构建的一门具有历史沉淀、文化传承和现代活力的设计学科。它是以中华优秀传统文化为核心的东方文化与现代创新设计相结合形成的理论体系、实践体系和评价体系。它在传承中华优秀传统文化的同时也可以成为文化自信根源,更能高效切实地指导中国的乡村振兴、城市更新、文化复兴。东方设计学的提出弥补了现代设计理论东方文化的缺失,完善了当今世界的"设计太极图"。

一、东方设计学研究进展

如果以"东方设计"为主题词在中国知网进行检索,共有928篇文章,主要是自1999年以后发表的与"东方"和"设计"相关的文章。以"东方设计学"为主题词在中国知网进行检索,发现自1999年以来,共有37篇文章发表;其中2016年共有9篇论文发表。从时序上看,东方设计学的提出始于上海交通大学主办的第二届东方设计论坛暨2016东方文化与设计哲学国际研讨会,作为该论坛主席,笔者在《东方设计学研究》的序言《构建东方设计学,助推交大设计学科品牌化发展》一文中指出:"在中国,设计学独立成学科的时间较短,理论体系尚不完善。因此,积极探索中国特色的设计学理论体系,寻找一条交大特色的设计学科发展之路,实属当务之急。将东方文化和哲学与设计相融合并推动东方设计理论体系的建立与完善,创立东方设计学,无疑是一个很好的选择。若是能把中国文化当中最有助于创新的潜能激发出来,形成的科研成果和设计作品往往具有典范的价值。"中国科学院院士、上海交通大学校长张杰在2016年4月6日第二届东方设计论坛开幕式讲话中说:"创立东方设计学,不仅是积极探索中国特色的设计学理论体系的一个很好的选择,也是交大设计学科发展面临的重要机遇。"这是首次在国际会议上正式提出创立东方设计学理论体系。

东方设计哲学源于中国传统文化。参会的代表们也一致认为东方设计哲学的根深植于东方文化的设计思想体系。立足国际设计理论体系的最前沿,如何依托东方文化、构建现代东方设计学,从实际问题出发、拓展设计前沿理论是当今设计学者们的课题。当前设计领域对于东方设计学开展了广泛、积极的理论探索和学术挖掘,但整体缺乏系统性。"东方设计论坛"以"东方文化与设计哲学"为主题意义重大,成为建立与完善以东方设计为核心的中国特色设计学理论体系的驱动力。在后续的四届东方设计论坛上,有数十篇论文对东方设计和东方设计学进行探讨,远超中国知网的相关主题论文数。作为论坛的发起者,笔者连续发表了关于东方设计的系列论文,在第二届论坛主旨报告中对东方设计做了界定,提出:东方设计是相对于西方现代主义设计而言的,东方设计中的"东方"是"基于东方文化"的意思。所谓"基于东方文化",即将东方哲学中"天人合一"的宇宙观、"物我相生"的环境观为设计原则,追求"心师造化""妙造自然"的造物智慧,于设计理念和设计实践中借助现代化的技术手段,在现代的设计产品当中实现的过程和方式。东方设计是指在东方文化的熏陶、浸染和创造性转化中,用符合现代人的实际需求的、富有创造力的作品来传达对于东方文化的承继、借鉴和发展。其实质就是以东方特色文化为本底的创新设计。

在2018第四届东方设计论坛上,笔者发表了《三论东方设计——解析东方设计学建构中的若干关系》。东方设计学依托东方智慧、以设计为媒介服务于当今人们的物质、精神需求。有助于创造人与自然、人与社会、人与人之间和谐共生的美好未来,为人类命运共同体的构建赋能。报告着眼于讨论东方学与东方设计学的关系、传统和现代设计与东方设计学之间的联系、东西方文化与东方设计学的关系及其文化立场等问题,厘清东方设计学与相关理论的区别与联系、为设计实践提供理论支持,最终勾勒出科学化、系统化的东方设计学学科体系和理论架构。

二、上海交通大学对东方设计学的探索

1. 从钱学森之问到林忠钦之解

上海交通大学杰出校友、科学巨匠钱学森曾给所有中国人留下了一道引人深思的题目:"我们国家怎样才能培养出杰出人才?"这就是著名的"钱学森之问"。其实,对于这个问题,钱老自己在晚年就提供了答案。他基于历史经验和本人体会,认为我们的大学教育需要实现艺术与科学的有机结合。艺术与科学能够跨越国界和文化的界限产生深广影响力,是一种精神创造活动,更

是国家核心竞争力的体现。美国的文艺界对"科技进步"所导致的生态的、文化的、心灵的、政治的、社会的后果进行着锲而不舍的批判和追问,这种批判和追问让美国不仅在艺术上大获成功,也有助于打破传统科学研究的思维定式,激发科学的创造活力。这就是艺术追问和科学探索深层结合的范例。科学与艺术的结合能够生发无限的创新能力,而设计的本质就是创新。

2012年,笔者从东南大学艺术学院调来上海交大媒体与设计学院。时任常务副校长的林忠钦院士问我:"我刚当副校长时就想成立设计学院,二十几年了一直没有办成;你说说看怎么样才能办成(设计学院)?"我犹豫了一下说:"要不先成立一个虚拟的设计学院吧?"尽管这是当场无奈的敷衍,但自此之后我就一直在思考如何发展交大设计学科、把设计学科做大做强。在学校的全力支持下,设计科学与工程博士点申报成功、创新与设计国际服务中心建成,让我们信心十足。而最大的机遇则是2017年6月12日林忠钦校长在会上宣布由我主持编制《上海交通大学创新设计世界一流学科建设方案》,这让我有机会全盘思考交大设计学科的发展。

评审通过的《上海交通大学创新设计世界一流学科建设方案》提出,让交大设计学科有突破性发展的前提是建立东方设计学院和国家创新设计研究院;后者是在2017年4月创立的上海交通大学创新设计中心(上海交通大学创新与设计国际服务中心 SJTU－ICID)的基础上,发展发达到一定程度后自然天成,前者则是需要用行政手段来推动、以整合交大校内设计相关学科的精锐力量为主,同时实施国际招聘来达成,成为"目标"的坚强平台。按照学校集体决策形成的"设计＋(建筑＆园林)"的学科构架,需要紧扣东方设计哲学,从培育并发扬光大东方设计学新文科思想着手,凝练上海交大设计的学术传统,才有可能将各专业引导到同一个大设计方向上来。这样的学术传统也只有在交大的环境里才更容易生成,因为上海是东方巴黎,交大是东方MIT,ICID的创立借鉴了MIT体制机制,发展了交大学科特色并将按照国家要求形成中国方案。虽然由于种种原因目前按此思路发展进度较慢,但从长计议,ICID的核心the DSA Lab(设计科学与艺术实验室)实则破解了钱学森之问!

2.东方设计论坛的持续举办

2015年11月13日下午,首届东方设计论坛在上海交通大学闵行校区新图书馆举办。上海交大党委常务副书记郭新立,中国工程院院士徐志磊,国际园艺科学学会景观与城市园艺委员会主席、柏林艺术大学哥特·格鲁宁(Gert Groening)教授,住建部城建司风景处副处长李振鹏,高等教育出版社艺术分社社长梁存收等应邀出席论坛。

郭新立在致辞中指出首届东方设计论坛以"多学科语境下设计学科创新发展之路"为主题,聚焦探索研究世界一流设计学科建设关键方案,不仅是积极响应国务院号召的应时之举,也是上海交大文科学科建设史上的创新之作。交大设计(SJTU Design)应致力于建设成为在创意技术研究与艺术教育引导下的,以设计为主要手段的跨学科创新中心和国际设计学术研究高地。

笔者作为东方设计论坛的发起人主持主题论坛,并介绍了设立东方设计论坛的意义和特点。熟悉东方文化、研究东方设计的格鲁宁教授作了题为"The Creative Processin the Arts—example for a multidisciplinary program"的主题学术报告。他重点介绍了柏林艺术大学研究生院博士培养的多学科计划,分享了他的艺术创意理论与实践的研究成果。格鲁宁善于将东方哲学思想与园林景观建筑设计相融合,《昭明文选》《红楼梦》《桃花源》等看似与园林景观无关的文学意象都被他赋予了丰富的设计内涵。

自此之后,每年如期举办的东方设计论坛激起了学者们对东方设计学的无数思考。在推动东方设计学研究发展的同时,我们看到东方设计学在每一年论坛讨论中的进展和取得的成绩。这对当代中国设计的发展、中国文化的传承和传播起到了积极作用。

3.《东方设计学》专著的出版

2020年6月,周武忠教授和博士后蒋晖、博士周之澄的专著《东方设计学》被人民出版社列入"国家社科基金丛书"出版发行。这是周武忠教授主持并于2020年通过鉴定的国家社科基金全国艺术学项目"文化景观遗产的'文化DNA'提取及其景观艺术表达方法研究"的课题成果之一,该课题的研究工作促使其团队从更高更普遍的意义上去探寻"文化传承"和"设计创新"的一般方法论。

《东方设计学》专著的出版也得益于东方设计论坛对东方设计学理论持续不断的探索,其出版得到了国家社科基金全国艺术学项目和上海交通大学创新设计世界一流学科建设项目"东方设计学研究"的支持。该书是围绕"东方设计学"学科建构、理论创新和实践探索等相关内容研究所得的设计类理论专著。

作者立足当下国内外设计趋势和东方设计学发展现状,梳理东方设计学的研究内容和意义,明确学科发展的方向;回溯中国古代造物历程,厘清中国古代造物哲学对于当代东方设计的意义和价值;辨析东方设计学与中国、西方,传统、现代之间的相互关系,明确东方设计的基本立场和态度;总结当下东方设计实践的经验和不足,提出中国设计从设计哲学到设计实践应当注意的边界问题。与此同时,展望未来设计发展方向,在多学科交叉研究的背景下,探讨东方设计学未来发展的前景。该书是有关东方设计学的第一部理论著作。

诚然,东方设计学的创立和《东方设计学》一书的出版更像是序幕的开启,起到抛砖引玉的作用,它将吸引更多的学者、专家、设计师,乃至社会大众对于东方设计学的关注和思考,共同推动这门凝聚中华优秀传统文化精髓、推动中国文化传播、符合时代发展需要的学科的建构和成熟。

三、东方设计学的研究内容

东方设计是根源于东方哲学和东方文化的设计模式与理念。东方哲学与理念在现代设计行业中受到的关注比较有限,将它们进行系统化的阐释、梳理和定位有助于东方哲学与理念的弘扬,有利于构建设计实践借鉴东方哲学观念和文化资源的有效途径。为了有别于其他风格的设计,可以从下面四个层面来解析东方设计。

第一,从情感和审美出发,探讨设计中东方情调的营造。而这里的东方情调指的是一种给人提供情感和审美满足的、具有东方文化意境的氛围。

第二,从情境营造出发,以设计作品为媒讲好东方故事。即,以内涵传递、环境营造的方式诠释东方文化的精髓。

第三,从选材出发,明确设计者在呈现东方风格的作品时选择材料的思路和立场。

第四,从人本身出发,以人体工学为指导,明晰中国古典造物哲学和技术,结合东方传统造物思想技术与现代技术理论,设计出人性化需求和东方人文精神兼顾的作品。

就东方设计学研究内容看,其理论体系的构建需要完成以下任务。其一,准确地界定理论内涵。这需要辩证地思考东方设计学哲学思想、理论框架以及它与设计学之间的关系。梳理东方设计学历史脉络的同时,明确全球化前提下东方设计学和现有设计理论间的联系与异同。

其二,厘清学术思想根源和哲学基础。东方设计学的生命力来源于中国优秀的传统文化,而其内在灵魂则由中国传统哲学思想赋予。探索其哲学基础利于梳理清晰东方设计学在日常生活、文化传承和社会发展之间的辩证关系。

其三,探索学科研究方法。现在国内设计领域的研究方法多源于社会科学或自然科学,又或是借鉴西方,尚未形成符合自身文化环境和文化特色的研究方法和设计方法。东方设计学需要结合现有的研究方法和学科的特性,结合东方文化特色,探寻符合东方文化语境的设计学科研究方法。

其四,思考体系在认知领域的应用。东方设计学根植于中国的本土文化语境,为使设计更加契合如今中国社会文化语境、符合消费者的精神和物质需求、更好地传承传播中国文化,设计者需要研究东方文化对当下社会价值观的影响;中国消费者对于生活、事物和设计问题的认知;东方文化特征的设计对于消费决策的影响机制等问题,以驱动东方设计学的理论构建和设计实践的发展。

其五,梳理东方设计话语体系的发展脉络。东方设计学有深厚的历史积淀,要探寻东方设计语言的发展轨迹、提炼归纳其设计语言的特征特点。对代表性人物、作品以及重要历史节点进行研究、考证,归纳东方设计语言的逻辑。这都对当下东方设计学的理论研究和实践具有指导性意义。

最后,从价值观层面出发,明确东方设计学的立足点。东方设计学的价值观践行于设计实践、设计教育以及设计评价等方面。以人与物、人与自然的和谐可持续为设计标准,通过创新设计理论与方法探索、创新设计基础研究、设计文化数据库的挖掘,最终形成和完善应用价值建构、产业价值建构、教育体系建构、评价价值建构等多个具体的价值体系。

四、东方设计学的研究意义

由于东方设计在利用以中国文化为核心的东方文化进行再创造过程中能够形成适应现代人类和社会需求的新文化,因而更加有利于中国文化的传承与创新。随着世界对于东方文化关注度的提升、对东方设计的需求不断增长,发展构建体系化、学科化的东方设计学成为这个时代的迫切需求。因此,构建具有完善学科体系的东方设计学将具有深远的影响。

1. 有利于中国特色的设计学理论体系构建

东方设计学以东方视角,基于东方文化、哲学和东方传统造物精髓,结合现代设计理论,对东方设计实践展开研究,并对东方设计实践中的各类现象和问题进行剖析,旨在建设具有中国特色的、体系化、学科化的设计学理论体系。东方设计学的发展将会改变如今以西方设计理论体系为主流的现象,摆脱中国设计理论体系缺位的困境。首先,东方设计学的探索和建设有助于设计学科理论的完善和提升。通过对东方文化背景和东方设计历史脉络的梳理,明确东方设计的基本概念、主要特征,并形成清晰、完善的学科体系认知,这将益于后续不断开展更有效的研究。其次,东方设计学服务于设计实践的探索与应用,它侧重对实践进行系统化、理论化、科学化的提炼。东方设计的实践成果颇丰,通过学术层面的总结、归纳、提炼有助于实践经验的传播和保留。再次,东方传统造物理念和实践经验是东方设计的灵感源泉。但目前对东方传统造物的理论体系研究、造物经验的总结分析仍相对缺乏。东方设计学将对东方传统造物进行深度的挖掘、整理和思考,依托设计实践寻找历史与现代融合的途径,以学科建设的角度探索传承历史的方式、方法。与此同时,体系化的学科将引入更多国内外设计力量对其进行更完善、深入的研究,带来更多的理论和设计实践成果,进一步加快东方设计学学科体系的构建和成型。

2. 有利于培养具有创新思维的全面设计人才

设计学科不断发展的动力之一在于培养设计人才,而构建东方设计学将会培养出大量具有创新能力的设计人才,为学科发展提供人才保障。如今,各大综合类、专业类高校均开设了设计相关的专业课程,各类设计教育机构、组织更是层出不穷。目前,设计教育在中国已成规模,但一些现实困境无法回避,迫使我们对当前中国设计教育现状进行反思,其中最为突出的就是备受诟病的中国设计存在的侵权和抄袭现象。设计者偏重学习西方设计,缺乏对本土文化的深度认知和挖掘,造成设计作品缺少创意思维和文化支撑、创新性匮乏的问题。

最初中国设计教育的发展大多参照西方设计教育的框架模式,但东西方的文化环境和思维模式迥异,单纯照搬必然会出现水土不服的情况。不论是教育者还是被教育者,中国设计教育中的参与者都成长于中国文化的环境下,与西方思维模式强调理性、效用、功能有本质差异,其思考和解决问题的方式习惯也更偏向东方思维。具有东方文化底蕴和东方哲学思维的东方设计学的构建将从根本上改善如今的设计教育专业架构,深度解读东方文化,探讨传统造物与现代设计的融合之道,挖掘和研究东方传统造物理念和实践成果,能令设计人才汲取古今中外的设计精华、获得设计灵感,提高他们的创新性和独创性。

3.有利于中国设计走出去

党的十八大以来,习近平总书记提出了构建"人类命运共同体"的宏大战略思想,强调"和平发展,和谐相处、合作共赢",倡导"和"文化理念的传播。这都体现了总书记对中华优秀传统文化的高度重视和尊重,也对中国设计和东方设计学的发展具有重大意义。基于此,如何依托中国设计彰显中国文化软实力,创作出承载中国文化精髓的优秀设计作品并将其推向世界?如何让世界全方位更好地了解、认识中国传统"和"文化,讲好中国故事?这都是如今中国设计面临的机遇与挑战。东方文化是东方设计学的发生土壤,"和"文化理念则一直是中国传统造物核心的理念之一。在此时,构建东方设计学不仅是中国设计的发展方向,也是对"人类命运共同体"战略思想的积极的回应。东方设计学继承和发扬了中国传统造物理念、秉承了中国传统文化精髓,它将通过系统化的学科建设、全方位的人才培养和完善的传播机制,用优秀的设计作品最大化、最优化地向世界传递来自中国的声音。

4.有利于中国文化的传承与创新

全球化浪潮下中国设计在世界舞台上保持竞争力的关键在于继承传统文化精髓并对其进行设计创新。与单极化发展不同,全球化发展强调个性化、差异化、多元化。当代中国设计不应亦步亦趋地跟随西方设计的步伐、走简单抄袭和模仿的弯路,而应从传统文化汲取养分、充分运用和展现传统文化元素,利用现代设计语言,创新设计出具有多元化、鲜明文化个性和鲜活生命力的作品。如今,东方文化已在世界舞台展现了它独特的魅力、吸引了全球目光,各国设计从业者对东方文化和东方设计表现出极大的兴趣和关注。构建东方设计学将带动更多从业人员思考并从事与东方设计相关的工作,加速产出优秀的东方特色作品,满足世界对于东方设计作品的期待与需求。

五、东方设计学的研究与实践

1.东方设计学与文化景观遗产

2015年,正当交大设计学科发展的关键时期,笔者主持的"文化景观遗产的'文化DNA'提取及其景观艺术表达方法研究"课题列入了国家社科基金全国艺术学项目,研究内容主要包括以下四个方面:(1)国际设计之都文化景观遗产保护利用比较研究;(2)上海地区文化景观遗产资源梳理与保护研究;(3)文化景观内涵挖掘研究;(4)设计系统创新研究。

在本课题的研究过程中,随着课题组对地域文化元素提取与挖掘研究的不断深入,该课题的研究工作促使团队从更高更普遍的意义上去探寻"文化传承"和"设计创新"的一般方法论,将课题内容与国家创新设计战略和中华优秀文化传承与创新工程相对接。东方设计学的提出为文化复兴、乡村振兴、城市更新提供了新理念和新路径,是本课题研究过程中的重大发现之一。

刘勰在《文心雕龙》中说:"望今制奇,参古定法。"在很多当代艺术中,为了实现作品的表现效果,传统文化符号被粗暴地嫁接。在某种程度上来说,这是由于人们对文化遗产、传统文化与传统造物思想的不理解造成的。而这也致使原有的文化观念、技艺标准、艺术趣味、美学范畴被置换。所以,学习东方设计学,深刻理解文化景观遗产等传统文化的内涵,不仅有利于现代艺术的创作,也会激励文化自信,帮助文化传承。东方设计学将更好地指导当代艺术作品的创作。

2.东方设计学与地域振兴设计

地域振兴设计作为东方设计学教学实践的课程体系之一,是指通过深入挖掘某一特定地域的自然资源和人文资源（特别是非物质文化遗产），确定设计主题，提炼设计要素，因地制宜进行的创造性设计实践活动；其设计成果（如特色旅游景观、创新设计产品、新型建筑等）能对该地域的经济与文化振兴、人居环境改善和人类社会进步作出积极的贡献。地域振兴设计本质上是基于地格的创新设计，是一种以复杂适应系统或复杂性科学为理论基础的整体设计。2012年，笔者创新开设了"地域振兴设计"课。这门课主要以项目合作的方式来完成，通过现场调研，深挖资源，提炼设计元素，用现代设计的手段、创新设计的思维并结合学生个人的特长来创作主题系列产品，包括工业产品、工艺品、旅游商品、农产品、特色景观等。以这种体验性模式来调动学生的积极性，也让学生在实践中得到全方位的学习和训练，从而激励学生为人类文明传承和发展做贡献。2019年，《地域振兴设计》被列为上海交通大学设计学科本科生培养计划必修课。

3.东方设计学与视觉传达设计

东方设计学是一种特殊的赋能性设计，将东方传统美学、传统工艺、非遗文化与核心价值观等东方性元素以现代化创新方式融入设计之中。其价值不仅在于润物无声地实现"东方文化的浸染"，而且能更好地展现东方设计的潜在力量，增强文化自信，为创新设计、非遗传承、乡村振兴等提供新方向、新理念。如今，东方智慧在政治、经济、科技等众多领域展示了它独特的魅力。中国现代设计除了大量地引进和学习西方设计美学与技巧，东方美学对现代设计的影响也不可忽略。东方美学对于中国现代设计，尤其是新中式设计影响深远，是新中式设计的本源，其传统元素的魅力与现代元素互相作用产生意想不到的效果，为现代设计谱写乐章。

东方设计学的研究可以更好地探索非西方语境下的设计可能性，扩充由于历史原因长期被西方占据设计话语体系。当前设计呈现多学科融合的发展趋势，交互设计、产品设计、服务设计、乡村振兴设计等也都倾向于从整体全局考虑问题，这与东方文化中整体性、关联性的思考方式不谋而合。这次疫情折射出了中西方的文化差异，东方文化更注重问题的整体关联性，所取得的成果让人们认识到了东方文化的优势，事实证明，融入了东方文化的东方设计学更能促进设计学科国际化和当今世界的可持续发展。

六、结语

东方设计的一大要点是需要通过设计来反映东方文化与东方哲学思想。季羡林老先生曾在文章中提出了"东化"这一概念,并表示我们不能只讲西化、不讲"东化"。他认为 21 世纪应该是"东化"的世纪。东方设计学的研究很好地响应了这一趋势。但是不论是西方设计者来设计关于东方文化的作品,还是我们自己通过设计来阐述东方文化,目前的多数设计作品仍局限于表达相关的东方传统图形纹样,难以反映出东方文化内涵。未来需要更加关注"天人合一"、宋明理学的"理"和老子的"道"此类东方哲学思想的设计实践运用。东方设计学的宗旨是复兴中华优秀的传统文化。通过东方设计学的学科建设、理论研究、知识体系构建和优秀作品实践推进设计学科建设。从教育服务与社会服务两方面入手构建理论,进行价值引导、政策建议、设计体系评价指标建立及产业推进等多方面的实践,提高人民生活质量,传承、创新并发展以中华优秀传统文化为核心的东方文化。

提出东方设计学的初衷并非狭隘的民族情结,而是在当今全球化的时代顺应联合国《世界文化多样性宣言》理念,对东方文化、特别是已有千年积淀的中国传统文化深入挖掘,寻找其中蕴含的优秀设计思想,令其焕发新的生机,更好为全人类服务。实际上,也只有这样,中国设计才能找回自我,才能赢得国人和世界的尊敬。也正是从这个意义上,东方设计学只有"更东方",才能"更世界"。

推动文明交流互鉴 构建人类命运共同体

王杰

（中央党校国家行政学院哲学部）

构建人类命运共同体理念，是习近平总书记着眼人类发展和世界前途，科学回答"世界向何处去、人类怎么办"这一时代之问而提出的中国方案。习近平总书记指出："推动构建人类命运共同体，不是以一种制度代替另一种制度，不是以一种文明代替另一种文明，而是不同社会制度、不同意识形态、不同历史文化、不同发展水平的国家在国际事务中利益共生、权利共享、责任共担，形成共建美好世界的最大公约数。"人类命运共同体理念深刻把握人类文明发展演进的基本规律，为人类文明整体进步和持久繁荣发展提供了思想动力，成为引领时代潮流和人类文明进步方向的鲜明旗帜。

人类历史始终在不同民族、不同文化的相遇相知中向前发展。中华文明以及世界其他文明的发展演进历史都揭示这样一个规律：人类文明的形成发展和繁荣进步离不开文明之间的交流互鉴。中华文明的形成发展过程就是这一人类文明演进规律的有力例证。在距今约6500年及稍晚的时候，中国的粟作农耕技术陆续向南传播到东南亚，水稻种植技术传播到太平洋的西南地区，农耕技术与丝织品生产技术传播到朝鲜半岛、日本列岛、西亚和欧洲。原产于西亚的小麦、黄牛、绵羊和冶金术在距今约5000—4500年传入我国西北地区，西亚冶金术与我国中原地区的冶炼技术结合后，形成了陶范法的铸造工艺，发展为夏商周时期的青铜器铸造技术；夏商周文明的青铜器铸造技术向朝鲜半岛和日本列岛传播，催生了东北亚地区的青铜时代。与其他文明的交流一直贯穿中华文明形成发展的漫长过程。中华文明5000多年发展史充分证明，无论是物种、技术，还是思想、文化，都是在不断传播、交流、互动中得以发展进步的。

在长期与其他文明进行交流互鉴的过程中,中华文明形成了丰富的多元文明对话的思想观念。尊重差异性是文明对话的起点,也是文明能够交流的前提。中国古人早就认识到不同文明的差异性,主张承认并客观对待差异性。出自《孟子·滕文公上》的"物之不齐,物之情也"一语,道出事物千差万别乃是事物发展的客观规律,揭示出千差万别的事物各有其存在的情由,我们要科学理性对待事物之间的差别、文明之间的差异。《国语·郑语》中说:"和实生物,同则不继。"意思是说多元共生才能创新,封闭单一必然僵化,如果万事万物都是清一色的,那事物发展、文明进步也就停止了。

在承认并包容差异性、多样性基础上,中华文明主张兼收并蓄,汲取其他文明的有益因素,通过学习消化达到融合创新,推动文明进步发展。《礼记·中庸》中说:"万物并育而不相害,道并行而不相悖",强调每一个个体、群体的特点,反对将单一的价值原则强加于不同的个体、民族或国家,"并育""并行"不仅指不同事物之间的共存,而且指向万物之间相互促进、共同发展的平等互惠状态。《礼记·学记》中说:"独学而无友,则孤陋而寡闻",意思是指一个人在学习中,如果不接触外部环境,就会见识短浅。在文明发展上,一种文明若不与其他文明交流,也会陷入狭隘封闭状态,丧失进步的动力。可见,从理性对待文明差异,到与其他文明共生共存,再到与其他文明交流实现共同发展,中华文明对于处理不同文明间关系形成了丰富而系统的认识。

人类命运共同体理念深刻把握了人类文明演进发展的基本规律,对中华文明中的多元文化对话思想进行创造性转化、创新性发展,主张充分认识和尊重世界文明的多样性。通过文明互学互鉴、交流交融来实现人类文明的进步,通过汲取不同文明的有益因素为人类发展提供智慧启示,把跨越时空、超越国度、富有永恒魅力、具有当代价值的文化精神弘扬起来,在人类文明的多样性中找到人类社会向前发展的强大动力,最广泛凝聚各国共建美好世界的共识。不同文明平等相待、交流互鉴,才能夯实构建人类命运共同体的人文根基。如果封闭自己或者企图以"文明优越论""文明冲突论"改造同化其他文明,就会给自己、给人类文明发展带来灾难。各国虽然历史、文化、制度各异,但都应该彼此平等相待、互尊互鉴、相互学习,摒弃一切傲慢和偏见。唯有如此,各国才能共同发展、共享繁荣。

中华文明

孔子仁学精义与现代新旨

成中英

（北京中英书院）

摘要：解说儒学即仁学，仁学即人学。仁学以易学为基础，儒学则以仁学为核心。孔孟揭示了仁的精义，但仁的内涵十分丰富，需要透过人对天地与人的存在意义的不断省思来体现。因之仁学是在一个不断发展的过程之中。本文意在说明孔孟早已揭橥仁学内涵的两层次，一为道德仁学，另为奉献仁学或可称牺牲仁学。

传统儒学重点放在道德仁学，追求成为圣贤人格。对仁作为对整体或个人或国家的奉献与牺牲重视不足。或由于未能满足一个必然的与绝对的普遍性要求之故。但到了现代，有人为人类生存奋斗，为追求理想奉献，为国家民族牺牲，仁学成为意志，而不必限于道德情感。仁作为责任与德行两种要求必须统合起来，也必须相互转化，方能成为一个广大而改革日新的社会的价值基础。这也是新仁学应有的内涵。

孔子论仁：仁者爱人

孔子论仁的思想，主要见之于《论语》一书。何为仁？他的解说有几个方面：首先，他说"爱人"《论语 颜渊》，他又说"己所不欲，勿施于人"（《论语·卫灵公》）。显然，所谓"仁"，对所有人或整体的人类有一种关怀，作出爱护和帮助的行动，也就是施惠于人。但什么又是关怀的行动呢？回答是以自己为标准，不把自己所不喜欢或所厌恶的行动加诸他人，也就是在生活行动中不带给他人自己所不喜欢的处境。因此，仁至少是不伤害他人，并尽量做到自己的任何行为都不会直接的伤害他人。

至于自己喜欢的行为或有利于自己的行为,同时表示应该帮助他人,能够获取对自己有利的行为,并非对自己有利的行为就一定对人有利。但一个人必须平等待人,希望他人和自己一样,得到有利的行为。同样,对自己追求理想,建立自己或达到自己理想的目标。不但应该自己勉励,同样希望他者求上进求成功。而且自己要帮助他人向他的理想目标发展,这就是孔子进一步说的"己欲立而立人,己欲达而达人"(《论语·雍也》)。这种希望他人从善进步成功的心理,就是仁心。作为人,不能不有这样的仁心。一则不伤害他人,二则帮助他人成功。并以自己作为起点与标准,来实现一种仁者之心。

仁与本能与自由意志

孔子的仁学,除了在实践上符合上面两个仁的原则之外,他也强调了仁心是自由意志的表现,来自人的自由的愿望。他说"仁远乎哉?我欲仁,斯仁至矣"(《论语·述而》)。可见,仁是人人可以做到的。问题在一个人是否发挥这种原始的动力,如果一个人不能发挥或不愿发挥,他也就不能做到仁的行为了。这就是他放弃了发挥仁心的性能,孔子似乎允许更深层的一种自由,即是欲仁或不欲仁,行仁或不行仁。孟子主张人性善,因为人有不忍人之心,把欲仁和行仁看成是人性自然的发生,而不必是一个最初的选择。这一点是和孔子不一样的。就事实而言,我们可以凭借经验来说,有些情况是会自然激发人的仁者之心的,是本能的,但有些情况则需要一番选择来行善。不可一概而论。

我这里点出,孔子论人性,是性相近习相远。离开最原始的人性状态,仁与其他德性不会因为习惯而发生变化,作出一番人性自觉的选择。这就成为一个修养的问题,是孔孟所强调的。孔子非常看重仁的自觉的追求,要把行仁作为生命的目标,因此他说"仁以为己任,不亦重乎?死而后已,不亦远乎?"(《论语·泰伯》)。这是一个重大的决定,当然孔子是希望每个人都能够有这样一种承诺和责任感,天下也就更为祥和,人与人间、国与国间的各种问题也就能够化解于无形。

天下归仁

因此,孔子这个话也包含人应该有的一个重大的理想,即是治国平天下,实现天下为公、世界大同的理想社会。事实上,从历史看,我们看不到这样一个发展的方向。不是每个人都有仁者之心,或维护仁者之心的决心,这也就是儒学仍然需要坚持和发展的重要理由。孔子说"克己复礼为仁。一日克己复礼,天下归仁焉"(《论语·颜渊》)。

我这里点出,孔子论人性,是性相近习相远。在离开最原始的人性状态,仁与其他德性不会因为习惯而发生变化,作出一番人性自觉的选择。这就成为一个修养的问题,是孔孟所强调的。孔子非常看重仁的自觉的追求,要把行仁作为生命的目标,因此他说"仁以为己任,不亦重乎?死而后已,不亦远乎?"(《论语·泰伯》)这是一个重大的决定,当然孔子是希望每个人都能够有这样一种承诺和责任感,天下也就更为祥和。人与人间、国与国间的各种问题也就能够化解于无形。因此,孔子这个话也包含人应该有的一个重大的理想,即是治国平天下,实现天下为公、世界大同的理想社会。

事实上,从历史看,我们看不到这样一个发展的方向。不是每个人都有仁者之心,或维护仁者之心的决心,这也就是儒学仍然需要坚持和发展的重要理由。孔子说"克己复礼为仁。一日克己复礼,天下归仁焉。为仁由己,而由人乎哉?"颜渊曰:"请问其目?"子曰:"非礼勿视,非礼勿听,非礼勿言,非礼勿动。"(《论语·颜渊》)修持之道在约束自己的欲念,依礼合情行事,所谓礼则是共同的行为规范。如此仁心自然发生,并非私意。人人如此,则人的社会也就自然转化为仁的天下了。此一过程是一个人天合力的过程,也就是人的主动性带动天道的自然性的整体效果。

仁与身体美学

孔子的仁作为人的心态也能对仁者自我的存在产生美好的身心调适效果。因之,孔子说"仁者乐山""仁者寿"。何以故?仁是一种美感,投射在对山岳的亲切喜乐上,也体现在仁者生命的祥和安平之中。

仁与智相应对照成趣,"智者乐水""智者乐"。仁与智同为生命的自由精神,使仁者与智者均能够"随心所欲而不逾矩"。仁智合一是人生境界的最高峰。

仁与基督教上帝之爱 Agape 对比

基督教提出上帝之爱(agape)以与孔子的仁作比较,甚至说明前者更为优全。基督教强调上帝首先爱人,教人互爱与自爱。此即 agape,以别于情爱(eros)与友爱(phile)。此三字均来自希腊文,是基督教福音的经典文字。这样的语言表述是基于基督教的神学,以肯定一个具有超越性的神格上帝为基础的。

但从中国易经开始的中国自然主义经验与立场来说,自然具有生命力与创造力,也具有保存持续生命的亲和力,使得万物相互关联与依存,是一种内在的自然的"爱"或"引力",因此使宇宙同时具有活力与秩序,循自然之力及律持久不衰。所谓变异中有不易,不易中有生生之易。人成长于自然,也就具有先天的自然之爱了,此即孔子所谓仁,老子所谓道(此则不具有孔子所说的含有人性的亲,故老子说天地不仁),墨子所谓兼爱。

从 logic 上说,中西或儒耶有相应的对等,但从本体学来看,两者的差异实际上是巨大的,因为两者引申的文化与生活差异是巨大的。当然,如果理解两者差异的根源,两者在不同层次上就可以彼此补充而互利。

孟子扩充了仁学

孟子继承了孔子的儒学。我认为孟子对仁学做出了三大十分突出的贡献。一是以人性的本善为仁及所有德性与德行的根源与基础。因此仁就是善的最高表现,而位四端之首。善是理,仁则是理之情,恻隐之心则是仁的情理的具体表现。是仁者具体行为的实际动机与行动。其行为效果是仁行对象的获益与得救如幼儿免落于井,孟子不但为仁学立下了本体论的基础,也强调了仁爱的实践效果。二是孟子把仁义对举,在众德中标示出义之为德的特殊重要性。为仁者不但出之于大公之心,所行为正当合理的行为,也预期人性对象非为非作歹之徒,但是否真的如此则非为仁者所能保证。孟子绝非功利效果主义者,不会因明知为非而助纣为虐。他说居仁行义,所行者不只是仁且是义了。两者在根源上不可分。三是相对孔子而言,孟子提了仁政之主张,强调仁德要针对人民大众带来制度性及政策性的整体利益与福利。他主张恢复井田制,以公田为中心实现人民守望相助,规划生产作业方式,使百姓少有所恃,长有所为,老有所养。把国家建立成一个社会化的安乐福利生活共同体。综合观之,孟子把仁学从个人的道德修持扩大为群体社会,也深化了为政者对人民的福利发展的责任感。

过渡汉唐,开启宋明

孔孟之后,仁学的发展,经过汉唐两个时期的酝酿,一直要到宋明时期才有创新性的发展与扩大。汉唐时期有董仲舒与韩愈的个别创新,却未能得到广博的认知、发挥深远的影响,主要在概念上未能整合出一个更有活力的仁学思想,可以付之实行。

到了宋明时期形势则大变,盖发之生命内在的体验把仁学之仁深厚的潜能激活并深化与广阔,化为天地生生之力,同时也反思地认知了仁的在之德,并理会到一个活生生的仁德宇宙所血肉相连的是人之良知良能。此一发展也可以说支撑了孔孟学说在先,开启了宋明朱王发明在后。

程朱仁学的梗概

二程在学术上提出的最重要的命题是"万物皆只是一个天理",认为阴阳二气和五行只是"理"或"天理"创生万物的材料。程明道说"天理"两字是自家体会出来。对他而言,宇宙万物有一个生动活泼的本体基础,显然是从易传中受到启发的。并由此得出所谓"仁"的本体论的涵义,仁者,活动有感,非麻木不仁者。明道以本体的理气为融合一体,所谓一体之仁,客观为生命流行,主观为知觉感受。理气无任何间隔。但后来伊川以为理气最好分开谈,有鉴于气之不纯,只认定理之真实性,使牟宗三得出"理"只是存在之理。我看所有问题都在对理的理解与诠释上。

朱熹跟进伊川,在38岁深思中和关系,形成中和新说之后,对心之为心有了新的理解,即提出"仁说"一文,为仁的概念进行了新的诠释与定义。他的仁说要点如下:

"天地以生物为心者也,而人物之生,又各得夫天地之心以为心者也。故语心之德,虽其总摄贯通,无所不备,然一言以蔽之,则曰仁而已矣。请试详之。盖天地之心，其德有四，曰元、亨、利、贞，而元无不统。其运行焉，则为春、夏、秋、冬之序，而春生之气无所不通。故人之为心，其德亦有四，曰仁、义、礼、智，而仁无不包。其发用焉，则为爱恭宜别之情，而恻隐之心无所不贯。故论天地之心者，则曰乾元、坤元，则四德之体用不待悉数而足。论人心之妙者，则曰仁，人心也，则四德之体用亦不待遍举而该。盖仁之为道，乃天地生物之心，即物而在。情之未发，而此体已具；情之既发，而其用不穷。诚能体而存之，则众善之源、百行之本莫不在是。此孔门之教所以必使学者汲汲于求仁也。"

仁学结构与作用

其言有曰："克己复礼为仁。"言能克去己私，复乎天理，则此心之体无不在，而此心之用无不行也。又曰："居处恭，执事敬，与人忠"，则亦所以存此心也。又曰："事亲孝，事兄弟，及物恕"，则亦所以行此心也。又曰："求仁得仁"，则以让国而逃，谏伐而饿为能不失乎此心也。又曰："杀身成仁"，则以欲甚于生、恶甚于死为能不害乎此心也。此心何心也？在天地则块然生物之心，在人则温然爱人利物之心，包四德而贯四端者也。

或曰："若子之言，则程子所谓爱情仁性，不可以爱为仁者，非欤？"曰："不然。程子之所诃，以爱之发而名仁者也。吾之所论，以爱之理而名仁者也。盖所谓情性者，虽其分域之不同，然其脉络之通，各有攸属者，则曷尝判然离绝而不相管哉？"

综上所述，朱子概括以"心之德""爱之理"说仁。即谓人心之本质具有仁的潜能，为仁行之源，而其所以具有爱护的情感态度，则基于人的存在的原理，使其所以然而然。如此理解，则不能以天地万物与我为一体为仁，如杨龟山所主张，也不能以知觉为仁之说，如谢上蔡所主张。但朱子看到的是仁作为心行的本体结构，却忘记仁也可以是一种心理现象及行为，并可以有多重表述的可能。这也导致牟宗三斥朱熹把仁体肢解为心性情三分，理气二分，把仁化为静止的存在之理。但牟宗三未能区分结构与作用，失之于偏，也是显然的事实。

阳明仁学：大学问的"一体之仁"

阳明仁学可说与他的心即理、知行合一与致良知之学密切联系在一起的，是三者最终极的本体学基础,使人能够贯彻其致良知的生活世界,也促进其成就圣贤大人的人格与学问,前后互为体用,天人万物相互参透,知行生生不息。阳明最晚期的答弟子问,且是以大学之明明德为本,说明人之本心已具有体认万物与同体于万物的一体之仁。首先他答弟子问大学之道的明明德为何义:

"大人者,以天地万物为一体者也。其视天下犹一家,中国犹一人焉。若夫间形骸而分尔我者,小人矣。大人之能以天地万物为一体也,非意之也,其心之仁本若是,其与天地万物而为一也,岂惟大人,虽小人之心亦莫不然,彼顾自小之耳。是故见孺子之入井,而必有怵惕恻隐之心焉,是其仁之与孺子而为一体也。孺子犹同类者也,见鸟兽之哀鸣觳觫,而必有不忍之心,是其仁之与鸟兽而为一体也。鸟兽犹有知觉者也,见草木之摧折而必有悯恤之心焉,是其仁之与草木而为一体也。草木犹有生意者也,见瓦石之毁坏而必有顾惜之心焉,是其仁之与瓦石而为一体也。是其一体之仁也,虽小人之心,亦必有之。是乃根于天命之性,而自然灵昭不昧者也,是故谓之明德。"

阳明继而说明何为亲民为止于至善:

"明明德者,立其天地万物一体之体也;亲民者,达其天地万物一体之用也。故明明德必在于亲民,而亲民乃所以明其明德也。是故亲吾之父,以及人之父,以及天下人之父,而后吾之仁实与吾之父、人之父与天下人之父而为一体矣。实与之为一体,而后孝之明德始明矣!亲吾之兄,以及人之兄,以及天下人之兄,而后吾之仁实与吾之兄、人之兄与天下人之兄而为一体矣。实与之为一体,而后悌之明德始明矣。"

阳明大学问续

"至善者,明德、亲民之极则也。天命之性,粹然至善,其灵昭不昧者,此其至善之发见,是乃明德之本体,而即所谓良知也。至善之发见,是而是焉,非而非焉,轻重厚薄,随感随应,变动不居,而亦莫不自有天然之中,是乃民彝物则之极,而不容少有议拟增损于其间也。少有拟议增损于其间,则是私意小智,而非至善之谓矣。自非慎独之至,惟精惟一者,其孰能与于此乎?后之人惟其不知至善之在吾心,而用其私智以揣摸测度于其外,以为事事物物各有定理也,是以昧其是非之则,支离决裂,人欲肆而天理亡,明德亲民之学遂大乱于

543

天下。"

阳明继而回答定静安虑得之功以及功夫次第：

"人惟不知至善之在吾心，而求之于其外，以为事事物物皆有定理也，而求至善于事事物物之中，是以支离决裂，错杂纷纭，而莫知有一定之向。今焉既知至善之在吾心，而不假于外求，则志有定向，而无支离决裂、错杂纷纭之患矣。无支离决裂、错杂纷纭之患，则心不妄动而能静矣。心不妄动而能静，则其日用之间，从容闲暇而能安矣。能安，则凡一念之发，一事之感，其为至善乎？其非至善乎？吾心之良知自有以详审精察之，而能虑矣。能虑则择之无不精，处之无不当，而至善于是乎可得矣。

"此正详言明德、亲民、止至善之功也。盖身、心、意、知、物者，是其工夫所用之条理，虽亦各有其所，而其实只是一物。格、致、诚、正、修者，是其条理所用之工夫，虽亦皆有其名，而其实只是一事。何谓身？心之形体运用之谓也。何谓心？身之灵明主宰之谓也。何谓修身？为善而去恶之谓也。吾身自能为善而去恶乎？必其灵明主宰者欲为善而去恶，然后其形体运用者始能为善而去恶也。故欲修其身者，必在于先正其心也。然心之本体则性也，性无不善，则心之本体本无不正也。何从而用其正之之功乎？盖心之本体本无不正，自其意念发动，而后有不正。故欲正其心者，必就其意念之所发而正之，凡其发一念而善也，好之真如好好色，发一念而恶也，恶之真如恶恶臭，则意无不诚，而心可正矣。然意之所发，有善有恶，不有以明其善恶之分，亦将真妄错杂，虽欲诚之，不可得而诚矣。故欲诚其意者，必在于致知焉。致者，至也，如云丧致乎哀之致。易言'知至至之'，'知至'者，知也，'至之'者，致也。

功夫次第

阳明继续其功夫次第之论：

'致知'云者，非若后儒所谓充扩其知识之谓也，致吾心之良知焉耳。良知者，孟子所谓'是非之心，人皆有之'者也。是非之心，不待虑而知，不待学而能，是故谓之良知。是乃天命之性，吾心之本体，自然灵昭明觉者也。凡意念之发，吾心之良知无有不自知者。其善欤，惟吾心之良知自知之，其不善欤，亦惟吾心之良知自知之。是皆无所与于他人者也。故虽小人之为不善，既已无所不至,然其见君子,则必厌然掩其不善而著其善者,是亦可以见其良知之有不容于自昧者也。今欲别善恶以诚其意,惟在致其良知之所知焉尔。何则?意念之发,吾心之良知既知其为善矣,使其不能诚有以好之,而复背而去之,则是以善为恶,而自昧其知善之良知矣。意念之所发,吾之良知既知其为不善矣,使其不能诚有以恶之,而复蹈而为之,则是以恶为善,而自昧其知恶之良知矣。若是,则虽曰知之,犹不知也,意其可得而诚乎?今于良知之善恶者,无不诚好而诚恶之,则不自欺其良知而意可诚也已。然欲致其良知,亦岂影响恍惚而悬空无实之谓乎?是必实有其事矣。故致知必在于格物。物者,事也,凡意之所发必有其事,意所在之事谓之物。格者,正也,正其不正以归于正之谓也。正其不正者,去恶之谓也。归于正者,为善之谓也。夫是之谓格。

书言'格于上下''格于文祖''格其非心',格物之格实兼其义也。良知所知之善,虽诚欲好之矣,苟不即其意之所在之物而实有以为之,则是物有未格,而好之之意犹为未诚也。良知所知之恶,虽诚欲恶之矣,苟不即其意之所在之物而实有以去之,则是物有未格,而恶之之意犹为未诚也。今焉于其良知所知之善者,即其意之所在之物而实为之,无有乎不尽。于其良知所知之恶者,即其意之所在之物而实去之,无有乎不尽。然后物无不格,吾良知之所知者,无有亏缺障蔽,而得以极其至矣。夫然后吾心快然无复余憾而自谦矣,夫然后意之所发者,始无自欺而可以谓之诚矣。故曰:'物格而后知至,知至而后意诚,意诚而后心正,心正而后身修。'盖其功夫条理虽有先后次序之可言,而其体之惟一,实无先后次序之可分。其条理功夫虽无先后次序之可分,而其用之惟精,固有纤毫不可得而缺焉者。此格致诚正之说,所以阐尧舜之正传,而为孔氏之心印也。"

朱王同源异途而同归

基于对阳明"大学问"一文的深入分析与体会,阳明取大学为诠释仁学的本旨所在应是昭然若揭,并与朱子重视大学或有不同旨趣。如就根本言,均为易传及孔孟有不可忽视的关系。也许我们可以说朱子更侧重以格物致知的外王惠民德业,阳明则侧重以致良知为基础的内圣的功夫志业。朱熹强调天地生物之心为天地之仁的本质,阳明则重视个人的致良知为仁的实际体现。两者均在寻求与天地合德或合一的生命与道德内外基础,仁之一词正好满足此一要求,因为这是人性的外在天命与内在本质。阳明同时重视本体的良知认识与本体的实践修持功夫,对其时代影响深远。

当代新一代的学者陈来、刘伟见、吴震等各自发挥朱王本体与良知之说,也就更进一步阐扬了易传与孔孟仁学之道。并与我的本体自我建立统合内外之道以理解与诠释天人存在的互通涵义精神一致。

下面将提出仁之时代新旨以为结论。

仁的时代新旨:"牺牲仁学"

孔子有言:"志士仁人,无求生以害仁,有杀身以成仁。"(《论语·卫灵公》)代表的是一种为整体利益或生命意义而愿意牺牲自我生命的牺牲精神,不会因贪求生存而损害仁,孟子则强调:"生,亦我所欲也;义,亦我所欲也。二者不可得兼,舍生而取义者也。"(《孟子·告子上》),……表示如生命与正义不能兼有,则宁可牺牲性命而求取正义。"杀身以成仁,舍生而取义"显示仁学不只是道德修养,也可以是牺牲奉献。仁学因之可以分为日常的道德仁学以及非常的牺牲仁学,仁不但是德行,也是责任与义务。

谭嗣同撰写他的《仁学》一书于1896年与1897年之间。戊戌政变后,梁启超在日本将其中一部分发表于1899年的《清议报》上,后来正式刊印成书。

谭嗣同是革命家,但也是思想家,如康有为一样,敢于引进新的科学概念来诠释传统儒学概念甚或颠覆之。他杂糅儒、释、道、墨各家和西方自然科学、社会政治经济学说,形成了独特的存在本体之说。基于牛顿物理学以物质元素构成天地万物,并以万有引力为普遍定律,相互吸引或排斥,便说是仁的应用。因之以"以太"或电子等同于仁而为世界的本体。世界的存在和发展都是由于"仁"的互通本质而来。但他又认为为"以太"自身是"不生不灭"的,而万物则是变动不居的,只有"聚散",没有"生灭",此点却像张载的气即太虚之说。

仁作为理解的"理解仁学"

谭嗣同以事物之变动性论证改革社会制度的重要性,他要冲破网罗,去传统"名教"的三纲五常、利禄、俗学、天命、佛法等封建制度而后快,建立"君末民本"的新社会。他的《仁学》虽然是一部不成熟的哲学作品,但他表现的勇敢革新与创新精神却是他对他的时代精神的发挥。他所成就的是一部牺牲仁学,而非一般性的道德仁学。

什么是我们这个时代的精神呢？我在此处想提出仁即人我或人他之间相互理解后引申的同情共生精神。把个人天生内涵的善转化为行动的平等对待互助与协作。

我以"理解"诠释仁此一原始生命之情,是为仁学提供了一个现代诠释学的广泛基础,把爱心、本性、知觉、生物之心、牺牲精神及天地万物一体之情融合为一体了。此一"理解仁学"与易经第40卦之"解卦"精神相符,有"赦过宥罪"之象,更有"天地解而雷雨作,百果草木皆甲坼"之大仁气概。仁即解放,仁即理解。

结论：仁学五理

纵观仁学思想的发展,我们可以把仁学终结为人类所经验而又发挥其意义的五项理性的感情（自然,合理,感通,善意,和谐）:

1. 天之理:易学中的天地乾坤精神,大德敦化,自然之道；
2. 地之理:（物理）乾道变化,品物流行,各正性命,饱和太和；
3. 人之理:（人理）己所不欲,勿施于人,己欲于立而立人,己欲达而达人；
4. 心之理:以天地生物之心为心,以天地万物为一体,致万物之良知；
5. 管之理:整体计划,以人为本,随机变化,切合实际。

在这五个仁的体验中,宇宙万物与人的知识及行动都是仁的理性感情的对象,也是其起源,扩大了存在一体之感,也提高了整体存在的价值意义。仁学非宗教,但却是一个理想的宗教的生活态度。它满足了儒学作为理想宗教的诉求。

"执中":成就儒家一种自由

冯晨

(中共山东省委党校哲学教研部)

摘要:在儒家思想中,"中"可以看作本体,也可以看作方法。由"中"是本心所发的"心意"来说,"中"每时每刻代表本心,具有本体意味。从"中"是因心感物而产生伦理要求而言,"中"又是本心给予事物的规定,具有方法论意义。相对应的,儒家"执中"内含的要求不仅是在功夫中呈现本心,还要在道德实践中落实"心意",为此,"权变"就成为"执中"不可或缺的内容。通过"执中",本心的道德创造性得到充分体现,"心意"能够通达无碍地落实于生活,心灵境界也能够扩充至天地宇宙,从而实现了作为道德主体的本心的自由。

关键词:中;执中;权变;自由

一、"中"与"本心"

"中"是儒家思想中一个重要的概念,有很多义项,如:中央、中正、恰当、不偏不倚,等等。要理解"中"应该从其最初的意思说起。从甲骨文中的"中"字来看,它形象地展示为"旗帜"。目前学界比较认可的观点是"中"为旗帜所在的位置。唐兰先生的观点具有代表性,他谈及"中"的意义演变:"余谓中者最初为氏族社会中之徽帜,《周礼·司常》所谓'皆画其象焉,官府各象其事,州里各象其名,家各象其号',显为皇古图腾制度之孑遗。此其徽帜,古时用以集众,《周礼·大司马》教大阅,建旗以致民,民至,仆之,诛后至者,亦古之遗制也。盖古者有大事,聚众于旷地,先建中焉,群众望见中而趋附,群众来自四方,则建中之地为中央矣。列众为陈,建中之酋长或贵族,恒居中央,而群众左之右之望见中之所在,即知为中央矣。然则中本徽帜,而其所立之地,恒为中央,遂引申为中央之义,因更引申为一切之中。后人既习用中央等引申之义,而中之本义晦。① 根据唐兰先生的观点,"中"由旗帜演化为一个确定旗帜的方位:中央。同时,根据唐先生的描述我们可以推断,旗帜所在的地方是由人们根据自己的意志选定的。因此,"中"具有主体的规定性。

经验告诉我们,离开主观,单纯从事物中去发现"中"是比较困难的,因为我们认定的"中"是相对的。如朱子引程子言:"中字最难识,须是默识心通。且试言一厅,则中央为中;一家,则厅非中而堂为中;一国,则堂非中而国之中为中,推此类可见矣。"② 同时,我们应看到,"中"并不是如物体的质量、体积等属性是相对固定的,它具有很强的主观性。比如,我们对糖的甜度,盐的咸度,感觉"正好"的那个"中"并不是固定不变的。即使在有很多计量工具的帮助下,情况也是如此。比如天平的中间刻度对于刻度盘来说是"中",但是,真正对我们有意义的"中"是被称量物的多少。由此可知,"中"的确定并不完全凭借事物本身的中间点或者圆心。

稍加注意,就会发现,不仅"中"的判断标准在主体,"中"还与主体的"德性"有密切关系。"中"经过最初意义的发展逐步与内在德性紧密关联,关联的方式就是"中"的概念被个体所理解并内化为道德动机,从而身体力行之。这个特点在《易经》中体现得较为突出。《观》卦之《象》曰:"中正以观天下。""中正"是兼指六二与九五而言。六二为柔,居下卦之中位,可看作臣位,九五为刚,居上卦之中位,属于君位,体现刚柔分中之义。中正之道如君臣各居其位。每个位都有一定的德性要求,所谓"君爱""臣忠"。这些德性因"中"而显。慢慢地,"中"成为行为的标准,"中行"成为道德规范。《论语·尧曰》有"允执厥中"之说,就是在强调"中"的德性规定。既然"中"与德不可分,它也就与心密切相关了。《尚书·盘庚中》有"汝分猷念以相从,各设中于乃心",说明"中"是由"心"给出。所以,清人王引之解之曰:"各设中于乃心者,各于汝心求合中正之道也。"③

---

① 唐兰/著.殷墟文字记[M].北京:中华书局影印本,1981年版,第53—54页。
② [宋]朱熹/著.四书章句集注[M].北京:中华书局,1983年版,第357页。
③ [清]王引之/撰.经义述闻·第一卷[M].济南:山东友谊出版社,1990年版,第334页。

既然"中"由主体决定,心的选择能力就非常重要。道德动机如要表现于外则往往与伦理生活中的行为选择有关。如在一个生活场景中,我们内心产生了道德要求,需要选择合适的表达方式。我们面临社会中的各种道德规则、伦理规范,遵循哪一条规则或者规范是需要自我选择的。表面看,这是一个简单的选择,但是,需要心足够敏感。还有,遇事如果一味依循外在的道德规则看起来并不难,但是,在真正实施的时候却需要"方式"和"度"的把握。能够把以上两者灵活地运用于现实生活是一种能力,这种能力包括道德的判断和执行。

从各种规则中能够选取一种规则来表达自我内在的道德要求,需要内心有个"恰当"作为先导,这种"恰当"作为德性,往往被以"中德"称之。《尚书·酒诰》引周公话曰:"丕惟曰:尔克永观省,作稽中德。"孔安国传曰:"汝能长观省古道,为考中正之德,则君道成矣。"[1]顺着孔安国的意思说,君道成否与有没有中正之德关系极大。中正之德怎么来的?孔安国认为是"考"。所谓"考",并非限于分析比较,是需要心去体悟。如果通过分析比较就得中正,那么说明中正是客观存在的,是事物本身具备的中点。如果这样,"中"就是客观标准,事事物物无不有中,人人得见之,那"中"就与人没有任何关系了。事实是,人们在生活中处处"考"中、择"中",以求中正之道。因此,"中"非由心所认可则不成为"中"。孔子说:"三人行,必有我师焉。择其善者而从之,其不善者而改之。"(《论语·述而》)这里对善的选择即由心的认可或者肯定为先导,这是"中"的形成基础。因此,从形式上说"中"是心的感觉,从性质上说"中"当然是一种德性。

由于"中"的形成由心决定,那么,本心的特点会给予"中"以特定内涵。众所周知,儒家所言的本心与事物关联的方式不是通过概念,而是通过直觉。王阳明教弟子如何体会"中"的时候说:"此须自心体认出来,非言语所能喻。"[2]这告诉我们,"中"不是知识,是内心的体认。由于这个特点,"中"就成为本心或者道心的自然发露。《尚书·大禹谟》有言:"人心惟危,道心惟微。惟精惟一,允执厥中。"个体私欲容易识别,因为欲随物而起,随物而迁,感受强烈。道心

---

[1] [汉]孔安国/传,[唐]孔颖达/疏.尚书正义[M].上海:上海古籍出版社,2007年版,第553页。
[2] [明]王守仁/撰,吴光等/编校.王阳明全集[M].上海:上海古籍出版社,1992年版,第23页。

是自我的,不随物迁变,平时不容易被察觉到。但是,在欲心与道心发生冲突的时候,道心就会凸显出来。日常生活中,人们遵从社会的普遍规范生活,这些规范很多时候和道心并不相悖,因此,道心不需要时时登场,这是道心微妙的原因。虽然如此,这不代表它不存在。王夫之言:"木不待人斫,而曲直也固然;火不待人炀,而炎上也固然;金不待人冶,而从革也固然,水不待人导,而润下也固然。不待孺子之入井,而慈以憨者固存……物止感息而已有据,见于天壤间而物有征,各正性命,其有或妄者哉!"①王夫之认为,道心自在,无须刻意造作,只要顺其自然,道心应显而显,应藏而藏,其呈现的方式为"和顺而为光辉之自发"②。其观点代表了儒家对于德性存在方式的看法,如果用这种方式看"允执厥中","中"不仅有本心的规定义,还可以体会其本体义。

本心的另一个特点是作为道德的自觉者和主动者,它需要通过一定方式在现实中呈现自我。本心要落实于生活,其产生的要求(在此称为"心意")需要转变为行为。行为发生后需要有个判定,即此行为是否表达了本心,完成了"心意"。因此,行为的恰当则成为"中"的内容。朱熹对"中"的看法即是从这个角度入手。他说:"中者,不偏不倚,无过不及之名。"③这种表述方式是从"中"在伦理生活中的表现来说的,"偏倚""过分"都是本心呈现于外的过程中所出现的问题,并非"心"不正。因此,现实中很多"恶"是"心意"落实不到位或者偏倚造成,因此,在事物的"过"和"不及"这两个极端之间也不可能自行存在一个"中"。例如,在儒家看来,"怯懦"与"鲁莽"都不好,但"勇敢"不是产生在两者之间。孔子说:"见义不为,无勇也。"(《论语·为政》)"勇敢"是因为心感受到心中的"义"并付诸行动而产生,非理性在两种"恶"之中分析得到的。所以,"中"在本心。行为的恰当在于听从"心意","执中"是把心意落实,让事物的发展合乎心的要求。从这个角度说,"中"是行为的恰当,具有方法论意义。

由此得出,"执中"非"折中"。在伦理生活中,"中"产生善,"过"与"不及"容易导致伦理的恶。人们很容易在善恶之间选一个过渡点,即把"不善不恶"作为"中"。事实是,在逻辑顺序上,"心"首先因伦理情境有感而发,给出了行

---

① [清]王夫之/著,王孝鱼/点校.尚书引义[M].北京:中华书局,1962年版,第25—26页。
② [清]王夫之/著,王孝鱼/点校.尚书引义[M].北京:中华书局,1962年版,第26页。
③ [宋]朱熹/著.四书章句集注[M].北京:中华书局,1983年版,第17页。

为的方向,此方向即"中",离开此"中"才有"过"或者"不及",而非相反。明白这一点,"中"就是"最好""最恰当",与"不好不坏""差不多"没有任何关系。所以,生活中的立场不定、混淆是非只是精巧的利己行为,和"执中"无涉。

二、"执中"与"权变"

儒家"执中"思想是通过生活中的道德选择来体现的。我们知道,传统的伦理生活有一套完整的制度作为基础,此制度即礼。通常来说,礼作为伦理规范有坚实的人性基础,是仁义外化的结果。因此,遵循礼的规定,往往不会违背仁心。所谓:"礼乎礼,夫礼以制中也。"(《礼记·仲尼燕居》)然而,并不是所有的伦理情境都可以应用现成的礼数作为指导,甚至有时候,一种情况,可以选择多种礼数。如此,如果仅仅运用理性来选择礼数,时常会无所适从。这个时候,就需要有一种能力来"发明"一种做法使其既合乎自我内心的要求,同时,又合乎他人的道德情感。也就是说,面对一种伦理情境,"本心"所产生的道德动机如何落实,则需要一种特殊而得体的行为方式。而"权变"则成为获得这一方式的主要指导。

"权变"是"执中"的内在要求。"中"作为儒家一个重要的概念,表现了儒家对待现实生活的特有态度,即一切围绕内心的道德情感行事。为了表达对内心道德情感的尊重,儒家并不完全固守公共的礼法约束,而是通过"权变"来达到内心的"安然"。"中"表现于外,有自己的特点,即通过"权变"达到行为的"适宜"。如果仅从个人的外在表现上来规定"执中"的内涵,那么,非"适宜"一词不可以确切表达。如果从"中"的发生来说,"中"是由本心所发出的"应当"。那么,"执中"则需要良知时刻警醒,让"心意"所发不"委曲"、不偏倚。在这个意义上谈"执中"之"执",则含有闲邪存诚,让本心自显之义。由此看,"执"既是一种信念,也是一种功夫。从信念来说,"执中"必须坚信"中"即我良知本心,此良知本心是我固有之;从功夫来说,必须通过诚、敬等的修养,摒除私欲,发明本心,给"心意"产生提供条件。所以,"执中"之"执"非一味执念、苦苦所求。否则就是刻意助长,反倒是阻碍了"心意"自然发出。以此观点,"执中"以心为要,在心与物的冲突中,"权变"就不可避免。孟子说:"执中无权,犹执一也。所恶执一者,为其贼道也,举一而废百也。"(《孟子·尽心上》)"执中"如果没有"权变",就往往容易拘泥于外在的礼法规定,让人一根筋走到底。这样容易导致一个后果,抓住一点而不计其余,无法表达"活泼泼"的本心。为说明这一点,我们看《孟子》中的一个例子:有人问孟子,男女授受不亲是不是礼？孟子答曰:是。之后此人问,如果你嫂子掉到水里你拉还是不拉？孟子没有犹豫,直截了当表明自己的态度:当然要拉。孟子接下来这样解释:"男女授受不亲,礼也;嫂溺援之以手者,权也。"(《孟子·离娄上》)如果"执中"无"权",在这个特殊事件中嫂子就可能被淹死。所设定事件的性质是有人落水,需要有人见义勇为。在解救的过程中,虽然涉及男女授受不亲的礼数,但是,为日常男女交往之大防而设定的礼数并不适用于救人于危难的事件。如果一味拘泥,就会错过救人时机,酿成大错。柳宗元在《断刑论》中有一段论述,对于如何解决尊礼与"权变"的关系问题有极大的意义,他说:"经也者,常也;权也者,达经者也;皆仁知之事也。离之,滋惑矣。经非权则泥,权非经则悖。是二者,强名也。曰当,斯尽之矣。当也者,大中之道也。离而为名者,大中之器用也。知经而不知权,不知经者也;知权而不知经,不知权者也。偏知而谓之智,不智者也;偏守而谓之仁,不仁者也。知经者,不以异物害吾道;知权者,不以常人佛吾虑。合于一而不疑者,信于道而已者也。"[①]柳宗元认为,遇到事情,不论是用"经"还是用"权",一切以"当"为标准,恰当就是中道,离开恰当,一味遵循礼法常经,则有时候可能会背离道德,甚至戕害人性。

"权变"是因为"执中"而权变,并非随心所欲,完全无视社会礼法规范。如上文所述,"权变"对于"执中"的实现是极其必要的,离开了必要的"权变","执中"就成为"执一",从而失去对于本心的表现作用。认识到这一点对于张扬人性,培养道德生命具有积极意义。然而,由本心到行为,除了理论上有一个完美的架构之外,还需要有现实上的操作性,即"权变"不是无原则的变通,而是有所遵循。"权变"所依据的原则自然是不违本心,然而,如何顺应本心表现在现实中则往往比较复杂,至少需要有一个把捉之处方才有效落实。否则,"权变"就容易成为恣意妄为的借口。为解决这个问题,需要首先分析"心"与"物"的关系。"中"的确立者是本心,其确立一定需要外在的事物作为对象,否则,"心意"就会落空。王阳明说:"意未有悬空的,必着事物,故欲诚意则随意所在

---

① [唐]柳宗元:柳宗元集[M].北京:中华书局,1979年版,第91页。

某事而格之,去其人意而归于天理。"①在现实中,道心人心共同显现于对象性的事物上,使人难以立判。如何通过"格物""致知"然后达到"意诚"将成为关键。"意诚"不仅能够表达本心,也能让事物获得其意义。所以,"意诚"即"中"。那么,"权变"的原则问题可以通过"意诚"而解决。如何"意诚"?儒家从两个向度入手。

一是从本体向度:本心并非一物,诚正的"心意"即本心。阳明言:"心无体,以天地万物感应之是非为体。"②从这个角度说,"心意"即本心。《中庸》言:"喜怒哀乐之未发,谓之中;发而皆中节,谓之和。中也者,天下之大本也;和也者,天下之达道也。"朱熹注之曰:"喜怒哀乐,情也。其未发,则性也,无所偏倚,故谓之中。发皆中节,情之正也。无所乖戾,故谓之和。大本者,天命之性,天下之理皆由此出,道之体也。达道者,循性之谓,天下古今之所共由,道之用也。"③在朱熹看来,"和"是对性(中)发之于外的规定和描述。所谓"和"即"中节",判断"中节"与否的标准,在于心发之于外的时候,有没有乖张偏斜,是否让人身心愉悦。因此说,"和"即"达道",属于"道之用"。二程解释:"情之未发,乃其本心。本心元无过与不及,所谓'物皆然,心为甚',所取准则以为中者,本心而已。由是而出,无有不合,故谓之和。非中不立,非和不行,所出所由,未尝离此大本根也。"④在伦理意义上,儒家把"中"作为"大本",个体从"中"开始,让本心、良知自我提升,同时向外辐射,推己及人。在伦理生活中,由自我到家庭,到宗族乃至天下,才会实现人际关系的和谐、万物的和谐。因此,"和"不仅是"意诚"的必然结果,也是是否"意诚"的标准。如此,"和"就成为"执中"过程中判断是否需要"权变"的一个基本原则。比如,孟子提到"舜不告而娶"的例子。舜由"权变"达到的效果是完成了孝道,获得了天伦之乐,这符合"和"的要求,也符合道的要求,非以此为目的,其"权变"就是乱来。焦循言:"孟子之书,全是发明《周易》变通之义。道不行而徒沉浮铺啜,不可变通者也。为无后不告而娶,可变通者也。……于此量度之,则权之即礼即道明矣。"⑤据

---

① [明]王守仁/撰,吴光等/编校.王阳明全集[M].上海:上海古籍出版社,1992年版,第91页。
② [明]王守仁/撰,吴光等/编校.王阳明全集[M].上海:上海古籍出版社,1992年版,第108页
③ [宋]朱熹/著.四书章句集注[M].北京:中华书局,1983年版,第18页。
④ [宋]程颐,程颢/著,王孝鱼/点校.二程集[M].北京:中华书局,1981年版,第252页。
⑤ [清]焦循/撰,沈文倬/点校.孟子正义[M].北京:中华书局,1987年版,第532页。

此可鉴,"权变"是为了更好地表达"中"道,尽管表面看来,"权"于礼有违。

二是从方法论角度:因为事物的"适宜"是由本心确定,所以,日常生活中待人接物是以达到"中"为目标,"中"道成为一种表现本心的途径。从这个角度来说,"权变"是一种方法。

我们知道,每个人在伦理生活中具有多重角色,每个角色内含一定的责任和义务。此伦理角色称之为"位"。不仅人人如此,万物在天地间也各有其位,如"鸢飞戾天,鱼跃于渊"。(《诗经·大雅·旱麓》)"位"不是外部规定,而是个体本性的自我定位。唯有在自我的"位"上,本性才能得到良好地发挥。孟子说:"君子所性,虽大行不加焉,虽穷居不损焉,分定故也。"(《孟子·尽心上》)只有各安其分,各守其则,万物才能和谐有序,并生共荣。《中庸》言:"素其位而行,不愿乎其外。素富贵,行乎富贵;素贫贱,行乎贫贱;素夷狄,行乎夷狄;素患难,行乎患难。君子无入而不自得焉。"众多伦理问题的出现,恰恰就是没有发挥好"位"的作用,个体本性没有得到应有的体现,本心没有发挥良好的作用。所以,《中庸》也说:"致中和,天地位焉,万物育焉。"但是,如何做好自己,成就本位却不简单。比如,《孟子》中"窃负而逃"的例子。舜的父亲杀人犯罪,作为天子的舜当然需要依法办事,这是"天子"之"位"内含的责任。然而,他同时也是瞽叟的儿子,负有孝的责任。这对矛盾如何解决?舜不可能把天子之"位"和孝子之"位"的责任同时承担起来,只能选取一个。最终,他选择了后者。用孟子话说:"舜视弃天下犹弃敝蹝也。窃负而逃,遵海滨而处,终身䜣然,乐而忘天下。"(《孟子·尽心上》)舜能够选择亲情,弃天下如敝蹝,是因为亲情离仁心最近。儒家认为,亲情是伦理关系的开始。孟子说:"人之所不学而能者,其良能也;所不虑而知者,其良知也。孩提之童无不知爱其亲者,及其长也,无不知敬其兄也。亲亲,仁也;敬长,义也。"(《孟子·尽心上》)舜与父亲享受天伦之乐,顺从了仁心,也体现了孝道,这种选择不是来源于理性,而是依从本心。所以,所谓"权",目的不在于获取最大的快乐或者利益,而在于让本心不受委屈。

当然,言及此,并不是要求所有人都在舜所面对的矛盾中选择亲情。现实中,在亲情和公理发生矛盾的时候毅然选择大义灭亲也大有人在。至于如何选择,应该根据实际情况。儒家在此有一个标准,即"结果上的善"。"权者反于经,然后有善者也。……行权有道,自贬损以行权,不害人以行权。杀人以自生,亡人以自存,君子不为也。"(《春秋公羊传·桓公十一年》)儒家"离经叛道"的目的在于成就本心,成就的效果是以伦理生活中所形成的善来评价的。如果一个人仅仅是动机良善,一旦落实此良善动机却不能造成"结果上的善",甚至出现好心做成坏事的情况,那么,就需要调整行为的方式,以最终形成一个善的结果。所以,"权变""成全"了两端,即本心的"应当"和事物的"适宜",这两者缺一不可才可以完成善的丰满内涵。

因此,"权变"在实践领域所遵循的原则,不管是"和"还是"善",如果从伦理生活中还原,最终指向的还是本心。因为,"和"与"善"最终的裁判者为人人皆自有的一点良知。所以说,"权变"是"执中"的一种形式,体现了本心的道德创造力。

三、"执中"实现本心的自由

根据上文论述,"中"有本体的意义,也有方法论的意义。之所以得出这种观点,是因为审视"中"的角度不同,然而这并不妨碍"中"呈现本心的基本义。在实践中,"执中"因为有"权变"作为补充,"执中"就更能够让本心通达于外。从这个意义上说,本心因为"执中"实现了自由,这种自由不仅是本体意义上的德性能够自主生发,也是本心发出的道德意志能够全面落实于现实生活。本心自由的实现通过两个方面:

(一)"执中"给本心的道德的自由创造提供机会。本心具有道德生命力,时时刻刻应对着当下生活,为生活提供行为指向。虽然,本心并非一物,然而它的实在性是不容否认的。王阳明说:"人君端拱清穆,六卿分职,天下乃治。心统五官,亦要如此。今眼要视时,心便逐在色上。耳要听时,心便逐在声上。"[1]因此,本心时刻跟随我们的日常行为而在。然而,本心之在,是我们根据其用而反向证明其在。我们无法观察其在的状态,也无法明白"心意"如何生出。理性只能在"心意"发出之后对其进行考察,却不能在其发出之先提醒之、左右之。因为"心意"最终与天、性有关,非自我理性所预设。王夫之说:"君子亦将于事物求中,而日用自可施行。然而有不能者,则以教沿道而设,而道则

---

[1] [明]王守仁/撰,吴光等/编校.王阳明全集[M].上海:上海古籍出版社,1992年版,第22页

一因之性命,故不容不于一动一静之间,审其诚几,而反乎天则。是行乎事物而皆以洗心于密者,本吾藏密之地,天授吾以大中之用也。审乎此,则所谓性、道者,专言人而不及乎物,亦明矣。"①正因为此,本心的道德生发具有绝对的自主性。本心在其自主性的基础上应对事事物物,不断创生各种道德动机以指导道德行为。我们知道,道德的创生需要心的自我澄明。因此,儒家"执中"之说并非左右本心,而是时刻提醒自己:本心自在,遇事应该诉诸本心。

道德创生在于让本心的力量自由释放。孟子曾说:"学问之道无他,求其放心而已矣"。(《孟子·告子上》)"求放心",用陆九渊的话说是"日夕保养":"古人教人,不过存心、养心、求放心。此心之良,人所固有,人惟不知保养而反戕贼放失之耳。苟知其如此,而防闲其戕贼放失之端,日夕保养灌溉,使之畅茂条达,如手足之捍头面,则岂有艰难支离之事?"②在本心不受戕害和压抑时,他本有的生命力才可以自由释放,产生无尽的道德创造力。王阳明认本心为良知,这是从功能上看本心,他说到:"知是心之本体,心自然会知。见父自然知孝,见兄自然知弟,见孺子入井自然知恻隐。此便是良知不假外求。"③王阳明说的"良知"是本心"不假外求"而能知得,所知的内容也是本心的自我创造,并不是学习认知所得。鉴于此,"良知"是心的自知,和运用知性从经验获得知识的方法不同。

因此,礼节必须和本心的创造性联系起来才有意义。礼节是通过认知获得的,如果在施行这些礼节时,本心没有发动,那么,行礼和戏子表演无别。如何让本心参与?本心自在,无须故意,如果勉强为之,属于自我造作,别立一心。王阳明回答徐爱的话可以告诉我们本心如何与礼节统一。徐爱问:"如事父一事,其间温凊定省之类有许多节目,不知亦须讲求否?"王阳明答曰:"如何不讲求?只是有个头脑,只是就此心去人欲、存天理上讲求。就如讲求冬温,也只是要尽此心之孝,恐怕有一毫人欲间杂;讲求夏凊,也只是要尽此心之孝,恐怕有一毫人欲间杂:只是讲求此心。此心若无人欲,纯是天理,是个诚于孝亲的心,冬时自然思量父母的寒,便自要去求个温的道理;夏时自然思量父母

---

① [清]王夫之/著.读四书大全说[M].北京:中华书局,1975年版,第65页。
② [宋]陆九渊.陆九渊集[M].北京:中华书局,1980年版,第64页。
③ [明]王守仁/撰,吴光等/编校.王阳明全集[M].上海:上海古籍出版社,1992年版,第6页。

的热,便自要去求个清的道理。这都是诚孝的心发出来的条件。却是须有这诚孝的心,然后有这条件发出来。"①

同时,万物与本心统一才能真正称其为物。《中庸》言曰:"诚者,物之终始,不诚无物。"物所以成物,因为有道。万物之道因为本心而得充分弘扬。孔子言:"人能弘道,非道弘人。"(《论语·卫灵公》)对此,宋人邢昺疏曰:"道者,通物之名,虚无妙用,不可须臾离。但仁者见之谓之仁,知者见之谓之知,是人才大者,道随之大也,故曰人能弘道。"②道是因为本心的创造性弘扬而显,所谓"仁者见仁,智者见智",这种创造性不仅使本心可以从容地应对伦理关系,也可以从容地体察万物之生息,使心与物浑然一体。可以看出,从"弘道"的角度理解心与道的关系,更能突出本心使万物随心转的自主性。所以,《中庸》才有:"诚者,不勉而中,不思而得,从容中道。"本心自明,遇事自会"不勉而中,不思而得"。很明显,这里所谓的"中""得"是心体的自我感觉,也是社会人的共同认可。由此基础,即使社会规范有时候和内在的道德动机相冲突也无大碍,因为儒家会通过"权变"以解除外在规范对本心的束缚。

换一个角度,从儒家的本体论入手分析,"执中"则是"本心"自由地向事物展开。万物变动不居,人们的社会生活也不会一成不变。本心应对万物及其人际变化总是瞬时改变的。"易之为书也不可远,为道也屡迁。变动不居,周流六虚,上下无常,刚柔相易,不可为典要,唯变所适。"(《易经·系辞下》)在这种瞬时变化中也有不变的基础,即本心和天道通而为一。因为这一基础,天道的变化原则和本心判断要求就是一致的。所以,"唯变所适"的"变"是心在主动地变,而非因为事物之变而被动迁变。从这个意义上说,伦理生活中的"执中"既可以说是顺道而为,也可以说是本心自为。因此,"中"既符合主观意义的本心,也符合客观意义的道。只有如此,万物的周流变化和本心的好恶喜怒才会一致。从这一原理出发,在伦理生活中,我们依据本心所发之"心意"应对事物,则无不中事物之"中"矣。因而"执中"也成为天道与人心的统一过程,这一过程也体现了本心的自由。

(二)"执中"为"本心"的伦理实现拓宽道路。陈淳说:"中有二义,有已发

---

① [明]王守仁/撰,吴光等/编校.王阳明全集[M].上海:上海古籍出版社,1992年版,第2—3页。
② [魏]何晏/注,[宋]邢昺/疏.论语注疏[M].北京:北京大学出版社,2000年版,第245页。

之中,有未发之中。未发是就性上论,已发是就事上论。已发之中,当喜而喜,当怒而怒,那恰好处,无过不及,便是中。……此事合当如此,彼事合当如彼,方有个恰好准则,无太过不及处,可得而操执之也。"①"已发之中"是从本心发出,表现在情感上则是当喜则喜、当怒则怒。在此,陈淳所言"当"字则是最显要紧的。据上文论述,"当"与"不当"非客观事物本身所决定,而是由本心判定。在道德判定上,本心具有绝对的自主性,这是本心自由的前提。朱子曾说:"盖中无定体,随时而在,是乃平常之理也。"②这说明了"中"所具有的最高灵活性。"中"作为一种方法论,具有极强的可操作性,是儒家处理以伦理为基础的生活方式的基本原则,即"可得而操执之也"。

伦理生活本身是以"中"为基础的生活,社会各种角色之间都有一定的伦理原则,如何恰当地表达这些原则,无不是"中"的内容。所以,"执中"所内含的要求是,我们既不能违背本心,也不能脱离生活。《中说》记王通言:"上不荡于虚无,下不局于器用,惟变所适,惟义所在,此'中'之大略也。"③这说明"中"是本心临于事物时的状态,此状态涵括心与物的即时变化。作为道德主体的本心只有在与现实事物的不断"接触"中才表现得最富有活力和创造性。从另一面说,本心只有在各种私欲或者工具理性的纠缠和围堵中才能真正体现自我的主体性。王阳明说:"舜不遇瞽瞍,则处瞽瞍之物无由格;不遇象,则处象之物无由格。周公不遇流言忧惧,则流言忧惧之物无由格。"④所以,伦理实践是本心实现自我的最佳途径,"执中"就在这个过程中发挥作用。从这个意义上说,"权变"已经不是偶尔的变通,而是因尊重本心而形成的原则。孔子曾说:"可与共学,未可与适道;可与适道,未可与立;可与立,未可与权。"(《论语·子罕》)从孔子的表述看,"权"相对于其它品质来说最为难能。因为这不仅需要考量一个人伦理知识的多少,更重要的是要考察一个人发挥本心直觉的能力。朱子引程子言曰:"权,秤锤也,所以称物而知轻重者也。可与权,谓能权轻重使合义也。"⑤"权"是否含有"权轻重"之义?"权轻重"应该是"权"最初

---

① [宋]陈淳/著,熊国祯,高流水/点校.北溪字义[M].北京:中华书局,1983年版,第48页。
② [宋]朱熹/著.四书章句集注[M].北京:中华书局,1983年版,第19页。
③ 张沛/撰.中说校注[M].北京:中华书局,2013年版,第2—3页。
④ [明]王守仁/撰,吴光等/编校.王阳明全集[M].上海:上海古籍出版社,1992年版,第2269页。
⑤ [宋]朱熹/著.四书章句集注[M].北京:中华书局,1983年版,第116页。

的意义。然而,与"执中"相对应的"权变"之"权",其意义则发生了根本的改变。生活中,如果一种做法合宜,它就是这个特殊的情境下唯一的做法,否则就是"不义",不存在比较的问题。当然,现实中也存在一种所谓伦理难题,即理性设计一个套路,把本心赶入死胡同,让其没有任何选择。比如有人设计这样一个场景:一列制动失灵的火车行至一个岔路口,一边的火车道上是一大群工人在工作,另一边是几个小孩在玩耍,问司机该引导火车冲向哪边?这种问题只适合于用理性分析,即"权轻重"之"权",对于本心良知来说,这是没有选项的。如上分析,虽然"权轻重"之说有失恰当,但程子"合义"一词却道出"权"的目标:听从本心。孔子则是用生活阅历告诉我们"执中"即随时让事物"合义"。他说:"君子之于天下也,无适也,无莫也,义之与比。"(《论语·里仁》)他在论述了几位贤者的德性时说:"我则异于是,无可无不可。"(《论语·微子》)孔子最为"讲礼",为何在此如此洒脱,那是因为他把自己交给了仁心,让自我从纷繁的礼节中超脱出来,还原了一个"真我"。

  由此,更进一步说,"执中"为本心提供了超越的自由。善于"执中"的人被称为"圣人","舜其大知也与!舜好问而好察迩言,隐恶而扬善,执其两端,用其中于民,其斯以为舜乎"。(《中庸》)如尧舜一样的圣人能够善于"执中",是因为他们既能够感悟天道、又能体察人心。天道与人心的贯通使得本心不再囿于个体,它超出自我,上达至天命。本心只有超越至天道或天命才能回归真正的自我,这是儒家道德超越的方式。这种方式决定了儒家不只是对于现实生活采取厚德载物式的接受态度,也决定了儒家不断把人们的生活引向更高尚、更理想的道德境地,儒家思想存在的意义正在于此。"由天命所代表的良知和理想标准发出的声音,才是在评定人间事物时所依据的终极判断标准和范围。按照儒家对'仁'的理解,人可以成为衡量人的尺度,但只是因为人心中高尚的道德意识和宇宙意识,自我超越才成为可能。同样,如果儒家一方面接受现实,另一方面依然希望能够影响现实,以此作为改造现实的必要条件,那么,人心中的天命就是关键。"① 儒家的理想实现,由本心的自我发明开始。本心在伦理生活中努力拓展道路,正是由于现实的局限,才能彰显本心的自由。由伦理中的"执中"开始,本心能够一步步实现自我,直到扩充至天地宇宙,以

---

① [美]狄百瑞/著,黄水婴/译.儒家的困境[M].北京:北京大学出版社,2009年版,第10页。

复归天命。行文至此,我们如果听到陆九渊如下所言就不会感到一点虚狂,他说:"心之体甚大,若能尽我之心,便于天同。"①

综合以上两点可以得出,本心作为自觉、自为、自主的道德本体,具有自己的活动方式。因此,自由是本心所必然具备的重要特点。同时,本心可以看作"我"对表现于外的一系列行为的作用。本心的这种作用,一方面是肯定性的,即对自我行为的肯定、对万事万物合于道的发展的肯定,这种肯定架构起了自我的尊严和价值,体现了道德评判的意义;另一方面又是否定性的,是对自我私欲的否定和限制,这种否定和限制让自我严格区别于"禽兽"。正是在这种肯定与否定、彰显与打破之间,本心实现了自我价值,凸显了自己的自由。无疑,在这个过程中,儒家"执中"思想为本心这种自由提供了有力的保障。

---

① [宋]陆九渊.陆九渊集[M].北京:中华书局,1980年版,第444页。

孔子自由观及其正义论基础

黄玉顺

(山东大学儒家文明省部共建协同创新中心)

毫无疑问,"自由"与"正义"都是人类共同的价值观。不过,两者之间的关系如何,尚待揭示。本文将通过分析孔子的自由观及其正义论基础,呈现"自由"与"正义"的内在关系。

引论:普遍的"自由"概念

在讨论人类共同价值的时候,人们往往只着眼于共时性(synchronic)维度,如中国和西方的价值观念之间的共同性,而忽视了历时性(diachronic)维度,即古人和今人的价值观念之间的共同性。然而,贡斯当(Benjamin Constant)讨论古代人的自由(the liberty of the ancients)与现代人的自由(the liberty of the moderns)[1],就是一种历时性的眼光(尽管他的着眼点不是古今之间的共同性,而是差异性)。事实上,既然古代自由与现代自由都命名为"自由",这就已经逻辑地蕴含着一个观念:存在着一种作为上位概念而涵盖古代自由与现代自由的普遍"自由"概念(尽管贡斯当本人并未对此加以揭示)。诚如学者所说:"自由是人类永恒的追求,它并不仅仅属于'现代'。"[2] 显然,讨论孔子的自由观,所需要的正是这样一个普遍"自由"概念,因为孔子是古代人,不可能有现代的自由观念。只有在这种历时性考察之后,才能够进行恰当的共时性考察,即考察这种普遍自由概念之下的中西差异,进而揭示儒家对于自

---

[1] 贡斯当:《古代人的自由与现代人的自由——贡斯当政治论文集》,阎克文、刘满贵译,上海:上海人民出版社2003年版,第31、41页。
[2] 李海超:《儒家自由观的新开展》,《当代儒学》第12辑,南宁:广西师范大学出版社2017年版,第225页。

由的"现代性诉求的民族性表达"①。

(一) 两类"自由"观念的辨析

在讨论中国古代的自由观时,人们常说孔子的"从心所欲不逾矩"、庄子的"逍遥"达到了"自由境界"②;有学者说,"自由是修炼而成的",是一种"功夫"③。诸如此类的说法,可以称之为"境界论自由观",即认为自由是一种精神境界,它需要经过修养或修炼才能够达到。例如,按照冯友兰先生的境界论,"自然境界""功利境界""道德境界"都是不自由的,自由唯在于最高的"天地境界"④;按照蒙培元先生的境界论,自然情感之"诚"和道德情感之"仁"都是不自由的,自由唯在于形而上的超越之"乐"⑤;按照笔者的境界论,"自发境界""自为境界"都是不自由的,自由唯在于"自如境界"⑥。这样的"自由"观念将会导致严重的问题:

1.这种境界论自由观,实为"自由的等级分配"观念,将导致否定普通人的自由权利。因为:不论道德境界还是知识境界,按照境界论自由观的逻辑,普通民众当然很难达到较高的境界,更达不到最高的境界,因此,他们理当不自由,或者说不配享有自由;唯有"君子"甚至"圣人""至人""神人"⑦,才有享受自由的资格。

---

① 参见黄玉顺:《"儒学"与"仁学"及"生活儒学"问题——与李幼蒸先生商榷》,《四川大学学报》2008年第1期,第98－103页;《反应·对应·回应——现代儒家对"西学东渐"之态度》,《上海师范大学学报》2009年第5期,第22－28页。
② 参见谢扬举:《逍遥与自由——以西方概念阐释中国哲学的个案分析》,《哲学研究》2004年第2期,第34－40页;朱承:《在规矩中自在——由"从心所欲不逾矩"看儒家自由观念》,《现代哲学》2008年第6期,第97－101页;刘鹤丹:《自觉于规矩——由"从心所欲不逾矩"看孔子的自由观》,《孔子研究》2013年第5期,第42－49页;邓联合:《"逍遥游"与自由》,《中国哲学史》2009年第2期,第40－46页。
③ 倪培民:《修炼而成的自发性——以伯林为镜看儒家自由观》,《哲学分析》2021年第1期,第73－97页。
④ 冯友兰:《新原人》第三章《境界》,《三松堂全集》第四卷,郑州:河南人民出版社2001年版,第496－509页。
⑤ 蒙培元:《从孔子的境界说看儒学的基本精神》,《中国哲学史》1992年第1期,第44－53页;《心灵与境界——朱熹哲学再探讨》,《中国社会科学院研究生院学报》1993年第1期,第12－19页;《主体·心灵·境界——我的中国哲学研究》,载《今日中国哲学》,南宁:广西人民出版社1996年版,第841－859页;《心灵超越与境界》,北京:人民出版社1998年版,第21－24页。
⑥ 黄玉顺:《爱与思——生活儒学的观念》(增补本),成都:四川人民出版社2017年版,第167－186页。
⑦ 《庄子·逍遥游》,王先谦:《庄子集解》,成都:成都古籍书店1988年影印版,第3页。

境界论自由观认为,唯有达到了"天人合一"的境界,才能获得真正的自由。这其实是混淆了两类不同的"自由"概念:一类是与"必然"相对的、认识论范畴的"自由"概念,主体所面对的是必然性,即所谓"天"。例如"人固有一死"①,不存在"不死"的自由选项;纵然有时可以"制天命而用之"②,也不意味着可以自由地改变"天命",所以孔子才"畏天命"③。另一类则是与"奴役""被控制"或"受干预"等相对的、伦理学以及政治哲学范畴的"自由"概念,主体所面对的是"他者"(other)的意志。我们这里所要讨论的是后一类"自由"概念,"自由"意味着主体的意志行为不受他者的干预。这实际上就是伯林(Isaiah Berlin)所说的"消极自由"(negative liberty)④(但孔子的自由观并不限于消极自由,也不等于伯林的"积极自由"[positive freedom],详下)。

2.境界论自由观还蕴含着另一种危险,即"自由的心态解释",认为对自由的追求无需致力于改变外部的社会条件,只需努力改变自己的心理状态即可。例如,奴隶的自由不需要废除奴隶制,只需要奴隶们改变自己的心态。这显然是荒谬的。更有甚者,还有人对自由采取鄙夷的态度。这其实是鲁迅笔下的"阿Q精神",伯林称之为"酸葡萄学说"(sour grapes)⑤。显然,今天讨论自由价值观,作为一种"现代性诉求",必须警惕境界论自由观。

为此,必须将"自由"与"境界"加以断然切割,即自由与境界无关。事实上,孔子的自由观并不等于境界论自由观。最显著的例证就是他所讲的"匹夫不可夺志",即显然是讲的普通人的自由意志(关于"自由意志",详下)。邢昺解释:"匹夫,谓庶人也";尽管"庶人贱,但夫妇相匹配而已,故云'匹夫'";但是"匹夫虽微,苟守其志,不可得而夺也"。⑥ 普通民众当然谈不上有多么高的境界,但他们的自由意志是不可剥夺的。承认这种普遍存在的、不可能被夺去的

---

① 司马迁:《报任安书》,见《汉书·司马迁传》,北京:中华书局1962年版,第2732页。
② 王先谦《荀子集解·天论》,北京:中华书局1988年版,第317页。
③ 《论语注疏·季氏》,阮元校刻《十三经注疏》,北京:中华书局1980年版,第2522页。
④ 伯林:《自由论》,第189—195、200—201页。参见马华灵《被误读的与被误解的:中国语境中的伯林》,《天府新论》2017年第2期,第142—150页。
⑤ 伯林:《自由论》,胡传胜译,南京:译林出版社2003年版,第189页。
⑥ 《论语注疏·子罕》,阮元校刻《十三经注疏》,第2491页。

自由意志,这是"人性论自由观"①,犹如孟子所说的"人之所不学而能者,其良能也"②。所以,胡适曾引用孔子"匹夫不可夺志"这句话,以证明:孔子作为"中国思想界的先锋","也可以说是自由主义者。"③当然,这里的"自由"只能被理解为涵盖古今的普遍"自由"概念。

(二)普遍的"自由"概念

本文尝试给出一个普遍的"自由"概念,这个概念蕴含着"正义"价值:"自由"指个人的意志行为在正义的社会规范内不受他人干预。这个定义包含两个不可或缺的基本方面:

1."个人的意志行为不受他人干预"。冯友兰先生就曾指出,"自由意志"的含义即意志"不受决定"或"不受限制"④。这里包含着三层含义:(1)自由的主体是个人(person);或者说,我们将"自由"这个词语用于个人。当然,某种群体或集体的自由也是可以讨论的,因为他们也是某种主体;不过,我们讨论普遍"自由"概念的最终目的,毕竟是要关注现代人的自由,而这里作为社会基元的主体即是个体。⑤(2)这里的"行为"包括思想行为,即思想自由。(3)不受他人干预,这既是西语"自由"(freedom)这个词语的基本语义,即"免于"(free from……)⑥;也是汉语"自由"的基本语义,即孔子所说的"由己"而不"由人"⑦。

2."在正义的社会规范内"。这里给出了两个层次的规定:

(1)自由的前提条件是遵守社会规范(norms),包括道德规范、法律规范等。显然,真正的自由并非那种被庸俗化的"为所欲为"的所谓"自由",而是在

---

① 郭萍:《儒家的自由观念及其人性论基础》,《国际儒学论丛》2016年第2期,北京:社会科学文献出版社2016年版,第73-86页;《超越与自由——儒家超越观念的自由人性意蕴》,《探索与争鸣》2021年第12期,第148-155、180页。
② 《孟子·尽心上》,阮元校刻《十三经注疏》,第2765页。
③ 胡适:《中国文化里的自由传统》,《胡适之先生年谱长编初稿》第六册,台北:联经出版事业公司1984年版,第2080页。
④ 冯友兰:《新原人》,第199页。
⑤ 黄玉顺:《论儒学的现代性》,《社会科学研究》2016年第6期,第125-135页;《论"儒家启蒙主义"》,《战略与管理》2017年第1期,北京:中国发展出版社2017年版,第221-250页;《论阳明心学与现代价值体系——关于儒家个体主义的一点思考》,《衡水学院学报》2017年第3期,彩插第4-7页。
⑥ 参见黄玉顺、杨虎:《儒学与生活——黄玉顺教授访谈录》,载《当代儒学》第8辑,南宁:广西师范大学出版社2015年版,第300-310页。
⑦ 《论语注疏·颜渊》,阮元校刻《十三经注疏》,第2502页。

社会规范下的自由。这里似乎存在着一种直觉的印象:"个人的意志行为不受他人干预"与"遵守社会规范"是相互矛盾的。两者唯有在这样一种情况下没有冲突,那就是这种社会规范本身就是个人意志的一种实现,即个人要么参与制定、要么同意这种规范。

但是,这里的"同意"亦非泛泛的"认同"。例如,宦官通常也都认同太监制度,但这并不意味着他是自由的。因此,"自由"概念的进一步规定是:

(2)遵守社会规范的前提条件是这种社会规范本身是正义的(just),即这种规范是正当的(公正的、公平的)并且适宜的。[①] 如果社会规范本身并不正义,那么,遵守社会规范恰恰是不自由的表现。于是,我们就进入了正义论(the theory of justice)的论域,即正确的自由观必须以正义论作为基础。

(三)"从心所欲不逾矩"与"自由"的概念

上文谈到,关于孔子的自由观,人们经常引证孔子所说的"从心所欲不逾矩"。这看起来很合理:"从心所欲"对应于"个人的意志行为不受他人干预";"不逾矩"对应于"遵守社会规范"。但必须注意的是,孔子这番话乃是境界论的表述,所以他才强调年龄:"吾十有五而志于学,三十而立,四十而不惑,五十而知天命,六十而耳顺,七十而从心所欲,不逾矩。"[②]假如直到"七十而从心所欲,不逾矩"才算是自由的,那么,七十岁之前的孔子就是不自由的。圣人孔子尚且如此,何况常人!显然,这并非我们这里要讨论的人人享有的自由。所以,必须再次明确:"自由"并非境界概念,而是一个权利概念。

但这并不是说"从心所欲不逾矩"对于"自由"问题的讨论毫无意义。刚才谈到"从心所欲"而又"不逾矩"与"个人的意志行为不受他人干预"而又"遵守社会规范"之间的对应关系,已然表明"从心所欲不逾矩"这个命题是有自由观意义的。但是,这种意义的揭示,首先必须去除境界的观念、年龄的条件。这就是说,如果要将"从心所欲不逾矩"理解为对"自由"观念的表述,那就不能说"七十而从心所欲,不逾矩",而应当说"人皆从心所欲而不逾矩"。在这个意义上,就可以说"'从心所欲'之欲……不是为所欲为,而是自由意志"[③]。

---

① 参见黄玉顺:《中国正义论纲要》,《四川大学学报》2009年第5期,第32—42页。
② 《论语注疏·为政》,阮元校刻《十三经注疏》,第2461页。
③ 蒙培元:《从孔子的境界说看儒学的基本精神》,《中国哲学史》1992年第1期,第44—53页。

不仅如此，正如上文所说，"不逾矩"或"遵守社会规范"是有前提的，即这种社会规范本身是正义的。这就表明："自由"价值以"正义"价值为前提，必须先行讨论"正义"问题。

一、孔子自由观的正义论基础

罗尔斯说："正义是社会制度的首要价值。"①笔者曾指出：社会制度其实是社会规范的制度化，但并非所有社会规范都可以制度化，因此毋宁说：正义是社会规范的首要价值。② 那么，从正义为自由奠基的角度来看，我们也可以说：正义是自由的首要价值。这是因为：自由作为不受他人干预的意志行为，乃是在社会规范内的行为，因此，如果没有社会规范及其制度的正义，那就没有真正的自由。

那么，何谓"正义"？这里首先要区分"制度正义"与"行为正义"。③ 人们的行为符合社会规范，这是"行为正义"范畴，如孔子说"非礼勿视，非礼勿听，非礼勿言，非礼勿动"④；其前提是这种社会规范本身符合更高的价值原则——正义原则，这是"制度正义"范畴，这才是正义论的课题。如孔子说"殷因于夏礼，所损益可知也；周因于殷礼，所损益可知也；其或继周者，虽百世可知也"⑤，这就叫作"礼有损益"⑥，即根据正义原则来改变不正义或不再适宜的社会规范。⑦

（一）孔子正义论的一般理论结构

孔子的正义论思想是一个复杂的立体的理论系统，其中最核心的理论结构就是"仁→义→礼"之间的奠基关系：根据博爱情感（仁）来确立正义原则

---

① 罗尔斯：《正义论》，何怀宏等译，北京：中国社会科学出版社1988年版，第1页。
② 参见黄玉顺：《作为基础伦理学的正义论——罗尔斯正义论批判》，《社会科学战线》2013年第8期，第27—33页。
③ 参见黄玉顺：《论"行为正义"与"制度正义"——儒家"正义"概念辨析》，《东岳论丛》2021年第4期，第168—175页。
④ 《论语注疏·颜渊》，阮元校刻《十三经注疏》，第2502页。
⑤ 《论语注疏·为政》，阮元校刻《十三经注疏》，第2462页。
⑥ 黄玉顺：《中国正义论的形成——周孔孟荀的制度伦理学传统》，北京：东方出版社2015年版，第344页。
⑦ 黄玉顺：《孔子的正义论》，《中国社科院研究生院学报》2010年第2期，第136—144页；《中国正义论的形成——周孔孟荀的制度伦理学传统》，第107—198页。

（义），根据正义原则（义）来建构社会规范（礼）。①

1. 仁：博爱情感。"博爱"是韩愈的用语"博爱之谓仁"②，孔子谓之"泛爱"③。这里涉及儒家"仁爱"情感的两个方面：一是属于私域（private sphere）的"差等之爱"必然导致利益冲突，所以才需要建立规范（礼）④；二是解决这种冲突的情感路径只能是超越"差等之爱"而走向属于公域（public sphere）的"一体之仁"，此即"博爱"（仁）。

2. 义：正义原则。博爱情感是普遍而抽象的；而这种情感的落实或实现方式则是特殊而具体的，这取决于不同时代的基本生活方式的特点。所以孔子强调"义以为上"⑤、"无适也，无莫也，义之与比"⑥。由此可以说明社会规范及其制度的历史变迁。

根据以上两点，孔子的思想蕴含着儒家的两条正义原则：(1) 正当性原则。这是博爱情感的普遍性的体现，即唯有根据"一体之仁"的精神建立起来的社会规范才是正当的。故孟子说"义，人之正路也"⑦。(2) 适宜性原则：这是博爱情感的具体性的体现，即唯有根据特定历史时代的基本生活方式建构起来的社会规范才是适宜的。故《中庸》说"义者宜也"⑧。两条正义原则的内涵，正是韩愈《原道》开宗明义的命题"博爱之谓仁，行而宜之之谓义"⑨。这是"仁→义"的理论结构。

3. 礼：社会规范及其制度。孔子的正义论要求根据上述两条正义原则来进行社会规范建构及其制度安排。体现博爱精神的"礼"才是正当的；适应特定时代基本生活方式的"礼"才是适宜的，这是发展的观念、文明进步的观念，即孔子讲的礼有损益。

---

① 黄玉顺：《孔子的正义论》，《中国社科院研究生院学报》2010 年第 2 期，第 136－144 页；《孟子正义论新解》，《人文杂志》2009 年第 5 期，第 9－22 页。
② 韩愈：《原道》，《韩昌黎文集校注》，上海：上海古籍出版社 1986 年版，第 13 页。
③ 《论语注疏·学而》，阮元校刻《十三经注疏》，第 2458 页。
④ 参见黄玉顺：《荀子的社会正义理论》，《社会科学研究》2012 年第 3 期，第 135－141 页。
⑤ 《论语注疏·阳货》，阮元校刻《十三经注疏》，第 2526 页。
⑥ 《论语注疏·里仁》，阮元校刻《十三经注疏》，第 2471 页。
⑦ 《孟子·离娄上》，阮元校刻《十三经注疏》，第 2721 页。
⑧ 《礼记·中庸》，阮元校刻《十三经注疏》，第 1629 页。
⑨ 韩愈：《原道》，《韩昌黎文集校注》，第 13 页。

这种"义→礼"结构,就是孔子所说的"义以为质,礼以行之"①,即以"义"为实质性的价值原则,而以"礼"为这种原则的规范性的实行形式。这是古代文献常见的"礼义"表达的真切内涵,冯友兰先生曾指出:"礼之'义'即礼之普通原理。"②《左传》也说:"义以出礼"③,"礼以行义"④。

上述"仁→义"结构与"义→礼"结构之综合,就是孔子正义论的核心结构"仁→义→礼",故孔子说:"人而不仁,如礼何?"⑤这就是孔子的"轴心突破"(The Axial Breakthrough)⑥,即"以仁释礼"。⑦

(二)孔子正义论的自由价值效应

上述原理蕴含着自由观的正义论前提:遵守社会规范的前提是社会规范的正义;社会规范正义的前提是符合正义原则;而确立正义原则的前提是具有博爱精神。

1.自由与博爱精神(仁)。对"自由"的最庸俗的理解之一,是自私自利,对他人漠不关心。其实,这正是儒家所批评的"麻木不仁"⑧,缺乏"一体之仁"⑨。

西方启蒙时代的著名口号"自由·平等·博爱",将"博爱"排列于"自由"之外、之后,极为不妥。事实上,真正的自由蕴含着博爱,博爱的情感是自由的前提:(1)自由的情感前提是"自爱"(the love for oneself),绝对不能设想不自爱而能够自由。儒家亦然,"自爱才是儒家仁爱的逻辑起点"⑩。在孔子那里,这就叫"为己之学"⑪。荀子后来将"仁"分为三个等级,并将"自爱"列为最高等级。⑫ 这就是说,"自爱"乃是"博爱"的前提,不能设想不自爱而能够博爱、能够

---

① 《论语注疏·卫灵公》,阮元校刻《十三经注疏》,第 2518 页。
② 冯友兰:《中国哲学史》,北京:中华书局 1961 年版,第 414 页。
③ 《春秋左传正义·桓公二年》,阮元校刻《十三经注疏》,第 1743 页。
④ 《春秋左传正义·僖公二十八年》,阮元校刻《十三经注疏》,第 1827 页。
⑤ 《论语注疏·八佾》,阮元校刻《十三经注疏》,第 2466 页。
⑥ 余英时:《中国轴心突破及其历史进程》,《论天人之际——中国古代思想起源试探》代序,台北:联经出版事业股份有限公司 2014 年版,第 1 页。
⑦ 黄玉顺:《儒学反思:儒家·权力·超越》,《当代儒学》第 18 辑,成都:四川人民出版社 2020 年版,第 3—10 页。
⑧ 参见黎靖德编,王星贤点校:《朱子语类》卷第二十五,北京:中华书局 1986 年版,第 604 页。
⑨ 参见王守仁:《大学问》,《王阳明全集》,杭州:浙江古籍出版社 2011 年版,第 1014—1016 页。
⑩ 郭萍:《自由儒学的先声——张君劢自由观研究》,济南:齐鲁书社 2017 年版,第 393 页。
⑪ 参见《论语注疏·宪问》,阮元校刻《十三经注疏》,第 2512 页。
⑫ 参见王先谦:《荀子集解·子道》,第 533 页。

自由。(2)自由的情感内涵是"他者之爱"(the love for others)。假如没有"他者之爱",就不可能尊重他者的自由,最终就会在原则上否定自我的自由。总之,博爱乃是自由的情感本源,或者说是自由的情感内涵;用儒家的话语讲,就是"无仁即无自由"。

2.自由与正义原则(义)。既然自由导源于由自爱而博爱的精神,那么,自由当然就意味着要遵从以博爱精神为内涵的正当性原则。用儒家的话语讲,就是"无义即无自由"。不能设想"不仁不义"的自由,因为"不仁不义"导致否定正义原则,进而导致否定自由的社会规范条件,最终导致否定自由本身。

3.自由与社会规范(礼)。上文谈过,自由指的是在社会规范内的意志行为。因此,正义的社会规范是自由的必要条件,即自由的保障;假如没有正义的规范,那就是"丛林",就只是强力(power)的自由,而不是每个人的自由。用儒家的话语讲,就是"无礼即无自由"。

关于这个问题,这段对话值得分析:"颜渊问仁。子曰:'克己复礼为仁。一日克己复礼,天下归仁焉。为仁由己,而由人乎哉?'"[①]这里的前后两个"己",即"克己"与"由己",是同一个主体,看起来互相矛盾,其实并不冲突:"由己"正是说的"个人的意志行为不受他人干预",即朱熹说的"其机之在我","非他人所能预"[②];而"克己复礼"则正是说的"在正义的社会规范内";两者之合,正是"自由"的真义。显然,这个"己"即自由主体:他一方面遵从自己的意志,即"由己";另一方面遵从正义的社会规范,即"克己"。

二、孔子自由观的主体性维度

上文说过,普遍"自由"概念的一个基本方面是"个人的意志行为不受他人干预"或"从心所欲"。那么,这一点是如何体现于孔子的自由观之中的?

(一)孔子的自由主体观念

其实,"自由"与"主体性",很难说哪一个是奠基性的、哪一个是被奠基的,因为自由总是主体的自由,主体总是自由的主体,"自由与主体的存在具有直

---

① 《论语注疏·颜渊》,阮元校刻《十三经注疏》,第2502页。
② 朱熹:《论语集注·颜渊》,《四书章句集注》,北京:中华书局1983年版,第132页。

接同一性"①。但是,毕竟"主体"是实体概念,"自由"是属性概念,即主体是自由的实体基础。正如黑格尔所说,尽管"自由是意志的根本规定,正如重量是物体的根本规定一样","意志而没有自由,只是一句空话";但是"自由只有作为意志,作为主体,才是现实的。"②因此,应当首先讨论主体的观念。

关于"主体"(subject)与"主体性"(subjectivity)概念,尽管哲学家们并没有统一的理解与界定,但不难从他们的表述中寻绎出一些共同的基本特征:

1.心灵存在。主体性是一种心灵现象,其前提当然是心灵存在。蒙培元先生指出:中国哲学是"心灵哲学",它"把人作为有理性、有情感、有意志的生命主体去对待"③;"以孔、孟为代表的道德主体论","不仅讨论人的存在、价值和意义等根本性问题,而且讨论人的心灵、主体性、主体精神及其超越问题和形上问题"④。确实如此,例如上文讨论的"从心所欲不逾矩",作为意志的"欲"附着于"心",即意志隶属于心灵存在。

据《论语》载:"子击磬于卫。有荷蒉而过孔氏之门者,曰:'有心哉!击磬乎!'既而曰:'鄙哉!硁硁乎!莫己知也,斯己而已矣。"深则厉,浅则揭。'子曰:'果哉,末之难矣!'"⑤朱熹集注:"此荷蒉者,亦隐士也。圣人之心未尝忘天下,此人闻其磬声而知之","讥孔子人不知己而不止,不能适浅深之宜";孔子"闻荷蒉之言,而叹其果于忘世"。⑥ 注意这里的"有心":孔子有"入世"之心,而隐者有"忘世"之心,这是两种不同的主体性;而谓之"心",即是心灵存在。

这种心灵主体性的实践运用,就是"用心"。孔子说:"饱食终日,无所用心,难矣哉!"⑦所谓"用心",就是发挥其既有的心灵主体性。朱熹解释:"心若有用,则心有所主。只看如今才读书,心便主于读书;才写字,心便主于写字。

---

① 郭萍:《"自由儒学"导论——面向自由问题本身的儒家哲学建构》,《孔子研究》2018年第1期,第20—32页。
② 黑格尔:《法哲学原理》,范扬、张企泰译,北京:商务印书馆1961年版,第11—12页。
③ 参见蒙培元:《中国的心灵哲学与超越问题》,《学术论丛》1994年第1期,第39—43页。
④ 参见蒙培元:《主体·心灵·境界——我的中国哲学研究》,载《今日中国哲学》,南宁:广西人民出版社1996年版,第841—859页。
⑤ 《论语注疏·宪问》,阮元校刻《十三经注疏》,第2513页。
⑥ 朱熹:《论语集注·宪问》,《四书章句集注》,第159页。
⑦ 《论语注疏·阳货》,阮元校刻《十三经注疏》,第2526页。

若是悠悠荡荡,未有不入于邪僻。"①这就是说,"用心"是说"心有所主",即心灵具有恒定的主体性。

所以,孔子称赞颜回:"回也,其心三月不违仁;其余,则日月至焉而已矣。"②朱熹集注:"三月,言其久。仁者,心之德。心不违仁者,无私欲而有其德也。"③所谓"有其德",也是说的心灵具有其主体性;而"三月不违",则是说这种主体性的恒定性。

当然,孔子及儒家强调仁德或善性;但是,心灵的主体性并非只有仁德或善性。实际上,"主体性"是一个价值中性的概念,或者说是"前伦理的"概念:无论善恶,心灵主体的存在标志乃是自我意识。

2.自我意识。主体意识的首要特征是"自我意识"(self-consciousness),即意识到自我存在的同一性与独立性。同一性(identity)实质上是个体自我的身份识别(identification),这是对自我的辨认与确认,即意识到自我与他者的区别。独立性(independence)并不是说个体与群体无关,而是说个体自我尽管是群体的一个成员,但绝非某个整体的一个部分;个体与群体的关系,并非部分与整体的关系。前者如一棵树离开森林也可以存在,后者如一片叶子离开树就不能存活。

孔子具有强烈的自我独立意识。鲁昭公有违礼之事,孔子却称其"知礼",于是陈司败批评孔子"相助匿非",而孔子接受了这个批评,承认应当遵循一个原则:"君子不党。"④这个原则与孔子的另一个原则是相通的:"和而不同",何晏解释为"君子心和,然其所见各异,故曰不同"。⑤"不党"并非"不群",而是"群而不党"⑥,即虽然"和以处众",但"无阿比之意",而是"庄以持己"⑦,坚持自我。不论"不党"还是"和而不同",都是自我独立意识的体现。

尽管"不党"并非"不群",但毕竟"物以群分"⑧,人亦如此。因此,对于不问

---

① 黎靖德编,王星贤点校:《朱子语类》卷第四十七,第1191页。
② 《论语注疏·雍也》,阮元校刻《十三经注疏》,第2478页。
③ 朱熹:《论语集注·雍也》,《四书章句集注》,第86页。
④ 《论语注疏·述而》,阮元校刻《十三经注疏》,第2483页。
⑤ 《论语注疏·子路》,阮元校刻《十三经注疏》,第2508页。
⑥ 《论语注疏·卫灵公》,阮元校刻《十三经注疏》,第2518页。
⑦ 朱熹:《论语集注·卫灵公》,《四书章句集注》,第166页。
⑧ 《周易·系辞上传》,阮元校刻《十三经注疏》,第76页。

世事的隐者,孔子说:"鸟兽不可与同群,吾非斯人之徒与而谁与?天下有道,丘不与易也。"意思是说:"吾自当与此天下人同群",而非"隐于山林是同群"。①这同样是自我独立意识的一种体现。

不仅对于隐者,而且对于古代"节行超逸"的"逸民贤者",诸如"伯夷、叔齐、虞仲、夷逸、朱张、柳下惠、少连",孔子也说"我则异于是,无可无不可",意思是说:"我之所行,则与此逸民异,亦不必进,亦不必退,唯义所在。"②这显然同样是鲜明的自我独立意识。孔子这种自我独立意识,正如《礼记》所说:"儒有……同弗与,异弗非也,其特立独行有如此者。"③

3.能动性。主体性的根本特征就是"能动性"(initiative)。汉语"能动"出自《孟子》:"至诚而不动者,未之有也;不诚,未有能动者也。"④如何才能够"诚"呢?孟子说:"反身而诚,乐莫大焉。"孙奭解释:"但能反己,思之以诚,不为物之丧己,是有得于内矣;有得于内,则为乐亦莫大焉。以其外物为乐,则所乐在物,不在于我,故为乐也小;以内为乐,则所乐在己不在物,其为乐也大。"⑤这就是说,能动性首先是返回内在的自我主体意识。

孔子说:"不患人之不己知,患其不能也"⑥;"君子病无能焉,不病人之不己知也"⑦。这里的"能"不仅指"能力",而且指能动性。例如,弟子冉求说:"非不说(悦)子之道,力不足也。"孔子批评道:"力不足者,中道而废。今女(汝)画。"⑧朱熹指出:"力不足者,欲进而不能;画者,能进而不欲。谓之画者,如画地以自限也。"⑨"欲进而不能"是说有这样的能动性,却没有这样的能力;"能进而不欲"是说有这样的能力,却没有这样的能动性。孔子认为冉求属于后者,即自我"画地为牢",这不是缺乏这种能力,而是缺乏主体自我的能动性。在孔子看来,人人都具有这样的能力:"有能一日用其力于仁矣乎?我未见力不足

---

① 《论语注疏·微子》,阮元校刻《十三经注疏》,第2529页。
② 《论语注疏·微子》,阮元校刻《十三经注疏》,第2529—2530页。
③ 《礼记·儒行》,阮元校刻《十三经注疏》,第1670页。
④ 《孟子·离娄上》,阮元校刻《十三经注疏》,第2721页。
⑤ 《孟子·尽心上》,阮元校刻《十三经注疏》,第2764页。
⑥ 《论语注疏·宪问》,阮元校刻《十三经注疏》,第2512页。
⑦ 《论语注疏·卫灵公》,阮元校刻《十三经注疏》,第2518页。
⑧ 《论语注疏·雍也》,阮元校刻《十三经注疏》,第2478页。
⑨ 朱熹:《论语集注·雍也》,《四书章句集注》,第87页。

者。"①因此,孔子强调,要发挥主体自我的能动性:"人能弘道,非道弘人。"②朱熹解释:"人心有觉,而道体无为;故人能大其道,道不能大其人也。"③这是充分肯定人的主体能动性。

4.选择性。主体性的一个鲜明特征是选择性(selectivity),即主体自我的选择能力(ability to choose)。许多哲学家都将选择性作为主体自由的标志,这是很有道理的。

孔子关于选择性的论述极多,兹举数例:"麻冕,礼也;今也纯,俭。吾从众。拜下,礼也;今拜乎上,泰也。虽违众,吾从下。"④"先进于礼乐,野人也;后进于礼乐,君子也。如用之,则吾从先进。"⑤"周监于二代,郁郁乎文哉!吾从周。"⑥"富而可求也,虽执鞭之士,吾亦为之。如不可求,从吾所好。"⑦"夫子喟然叹曰:'吾与点也!'"⑧如此等等。

孔子尤其注重政治价值的选择。他主张:如果政治缺乏正义,就应当选择离开,不予合作。例如:"齐人归女乐,季桓子受之,三日不朝,孔子行。"⑨"齐景公待孔子曰:'若季氏,则吾不能。以季、孟之间待之。'曰:'吾老矣,不能用也。'孔子行。"⑩"卫灵公问陈(阵)于孔子。孔子对曰:'俎豆之事,则尝闻之矣。军旅之事,未之学也。'明日遂行。"⑪孔子的选择原则是:"危邦不入,乱邦不居;天下有道则见,吾道则隐"⑫;"邦有道,则仕;邦无道,则可卷而怀之"⑬。给人最深刻印象的是,由于对当时中原政治状况的失望,孔子甚至萌生了"移民"的想

---

① 《论语注疏·里仁》,阮元校刻《十三经注疏》,第 2471 页。
② 《论语注疏·卫灵公》,阮元校刻《十三经注疏》,第 2518 页。
③ 朱熹:《论语集注·卫灵公》,《四书章句集注》,第 167 页。
④ 《论语注疏·子罕》,阮元校刻《十三经注疏》,第 2489 页。
⑤ 《论语注疏·先进》,阮元校刻《十三经注疏》,第 2498 页。
⑥ 《论语注疏·八佾》,阮元校刻《十三经注疏》,第 2467 页。
⑦ 《论语注疏·述而》,阮元校刻《十三经注疏》,第 2482 页。
⑧ 《论语注疏·先进》,阮元校刻《十三经注疏》,第 2500 页。
⑨ 《论语注疏·微子》,阮元校刻《十三经注疏》,第 2529 页。
⑩ 《论语注疏·微子》,阮元校刻《十三经注疏》,第 2528—2529 页。
⑪ 《论语注疏·卫灵公》,阮元校刻《十三经注疏》,第 2516 页。
⑫ 《论语注疏·泰伯》,阮元校刻《十三经注疏》,第 2487 页。
⑬ 《论语注疏·卫灵公》,阮元校刻《十三经注疏》,第 2517 页。

法,即"子欲居九夷"①。他说:"道不行,乘桴浮于海。"②孔子认为,不必怀恋乡土,他说:"君子怀德,小人怀土。"③总之,"君子之于天下也,无适也,无莫也,义之与比",即"无择于富厚与穷薄者,但有义者则与相亲也"④,亦即以正义原则为选择的唯一标准。

(二)孔子的自由意志观念

人是否有自由意志,哲学家们并无定论。不过,假如没有自由意志,就谈不上自由;反之,要谈自由,那就必然预设自由意志的存在。这种预设(presupposition)⑤,影响最大的当属康德的观点,他将自由意志视为"实践理性"的一个"公设"(postulate)⑥。孔子那里当然不是这样的"公设"观念,而是有他自己的自由意志观念。

自由是主体的意志行为,主体的意志即自由意志。杜维明说:"仁爱的'仁'是指个人的主体性,这类似于康德说的'自由意志'";"'三军可夺帅也,匹夫不可夺志也',就是孔子主动自觉的'我欲仁斯仁至矣'"。⑦ 这里提到"个人的主体性"与"自由意志"的关系,非常精准;但将"匹夫"之"志"直接等同于"我"之"欲仁",值得商榷。且不说"我"是否"匹夫",将自由意志观念归结为"仁",既不确切,亦不充分。

1."仁"首先是一种情感,而非意志,正如"爱"是一种情感,而非意志。在"我欲仁"这个表述中,表征意志的不是"仁",而是"欲",即"志"。蒙培元先生曾在谈到孟子的"志"概念时指出:"志就是所谓道德论上的'自由意志'。"⑧这同样适用于孔子的"志"概念。

2.固然可以说"欲仁"是自由意志的一种表现,却不能说自由意志就是"欲

---

① 《论语注疏·子罕》,阮元校刻《十三经注疏》,第 2491 页。
② 《论语注疏·公冶长》,阮元校刻《十三经注疏》,第 2473 页。
③ 《论语注疏·里仁》,阮元校刻《十三经注疏》,第 2471 页。
④ 《论语注疏·里仁》,阮元校刻《十三经注疏》,第 2471 页。
⑤ 布斯曼(Hadumod Bussmann)、于尔(George Yule):《预设的概念》,黄玉顺译,载黄玉顺著《儒教问题研究》,北京:人民出版社 2012 年版,第 179—192 页。
⑥ 康德:《实践理性批判》,韩水法译,北京:商务印书馆 1999 版,第 136—153 页。
⑦ 杜维明:《以精神人文主义应对全球伦理困境》,《精神文明导刊》2018 年第 1 期,第 15—17 页。
⑧ 蒙培元:《理学范畴系统》,北京:人民出版社 1989 年版,第 244 页。

仁"。这里需要注意具体的语境:"仁远乎哉?我欲仁,斯仁至矣!"①孔子此刻是在讨论"仁"这个话题"仁远乎哉",所以才讲"我欲仁","这个'欲',既是情感需要,也是自由意志"②。这并不意味着排除"仁"之外的其他"欲"。

其实,按照普遍的"自由"概念,在正义的社会规范内的一切"欲""志"均属自由意志;当然,这并不是为所欲为,而是社会规范之下的意欲,亦即孟子所说的"可欲"③,此"可"即是自由意志的规范条件,即"发乎情,止乎礼义"④。固然,孔子重视"欲仁"的意志,但他并不排除其他的"志欲",例如:"富而可求也,虽执鞭之士,吾亦为之。"⑤这里只有一个标准,即"可"。所以,所谓"子绝四:毋意,毋必,毋固,毋我"⑥,这并不是否定自我的自由意志,而是强调自由意志的规范条件。

三、孔子自由观的规范性维度

上文说过,普遍"自由"概念的另一个方面是"遵守正义的社会规范"或"不逾矩"。那么,这一点是如何体现于孔子的自由观之中的?

作为伦理学及政治哲学的概念,"自由"并非实证性(empirical)概念,而是规范性(normative)概念,即人不是作为动物"是"什么,而是作为人"应当"(ought)怎样。⑦真正的自由只能是规范性的自由。西语"规范"(norm)的语义,与汉语的"规矩"是相通的,孔子讲"从心所欲不逾矩",孟子讲"不以规矩,不能成方员(圆)"、"继之以规矩准绳,以为方员平直"⑧,这里的"矩"或"规矩"即指社会规范,也就是儒家所谓的"礼"。

但应注意:单是"遵守社会规范"或"不逾矩"的提法,容易给人一种错误的印象,似乎不论怎样的规范,都应遵守。这不符合上文已讨论过的孔子自由观的正义论基础:遵守社会规范的前提,是这种社会规范本身是正义的。正义的

---

① 《论语注疏·述而》,阮元校刻《十三经注疏》,第2483页。
② 蒙培元:《从孔子的境界说看儒学的基本精神》,《中国哲学史》1992年第1期,第44—53页。
③ 《孟子·尽心下》,阮元校刻《十三经注疏》,第2777页。
④ 《毛诗正义·周南·关雎·序》,阮元校刻《十三经注疏》,第272页。
⑤ 《论语注疏·述而》,阮元校刻《十三经注疏》,第2482页。
⑥ 《论语注疏·子罕》,阮元校刻《十三经注疏》,第2490页。
⑦ 参见刘松青:《什么是规范性?》,《中国社会科学报》2018年7月24日。
⑧ 《孟子·离娄上》,阮元校刻《十三经注疏》,第2717页。

规范是自由的前提,而不正义的规范则是对自由的侵害。为此,本文提出"保守性自由"(conservative freedom)与"建设性自由"(constructive freedom)的区分。这并非伯林的"消极自由"与"积极自由"的区分。[①] 所谓"保守性自由"是指"在正义的规范内"的自由;而所谓"建设性自由"则是指"重建规范"的自由,这种"建设"显然首先意味着"破坏",即对不正当或不再适宜的规范的否定。孔子自由观的规范性维度当中的这样两个层面,是与孔子的正义观相呼应的。

(一)孔子自由观的保守性层面

保守性自由当然是一种保守主义态度。这些年来,"保守主义"(conservatism)这个词语常被滥用,往往被泛泛地理解为保持"传统",而不问是怎样的传统。最典型的是所谓"文化保守主义"[②]。这与"保守主义"这个短语本身的复杂歧义有关。问题的关键在于保守什么,即保守什么样的规范。孔子主张保守的是正义的规范,即正当而适宜的规范,就此而论,可以说孔子是一个保守主义者。

1.保守性自由的内涵:合礼的自由

本文所说的"保守",其对象是正义的社会规范,即行为要合乎正当而适宜的"礼",才是可欲的自由。这是孔子自由观的保守性维度的基本内涵。孔子在这方面的最典型的表述,就是上文已分析过的"克己复礼":"非礼勿视,非礼勿听,非礼勿言,非礼勿动"。视听言动,一切意志行为,都要"合礼",这就是自由的规范性。例如孝行,即对双亲的行为,应当"生,事之以礼;死,葬之以礼,祭之以礼"[③]。否则就是"无礼""非礼",导致"恭而无礼则劳,慎而无礼则葸,勇而无礼则乱,直而无礼则绞"[④]。

这是因为:礼,即社会规范,对于个人来说,是立身行事的条件,从而也是个人自由的条件,故孔子说"不患无位,患所以立"[⑤]"不学礼,无以立"[⑥]"不知

---

① 参见伯林:《自由论》,第189—195、200—201页。
② 参见黄玉顺:《"文化保守主义"评议——与〈原道〉主编陈明之商榷》,《学术界》2004年第5期,第142—145页;《文化保守主义与现代新儒家》,《读书时报》2005年11月30日;《当前儒学复兴运动与现代新儒家——再评"文化保守主义"》,《学术界》2006年第5期,第116—119页。
③《论语注疏·为政》,阮元校刻《十三经注疏》,第2462页。
④《论语注疏·泰伯》,阮元校刻《十三经注疏》,第2486页。
⑤《论语注疏·里仁》,阮元校刻《十三经注疏》,第2471页。
⑥《论语注疏·季氏》,阮元校刻《十三经注疏》,第2522页。

礼,无以立也"①;对于社会来说,礼是群体秩序的保障,即人伦之道的保障,从而也是所有人的自由的保障,故孔子说"约之以礼,亦可以弗畔矣夫"②,否则"礼乐不兴则刑罚不中,刑罚不中则民无所错(措)手足"③。

孔子所谓"君子矜而不争"④,并非排斥一切竞争,而是排斥那种无礼的、非规范性的恶性竞争。如孔子说:"君子无所争,必也射乎!揖让而升,下而饮,其争也君子。"⑤这显然是在说:"其争"应如射礼那样的有礼的竞争。这就是说,有序的"自由竞争"是规范性的竞争。

保守的问题,在社会转型时期是最为凸显的。孔子所处的春秋战国时代就是如此,那是从"封建"的贵族时代转向"大一统"的帝制时代的转型时期。此时,孔子鲜明地表达了他的保守立场:"吾从周"⑥,即保守西周的封建规范,如"天下有道,则礼乐征伐自天子出";因此,他批判现实的"天下无道,则礼乐征伐自诸侯出"。⑦ 前者是封建的规范,后者则是通过诸侯争霸与兼并战争而走向"大一统"专制。这样一种体现自由意志的政治选择表明,作为保守主义者的孔子是两千五百年前的"先知"。

2.保守性自由的根据:自由的恕道

上述"合礼的自由",即规范性自由,有其更高的价值根据,即孔子的"道"。孔子自陈"吾道一以贯之",曾子认为:"夫子之道,忠恕而已矣!"⑧朱熹指出:"尽己之谓忠,推己之谓恕。"⑨这是非常精当的解释:"忠"是对自己的态度;而"恕"才是对他者的态度,这才是自由问题。所以,曾子用"忠恕"两个字来概括孔子之"道",而孔子本人则只用一个"恕"字:"子贡问曰:'有一言而可以终身行之者乎?'子曰:'其"恕"乎!己所不欲,勿施于人。'"⑩这个"恕",可译为

---

① 《论语注疏·尧曰》,阮元校刻《十三经注疏》,第 2536 页。
② 《论语注疏·雍也》,阮元校刻《十三经注疏》,第 2479 页。
③ 《论语注疏·子路》,阮元校刻《十三经注疏》,第 2506 页。
④ 《论语注疏·卫灵公》,阮元校刻《十三经注疏》,第 2518 页。
⑤ 《论语注疏·八佾》,阮元校刻《十三经注疏》,第 2466 页。
⑥ 《论语注疏·八佾》,阮元校刻《十三经注疏》,第 2467 页。
⑦ 《论语注疏·季氏》,阮元校刻《十三经注疏》,第 2521 页。
⑧ 《论语注疏·里仁》,阮元校刻《十三经注疏》,第 2471 页。
⑨ 朱熹:《论语集注·里仁》,《四书章句集注》,第 72 页。
⑩ 《论语注疏·卫灵公》,阮元校刻《十三经注疏》,第 2518 页。

"tolerance",乃是自由的义项。

所谓"恕",即"推己及人",其积极表述是"己欲立而立人,己欲达而达人"[1],即"君子成人之美,不成人之恶"[2];其消极表述是"己所不欲,勿施于人"。在自由问题上,前者意味着"我欲自由,则应使他人自由";后者意味着"我不欲他人侵犯我的自由,则我不应侵犯他人的自由"。所以孔子赞赏子贡的这个说法:"我不欲人之加诸我也,吾亦欲无加诸人。"[3]学者认为这"类似于伯林的'消极自由'的观念"[4],确乎其然。

当然,"己欲立而立人",即"我欲自由,则应使他人自由",这样的表达太过"积极"(positive),因为:如果"人是生而自由的"[5],那就无需"使他人自由""让他人自由",而是只需"承认""尊重"他人的自由;否则就有人"自以为是其他一切的主人的人"[6]。但是,如果仅就自由的建设性维度而论,那么,这种积极性也是应当肯定的。

(二)孔子自由观的建设性层面

建设性自由的诉求是:如果社会规范不正当(根据正当性原则)或不再适宜(根据适宜性原则),那么,自由恰恰不是遵守规范,而是重建规范,即建构一种正当而适宜的规范。这里再次强调:这不同于伯林的"积极自由"。孔子所关注的是社会规范的重建,即"礼"的重建。孔子自由观的建设性层面表明,不能简单地说孔子就是一个保守主义者;毋宁说,孔子也是一个"革命者"。

因此,孔子曾将他所接触之人分为三个层次:"可与共学,未可与适道;可与适道,未可与立;可与立,未可与权。"[7]朱熹指出:"可与共学,知所以求之也。可与适道,知所往也。可与立者,笃志固执而不变也。权,秤锤也,所以称物而知轻重者也。可与权,谓能权轻重,使合义也。"[8]这里的"立""权""经""义"等,

---

[1]《论语注疏·雍也》,阮元校刻《十三经注疏》,第2479页。
[2]《论语注疏·颜渊》,阮元校刻《十三经注疏》,第2504页。
[3]《论语注疏·公冶长》,阮元校刻《十三经注疏》,第2474页。
[4] 参见倪培民:《修炼而成的自发性——以伯林为镜看儒家自由观》,《哲学分析》2021年第1期,第73—97页。
[5] 卢梭:《社会契约论》,北京:商务印书馆2009年版,第4页。
[6] 卢梭:《社会契约论》,第4页。
[7]《论语注疏·子罕》,阮元校刻《十三经注疏》,第2491页。
[8] 朱熹:《论语集注·子罕》,《四书章句集注》,第116页。

都涉及"礼"即社会规范的正义问题。上文引孔子说"不知礼,无以立",他还说"立于礼"[1],可见"立"是谈"礼"的问题。如果既有的礼并不正当,或不再适宜,则不可"固执而不变",而应当"权轻重,使合义",即孔子讲的"义以为质,礼以行之"[2],也就是遵循儒家正义论的"义→礼"结构原理,否定旧的礼制,建构新的礼制。否则,既有的礼就成为自由的桎梏。

这就叫"先进于礼乐"。孔子说:"先进于礼乐,野人也;后进于礼乐,君子也。如用之,则吾从先进。"[3]朱熹引程子的话,比较合乎孔子的原意:"先进于礼乐,文质得宜,今反谓之质朴,而以为野人;后进之于礼乐,文过其质,今反谓之彬彬,而以为君子。盖周末文胜,故时人之言如此,不自知其过于文也。"[4]"文胜"或"过于文"是说既有的"礼"已经是"过犹不及"[5]。显然,孔子选择"吾从先进",就是"吾从野人",而所谓"野"即"质胜文则野"[6],意味着"义"先于"礼",这正是孔子所说的"义以为质,礼以行之"[7],即以正义原则(义)为内涵,才能"文质得宜",从而建构起新的、正义的社会规范(礼),最终才能获得"在正义的社会规范内"的自由。

---

[1]《论语注疏·泰伯》,阮元校刻《十三经注疏》,第 2487 页。
[2]《论语注疏·卫灵公》,阮元校刻《十三经注疏》,第 2518 页。
[3]《论语注疏·先进》,阮元校刻《十三经注疏》,第 2498 页。
[4] 朱熹:《论语集注·先进》,《四书章句集注》,第 123 页。
[5]《论语注疏·先进》,阮元校刻《十三经注疏》,第 2499 页。
[6]《论语注疏·雍也》,阮元校刻《十三经注疏》,第 2479 页。
[7]《论语注疏·卫灵公》,阮元校刻《十三经注疏》,第 2518 页。

"儒道经典智慧"对二十一世纪文明的可能贡献
——以《论语》《道德经》为本的诠释

林安梧

（山东大学易学与中国古代哲学研究中心）

论文摘要：本文旨在阐明儒道经典智慧，本根同源，相须相资，于当今人类文明可起一重要的交谈作用。首先，由古汉语而论"承天命、继道统、立人伦、传斯文"。继而反思过去初读《论语》《道德经》情景。又对比三家而论，说儒道两家是"生生法"的成全，而不是佛教"无生法"的解脱。儒家强调"本心主体的自觉"，而道家强调"天地场域的自然"；儒家强调"摄所归能"，由客返主，道家重在"付能于所"，付主于宾；儒家强调"我，就在这里"，道家主张"我，归返天地"。然则，儒道两家皆主张贯通天地人三才。佛教求"苦业之解脱"，儒道两家则认为苦乐相生，主张"生生之德的成全"。在现代化之后，我们当展开文明对话，解开话语的定执，克服现代化之后的困境，找回遗忘了的存在。最后呼吁摆脱霸权思维，奉持王道，天下为公，道法自然。

关键词词：儒；道；生生；能；所；天地；参赞；自然；自觉

一、楔子：从古汉语说"承天命、继道统、立人伦、传斯文"

台湾及福建讲的闽南话是古汉语，而且保留了很多古典的语汇。我在很多场合都说了，但是很多年轻朋友他们还是不知道，所以我今天还是要说几句。其实我们平常、日常用了很多古汉语、文言，你每天在用，你都不知道。譬如我常说"尔有闲否""尔知也否""尔知也乎"。你去市场的时候，问卖菜的说

"一斤寡济?"这个"寡济"是"少多",是一斤少多、是多少。"少"是写成"寡",多寡的寡;这个"多"是济济多士的济,济南的济;"一斤寡济"这用语非常古雅,是中原古汉语,但我们习焉而不察。我们汉族来自中原,但是我们现在是在整个华夏的本土最东南的一个岛屿,所留存的是最古老的汉语语言,这是非常有意思的。我常常与很多年轻朋友说"我们有一个责任,就是要承天命、继道统、立人伦、传斯文",这一点是很重要的。这正意味着这样的一个方向,我们的前辈从郑成功开台以来,其实到现在为止,广大的民众都是"承天命、继道统、立人伦、传斯文"的。

二、初读经典:二十世纪七十年代启动学习《论语》,也开始读《道德经》

我是二十世纪六十年代进学的;七十年代初,我是念高中一年级的时候受到当时国文老师杨德英先生的启发,所以启动了学习《论语》这样的一个应该说"爱好",所以本来最喜欢的是数理,后来就走向了人文。那是在一九七二年,距离现在四十多年,那么也因为读了《论语》连带着读了很多古书。我记得当时高一的书包里面一定会有《论语》《史记》精华,还有老子《道德经》。所以从那时候起我就对这些古书很喜欢,现在能够背的古书大概有很多是高一的时候背的,比如《论语》。那么后来又因缘殊胜,自然而然地我就会去很多地方用闽南语讲学,所以像我讲最多的经典是老子《道德经》,截至目前已经讲了超过60遍,这可能与台湾的一些高道比起来也不算太多,但是60遍也要花应该是三十年以上的功夫了。

那我自己深深感受到老子《道德经》这部五千个字的经典,到现在还是"日日新,又日新",而且进到二十一世纪,它已经是人类进到现代化之后的一个世纪,它会对整个人类的文明会起着一个非常重要的交谈与对话、辩证的效用。包括《论语》也是。刚刚蔡根祥教授提到《论语》也讲"无为而治"。[1] 是!"无为"这个概念是儒家、道家所共享的,但是儒、道两教的"无为法"他和佛教的"无为法"却是不相同的。因为佛教重点在出世与解脱,与儒道是不同的。但具体的生活世界,他们却是混在一起的,这点我还觉得要说一下。

---

[1]《论语》〈卫灵公〉篇记载,子曰:"无为而治者,其舜也与! 夫何为哉? 恭己正南面而已矣。"

三、儒家、道家是"生生法"的成全,而不是"无生法"的解脱

道家、儒家所说的"无为"是回到一个总体的源头,这是"生生法",它不是"无生法",这与佛教不相同,因为佛教是为求"解脱"。但儒道两教不是要由这个世间来解脱,它是要创造这个世间,让它更好,把这个世间创造得更好一些,所以《易经》里面说:"范围天地之化而不过,曲成万物而不遗"①,《易经》可以说是儒道共享的,"儒道同源",可以这么说。《易经》不应只是儒家专属,是整个中华民族智慧之源,这我想是在座很多朋友都是同意的,所以我个人是主张"儒道是同源而互补"的。

再说,老子《道德经》这两个字:"道"与"德"。讲学多年,很多朋友直接就问我,林教授你说"道德、道德要如何了解?"我说:"道"是总体,是本源,"德"是个体,是本性,道为根源,德为本性,如其根源,顺其本性,就是"道德"。在我们华夏民族的智慧里讲"道德"它不是一个戒律的规定、强制,是来自生命源头的生生、参赞。"参赞"讲的就是参与助成,在我们的思考里面,在咱华族的思考里面,就有一个最高善的要求,有一个至善的要求。我们有一个最高阶的向往,同时有一个底线,这是华人的一个基本思考。咱河洛话讲"你做人卡超不多哩",这就是说你不能够低于那个底线,低于底线那老百姓会有意见,我告诉你那已经不是一般观念的形态问题,他有个底线,这个底线其实他有个更高的向往的标准,那就是根源、理想。

我们就把那根源理想作为一个起点来生长,然后要求共生、共长、共存、共荣,而能够共好,这是我们这个民族最可贵的,这叫做"性善论"。"人之初,性本善"②,性之为本善,不是生物学意义的善,是个道德学意义的理想,是总体的根源,是个永恒的向往,是"大学之道在明明德,在亲民,在止于至善"③,止于至善以后,"知止而后有定",这虽然是儒教的经典,同时也是道教共同所承认的经典,儒、道是同源而互补的,这一点我想我还是要强调。

我并不主张以儒家做主流,道家做辅助,甚至说是支流;当然我也不赞成

---

① 语出《易经》〈系辞上传〉第四章。
② 语出《三字经》首两句。
③ 语出朱熹《大学章句》经一章。

像我的老朋友、老学长陈鼓应教授所提的："道家主干说"①。我就常与陈鼓应教授说"道家主干说"多了一个字，他说哪个字？我说多了"家"，"道主干说"是对的，万物全部都归向道，道是一切的本源，所以"道主干说"是可以说的。

你可以看到《论语》里面讲的"道"与"德"，老子《道德经》也讲"道德"，《论语》讲："志于道，据于德，依于仁，游于艺"②，老子《道德经》讲："道生之，德蓄之，物形之，势成之"③。"道德"这二字很清楚，"志于道，据于德"；"道生之，德蓄之"，你有"志于道"，这是为咱人的主体来说，从主体的自觉来讲"志于道"，但要照道体的本源来讲的话当然是"道生之"，落实在事物的本性上，那当然是"德蓄之"；这事物本性人事物人的本性是独特的，它不同于事物，不同于草木瓦石，不同于我们讲的禽兽，禽兽有知觉。草木你仍然可以感受他那生意，而瓦石你也想怜悯他，但是人的觉性，人有个会觉醒的觉性，觉性这很重要。

上苍赋给人一个责任，这个责任是你得去参赞天地之化育，参赞天地之化育；参为参与，赞为助成，所以参与助成，天工人其代之，"观乎天文，以察时变；观乎人文，以化成天下"④，所以我们的思想里面强调的是"天人合德"。《易经》说："大人者与天地合其德，与日月合其明，与四时合其序，与鬼神合其吉凶"⑤，这大家都是耳熟能详的。整个中华民族思考的"人"，可以说是最健康的，是最经常的，它是经常之道，不是求"苦业的解脱"，也不认为人自出生以来就犯了罪的原罪，所以也不是"原罪的救赎"。在我们的思考里面不会有基督宗教一神论说："从始祖亚当犯了罪，而要原罪的救赎"；我们也不会认为生老病死都是苦，所以要苦业解脱，我们会认为"苦乐相生"，生生不息，所以我们不认为轮回亦苦；我们认为这是一个生命的永续流传，所以我们一直有个根源的思考，儒道都是一样的。道家《道德经》所说的"能知古始，是谓道纪"⑥，这个在佛教不会有这个话，佛教就根源了义来说，佛教求我法二空，了无罣碍，当下自在，它走的是另外一条路。

---

① 陈鼓应《易传与道家思想》和《道家易学建构》这两部书可以阐明他的观点。
② 语出《论语》〈述而〉第七。
③ 语出《老子》第五十一章。
④ 语出《易经》〈艮卦象传〉。
⑤ 语出《易经》〈干卦文言〉。
⑥ 语出《老子》第十四章。

四、儒家强调是本心主体的自觉,而道家强调的是天地场域的自然

我们非常有历史感地要一代人传一代人,代代相传。我想在座的都是经学所的最主要的创建者,也会想一代人传一代人、又一代人,翁宗师道德院,我想从她的师父到翁宗师,接续往下再传。这也是一代人、一代人往下永续流传着。这就是咱们儒道同源互补的常道,即生生之德,生生之力的经常之道,这和佛教所说"无生之道、缘生之道"是不相同的,我们现在常常把它混在一块了,我还是要澄清一下。

我们谈问题是谈人生长在天地之间,《三字经》所说"三才者,天地人",咱说"天地亲君师",在中国古代,历代的君主专制很重要,就把君提到前面去了"天地君亲师"。其实这是荀子所说的"礼有三本:天地者,生之本也;先祖者,类之本也,君师者,治之本也。"[①]天地其实它隐含着天地自然共同体的这个概念:亲就是血缘人伦共同体的概念,君就是政治社会共同体的概念,师就是文化教养共同体这个概念。在我们华夏民族来思考问题,人是不能够单独与这个社会隔绝。一个人生存,不可能,咱人不能是孤单性的一个人,我们人一定要与人,咱说人要"仁和",人与人之间有个交往的真实的关怀和爱,要和谐就要仁和,"仁"就真诚关怀与爱,"和"就是和谐,因为我们思考问题是我们人在共同体里面生存。

自己的身躯就是共同体,尔心伫尔身,"心居中虚,以治五官,是之谓天君"[②]。心为天君主宰与你的身体五官的关系,这就是共同体。身心是个共同体的关系,家是个共同体的关系,进一步社会、国家乃至天下都是共同体的概念;没有这个共同体的概念,共同体就是个经常之道,没有经常之道的概念,光讲权力、欲望,这是没个准的。比如:选举这是很重要的,要选举,参与的人有一个共同体的想法,你这选举就较准确,你没有这共同体的概念,你这个常道立不起来,你这个权就没有办法稳住了!你就没办法权衡!

什么叫权衡,衡就是我们讲的秤的秤杆那就是衡,权就叫秤锤,维持平衡

[①] 语出《荀子》〈礼论〉:"礼有三本:天地者,生之本也;先祖者,类之本也;君师者,治之本也。无天地,恶生?无先祖,恶出?无君师,恶治?三者偏亡,焉无安人。故礼,上事天,下事地,尊先祖,而隆君师。是礼之三本也"。
[②] 语出《荀子》〈天论〉篇。

就需要"权"恰当的活动,所以共同体的思考很重要。没有共同体的思考只求个体的人权这个概念,基本上是会出问题的,所以有人伦的人权,与没有人伦的人权是会不一样的。这点是我与很多朋友谈到这个概念,所以儒道的可贵是重视共同体,但儒家更重视血缘人伦共同体,文化教养共同体,而道家更重视天地自然共同体,当然他对其它的共同体也不是不重视,但他更重视,他有孰轻孰重,这样大家可以了解!儒家强调的是本心主体的自觉,而道家强调的是天地场域的自然,道家更注重处所场域的哲学。

五、儒家强调"摄所归能",道家重在"付能于所"

儒家强调要"摄所归能",由客返主,而道家是要"付能于所",付主于宾,如何能"万物将自宾",这是道家常提的。大家有那共同体的想法,有个处所的想法,有个天地的想法,这就是道家。这道家的思想不是从"我的"来证成我,而是把"我的"的"的"去掉,他说"我的"的"的"去掉你才能真正地看到"我",把这个"我"能放回天地,你才能"逍遥游",才能够"齐物论",也因此才能真正"养生主",生命是如此,这一点是很重要的[①]!儒道两家其实既重视整个生活世界的安排,也重视自己身心的安顿,我常说道家的思想不是"心静才自然凉",因为要照顾到自然凉了心才可能静。心与外境是一体的,心与身是一体的,所以外境处理好多了,心就好多了,心若健康我们的身就会较正常,它是一个整体的,所以这一点非常非常重要。

我们对认知对各方面也是如此,所以说"知人者智,自知者明,胜人者有力,自胜者强,知足者富。强行者有志。不失其所者久。死而不亡者寿。"[②]道家的思考总是要你回到源头重新想过一遍,我们不只是要去了解一个人,但最重要你要了解自己。所以"明"这个字在儒家在道家都很重要,中国传统的"知识论"和"功夫论"是密切结合在一块的,讲到中国传统的认知的层次最高就是"明",其次就是"知",再其次就是"识",再其次就是"执","执"陷溺于欲,"识"是了别于物,"知"是定止于心,而"明"才能通达于道,这很重要的!所以求知

---

① 参见林安梧〈"解牛"、"养生"与相关的"治疗学"问题〉刊于《诗书画》杂志第十二期 2014 年 04 月发行。
② 语出《老子》第三十三章。

识求愈多只是"执着","执陷溺于欲",就会受苦,但是求知识是不是有办法由识的了别回到智,心能够有所定止,才能够上达这个天道。

就像我们讲的"太上感应",太上感应者"明也,照亮也",没太上感应你如何照亮?这个道理就在这。道家落实在人间他却是非常柔软的,"上善若水,水善利万物而不争,处众人之所恶,故几于道。居善地,心善渊,与善仁,言善信,正善治,事善能,动善时。夫唯不争,故无尤。"①道家提供非常重要的思考,叫做"以生长取代竞争",以生长,共生共长来化解斗争,如此一来这个人类与天地之间就可能天长地久,"天长地久,天地所以能长且久者,以其不自生故能长生,是以圣人后其身而身先,外其身而身存,非以其无私邪,故能成其私。"②我们求的不是一时一点而已,我们是一个长时间、大空间,天地何以能够长期久呢?因为它不偏私其所善,它讲不自生、不偏私,因为不偏私所以天地能长生,所以能作为一个"智虑清明、知通统类"的领导。

六、"域中有四大":"人法地,地法天,天法道,道法自然"

老子讲这个圣人不只是修身养性好的人,而是"智虑清明、知通统类"的大领导;"后其身而身先,外其身而身存"就是他可以无私,"以其无私故能成其私",前面讲的私是偏私,后面讲的私是个体性;领导者能够无私,所以老百姓每一个的个体性可以得到保存,而且能够好好具体地生长。这是道家最可贵的,道家充满了包容性,甚至多元性,甚至差异性。多元差异是现代性的社会,大家所共同的信念。现代化之后,可以说道家思想该发声了。有差异、有多元,个体受到重视,这样才能够真正成就一个和谐的共同体。

我相信台湾的政治人物若读较多的《道德经》就会有好的进步。所以道家在想这问题的时候放宽得讲,人不是人而已,人在天地间;天地不是天地,天地要回到"道",道是自然,所以"道大,天大,地大,王亦大",人能贯通"天地人"三才而谓之王,"域中有四大,而王居其一焉,人法地,地法天,天法道,道法自然。"③人脚踏实地,人学习地的宽广,温柔敦厚,具体的生长,而具体的生长朝

---

① 语出《老子》第八章。
② 语出《老子》第七章。
③ 语出《老子》第廿五章。

向一个高明而普遍的天。天代表了高明,天有日月星辰,这高明而普遍代表一个理想,天法道,高明伟大的理想要回到那总体的源头,要不然这高明伟大的理想会形成另外一个压力。回溯到这个"道",道是根源是总体,道是什么?道这里必须有一个自发的调节的和谐的次序的自然,自然是什么?自然并不是人为不参与,自然是人为参与还能够通而位移的,是回到了和谐的道法自然的状态。这自然的意思是自自然然,不是 natural,不是 physical;不是这外界自然物理说的自然,是咱的人参与进去,故成那个整体,有个和谐、有个生生不离的那个状态,叫做自然。

这样下来我们就能了解到道家基本的思考,其实就是要回到那存在根源,再从这个"根源"重新开启。老子《道德经》讲的"一"说的就是"总体",讲"道"说的是存在的"根源"。"道生一"这说的就是由根源落实而为整体;"一生二"从根源落实整体里头分为二,二为阴阳,那阴阳再和合为三,这就是"二生三"。"道生一,一生二,二生三,三生万物"[①],"道"本为不可说,"一"是从这个不可说而显现了。再者,由此显现指向"可说"就是"二",这"可说"指向"说"就是"三"。这个"说"指向对象,说出了对象,这就叫"万物",这发展很有意思。这里面有一个"气"的运化历程,同时隐含哲学诠释学的开展历程,这都是两千多年前我们先圣先哲已经思考清楚了,非常了不起!

这个"一"讲的是总体,也是具体的生长,具体的生长上通于总体的根源,总体的根源看起来很大,而具体的生长则可以解释成很小,所谓"治大国若烹小鲜"就是这个道理。《老子》强调要"以道莅天下,以道莅天下,其鬼不神。非其鬼不神,其神不伤人。非其神不伤人,圣人亦不伤人。"这是道家道教最重要的思想,两不相伤,何害共趋?我想咱们对这个问题在这里就能找到答案。"两不相伤,德交归焉"[②]明明两相伤,那就德背而道离,那就完了!你能够两不相伤,所以德交归焉。这样说下来我们大概慢慢清楚了,儒、道他是同源而互补的,都是生生法,那么儒家是从生的源头启动,道家是告诉你回到那生的源头。

儒家为"观生"之法,道家为"观复",这"致虚极、守静笃。万物并作,吾以

---

① 语出《老子》第四十二章。
② 以上皆出于《老子》第六十章。

观复。夫物芸芸,各复归其根。归根曰静,是谓复命";这个归根复命之道,这叫做常道。"复命曰常,知常曰明。不知常,妄作凶。知常容,容乃公,公乃全,全乃天,天乃道,道乃久,没身不殆",这里隐含着一个观复之道,回到了源头生生不息的生长,而落实来讲它有往复循环。它不是一个单线的对立,它是个无限的圆环活动,这叫"反者道之动,弱者道之用"。

七、佛教求"苦业之解脱",儒道两家说"苦乐相生,自有乐处"

"天下万物生于有,有生于无"。这个"无"不是断灭,这无充满了生长的可能,充满着生发的可能性。我们没有像佛教一样求"苦业之解脱",我们说"苦乐相生,自有乐处",绿树青山,鸢飞鱼跃都是生机。我们不会把绿树青山,鸢飞鱼跃讲成镜中花、水中月,当然就不会讲"一切有为法,如梦幻泡影,如露亦如电,应作如是观。"[1]我们说这就是生生不息,我们应该参赞天地之化育。这么说来,回到我们的思考里面,讲了有根源、有本性,有关怀、有爱,有客观的法则,有具体的规范,两千多年前对于道德仁义礼的系谱,老子《道德经》讲得很清楚。

我们要跨过话语的限制,回到存在的根本,在咱华夏民族的语言后头最重要是的是文字。我们的文字相应于全人类的文明来讲,非常独特,我们不是拼音文字,我们是图像文字。拼音文字是以逻辑为本位的,图像文字是以存在为起始点,所以回到存在本身。这么思考问题回到了存在本身,回到了"道",所以"道为根源,德为本性,仁为感通,义为法则,礼为规范",一层一层,你说它"失道而后德,失德而后仁,失仁而后义,失义而后礼,礼者忠信之薄而乱之首也",可! 这"失"有的版本说是"先","先道而后德,先德而后仁,先仁而后义,先义而后礼,礼者忠信之薄而乱之首也"也通[2]!

老子《道德经》告诉我们就"尊道而贵德",道生之,德蓄之,以道为尊,以德为贵,以那个"道"那个总体的源头作为你尊崇的,最后就近的目标;以你那真实内在的本性,你能够体会到它最为宝贵、最为贵重、最为重要。人不能离开

---

[1] 语出佛教《金刚经》,解说请参见林安梧《金刚般若与生命疗愈:《金刚经》华山九一讲记》,页553—567,台北:万卷楼出版,2014年8月。
[2] 这一段涉及于《老子》第三十八章。

"道"与"德",万物也是。这里就含着一套道家的实践哲学,我们到底应该怎么办呢?要一个自然内在的母性关怀:"慈","我有三宝,持而保之:一曰慈,二曰俭,三曰不为天下先"①,这讲的是什么,"慈"讲的就是我们生命真实就有的"爱"与"关怀",它来自存在本身就豁显出来的,这叫"慈故能勇";我们通过这个"俭"的修养功夫包容广大,这就是"俭故能广";咱互相相让的,不敢为天下先,能够谦让地让对方有生长的可能,这就是"不敢为天下先,故能成器长"。你让对方有生长的可能,他就生长得很好,他回过头来就会反哺于你,所以大小国的关系也应该是如此。

八、"慈故能勇,俭故能广;不敢为天下先,故能成器长"

一样的,你一定要有生长空间,你没有生长空间,那当然就会出问题,包括咱两岸的关系也一定要有生存空间嘛!你没给咱一个生长空间的时候,那就可能走到激烈的路上去,所以老子讲得很好,"慈,故能勇"台湾能慈,你就能勇,"俭,故能广;不敢为天下先,故能成器长。今舍慈且勇,舍俭且广,舍后且先,死矣!"你慈心放弃之后,你只想要勇力,你俭约之道放弃之后,你还想要广阔,这个时候则死路一条。但是如果能够以"慈""俭","慈以战则胜,以守则固,天将救之,以慈卫之"有没有发觉到这里有保民安邦之道。老子《道德经》不是消极的,很多人误解,它是"以身观身,以家观家,以国观国,以天下观天下",是真正深入到存在的源头。

《太上老君说常清静经》说:"内观其心,心无其心;外观其形,形无其形;远观其物,物无其物"②,这个所在它是了知的,是通透的,但是它不是幻化的,它是生生不息的,所以和佛教不相同,这一定要区别一下。因为台湾的佛教力量太大了,它有很多东西,把很多东西都混在一块,一般人没搞清楚,佛教是因为吸收了儒家与道家因而把解脱道改成了菩萨道,所以人间佛教讲要"用出世的精神来做入世的志业"。很明显地,这是因为它受到儒道两教的挑战,这须要来强调,所以要说一下。

---

① 语出《老子》第六十七章。
② 请参见林安梧《〈太上老君说常清静经〉的意义治疗学》,刊于 2009 年 3 月《鹅湖》405 期。

九、解开话语的定执,克服现代化之后的困境,找回遗忘了的存在

人类的文明到了这个阶段,进入二十一世纪,我认为这有一个重要的象征,就是美国遭受恐怖攻击,"九一一双子星大楼倒塌"了,我当时看到那个画面就想到这很像基督教《旧约》里面所提到的"巴别塔的崩落"①。预示着:人类不能够通过一个话语的系统,想要去控御这个世界。原先西方文明强调的以话语取代认知,认知取代思考,思考取代存在,这"以言代知,以知代思,以思代在"的思考是有问题的!这是闭锁性的、强压性的而使得"存在遗忘"的思考。西方哲学家海德格尔所说的:这种存有的遗忘造成了整个现代性的严重危机。相对来说在我们华夏文化的思考,是个"言外有知、知外有思、思外有在"②。西方是以话语为中心的,我们是以存在为本位的。

我们强调的不是"存在与思维的一致性"做优先原则,我们强调的是"存在与价值的和合性"做源头,所以我们在谈到存在、谈到源头的时候,一定是与存在的价值连在一块。"天行健,君子以自强不息;地势坤,君子以厚德载物。",这《易经》〈乾坤〉两卦的〈大象传〉的话,他们是连在一块的。它不是把"实然"与"应然"就切开了,"实然"与"应然"切开是话语介入,是人用思考去区分的,它不是最为优先的,在未始有之先,是无分别的。这是人类文明哲学未来必须去面对的问题,就马丁·布伯(Martin Buber)的话语来说,先有:"我与你"(I and Thou)的关系,才有"我与它"(I and it)的关系,这极有深意。道家哲学最能够克服"存在"的遗忘,最强调要回到"存在"自身的哲学。而儒家基本上也强调这一点,儒家从人伦来进一步从这个存在来开启,所以道家的修养功夫一直在告诉你"孰能浊以静之徐清,孰能安以动之徐生"你要能够"浊以静之徐清,安以动之徐生"是这样的生长的。

我们在思考这个问题的时候,一定要回到生命之本身,所谓"正德、利用、厚生"为本,这是儒家的正面表述;道家隐喻式的呼吁,有个深刻的针砭,这就是《老子道德经》第 80 章所提到的:"小国寡民,使有什伯之器而不用,使民重死而不远徙,虽有舟舆,无所乘之;虽有甲兵,无所陈之。使民复结绳而用之,

---

① 请参见《旧约》〈创世纪〉第十一章。
② 关于此请参看林安梧《新道家与治疗学:老子的智慧》页 285,台北:商务印书馆,2010 年 6 月。

甘其食,美其服,安其居,乐其俗,邻国相望,鸡犬之声相闻,民至老死,不相往来。"有人说老子讲这一段那根本是不切实际嘛!我说这是一个隐喻式的呼吁,这里有着深刻的针砭。在这里,我们可以看到儒道可能表述方式不同,但是你看它的效应是要一样的,要"甘其食,美其服,安其居,乐其俗"现代性工具理性的高张,使得人离开了人自身,人不像个人,人失去了天地,人没法与天地和合为一,这当然就会有问题,所以必须去针砭他。

老子说:"信言不美,美言不信。善者不辩,辩者不善。知者不博,博者不知。圣人不积,既以为人己愈有,既以与人己愈多。天之道,利而不害;圣人之道,为而不争"[①],总的来说,老子重要在要回到自然。而回到自然就是从人法地,具体落实生长,就"人法地,地法天,天法道,道法自然",这样的一个思考。我再用一九九六年在南华大学创校时,写的《道言论》来说一下:"道显为象、象以为形、言以定形、言业相随、言本无言、业乃非业、同归于道、一本空明"[②],整个思考里面我们需要的是进到二十一世纪,人类文明该摆脱国际的霸权思想,进到王道的天下,而达到道家最高的"道法自然",也是儒家的"天下为公",这思考其实儒家、道家、佛家都是可参与的。

十、结语:摆脱霸权思维,奉持王道,天下为公,道法自然

我们今天主要是就儒与道这两家,强调儒家重视人伦孝悌,道家重视"自然无为";儒家孝悌强调生生的成全,道家的自然无为强调自然的归复;儒家强调"主体的自觉",道家强调"天地的自然";儒教重在"观生",道家道教重在"观复";儒家重视"敬而无妄",道家强调的是"致虚守静"。这里我们可以看到它是一个有机体,它有着共通的基本要求,儒道是同源而互补的。儒家强调"我,就在这里",进到生命里面去成就他,而道家则主张"我,归返天地",强调要能够放开,任其自然,"生而不有,为而不恃,长而不宰"[③]。正因为"我,归返天地",所以要"自强不息、厚德载物"[④],当然同时又顺成天地、自然无为。我想文

---

① 语出《老子》第八十一章。
② 此可参看林安梧《道的错置:中国政治思想的根本困结》一书的第一章《道论:"道"的彰显、遮蔽、错置与治疗之可能:从"两层存有论"到"存有三态论"》,页1—36,2003年,台湾:学生书局。
③ 语出《老子》第二章。
④ 语出《易经》乾坤二卦〈大象〉。

明的发展好不容易,我们华夏民族已有机会参与人类文明,展开更多的交谈与对话。我们应该继承着我们的先辈"承天命、继道统、立人伦、传斯文"而让华夏文明与这个世界有更多的交谈对话,但愿整个人类的文明能够一步一步地解开了、摆脱了霸权的思维,进到王道的天下,进到天下为公,道法自然!

附录:儒道佛的区别与和会(林安梧制图)

教别	主旨	目标	身心状态	观法	修养工夫	存在论式	实践方式	人格圆成
儒家(生生)	人伦孝悌	生生的成全	自觉	观生	敬而无妄	我,就在这里	自强不息	圣人、君子
道家(生生)	自然无为	自然的归复	自然	观复	致虚守静	我,归返天地	自然无为	真人
佛家(无生)	缘起性空	苦业的解脱	自在	观空	净而无染	我,当下空无	同体大悲	佛、菩萨

"文明以止":中华民族的文明理念与精神特性

林存光

(中国政法大学政治与公共管理学院)

在中华民族生生不息、源远流长的文明历程中,积累和蕴蓄了极为丰富深厚的人文精神资源,形成了自身独具特色的文明理念与文明特性。它们既是中华民族伟大生命力的价值源泉和精神命脉所系,更是中国之为中国而历来被称为"礼义之邦"、被视作"文明国家"的根本体现,值得我们认真总结和系统反思,以便更好地促进和提升我们自身的文化自觉与文化自信,特别是对我们自身文明特性的充分认识和深刻理解。依我之见,如果我们要想用一个词语来深切表达中华民族的文明理念与精神特性的话,那非《易传》中的"文明以止"一词莫属。

一、何以"文明",何谓"中华"?

时至今日,人类已然掌握了毁灭自我和地球家园的科学技术手段,我们正"生活在文明的火山上"[①]。换言之,由于人类心智和理性的过度傲慢与自负,导致人类正面临着像泰坦尼克号一样遭遇撞上冰山的毁灭性灾难。而且,正如一位西方学者所说:

等在我们前面的,不是一座冰山,而是有很多,且一座比一座险恶、危险。有金融的冰山:不受限制的货币投机,股票飙升到天价、高到让人不忍目睹时大量抛售以获利;有核武器的冰山:大约30个核国家,每一个都卷入了彼此之间的争吵与仇视,都预期在未来20年中能够发动一场核攻击;有生态的冰山:大气中大量二氧化碳,全球气温上升无法阻止,专家一致公认,数十个原子能

---

① [德]乌尔里希·贝克:《风险社会》,何博闻译,南京:译林出版社2004年版。

反应堆迟早会发生爆炸,届时将造成全球范围的巨大灾难;最后,但并非最不重要的,社会的冰山:目前人口中预计有30亿人将成为冗余,他们在经济上完全不起作用。……与导致"泰坦尼克号"沉没的冰山相比,上述那些冰山的不同之处在于:轮到它们与船相撞时,不再会有人幸免于难以将事件拍成电影,也不再会有人幸免于难,将这些接踵而至的灾难谱写成史诗或挽歌。[①]

正因为我们当下面临着的是这样一种最真实而危险的人类生存境况——不会再有人在毁灭性的文明灾难中幸免于难并为我们谱写史诗或挽歌,我们不能不审慎地思考"何以文明"这样一个严肃的问题。而且,我们有必要参照我们自身的文明和文明理念来思考这一问题,即结合"何谓中华"的问题,来更好地回答"何以文明"的必答题。古人云:"中华者,中国也。亲被王教,自属中国,衣冠威仪,习俗孝悌,居身礼仪,故谓之中华。"(元王元亮《唐律疏议释文》)也就是说,所谓中华,亦即中国之为中国,正在于其道德礼仪化的生活方式对于天下人来讲具有一种"文明"典范的意义。说到底,所谓"中华"或"中国",不是一般意义上的"民族国家",而是一个"文明国家"[②],而足以向世人昭示"何以文明"的真谛。不宁唯是,华夏民族还很早就具备了一种自觉的"文明"意识,明确提出了"文明以止"这一文明理念,这是尤其值得我们倍加珍惜,而在今天也更加值得我们付出不懈的努力去善加阐释而将其发扬光大的。

二、何谓"文明以止"?

那么,究竟什么叫作"文明以止"?它究竟意味着什么,或者体现了一种什么样的文明发展理念?这一"文明"理念究竟能够带给我们一些什么样的重要而有益的启示呢?

"文明以止"一词出自《易传·贲卦·彖辞》中的一句名言:"刚柔交错,天文也;文明以止,人文也。观乎天文,以察时变;观乎人文,以化成天下。"所谓"天文"是指阴阳迭运、刚柔交错的自然变化过程与法则,而"人文"是指人类制作的礼乐典章制度及其对人的行为的规范教化作用。由"人文"与"天文"并举

[①] [英]齐格蒙·鲍曼:《寻找政治》,洪涛、周顺、郭台辉译,上海:上海人民出版社2006年版,第160页。
[②] [英]马丁·雅克:《当中国统治世界:中国的崛起和西方世界的衰落》,张莉译,北京:中信出版社2010年版,第161页。

对称可知,"人文"并不与"天文"相隔相离而形成对立,这一点最能彰显中华民族"人文"意识与精神的特异处。也就是说,对于天下的治理化成而言,治国平天下者既须"观乎天文,以察时序之变化",又须"观乎人文,以化成天下之人"①。两者须相资为用,而不可偏废。可以说,中华民族虽然重视和强调以"人文"化成天下,但其"人文"意识却并不以逆天而行或支配自然为前提,相反,天文或天道自然法则乃是人类所当取象效法的对象,而取象效法天文或天道自然法则却又以人文化成为目的。

"文明"一词在易传中凡六见,其一见于《乾文言》,余皆见于《彖传》,《彖传》作者可谓揭示和阐发了一种极富"中国"特色的"文明"观念,而其中"文明以止"的说法尤其值得我们注意。所谓的"文明以止",其本意是说如果一个人(特别是统治者)的德行能够像天地日月一样正大而光明,并用礼乐来教化世人,那么,天下的人民就会被他的光明之德所感召和指引而遵从礼义,以至行其所当行、止其所当止。

因此,在中华民族的这一"人文"观念与"文明"意识中,重要的不是通过强权霸道的治理方式来追求实现国家富强的目标或强制人民屈服,而是通过充分发挥礼乐对人的文明化的教化作用来引导人民过一种道德化的伦理文明生活,从而实现社会治理的目标;不是通过武力扩张或威服的方式来胁迫异族人民认同和接受自己的文化,而是通过中国式文明典范的内在文化特性的吸引力或修文德以来远的方式来引导对方实现文化上的自我转化与提升,从而实现"协和万邦"、天下一家的目标;不是通过征服自然或无止境地掠取和耗竭自然资源的方式来满足自身不断膨胀的欲望需求,而是通过节制自身欲望、协调天人的方式来追求实现物与欲"两者相持而长"(《荀子·礼论》)乃至人与自然万物可持续和谐共生的目标。

正因为如此,霸道的强权、武力的滥用、自然的征服、文明的扩张皆不为中华民族所称道,反之,中华民族所心仪向往的则是敬德保民的治道理念、"以德行仁"的王道理想、天人合一的生命学问、人文化成的道德化境。② 相对于强权

---

① 高亨:《周易大传今注》,济南:齐鲁书社1979年版,第227页。
② 如汉儒刘向曰:"圣人之治天下也,先文德而后武力。"(《说苑·指武》)"礼乐者,行化之大者也。孔子曰:'移风易俗,莫善于乐;安上治民,莫善于礼。'是故圣王修礼文,设庠序,陈钟鼓。天子辟雍,诸侯泮宫,所以行德化。"(《说苑·修文》)

霸道的文明扩张理念,中华民族"文明以止"的文化特性与人文意识具有一种"止其身有所不为"的道德主义、和平主义的性质。

三、对"文明以止"的进一步阐释

为了更好地理解"文明以止"的上述涵义,还有必要搞清楚两个词语或概念的含义,一是"文明",一是"止"。

先说"止"。按其字面含义来讲,止有"停止"的意思,可以引申为"居住、栖息"之义;从人类文明生活的意义上来讲,止则有依止或止归的意思,不仅个体的人的行为当行其所当行、止其所当止,而且整个人类的文明生活也当有所依止或止归,人类应知道当止于什么或止于何处,在此意义上,所谓"止"也就是归宿、目的和方向的意思。

老子曰:"知足不辱,知止不殆,可以长久。"(《老子·第44章》)人唯有知足而不是贪得无厌,唯有知止而不是一味求前进,才能更好地长久地维持自身的生存。人只有知足才能不遭受困辱,只有知止才能不遭遇危殆。

庄子说:"无知无能者,固人之所不免也。"(《庄子·知北游》)"知天之所为,知人之所为者,至矣!"(《庄子·大宗师》)"知止其所不知,至矣。"(《庄子·齐物论》)"吾生也有涯,而知也无涯。以有涯随无涯,殆已!已而为知者,殆而已矣!"(《庄子·养生主》)庄子反对人用有限的生命去向外追逐无限的知识,我们必须明白自身生命的有限和知识的无限,人必须将自己的精力用于更好地实现生命自身的价值与意义,而不是去向外追逐无限的知识,人必须知道应止于何处,应止于自己有所不知有所不能即认识能力的有限处。

而儒家则相信人只有有所不为,才能更好地有所为,正如孟子所说:"人皆有所不为,达之于其所为,义也。"(《孟子·尽心下》)不仅如此,更为重要的是,人当知有所止,故《大学》曰:"大学之道,在明明德,在亲民,在止于至善。"又说:"为人君,止于仁;为人臣,止于敬;为人子,止于孝;为人父,止于慈;与国人交,止于信。"

钱穆先生曾经在论述"人生之两面"时讲到"止与进"的问题,他说:"今天我们一切都要讲进步,不进步就是落伍,这是对的。但我要问,进步到那里为止? 有没有一个归宿。今天我们人类最大问题是只求进步,不求归宿。没有归宿却最痛苦。……中国人认为,至善便是人生归宿处。……中国人讲一个'止'字,并不妨碍了进步,进步也要不妨碍随时有一个歇脚,这歇脚就是人生一大归宿。"①

按照钱穆先生的说法,所谓的"止"便是"归宿"的意思,人生当有所归宿,而至善便是人生归宿处,同样,文明也当有所归宿,而使人类生活得更加安乐、富足、和谐,更加富有尊严和意义,便是文明归宿处。

然而,所谓"文明",却是一个意涵极为错综复杂的概念。在西方,学者们根据其各自对文明发展的一般理论反思而提出了各种不同类型的文明观或文明史观,其中影响最大的是一种过程论的文明观或文明史观,即把文明看作是一种人类不断脱离野蛮生存状态而持续发展和演变的历史过程。其次,是一种衰落论的文明史观或文明衰落论,把文明看作是一个发生、成长、衰落和解体的过程。再次,是一种单位论的文明史观,把文明看作是一个分析和研究的"单位",每一种文明也就是一个文明的"单位",据此我们可以将从古至今在世界上出现过的文明区分为各种不同的文明单位。最后,是一种价值论的文明观,在这一意义上,所谓"文明"乃是指"一个特定人类群体所共有的价值观和生活方式"②,或者所谓文明"只存在于一种生活态度之中,存在于某些思想和感受方式之中,因而只能用散播种子的办法达到目的","准备让别人也文明起来的人必须允许人家自己去发现他得到的是较好的生活方式"③,因此,"文明的主要特征"在于其"价值观念和理性思维"④。

四、中、西两种不同的文明类型及其精神特性

不过,就其实际的表现形态和影响来讲,尤其是随着17、18世纪近代科学技术的发展和工业文明的兴起,在西方一直以来占据着主导地位的乃是与"直线发展"的"进步"信念密切相关的第一种类型的文明观和文明史观,这使西方文明具有一种极为强烈而鲜明的以"动力衡决天下"的外向扩张性的特征与倾

---

① 钱穆:《人生之两面》,见《灵魂与心》,桂林:广西师范大学出版社2004年版,第128~129页。
② 阮炜:《中外文明十五论》,北京:北京大学出版社,2008年,第22页;《文明的表现》,北京:北京大学出版社2001年版,第41~42页。
③ [英]克莱夫·贝尔:《文明》,北京:商务印书馆1990年版,第151页。
④ [英]克莱夫·贝尔:《文明》,北京:商务印书馆1990年版,出版说明。

向。在西方,"文明"的概念形成之后,特别是18世纪以来,"文明"的概念"成了一个响彻全球的口号",而且,西方人据以判断其他社会"文明化"的标准本身具有一种普世主义的扩张性倾向,并常常是依靠军事实力或通过武力殖民的方式来实现的。

相对于立基于自身文明标准的普世主义、扩张性的西方文明及其文明史观来讲,没有什么比《易传》所谓"文明以止"一词更适合于来概括中华文明的根本精神特性了。在我看来,只要你愿意真诚地敞开自己的心扉,认真聆听和体会它内含着的深刻的人文价值意涵与理性智慧,那么,它昭示于我们的便是这样一种不同于西方"文明"的另一种"文明"的根本理念:文明不是无限度地开发、利用自然资源和对外扩张,而是要有所节制或依止,"止"其所当止,内修文德以化成天下。

"文明以止"与无限制的文明扩张是两种根本不同的文明观,二者的区别恰恰是中西两种文明的分水岭,是它们的本质区别所在。中西文明各自植根于性质迥异的两种人文精神,一种是天人合一、物我交融、仁民爱物的人文精神,一种是人类中心主义的征服自然、以"动力衡决天下"的人文精神。以"动力衡决天下"的文明扩张,必然导致文化殖民主义和"文明间的冲突";而富有反求诸己的道德理性、"己所不欲,勿施于人"的恕道美德与"和而不同"的和谐理念的"文明以止",则会努力寻求一种不同国家和民族和平相处的"全球伦理",通过"文明的对话"来化解"文明的冲突",并乐于把宇宙万物都看成是人类的伙伴和朋友,乃至愿意善待自然万物而与之和谐相处。

五、"文明以止"的当代启示与现实意义

今天,当全球化的浪潮从西方席卷全世界而将地球变成一个紧密相联的"村落",当多元文明的地方化文化认同意识普遍高涨,当文明的冲突与对话成为当下最受人关注的问题,当生态危机和核战争的威胁将带来毁灭性的灾难后果(据说每年有700万人死于空气污染),我们认为,所有这些问题所引发的关于人类文明问题的严肃思考,都将最终把我们的目光引向中华民族"文明以止"的文明理念或文明发展观。可以说,在面临着许多威胁人类生存和发展的全球性难题的当今世界,"文明以止"的文明理念尤其显得富有启示性价值,具

有很强的现实意义,因为这些全球性难题在很大程度上都是与不恰当的文明理念联系在一起的。那么,为了回应当今世界人类共同面对的威胁着全人类可持续地生存和发展的严峻问题,充分彰显中华民族"文明以止"的理念,不仅有助于深刻认识自己的文明特性,提高本民族的文化自觉,而且对于人类文明未来的健康发展更能作出积极而独特的重要贡献。

可以毫不夸张地说,今天人类文明的发展已经到了一个生死抉择的大关头,而为了人类文明可持续发展的未来前景,也为了人类自身可持续生存的可能机会,我们不能不暂时停下文明的脚步,认真想一想人类的文明何以竟会发展到了危及人类自身存在的这一危险地步。对危险的自觉反思,让我们重新发现了"文明以止"这样一种文明理念。作为中华民族理性的文明发展观,"文明以止"就是这样一种文明的理念:人类文明的发展和进步不是无节制、无限度的,也不是漫无方向的发展,而是应该有所依止或归宿,应行其所当行,止其所当止。换言之,人类文明的发展是有"止"境的,而"止"之为"止",体现的乃是一种自我节制的文明美德,是一种与人为善的人道理想,是一种与自然友好相处的理性精神。在我看来,不仅这一"文明"理念能带给我们许多的启示,反之,我们也可以赋予它许多的新义。

如果说现代文明正经受着考验,而现代文明的弊病正是由文明发展本身即对自然资源的无限制地开发、利用和掠夺以及不断追求经济增长和文明扩张的目标所造成的话,那么,"文明以止"的理念便可以纠正这一文明发展的弊病;如果说文明发展的根本目标应该是使人的生命更加有尊严,人的生活更加美好幸福,人的生存更加可持续的话,那么,"文明以止"的理念便可以引领人们实现这样的目标;如果说文明的价值和意义"只存在于一种生活态度之中,存在于某些思想和感受方式之中"的话,那么,"文明以止"便可以教给人们这样一种生活态度以及思想和感受方式:为人止于真诚而不虚伪,待人止于礼貌而不谄媚,与人相交止于友善而不恶意中伤,治国理政止于关爱弱者、尊重民意、保障人权而不恣意妄为,不同国家和民族的关系止于和平共处而不以武力要挟,人与自然的关系止于协调友好、相互依存、可持续地和谐共生而不以经济的发展破坏生态环境。"文明以止"并不是反对人类社会朝着更加"文明化"的方向发展,但它期望那种破坏自然、霸权扩张的西方式的"文明进程"或文明发展方式能够发生一种"文明转化",从根本上转向"止于至善"的人道目标,止于人与人的友爱相处,止于人与自然的和谐共生,止于有益于人类自身可持续地生存和发展的生存之道。唯有这样的"文明以止",才能使人类的生活变得更加美好,也唯有这样的"文明以止",才能使人类的文明变得更加文明。

总之,"文明以止"是最能体现我们中华民族崇德向善、贵文尚和之独特人文精神特性的文明理念,它绝不是抱残守缺的文明停止论,而是祈望世人能够以自强不息、厚德载物的精神矢志不渝地去追求"止于至善"、向往"天下文明"。诚如方克立先生所说,"在全球性生态危机和文明冲突问题十分严峻的当今世界,深刻理解、阐扬和大力宣传、提倡'文明以止'的文明发展观,对于人类和文明的可持续发展来说无疑是一个福音。"[1]

---

[1] 方克立:《中国文化的综合创新之路》,北京:中国社会科学出版社2012年版,自序,第2页。

中华文化在当今世界发展中的作用

孙聚友

（山东社会科学院）

中华文化是中华民族独特的精神标识，包含着中华民族最根本的精神基因，积淀着中华民族最深沉的精神追求，它是中华民族生生不息、发展壮大的丰厚滋养，是中华民族的精神命脉，是中华民族在世界风云变幻中站稳脚跟的坚实根基。在源远流长的历史发展过程中，中华文化不仅对中国社会发展产生了深刻影响，而且对人类文明进步作出了重大贡献。

拥有和谐美好的幸福生活，生活在祥和安康的社会环境，一直是人类努力追求的理想目标。"然而，现实世界并不像人们希望的那么美好，局部战争依然此起彼伏，贫困饥饿依然广泛发生，连绵战火、极度贫困依然在威胁着众多人们的生命和生存，特别是许多妇女儿童依然在战争和贫困的阴影下苦苦挣扎。""当代人类也面临着许多突出的难题，比如，贫富差距持续扩大，物欲追求奢华无度，个人主义恶性膨胀，社会诚信不断消减，伦理道德每况愈下，人与自然关系日趋紧张，等等。要解决这些难题，不仅需要运用人类今天发现和发展的智慧和力量，而且需要运用人类历史上积累和储存的智慧和力量。世界上一些有识之士认为，包括儒家思想在内的中国优秀传统文化中蕴藏着解决当代人类面临的难题的重要启示。"（习近平：在纪念孔子诞辰2565周年国际学术研讨会暨国际儒学联合会第五届会员大会开幕会上的讲话）中华文化凝结着中华民族治国理政的卓越智慧，是人类文明的璀璨结晶，包含着许多人类共同遵循的普遍性生存智慧。它对于当今世界的物质文明、政治文明、精神文明、社会文明和生态文明的全面发展，具有历久弥新的普遍性指导意义和现实性引领价值。因此，引领当今世界的正确价值观，促进世界的和平与发展，建立和谐有序的国际新秩序,解决各种文明之间的冲突,中华文化可以向世界提供中国方案,贡献中国智慧。

一、中华文化有利于推进世界的和平进步

当今世界,国际形势正在发生着极为错综复杂的剧烈变动,政治多极化、经济全球化继续走向深入,文化多样化、社会信息化大步向前推进,国际格局和国际秩序的调整演变也在悄然加速。但是,就世界整体而言,人类所面临的和平与发展问题依旧严峻:地缘政治因素更加凸显,东北亚、南亚、中东地区等局部冲突和热点问题此起彼伏。特别是局部战争日渐频繁,许多地区处于动荡不安之中,导致了严重的恐怖主义盛行和波及全球的难民危机的出现。战争的灾难影响着整个世界的和平,阻碍着世界的进步与发展。因此,实现世界的和平进步,成为人们极为关注的全球性问题。人们已经越来越深刻地认识到,仅靠西方现代性的价值,是不可能解决这些矛盾、化解这些冲突的,必须重建正确的世界价值观。

(一)西方文化盛行的丛林法则,是导致世界动荡的文化因素

当今世界的局部战争的出现,与西方各国深受"进化论"的影响,盛行民族性国家主义,奉行"弱肉强食"的"丛林法则"是分不开的。无论是殖民主义、帝国主义还是霸权主义,均是建立在"弱肉强食""你输我赢"基础上的,都是以牺牲他国利益为代价的。

历史上,大英帝国为了自身的利益,以野蛮的武力,殖民美洲和澳洲,掠夺非洲,扩张亚洲,建立起了所谓的日不落帝国,直接摧残他国的文明。而西班牙殖民者则是直接以武力摧毁了古老的阿兹特克、印加帝国和玛雅文明。近代以来,西方列强对他国的殖民、掠夺、扩张、杀戮,无不是凭借自身武力来维护本国的利益,以至1900年以后的100年,毫无疑问是人类近现代史上最为血腥的世纪。国家主义和"丛林法则"的盛行,直接导致了肆意践踏人的生命与尊严的两次世界大战的发生,给人类留下了惨痛的教训。

当今世界,一些霸权国家为了自身利益的需求,将"西方模式"强加给他国,复制到世界各地。他们奉行以强欺弱的"丛林法则",推行所谓的"普世价值",缺乏兼容并包的精神,将自己的文化强加给他国,导致了整个世界动荡不

安,局部战争日夜不休,严重影响着他国文明的发展。

西方盛行的"丛林法则"价值观,给人类带来了无尽的冲突与对抗,让人类社会付出了惨痛的代价。西方学者伊恩·伯鲁马和阿·马格里特在其合著的《西方主义:敌人眼中的西方》一书中指出,西方文化的思维方式以及由此形成的价值观,存在着严重的缺陷。这表现为:"西方的头脑往往被西方主义者描述为一种高级"弱智"。配备了西方头脑的人就像一个"白痴"专家,一个心智缺陷却拥有做数学运算的特殊天才。这是一个没有灵魂的头脑,有着像计算机般的高效率,但是,绝无希望做出具有人性的任何重要事情。西方的头脑肯定能够取得巨大的经济成就,以及发明和推广先进技术,但是,它不能掌握生活中更高层次的东西,因为它缺乏精神性和对人类苦难的理解。"因此,如何建立和平、公正、稳定的国际关系模式,消除战争的灾难,实现世界的和平进步,成为当今世界亟待解决的重要现实问题。

在联合国教科文组织总部的大楼前,树立着一块石碑,上面用多种文字,镌刻着这样一句碑文:"战争起源于人之思想,故务需于人之思想中筑起保卫和平之屏障。"和平的实现,需要正确的思想及价值观的指引,而中华文化爱好和平,反对暴力的优秀思想,对于如何实现当今世界的和平进步,救治西方文化价值观的缺陷,可以提供中国的智慧。

(二)中华文化爱好和平、反对暴力的思想是人类相处的基本原则

中华民族历来是一个爱好和平,反对暴力的民族,自古就推崇"协和万邦""亲仁善邻,国之宝也""四海之内皆兄弟也""远亲不如近邻""国虽大,好战必亡"等和平思想。爱好和平,反对暴力的思想,在中华文化中有着深厚的文化根基和长久的历史渊源,它深深地嵌入了中华民族的精神世界,今天依然是中国处理国际关系的基本理念。

爱好和平,反对暴力,是中华文化的智慧结晶,是对人类行为方式的理性揭示。早在先秦时期,儒家提出了"仁者爱人"的理论,认为仁的含义是"爱人"的道德。孔子说:"道二,仁与不仁而已矣。"孟子也说:"仁也者,人也。合而言之,道也。"仁者爱人的人道思想,展示了人之所以为人的本质特征,是社会和谐运行的根本保证。它具体表现"己欲立而立人,己欲达而达人""己所不欲,勿施于人"的忠恕之道。墨家学说提倡"兼爱""非攻",指出人与人之间、国与国之间应当彼此兼爱,反对相互攻伐。道家也坚决反对战争,强调:"夫兵者,非君子之器也,不祥之器也。"即使是闻名天下的中华兵书《孙子兵法》,开篇第一句也是在告诫人们慎用战争。《孙子兵法》中说:"兵者,国之大事,死生之地,存亡之道,不可不察也。""是故百战百胜,非善之善也;不战而屈人之兵,善之善者也。故上兵伐谋,其次伐交,其次伐兵,其下攻城。"中国的佛教思想,更是主张慈悲为怀,普度众生。各家学说的融汇交集,促进了中华文化爱好和平,反对战争的思想形成,丰富了中华文化主张和平的内在精神价值。中华文化提出的和谐共处、协和万邦的思想,主张治理社会,必须重视睦邻友好关系,推行互利互惠的政策。孔子说:"远人不服,则修文德以来之,既来之则安之。"(《论语·季氏》)孟子提出了仁者无敌的思想,主张以德服人,提倡王道,反对霸道,以文德感化外邦,反对轻率地诉诸武力。只有实现了民族关系、国家关系的和谐,才能构筑一个和谐有序的世界。

中华文化崇尚和平、反对战争的思想,促成了中华民族和谐统一的国家形成,保证了与周边国家长期友好的睦邻关系。在中华民族的发展史上,中华文化倡导的是以德服人、近悦远来的仁爱思想,坚决反对以力服人、穷兵黩武的强权霸道,"和为贵"是处理民族问题、国家问题的第一原则。例如,汉武帝建元元年(前140),武帝派张骞出使西域各国,他被匈奴先后俘虏两次。公元前126年,匈奴内乱,张骞乘机逃回汉朝,向汉武帝详细报告了西域情况,武帝授之以太中大夫。张骞在西域有较大的威信,他对开辟从中国通往西域的丝绸之路有卓越贡献。张骞出使西域带着中央政府美好的愿望,采用和平、友好的方式,促进了古代中国与西域各国进行了友好的文明交往,而这正是中华民族爱好和平的体现之一。而其所开辟的古代丝绸之路作为中亚各国与中国和平交往的道路,一直在发挥着重要的交通作用。丝绸之路不仅在古代促进了不同文明之间的相互交流,而且也为现在中国与中亚、非洲、欧洲各国的共同发展提供了良好的基础。

在中华民族的发展史上,中央政权长期保持的是防御而非进攻的策略,主张亲仁善邻,悦近来远,讲求以文服人,以德服人,从不把自己的文化强加于人。唐朝更是在国力鼎盛时期与吐蕃和亲,这些都是体现了中华文化讲求仁爱,倡导和平的文化特点。在对外交往的历史上,只有遣隋使、遣唐使远来学习中华文化,中国却从来没有使用武力把文化强加于他国。例如,明朝时期,位于中国台湾岛和日本九州岛之间的琉球群岛上的山南、中山、山北三个王国,一直奉明朝政权为正宗,自愿成为明朝的藩属国。明朝灭亡后,琉球王国请求清政府正式册封,并使用清朝年号,继续自愿向清朝政府朝贡。历朝历代,琉球王国都向中国皇帝请求册封,从未间断。而每个中国皇帝给他们的回赠,都远远多于当初带来的贡品。而日本却在19世纪以武力出兵,将琉球王国霸占,逼迫琉球王国削去琉球国号,停止对清政府的朝贡,而向日本进贡,并改用日本年号。1879年,日本政府残酷镇压琉球国民,强行将琉球纳入版图,设为"冲绳"县。至此,历史上一直奉中华帝国为正统、奉行中华文化的琉球王国,被猖行扩张主义、掠夺侵略的日本所灭亡。

(三)爱好和平的思想是处理国际关系应持守的基本理念

中华文化讲求爱好和平、反对战争,这是当今世界实现国与国之间的和平相处应当持守正确行为方式。2013年1月30日在中共十八届中央政治局第三次集体学习时,习近平总书记指出,"走和平发展道路,是中华民族优秀文化传统的传承和发展,也是中国人民从近代以后苦难遭遇中得出的必然结论。中国人民对战争带来的苦难有着刻骨铭心的记忆,对和平有着孜孜不倦的追求,十分珍惜和平安定的生活。"他多次向世界庄严宣告,无论发展到哪一步,中国都永远不称霸、永远不搞扩张、永远不谋求势力范围、永远不会把自身曾经经历过的悲惨遭遇强加给其他民族。

中华文化爱好和平、反对暴力的思想,是中国政府对外交往的国际原则。继承中华文化的这一优秀思想,中国政府倡导了和平共处的五项原则。和平共处的五项原则,是周恩来总理于1953年12月底在会见来访的印度代表团时提出的。1955年,在万隆会议上,中国同印度、缅甸共同倡导了和平共处五项原则,五项原则内容是:相互尊重主权和领土完整、互不侵犯、互不干涉内政、平等互利、和平共处。因此,中国政府在对外交往中,始终高举和平、发展、合作旗帜,坚持奉行独立自主的和平外交政策,坚持走和平发展道路,坚持互利共赢的对外开放战略,既通过争取和平的国际环境来发展自己,又通过自身的发展促进和平。

在坚持和平共处的外交原则基础上,中国积极主动地开展工作,利用机遇、应对挑战，进一步塑造了为世界和平、发展、合作而不懈努力的国际形象，展现了坦诚、负责、务实、灵活、开放的外交风格和坚持原则、仗义执言的国家风范。在推动世界多极化，中国政府倡导国际关系民主化和发展模式多样化，促进经济全球化朝着有利于各国共同繁荣的方向发展，积极倡导多边主义和树立以互信、互利、平等、协作为主要内容的新安全观，坚决反对霸权主义和强权政治，反对一切形式的恐怖主义，努力推动国际秩序向更加公正合理的方向发展。

在友好合作关系的建立上，中国政府大力发展与世界各国的友好合作关系，始终坚持与邻为善、以邻为伴的方针，加强与周边国家的友好合作关系，努力深化与发展中国家的互利合作，维护与发展中国家的共同利益，进一步发展同发达国家的关系，努力寻求和扩大共同利益汇合点，妥善处理分歧。

在国际事务中，中国作为负责任大国，始终是世界和平的坚定捍卫者和时代潮流的坚定推动者，把维护国际和平作为自己应尽的责任，为解决地区和国际热点问题积极发挥作用。中国政府积极参与多边外交，维护和加强联合国及安理会的权威和主导作用，努力在国际事务中发挥建设性作用，在维和、军控、反恐、发展、人权司法、环境等问题的合作上，取得一系列新的成果，为世界的和平作出了应尽的贡献。

植根于中华文化的和平共处五项原则，在国际上产生深远影响，被越来越多的国家接受，成为处理国与国之间关系的基本准则。2015年4月22日，习近平总书记在亚非领导人会议上发表题为《弘扬万隆精神 推进合作共赢》的讲话中指出，"我们要大力弘扬万隆精神，不断赋予其新的时代内涵，推动构建以合作共赢为核心的新型国际关系，推动国际秩序和国际体系朝着更加公正合理的方向发展，推动建设人类命运共同体，更好造福亚非人民及其他地区人民。"中国所倡导的和平外交政策，具有鲜明的中国特色，即和平性、正当性和建设性，在当今国际交往中发挥了重要现实作用。它展示了中华文化爱好和平、反对暴力的思想，为建立和谐有序的国际秩序，解决世界各种冲突，提供了正确的导向和积极借鉴，是中华文化对当今世界和平发展提供的中国智慧。

二、中华文化有利于促进人类文明的交流发展

如何建立国际新秩序，实现各国文明的和谐相处，促进人类的共同进步，

中华文化和而不同的思想,展现了中华文化的卓越智慧。《易传》中记载,"万物并育而不相害,道并行而不相悖。""和而不同"是人类共同生存的基本条件,"共育并存"是不同文明相处的最佳方法。中华文明所倡导的和而不同、共育并存的思想,与西方文明主张的国家主义、对抗主义、弱肉强食原则相比,有着突出优势,它是中华文化价值观的重要构成内容,是中华文化自信的重要体现。

(一)不同文明的相互冲突导致了人类灾难的发生

习近平总书记在十九大报告中指出:"没有哪个国家能够独自应对人类面临的各种挑战,也没有哪个国家能够退回到自我封闭的孤岛。"解决人类所面临的各种世界性问题,需要各个国家的共同努力,需要不同文明的相互借鉴和交融。但是,当今世界,国际旧秩序的影响依然存在,强权主义与霸权主义依然存在。一些发达国家以国际秩序的主导地位自居,仅仅从自身利益而没有从人类的整体利益出发,要把自己的政治经济模式、文化价值观和意识形态强加给其他国家,导致了各种文明的相互冲突,给人类带来了难以估计的灾难。这说明了如果没有文明的交流包容,人类的前途和命运是值得忧虑的。

历史反复证明,不同的文明总是共同发展,相伴相生。学者伊恩·莫里斯说:"历史从来不是单线运行的。西方文化虽辉煌,却绝非世界中唯一的文明之光,它只是人类文明发展洪流中的一条支流,是人类历史发展的一种表现形式,而不是绝无仅有的发展历程。"罗素有名言:"不同文化之间的交流过去已经多次证明是人类文明发展的里程碑。"人类文明因包容才有交流互鉴的动力,因交流才显多彩,因互鉴才更丰富。任何想用强制手段来解决文明差异的做法,只会给世界文明带来灾难。因此,实现不同文明的相互交融,推进人类文明的共同进步,是当今世界需要解决的现实问题。如果以国家主义、对抗主义、弱肉强食原则为内容的西方文明横行世界,欺凌压制其他国家的文明,人类就不可能实现和平进步发展。

(二)中华文化的和而不同思想是促进世界秩序稳定和谐的重要思想资源

中华文化的"和而不同""并育不害"的思想,是当今人类不同文明的真正和谐相处之道,有利于保证人类文明多样性的存在和发展。正如习近平总书记所指出的,"几千年来人类积累的一切理性知识和实践知识依然是人类创造性前进的重要基础。只有不断发掘和利用人类创造的一切优秀思想文化和丰富知识，我们才能更好地认识世界、认识社会、认识自己，才能更好地开创人类社会的未来。"

中华文化和而不同的思想，是中华民族在历史的发展过程中形成的卓越智慧，是中华文化发展壮大的重要根基，更是不同文明相互交融的重要方法。中华民族之所以能够生生不息绵延发展，饱受挫折而浴火重生，正是因为它始终持守着开放包容的精神，不断地吸收和借鉴其他文化的优点和长处，来丰富和扩展自身的内涵。中华文化的这种特质，保证了自身绵延不断而枝繁叶茂，历久弥新而与时俱进。这种思想的形成，有着深厚的文化根基，有着丰富的历史实践。

以儒学为核心的中华传统文化认为，仁是人的存在的本质属性的规定，"仁也者，人也；合而言之，道也。"仁既是人之所以为人应具有的仁爱道德，又是社会运行发展所应实施的仁政德治之道。孔子强调实践仁德要做到"泛爱众"，"博施于民而能济众"。孟子主张"以不忍人之心行不忍人之政"，实施"亲亲而仁民，仁民而爱物"的仁义之道，反对"以邻国为壑"。荀子倡导"群居合一"的礼义之道，以求"使天下皆出于治，合于善也"。仁既是对人的存在属性的阐发，也是对社会运行发展之道的揭示。中华文化注重仁德，由此仁德出发，中华文化提出了"己所不欲，勿施于人"、"己欲立而立人，己欲达而达人"的忠恕之道。正如《中庸》所言："中也者，天下之大本；和也者，天下之达道也。致中和，万物育焉。""己所不欲，勿施于人"的忠恕之道，"万物并育而不害，道并行而不相悖"的包容思想，"以和为贵""和而不同"的相处原则，始终贯穿着追求人类和谐发展的基本精神，是中华民族的优秀传统道德。

在历史上，中国也是真诚地把"和而不同""忠恕之道"作为国际关系的处理准则，强调协和万邦、与邻为善，主张"老吾老以及人之老，幼吾幼以及人之幼"，实现人类的共同进步。中华文化长期领先于世界，具有强大创造力和包容性，外来文化传入中华大地都会被同化，中华文化与其他文明的交流中获得了丰富营养。比如汉唐时代对西域文化的吸收，佛教中国化后形成的禅宗文化，以及丝绸之路的开辟，遣隋使遣唐使大批来华，郑和七下远洋等等。中国社会的发展历史充分证明，只有坚持不同文明的相互交融，才能促进人类的共同进步发展。因此，"和而不同"的思想，是促进世界秩序稳定和谐的重要思想资源，是当今世界不同文明相处的正确之道。

（三）中华文化的兼容并蓄思想，可以为世界文明交流提供中国智慧

中华文化绵延不断而枝繁叶茂，历久弥新而与时俱进，它崇尚兼收并蓄的思想，从来不拒绝任何外来文化的因子，持守着开放包容的精神，不断地充分吸收和借鉴其他文化的优点和长处，来丰富和扩展自身的内涵。2013年3月19日，习近平主席在接受金砖国家媒体联合采访时指出："中国人自古就主张和而不同。我们希望，国与国之间、不同文明之间能够平等交流、相互借鉴、共同进步，各国人民都能够共享世界经济科技发展的成果，各国人民的意愿都能够得到尊重，各国能够齐心协力推动建设持久和平、共同繁荣的和谐世界。"因此，维护各国各民族文明多样性，以和谐代替冲突，以对话代替对抗，以相互欣赏代替相互鄙视，以宽容代替苛责，加强交流互鉴，世界文明才能生机盎然，共同发展。

多样性是人类文明的存在特点，不同文明凝聚着不同国家和民族的智慧和贡献，它们没有高低之别，更无优劣之分。2015年9月，习近平主席在第七十届联合国大会一般性辩论时的讲话中指出："文明之间要对话，不要排斥；要交流，不要取代。……我们要尊重各种文明，平等相待，互学互鉴，兼收并蓄，推动人类文明实现创造性发展"。中国提出和实施的一系列文明交流互鉴行动，在世界范围内得到广泛认可。

文明交流互鉴是推动人类文明进步和世界和平发展的重要动力。只有用文明交流互鉴论代替西方学者鼓吹的"文明冲突论"或"文明优越论"，才能真正实现不同文明的共同进步。习近平主席2014年3月27日在联合国教科文组织总部的演讲中指出："当今世界，人类生活在不同文化、种族、肤色、宗教和不同社会制度所组成的世界里，各国人民形成了你中有我、我中有你的命运共同体。"他强调："世界上有200多个国家和地区，2500多个民族和多种宗教。如果只有一种生活方式，只有一种语言，只有一种音乐，只有一种服饰，那是不可想象的。"因此，他认为："文明是多彩的，人类文明因多样才有交流互鉴的价值"；"文明是平等的，人类文明因平等才有交流互鉴的前提"；"文明是包容的，人类文明因包容才有交流互鉴的动力"。他进一步提出："对待不同文明，我们需要比天空更宽阔的胸怀。文明如水，润物无声。我们应该推动不同文明相互尊重、和谐共处，让文明交流互鉴成为增进各国人民友谊的桥梁、推动人类社会进步的动力、维护世界和平的纽带。我们应该从不同文明中寻求智慧、汲取营养,为人民提供精神支撑和心灵慰藉,携手解决人类共同面临的各种挑战。"对人类社会创造的各种文明,都应该采取学习借鉴的态度,都应该积极吸纳其中的有益成分,使人类创造的一切文明中的优秀文化基因与当代文化相适应、与现代社会相协调,"把跨越时空、超越国度、富有永恒魅力、具有当代价值的优秀文化精神弘扬起来",推进人类各种文明交流交融、互学互鉴,是让世界变得更加美丽、各国人民生活得更加美好的必由之路。

维护当今世界的和平,实现人类的共同发展,正确处理好不同文明之间的关系,促进世界文明的全面进步,是当今社会共同的话题。中华文化所倡导的和而不同的思想,主张国际社会要本着相互尊重和相互信任的原则,通过积极有效的国际合作,共同构建和平、安全、开放、合作的世界秩序,建立多边、民主、透明的国际治理体系,实现不同文明的相互交融和借鉴。因此,和而不同、兼容并包是不同文明相互交流所应遵循的原则,只有持守这样的原则,尊重不同文明的特点,维护文明的多样性,正确地学习借鉴、传承人类所创造的优秀文明,不断赋予其新的时代内涵,才能建立一个共赢共荣的国际新秩序,解决当今世界出现的各种问题,减少全球发展不平等、不平衡现象,使各国人民公平享有世界经济增长带来的利益,真正推动人类的和平发展。

世界各国必须坚持相互尊重、平等相待;必须坚持合作共赢、共同发展;必须坚持不同文明兼容并蓄、交流互鉴;必须正确处理好国家之间的关系,实现文明的对话,寻求多元文明交流互鉴的新局面,寻求人类共同利益和共同价值的新内涵,寻求各国合作应对多样化挑战和实现包容性发展的新道路,做到以合作谋和平、以合作促安全,以和谐代替冲突,以对话代替对抗。因此,维护当今世界的和平,实现人类的共同进步,加强不同文明的相互交融,中华文化的和而不同思想,是中国为世界提供的重要智慧。

纵览古往今来的人类历史,横看中西国家的发展道路,源远流长的中华文化,包含着超越时空、跨越国度的价值,它对人类文明进步和人类精神价值的提升,具有重要的现实作用。推动中华文明创造性转化、创新性发展,激活其生命力,让中华文明同各国人民创造的多彩文明一道,为人类提供正确精神指引。中华文化是引领当今世界进步发展的强大精神动力,必将在全面促进世界各国的发展,推动人类文明的更新进步中,发挥现实的巨大作用。

"内圣外王"的哲学省思

谢晓东　刘舒雯

（河南省社会科学院　《中州学刊》杂志社）

摘要："内圣外王"由两部分构成：内圣和外王，分别形成内圣之学和外王之学，而其整体则称为内圣外王之道。对于内圣和外王之间的关系，本文以不离不杂规定之。这种新思考，一方面可以涵盖此前所有的理解模式，另一方面还能对它们构成创造性的批评。对"内圣外王"的传统理解模式——由内而外地贯通之——有见于内圣和外王之间的不离，却忽略了它们之间的不杂。同理，对"内圣外王"的一种现代理解模式（倒转说或反转说）亦有见于外王和内圣之间的不离，却仍在一定程度上忽略了它们之间的不杂。对"内圣外王"的另一种现代理解模式——切断内外的关联而各自独立（内圣的归内圣、外王的归外王）——则有见于内圣和外王之间的不杂，却很大程度上忽略了它们之间的不离。对内圣外王之间这种不离亦不杂关系的规定，体现了内圣外王之道中"道"的意涵。

关键词：内圣外王；不离不杂；理解模式；反思

"内圣外王"出自《庄子·天下》篇。不过遗憾的是，该篇的作者并没有严格界定该词语，或者说没有定义该术语。这就为后来的众多理解模式留下了阐释空间。虽然"内圣外王"最初产生于道家经典，但是在晚近却成了儒家的代名词。[①] 不过，本文不拟具体探讨儒道对"内圣外王"的不同理解，而是首先提出一种合理的理解方式，然后以此为标准去逻辑地分析几种现有理解模式的优缺点。

[①] 梅广：《"内圣外王"考略》，《清华学报》（台湾）2011年第4期，第621—667页。在梅广看来，使得"内圣外王"真正成为儒家的专有名词甚至精神内核的是熊十力和牟宗三师徒。

一、评价标准的提出：内圣外王之间乃不离不杂的关系

"内圣外王"命题实际上由两部分组成：内圣与外王，分别构成内圣之学和外王之学，而其整体则可以称为"内圣外王"之道。对于内圣和外王之间的适当关系，历来众说纷纭。本文另辟蹊径，以不离不杂来规定之。

1.何谓不离不杂？

所谓不离不杂，[①]指的是两个关系密切的事物之间的复杂关系。这种关系的要素有二：第一，不离。不离是指从现实性来看，A 和 B 两个事物既是同时存在的，并且这种共存具有内在的密切关系而不是偶然共存的。换言之，A 和 B 具有不可分离的关系。第二，不杂。不杂是指从现实性来看，A 和 B 两个事物虽然是同时存在且关系密切，但是 A 是 A、B 是 B 而彼此不可化约。所谓彼此不可化约是指 A 和 B 是独立的二元，因而无法把 A 还原为 B 或是把 B 还原为 A。换言之，A 和 B 具有不可混杂的关系。或许有人会说，A 和 B 之间具有的不离不杂的关系，是否类似于心灵哲学中讲的心身"随附性"（supervenience）呢？对此，我的答复是否定的。这是因为，随附性讲的并不是两个独立实体之间的相互关系。而根据定义，不离不杂则是如此。或许有人会反驳道，不离不杂类似于佛教的非空非有，这是一种双遣关系，因而无法事实上肯定事物之间的关系。在我看来，这种反驳是站不住脚的，基本的理由在于非空非有属于形而上学层面，而不离不杂则既可以应用于形而上学层面，也可以应用于非形而上学层面。很明显，下文所说的内圣外王之间乃不离不杂的关系，是一种非形而上学层面的应用。

2.不离不杂的关系应用于内圣外王的情形

现在，我们描述一下把"不离不杂"应用于内圣外王所呈现出来的基本图

[①] "不离不杂"一词乃牟宗三所首创，他用该词描述朱子之理气关系。具体论述参阅氏著《心体与性体》（下），上海古籍出版社，1999 年，第 438 页、第 442 页。此后唐君毅也有"朱子理气为二而不相离亦不相杂义之说明"，具体论述参阅氏著《中国哲学原论·导论篇》，台湾学生书局，1986 年全集校定版，第 478—483 页。他们的后学刘述先（《朱子哲学思想的发展和完成》，学生书局，1995 年增订三版）和李明辉（《四端与七情：关于道德情感的比较哲学探讨》，华东师大出版社，2008 年，第 204 页）等人均使用该词去理解朱子的理气关系。本文以为，运用该术语所体现的思维方式去反思内圣外王，真是若合符节。

画。首先呈现出来的是一个命题:内圣与外王之间是不离不杂的关系。[①] 具体来说则为:第一,内圣与外王是独立的两个领域,这体现了二者的不杂关系。第二,内圣与外王又是相互作用的,谁也离不开谁,这体现了二者的不离关系。第三,内圣与外王之间是不离不杂的关系可以简化为内圣外王不离不杂。这既是一种描述,也是一种规范。换言之,内圣外王之间应该是一种不离不杂的关系。很明显,我们这里认为,说内圣外王不离不杂,其实已经结合了"是"(Is)与"应该"(Ought)两种因素。[②] 当然了,对于本文来讲,内圣外王不离不杂主要属于规范性而非描述性关系。这是因为,现有的几种对内圣外王关系的理解模式都是规范性的,而作为评判标准的内圣外王不离不杂理所当然地也要和它们保持在同一层面。否则的话,就会犯"误置范畴的错误"。

3.一项特别说明

到此为止,我们并没有具体地说明内圣以及外王的含义。其实,这并非笔者的一个失误,而是打算在对其他理解模式的分析之后,再得出一个一般性的结论。因而,本文所做的分析大致上是一种形式化的分析。形式化的分析当然有其弱点,但是优点也很明显,那就是涵盖性强。对于一种新的反思性的理解内圣外王的模式,我们有必要减少质料的成分而强化形式的要素。事实上,在对其他理解模式的衡量确定中逐渐呈现内圣以及外王的含义,或许是一种更好的选择。

二、"内圣外王"的传统理解模式(由内而外地贯通之)的优劣

从逻辑上看,内圣外王可以是连续体,也可以是非连续体。而强调连续体

[①] 此前,有论者使用过"不一不二"去规定新内圣与新外王的关系。他指出:"首先,内圣与外王不一,二者应一分为二,内圣归内圣,外王归外王;其次,内圣与外王不二,二者合二为一,宪政之道与道德之道究竟为一。"他认为既分又合是"不一不二"的本质规定,特别指出"不二"是指内圣与外王之间的"相互作用"。范亚峰:《内圣归内圣、外王归外王——自由主义与儒家传统初论》,《原道》第七辑,贵阳:贵州人民出版社,2002年,第93页。应该说,范氏的看法和笔者的比较接近,惜其仅有只言片语。当然了,两者最大的差异还在于本文视内圣和外王是独立的二元,故而具有明确的二元论特征。

[②] 虽然休谟提出的"是"与"应该"的区分在现代哲学中影响深远,但是对于传统儒家来说,"是"蕴涵着"应该"。黄勇,段素革:《如何从实然推出应然——朱熹的儒家解决方案》,《道德与文明》2018年第1期。

的又可以区分为两个方向：由内而外地贯通之或其反向，即由外而内地连接之。我们首先考察前者。

1.作为传统理解模式之典型的《大学》

从时间角度而言，对"内圣外王"的传统理解模式（由内而外地贯通之）源远流长。其中，最为典型的是儒家经典《大学》。在《大学》里，提出了著名的三纲领和八条目。所谓三纲领是指明明德、亲民和止于至善；所谓八条目指的是格物、致知、正心、诚意、修身、齐家、治国和平天下。其中，涵盖了格物、致知、正心、诚意和修身的明明德属于内圣层面，囊括了齐家、治国和平天下的亲民属于外王层面。在《大学》看来，八条目之间是层层递进的逻辑关系，比如朱熹就认为格物处于最为基础性的地位。不过他认为《大学》缺少对格物的具体解释，所以就补充了一个"格物补传"。[①] 需要指出的是，《大学》赋予齐家以政治的意义，是符合孔子以来的儒家传统的。比如，《论语·为政》中有这么一段话：

或谓孔子曰："子奚不为政？"子曰："《书》云：'孝乎！惟孝，友于兄弟，施于有政。'是亦为政，奚其为为政？"

孔子明确提出处理家庭关系的原则和政治原理是一致的。当然了，这种对政治的理解颇为符合当时家国同构的宗法封建制。《大学》里内圣处于本的地位，而外王则被置于末的境地。这可从其明确宣称的"自天子以至于庶人一是皆以修身为本"可见一斑。总之，《大学》主张的是由内圣以通外王。这种"通"根据牟宗三的批评是"直通"，而他所主张的则是"曲通"。[②]

2.牟宗三版本的内圣外王：良知的自我坎陷说

作为儒家的现代传人，牟宗三认为内圣外王"原是儒家的全体大用、全副规模"，[③]因而最能够体现儒家的精神和主旨。在新的时代条件下，他认为外王的基本内容应该是科学和民主政治。[④] 其中，民主政治是新外王的第一义，即形式条件；而科学则为新外王的材质条件（材料和内容）。同于传统儒者，牟宗三也认同"吾人须知如是真想要求事功、要求外王，唯有根据内圣之学往前进，

---

① 朱熹：《四书章句集注》，北京：中华书局，1983年，第6—7页。
② 牟宗三：《政道与治道》，桂林：广西师范大学出版社，2006年，第48页。
③ 牟宗三：《政道与治道·新版序》，第7页。
④ 牟宗三：《政道与治道·新版序》，第11页。

才有可能。"①而内圣之学,就是儒家的心性之学。但是,他对传统上关于内圣外王的理解颇为不满,认为旧说的一大弊端便是忽略了外王的独立地位。于是,牟宗三就创造了良知的自我坎陷说以解决这个问题。该说的基本要点是儒家的德性主体首先自我否定为知性主体(知识主体和政治主体),知性主体独立于德性主体。因而,是知性主体开出科学和民主,而不是德性主体直接开出科学和民主。②这种做法,一定程度上确保了作为(新)外王的民主和科学的独立地位,与此同时依然承认儒家的道德理性具有某种优位性。

3.几点评价

由内圣通外王的理解模式是新老儒家对于内圣外王的核心主张,虽然有所谓"直通"和"曲通"的差异。不过,从类型学角度去看它们其实是属于同一类型的,因而可以放在一起予以评价。对于上述理解模式,我们的回应如下:

第一,其最大的优点就是有见于内圣和外王之间的不离。这种观点强调要同时重视内圣和外王,虽然可能会更重视内圣。比如,朱子对佛老有一个严厉指责,即认为佛老只有明明德(内圣层面)而缺乏新民(外王层面)。③再比如,二程对王安石的一个核心批评就是王氏的外王事业之所以失败,就是因为其内圣有缺陷,即过于强调了动机的利而不是义。④这些都是正统儒家基于内圣外王的整体全面性理解而对其儒门内外的理论对手的批评。

第二,深刻地凸显了内圣外王的规范性要求,即以内圣为本/基础,外王应当由内圣开出⑤。这就把内圣外王作为一个连续体来看待。特别是《大学》的八条目,分别把前一个作为后一个的必要条件,从而完成了格物到平天下的逻

---

① 牟宗三:《政道与治道·新版序》,第9—10页。
② 比如,他对知识性质的论证如下。"由动态的成德之道德理性转为静态的成知识之观解理性。这一步转,我们可以说是道德理性的自我坎陷(自我否定):经此坎陷,从动态转为静态,从无对转为有对,从践履上的直贯转为理解上的横列。在此一转中,观解理性之自性是与道德不相干的。"参见牟宗三:《政道与治道》,第50页。
③ "自谓能明其德而不屑乎新民者,如佛、老便是。"黎靖德编:《朱子语类》,北京:中华书局,1986年,第379页。需要指出的是,程朱认为《大学》中亲民的"亲"应该理解为"新",具体参见朱熹:《四书章句集注》,第3页。
④ 不过总体而言,王安石的学术目标也是重建内圣外王之道。诚如余英时所言,王安石"发展了一套'内圣'(即'道德性命')和外王(即'新法')互相支援的儒学系统"。余英时:《朱熹的历史世界——宋代士大夫政治文化研究》,北京:生活·读书·新知三联书店,2004年,第40页。
⑤ "明德为本,新民为末。"朱熹:《四书章句集注》,第3页。

辑链条。当然了,这种逻辑链条的有效性似乎是值得怀疑的,而其乌托邦性质与实际的运作困难也早就引起了学者的关注。① 一定程度上,其有内圣一元论的倾向。

第三,其缺点是对于内圣和外王之间的不杂有所忽视。把内圣外王作为一个连续体去看待,在儒家语境中其实是把外王看作是内圣的逻辑延伸或直接延伸。② 这就使得该理解模式具有明显的泛道德主义倾向,同时外王也就失去了独立的地位。应该说,由内而外地贯通之的内圣外王理解模式的这个缺点是比较严重的,具有明显的片面性。

三、"内圣外王"的现代理解模式(倒转说或反转说)之评估

俗话说得好,物极必反。绵延了两千多年的"内圣外王"传统理解模式在现代遭遇了滑铁卢。由于西方文明的强势挑战,一些学者反其道而行之,提出了先外后内地连接之的对内圣外王的现代理解模式。其最大特征是构成了一个倒转或反转。

1.两种相关表述

到目前为止,笔者发现了具有反转色彩的两种关于内圣外王的表述。其中第一种形态是林安梧提出的。林氏把其师牟宗三的相关学说概括为内圣开外王的转化论,而标榜自己的为由外王而内圣之调适论。林氏提出了公民儒学的构想,以取代传统儒家的君子儒学。在他看来,中日韩属于后发现代化的地区,它们通过学习西方开发出来的民主和科学,并在学习和实践科学和民主的过程中,"回过头去又与自家的文明传统起着重大的调适性作用",即"内圣之学因之而有调整"。其结果便是由原来的君子儒学转化而为公民儒学。③ 林氏借鉴了王船山的交互体用的思维方式,他进一步认为经由社会正义的作用

---

① 陈弱水:《"内圣外王"观念的原始纠结与儒家政治思想的根本疑难》,《公共意识与中国文化》,北京:新星出版社,2006年,第267—302页。原刊于《史学评论》第3期,1981年4月版。
② 林毓生:《中国传统的创造性转化》,北京:生活·读书·新知三联书店,1988年,第125页。此外,刘述先也认为孔孟都把政治看作是道德的直接延长。另参见刘述先:《论儒家"内圣外王"的理想》,收入景海峰编:《儒家思想与现代化——刘述先新儒学论著辑要》,北京:中国广播电视出版社,1992年,第1—16页。
③ 林安梧:《从"外王"到"内圣":新儒学之后对"内圣外王"的翻转》,《中国文化》第53期。

而变化了的新内圣并非就是终点,而是继续以新内圣再调理于新外王之中。[①]应该说,这个过程是循环上升不会终结的。

第二种形态由笔者提出。和林安梧类似,笔者也是从现代性的背景下反思内圣外王的。在笔者看来,秦汉以来的君主专制制度抑制乃至窒息了儒家的以道德为中心的内圣之学。在西方以自由和民主为代表的文明(新外王)的强大冲击下,儒家的道德理性能够也应该摆脱专制的束缚而获得新生。换言之,外王层面的立宪民主制度的确立具有第一义的地位,[②]在其支持下,儒家原有的成圣成贤的道德理想反而更容易实现。这是因为,现代的立宪民主制度强调中立性原则而反对国家至善主义(perfectionism),从而为儒学在社会和个体层面的至善主义的成长提供了充分的制度保障。这种首先强调外王的第一义,由外王转内圣的新主张的逻辑结论就是社会儒学。[③]

2.四点评估

由外王转内圣的理解模式是现代学者在新的历史条件下对内圣外王的改造,虽然其理论基础有公民儒学和社会儒学等的不同。不过,原则上它们属于同一类型,因而可以放在一起予以评估。对于上述理解模式,我们的回应如下:

第一,其最大的优点就是对内圣外王的理解发生了一个"哥白尼转向",不再被数千年来占据主导地位的由内圣通外王的旧范式所控制,而是颠倒了过来,创造性地提出了由外王转内圣的新理解模式。[④] 应该说,这不仅仅是一个顺序的调整因而只属于一个程序问题,而且还具有明显的实质意义。

第二,破除了泛道德主义的思维。它不再把作为外王的政治看成是作为

---

① 林安梧:《"内圣"、"外王"之辩:一个后新儒学的反思》,《天府新论》2013年第4期。
② 谢晓东:《现代新儒学与自由主义——徐复观殷海光政治哲学比较研究》,北京:东方出版社,2008年,第282—283页。
③ 谢晓东:《社会儒学何以可能》,《哲学动态》2010年第10期。
④ 一定程度上我们或许可以把黄宗羲的"有治法而后有治人"的论断看作是此种新理解模式的先声。特别是经过狄百瑞的提醒,即黄氏的上述论点挑战了宋明理学的第一政治格言"修己治人",故而我们有必要作适当追溯。狄氏的观点可以参见[美]狄百瑞:《中国的自由传统》,李弘祺译,贵阳:贵州人民出版社,2009年,第115—116页。遗憾的是,不管是黄氏还是狄氏都未曾直接针对内圣外王发表其议论。

内圣的道德的直接延伸或逻辑延伸,而是真正赋予了外王以独立的地位。① 相对于由内圣通外王的旧范式,由外王转内圣的理解模式认识到了内圣学肥大症的弊端。无庸讳言,此种理解也可能导致自身又陷入外王一元论的泥潭。

第三,相对于内圣通外王的旧范式,由外王转内圣的理解模式还处在初步的阐发中,其理论性还有待于强化,说服力还有待于增强。总体而言,其看待外王和内圣的关系相对来说还有机械之处,从而导致两者之间的有机联系不足。而二者间的有机联系,则是传统理解模式的一大优点所在。

第四,对外王和内圣之间的内在勾连似乎重视不够。这种观点虽然强调要同时重视外王和内圣,其实可能会更重视外王。把现代性的基本产物作为现实接受下来并以此作为外王的基本内容,似乎对现代性的理性反思不够。与此同时,外王的作用可能会过于消极,从而导致该说面临对于内圣的提升和保持或有不足之处的批评。

四、"内圣外王"的现代理解模式(内外各归其位)的衡量确定

当然,从逻辑上还有一种思路,那就是强调"内圣的归内圣、外王的归外王",这即是切断内圣与外王的勾连从而"分流"的新主张。

1.相关表述

强调内圣与外王应该"分流"的主张也是一种现代视野下对内圣外王的反思,任剑涛是该说的主要代表。任氏认为熊十力、牟宗三一系的内圣外王相贯通的宗旨是儒学无法完成的现代任务,他从理论论证、政治实践和既成经验三个方面去进行细致的理论分析,从而得出儒学的现代突破需要做到"内圣的归内圣、外王的归外王"②的强势结论。不难发现,其中既成经验的论证具有更大的支撑力量。所谓既成经验是指现代西方实现了的政教分离,从而"上帝的归上帝、凯撒的归凯撒"。仿其结构,任氏旗帜鲜明地提出了"内圣的归内圣、外王的归外王"的口号和结论。在他看来,这是儒学实现由传统转变为现代从而实现儒学的现代突破的必由之路。

---

① 需要指出的是,牟宗三虽然认为他的良知的自我坎陷说保证了知识和政治的独立性,但是其论证的说服力是很有限的。参见李翔海:《牟宗三"良知自我坎陷"说评析》,《东岳论丛》1993年第3期。
② 任剑涛:《内圣的归内圣、外王的归外王——儒学的现代突破》,《中国人民大学学报》(哲社版)2018年第1期。

任剑涛的内圣外王分流说可谓斩钉截铁,从而体现了某种态度上的决绝。其实,有类似思路的不止任氏一人。范亚峰在一篇分析自由主义与儒学传统的论文中也得出了同样的结论。① 但是,范氏只是顺便提及而并未展开具体而微的论证。故而,本文便视任剑涛为这种学说的主要代表,而把范亚峰看作这种理解模式的先驱。

2.三点评论

内圣外王分流说具有明显的现代特征。它和上一节的倒转说一样,都是为内圣外王寻找新理解和新出路的产物。对此,我们的衡定如下:

第一,分流说的最大优点是注意到了内圣与外王的不杂。它把内圣与外王均视为两个独立的事物,从而拒绝了任何化约主义的诱惑。据此,道德和政治,宗教和政治等均获得了自己独立的合法性空间,从而为现代社会打下了坚实的基础。传统社会是政教合一的,造成了不少严重问题。而分流说则打破了这一点,从而为市民社会独立于政治国家奠定了坚实的哲学基础。

第二,分流说和倒转说的基本差异在于,倒转说把外王规定为第一义而内圣则降为第二义,但是分流说则并不区分第一义第二义而是同等对待。在这个意义上,我们可以认为倒转说是贯通说的反命题,而分流说则不是。换言之,内圣外王的倒转说是对贯通说的直接批判,而分流说则可视为间接批判。

第三,分流说的不足之处在于忽视了内圣与外王的不离。我们认为,一种周全的对内圣外王的合理理解应该同时涵盖不离和不杂这么两个向度。就此而言,不离不杂的关系具有明显的辩证性。强调道德和政治的分离固然使得政治从传统的道德束缚中解脱出来,这就使得对政治的专门的科学研究即政治科学成为可能。但是,脱离了道德向度的政治,使得人类陷入了价值迷茫从而为极权主义等反道德的政治铺平了道路。人类在 20 世纪的相关苦难就是其注脚。

五、谁之内圣?何种外王?

根据前文的设定,接下来本文需要具体考察内圣外王中两个组成部分的

---

① 范亚峰:《内圣归内圣、外王归外王——自由主义与儒家传统初论》,《原道》第七辑,贵阳:贵州人民出版社,2002年,第87—97页,特别是第93页。

大致内涵和外延。其实，这些工作或可总结为如下问题：谁之内圣？何种外王？

传统的内圣外王只是针对个体，它是个人至善或境界的体现。① 其中，成就外王涉及他人，但是他人很难说在这一过程中具有独立地位。此种意义上的内圣外王是自我中心主义的。内圣外王中的"王"有其独特含义，那就是君主或最高统治者。正是在前述的意义上，有学者认为，"时至今日，王权久已废除了，再标榜'内圣外王'，那就不符合今日的时代精神了。"②当然了，也可以对内圣外王中的"王"予以弱化或泛化理解，而视其为政治活动领域，在这种情况下，"圣"就可以理解为道德活动层面。③ 于是，内圣外王就演变为道德和政治的关系。应该说，宋代大儒朱子的明明德（修己，属于道德层面）和新民（治人，属于政治层面）就典型地体现了这种关系。但是我们依然要牢记，朱子从来不曾以内圣外王来标榜儒家或指代儒家的核心精神，或许这和该词的道家起源有关。而我们知道，朱子是非常强调"辟异端"的。如果内圣外王只不过说的是道德和政治的关系，那么其主体就具有普遍性的特征，换言之，就是每一个个体。

《庄子·天下》篇是"内圣外王"的原始出处。有一种观点以为，《天下》篇属于庄子后学中黄老学派别。④ 有人便以此为基础试图发掘"内圣外王"的所谓本义，即内在德性为圣，外在事功为王，其主体主要是圣人。⑤ 而有人则试图走出庄学视野，认为"内圣外王之道"集中体现了道家特别是黄老政治哲学的根本旨趣。⑥ 由于黄老学具有明显的"身国同构"特征，故而其关于内的心性论和关于外的政治哲学之间具有很强的理论张力。不难发现，道家一脉的"内圣外王"中"内圣"涵盖了道德与非道德修养两个向度，而"外王"则主要指的是以

---

① 李翔海：《内圣外王——儒家的境界》，南京：江苏人民出版社，2017年。
② 张岱年：《评"内圣外王"》，《群言》1990年第10期。
③ 或许，这就回到了荀子对"圣""王"的理解，即"圣也者，尽伦者也。王也者，尽制者也。两尽者，足以为天下极矣。"（《荀子·解蔽》）
④ 刘笑敢：《庄子哲学及其演变（修订版）》，北京：中国人民大学出版社，2020年。特别是第三章"庄子外杂篇的分类"及第九章"庄子后学中的黄老派"。
⑤ 梁涛：《〈庄子·天下〉篇"内圣外王"本意发微》，《哲学研究》2013年第12期。
⑥ 郑开：《试论黄老政治哲学的"内圣外王之道"》，《湖南大学学报（社会科学版）》2019年第2期。此前，史华兹明确提出《庄子》中的《天下》与《天道》等篇的性质是黄老道家。具体参见［美］本杰明·史华兹：《古代中国的思想世界》，程钢译，刘东校，南京：江苏人民出版社，2004年，第255页。

圣人(以及圣人化的君王)为代表的主宰者的外在事功。比较而言,传统儒家一脉的"内圣"主要指道德修身,因而比道家的要狭窄;"外王"主要指以政治为代表的外在事功,因而和道家的比较接近。当然了,现代新儒家牟宗三对"内圣"与"外王"的理解都是比较独特的,但是其规模并未溢出传统儒家之外。大体而言,在"谁之内圣"这个问题上,道家(含黄老学)反而更加精英主义,而儒家则似乎较具普遍主义(平民化)一些;在"何种外王"这个问题上,道家和传统儒家差别不大,而它们和现代儒家则分歧明显,因为后者接纳了科学、自由和民主这些外王的新时代内容。

余论:四个延伸问题

内圣外王是一个非常重要但又颇为复杂的论题。从行文以及逻辑的完整性角度而言,接下来有必要对几个延伸问题予以扼要说明。

第一,不离不杂不是一种体用关系。自佛教传入中国以来,其体用论的思考模式影响深且大。因而,一些学者就认为内圣外王之间是体用关系,比如上文所提到的余英时。余氏的理解虽然自成一体,但是和本文的相关理路差别是非常明显的。比如,我们认为内圣与外王都是独立的本体,不存在谁从逻辑上言更为根本的问题。

第二,以《大学》为代表的传统儒家对内圣外王之理解的逻辑拆分或可为传统的内圣外王理解模式之困境提供一定的佐证。首先,前者是后者的充分条件。其表达形式为:如果内圣,那么外王。这个表述太强势,不符合经验。不过,其价值在于表达了儒学的一个规范性理想:内心修养最高的人应该为王。但是这个范导性原理因缺乏一个建构性原理而缺乏可操作性。其次,前者是后者的必要条件。其表达形式为:只有内圣,才能外王。这个表述相对中性,比较符合程朱等正统儒家的理想。这也和儒家强调"时""运"和"命"等感性因素相契合。比如孔子从德性上看应当为王,但现实上却并非如此。最后,内圣是外王的充要条件。① 既然连充分条件都是过于强势的表述,充要条件就更不令人满意了。

第三,或许有人会反驳:把内圣外王先分解为内圣和外王,然后再综合之的思路存在弊端。在其看来,内圣外王之道乃合一之道,是一个整体概念,因而不存在内圣和外王的分列。用《中庸》的话来说就是"合外内之道"。对此本文有两点回应:其一,"合一之道""合外内之道"都是在承认了内外之分别的前提下然后论"合"的。换言之,无分即无合。其二,对于一个复杂事物先分解再综合,是一大优点而不是缺点。吸收现代的逻辑分析技术,一定程度上可以克服传统上主要依靠直觉领悟做哲学的局限性。

第四,一项批评。或许有人会反驳:由于正义是社会政治制度的首要美德,②那么在一个总体上不正义的制度架构中,还能有内圣外王之道的生存空间吗?如果有,又是如何展开的呢?这个批评很重要,但是相当程度上已经超出了本文的任务。或许,我们会在另一篇论文中去专门处理这项批评。

---

① "儒家认为内圣和外王是相通的。对一个儒者而言,内圣是外王的充要条件。这种主张现在常被人指为是忽视了政治制度的重要性。……这种规模的政治理论中,理想秩序之实现依赖于统治者的成分实在太大。圣王是不世出的,要有权者无为也是天大的难事。中国传统政治理论的最大难题也就是在这里。"石元康:《自发的秩序与无为而治》,《当代自由主义理论》,上海:三联书店,2000年,第137页。
② [美]罗尔斯:《正义论》,何怀宏、何包钢、廖申白译,北京:中国社会科学出版社,1988年,第3页。需要指出的是,本文根据英文原版中的 Virtue 把中文版中的价值一词换成了更为精确的"美德"一词。

中国古代神话孕育伟大的民族精神

闫德亮

摘要：中国古代神话是中华民族童年的历史，它孕育出了伟大的民族精神。千百年来，中华民族在"心系民众的责任意识、改造世界的自强性格、不畏艰难的担当品质、不屈不挠的追求禀性、勇于牺牲的无私情怀、和合同心的共进品格"的精神内涵滋养下，团结奋进、执着进取、牺牲奉献，不断发展壮大、由富到强，一步步迈进民族伟大复兴的新征程。

关键词：古代神话；民族精神；民族成长

远古之时，面对恶劣的生存环境，认知能力低下的先民们对自然及万物顶礼膜拜，他们根据自己的认识来描述自然与社会，于是产生了古代神话。中国古代神话真实地记录了中华民族童年时代的足印，客观地反映了先民们对自然、社会的认知，其中所蕴含的文化内涵铸造出了伟大的民族之魂，孕育出了伟大的民族精神。这种伟大的民族精神折射出了民族的心理特征、思维方式、审美情趣和价值观念，滋养并引领着民族的形成、发展、壮大、强盛。在实现中华民族伟大复兴中国梦的今天，我们重新审视古代神话，对继承和弘扬中华民族优秀的精神品质，培育和提升时代精神，都具有十分重要的历史意义与现实意义。

一、思危：心系民众的责任意识

中国古代神话告诉我们，盘古开天辟地以后才有了宇宙天地与世间万物，但此时的世界还属于洪荒与蒙昧的远古之时，生存环境十分恶劣，严重威胁制约着先民们的生存、健康与发展。古文献对当时人类的恶劣环境有所记载。《韩非子·五蠹》载："上古之世，人民少而禽兽众，人民不胜禽兽虫蛇。"《太平御览》卷十八引《古史考》载:"古之初,人吮露精,食草木实,穴居野处,山居则食鸟兽,衣其羽皮,饮血茹毛;近水则食鱼鳖螺蛤。未有火化腥臊,多害肠胃。"面对这种恶劣的生存环境与生活条件,先民们积极思考应对,于是有了"燧人氏取火""有巢氏构巢"等神话。这是先民真实生活的写照,也是先民思危意识的反映。不仅如此,远古之时还有更大的劫难戕害着先民。《淮南子》等文献载:

往古之时,四极废,九州裂,天不兼覆,地不周载。火爁焱而不灭,水浩洋而不息。猛兽食颛民,鸷鸟攫老弱。(《淮南子·览冥训》)

尧之时,十日并出,焦禾稼,杀草木,而民无所食。猰貐、凿齿、九婴、大风、封豨、修蛇,皆为民害。(《淮南子·本经训》)

帝尧之时,遭洪水滔滔,天下沉渍,九州阏塞,四渎壅闭。(《吴越春秋·越王无余外传》)

往古之时帝尧之世,旱灾肆虐、洪水浩劫、猛兽疯狂,这是上古时期的真实写照,也是先民们对生存环境心存忧患的反映。它时时提醒先民,对大自然要居安思危,常存忧患之心、常怀敬畏之情,但对大自然的劫难更要积极应对,于是就有了后羿射日、女娲补天、鲧禹治水等蕴含民族精神的神话故事。

神话著作《山海经》连篇累牍地记载怪兽异禽奇物,不厌其烦地记载死亡。《山海经》记载的怪兽异禽奇物隐含着凶灾异兆,如在《五藏山经》中有"见则天下大水""见则天下大旱""见则天下大风""见则天下大疫""见则国有恐""见则国有兵""见则其国为败"等怪兽异禽奇物,由此可见先民对不可认识和不可控制的自然灾难及人间灾难的忧患意识。为了消除这种忧心忡忡的危机,《山海经》也记载了一些祥瑞的灵异动植物,如"见则其国大穰""食之不瘿""服之不厌,可以御兵"等;更有用祭祀来消除灾难和祈求平安的,如山经中记载的每座山的最后都说出了某山的山神和如何祭祀山神的方法。《山海经》记载的死亡类型很多,有自然死亡的、被杀而死的、意外死去的、为事业献身的,等等。对于先民来说,死和生都是很神秘的,但死亡是很恐惧的,是先民忧患最重的情形之一。在死亡的威胁下,先民为了生命的长存与人类的健康,就幻想出了"不死民""不死国""不死药"以及能使人长寿的"乘黄""吉量",还有能"死而复生"的神与人等神话。在古代神话中生与死成了先民生命意识的重要命题,他们不仅关注着形体变化中的特异功能,而且关注着功能的延续和长存,更关注着人类的健康与长寿,这是一种对于生命失去的忧患与对于生命长存的企盼,是一种深重的生命忧患意识与心系民众的社会责任感,它时刻提醒着先民要有一种危机意识,也要居安思危,更要有化解危机的能力。

思危催人奋进。在中国古代神话中,很多篇章都流露出了先民对自然的恐惧之心和敬畏之情,体现出了先民对生存环境与生命企盼的思危意识。这种思危意识孕育出了燧人氏取火、有巢氏构巢、女娲补天、伏羲画八卦、神农尝百草、轩辕造百物、鲧禹治水、羿射十日、夸父逐日、女丑曝日等一大批解决问题战胜困难的神话故事与神话英雄。这些神话故事与神话英雄都有一颗为民之心,有一份强烈的"生于忧患""居安思危"的社会现责任感,它告诫先民们不能安于现状、贪图安逸、乐而忘忧,它引领感召着先民们化解了一次又一次的危机,走出了蒙昧时代迈入了文明社会。这些神话故事及神话英雄也培育了后世的"为天地立心,为生民立命"和"天下兴亡,匹夫有责"的社会责任,今天我们实现中国梦更需要这思危意识与社会责任。

二、创造:改造世界的自强性格

中国古代神话开篇之作盘古开天辟地化育万物充满了浓浓的创造精神。徐整的《三五历纪》《五运历年纪》记载:

天地混沌如鸡子,盘古生其中,万八千岁。天地开辟,阳清为天,阴浊为地,盘古在其中,一日九变,神于天,圣于地。天日高一丈,地日厚一丈,盘古日长一丈,如此万八千岁,天数极高,地数极深,盘古极长。后乃有三皇。数起于一,立于三,成于五,盛于七,处于九,故天去地九万里。(《艺文类聚》卷一引徐整的《三五历纪》)

首生盘古,垂死化身。气成风云,声为雷霆,左眼为日,右眼为月,四肢五体为四极五岳,血液为江河,筋脉为地理,肌肉为田土,发髭为星辰,皮毛为草本,齿骨为金石,精髓为珠玉,汗流为雨泽,身之诸虫,因风所感,化为黎甿。(《绎史》卷一引徐整的《五运历年纪》)

盘古开辟了天地,死后又化育出日月山川湖海草木虫鱼以及人类自己等自然万物,为人类的生存发展提供了空间与物质基础。在河南桐柏山地区还流传着盘古是从龙蛋中孵出来的传说。盘古从蛋壳中出来后手持利斧辟开了天地,并与其妹创造了人类。盘古的创造与奉献精神为后世神话英雄作出了典范。

《周易·系辞上》曰"河出图,洛出书,圣人则之",此圣人乃伏羲。伏羲画卦是神话中的经典篇章。伏羲画八卦是一种思想创造,是先民哲学思想的反映,它奠定了哲学著作《易》的基础,也开创了古代哲学的先河。不仅如此,在八卦思想的影响下,伏羲还创制了姓氏并自定为"风"姓,制定了嫁娶之礼保证了人类的健康繁衍,创造了畜牧业为人类提供了肉食,又造书契、做乐器、创历法、立筮法、设六佐,等等,这些发明创造为人类幸福作出了巨大贡献。

炎帝神农氏是神话时代农耕的代表,他靠"丹雀衔九穗之禾"发明了农业,使人类进入农耕时代。他还发明了纺织业,解决了穿衣问题。《商君书·画策》曰:"神农之世,公耕而食,妇织而衣。"《庄子·盗跖》曰:"神农之世……耕而食,织而衣,无相害之心,此至德之隆也。"他还"以赭鞭鞭百草",并亲自尝百草,发明了医药。另外,他还教人类立市,创造了集市。如此等等。

我们说中华民族有五千年的文明史,那是从黄帝算起的。孙中山曾颂扬说:"中华开国五千年,神州轩辕自古传。创造指南针,平定蚩尤乱。世界文明,唯有我先。"黄帝时期创造发明接连不断,他和他的臣子们创造发明了舟车、指南车、弓弩、蚕桑、衣服、历法、文字等,并进行都城、制度、建军、官吏等政权建设。黄帝为人类文明的发展与进步作出了巨大的贡献,至今我们还在享受着他给我们带来的文明成果,称他为人文始祖。

颛顼的伟大创造主要表现为"绝地天通"的宗教改革,他通过统一氏族部族之间的神权,增强了部族之间的凝聚力,进而推进了部族的思想意识的统一与农业生产等的发展。

古代神话中不仅有思想、生活、制度的创造,还有伟大的工程建设。其中最大的工程莫过于女娲补天,通过女娲的劳作,"苍天补,四极正,淫水涸,冀州平,狡虫死,颛民生"(《淮南子·览冥训》),于是女娲又开始了"抟土造人""引绳为人""成婚造人"(《太平御览》卷七十八引应邵《风俗通》)的造人工程,显示出创世神创造世界的独特气魄与魅力。而大禹治水,通过治黄河导淮河决济水,疏浚了河道,创造出了古代伟大的水利工程,九州从此得治。而巨灵神"开二华之山,以利河流"《搜神记》(卷十三)的"造山川,出江河"(《文选·西京赋》李善注引《遁甲开山图》)的开山造河工程同样显示出了先民伟大的创造力。

创造改变世界。先民的创造发明还有很多,这些创造使中华大地到处充满着民族伟大的创造精神与文明硕果。这种创造精神引领着中华民族在前进的征程中自立自强,不断地征服自然改造世界,产生出了老子、孔子、庄子、孟子、墨子等思想巨匠,传承了《格萨尔王》《玛纳斯》《江格尔》等伟大的史诗,创造了伟大的《诗经》《楚辞》以及后代的"汉赋""唐诗""宋词""元曲""明清小说"等文艺作品,贡献出了推动世界文明进步的造纸术、火药、印刷术、指南针等重大发明,建设了举世瞩目的万里长城、都江堰、大运河、故宫、布达拉宫、三峡大坝等伟大工程,制造出了天宫、神舟、嫦娥、长征系列、蛟龙、天眼、悟空、墨子、慧眼、大飞机等高科技创新成果。创造使社会发展日新月异,人间奇迹不断出现。目前,中华民族在创造精神引领下,不断攀登创新高峰,不断向世界贡献中国智慧。

三、奋斗:不畏艰难的担当品质

中国古代神话很多篇章都反映了先民抵御灾害征服自然的斗争,其中透出一种不畏艰难、迎难而上的奋斗精神。

洪水神话是世界性的神话母题。当洪水灾难到来时,西亚神话中的诺亚借助一条大船逃生,古希腊神话也有相同的逃生记载,而我们的先民却是勇敢地面对洪水劫难并战胜它。《淮南子·览冥训》载女娲面对"水浩洋而不息"的劫难,"杀黑龙以济冀州,积芦灰以止淫水",最后是"淫水涸,冀州平"。《尚书·尧典》《史记》都记载了帝尧之时的洪水劫难。为治水帝尧向四岳咨询治水之人,四岳推荐了鲧。面对"洪水滔天,鲧窃帝之息壤以堙洪水"(《山海经·海内经》)。最后鲧治水不成遭杀戮而"腹生禹"。大禹不计父亲被处死的悲痛,勇敢地担起了父亲鲧的治水大业,开始了艰难而漫长的奋斗历程。《墨子·七患》曰:"禹七年水。"《庄子·秋水》曰:"禹之时,十年九潦。"《荀子·富国》云:"禹十年水。"大禹治水不用鲧的堵塞之法而用疏浚之法,"开三门"(即鬼门、神门、人门)、凿龙门(洛阳附近)、化熊通轘辕山、擒拿水怪无支祁、三过家门而不入,等等,以至造成了"胫无毛,生偏枯之疾,步不通过,名曰'禹步'"(《尸子·广泽)等的形象特点。这些再现了大禹十年治水的奋斗历程,彰显了大禹不畏艰难的奋斗与担当。鲧禹父子的治水担当反映了先民们前仆后继、矢志不渝、迎难而上的伟大民族奋斗精神,正是这种不屈的意志和艰苦的奋斗使我们的先民战胜了一场又一场的空前劫难,摆脱了一次又一次的人类危机。

面对旱灾,我们的先民也同样表现出了大无畏的担当品质与奋斗精神。《淮南子·本经训》载"尧之时,十日并出,焦禾稼,杀草木,而民无食",于是尧使羿"上射十日,下杀猰貐"。《山海经·海外西经》载"女丑之尸,生而十日炙杀之",古代神巫女丑用"曝日求雨"的行为应对炎炎烈日和无情干旱。作为巨人的夸父更是"与日逐走"(《山海经·海外北经》)驱赶太阳,用他神巫的身份,"运用手中的魔杖驱逐太阳,使太阳落山,从而减轻旱灾"。"夸父逐日的原因,是为了战胜炎热和干旱"。面对人类的对抗,宇宙之王的太阳要么陨落于箭下,要么仓皇奔逃于夸父的追逐。

奋斗成就梦想。鲧禹治水、后羿射日、女丑曝日、夸父逐日、精卫填海、房屋畜牧农业医药的发明等神话,是中国神话时代战天斗地的壮举,也是上古时代中华儿女不畏艰难的奋斗篇章。经过他们的努力,洪水平息、九州得治,人民乐业安康。这些古代神话展示的是一种历史进程,昭示的是一种民族奋斗精神。中华民族正是在这种不畏艰难、不懈奋斗的精神激励下,"上下求索"、"九死而不悔"、革故鼎新、发愤图强,涌现出了黄帝、炎帝、鲧、禹、后羿等神话英雄,培育出了无数的历史英雄与时代楷模,战胜了无数的自然灾害,开发和建设了美丽的大好河山,创造了世界第二大经济体,人们的获得感幸福感显著提升。国家要强大、民族要复兴,必须要靠我们不畏艰难、砥砺奋进、不懈奋斗的民族精神。

四、执着:不屈不挠的追求禀性

执着是一种永恒追求,不屈不挠是一种坚韧意志。英雄神共工一生执着于战斗。他与颛顼争过帝,最后壮志不酬怒触不周山,造成了"天柱折,地维绝""天倾西北,地不满东南"的地球劫难(《淮南子·天文训》);他与高辛帝争过帝,帝"使重黎诛之而不尽"(《淮南子·原道训》);尧让天下时,共工谏言,尧举兵诛杀共工于幽州之都(《韩非子·外储说右上》);舜之时,共工振滔洪水,以薄空桑(《淮南子·本经训》);最后,禹伐共工(《荀子·议兵》),并把共工与其臣子相繇一起杀掉。

共工被诛,但其数代人为争取独立与诸帝不屈不挠地执着抗争品格让人敬佩。这一品格在其他诸多神话中也有表现,如鲧生禹神话:鲧不满自己因治水不力被诛杀,而"鲧腹生禹",以生命转化的方式来延续自己生命,这是对自己未竟事业的执着追求。《山海经·海内西经》载:"刑天与帝争神,帝断其首,葬之常羊之山。乃以乳为目,以脐为口,操干戚以舞。"刑天遭杀后"操干戚以舞"同样也昭示了一种为自立死不瞑目的执着抗争的民族品格。夏耕头可断,但灵魂不屈,依然"操戈盾立",这是一种对职业与信念的执着。"蚩尤桎梏化枫林"神话也能读出执着这种民族品格。按郭璞的注释:蚩尤为部族独立自强向中原盟主黄帝发起挑战,蚩尤被黄帝俘获,加以刑具处死。以后这些刑具在被扔掉时变成了枫树。红色的枫树不仅是蚩尤流的血,同时又是他不屈不挠执着于理想的精神物化。

太阳神作为宇宙之王备受人们崇敬,但当它给人类带来无情的干旱时,我们的先民却大胆地射日、追日。面对"十日并出,焦禾稼,杀草木,而民无所食"(《淮南子·本经训》)的惨象,后羿下到世间为民除害。他执着射日,一连射落了九个太阳,最后触怒了天帝,终老人间。后羿射日神话透出了一种宁死不屈埋头干事的执着品格。

夸父逐日神话也是一篇执着干事的经典。为了解除旱灾,夸父与日逐走,执着地驱赶太阳,竟然道渴而死。另一说夸父逐日是反抗太阳神黄帝,因为夸父是炎帝氏的后裔,他驱逐太阳就是为给炎帝报仇而进行的斗争。这种斗争是炎帝与黄帝斗争的继续,是一种为了部族利益而执着奉献的精神意蕴。

精卫填海神话英勇、悲壮,其"知其不可为而为之"(《论语·子路》)的填海壮举,惊天地泣鬼神,充分表现出了不屈不挠执着拼搏精神,备受人民敬重和赞扬。

执着通向成功。尽管共工斗诸帝、后羿射日、夸父逐日、精卫填海都带有很浓的悲剧色彩,但它反映了先民执着抗争的禀性,体现出了先民执着追求、久久为功、前赴后继的决心,造就出了先民正视自己、树立自信的心理基础,孕育了坚忍不拔、义无反顾、百折不挠的民族正气。千百年来,我们的民族在这种精神的滋养下,涌现出屈原、岳飞、文天祥、林则徐等成千上万个英雄人物,正是他们不屈不挠的执着、勇于牺牲的气概,为国家自强、民族独立、人们幸福注入了强大的动力。

五、奉献:勇于牺牲的无私情怀

乐于奉献、勇于牺牲是中国古代神话所蕴含的伟大民族精神,创世神盘古为其典范。《五运历年纪》记载当盘古伟岸的身躯倒下的一刹那,他同时也奉献出了自己的一切,其身体的各个部分都化育成了世间万物,给人类留下了美好的山川幸福的家园。另一个开辟大神女娲为人类补天治水杀猛兽,又教人行媒置婚生育后代,尔后其肠也化作十神人继续守护人类。女娲身上最能看出中华民族吃苦耐劳牺牲奉献的母亲形象。中国开辟神与生俱来的自我牺牲精神,体现出先民们乐于奉献的无私情怀。

中国开辟大神的牺牲奉献精神为后来的大神们作出了榜样,始祖神与英雄神把这一精神进行了弘扬。伏羲结网罟,教民渔猎;炎帝发明了农业,亲尝百草辨草药,死而为灶;黄帝发明了指南针、舟车、文字等;尧帝一生为民事,在阳城考察而死;舜帝一生为民奉献,最后"舜勤民事而野死",驾崩于南巡三苗对其实行教化的征程中;鲧死化禹,禹治水"三过家门而不入";蚩尤为了部族利益而牺牲,其桎梏最终也化为枫林,造福人类;夸父为了人类不受旱灾与日逐走,道渴而死,共手杖化为邓林,为行旅之人提供一片歇息的场所。神射手后羿,为了拯救下民从天界来到人间,射落了九个太阳,解除了干旱灾难,尔后又杀死了一些猛禽凶兽,最后终老人间。这种牺牲是何等的伟大!

另外,《山海经》中人们熟知的"以袂蔽面的女丑之尸""操干戈而舞的断首刑天""操戈而立的无首夏耕"等神话虽然是巫术祭祀仪式的直接记录,但却闪耀着牺牲奉献的精神光芒。"女丑"即"女巫",她为了人类求雨除旱而被十日炙杀而成"女丑之尸"。"断首刑天"的深层意蕴是一种"谷神断首"的原始农耕祭仪,刑天为人类祈盼丰收而被断首;司职农业的农神夏耕"无首"牺牲企盼丰收。为祭仪事业舍生取义勇于"牺牲"透出了一种奉献精神。

奉献铸就灵魂。中国诸神所普遍体现的乐于奉献、勇于牺牲的民族精神,是世界其他民族的神话英雄所罕见的。这种牺牲奉献精神改造了世界,创造了丰富多彩的物质文明与光辉灿烂的精神文明,是为我们民族所崇敬,也为我们民族所发扬光大的宝贵财富。千百年来,为了民族自立国家自强人民幸福,多少个仁人志士隐姓埋名,甘做无名英雄,可歌可泣;更有抛头颅洒热血,前仆后继,勇于牺牲的伟大英雄。今天我们党所培育的红船精神、南泥湾精神、时传祥精神、大庆精神、焦裕禄精神、红旗渠精神、"两弹一星"精神、航天精神、抗洪救灾精神、塞罕坝精神等都是民族精神的时代体现,它处处闪耀着牺牲奉献的耀眼光辉,激励着中华民族坚定地迈向中国梦。

六、团结:和合同心的共进品格

中华民族是一个和谐共处,团结共进的民族,这种优秀传统在神话中表现得很充分。"盘古化生万物"是人与自然和谐,是天人合一观念与和合观念的有机统一,是古代很多思想观念的重要内容和依据。其他的死亡神话,如女丑之尸、断头夏耕、夸父逐日、鲧死为禹、颛顼死而复活等都是他们和合自然的使命使然。

和合在中国古代神话中还有很多,如《山海经》中记载了很多两性同体、杂种、怪物等复合形象:人面鸟、人面蛇(烛阴)、乘黄等;还有许多畸形人:大人国、小人国、三首国、长臂国、氐人国等。他们首先是自身的和谐,其次是与自然社会的和谐,他们和平相处和谐共存在神话的国度里。

龙与凤是中国古代神话中的重要形象,也是中华民族的共同图腾。作为神物,龙与凤是多种动物和多种天象的融合体,这反映了人们对天地万物包容的心态与和合心理,形成了民族的和谐观,体现了民族的尚和精神。

和合共进、团结同心的精神品格表现最为充分的是华夏族的形成。上古之时,万邦林立,中国大地上生活着众多不同的先民部落和部族。在长达数千年甚至数万年的社会发展中,数千个甚至数万个部落部族不断融并。第一次大规模的民族融合是伏羲部族东迁中原与太昊部族融合成为太昊伏羲氏部族,第二次大规模的民族融合是炎帝东迁中原融并了太昊伏羲部族。民族的不断融合,最后形成了三大民族集团:以炎帝和黄帝为代表的华夏集团,以太昊、少昊、蚩尤为代表的东夷集团,以伏羲与女娲为代表的苗蛮集团。华夏民族的形成过程,也就是三大集团的融合过程。当炎帝神农氏没落时期,黄帝轩辕氏"习用干戈,以征不享",经过阪泉之战打败炎帝,兼并、融合、统一了中原地区的诸多民族,形成了华夏族的主体,实现了民族的第三次大融合。"蚩尤作兵伐黄帝,黄帝乃令应龙攻之冀州之野"(《淮南子·冥览训》),黄帝又与东夷蚩尤战于涿鹿,并且擒杀了蚩尤。组成了以华夏和东夷集团为主体的更大规模的华夏集团,民族大融合进一步实现。后来有虞氏舜与陶唐氏帝尧的两个女儿通婚,意味着华夏集团与东夷集团融合进一步加深。而此时南方的苗蛮集团还没被征服。时间在流逝,黄帝及其后裔组成的华夏集团在与其他部族不断融合过程中,也开始了对南方苗蛮集团的融合。最后经过尧舜禹的努力,彻底征服了三苗,最终融并了苗蛮集团,这意味着民族大融合的共同体——华夏族基本形成,结果是推进了华夏族建立起了多元一体的复合制"华夏族国家"政权——夏王朝,随后的商王朝、周王朝使华夏族更加发展与壮大,大一统的秦、汉帝国使以汉族为主体的华夏民族真正形成,且不断强大。

在早期民族融合及华夏民族的形成过程中,是以炎黄二帝特别是以黄帝和龙为同心圆的核心和血缘纽带的。这种民族的整合融汇,一是华夏族向外兼并扩张的外向认同,一是外围民族的内向聚集华夏。这种"以夷变夏"的内向聚集华夏,即是外围民族认为自己也是炎黄后裔和龙的传人,是华夏族的一部分,如匈奴自认为是夏禹之后,鲜卑自认为是黄帝之后,苗族自认为是蚩尤的后代,瑶族自认为是高辛帝的后代,另有"龙生夷"之说。后来少数民族建立的元朝、清朝等政权也都是认同华夏民族的文化而融入华夏民族大家庭之中的。华夏民族的融合发展强大过程是以向中原华夏族聚拢的过程,更是认同黄帝和龙核心地位的文化融合过程。"一个民族,只有当他们认同了共同的神话时,它才是一个真正的民族。中华民族的核心神话只有两个:龙和黄帝。"龙的旗帜、黄帝的核心位置造就了中华民族和合同心的看齐意识与核心意识,显示出了中国古代神话所涵蕴的民族精神和东方魅力。

团结就是力量。正是这种"和合同心"的民族团结精神,使古代众多部族、民族归宗炎黄、凝聚华夏,建立起了统一的多民族国家,发展了56个民族多元一体融洽的民族关系,形成了中华民族大家庭。当近现代西方列强欺凌中国时,中华民族团结一致,共同喊出了"振兴中华"的心声,打败了侵略者,捍卫了民族独立和自由,书写了中华民族保卫祖国的壮丽史诗。今天,建设和谐社会目标,实现民族伟大复兴,构建人类命运共同体,更要求我们讲求弘扬和合同心、团结共进的民族精神,营造出和谐有序的社会生态,创造出"美美与共"的大美氛围,进一步提升中华民族的和美形象,进一步增强中华民族的凝聚力、向心力、战斗力,助推中国梦的实现。

综上,中国古代神话既是先民真实生活的写照,也是先民美好生活的梦想,其所蕴含的"心系民众、改造世界、不畏艰难、不屈不挠、勇于牺牲、和合同心"文化内涵,孕育出了"思危、创造、奋斗、执着、奉献、团结"等伟大的民族精神,它树起了文化自信、民族自立、国家自强的精神旗帜。这些源于神话内在特质的民族精神是中华民族生生不息、不断发展壮大强盛的精神动力。千百年来,在伟大民族精神引领下,中华民族无论处于危难还是居于顺境,都时刻不忘忧患意识,践行进取之志,团结一致,奋斗拼搏,牺牲奉献,攻克了一个又一个看似不可攻克的难关,创造了一个又一个彪炳史册的人间奇迹,谱写了气吞山河的壮丽诗篇。今天,中华民族承继神话品质,弘扬民族精神,通过持之以恒、锲而不舍、驰而不息不懈奋斗,进行伟大斗争,建设伟大工程,推进伟大事业,实现伟大梦想。

走向"天的人化":人学视域中的天人之辨

张恒

(山东社会科学院 国际儒学研究院)

摘要:与西方相较,中国古代儒家天人之辨基本不涉及认识论问题,也不应视为完全的宇宙论问题,而更多是关乎人的生存与价值的人学问题,其重点在人而不在天,其诉求是不断揭示人的本质并提升人在宇宙中的地位。在此人学视域下,天人之辨现有研究中的"类型说"与"阶段说"应该也可以实现某种统一,以弥补解释效力的不足。总体而言,天人之辨展现为"合—分—合"的逻辑发展进程。具体而言,人从上古"天人杂糅"的蒙昧状态中觉醒,摆脱"天即人"的低阶相合,构成了"由合而分"的第一次转折;嗣后,人不断发现自身力量,觉解自身命运,最终在理学那里实现了"人即天"的高阶相合,此为"由分而合"的第二次转折。从"天即人"到"人即天",天人之辨的逻辑发展始终朝向人的独立与自由。

关键词:天人之辨;天人合一;类型说;阶段说;人学

近代以来,在捍卫中华文化主体性的过程中,"天人合一"逐渐成为标举中华文化殊胜之处的重要命题。同时,随着科学技术的发展与环保问题的凸显,"天人合一"又逐渐被赋予"人与自然和谐发展"的生态伦理内涵。这些理解固然使天人合一观念具有了崭新的现实内容与实践意义,但也与其历史存在产生了一定错位。近年来,这种错位引发学界不断思考,相关研究从空间、时间等维度对中国古代思想史上天人合一、天人之辨及相关问题展开细致分析梳理与严肃探讨,使之在思想史的发展演变中有了或清晰或模糊的定位。不过,这些研究或重视空间维度亦即类型划分,或重视时间维度亦即阶段划分,总还有些欠缺,其对不同历史时期、不同学派、不同思想家的天人观的自洽与互洽的解释效力也因此打了一些折扣。从根本上说,这些问题的解决有赖于一种新的整体性视角,透过这一视角,中国古代思想史中的天人之辨应当能够清晰展现自身发生、发展的逻辑线索、脉络及其背后的价值意涵。对这一新视角的探寻与应用构成了本文的主要任务。

一、"类型说"与"阶段说":两种诠释思路及其困难

"天人合一"一语首见于北宋张载所作《正蒙》①,其二十世纪以来的流行和标举则与学界对中国哲学、中华文化的评价、反思密不可分。冯友兰二十世纪三十年代曾从反思角度提出,"中国哲学迄未显著地将个人与宇宙分而为二",这种天人合一观导致狭义知识问题未能像在西方哲学中那样成为中国哲学的大问题,故而需要重建②。金岳霖1943年写就的英文论文《中国哲学》(*Chinese Philosophy*)则更多从肯定角度指出,"天人合一"是"中国哲学最突出的特点"③。金文先是经冯著《中国哲学简史》英文版介绍,引起西方哲学界关注,后于1980年在国内正式刊发,成为学界围绕天人合一等问题论辩争鸣之滥觞④。论辩争鸣的高潮由钱穆促成,他在1990年的遗稿中"彻悟","天人合一"是"整个中国传统文化思想之归宿处","是中国文化对人类最大的贡献"⑤。对此,支持者有之,反对者亦有之。论辩争鸣不断走向深入,迄今不衰⑥。

总的来看,以往关于天人合一、天人之辨诸问题的研究展现出空间与时间两个维度,间或二者兼而有之。

所谓空间维度的研究,是指以"切片"方式对天人合一、天人之辨诸问题作横向剖析,其具体表现为类型划分,相关观点可概而言之"类型说"。"类型说"可笼统分为两类。一类观点将天人合一视为中国古代天人观的基本类型,是

---

① 张载言:"儒者则因明致诚,因诚致明,故天人合一,致学而可以成圣,得天而未始遗人,《易》所谓不遗、不流、不过者也。"张载:《张子全书》,西安:西北大学出版社2015年版,第56页。
② 冯友兰:《中国哲学史》(上册),北京:商务印书馆2011年版,第9页。
③ 钱耕森译,王太庆校,金岳霖:《中国哲学》,《哲学研究》1985年第9期,第40页。
④ 余英时:《论天人之际:中国古代思想起源试探》,台北:联经出版事业股份有限公司2014年版,第171页。
⑤ 钱穆:《中国文化对人类未来可有的贡献》,《中国文化》第4期,第93页。
⑥ 关于论辩争鸣的情况,刘笑敢曾做过梳理与分析,详见刘笑敢:《天人合一:学术、学说和信仰——再论中国哲学之身份及研究取向的不同》,《南京大学学报(哲学·人文科学·社会科学)》2011年第6期,第67—85页。。

中国思想文化的主流、归宿或思维方式的主要特征。如张岱年提出，天人合一是中国传统哲学从先秦至明清大多数哲学家都宣扬的一个基本观点，是中国传统哲学的一个独特观点，它可分为两类——发端于孟子的"天人相通"和以董仲舒为代表的"天人相类"[①]。宋志明也认为天人合一是中国古代哲学家处理天人关系的基本思路，并将其划分为天人玄同、无以人灭天、天人相通、天人相交、天人相与、天人同体、天人一气、天人一理、天人一心等九种类型[②]。"类型说"的另一类观点注意到，天人合一只是中国古代天人观的形态之一，而非全部，不同历史时期、不同学派、不同思想家往往秉持不同的天人观。如张岱年指出，老子哲学就不涉及天人合一问题，荀子"天人之分"、柳宗元"天人不相预"、刘禹锡"天人交相胜"等观点也都是不讲天人合一的典型[③]。还有学者细致地指出，即便是同一位思想家也可能主张多种天人观，如孟子不仅有天人合一思想也有深刻的天人相分思想，荀子既强调天人相分也坚持辩证的天人合一观[④]。

时间维度的研究则是从历史视角对天人合一、天人之辨诸问题作纵向梳理，其具体表现为阶段划分，相关观点可概而言之"阶段说"。"阶段说"也可笼统分为两类。一类观点在主张天人合一是中国古代天人观基本形态的前提下，进一步阐明天人合一的历史流变。当张岱年提出"天人相通"观念发端于孟子而大成于宋代道学，当李泽厚提出天人合一在先秦、汉代、宋代分别表现为人认同天、天人相通、伦理本体与宇宙自然相通合一[⑤]，当章启群提出天人合一历经上古天地祖先崇拜、殷商天命思想、周朝以德配天、思孟董仲舒天道人道一以贯之、宋代道学天理人性相统一诸阶段[⑥]，其中都隐现着历史的眼光。"阶段说"的另一类观点则进一步扩大视野，将天人合一视为中国古代天人之

[①] 张岱年：《中国哲学中"天人合一"思想的剖析》，《北京大学学报（哲学社会科学版）》1985年第1期，第1页；张岱年：《中国哲学大纲》，北京：中国社会科学出版社1982年版，第173页。
[②] 宋志明：《论天人合一》，《学习与探索》1998年第4期，第56—58页。
[③] 张岱年：《中国哲学中"天人合一"思想的剖析》，第3—4页。
[④] 陈代波：《试论孟子的天人相分思想》，《华侨大学学报（哲学社会科学版）》2004年第2期，第66页；宋志明：《论天人合一》，第57页。
[⑤] 李泽厚：《中国古代思想史论》，北京：生活·读书·新知三联书店2017年版，第296—297页。
[⑥] 章启群：《"天人"如何"合一"？——用思想史的逻辑推演》，《哲学研究》2012年第3期，第49—55页。

辨历史发展的一个环节,即古代天人观的形态之一。如沈顺福提出,儒家天人观历经初期"天主人从"、先秦"天人相分"、汉代"天人相副"诸阶段后,至魏晋正式形成"天人一体"观念,并在宋明以"人者天地之心"的形式臻于成熟,此间天人关系由早期的顺天由命发展到人类主导天地。[①] 这实则将天人合一、天人之辨诸问题置于思想史逻辑发展的脉络之中进行考察。

作为两种基本诠释路向,"类型说"与"阶段说"诸观点通过各自视角的考察,多侧面刻画出了天人之辨在历史中的类型与流变,使相关讨论摆脱了浮泛之谈,进入了严肃的学理探究。从单一视角来看,这些研究中的大多数成果都能成立,有些剖析还相当细致、精彩、启人深思。但若整体概观,这些研究仍有尚待完善之处。一方面,"类型说"固然对不同历史时期、不同学派、不同思想家乃至同一思想家身上可能存在的多种天人关系形态做了细致的切片式剖析,但有时也疏于考察这些形态之间有无关系、是何关系,这在一定程度上导致中国古代天人之辨图景的支离。以孟子为例,如果既可以说他主张"天人合一"也可以说他主张"天人相分",还可以说他同时主张"天人合一"与"天人相分",这不仅使类型划分失去了意义,还有可能导向逻辑谬误。另一方面,"阶段说"虽然大都能从历史流变视角对天人之辨作细致梳理,但有时也疏于考察不同历史时期的天人关系形态有无关系、是何关系,进而可能失去对个别形态的解释效力,比如当荀子以"天人相分"的面目进入天人之辨的历史,其思想中的"天人合一"元素就难以得到合理解释。"类型说"与"阶段说"面临的这些困难需要解决。

二、人学视域的敞开:"类型说"与"阶段说"的统一

天人之辨相关问题研究中的"类型说"与"阶段说",另一侧重于类型划分,一侧重于历史梳理,多数观点有其道理,问题主要在于其在更大范围内解释效力的不足。理论上说,"类型说"在时间之维上的不足似可通过引入"阶段说"得到一定弥补,"阶段说"在空间之维上的欠缺似亦可通过引入"类型说"得到一定修正,也就是说两种诠释思路可相互借鉴、取长补短,一言以蔽之,他们需要整合或统一。但这种整合或统一不是简单相加,也不是否弃已有研究,而是

[①] 沈顺福:《天人之辨与儒家人类主体性意识的形成》,《江淮论坛》2019年第3期,第104－109页。

找到一个新的逻辑起点——对天人之辨的历史存在与流变有更强解释效力的逻辑起点,从这一起点出发,已有研究中的抵牾应能得到最大程度的解决。

新的逻辑起点关涉定义。纵观两种诠释思路下莫衷一是的观点,它们在起头处便展现出了对天人之辨诸概念如"天""人""合""分"等千差万别的理解。就"天"而言,有学者提出"天"有物质之天、主宰之天、运命之天、自然之天、义理之天五种含义[1],有学者主张"天"有最高主宰、广大自然与最高原理三种含义[2],有学者认为"天"有命定、主宰义与自然义双重含义[3],有学者强调"天"作为超越世界的超越性[4],还有学者将"天"视作一个可以被经验的物质的苍天[5],等等。"人"的内涵相对确定,但也可指人类或某些群体(如君主)、人类社会或其组织形式(如政治、伦理)、人类行为、人类文化、人类文明等。至于"天""人"之间的关系如"合""分"等,更是众说纷纭。有学者认为"合"指内在相即不离的有机联系[6],有学者认为"合"指息息相通、融为一体[7],还有学者认为"合"有符合、结合之义,与现代语言中所谓"统一"同义,指对立的两方彼此又有密切相连不可分离的关系[8]。"分"可以指"人"与"天"各行其是、互不相干,也可以指"人"能违背天意,还可以指"人"认识、利用"天"来为自身服务。

天人之辨所涉诸概念展现出丰富内涵的同时,也带来了阐释的困难与理解的分歧,这构成了"类型说"与"阶段说"观点多样且有所抵牾的重要原因。不过,这些理解虽各各不同,却也并非非黑即白,一些看似对立的观点实则都有道理,在各自视角下均能成立。为使皆有道理的各方摆脱盲人摸象、自说自话的窘境,有必要对天人之辨所涉诸概念作出新的界定,这就需要新的视域。

马克思·舍勒说,人是什么以及人在存在、世界和上帝的整体中占据何种形而上学的位置,亦即"人在宇宙中的地位"问题,是哲学所有核心问题的最终归宿,也是一系列老一代思想家所确认的一切哲学课题的出发点,当今全部哲

---

[1] 冯友兰:《中国哲学史》(上册),第45页。
[2] 张岱年:《中国哲学中"天人合一"思想的剖析》,第1页。
[3] 李泽厚:《中国古代思想史论》,第295页。
[4] 余英时:《中国思想的特点:天人间的内向超越性》,《东方早报》2014年7月2日。
[5] 沈顺福:《诠"天"》,《管子学刊》2018年第3期,第61—70页。
[6] 汤一介:《论"天人合一"》,《中国哲学史》2005年第2期,第10页。
[7] 张世英:《天人之际:中西哲学的困惑与选择》,北京:北京大学出版社2016年版,第5页。
[8] 张岱年:《中国哲学中"天人合一"思想的剖析》,第1页。

学都被这一问题的内涵渗透浸润着①。这一基于哲学人类学视域的发现同样适用于对中国思想史的理解,"人的本质"或"人在宇宙中的地位"——二者实为一枚硬币的两面——正具体展现为天人之辨。司马迁曾有"究天人之际,通古今之变,成一家之言"的说法,这往往被视为中国古代较早关于天人之辨的学术自觉,它不仅是对同时代董仲舒"天人之际,合而为一"②观念的回应,更是对西周以降所谓"轴心时代"以来"文明的突破"中思想主题的精炼总结,同时还启示了接下来两千年的思想史叙事。而从各历史时期、各学派、各思想家通过对举"天""人"而对"人"所下的一系列定义来看,天人之辨正构成中国古代"人"的问题的思考背景。可以说,天人之辨就是中国古代思想史的基本问题与主要线索,其目的是不断揭示"人的本质"并逐步提升"人在宇宙中的地位"。

当然,作为思想史基本问题的天人之辨在中国与其在西方是以不同的形式展开的。西方对"人"的理解范式可归结为神学的、哲学的与科学的几类。就"哲学的"范式而言,从古希腊哲学经笛卡尔到德国古典哲学,理性逐渐被确立为"人的本质",人之为人是因为人有理性,而理性的发现主要是基于或围绕认识论展开的,在此过程中,认识主体与客体的分离亦即所谓主客二分便是一种隐含的预设。或许是在这个意义上,不少学者将中西方在天人之辨问题上的思维特征作对立看待,因为表面看来主客二分与天人合一正相反对。事实上,中西方在天人之辨问题上的思维特征并不构成对立,这倒不是说他们一致,而是因为范式不同。尽管中国古代很早就有"理性"的觉醒,但此"理性"非彼"理性",它从来没有预设也几乎没有实现主体与客体的分离,因此并不基于认识论尤其是狭义知识论而展开,对此冯友兰早已有敏锐发现。

中国古代天人之辨毋宁是生存论与价值论的。从思想史来看,先民所关心的始终是"人"的生存问题——如何生存下来、如何与禽兽相区别、如何处理人性与秩序的关系,如此等等。而"天",更多只是解答"人"的生存问题的参照系,如果"天""外在于""人","人"就要将其"内化",最终实现"天的人化"。由此,整个中国古代思想史上的天人之辨自从上古时期"以天释人"形态中"突

---

① 刘小枫主编,魏育青、罗悌伦等译,马克思·舍勒:《哲学人类学》,北京:北京师范大学出版社 2017 年版,第 46 页。
② 董仲舒:《春秋繁露》,北京:中华书局 2012 年版,第 369 页。

破"出来以后,便进入漫长的"以人释天"的探索进程,这个进程始终朝向"天的人化"亦即"人即天"的终极目标,"人"最终要将自身法则或秩序确立为"天"的法则或秩序,此即宋儒所谓"为天地立心"境界,亦即明儒"天地万物发窍之最精处是人心一点灵明"之精义所在。

在人学视域下尤其是在生存论视角下,中国古代天人之辨便不是一成不变的单一形态,其在历史中的形态也并非各自孤立、无章可循,而是呈现为逻辑演进的动态发展过程。基于此,对天人之辨所涉诸概念的界定需要遵循这样几个原则:首先,必须承认"天""人"之间的相关性,尽管"天"作为标定人的本质、地位的参照系而存在,但"天""人"之间的相关性是真确存在的,这也是天人之辨问题得以成立的前提;其次,必须保持天人之辨所涉诸概念在思想史上的开放性,亦即承认不同历史时期、不同学派、不同思想家的运思差别,由这种"开放性"所决定,很难对天人之辨所涉诸概念给出实体性定义,最佳方法是给以功能性定义;最后,必须对天人之辨有所言说,承认千差万别的理解背后有某种统一性。

基于上述原则,不妨暂将"人"定义为人类及人为,将"天"定义为与"人"并存的宇宙主宰的竞合对象,"天"既可外在于"人"而又可按照某种规则内在于"人",与"人"结成某种统一体。"天人之合"的总体倾向是"天""人"共同分有宇宙秩序、规则的主宰权,不过它具有多阶性:低阶之"合"以"天"的规则为宇宙规则,高阶之"合"则以"人"的规则为宇宙规则。"天人之分"的总体倾向是"人"向"天"争夺宇宙秩序、规则的主宰权。这实际上形成了关于天人之辨所涉主要概念的广义界定,这种界定广泛包容思想史上各种观点的差异性,但不至于导向混乱,因为它预设天人之辨的人学指归尤其是生存论指归,即无论天人之辨的形态如何演进,它始终朝向人对自身力量与本质的发现,朝向人在宇宙中地位的提升,这就在一定程度上缓解了"类型说"与"阶段说"的困难。

以人学为视域,以"类型说"与"阶段说"的统一为基本运思方法,中国古代天人之辨的演进脉络便逐渐清晰起来,它整体上呈现为"合—分—合"的发展进程,这不是简单的重复与回环,而是具有"正题—反题—合题"性质的逻辑进程。在这一进程中,"由合而分"与"由分而合"的两次转折尤为关键,他们基本上可以勾勒出整个进程的脉络,下文尝试以儒家思想为主线,在具体分析中予以阐明。

三、走出"天即人":从混沌到觉醒

雅斯贝尔斯以"轴心时代"标定人类文明早期的首次"突破",如果不考虑他所赋予的"超越的突破"这一具体内涵,而是从更宽泛的"文明的突破"角度来理解,周朝的确可算作中国古代文明的"轴心时代",天人之辨逻辑演进的首次转折便发生于这一时期。

已有不少学者指出,上古及至商朝的宗教信仰以祖先崇拜与上帝崇拜合一为主要特征,祖先或上帝不在别处,正在"天"上,《山海经》及上古岩画等资料都表明了这一点[①]。"天"是上帝及"人"的祖先之所在,可以佑护"人"的生存与延续;"人"要想获得这种佑护,就必须通过巫术礼仪与"天"对话,向上帝与祖先祈福避祸,《墨子》《吕氏春秋》等所载"汤祷桑林"[②]传说便生动记述了这样的情形。在这种互动中,"人与神、人世与神界、人的事功与神的业绩常直接相连、休戚相关和浑然一体"[③]。"人"融身于世界,但对世界无甚认知,对自身命运无甚觉解,只是、只能将命运系于"天","天"的意志决定了"人"的生存状态,在这个意义上可以说"天即人",此即中国古代天人之辨最初的、作为"正题"的"天人之合",当然这与后来作为"合题"的"天人之合"明显不同,后将详述。此种"天人之合",不妨暂称之"天人杂糅"——这一用法亦可在"绝地天通"事件中找到依据。

作为二十世纪以来中国思想史研究重新"发现"的"思想史事件""绝地天

[①] 有学者指出,中国上古时期鬼观念的核心是先以"帝"作为全族抑或全部落、所有人的代表,他永生于天上,后来渐渐把本家族的祖先也依附于帝而置于上天,虽然在人们的现实视野里人死之后确实归于土,但在信仰中还是执拗地认为先祖仍活在另一个世界里,这"另一个世界"的具体所在,一般认为是在天上或山野间。晁福林:《先秦时期鬼、魂观念的起源及特点》,《历史研究》2018年第3期,第7页。

[②]《吕氏春秋·季秋纪·顺民》载:"昔者汤克夏而正天下。天大旱,五年不收,汤乃以身祷于桑林……剪其发,䩴其手,以身为牺牲,用祈福于上帝。民乃甚说,雨乃大至。则汤达乎鬼神之化、人事之传也。"陆玖译注:《吕氏春秋》,北京:中华书局2011年版,第253页。

[③] 李泽厚:《由巫到礼 释礼归仁》,北京:生活·读书·新知三联书店2015年版,第5页。

通"在文献上最早见于《尚书》,是周穆王命人制定刑法时引述的一则神话传说[①]。《山海经》亦提及这一传说,而这一传说首次得到详细解释是在《国语》楚昭王与观射父的对话中[②]。周穆王、《山海经》与观射父的叙述略有不同,但总的来看,"绝地天通"传说对应的历史背景当是上古时期一次对苗民叛乱的镇压与政治秩序的重建,即蚩尤作乱以后,苗民社会滥用酷刑、滥杀无辜,皇帝怜悯受苦的苗民,于是发用威力,惩处暴虐,并命令南正重管理天以属神界、任命火正黎管理地以属民界,使天与地、神与民隔绝开来,以恢复人间秩序。此间,天人之辨是贯穿其中的重要线索:"绝地天通"之前,蚩尤作乱、九黎乱德,人人祭祀、家家作巫,民神杂糅、任意通天,这正是上文提到的"天人杂糅"状态的形象展现。从政治视角来看,"天人杂糅"导致神权与王权的分散,进而导致治理上的困难;而从人学视角来看,"天人杂糅"使"人"蔽于"天"而无心、无力认识外部世界、觉解自身命运,普遍处于蒙昧之境。故而,无论从哪个方面考虑,都必须通过"绝地天通"方式切断"天""人"之间的普遍联系,抑制"通天"之权的泛滥。固然,在政治或信仰层面或仍有"通天"之权的遗留,但就社会一般层面来看,"通天"之权的确得到了较为普遍的抑制,家家作巫、任意通天的状况不复存在。

需要注意的是,观射父认为"绝地天通"事件"使复旧常,无相侵渎",即人间秩序从"民神杂糅"状态"恢复"为"民神不杂"状态,其中所谓"恢复"并不符合人类学常识,"民神杂糅"之前并没有一个"民神不杂"的时期,这只是观射父的想象。"民神杂糅"或"天人杂糅"就是原始文明早期的普遍情形,是中国古

[①] 《尚书·周书·吕刑》载:"若古有训,蚩尤惟始作乱。延及于平民,罔不寇贼鸱义,奸宄、夺攘、矫虔。苗民弗用灵,制以刑,惟作五虐之刑曰法。杀戮无辜,爰始淫为劓、刵、椓、黥。越兹丽刑并制,罔差有辞。民兴胥渐,泯泯棼棼,罔中于信,以覆诅盟。虐威庶戮,方告无辜于上,上帝监民,罔有馨香,德刑发闻惟腥。皇帝哀矜庶戮之不辜,报虐以威,遏绝苗民,无世在下。乃命重黎,绝地天通,罔有降格。"郭仁成:《尚书今古文全璧》,长沙:岳麓书社2006年版,第308—310页。

[②] 《国语·楚语下》载:"昭王问于观射父,曰:'《周书》所谓重、黎使天地不通者,何也?若无然,民将能登天乎?'对曰:'非此之谓也。古者民神不杂……及少皞之衰也,九黎乱德,民神杂糅,不可方物。夫人作享,家为巫史,无有要质。民匮于祀,而不知其福。烝享无度,民神同位。民渎齐盟,无有严威。神狎民则,不蠲其为。嘉生不降,无物以享。祸灾荐臻,莫尽其气。颛顼受之,乃命南正重司天以属神,命火正黎司地以属民,使复旧常,无相侵渎,是谓绝地天通。'"左丘明:《国语》,上海:上海古籍出版社2015年版,第376—378页。

代天人之辨的"正题"①。

以"绝地天通"为主要标志,中国古代天人之辨进入了"反题"②。尽管"绝地天通"并非真实的历史事件,却真实反映了讲述者所处时代的思想观念③。具体而言,"绝地天通"反映了西周前期(周穆王所处时代)至春秋后期(楚昭王、观射父所处时代)要求人间秩序从"民神杂糅"转向"民神不杂"、从"天人杂糅"转向"天人相分"的普遍观念,"轴心时代"及稍后的几位重要思想家如孔子、孟子、荀子等都鲜明地展现出了这一思想倾向。

当前学界有观点主张,"天人合一"观念正式形成于先秦尤其是周朝,这主要体现在当时天人相通、会合天人之道、以德配天等观念中④。的确,当孔子说"畏天命"⑤"知天命"⑥时,似乎承认"天"(天命)对"人"(人的命运)起着某种主宰、控制或至少是影响作用;当孟子说"尽其心者,知其性也。知其性,则知天矣"⑦,似乎"人"(人心、人性)与"天"具有某种一致性或至少相通;当荀子说"性者,天之就也;情者,性之质也"⑧,"人"(人性)甚至是"天"所造就的;当董仲舒说"天人之际,合而为一""以类合之,天人一也"⑨以及"人副天数""同类相动",似乎"天"真是"人"的曾祖父,"天""人"之间相感相应,不可遽分。总之,这些言说确乎展现了"天""人"之间的某种贯通性乃至一致性,它集中体现为"性自命出,命自天降"或"天命之谓性"的"性命"原则。

---

① 陈来等学者已注意到这一问题。陈来:《古代宗教与伦理》,北京:生活·读书·新知三联书店2017年版,第24页。
② 这并非说"绝地天通"是一个确切的时间节点,而毋宁是一个醒目的思想史标识。
③ 黄玉顺:《绝地天通——天地人神的原始本真关系的蜕变》,《哲学动态》2005年第5期,第8-11页。
④ 认为"天人合一"观念形成于先秦者,张岱年、汤一介、张世英等学者皆是代表。如张岱年认为,中国哲学中所谓"天人合一"有两种含义:一天人相通,二天人相类。天人相通的观念发端于孟子,大成于宋代道学;天人相类则是汉代董仲舒的思想。张岱年:《中国哲学大纲》,第173页。汤一介认为,根据现在能见到的资料,《郭店楚简·语丛一》"易,所以会天道、人道也"是最早最明确的"天人合一"思想的表述。汤一介:《论"天人合一"》,第5页。张世英认为,"天人合一"思想在西周的天命观中已有比较明显的萌芽,周公提出的"以德配天"是"天人合一"思想的明确表达。张世英:《中国古代的"天人合一"思想》,《求是》2007年第7期,第34页。
⑤ 朱熹:《四书章句集注》,北京:中华书局2011年版,第161页。
⑥ 朱熹:《四书章句集注》,第56页。
⑦ 朱熹:《四书章句集注》,第327页。
⑧ 王先谦:《荀子集解》,北京:中华书局2012年版,第415页。
⑨ 董仲舒:《春秋繁露》,第445页。

但是，从人学视域来看，"性命"原则所提示的"天"（天命）与"人"（人性）的贯通或相合只是周朝以降思想家的"神道设教"，即他们在为"人"寻找道德上的本原与根据时，"天"作为上古思想遗存承担了这一功能。庞朴甚至认为，能降命的天和天所降的命并没有什么具体面目，不主张什么也不反对什么，只是虚晃一枪，为"性"的出场鸣锣开道而已[①]，这一观察是敏锐的。实际上，正如当时思想家们所说，"天视自我民视，天听自我民听"[②]，"天何言哉"[③]，"错人而思天，则失万物之情"[④]，"天"既不能视听，也不能言动，真正视听言动者是"人"。

可见，"天"固然还有些神学色彩的遗存及其在道德伦理领域的转换，但它毕竟不同于"天人杂糅"时期了，"人"在"天"以外发现了新的影响乃至决定自身命运的力量，或者说"人"从旧式"天即人"状态中走出来了。所以，孔子罕言天道，"不语怪、力、乱、神"[⑤]，对于鬼神、生死之事亦有所保留，所谓"未能事人，焉能事鬼"，"未知生，焉知死"[⑥]。鬼神、生死之事都与"天"密切相关，是"天"及其威力的具体化，孔子不明确肯认，而是搁置不论，并开始重视与其相对的"人""生"之事，正展现出了与天相分的思想倾向。孟子言"行有不得者，皆反求诸己，其身正而天下归之"[⑦]，"祸福无不自己求之者"[⑧]，并援引《诗经》"永言配命，自求多福"及《尚书》"天作孽，犹可违；自作孽，不可活"等论述，强调"反求诸己""自己求之"亦即"人"在"天"面前的能动性，"人"不仅可以自求多福，必要时还可以违背天意，"人"的地位进一步提升。荀子更不待言，"明于天人之分""制天命而用之"[⑨]已是非常明确的与天相分、利用天命的思想观念，"人"不仅与"天"分立、分职，而且可以通过对"天"的认识与把握来造福自身，其中已蕴含一定的认识论观念的萌芽。这些观念尤其是荀子的观念后被董仲舒大

---

① 庞朴：《天人三式——郭店楚简所见天人关系试说》，《郭店楚简国际学术研讨会论文集》，武汉：湖北人民出版社2000年版，第35页。
② 郭仁成：《尚书今古文全璧》，第150页。
③ 朱熹：《四书章句集注》，第168页。
④ 王先谦：《荀子集解》，第310页。
⑤ 朱熹：《四书章句集注》，第95页。
⑥ 朱熹：《四书章句集注》，第119页。
⑦ 朱熹：《四书章句集注》，第260页。
⑧ 朱熹：《四书章句集注》，第219页。
⑨ 王先谦：《荀子集解》，第301、310页。

加发挥,他直言:"人之超然万物之上,而最为天下贵也。人下长万物,上参天地。"①论地位、论能力,人可与天地比肩。

如此一来,尽管孔、孟、荀、董有天人相关、相通乃至一致的思想倾向,但这并非他们思想体系的全部,甚至很难称得上是主要倾向,而更应视为对原始宗教思维的继承与转化。这种转化背后"与天相分"的思想倾向才是这些思想家的真正创见。总之,从结果来看,这一时期的天人观似乎又分又合、若即若离,其实质则是趋于相分,只是分而未得。这种状态或可借鉴荀子的说法,称为"天人有分","分"是职分。与上古时期混沌的"天人杂糅"相比,"天人有分"观念彰显了人对世界的一定认识与对自身命运的一定觉解,人的地位得到一定提升。

四、走向"人即天":人的自决的实现

"轴心时代"以降,天人观整体上趋于相分,但此间始终有一无形的"束缚",那就是"性自命出,命自天降"或"天命之谓性"的"性命"原则。这一原则的存在使"人"总还是处于"天"的影响之下,尽管这种影响已缩小为"神道设教"的性质。如何进一步发现"人"的力量、摆脱"天"的主宰,便成为魏晋时期重要的思想主题,这一主题在长期政治分裂与社会动荡的现实中又展现为自然与名教之辩。魏晋玄学对先秦两汉的解决思路予以扬弃,通过对"名教即自然"的确认使"天"收摄于"人",逐步走向"人即天"。

道家老庄思想的复兴以及佛学的传播促使魏晋玄学的思考展现出了思辨性,尤其是在天人之辨问题上,玄学家已不满足于经验性追问,试图给出思辨性答案。作为这种追问的理论前提,玄学家首先完善了"天"的定义。王弼说:"无所不周普,则乃至于同乎天也。"②"天"是无所不周普的、包罗万象的、至大无外的存在。而此前在董仲舒那里,"天、地、阴、阳、木、火、土、金、水、九,与人而十者,天之数毕也……毕之外,谓之物"③,"物"并不在"天"之内,其宇宙化生图式看似繁复,实则尚未形成整全世界的观念。相比董仲舒的列举式定义,王

---

① 董仲舒:《春秋繁露》,第 646 页。
② 王弼注,楼宇烈校释:《老子道德经注》,北京:中华书局 2011 年版,第 40 页。
③ 董仲舒:《春秋繁露》,第 646 页。

弼的解释展现出了对世界整全性的认识。郭象更是直接提出,"天地者,万物之总名也"①,"天者,万物之总名也"②,这就确立了以"天"为代称的整全世界观念。

"天"越来越整全,其地位却进一步下降。王弼以"崇本举末"思维追问整全世界之本原,他说:"万物以自然为性,故可因而不可为也,可通而不可执也。物有常性,而造为之,故必败也。物有往来,而执之,故必失矣……圣人达自然之性,畅万物之情,故因而不为,顺而不施。除其所以迷,去其所以惑,故心不乱而物性自得之也。"③作为万物之"本"的"性"不再直接是"天",而是"自然"。这里的"自然"也不再是老子哲学意义上与人无涉、无关道德的"自然",而是具有人间秩序的意味,王弼说:"用不以形,御不以名,故仁义可显,礼敬可彰也……仁德之厚,非用仁之所能也;行义之正,非用义之所成也;礼敬之清,非用礼之所济也。"④"无形""无名"即是"自然",只要一任"自然",仁义礼敬自可彰显,一任"贞""诚",仁义礼敬便厚重清正。既然仁义礼敬出于"自然","自然"因此具有了先天性与道德性,这正是儒家"德性自然"观念的另一种表达⑤。如果说王弼有些欲说还休,郭象则把这种新的天人观清楚明白地讲出来了。郭象说:"无既无矣,则不能生有。有之未生,又不能为生。然则生生者谁哉?块然而自生耳。自生耳,非我生也。我既不能生物,物亦不能生我,则我自然矣。自己而然则谓之天然。"⑥万物并没有一个共同的生成本原,每一物都是块然自生。尽管郭象仍将这种"自己而然"称为"天然",但他明确表示,这只是为了强调万物自生的权宜用法,所谓"以天言之,所以明其自然也,岂苍苍之谓哉"⑦。"天"不是"苍苍之谓",而是"万物之总名",或说是一种"承诺",其实质是万物,"物无非天也"⑧。反映在自然与名教之辩上,郭象认为:"人之生也,可不服牛

---

① 郭象注,成玄英疏:《庄子注疏》,北京:中华书局2011年版,第11页。
② 郭象注,成玄英疏:《庄子注疏》,第26页。
③ 王弼注,楼宇烈校释:《老子道德经注》,第78页。
④ 王弼注,楼宇烈校释:《老子道德经注》,第99页。
⑤ 张恒:《儒门内的王弼——对王弼哲学派别归属的一个阐明》,《孔子研究》2019年第2期,第126—135页。
⑥ 郭象注,成玄英疏:《庄子注疏》,第26页。
⑦ 郭象注,成玄英疏:《庄子注疏》,第26页。
⑧ 郭象注,成玄英疏:《庄子注疏》,第126页。

乘马乎？服牛乘马，可不穿落之乎？牛马不辞穿落者，天命之固当也。苟当乎天命，则虽寄之人事而本在乎天也。"①在庄子哲学中，牛马四足是"天"（自然），"落马首、穿牛鼻"是"人"（人为）；但在郭象看来，正因"落马首、穿牛鼻"是"人"，所以它便成了"天"。从王弼到郭象，名教与自然之辩逐步由"名教出于自然"走向"名教即自然"，天人之辨也逐步由旧式"天即人"走向"人即天"，这既是对秩序的渴望，也是对自身命运的进一步觉解。

玄学天人观的再度趋合，已不同于上古时期的混沌冥合，而是贯穿着鲜明的人类主体意识，因此这实际上正在走向中国古代天人之辨的"合题"。尽管玄学的思考具有一定思辨性，也在天人之辨问题上有进一步发展，但在佛道宗教面前，这些思考的思辨性仍嫌不足，经验性的"人"（"名教"）显然无法承当思辨世界的本原与主宰。如何在思辨意义上确立"人即天"的有效性，便成为留给宋儒的思想课题。

同玄学家一样，理学家普遍重视天人之辨，尤其强调天人合一、万物一体，以其为本原追问的理论前提。张载说"儒者则因明致诚，因诚致明，故天人合一"，这是有史记载首次对"天人合一"命题的明确表述，还说"天地之塞，吾其体；天地之帅，吾其性。民，吾同胞；物，吾与也"②，以天地之塞为体、以天地之帅为性，民胞物与，这些阐释形象而又生动。邵雍说"学不际天人，不足以谓之学"③，"事无巨细，皆有天人之理"④，这都是对贯通天人的强调。周敦颐虽无明确表述，但他通过《太极图说》阐述的宇宙化生图式也隐含着万物一体观念。嗣后，程朱陆王深化了这一观念，如二程说"仁者以天地万物为一体"⑤，"仁者，浑然与物同体"⑥，朱熹说"天地万物本吾一体"⑦，陆九渊说"宇宙便是吾心，吾心即是宇宙"⑧，王阳明说"天地万物与人原是一体"⑨。

---

① 郭象注，成玄英疏：《庄子注疏》，第321页。
② 张载：《张子全书》，第53页。
③ 邵雍：《邵雍全集》（三），上海：上海古籍出版社2015年版，第1223页。
④ 邵雍：《邵雍全集》（三），第1232页。
⑤ 程颢，程颐：《二程集》，北京：中华书局2004年版，第1179页。
⑥ 程颢，程颐：《二程集》，第16页。
⑦ 朱熹：《四书章句集注》，第20页。
⑧ 陆九渊：《陆九渊集》，北京：中华书局1980年版，第273页。
⑨ 王守仁：《王阳明全集》（上），上海：上海古籍出版社2011年版，第122页。

理学家承认，在天人合一或谓万物一体的整全世界中，天地万物一气流通，这与先前中国本土哲学的思考一脉相承。但理学家也意识到，以"气"为本原或介质的"一体"或"相合"难以经受佛教的考验，这也正是玄学经验性的"人即天"观念面临的困难。早期理学家吸收借鉴佛教的"体相用"思维并将其创新发展为"体用"思维。在"体用"思维框架下，先前经验性的"性"被更加细致地分为两重：一为天地之性或天命之性，一为气质之性；一为天理，一为气质。在理学家看来，"人性"本然、实然、应然地是"天理"："性即理也，所谓理，性是也。天下之理，原其所自，未有不善。喜怒哀乐未发，何尝不善？发而中节，则无往而不善。"[1]"性即理"言简意赅地指出了人性与天理的一致性、统一性，也创造性地将具体的"德性"形式化为普遍的、超越的"天理"，"天理具备，元无欠少，不为尧存，不为桀亡"[2]。"性即理"的超越性使"人即天"在逻辑意义上得以成立。从人学视角来看，这无疑是玄学"名教即自然"观念的高阶发展，无怪乎朱熹要对"性即理"命题大加赞佩，称其为"千万世说性之根基"，并认为孔子之后无出其右者[3]。

理学在中后期发展中进一步提出"心即理"，并将良知确立为"心"的"本体"，良知即心、即性、即理。良知最重要的特征是"自然会知"："见父自然知孝，见兄自然知弟，见孺子入井自然知恻隐，此便是良知，不假外求。"[4]超越的"天理"并非真的由"天"给出，而是人性、人心本然蕴含的。人心、良知由此成为世界的决定者、主宰者。朱熹说"吾之心正，则天地之心亦正矣，吾之气顺，则天地之气亦顺矣"[5]；陆九渊说"宇宙便是吾心，吾心即是宇宙"，"宇宙内事乃己分内事，己分内事乃宇宙内事"[6]；王阳明说，"人的良知，就是草、木、瓦、石的良知。若草、木、瓦、石无人的良知，不可以为草、木、瓦、石矣。岂惟草、木、瓦、石为然，天地无人的良知，亦不可为天地矣"[7]，"天没有我的灵明，谁去仰他高？地没有我的灵明，谁去俯他深？鬼神没有我的灵明，谁去辨他吉凶灾祥？天地

---

[1] 程颢，程颐：《二程集》，第292页。
[2] 程颢，程颐：《二程集》，第43页。
[3] 朱熹：《朱子语类》（六），北京：中华书局1986年版，第2360页。
[4] 王守仁：《王阳明全集》（上），第7页。
[5] 朱熹：《四书章句集注》，第20页。
[6] 陆九渊：《陆九渊集》，第483页。
[7] 王守仁：《王阳明全集》（上），第122页。

鬼神万物离却我的灵明,便没有天地鬼神万物了"①。天地鬼神万物或说人身处其中的世界全都仰仗"人心一点灵明",这一点灵明为宇宙提供了"生存之道",人类由此成为宇宙秩序与规则的制定者、给出者,在这个意义上可以说"人即天",人真正实现了命运的自决。

结语

二十世纪以来,天人之辨问题被反复提出、论辩,足见其在中国思想文化中的重要性。在现代语境中,天人之辨往往被解释为生态伦理问题,"天人合一"被视为中国文化相较其他文化形态的殊胜之处,这些融入了现代观念的理解与天人之辨的历史存在有明显错位,这种错位引发了学界的深入思考。笼统而言,相关研究主要展现为两种进路:一是主要从空间之维立论的"类型说",一是主要从时间之维立论的"阶段说",其分梳之条理、研辨之精细,每每启人深思,然而在解释效力上仍嫌不足。通过考察中国古代儒家天人之辨的发展演变可以发现,"究天人之际"的重点在人而不在天,其终极诉求是不断揭示人的本质并提升人在宇宙中的地位,天人之辨基本不涉及认识论问题,也不应视为完全的宇宙论问题,而更多是关乎人的生存与价值的人学问题。

以人学为视域,以"类型说"与"阶段说"的统一为基本运思方法,以儒家为主要线索的中国古代天人之辨便整体呈现为"合—分—合"的发展进程,这不是简单重复与回环,而是具有"正题—反题—合题"性质的逻辑进程。此间,"由合而分"与"由分而合"的两次转折尤为关键:第一次转折以"绝地天通"为标志,先民从上古"天人杂糅"的蒙昧状态中觉醒,摆脱"天即人"的低阶相合;嗣后,先民不断发现自身力量,觉解自身命运,促成了第二次转折,其完成以"性即理""心即理"相关命题的提出为重要标志,实现了"人即天"的高阶相合。从"天即人"到"人即天",天人之辨的逻辑进程始终伴随着人对自身力量的发现,始终朝向人的独立与自由。对天人之辨人学意义的发掘,应成为今天理解、继承、发展古代儒家思想的重要维度。

---

① 王守仁:《王阳明全集》(上),第 141 页。

中国哲学的认知与悟道
——以朱子格物致知为中心

朱人求

（厦门大学哲学系）

摘要：在朱子的思想世界里，格物致知并非西方意义上的知识论，而是一种工夫论，是为学的起点，为道的起点，成圣的起点，是朱子理学的"第一义"。"格物"指理而言，是零碎的单个地去求理；"致知"则是指心而言，是从整体上对理的认知。格物致知就是合内外之道，即外在之"理"与内在之"心"合二为一。格物致知所展现的认识论本质上是一种工夫认识论，它以工夫为认识的起点，以悟道为归宿，所获得的知识是指导工夫实践的知识，与西方哲学中的真理认识论有着本质的区别。

关键词：格物致知；工夫认识论；豁然贯通；悟道；合内外之道

中国哲学的认知传统与中国哲学的悟道之旅总是紧密地结合在一起。朱子是宋代儒学的集大成者，格物致知是朱子思想的基础和核心。有的学者认为，朱子的格物致知论有似于西方的知识论传统[1]。其实，在朱子的思想世界里，格物致知并非西方意义上的知识论，而是一种工夫论，是为学的起点，为道的起点，成圣的起点，也是朱子理学建构的起点，朱子理学的"第一义"。格物致知最终所达到的事物的表里精粗、内心的全体大用的彻底认知，本身就是一

---

[1] 如牟宗三，其《心体与性体》认为，朱子格物致知说不仅将形而下之物对象化，而且把形而上的实体依对象化加以处置，这是一种泛认知主义。冯友兰先生在《中国哲学史新编》中指出，尽管朱子的格物说在性质上属于道德修养论，但是"格物致知补传"将原本不同的知识和境界扭合在一起，在理论上难以成立。乐爱国《朱子格物致知论研究》也认为格物致知为知识论。随其朱子学研究的不断深入，在很多场合，乐先生公然放弃了这一观点，认同格物致知是工夫论而非知识论。

种彻悟性的认知,即达到对最高天理的心领神会——进入悟道的境界。格物致知所展现的认识论本质上是一种工夫认识论,它以工夫为认识的起点,以悟道为归宿,所获得的知识是指导工夫实践的知识,重视知行合一,以行为目的,指向行为的是非善恶,与西方哲学中的真理认识论有着本质的区别。

一、格物致知是《大学》第一义

何为"第一义"?"第一义"最早源于佛学,指佛学的最高真理。"第一义者,圣智自觉所得,非言说妄想觉境界。"(《楞伽经》卷二)"理极莫过,名为第一。深有所以。目此为义。"(《胜鬘宝窟》卷上)慧远云:"第一义者,亦名真谛。"(《大乘义章》卷一)在佛老那里,"第一义"不可用言语来描述的,故第一义不可说。① 在朱子的思想世界里,"格物致知是《大学》第一义,修己治人之道无不从此而出。"(《答宋深之》(五),《朱文公文集》卷五八)把"格物致知"视为"第一义",它可知可说亦可行,既是起点又是终点,这是朱子对"第一义"学说的创新与发展,也是朱子对"格物致知"学说的创新与发展。

格物致知是为学的起点,是为道的起点,也是成圣的起点。朱子一生尤致力于《大学》,自称平生所耗费的精力都在这本书里面,因为《大学》是进入圣贤门户最开始用功的地方,而格物致知又是《大学》最开始用功的地方。"为学之初,在乎格物。"(《朱子语类》卷十五)"《大学》是圣门最初用功处,格物又是《大学》最初用功处。"(《答宋深之》(三),《朱文公文集》卷五八)格物不仅是《大学》八条目的起点,也是学者开始学习开始进入圣贤大道的起点。格物致知是《大学》最核心的精神,儒家修己治人之道都是从这里生发出来。朱子认为,读书应从《大学》开始,首先立定一个规模,打下坚实的基础;再读《论语》,立定为人为学的根本;再读《孟子》,观其发展与超越;然后才读《中庸》,去体会古人精神的微妙之处。《四书》是六经的浓缩精华版,六经的精神都体现在这里,而《大学》则是精华的精华。

为学的目的在于成圣。"人多教人践履,皆是自立标致去教人。自有一般资质好底人,便不须穷理、格物、致知。圣人作个大学,便使人齐入于圣贤之

---

① "第一义者,即无上甚深之妙理也。……经云:甚深之理不可说,第一义谛无声字。"(《大集经》)"道可道,非常道。"(《老子》第一章)

域。"(《朱子语类》卷九)圣人创作《大学》的目的就是要所有人都能超凡入圣,一起进入圣人的境域,其中最为关键的地方就在于"格物"二字。简言之,格物致知是成圣的重要关口。怪不得朱子反复宣称,格物致知是凡圣关,是梦觉关。"《大学》物格、知至处,便是凡圣之关。物未格,知未至,如何杀也是凡人。须是物格、知至,方能循循不已,而入于圣贤之域,纵有敏钝迟速之不同,头势也都自向那边去了。今物未格,知未至,虽是要过那边去,头势只在这边。如门之有限,犹未过得在。"(《朱子语类》卷十五)"格得来是觉,格不得只是梦。诚意是善恶关。诚得来是善,诚不得只是恶。过得此二关,上面工夫却一节易如一节了。到得平天下处,尚有些工夫。只为天下阔,须著如此点检。"(《朱子语类》卷十五)"致知、诚意,是学者两个关。致知乃梦与觉之关,诚意乃恶与善之关。透得致知之关则觉,不然则梦;透得诚意之关则善,不然则恶。"(《朱子语类》卷十五)格得来就是觉悟,格不来就如做梦一般。做到了"物格"和"知至"就是圣人,做不到就是凡夫俗子。在这里,朱子有一个非常精彩的比喻,他说,八条目好比一个个竹节,一旦打通一个就是圣人境界。

在朱子的思想世界里,为学、为道与成圣三位一体。有学生问朱子如果格物工夫未到得贯通,是否有害?朱子果断地回答说:"这是甚说话!而今学者所以学,便须是到圣贤地位,不到不肯休,方是。但用工做向前去,但见前路茫茫地白,莫问程途,少间自能到。"(《朱子语类》卷十五)"致知、格物,便是'志于道'。"(《朱子语类》卷十五)"凡人有志于学,皆志于道也。"(《朱子语类》卷二六)"物格、知至,则自然理会得这个道理,触处皆是这个道理,无不理会得。生亦是这一个道理,死亦是这一个道理。"(《朱子语类》卷二六)所谓格物致知,既是为学亦是为道。学即学道,学以成圣,为学、格物致知皆为成圣的工夫。"道者,事物当然之理。"(《论语集注》卷一)格物致知就是即物穷理,穷尽事物所以然之理与所当然之则,穷到极处即为知至,即为致知,进入悟道的境域,成就圣人人格。

格物致知是朱子理学的出发点。朱子认为:"《大学》是为学纲目。先通《大学》,立定纲领,其他经皆杂说在里许。"(《朱子语类》卷十四)古人做学问有自己特定的程序和次序,其中《大学》是做学问的纲领,精通《大学》,其他各经都在这里。朱子以"格物致知"为《大学》"第一义",而"格物是学者始入道处。"

(《大学或问》)朱子指出:"人多把这道理作一个悬空底物。大学不说穷理,只说个格物,便是要人就事物上理会,如此方见得实体。所谓实体,非就事物上见不得。且如作舟以行水,作车以行陆。今试以众人之力共推一舟于陆,必不能行,方见得舟果不能以行陆也,此之谓实体。德明。"(《朱子语类》卷十五)道理不是悬空的事物,只有通过格物才能穷理。格物必须落实在具体的事物上,格物穷理要在具体事物之中验证,如作舟以行水,作车以行陆。道理的真伪必须通过具体事物来证实或证伪,如果我们共推一车行于陆地,则必不能行。通过格物所得到的道理也是"实理",它不是悬空的,而是落实在具体事物之中的道理。究竟什么是"实理",在不同的理论前提下,朱子有不同认识。首先,在理气论的前提下,朱子之"实理"又是离不开气的"实理"。"性即气,气即性,它这且是衮说;性便是理,气便是气,是未分别说。其实理无气,亦无所附。"(《朱子语类》卷五)也就是说,有了"气",理才真正得以落实。其次,在"性即理"的前提下,朱子认为性是实理。"性是实理,仁义礼智皆具。"(《朱子语类》卷五)理无可捉摸,因而"格物,不说穷理,却言格物。盖言理,则无可捉摸,物有时而离;言物,则理自在,自是离不得。释氏只说见性,下梢寻得一个空洞无稽底性,亦由他说,于事上更动不得。"(《朱子语类》卷十五)所以实理必须落实在具体的人性上,落实在仁义礼智等具体的德性之中。再次,在诚学中,诚就是实理,忠信是实理。"诚,实理也,亦诚悫也。"(《朱子语类》卷六)又说:"忠即是实理。忠则一理,恕则万殊。时举。""忠信,实理也。"(《朱子语类》卷二六)第四,实理乃实见之理,确定之理。"淳录云:实理与实见不同。盖有那实理,人须是见得。见得恁地确定,便是实见。若不实见得,又都闲了。"(《朱子语类》卷二六)第五,实理为切己之理。"且穷实理,令有切己工夫。若只泛穷天下万物之理,不务切己,即是遗书所谓'游骑无所归'矣。德明。"(《朱子语类》卷二六)最后,实理是可"实行"之理。"致知所以求为真知。真知,是要彻骨都见得透。道夫。"(《朱子语类》卷十五)"真知"为能力行之知,能体验能践履之知。"知而未能行,乃未得之于己,此所谓知者亦非真知也。真知则未有不能行者。"(《杂学辨》,《朱文公文集》卷七二)

朱子理学以"理"为标识。理是万物的本体,既是宇宙秩序的最高准则,也是现实秩序的最高准则。格物即穷理,穷得"实理",它既是本体之理,也是性即理,其内容包括仁义礼智。格物就是格"心",是成圣的工夫,格物致知的完成也是圣人境界的实现。可见,格物致知的结果既可以获得外在事物之知,获得物之理,有认识论的意义;然而,在本质上,格物致知是为了成圣,是成圣的工夫,格物致知获得的更多是性之理,是德性之知,它的完成也是圣人境界的完成。概而言之,格物致知是连接朱子哲学本体论、知识论、心性论、工夫论和境界论的关节点。

正是在此意义上,作为第一义的"格物致知"便成为《大学》最重要、最吃紧处,成为《大学》的着力点,成为朱子思想体系的核心和宗旨,成为朱子学问之"第一义"。先生问:"大学看得如何?"曰:"大纲只是明明德,而着力在格物上。""此一书之间,要紧只在'格物'两字,认得这里看,则许多说自是闲了。初看须用这本子,认得要害处,本子自无可用。某说十句在里面,看得了,只做一句说了方好。某或问中已说多了,却不说到这般处。"(《朱子语类》卷十四)因此,四库馆臣认为,"朱子之学,大旨主于格物穷理。"(《四库全书总目提要·〈近思录〉提要》)或许,在更为严格的意义上,我们应该这样说:朱子之学,大旨主于格物致知。

关于为学之"第一义",不同的思想家有不同的答案。张载曰:"圣人之意莫先乎要识造化,既识造化然后其理可穷。"(《横渠易说·系辞上》),程颢称:"学者须先识仁"(《二程遗书》卷二上),程颐认为要"敬义夹持"(《二程遗书》卷五),朱子则视"格物致知"为"第一义"。《大学》是初学入德之门,是为学为道的起点,格物致知则为《大学》之起点与精神,这是一个门槛较低的为学、求道之路径,普通士人皆可由此登堂入室,一窥圣贤之学之奥妙。相对于张载、程颢、程颐,朱子把"格物致知"作为"第一义",这既是一种学术创新,也是一种学术下移。正是由于朱子的学问从格物致知开始,普通士子以至于圣贤皆可由此为学、进德、入道,因而,朱子思想接受面更加广泛,朱子学也能得到更多的拥护和支持,对民众教化更具有普遍意义。

二、格致工夫与悟道

一直以来,人们对朱子的格物致知论误解较多。诸多哲学教科书里多把它视为认识论范畴,殊不知,在朱子思想世界中,格物致知本质上是一种工夫论。朱子认为，《大学》八条目中，格物、致知、诚意、正心、修身都是"明明德"的工夫。"修身以上，明明德之事也。齐家以下，新民之事也。"（《大学章句》）"如今说格物，只晨起开目时，便有四件在这里，不用外寻，仁义礼智是也。如才方开门时，便有四人在门里。"（《朱子语类》卷十五）子渊说："格物，先从身上格去。如仁义礼智，发而为恻隐、羞恶、辞逊、是非，须从身上体察，常常守得在这里，始得。"曰："人之所以为人，只是这四件，须自认取意思是如何。"（《朱子语类》卷十五）"明明德"是《大学》三纲领的第一条，意思是发明和弘扬内心光明的道德，其具体内容就是仁义礼智，也就是朱子所说的先天至善的人性。他还说，格物致知就是"明善"的工夫。今天我们讲格物致知，就好像每天早上我们睁开双眼，就有四件东西在我身心之中，完全用不着到外面去寻找，它们就是仁义礼智。就好像刚开门的时候，便有四个人在门里边。格物就是彰显自己内心的仁义礼智等道德，内心光明照彻，一片澄明，没有一丝一毫的昏昧。要言之，格物就是要穷尽到事物的尽头，懂得事物的是与非，对与错，然后付诸行动。格物就是要在自己身上体验出一个是与非来，曾子的"日三省吾身"就是指格物。[①] 既然格物只是要自己身上体验出一个是非，格物之"物"又当作何理解？朱子之"物"，乃指"事物"，"自一念之微，以至事事物物"皆为"物"之范畴。朱子云："圣人只说'格物'二字，便是要人就事物上理会。且自一念之微，以至事事物物，若静若动，凡居处饮食言语，无不是事，无不各有个天理人欲。须是逐一验过，虽在静处坐，亦须验个敬、肆。敬便是天理，肆便是人欲。"（《朱子语类》卷十五）然而，就自家身心上体验出"是与非""敬与肆""天理与人欲"而言，朱子的格物之"物"主要指"人伦日用之事"，其致知之"知"主要指对生命意义的领悟和儒家价值的认同，格物致知乃在于确证内心固有仁义礼智等道德原则，寻找生命存在的社会意义与精神境界，以达到"心与理一"的最高觉悟和最高境界——道的境界、圣人境界。

格物与致知是一个工夫。在《朱子语类》中，朱子与弟子反复讨论格物致知工夫的辩证统一，如一个硬币的一体两面。"致知、格物，只是一个。""格物，

[①] 朱子云："'格物'二字最好。物，谓事物也。须穷极事物之理到尽处，便有一个是，一个非，是底便行，非底便不行。凡自家身心上，皆须体验得一个是非。若讲论文字，应接事物，各个体验，渐渐推广，地步自然宽阔。如曾子三省，只管如此体验去。"（《朱子语类》卷十五）

是逐物格将去；致知，则是推得渐广。""格物，是物物上穷其至理；致知，是吾心无所不知。格物，是零细说；致知，是全体说。""致知，是自我而言；格物，是就物而言。若不格物，何缘得知。而今人也有推极其知者，却只泛泛然竭其心思，都不就事物上穷究。""格物，以理言也；致知，以心言也。""格物，只是就事上理会；知至，便是此心透彻。""格物，便是下手处；知至，是知得也。"(《朱子语类》卷十五)朱子认为"格物""致知"不能截然分为两段。相对而言，"格物"是就外物而言，"致知"是对自我而言，但二者是一个整体，是一个过程的两个方面。如果没有格物，我们怎么能获得知识？致知必须经过格物才能实现。"格物致知"是一体贯通。格物，就是在事物上穷其至理；致知就是我的内心无所不知。就物而言，谓之"格物"；就我而言，谓之"致知"。具体而言，即是"格物"；总体而言，就是"致知"。格物，是零碎地说；致知，是全体地说。以理而言，叫格物；以心而言，是致知。格物，只是就事上理会；知至，便是此心透彻。格物是下手处，知至即获得了真知。通过"格物"而"致知"，这就是朱子所说的"致知在格物"。朱子的"格物致知"一体贯通说是对《大学》"致知在格物"的继承与发展。"古之欲明明德于天下者，先治其国；欲治其国者，先齐其家；欲齐其家者，先修其身；欲修其身者，先正其心；欲正其心者，先诚其意；欲诚其意者，先致其知，致知在格物。"(《大学》第二章)与诚意正心修身齐家治国平天下的先后顺序不同，致知与格物没有用先后来阐释，"致知在格物"。"在"即此在，就在当下，在场，因而，致知与格物二者是二而一的关系。"格物、致知，彼我相对而言耳，格物所以致知。……所以大学说'致知在格物'，又不说'欲致其知者在格其物'。盖致知便在格物中，非格之外别有致处也。又曰：'格物之理，所以致我之知。'"(《朱子语类》卷十八)《大学》说"致知在格物"包含两层意思，一方面，致知就在格物之中，非"格"之外还有一个"推致"的地方；另一方面，格物之理，就是推致我心中的知识，格物所以致知。于这一物上穷得一分之理，即我之知亦知得一分；于物之理穷二分，即我之知亦知得二分。朱子甚至宣称，一旦格物"格"到"里"的层次和"精"的层次，实质上已经到了"知至"，也就是到了"致知"的境地。[①]

那么，怎样才能格物致知呢？朱子指出："格物须是到处求。博学之，审问

[①] 朱人求：《朱子"全体大用"观及其发展演变》，《哲学研究》2015年第11期，第39—48页。

之,慎思之,明辨之,皆格物之谓也。若只求诸己,亦恐见有错处,不可执一。伊川说得甚详:或读书,或处事,或看古人行事,或求诸己,或即人事。复曰:于人事上推测,自有至当处。"(《朱子语类》卷十八)朱子认为,格物致知无所不在,我们在生活中随时格物,随处格物。格物致知首先要读书,读书是格物致知的最重要的一件事情。一书不读就少了一书的道理,一物不格就少了一物的道理。"格物致知"的目的就是通过博览群书,品评古今人物,通过应接事物,运用天下万物所体现的天理,来印证吾心所固有的伦理,即"合内外之理"。尽管万物的道理是一致的,但是,要穷尽天下的道理并非穷得一个道理就能达到。格物致知需要循序渐进,今日格一物,明日格一物,一旦豁然贯通,就能领悟到最高的天理。其次,朱子十分推崇"静坐"。他教导弟子郭德元半日读书,半日静坐,这样坚持一两年,一定能取得很大的进步。"半日静坐,半日读书,如此一二年,何患不进。"(《朱子语类》卷一百一十六)"(静坐)能存心,而后可以穷理","穷理以虚心静虑为本。"(《朱子语类》卷九)再次,自我反省就是格物。朱子之学是为己之学,即完善自己道德的学问,格物致知必须从我做起,从自身修养做起,自我反省就是格物。"格物,须是从切己处理会去。待自家者已定叠,然后渐渐推去,这便是能格物。"(《朱子语类》卷十五)最后,只有在"人伦日用"上痛下工夫,在处事接物中磨炼,方能实现格物致知之功,进入圣贤之域。

格物致知作为一种工夫法门,经由工夫的修炼,最终达到悟道的境界。朱子认为,《大学》"格物致知"有经无传,于是仿照古人的意思写了一段"格物致知补传":"所谓致知在格物者,言欲致吾之知,在即物而穷其理也。盖人心之灵,莫不有知;而天下之物,莫不有理;惟于理有未穷,故其知有不尽也。是以大学始教,必使学者即凡天下之物,莫不因其已知之理而益穷之,以求至乎其极。至于用力之久,而一旦豁然贯通焉,则众物之表里精粗无不到,而吾心之全体大用无不明矣。"这是朱子对格物致知的集中阐释,也是其晚年定论。朱子认为,格就是到,物就是事。穷尽事物的道理,就要认识到极致即无所不到。致就是扩充、推广到极致,知就是识。扩充我的知识,就要做到知无不尽。这就是说,探求自然、社会与人生的奥秘,不可只停留在表面,要达到它的极处,即达到事物本质的认知。只有持久努力,一旦豁然贯通,则事物的表里精粗、内心的全体大用都能彻底认知,获得一种彻悟性的知识,达到对最高天理的心领神会,也就是悟道的境界。这就叫做"物格",叫做"知至"。既然工夫修炼的终极目标就是悟道,那么我们如何经过今日格一物,明日格一物,然后达到"豁然贯通",实现悟道呢?悟道何以可能?经由格物致知而悟道的境界又是一种怎样的境界呢?

三、心与理一:认知与悟道的境界

朱子的格物致知通过接触事物、穷尽事物之理而"豁然贯通",从而达到"众物之表里精粗无不到,而吾心之全体大用无不明",实现"心与理一"的悟道境界。这里就有一个疑问:内在之"心"与外在之"理"之间如何能够贯通?也就是说,"豁然贯通"何以可能?或者说悟道何以可能?"豁然贯通",实现"心与理一"的悟道境界必须满足以下几个条件:"心"能贯通,"理"能贯通,"心"与"理"能够贯通或者"心"与"理"本来贯通。在朱子的思想世界里,上述条件皆可满足。

首先,朱子认为,心有全知。"心者,人之神明,所以具众理而应万事者也。"(《孟子集注·尽心上》)"若夫知,则心之神明,妙众理而宰万物者也,人莫不有。而或不能使其表里洞然,无所不尽,则隐微之间,真妄错杂,虽欲勉强以诚之,亦不可得而诚矣。"(《大学或问》上)"知"是"心之神明",人人具有。心有全知全能,具有所有的道理而能主宰万物,能应接万事。为什么有人不能全知全能?主要是因为真妄错杂,缺乏内心的真诚。有时候朱子也把心不能全知归因于气禀的偏差。"人心莫不有知。所以不知者,但气禀有偏,故知之有不能尽。"(《朱子语类》卷十四)

其次,理一分殊。"天地之间,理一而已。"(《西铭解义》)理只有一个终极的天理,这样悟道才有可能。天地之间的"一理"落实在万事万物之中,万事万物又各自分享了这个"理"。朱子云:"伊川说得好,曰:'理一分殊。'合天地万物而言,只是一个理;及在人,则又各自有一个理。"(《朱子语类》卷一)《中庸或问》说:"天下之理未尝不一,而语其分则未尝不殊。""理一分殊"与"格物"密切联系在一起。"傅问:'而今格物,不知可以就吾心之发见理会得否?'曰:'公依旧是要安排,而今只且就事物上格去。如读书,便就文字上格;听人说话,便就说话上格;接物,便就接物上格。精粗大小,都要格它。久后会通,粗底便是精,小底便是大,这便是理之一本处。"(《朱子语类》卷十七)也就是说,"格物"只是就具体事物上去穷究万物之"理",其会通就是"理一"。

第三,心能全知。心有全知,总天地之间只有一个理,只是具备豁然贯通的前提。只有心能全知,才能于天下万物之理无所不知,豁然贯通才真正得以实现。"以其理之同,故以一人之心,而于天下万物之理无不能知。"(《大学或问》)"问:致知在格物。曰:知者,吾自有此知。此心虚明广大,无所不知,要当极其至耳。今学者岂无一斑半点,只是为利欲所昏,不曾致其知。"(《朱子语类》卷十五)所谓致知,即扩充自己的知识,把内心之知推至极致,完成悟道的突破。

第四,心与理一,心与理本来贯通。

在朱子的思想世界里,心与理本来就是贯通的。理在心中,理与心一,如果没有心,理便没有着落处。问:"心是知觉,性是理。心与理如何得贯通为一?"曰:"不须去着实通,本来贯通。""如何本来贯通?"曰:"理无心,则无着处。"(《朱子语类》卷五)"心与理一,不是理在前面为一物,理便在心之中,心包蓄不住,随事而发。"(《朱子语类》卷五)理在心中,随事而发。那么,理与心谁是最高的主宰?问:"天地之心,天地之理。理是道理,心是主宰底意否?"曰:"心固是主宰底意,然所谓主宰者,即是理也,不是心外别有个理,理外别有个心。"(《朱子语类》卷一)在这里,朱子仍然坚持了他的理本论的立场,尽管"心"有主宰的意义,但在心与理的关系上,理才是主宰的根源。问:"或问云:'心虽主乎一身,而其体之虚灵,足以管乎天下之理;理虽散在万物,而其用之微妙,实不外乎一人之心。'不知用是心之用否?"曰:"理必有用,何必又说是心之用!夫心之体具乎是理,而理则无所不该,而无一物不在,然其用实不外乎人心。盖理虽在物,而用实在心也。"又云:"理遍在天地万物之间,而心则管之;心既管之,则其用实不外乎此心矣。然则理之体在物,而其用在心也。"次早,先生云:"此是以身为主,以物为客,故如此说。要之,理在物与在吾身,只一般。"(《朱子语类》卷十八)

既然"心""理"皆能贯通,"心"与"理"本来贯通,为什么在现实中我们无法贯通、无法悟道呢?朱子的解答是,由于气禀昏愚或人欲之私,故人不能格至其理(穷理),心不能推致其知(尽心),心与理被割裂为两截,无法贯通为一。问:"心之为物,众理具足,所发之善固出于心,至所发不善,皆气禀物欲之私,亦出于心否?"曰:"固非心之本体,然亦是出于心也。"又问:"此所谓人心否?"曰:"是。"(《朱子语类》卷五)郭叔云问:"为学之初,在乎格物。物物有理,第恐气禀昏愚,不能格至其理。"曰:"人个个有知,不成都无知,但不能推而致之耳。格物理至彻底处。"(《朱子语类》卷十五)"心与理一"还具有明辨儒释之别的意义。"吾以心与理为一,彼以心与理为二,亦非固欲如此,乃是其所见处不同。彼见得心空而无理,此见得心虽空而万物咸备也。虽说心与理一,而不察乎气禀、物欲之私,亦是见得不真,故有此病,此大学所以贵格物也。"(《答郑子上第十五》,《朱文公文集》卷五六)在朱子看来,佛家仅把心视为知觉,其中空虚无理;而儒家见得"心具众理""心与理一",因此能依理修养,从而避免佛家的空疏之弊,这也是《大学》重视"格物"的原因。

那么,如何到达"心与理一",完成儒家悟道之旅? 在朱子看来,我们至少可以从穷理和尽心两个层面入手,从而实现合内外之道,实现"心与理一"的悟道之境。

悟道只需穷理。万物各具其理,万理归于一理。万物之理由"不尽"到"尽",当然与总天地万物之理一与客观世界的万事万物的分殊之理有密切的关联。格物致知便是即物穷理,穷尽事物之理即可贯通。朱子认为理内在于心而为心之"全体",但也散在万物,万物各有其理,故应内外兼修,诚心正意,"今日格一物,明一格一物""及其真积力久而豁然贯通焉"(《大学或问》卷二)。一旦豁然贯通,则内与外,天与人,心与理皆合而为一。"穷理格物,如读经看史,应接事物,理会个是处,皆是格物。只是常教此心存,莫教他闲没勾当处。公且道如今不去学问时,此心顿放那处?"(《朱子语类》卷十五)格物致知需要循序渐进,今日格一物,明日格一物,今日明日积累既多,即可豁然贯通。"上而无极、太极,下而至于一草、一木、一昆虫之微,亦各有理。一书不读,则阙了一书道理;一事不穷,则阙了一事道理;一物不格,则阙了一物道理。须着逐一件与他理会过。"(《朱子语类》卷十五)"今日明日积累既多,则胸中自然贯通。如此,则心即理,理即心,动容周旋,无不中理矣。先生所谓'众理之精粗无不到'者,诣其极而无余之谓也;'吾心之光明照察无不周'者,全体大用无不明,随所诣而无不尽之谓。书之所谓睿,董子之所谓明,伊川之所谓说虎者之真知,皆是。此谓格物,此谓知之至也。"(《朱子语类》卷十八)

尽心即可悟道。朱子认为,天下之理一而分殊,心具众理,心包万理。故"学问之道"没有其他途径,只需找回失落的"本心"。"盖人只有个心,天下之理皆聚于此。……孟子只说,'学问之道,求其放心而已矣'。"(《朱子语类》卷二十)既然"心具众理",我们"穷尽""心之全体"就能穷理致知。朱子认为,"尽心"就是"知至"。"心者,人之神明,所以具众理而应万事者也。性则心之所具之理,而天又理之所从以出者也。人有是心,莫非全体,然不穷理,则有所蔽而无以尽乎此心之量。故能极其心之全体而无不尽者,必其能穷夫理而无不知者也。既知其理,则其所从出。亦不外是矣。以大学之序言之,知性则物格之谓,尽心则知至之谓也。"(《孟子集注·尽心上》)在《孟子·尽心上》中朱子直接把"尽心"理解为"知至",即"致知"的完成。其实,"致知乃本心之知"(《朱子语类》卷十五),"格物"的目的也在于"明此心","格物所以明此心"(《朱子语类》卷一一八)。一切只需向内寻求,心即理,"明此心"即是"明此理",朱子认为,"心固是主宰底意,然所谓主宰者,即是理也,不是心外别有理,理外别有个心。"(《朱子语类》卷一)经由"尽心"的工夫,就可以实现致知,实现"心与理一",完成悟道之旅。朱子指出,人之所以为学,唯有尽心与穷理两条途径。人之一心,具众理而应万事。存心为穷理之本,穷理则可致尽心之功。"人之所以为学,心与理而已矣。心虽主乎一身,而其体之虚灵,足以管乎天下之理;理虽散在万物,而其用之微妙,实不外乎一人之心,初不可以内外精粗而论也。……是以圣人设教,使人默识此心之灵,而存之于端庄静一之中,以为穷理之本;使人知有众理之妙,而穷之于学问思辨之际,以致尽心之功。"(《四书或问》卷三九)尽心与穷理相互补益,相互促进,二者不可偏废。朱子反对不接触事物仅从心上求理的倾向,认为,"枯槁其心,全与物不接,却使此理自见,万无是事。"(《朱子语类》卷一二一)穷尽其心,不与物接而"理自见",在朱子看来是绝无可能之事。

豁然贯通意味着格物致知就是合内外之道。朱子云:"格物,以理言也;致知,以心言也。""格物,只是就事上理会;知至,便是此心透彻。"(《朱子语类》卷十五)"大凡道理皆是我自有之物,非从外得。所谓知者,便只是知得我底道理,非是以我之知去知彼道理也。道理固本有,用知方发得出来。"(《朱子语类》卷十七)"格物"指理而言,是就事上去理会道理,是零碎地单个地去求理;"致知"则是指心而言,是内在的,是从整体上对理的认知,是此心透彻。合内外之道意味着外在之"理"与内在之"心"合二为一,"事上理会"与"此心透彻"毫无间隔。"格物致知,彼我相对而言耳。格物所以致知,于这一物上穷得一分之理,即我之知亦知得一分。于物之理穷二分,即我之知亦知得二分。于物之理穷得愈多,则我之知愈广。其实只是一理,才明彼,即晓此。所以《大学》说致知在格物。又不说欲致其知者在格其物,盖致知便在格物中,非格之外别有致处也。又曰:格物之理,所以致我之知。"(《朱子语类》卷十八)"物格后,他内外自然合。盖天下之事,皆谓之物,而物之所在,莫不有理。且如草木禽兽,虽是至微至贱,亦皆有理。"(《朱子语类》卷十五)理在物之中,又在心中,格物致知就是通过外在的格物来彰显内心固有的天理。我们在物上穷得一分道理,内心的道理也就彰显一分;穷得愈多,内心也就知得愈广;穷得十分,也就知得十分,内心就一片光明澄澈,这就是"知至",就是"致知"。到了物格之后,自然就知至了,自然就能合内外之道。

格物致知的最后,就是悟道,到达圣人境界,也就是"心与理一"的境界。在朱子看来,"心与理一"的境界就是圣人"从心所欲不逾矩"的自由境界。或曰:"从心所欲不逾矩何也?"曰:"此圣人大而化之,心与理一浑然无私欲之间而然也。自耳顺及此十年之间,无所用力而从容自到,如春融冻释,盖有莫知其所以然而然者。此圣人之德之至,而圣人之道所以为终也。"(《论语或问》卷二)舜之心纯然天理,没有一丝一毫的私欲,其行为自然而然,无须任何勉强和努力,完全达到"心与理一"的境界。"或问:大舜之善与人同,何也?曰:……惟舜之心无一毫有我之私,是以能公天下之善以为善,而不知其孰为在己、孰为在人,所谓善与人同也。……又以见其心与理一,安而行之,非有利勉之意也。此二句本一事,特交互言之,以见圣人之心表里无间如此耳。"(《孟子或问》卷三)"心与理一"还是仁者的境界,当然也是圣人的境界。孔子曾说"仁者不忧"(《论语·子罕》),方子录云:"仁者,理即是心,心即是理。有一事来,便有一理以应之,所以无忧。"恪录一:"仁者,心与理一,心纯是这道理,看甚么事来自有这道理在,处置他自不烦恼。"(《朱子语类》卷三七)如果说"心与理一"

对常人而言只有在心之本体的意义上才能成立,那么对圣人而言,"心与理一"则获得了完满的现实性,即圣人的一举一动都出于理,自然而然,不假强制,从容中道。在朱子看来,人之所以会有所忧虑,是因为在突然遇到事情的情况下,心中没有理来应对,这本质上是因为人气禀所偏而产生的私欲使心丧失了本然的状态。而圣人则是心中无丝毫私欲杂念的仁者,即由心所发出的一切思虑都自然合理,因此凡遇事之时都能以理应之,故"圣人不忧"。

结语:工夫认识论与真理认识论

《大学》格物致知所展现的认识论是一种工夫认识论[①]。何谓工夫认识论?就是基于工夫实践而获得的系统化理论化的认识理论,工夫认识论的起点为工夫,获得的知识是指导工夫实践的知识,重视知行合一,以行为目的,指向行为的是非善恶,其终极目标为悟道。中国哲学中的工夫认识论与西方哲学中的真理认识论有着本质的区别。

首先,工夫认识论以工夫为起点,是一种基于工夫的认识论;真理认识论以本体为起点,是一种基于本体的认识论。工夫构成了中国哲学的核心,经由工夫论,我们可以认识事物,追寻本体,完成悟道,实现最高的境界。朱子指出,"格物是学者始入道处。"(《大学或问》)经由格物致知,我们可以达到"道"的境界。西方的ontology或古典形而上学体系,属于基于本体的认识论。它先有一个本体的概念,然后用来认知外部的世界,并形成自己的知识论系统。

其次,工夫认识论的知识从属于工夫论系统,以服务工夫为目的,是指导工夫的知识,工夫才是第一位的。判别工夫知识论的标准也就是好与坏、是与非、有效与无效。在工夫认识论中,知识的目的是指导工夫实践,知与行要求一致。"致知、格物,固是合下工夫,到后亦离这意思不得。学者要紧在求其放

[①] 倪培民认为,从西方哲学的视角来看,中国哲学似乎拙于认识论。这是因为西方哲学的核心关注是真理认知,而中国哲学传统则更关注知"道"。从后者的角度来看,认识论需要突破其真理认知的狭隘框架,形成一个包括技能之知、默会之知、熟识之知、程序之知等知识种类的广义的知识——"功夫之知",或生活的艺术——的学问。功夫认知要求体身化,即身体的参与和把所知变为身体的内容,它还要求知道"不知"甚至"弃知"的价值。功夫认知需要对语言的语用功能有足够的认识。功夫认知要求功夫主体的全面修炼,即人的内在转化和面向万物的扩展,而不仅仅是理智的培养和资讯的获得。参见倪培民:《知"道"——中国哲学中的功夫认识论》,《文史哲》2019年第4期,第94—113页。

心。若收拾得此心存在,已自看得七八分了。如此,则本领处是非善恶,已自分晓。"(《朱子语类》卷十五)所谓"格物就是明是非、知善恶",格物致知所达到的认知是"真知","真知"必能行。真理认识论从属于本体论系统,本体是第一位的,它是静态的、外在的。对本体的认识,对外在世界的认识构成了真理认识论的全部内涵,真理是客观的真理,纯粹的理念的真理。判别真理的标准是实践,是主观与客观的统一。在这里,人们为知识而知识,知与行是割裂的。

最后,工夫认识论以求"善"为皈依,真理认识论以求"真"为目的。工夫认识论以指导人们的工夫实践为目的。在中国哲学世界中,道德实践是工夫实践的主体,工夫认识论获得的知识更多指的是道德知识,它基于日常生活世界并落实于日常生活世界。因而,工夫认识论本质上是一种道德知识论,它以求"善"为目的。子渊说:"格物,先从身上格去。如仁义礼智,发而为恻隐、羞恶、辞逊、是非,须从身上体察,常常守得在这里,始得。"曰:"人之所以为人,只是这四件,须自认取意思是如何。"(《朱子语类》卷十五)而真理认识论以求"真"为目的,要求获得客观的真理,是主观和客观的符合,是人们对客观事物及其规律的正确反映。

总之,《大学》以"格物致知"为"第一义"所展现出来的认识论,本质上属于工夫认识论。在工夫认识论中,工夫是第一位的。人们通过工夫实践获得知识,知识以促进工夫为目的,工夫与知识相互促进相互提高,从而完成个体工夫修炼,提升生活质量和技能,完成境界的提升,实现悟道。工夫知识论所获得的知识,是一种实践智慧,它关乎是非善恶,是一种比"知识"更高的道德智慧。

中国古代民本思想的当代价值探析

诸凤娟

(绍兴文理学院越文化研究院)

摘要:民本思想是中国传统政治思想的精华。作为一种强大的政治理念和现实力量,在中国社会政治生活中产生过重大和广泛的影响。如今,民本思想经过理论与实践的双重批判,依然在中国社会的政治生活中起着极其重要的作用。认真汲取中国古代民本思想所内蕴的政治经验和智慧,挖掘它的当代价值,这对于当代中国社会的发展无疑具有重要的理论与实践意义。传统民本思想为当代中国的民主政治建设提供了文化土壤,也为中国共产党总结概括执政理论提供了宝贵的思想资源。

关键词:民本思想;民主思想;当代价值

中国古代民本思想萌发于先秦时代。商以夏亡为鉴,已有"古我前后,罔不惟民之承保"的记载。周代商后,周人以兴亡论民本,重民、保民的思想日益凸显。到了春秋战国时期,民本思想有了很大的丰富和发展,主要体现在孔子的"仁治"观点,孟子的"民贵君轻"思想,荀子的重民说,这些思想都为以后民本思想的形成奠定了基础。民本思想的根本特征,是在清醒地认识到人民群众在社会发展中的基础地位的前提下,重视民意、民生,通过珍惜和利用民力等手段和措施,来限制和软化专制暴政,获得民心,使社会的阶级矛盾得以缓和,封建专制政治得以正常运转,从而达到巩固专制政治秩序的目的。因此,民本思想在以儒学为主导的中国政治文化中,成了统治阶级用以治国平天下的意识形态和指导思想。但是,作为一种治国方略和执政理念的民本思想,在具体的政治实践中,强调国家的根本是民,所以在协调和处理统治者与民众的关系时的基本思路侧重于民,这些都体现出了统治阶级对于人民群众作用的理性认识。同时,民本思想在政治实践中得到了有效的贯彻,压抑和打击了一批腐朽堕落的贪官污吏,对于文明的传承和促进中国社会的进步确实发挥了不可磨灭的历史作用。因此,认真汲取中国古代民本思想所内蕴的政治经验和智慧,挖掘它的当代价值,这对于当代中国社会的发展无疑具有重要的理论与实践意义。

一、民本思想为当代中国的民主政治建设提供了文化土壤

历史上的民本思想,尽管与我们今天所讲的民主思想有巨大的差异,但其以民为本的基本要素在相当程度上与民主思想是相通的,因此我们从中可以直接获得不少有益的借鉴。我们在接受西方的民主思想时,实际上民本思想起到了一个嫁接的作用,同时我们在进行当代中国特色的社会主义民主政治建设时,传统民本思想又是一个无法忽略的重要思想资源,它是中国特色社会主义民主发展的坚实土壤。

1.民本思想是中国当代民主发展的土壤

任何一个国家的民主发展,不是凭空进行的,它的发展必须具备一定的社会、经济、政治的制度基础。当代中国的民主政治建设,一方面要考虑吸收西方近代以来民主思想和他们在民主政治方面取得的成果,另一方面我们也必须考虑吸取本民族的传统文化资源的精华,特别是中国传统的民本思想。每个国家的国情不同,民主的模式也是不同的,所以每个国家的民主都体现出自己的特色,因为民主是深深地植根于不同社会制度的国家和现代的不同历史环境。事实证明,中国要建设自己的民主,必须立足于本国的实际,充分考虑中国的具体国情,而且更要充分考虑本国的普通民众在社会生活中的各种利益需求,这样的民主在中国才能生根发芽。

当民主思想开始传入中国,很多思想家就十分重视民本思想能否向民主思想转化的问题。他们充分地认识到民本思想与民主思想是根本不同的,但另一方面又在积极寻找两者的相通点,因为西方的民主思想要在中国发展,必须立足于中国传统文化的根基,否则民主思想是不会在中国结出硕果的,而这个文化的根基就是民本思想。从中国民主发展的历史演进过程中,我们可以

清楚地看到,中国没有完全照搬西方的民主模式,相反在具有中国特色的民主理论和实践的基础上,走的是一条具有中国特色的民主发展道路。近代,西方民主思想传入中国。在接受西方的民主思想时,一些先进的知识分子试图把传统民本思想与西方的民主思想充分地结合起来,他们一方面积极吸取西方民主思想的精华,同时也积极寻找西方民主与中国民本的共通点,希望用西方民主的理念来改造中国传统的民本思想。其中一个重要的方面是把西方政体的理念融入传统的民本思想,从而使中国传统的民本思想在近代获得新生,也为民主在中国的发展奠定了良好的文化基础。民主的建设开始成为许多中国人的关注的一个焦点,在民主与民本的交织中,中国特色的民主思想也在逐步地形成。后来,中国共产党人继续把民主的发展推向前进,并且把马克思主义民主思想与中国传统的民本思想的精华进一步有机地结合起来,形成了具有中国特色的社会主义民主。

2.构建具有中国特色的社会主义民主

政治民主作为现代政治发展的价值取向,是任何一个现代国家的合法性基石。同样,也是社会主义中国所要追求的目标,邓小平明确指出:没有民主就没有社会主义,就没有社会主义现代化。民主既是社会主义的组成部分又是社会主义的内在本质,社会主义民主是人类文明和社会发展的产物。但社会主义民主的发展有一个过程,特别在民本思想还会在社会主义初级阶段长期地、普遍地存在的情况下,不能全盘否定传统的民本思想,而应该让它的积极因素成为社会主义民主政治建设的重要补充。

考察人类社会的历史发展,任何先进的社会制度都是历史传统的延续,传统政治思想的积淀为现代的政治文明建设奠定良好的文化基础,中国的社会主义民主制度建设也是如此。现阶段我国的社会主义民主深刻地蕴涵着传统民本思想中以民为本的思想。在社会主义民主制度下,坚持人民利益高于一切,人民群众是国家的主人,管理国家的各项事务。社会主义民主的必有之义是要关心百姓生活,维护人民群众利益。因此在新的历史时期,社会主义民主政治建设,一方面要吸取传统民本思想的合理成分,同时要不断强化党员干部的民主思想意识,使每个领导干部都树立全心全意为人民服务的理念,充分认识到自己手中的权力是人民赋予的,手中的权力是为人民服务的,应该竭尽全力为人民谋福利。同时,当前的民主政治建设,要充分尊重人民群众的主体地位,提高他们的民主意识和参政、议政的能力,健全民主机制,建设中国特色的政治文明,进而将中国民主化进程不断地推向前进。

在建设有中国特色的社会主义民主政治的进程中,必须处理好社会主义民主与西方民主的关系、社会主义民主与中国民本思想的关系。西方的民主思想和中国的民本思想之间并不存在不可逾越的鸿沟,他们各自代表不同历史发展阶段的政治文明,各自对人类文明作出了重要的贡献。一个真正理想的民主社会,既要重视知识和科学,也要重视道德和伦理;既要有个人的自由平等,也应有社会的和谐与稳定,每个人的权利都应受到应有的尊重。从本质上讲,社会主义民主应该是更高更切实的民主,它在建设的过程中应该汲取传统的民本思想的精华,同时也要积极借鉴西方民主制度中的合理因素。因此,吸取我国传统的民本思想的精华,充分发扬现代民主精神,充分遵循"古为今用,洋为中用"和"综合创新,批判继承"的原则,把西方的民主思想和中国传统文化中的民主性精华结合起来,并加以创造性的发展和发挥,才能真正建设成有中国特色的社会主义民主。

二、民本思想为中国共产党总结、概括执政理论提供了宝贵的思想资源

传统民本思想在长期的封建社会发展中作为治国治民的策略,对稳定封建社会的秩序、促进经济的发展起到了极其重要的作用,其中所蕴涵着的丰富的治理谋略和政治智慧,所揭示的深刻的执政规律,都为中国共产党有中国特色并适应中国国情的执政理念的提出及执政规律的把握提供了宝贵的思想资源。

1.有利于中国共产党执政为民理念的提出

所谓执政为民,指的是中国共产党在具体的执政过程中,要把一切为了人民,一切依靠人民作为行动的最高价值和最高准则。中国共产党人提出的执政为民理念是传统民本思想在当代的升华,也是民本本位在当代的真实回归。

执政为民理念是对传统民本思想的继承和发展。传统的民本思想是中国古代一切重民、惠民、保民和利民等思想的总结,虽然不是真正的民主思想,但也充分地体现出对"民"在国家中地位的重视。民本思想的提出与推行,对于

一个以"群"为特征的封建专制的社会,在恢复和发展生产、缓和社会阶级矛盾、维护社会稳定等方面起着重要的积极作用。但是传统民本思想由于其封建专制的特性也有它固有的历史局限性。中国共产党人提出的执政为民的理念正是对传统民本思想的扬弃,是对其积极方面的继承和发扬而提出的。执政为民理念不同于传统民本思想的主要方面在于:第一,现代民主思想所不可回避的根本性问题即统治者的权力来源问题或者说权力的产生方式问题,虽然民本思想也提到百姓在某些时候可以替天行道,推翻腐朽的封建王权,但这并不是一种民主的、理性的和有秩序的权力产生方式。传统的民本思想不能在封建统治政权下逃出一治一乱的历史的循环悲剧,也不能够从根本上来真正解决暴君污吏的问题,所以它只是为人类的和平吉祥描画出了一个美好的远景。而中国共产党的宗旨是全心全意为人民服务,党是以马克思主义作为指导思想的政党,党的领导权力实际上是人民赋予。第二,传统民本思想虽然重视民众在国家中的重要地位,但始终把"民"框定在既有的政治权力体系内,根本没有把他们看作是社会发展的决定力量,以政权的存亡继绝为基本参照,它只是把"民"当做被动接受恩施的客体,人民始终处于一种消极被动的地位,按照父母与子女的关系模式来理解君、官与民众的关系。而中国共产党始终将人民作为社会政治的主体,一直认为群众才是真正的英雄,执政者与人民是鱼水关系,国家应该"由民作主",而不是"为民作主"。

2.有利于中国共产党执政规律的把握

唯物主义认为,规律是事物发展变化过程中的基本秩序和必然趋势,是存在于事物内部诸要素之间及事物之间的本质的、内在的和必然的联系。规律的特点体现在必然性、客观性和重复有效性。执政规律是执政者必须遵循的基本法则和客观要求,它的内容包括必须怎样做和不能那样做。通过揭示执政主体和客体各自的本质规定性及其主客体之间的相互关系,从而实现解答执政规律所要研究的问题。所以执政规律必然包括执政主体、执政客体及两者之间的关系等基本要素。所以我们可以给执政规律下个定义,即所谓执政规律,就是执政主体(执政者本身)与执政客体(国家政权)之间内在的、本质的必然联系。中国共产党的执政规律,是以建设中国特色社会主义为作用范围的特殊执政规律,它的执政主体是中国共产党,执政客体是社会主义国家政权,执政工具是民主政体。

传统民本思想所蕴含的人文主义关怀、民主主义平等精神和对民众的生存权利的思考,以及所倡导的"修身、齐家、治国、平天下"的入世精神和家国一体的伦理观念,对于调适、化解、规范社会各方面利益的冲突和矛盾有着十分积极的作用,这对于中国共产党在新的历史条件下如何真正做到执政为民,有着深刻的启迪作用。我们可以总结出这样一条历史规律,在中国封建王朝的不断更替中,一个政权或一个政党要赢得广大人民群众的信赖和拥护,只有把人民的利益放在首位,这样他们的执政地位才能得到加强和巩固;如果无视人民群众在国家中的地位和作用,对人民的压迫处于极致时,那么这个政权或者这个政党就会被人民唾弃和推翻,失去统治地位。因此,中国共产党要不断提高党的执政水平和执政能力,深入研究和把握执政规律。第一,要树立正确的权力观。党的各级领导干部要牢牢记住社会主义国家的一切权力属于人民,人民是权力的主人,共产党执掌的权力是人民赋予的。中国共产党在执政过程中,必须强化执政为民的意识,牢记全心全意为人民服务的宗旨。第二,要树立正确的群众观。党和国家的前途和命运,最主要的是看中国共产党能否在执政的条件下始终树立全心全意为人民服务的群众观。共产党执政地位的获得,只有得到人民群众的支持和拥护才能巩固,因为人民群众是推动历史发展的强大动力,是历史的创造者。因此,要密切联系人民群众,否则中国共产党就会失去"执政之基""立党之本"和"力量之源"。第三,要树立正确的利益观。中国共产党在执政过程中要对传统民本思想进行扬弃,彻底改变传统的"立君牧民"的旧政治传统,始终将人民群众视为建设中国特色社会主义事业的主体,把代表最广大劳动人民群众的利益用宪法和党章的形式确定为集体政治意志和党的根本宗旨,并且在实际的施政中能够真正做到权为民所用,反对以权谋私。

三、有利于中国共产党德治和法治相结合的执政方式的实行

发展社会主义民主须同健全法制紧密结合,实行依法治国。依法治国是一个国家社会文明进步的重要标志,也是国家长治久安的重要保障。法治与人治是相对立的,但法治并不排斥道德建设。道德建设与依法治国两者是相

辅相成的,二者的有机结合更加有利于我国社会主义民主的发展。

1.民本思想的德治理念对社会主义政治文明建设的启示

现代的代议民主政治用的是选举投票多数统治的方式。但明显的是,客观的哲学、科学真理的追求、艺术的创造、道德的修养,在这些方面的造就都不是投票可以决定的。如果我们单纯地把政治数据(选票多少)作为真理和道德标准,那么它的害处是非常大的。而民本思想中丰富的人文内涵是一个显著特点,它主要体现在关注执政者的道德行为和自身修养。在中国两千多年漫长的封建社会里,传统民本思想是为统治阶级的政治统治服务的主导思想,历代封建统治者特别重视德政的作用,强调各级统治者要"躬行其实,以为民先""以德教民而以礼齐之",也就是通过他们自身的道德修养,身体力行"三纲五常"的封建道德伦常,从而用以感化和教化劳动人民。孔子主张德治,他认为:"为政以德,譬如北辰,居其所,而众星共之",这种要求为政者加强德行、推行德治的思想不仅在当时具有重要作用,而且对当今中国的民主、法治建设也都有着极其重要的意义。

德治要求是中国传统文化中的道德精神与价值取向,也是社会主义政治文明建设中需要大力提倡的。在社会主义政治文明建设中加强道德建设,最主要的是要求领导干部能够不断加强自身的道德修养,加强道德约束,提升道德意志和道德境界,培养为人民群众服务的道德品质。在社会主义政治文明建设中,中国传统民本思想中蕴含的丰富而积极的道德精神,是一笔宝贵的精神财富,它完全可以与社会主义道德和政治文化结合起来的,也完全可以经过社会主义先进道德的改造,超越传统民本思想的历史局限性和阶级局限性,从而能够很好地促进社会主义道德建设、社会主义政治文明建设、社会主义文化建设。

2.在推进民主法治建设时要实现法治和德治的有机结合

我国在推进民主法治建设的同时,要不断提高领导干部的道德素养,实现法治和德治的有机结合。传统民本思想的"德政"思想是中国传统文化的精华部分,汲取它的精华有利于今天我们的领导干部树立正确的权力观,真正做到全心全意为人民服务,为人民谋福利。广大领导干部要真正做到执政为民、始终把群众的利益放在首位,不断加强党性修养,正确对待权力、地位、名利,增强服务群众的意识,真正成为人民的"公仆",为人民做好事、办实事。

但是,我们也应该清醒地认识到,只有加强社会主义法制,才能从制度上保证德治和法治的充分结合。传统民本思想只是从道义上发出了重民的呼喊,统治者的良心发现是他们实现政治理想的实现希望,而没有制度上的保障,所以,传统民本思想始终摆脱不了"其人存,则其政举;其人亡,则其政息"的命运。因此,我们必须加快政治体制改革步伐,吸取传统民本政治的历史教训,大力推进社会主义民主政治建设,才能真正为实现人民当家作主提供制度上的保障。一方面,要坚持和完善社会主义的基本政治制度,主要包括人民民主专政制度、人民代表大会制度、共产党领导的多党合作制度和政治协商制度、民族区域自治制度;另一方面,必须建设社会主义法治国家,要积极实施依法治国的方略。实行依法治国从治国方略的高度来说,就是要依照反映社会发展规律、体现人民意志的法律来治理国家,任何个人都不得根据自己的意志来干涉、阻碍和破坏我们国家在经济、政治、社会活动以及公民在各个领域的活动。推进依法治国,我们着重要做好以下六个方面的工作:完善的法律体系的建立;最广大人民的根本利益的充分体现;全体公务人员素质的进一步提高;权力监督机制逐步健全;司法制度和行政执法制度严格执行;人民群众的公民意识日益提高。

人类文明

一多视角下中国早期哲学的两种形态

蔡杰

（山东大学 儒学高等研究院）

摘要：一多关系是考察中西文明的重要视角和方法。作为中国哲学的本源本体的"一"，常常兼具宇宙论与本体论的维度，显示出中国文明强烈的宇宙论执着。在先秦诸子哲学中，儒家与墨家以"天"作为本体，道家与法家以"道"作为本体，代表了中国早期哲学的两种主要形态。儒家重视"天"的主宰功能，并且其主宰作用仅局限于化生万物，一方面体现了天的终极决定性，另一方面也流露出鲜明的人文精神。墨家同样强调天的主宰性，但其主宰作用体现在对人事社会的赏罚上。道家将"道"视为宇宙万物的本质，这是中国早期哲学的另一种思路。道家取消了具有主宰作用的超越者，而确立一个具有普遍性的、完全抽象的道，作为宇宙万物存在的终极根据。法家则在道的基础上，发明万事万物层面的理，作为万事万物的内在根据，由此倡导君主以道统理。总之，中国早期哲学具有鲜明的贵"一"倾向，但也注重超越层面与现实世界的平衡和相融。

关键词：一多关系；先秦诸子哲学；天；道

如果说中国哲学的源头在于先秦，那么考察中国哲学固有的特质，就有必要着眼于先秦诸子哲学。在当前中国哲学的研究中，随着超越的维度逐渐被发掘与重视,如何重新刻画与分梳先秦诸子哲学,成为一个重要的问题。[①] 相对于西方文明而言,早期中国文明的超越突破有着自身特质,即具有对宇宙论层面的强烈关怀。从宇宙本体论的角度看,儒、墨二家以天作为本体,道、法二家以道作为本体,由此构建不同的哲学体系。如果将天或者道视为先秦诸子哲学的"一",那么由"一"则能推衍出宇宙万物层面的"多"。本文尝试从一多关系的角度,刻画与分梳中国早期哲学的两种不同形态及其思想系统。

一、"一多"作为中国哲学的研究视角

一百年来,前辈学者致力于中国古代哲学发展规律的探索,以及中国哲学与西方哲学的对接。冯友兰曾以共相和殊相、一般和特殊的关系,作为一条贯穿于中国哲学史的根本主线,指出:"先秦诸子哲学中的名、实问题,魏晋玄学中的有、无问题,宋明道学中的理、气问题,都是围绕这个问题而发展的。这个问题好像一条线贯穿于中国哲学史的发展过程中"。[②]冯友兰提到的共相与殊相的关系问题,实际上就是一多关系问题。他注意到:"共相和殊相的关系,是希腊哲学所说的'一'与'多'的关系,也是宋明道学所说的'理一分殊'的关系。"[③]值得注意的是,现代以来明确提出以一多关系解释古今中西诸大宗教、哲学、文学、政治等思想观念的学者,是吴宓。[④] 吴宓曾制作《一多总表》,称:

> 古今东西宗教、哲学各宗各家所用之名词各不同,但所指之实则一,所明之理亦无异,曰本末、终始可也,曰道器、体用可也,曰理曰气可也,曰观念曰物体可也,曰形式曰质料可也,曰绝对曰相对可也,曰灵魂曰肉体

[①] 自从港台新儒家以"内在超越"刻画中国哲学之后,"内在超越"这一概念受到广泛的关注与使用,然而这一概念本身存在诸多问题,在近几年来不断地受到反思与批判。学者通过对"内在超越"的批评,重新发掘儒家的超越维度,如赵法生《内在与超越之间——论牟宗三的内在超越说》(《哲学动态》2021 年第 10 期)、黄玉顺《"事天"还是"僭天"——儒家超越观念的两种范式》(《南京大学学报(哲学·人文科学·社会科学)》2021 年第 5 期)、蔡杰《儒家人本理念的伦理性与超越性论析》(《北京理工大学学报(社会科学版)》2021 年第 3 期)、吴先伍《横向超越:儒家哲学的形上之维》(《宁夏社会科学》2018 年第 3 期)等。
[②] 冯友兰:《三松堂全集》第十卷,郑州:河南人民出版社,2000 年版,第 267 页。
[③] 冯友兰:《三松堂全集》第十卷,第 629 页。
[④] 除吴宓之外,唐君毅早期曾将中国人的宇宙观特质概括为七个方面,其中第四个方面就是一多不分观。唐君毅指出:"中国哲学中,素不斤斤于讨论宇宙为一或多之问题。盖此问题之成立,必先待吾人将一与多视作对立之二事。而中国人则素无一多对立之论。"见唐君毅:《中国人之宇宙观特质之说明》,《中西哲学思想之比较研究集》,南京:正中书局,1943 年,第 9 页。

可也,日一日多亦同是。吾今特选用"一多"两字为符号者,以西洋哲学自希腊即用之,而柏拉图阐释尤精,佛经中亦恒见"一多"二字,故用之。①

在《一多总表》中,吴宓将共相和自相、唯心论和唯物论、柏拉图所谓观念(Idea)和物(Object)、亚里士多德所谓形(Form)与质(Matter)、孟子所谓大人和凡民、理和气、道和器、本和末、体和用、真和幻、公和私等,统统归于一多关系。② "一多"二字作为一种哲学符号,涉及宇宙论、本体论、宗教学、政治学、伦理学等诸多领域,而不仅仅局限于共相和殊相的关系,因此,一多关系其实隐含着一种旨在贯通古今中西多种思想文化的哲学思维。

当代学者马序就是沿着吴宓的思路,以一多关系为视角,梳理中国古代哲学的历史演变。马序认为:"一多的分别和关系,除可以概括一般与个别、共相与殊相之外,还可以概括本原本体与万事万物、整体与部分、系统与要素等等范畴及其关系。"③在马序之后,专门以一多关系为视角研究中国哲学的学者并不多。值得一提的是,安乐哲在对中西思想传统进行比较之后,认为西方突出"一多二元"(transcendentalism & dualism)的特征,而中国则是讲"一多不分"(inseparability of one and many)。④ 这种观点后续有相关学者作出反思和批评。⑤ 本文无意卷入"一多二元"和"一多不分"的讨论,只是单纯以一多关系作为研究视角,以期回到先秦诸子哲学的语境中,去发掘和呈现中国早期哲学的特质。

上文已提及,在古希腊哲学中,柏拉图、亚里士多德等哲学家均有关于一多关系的论述,实际上,一多关系的讨论一直贯穿于西方哲学中,直至恩格斯

---

① 徐葆耕编选:《会通派如是说——吴宓集》,上海:上海文艺出版社1998年版,第117页。
② 徐葆耕编选:《会通派如是说——吴宓集》,第117−120页。
③ 马序:《中国古代哲学史新编纲要——从一多关系研究传统哲学》,兰州:兰州大学出版社,1991年,第4页。
④ 安乐哲(Roger T. Ames)关于"一多不分"观点的论述,散见于其相关著作《期望中国——对中西文化的哲学思考》(David Hall and Roger T. Ames, *Anticipating China*: *Thinking through the Narratives of Chinese and Western Culture*, New York: SUNY Press, 1995.)与《儒家角色伦理学》(Roger T. Ames, *Confucian Role Ethics*: *A Vocabulary*, Hong Kong: The Chinese University Press, 2011.)等。
⑤ 新近的研究,如张丽丽指出将中国哲学"一多不分"和西方哲学"一多二元"进行研判,中西很可能会陷入"文化本质主义"的危机,因为在形而上学的论域内,中西均存在"不分"和"二元"的情况。见张丽丽:《互镜与融通——从"一多关系"反思中西形而上学的特质》,《现代哲学》2021年第5期。

仍说:"如果说,任何数是由相加起来的一所组成,因而自身包含着一,那么,一自身也同样包含着其他一切数。……一和多是不能分离的、相互渗透的两个概念,而且多包含于一之中,同等程度地如同一包含于多之中一样。"[①]恩格斯对一多关系的理解,体现为一多相融、相摄的特征。这一特征,与中国哲学的一多观就十分接近,尤其是宋明理学在吸收与消化佛教之后,所强调的一中有多、多中有一的融合特征。还有像哈贝马斯对一多关系的论述,更为详致:

> 古代哲学继承了神话的整体概念;但有所不同的是,它在抽象的水平上把万物归"一"。起源不再是生动的叙事所呈现的历史谱系的初始场面的开端,即世界的始基;相反,这些开端被剥夺了空间和时间的维度,抽象成了始基,作为无限物,它相对于有限世界,或作为有限世界的基础。这种始基无论是作为凌驾于世界之上的创世主,还是作为自然的本质原因,或再抽象一步作为存在,都形成了一种视角,由此看来,世界内部的事物和事件尽管丰富多彩,但还是能够整齐划一,成为特殊的实体,同时也可以理解为整体的各个部分。[②]

哈贝马斯注意到古代哲学所关注的世界的起源、开端或者说始基,这是从宇宙论的意义上讲的,亦可说是从本源论的意义上讲,而这一本源就是"一"。当宇宙的开端不断被抽象,其中的时间和空间维度被抽离之后,这一本源就成为超越于现实的有限世界("多")的无限物("一")。从人类文明发展史上看,这实际上就是从宇宙论秩序到发生超越的突破的过程;换言之,也是从宇宙论衍生出本体论的过程。在不同的文明传统中,所谓无限物可能作为神学意义上的造物者或者说创世主,可能作为哲学意义上的自然万物的本质,也可能作为一般形而上学(metaphysica generalis)意义上的"存在"。虽然不同的文明传统对世界的本源有着不同的认识,但都可以用作为符号的"一"予以指称,即代表具有超越性、普遍性的无限物。所以,"一"是指本源、本体,"多"则是指具体的万事万物;而"一"与"多"之间的关系就是"一"作为"多"的起源、主宰、根据或规定,"多"则在"一"的统摄下,表现出整饬有序的差异性和多样性。

关于"一"与"多"之间的关系,不仅在西方哲学中有广泛的论述,其实在中

[①] 恩格斯:《自然辩证法》,于光远等译编,北京:人民出版社1984年版,第166页。
[②] 哈贝马斯:《后形而上学思想》,曹卫东、付德根译,南京:译林出版社2001年版,第29页。

国哲学中也有极其丰富的探讨。中国哲学中的一多思想,有着自身鲜明的特质。沃格林在比较希腊、以色列、印度和中国等多种文明时,认为发生在中国的精神突破具有不彻底性、不完全性。也就是说,在人类文明发展史上,从宇宙论秩序到发生超越的突破这一过程中,中国的精神突破是不彻底、不完全的,因为中国文明始终保存着早期宇宙论秩序的残留。沃格林对人类文明历史的刻画有其深刻性,但如果我们适当转变考察的视角,会发现所谓"不彻底性"与"不完全性"或许正是中国文明的特质所在。质言之,中国文明的精神突破之所以始终保留着宇宙论的痕迹,是因为中国的哲人保持着对宇宙万物、大地山河的肯定,即显示出强烈的"宇宙论执着"(cosmological obsession)。①

中国文明所蕴含的宇宙论执着,决定了中国哲学的宇宙论与本体论不可截然二分,这也是中国哲学中一多思想的一项重要特征。在中国哲学中,无论是儒家哲学还是道家哲学,作为本源、本体的"一"往往同时具有宇宙论和本体论两个维度。就儒家哲学而言,天作为儒家思想的本源本体的"一",以形体谓之则曰天,以主宰谓之则曰帝,形体是从宇宙生成的角度说,主宰是从超越本体的角度说,所以天作为儒家哲学中的"一",其实同时兼顾了宇宙论与本体论两个维度,或者说两个维度共同构成了儒家哲学的"一"。道家哲学亦然,冯达文注意到,在涉及世界的终极层面时,道家哲学中有的体现为本源论,有的体现为本体论,有的则是两者掺杂而相混,因而在总体上讨论道家哲学时,冯达文称之为"本源－本体论"。② 这一刻画实际上也体现了道家哲学对宇宙论与本体论的兼顾。总之,以儒、道两家为代表的中国哲学,在探寻世界的超越本体时,确乎显示出强烈的宇宙论执着。

中国哲学的这一特质一旦揭示出来,在对"一"的认识问题上就不会有过多的纠结,亦即不必纠缠于中国哲学中"一"究竟属于宇宙论还是本体论,更无须基于希腊文明、犹太－基督教文明具有的所谓彻底、完全的精神突破而贬低

---

① 对中国文明的论述,是沃格林提出的天下时代说的重要组成部分,针对其中遗留下的诸多问题,例如将中国文明厘定为一种没有彻底摆脱宇宙论秩序的模式,唐文明作出回应与重新论析,充分肯定了中国文明中宇宙论维度的重要意义。详见唐文明:《突破精神突破与教化模式——沃格林中国文明分析的三个遗留问题》,《国际儒学》2021年第1期。
② 冯达文:《道家哲学的本源－本体论》,《中国哲学的本源－本体论》,广州:广东人民出版社2001年版,第116页。

或者附会中国文明,相反,中国哲人在精神突破的问题上,始终注重超越层面与现实世界的平衡与相融,这反而是中国文明的智慧所在。

二、以天为本体的儒、墨两家哲学

儒、道两家作为中国哲学史上的主流,分别代表了早期中国哲学中"一"的两种主要形态。在先秦诸子哲学中,儒家哲学的"一"体现为天,道家哲学的"一"体现为道,而墨家与法家哲学也分别共享两种不同形态的"一"。天和道实际上显示出中国早期哲人对世界终极根据的两种不同探索,一方面,天和道分别代表"一"的主宰与本质两个维度;另一方面,天和道又都具有作为世界开端的宇宙论意义。

相较而言,先秦儒家极大程度地继承了殷周以来的帝、天观念,即承认上天对于宇宙万物的主宰功能,因而与天相关联的天德、天道、天命、天性等都具有超越意义。在先秦儒家的叙述中,天除了苍穹形体之外,常常具有作为宇宙万物的主宰之义。根据子贡的说法,孔子与学生很少谈及超越层面的性与天道,但是所谓"不可得而闻",并不意味着孔子否认天的超越维度。[①]《论语·阳货》记载:

> 子曰:"予欲无言。"子贡曰:"子如不言,则小子何述焉?"子曰:"天何言哉?四时行焉,百物生焉,天何言哉?"

孔子试图效仿天的教法,即无言之教,这说明所谓"无言"并不是否定超越之天的存在;相反,天对于四时的运行和万物的生息,都具有主宰作用。也就是说,"无言"意味着天不是以言语的方式指导宇宙万物或者给予宇宙万物启示,而是说明人们无法通过直观的语言形式,去知悉天的主宰内涵。人们只能通过对自然现象的观察,去体会或者领悟天的意旨。那么,天作为本源本体的"一",对宇宙万物的主宰功能,就具有一种隐匿的不在场性。也正是由于这种隐匿的不在场性,导致许多现代学者忽略了天的超越维度。所谓隐匿的不在

[①] 根据《论语·公冶长》所载:"子贡曰:'夫子之文章,可得而闻也;夫子之言性与天道,不可得而闻也。'"纵观《论语》的记载,有关孔子对超越层面的论述,往往与子贡相关,经常是在与子贡的对话中流露。一方面,这说明在孔子的众多弟子中,子贡是较为关注超越维度的,极有可能子贡自身拥有一定的神秘体验,所以在孔子去世之后,唯独子贡坚持服丧六年;另一方面,也说明孔子并非完全不涉及超越维度,而是与超越维度相关的内容主要只与子贡谈及。

场性,并不是说四时运行与万物生息的背后不存在天的主宰作用,而是说天对宇宙万物的主宰作用是隐匿性的,是无法由人们的感官经验直接认知和把握的。这也是孔子所说"无言"的意义所在。

除此之外,天的超越维度容易被忽略的另一个原因,是由于天对于宇宙万物的主宰功能只是局限于化生万物。如果说四时的运行也是为万物的生息创造条件,那么天对于宇宙万物的作用就在于生生,而且仅限于生生,而不涉及其他的主宰作用,故如《周易·系辞传》所言:"天地之大德曰生。"至此,不难作出以下的辨析,宇宙万物本身处在无止息的生生过程中,这是可以仅从宇宙论的层面予以解释的,然而如果在宇宙论的层面只是注意到万物自身的生生不息,而忽略了其背后天的主宰作用,亦即忽略了天在宇宙生成过程中的本体地位,那么天的超越维度就有可能被宇宙论所遮蔽。质言之,在儒家思想中,天的主宰功能主要体现在生生,而生生又是宇宙论的重要内容,亦即作为儒家思想之本体的天,其显现与发用是宇宙论层面的生生,于是在生生的意义上,儒家的本体论与宇宙论正好汇集在一起。就此而言,天作为儒家的宇宙本体论的"一",其功能就在于派生万物的"多",其中"一"隐含着超越的维度,又显示出强烈的宇宙论执着。

如果仅将一多之间的关系局限于生生,那么基于生生理解一多关系,就可能朝着两个方向进行,一是基于生生关系而将一与多紧紧连结,二是悬置生生关系而将一与多进行割裂。从某种程度上讲,孟子与荀子分别代表了一多关系演进的这两种方向。

就前者而言,孟子试图在一多之间寻找某种关联性,即以命和性将天("一")与万物("多")紧紧连结。[①] 在现代语境中,孟子的思想常常被刻画为突显所谓道德主体的特征,洋溢着道德人文主义的光辉。毋庸置疑,这样的刻画符合现代社会对个人主体性的诉求。但是在孟子的思想中,其实经常透露出一定的命定论倾向,体现出孟子对天命的决定性的强调。看孟子以下的言论:

> 君子创业垂统,为可继也。若夫成功,则天也。(《孟子·梁惠王下》)

[①] 从儒学的发展史上看,可以说这是思孟学派的共同特点,如《中庸》云:"天命之谓性。"郭店楚简《性自命出》亦云:"性自命出,命自天降。"见李零:《郭店楚简校读记(增订本)》,北京:中国人民大学出版社2007年版,第136页。

夫天未欲平治天下也,如欲平治天下,当今之世,舍我其谁也？吾何为不豫哉？(《孟子·公孙丑下》)

孟子充分肯定了个人的主体性,认为每个人都拥有创业与垂统、平治天下的巨大潜能,因而说"人皆可以为尧舜"(《孟子·告子下》)。这体现了孟子对"多"的充分肯定和重视,从这一层面确乎能够找到与现代主体诉求的契合点。然而需要注意的是,个人拥有巨大潜能,并不意味着在现实中必然能够实现,因为能否在现实中真正成功实现创业与垂统、平治天下等事业,其终极决定者是天,而不是个人主体。也就是说,如果天命不至的话,个人即便拥有强大的意志,即便如何倾尽全力,都无法获得成功。这说明天对万事万物具有最终的决定作用,或者说"一"对"多"具有绝对性与终极决定性。①

由此也能看到,孟子虽然对"多"给予了充分的肯定,但是仍然有着强烈的贵"一"倾向,即承认天命的终极决定性。实际上,这种思想并不是孟子的独创,而是对孔子的继承。孔子虽然充分肯定"人能弘道,非道弘人"(《论语·卫灵公》),但也承认"道之将行也与？命也；道之将废也与？命也"(《论语·宪问》)。所以从一多关系的角度看,在孟子的思想中,天与万事万物之间,通过命和性的方式紧密连接,并且天对于万事万物具有终极决定性。

如果说孟子的思路代表后世儒学发展的主流形态,那么荀子的思路则是一多关系演进的另一种可能。荀子其实并不否认儒家思想中天的功能,亦即也承认天对于宇宙万物具有生生的作用,因为这是天的职能,并且这种主宰功能是在人的认知之外的。②但需要注意的是,由于天的作用在人的认知范围之

---

① 需要说明的是,孟子并不是完全的宿命论者,虽然孟子强调天命的绝对性,但也不能因此忽略他对个人主体的重视。对普通人而言,天命是无从获知的,那么在这种情况下,人们能够做的事情就是尽其所能,去静候或者顺应天命,而不是心里想着天命既定就不再做任何努力。也就是说,在天命不可知的情况下,人人都拥有成功的可能性,那么所有人都应当主动发扬个人主体能力,竭尽所能去朝向成功。所以孟子说:"莫非命也,顺受其正。"(《孟子·尽心上》)可以看到,在孟子的思想中,一多之间达到某种平衡,我们不能因为重视个人主体的意志而废弃"一"的绝对性,也不能因为过于强调天的终极决定性而忽视"多"的意义。一多之间的这种平衡,促成了一多之间密切的关联性。

② 荀子云:"不为而成,不求而得,夫是之谓天职。……列星随旋,日月递照,四时代御,阴阳大化,风雨博施,万物各得其和以生,各得其养以成。不见其事而见其功,夫是之谓神。皆知其所以成,莫知其无形,夫是之谓天。唯圣人为不求知天。"(《荀子·天论》)杨倞注:"不为而成,不求而得,'四时行焉,百物生焉',天之职任如此。""斯所以为神,若有真宰然也。"可以看到,荀子承认天具有化生万物的主宰功能,并且其功能的实现是无形无见,处在人的认知范围之外。

外,荀子索性悬置了天的作用,拉开了天人之间的距离。一方面,基于人的感官认知,天呈现为形体意义上的苍穹,其生生的主宰功能被隐藏,乃至悬置,天与万事万物之间就不再有命、性等方式的关联;另一方面,由于不再受到天命的制约,那么人的作用相应地获得弘扬,所以荀子说:"君子敬其在己者,而不慕其在天者……小人错其在己者,而慕其在天者。"(《荀子·天论》)

我们可以通过孟子、荀子对二帝三王事迹的评价,看出两者思路上的区别。由于孟子十分强调天对万事万物的决定性,所以在二帝三王的继承问题上,孟子就是以天的终极决定性解释从尧舜禅让到三代世袭的历史转变。① 也就是说,天是这一历史事件中的终极决定者,二帝三王的行事只是顺应天命而已。但荀子的思路则不同,在其思想中,由于天的作用被悬置,天人之间不再具有密切的关联,故云:"天行有常,不为尧存,不为桀亡。"(《荀子·天论》)天只被荀子刻画为形体意义上的苍穹,那么这一意义上的天对于万事万物,就不再具有主宰作用,因而帝王之治与桀纣之乱,实际上就不再是由天命所决定。② 荀子的思想存在一个问题:既然荀子悬置了天的主宰功能,那么他如何拥有贵"一"的思想倾向?荀子云:

> 道者何也?曰:君道也。君者何也?曰:能群也。能群也者何也?曰:善生养人者也,善班治人者也,善显设人者也,善藩饰人者也。善生养人者人亲之,善班治人者人安之,善显设人者人乐之,善藩饰人者人荣之。四统者具而天下归之,夫是之谓能群。(《荀子·君道》)

天的主宰功能被悬置之后,荀子主要从人事社会的角度,认为道出于人:"道者,非天之道,非地之道,人之所以道也,君子之所道也。"(《荀子·儒效》)并且,荀子在人事社会的层面重新确立一个具有主宰功能的"一",也就是君

---

① 相关文献依据,参考《孟子·万章上》中的两段记载:1.万章曰:"尧以天下与舜,有诸?"孟子曰:"否。天子不能以天下与人。""然则舜有天下也,孰与之?"曰:"天与之。""天与之者,谆谆然命之乎?"曰:"否。天不言,以行与事示之而已矣。"2.万章问曰:"人有言'至于禹而德衰,不传于贤,而传于子',有诸?"孟子曰:"否,不然也。天与贤,则与贤;天与子,则与子。……周公之不有天下,犹益之于夏、伊尹之于殷也。孔子曰'唐虞禅,夏后殷周继,其义一也。'"
② 参考荀子的言论:"治乱,天邪?曰:日月星辰瑞历,是禹、桀之所同也;禹以治,桀以乱,治乱非天也。时邪?曰:繁启蕃长于春夏,畜积收藏于秋冬,是又禹、桀之所同也;禹以治,桀以乱,治乱非时也。地邪?曰:得地则生,失地则死,是又禹、桀之所同也;禹以治,桀以乱,治乱非地也。"(《荀子·天论》)

主。君主对于人事社会具有唯一性、权威性乃至绝对性,是为了人事社会的治理,使松散独立的"多"形成整饬有序的共同体。① 在这一意义上,荀子也强调"一"的重要性,故云:"权出一者强,权出二者弱,是强弱之常也。"(《荀子·议兵》)"隆一而治,二而乱,自古及今,未有二隆争重而能长久者。"(《荀子·致士》)

统观荀子的一多思想,他将天人之间的距离拉开,并且悬置了天的主宰功能,如果我们承认天是儒家思想的本源本体,那么不难理解荀子的思想必然不会成为正统儒学的主流。而且悬置了天的主宰功能,在古代君主制的政治环境中,看似弘扬了人文主义,实际上极有可能最终流于法家的思路。② 所以从先秦时期一多关系的演进来判断,孔孟思想成为后世儒学的主流,确乎有其自身的决定因素。

在先秦诸子哲学中,墨家同样将天视为本源本体的"一",而且具有强烈的贵"一"倾向。近现代以来,由于民主与科学观念的兴起,墨学受到极大的推崇,但学界主要是着眼于人事社会的层面。与主流看法不同,郭沫若将"天志"作为整个墨子思想系统的核心概念,并将墨子的其他重要思想如兼爱、非攻、尚同、节用等,均置于"天志"的概念加以理解。③ 郭沫若对墨子虽然持批判的态度,但他的观察是十分准确的。墨子有云:"孰为贵?孰为知?曰:天为贵,天为知而已矣。"(《墨子·天志中》)说明天是具有至尊地位与主宰意志的"一",那么包括人在内的宇宙万物都将处在天的笼罩之下,从某种意义上讲,

---

① 值得一提的是,在人事社会中,礼是君主"能群"的重要途径。君主借助礼的方式,使原本各自独立的"多"形成贵贱有等、长幼有差、知愚有分的共同体,也就是使共同体中的成员能够各尽其事、各得其宜。所以说,礼是"群居和一之道也"(《荀子·荣辱》),这也是荀子重礼的原因所在。
② 赵法生对此有独到的论述:"将天定义为质料化的存在物,消解了传统上天在儒家思想中所具有的神圣性和超越性,从而瓦解了儒家道德形而上学的根基。荀子物化的天论导致了儒家思想史上天与人之间内在联系的断裂,使得他的天论成了对以孔子的天命观和《易传》的天道观为代表的儒家形上思想的颠覆。……天与人之间的断裂,也使得他表面看来达到了顶峰的人文主义成了失去天道支撑的寡头人文主义,这种寡头人文主义本身已经包含着走向自身反面的可能,也为韩非的法家思想提供了一个可乘的思想缺口。"见赵法生:《荀子天论与先秦儒家天人观的转折》,《清华大学学报(哲学社会科学版)》2015年第2期。
③ 近现代以来,墨学受到推崇,而郭沫若针对墨家的宗教思想,提出强烈的批判:"墨子根本是一个宗教家,他是把殷、周的传统思想复活了。他是肯定了一位人格神的天,自然地肯定了鬼神。人民万物都是天所造生的,国家政长都是天所建立的,有天在做一切的主宰,由天之意志在赏善罚恶,善恶无所遁形,没有什么自然之数在里面。这便是他的根本思想。"见郭沫若:《历史人物·序》,《郭沫若全集·历史编第四卷》,北京:人民出版社1982年版,第361页。

都是天的附属或天的臣民。故墨子云:

> 今天下无大小国,皆天之邑也;人无幼长贵贱,皆天之臣也。此以莫不刍牛羊,豢犬猪,洁为酒醴粢盛,以敬事天。(《墨子·法仪》)

可以看到,墨子的思想流露出浓厚的宗教色彩。国家无所谓大小之分,因为任何国家都是直接对应于天,作为天之邑,那么具体的国家与国家之间就没有等级上的区别,亦即彼此之间是平等的,所以在天的笼罩下,国家与国家之间不应存在歧视或者侵略。① 人也一样,因为任何个体都是直接对应于天,共同作为天之臣,那么就没有所谓长幼、贵贱的区别,这是一种基于天人关系而超越甚至废弃一切社会人伦、等级的思路。总之,天在墨子的思想中,展现出本源本体之"一"的绝对性与超越性。那么,天的主宰作用具体体现在哪里呢?

如果说儒家之天的主宰作用主要体现在化生万物,那么墨家之天的主宰作用则体现在对人事社会的赏罚。如墨子所言:"爱人利人,顺天之意,得天之赏者有矣;憎人贼人,反天之意,得天之罚者亦有矣。"(《墨子·天志中》)"今人皆处天下而事天,得罪于天,将无所以避逃之者矣。"(《墨子·天志下》)值得注意的是,天的赏罚之所以可能发生的动因,在于人的行为,因为人只有在做对事情或者做错事情之后,才会产生来自天的相应的赏罚结果。这就意味着,人其实具有选择如何做事的主体性。从某种意义上讲,这体现了墨子对人的充分肯定,也蕴含着人文主义的思想。②

虽然墨子的思想具有贵"一"的倾向,但是对人力的肯定,说明墨子对"多"的层面也是十分关注的。那么,如何在"多"的层面形成一个整饬有序的共同体呢?墨子提出:

> 古者民始生,未有刑政之时,盖其语,人异义。是以一人则一义,二人

---

① 墨子的"非攻"思想,应当置于这一角度下加以理解。因为在天的笼罩下,国与国、人与人都是平等的,在根源上不存在侵略他者的理由。但需注意到,"非攻"不是简单地反对战争,而是反对侵略攻伐,因为墨家并不反对以战止战,亦即"非攻"不是"非战"。唯有如此,才能解释墨家之所有具有超强的军事才能。

② 墨子在《非儒》篇对儒家作出批评,其中相当重要的一部分内容就是批评儒家的天命论。墨子云:"有强执有命以说议曰:'寿夭、贫富、安危、治乱,固有天命,不可损益;穷达、赏罚、幸否、有极,人之知力,不能为焉。'群吏信之,则怠于分职;庶人信之,则怠于从事。吏不治则乱,农事缓则贫,贫且乱政之本,而儒者以为道教,是贼天下之人者也。"(《墨子·非儒下》)墨子对儒家的批评,有其不当之处,因为根据后来孟子对天命作出的解释,可以看到儒家也重视人的主体作用。但抛开这一层意思,墨子对人力的强调,是十分明显的,这也反映了墨子对"多"的层面的关注。

则二义,十人则十义。其人兹众,其所谓义者亦兹众。是以人是其义,以非人之义,故交相非也。是以内者父子兄弟作怨恶离散,不能相和合;天下之百姓,皆以水火毒药相亏害。至有余力,不能以相劳;腐朽余财,不以相分;隐匿良道,不以相教。天下之乱,若禽兽然。夫明乎天下之所以乱者,生于无政长,是故选天下之贤可者,立以为天子。(《墨子·尚同上》)

墨子注意到个人的主体性,即每个个体都能够表达自己的意志,但问题在于,从社会的层面看,每个个体所表达的意志是各不相同的,彼此之间就容易形成冲突和混乱,这就是不可公度性(incommensurabiyity)。于是墨子主张选出一位贤明的天子,由天子统一各种不同的个体意志,使整个"多"的层面形成整饬有序的共同体。由于天子能够代表天的意志,所以天/天子与所有个体之间就形成一种平衡的一多关系。在这一思路下,墨子得以提出一系列兼爱、非攻、尚贤、尚同等思想主张,目的就是"一天下之和,总四海之内"(《墨子·非攻下》)。

需要强调的是,注重"多"的层面,并不妨碍墨子思想中的贵"一"倾向。所以当我们面对墨家以及儒家的思想时,需要把握好对一多关系的理解的分寸,不应该对"一"或者"多"有所偏废,如此才能正确认识儒、墨两家一多思想的特征。

三、以道为本体的道、法两家哲学

与儒家以天作为主宰的思路不同,道家将道视为宇宙万物的本质,这是先秦诸子哲学的另一种本体论思路。道家同样对宇宙万物的存在充满兴趣,其思路是在宇宙万物之中,确立一个具有普遍性的、完全抽象的道,作为宇宙万物存在的终极根据。《老子》云:"昔之得一者,天得一以清,地得一以宁,神得一以灵,谷得一以盈,万物得一以生,侯王得一以为天下贞。"(第三十九章)庄子亦云:"圣有所生,王有所成,皆原于一。"(《庄子·天下》)天、地、神、谷、万物、侯王等,在经验世界中展现出清、宁、灵、盈、生、为天下贞等特征,均是由道所决定的,这说明道对宇宙万物具有规定性。所谓规定性,是指万物是其所是的内在根据。从这一意义上讲,规定性与主宰性就有一定的区别,因为道家在一定程度上有意取消——至少是悬置——一个具有主宰作用的超越者,而将人的有限认知之外的本体世界，留给完全抽象的道，并且道规定着整个形而下世界。那么，在道家思想中，一多关系就呈现为一个遍在一切的形而上之道，对形而下层面的宇宙万物的规定。

但需要注意的是，在道家思想中，同样具有强烈的宇宙论色彩。《老子》云："有物混成，先天地生。寂兮！寥兮！独立而不改，周行而不殆，可以为天下母，吾不知其名，字之曰道。"（第二十五章）道在天地创生之前，已然独立存在，是宇宙万物的本源。而所谓"独立而不改"说明道具有独立于一切事物的绝对性，并不需要依赖任何事物成为其存在的原因或根据；所谓"周行而不殆"则说明道自身即具备动力因，并且在时间层面具有永恒性。而这一独立于宇宙万物的道（"一"）与宇宙万物（"多"）之间，还有另一层关系，就是宇宙论意义上的创生关系，即所谓母子关系。所以形而上之道对形而下层面的宇宙万物，除了规定性之外，还具有创生的作用，故《老子》有言："道生一，一生二，二生三，三生万物。"（第四十二章）此处"道生一"的"一"不是一多关系中作为本源本体的"一"。前者是道在创生宇宙万物的过程中，指称某一环节事物的符号；后者则是指称本源本体之道的符号。可以看到，道家也承认宇宙万物创生的过程，只是在创生宇宙万物之后，道家并不主张存在一个绝对的主宰者，而是认为宇宙万物任由自然。

值得一提的是，形而上之道作为本源本体的"一"，由于完全被抽象化，那么在形而下的经验世界中就难以被直观地认识，或者加以命名、定义，因而也常常被称为"无"。就像《老子》所言："天下万物生于有，有生于无。"（第四十章）庄子亦云："泰初有无，无有无名。"（《庄子·天地》）所以"无"并不是什么都没有的空无，而是基于形而下世界对抽象的形而上之道的指称。有无关系是一多关系的一种重要形态，有无之间具有极其复杂的辩证关系，这也是后世魏晋玄学一多观的核心主题。总之，道家思想的"一"也是兼具本体论和宇宙论两个维度，反过来说，用一多关系可以对道家思想的宇宙本体论进行有效的刻画。

除了道家之外，在先秦诸子哲学中，法家也共享了道作为本源本体的"一"。韩非虽为荀子的弟子，但其本体论思想与道家更为接近。在《史记》中，司马迁将道家与法家合传，并指出："韩非者，韩之诸公子也，喜刑名法术之学，而其归本于黄老。"(《史记·老子韩非列传》)也说明韩非子的思想与道家之间存在着密切关系。韩非子同样强调道的本体意义,如其所说:"道者,万物之始、是非之纪也。"(《韩非子·主道》)"道无双,故曰一。"(《韩非子·扬权》)但韩非子的一多思想,在此基础上作出了重要的推进。要而言之,就是以道和理的关系,架构起一多关系。韩非子云:

> 道者,万物之所然也,万理之所稽也。理者,成物之文也;道者,万物之所以成也。故曰:道,理之者也。物有理,不可以相薄;物有理不可以相薄,故理之为物之制。万物各异理,万物各异理而道尽。(《韩非子·解老》)

此处的"理"并不是后世宋明理学推崇的天理,而是从万事万物的层面来说,是指具体事物的内在根据。也就是说,形而下层面的具体事物之所以呈现出差异性与多样性,其根源在于自身的理。所以韩非子云:"凡理者,方圆、短长、粗靡、坚脆之分也。……短长、大小、方圆、坚脆、轻重、黑白之谓理。"(《韩非子·解老》)具体事物的理是千差万别的,所以理实际上是就"多"的层面而言。那么道作为本源本体的"一",与理之间的关系,就成为一多关系。由于理是对具体事物的规定,因而理与具体事物一样是确定的、是有限的,即具有存亡、生死、盛衰等特征;而道则与总体的天地万物一样不死不衰,是无定、无限与永恒的。并且,道是所有理的总和,或者说道之中包含万事万物的理,所以道与理所体现的一多关系,其实又是一种整体与部分的关系。①

可以看到,韩非子也承认道是本源本体的"一",而且由于理的介入,使得道与具体事物之间的联系变得更加明晰。同时,这也体现出韩非子对"多"的层面的关注。虽然韩非子注意到了"多"的层面的理,但这并不意味着他推崇或注重具体事物之理,或者说他的目的不在于理。实际上,韩非子是主张君主执"一"御"多",即把握住道,以治理天下万事万物。韩非子云:

> 道者,万物之始,是非之纪也。是以明君守始以知万物之源,治纪以知善败之端。故虚静以待,令名自命也,令事自定也。虚则知实之情,静则知动者正。有言者自为名,有事者自为形,形名参同,君乃无事焉,归之

---

① 道是万理之所稽,其中"稽"是合的意思,说明道是所有分理的总和。需要辨析的是,一多关系所呈现的形态,在韩非子思想中主要是整体与部分的关系,与程朱理学的"理一分殊"有一定的区别。程朱理学的"理一分殊"更接近于共相和殊相、一般和特殊的关系,即共相在殊相之中,而整体与部分的关系则是整体包含部分。

其情。(《韩非子·主道》)

  道不同于万物,德不同于阴阳,衡不同于轻重,绳不同于出入,和不同于燥湿,君不同于群臣。凡此六者,道之出也。道无双,故曰一。是故明君贵独道之容。群臣不同道,下以名祷,君操其名,臣效其形,形名参同,上下和调也。(《韩非子·扬权》)

君主拥有知万物之源、善败之端的能力,亦即拥有对道的把握能力,就可以通过道来形成对天下万物的把握与治理。由此可以看出,道作为宇宙万物的本源本体,具有对宇宙万物的规定性,而君主则通过道,拥有对天下万物的主宰作用。所以在法家的思想中,君主作为道的代言人,是天下万物的实际统治者;也就是说,道对于宇宙万物只具有规定性,而主宰的作用则由君主来承担,于是君主与道就是一体的,共同构成"一"的多重面向。至此,可以对法家与道家的一多思想作简单的区别,道家与法家都承认道是本源本体的"一",即对宇宙万物具有规定性,但是在"多"的层面,道家主张万物任由自然,法家主张君主是天下万物的实际主宰者。二者在"一"的层面具有一致性,而在"多"的层面则具有明显的区别。并且,还可以对荀子与韩非子的一多思想作出比较,荀子是通过对儒家之天的主宰作用的悬置,形成对君主地位的突显,韩非子则是基于道来突显君主的地位。二者在"多"的层面可谓殊途同归,都承认君主的绝对性,也就是将君主确立为"一"。

因此,不难发现,法家的一多思想同样具有明显的贵"一"倾向。申不害云"独视者谓明,独听者谓聪,能独断者故可以为天下主"(《韩非子·外储说右上》),这对君主的个人意志作了极力的肯定。韩非子甚至具体到,君主应当是所有人中的至贵、至尊、主威与主势者,亦即在身份、地位、权力和威望上是至高无上的。韩非子云:"诸侯之博大,天子之害也;群臣之太富,君主之败也。将相之管主而隆家,此君人者所外也。万物莫如身之至贵也,位之至尊也,主威之重,主势之隆也。此四美者,不求诸外,不请于人,议之而得之矣。故曰:人主不能用其富,则终于外也。此君人者之所识也。"(《韩非子·爱臣》)韩非子作出警示说,诸侯、群臣、将相等权势太大的话,就可能危害君主的统治,因而需要加以削弱,来强化君主的权势。所以韩非子倡导君主以强力治天下,其实就是削弱"多"的力量而强化"一"的绝对性。正是这种对"一"的极端推崇,成为法家君主专制思想的根源。总之,先秦诸子哲学虽然对"一"的认识有所不同,但是在其一多思想中,均有贵"一"的倾向。

四、结语

对中国哲学特质的考察,须回溯先秦诸子哲学。从一多关系的角度看,作为中国哲学本源本体的"一",常常兼具宇宙论与本体论的维度,其原因在于中国早期的哲人保持着对宇宙万物、大地山河的关注与肯定,即显示出强烈的宇宙论执着。

在一多视角下,先秦诸子哲学主要有两种形态,儒家与墨家哲学均以"天"作为本体,道家与法家哲学以"道"作为本体,由此构建各自的哲学体系。具体而言,先秦儒家极大程度地继承了殷周以来的帝、天观念,即承认上天对于宇宙万物的主宰功能,并且这一主宰功能仅局限于化生万物。在孔子之后,孟子以命和性的方式将天与万物紧紧连结,既强调天命的终极决定性,也承认个体的主体性。荀子则是另一种思路,荀子悬置了天的主宰作用,拉开了天人之间的距离,同时他在人事社会的层面,确立君主的唯一性与权威性,由此构建共同体秩序。总体来看,孔孟的思路代表了后世儒学发展的主流形态。墨家也是以天作为本源本体的"一",不过其主宰功能体现在对人事社会的赏罚。

相对而言,道家将道视为宇宙万物的本质,这是先秦诸子哲学的另一种思路。从某种程度上讲,道家有意取消具有主宰作用的超越者,而确立一个具有普遍性的、完全抽象的道,作为宇宙万物存在的终极根据。并且,道在万物创生之前就独立存在,对宇宙万物具有创生作用,体现了道家哲学中的宇宙论色彩。法家在道的基础上,发明万事万物层面的理,作为具体事物的内在根据,使形而下层面的具体事物得以呈现出差异性与多样性。但其对理的发明,并不是为了突出万事万物之理的地位,而是旨在说明君主通过对道的把握,治理天下万事万物。总之,先秦诸子哲学虽然具有明显的贵"一"倾向,但是始终注重超越层面与现实世界的平衡与相融,这是中国文明的智慧所在。

王阳明"知行合一"思想对新时代干部队伍作风建设的资源价值研究

冯静武

（中国浦东干部学院教研部）

摘要：王阳明"知行合一"的思想是一种巨大的资源，王阳明不仅关注正统的思想，更关注正统的行为，两者中间的一个重要的功夫就是自我修养。王阳明"知行合一"思想与新时代干部队伍作风建设的关系是"双向正反馈"关系，一方面王阳明知行合一思想对新时代党员干部作风建设有重要的资源价值，另一方面党员干部作风建设的提升也有助于对王阳明知行合一思想乃至对其心学思想的继承和弘扬，有利于对其创造性转化和创新性发展工作的展开。

关键词：知行合一；作风建设；资源；价值

"心学"是宋明时期儒家思想发展的一个新形态，以陆九渊和王阳明为主要代表，王阳明是心学的集大成者，甚至在儒家圣贤谱系中被称为仅次于孔子的"三不朽"的典范。阳明心学对党性修养、党性教育有重大的理论和实践意义，尤其是其中的"致良知"与"知行合一"思想。我们尝试以其"知行合一"思想为中心讨论其对新时代干部队伍作风建设的资源价值，以求教于方家。

一、研究综述

国际上关于王阳明"知行合一"的思想有不少研究成果，如 Frederick G. Henke 于 1913 年在《皇家亚洲学会华北分会学报》上发表的《王阳明生平与哲学研究》，Robert Cornell Armstrong 发表的《日本儒学研究》等都介绍了许多有关王阳明心学的内容。1916 年 Frederick G. Henk 在美国出版的《王阳明哲学》对阳明学西传有椎轮作始之功。Donald J·Munro 则从认识论的角度出发对"知行合一"进行剖析,认为王阳明的"知行合一"思想不仅体现了感性知识与理性知识的统一,还强调了个体认知与实践活动的结合。William Theodore de Bary 通过西方解释学的观点对王阳明的"知行合一"思想提出自己的见解,他在 1966 年哥伦比亚大学的"明代思想研讨会"结束后出版了其主编的《明代思想中的自我与社会》一书。Tu Weiming 在《青年王阳明:行动中的儒家思想》中全面阐述了"知行合一"的内容。

国内关于王阳明知行合一思想的研究成果颇多。钱穆(1954)认为,知行合一说的本质是要表达"天理在实践中,良知亦在实践中。天地万物与我一体亦在实践中。"龚振黔(1983)、张锡勤(1996)认为,知行合一说虽是王阳明抨击当时社会流弊的产物,是对朱熹的"知先行后"说的纠正,但其抹杀了知行之间质的区别。方尔加(1989)、许淑杰(1999)认为,知行合一在本质上是道德实践论,知乃良知,行即社会实践,知行合一的认识价值在于强调道德实践、道德自觉和责任感的重要性,并为实践提供目标。此外,也有学者认为,知行合一说关键在于强调"合一",即道德认知和道德实践的不可分割性。郭齐勇(2006)认为,"王阳明的知行合一在道德实践中意味着且知且行,即知即行。"

国际上关于党员干部队伍作风建设的研究并不多见,尤其是关于知行合一与新时代干部队伍作风建设关系的研究,更是凤毛麟角。国际学者关于二者关系的研究,更多体现在对"知行合一"与中国发展二者关系的研究,如基辛格在《论中国》谈及"实事求是",基辛格讲到"他(邓小平)的主要手法,是把'实事求是'和'理论联系实际',提升到'毛泽东思想基本原则'的高度","照邓小平的说法,毛泽东是位实用主义者"。基辛格还认为,中国是共产主义加儒家思想的国家(Henry Alfred Kissinger,2012)。除了基辛格以外,还有其他国外的专家和学者在这方面有所论述,比如 Archie Brown(2009)、Martin Jacques(2009)等。

对于知行合一思想在新时代干部队伍作风建设中的应用研究,主要见于国内学者的研究成果。如彭彦华(2021)认为,锤炼党性修养可以借鉴阳明心学治心路径。李朝伟(2019)认为,应将"心学"思想用于党性修养教育中,通过反求诸己、日用常行、践履躬性等"心学"修养方式,消解党员干部中的知行脱节、言行不一等问题,以更好地推进全面从严治党。牛安生(2017)指出,强调知行合一是中国传统文化中非常重要的学术问题,也是习近平关于党的建设思想的重要特点。当前,共产党人的党性修养仍然面临如何实现知行合一的新考验。吴路珂(2017)认为,在新形势下,党性要求如何才能由外到内,将党性原则"内化"为自己的情感、意志,形成高度的思想和行动自觉,是党员干部自身改造、巩固、提升的重要一环。

本文在以上研究基础上尝试从以下角度切入对王阳明知行合一的思想对新时代党员干部作风建设的资源价值进行研究。一是从时代的维度来分析,把"知行合一"同干部队伍的作风建设,放到新时代的大背景下研究和思考。二是从传统文化的维度来审视,对中华优秀传统文化中的精华进行挖掘和整理,进行创造性转化和创新性发展。

二、作为一种思想资源:王阳明"知行合一"思想

知行合一的思想是一种巨大的资源(funded experiences),王阳明不仅关注正统的思想(orthodoxy),更关注正统的行为(orthopraxy),两者中间的一个重要的功夫就是自我修养(self-cultivation)。

知行合一对党员干部作风建设方面的实践,早就走在了理论认知和诠释的前面,而现在恰恰是我们该认真细致地去考察这种实践性的研究,在学理上的可能性与合理性的时候。从历史的实际进程来看,知行合一的理论对提升党员干部作风修养的实践,已经是马克思所说的"实践能力的明证",因此我们讲知行合一对党员干部作风建设的应用,已经不再是"是否可能"的问题,而是"为何可能""如何可能"以及和"实践可能"的问题。因为历史事实和当下的实践早已回答了第一个问题,后面三个问题有待于我们在理论上作出诠释,给出理由,这正是本文尝试回答的问题。

在认识论和伦理意义的双重意义上理解知行合一,并从这个角度出发来探讨"知行合一"思想对干部队伍作风建设的影响。区分知行关系在认识论和伦理意义两重意义上的不同,认识它们的区别和联系,"不要把古人讲的知和行同现代人讲的认识和实践简单地划等号,也不要以为古人是讲道德上的知

和行,就否定它有一般认识论的意义"①。

从知行合一说产生的过程来看,其实质是王阳明对入圣功夫的具体展开,特别是他揭示良知说后,知行合一说的理论实质就更加明晰了。"它(知行合一)在某种意义上将以上诸项化约为一个问题,即如何成圣……在理学中,本体论、认识论、伦理学以及终极关怀呈现为彼此交融的格局。"②按照王阳明的理解,既然人人都有成圣的潜能,而成圣的唯一路径又是个体必须时时按照良知的召唤或指示行动,那也就意味着"圣学只一个功夫",知行不可分作两事。具体而言,知是基础、是前提,行是重点、是关键,必须以知促行、以行促知,做到知行合一。

新时代要充分发挥中华优秀传统文化的"中介"③化作用,把马克思主义基本原理同中华优秀传统文化相结合,把马克思主义中国化,尤其注重"知行合一"和马克思主义基本原理的结合。

中国古代哲学史上的知行问题往往和伦理学、人性论关系密切,古代的哲学家们讨论这些问题,虽然也有一般认识论的意义,但往往主要是讨论道德意识和道德行为的关系问题④,知行合一问题亦是如此。今天我们继承和弘扬中华优秀传统文化,必须做好创造性转化和创新性发展,把"知行合一"从道德意识和道德行为的关系问题转化为理论和实践的关系问题,具体而言就是用马克思主义的立场、观点、方法来指导社会实践。毛泽东在20世纪40年代写的《实践论》,改革开放之始提出的"实践是检验真理的唯一标准",都可以说是知行合一思想的"延长线"。

中国文化格外注重"践履"和"习行",与马克思主张"实践的唯物主义"(Practical Materialism)立场,把实践作为自己的哲学的原初范畴加以确认,有着明显的一致性。

马克思曾说过:"哲学家们只是用不同的方式解释世界,而问题在于改变世界。"⑤列宁在《同威廉·波尔的谈话》一文中也曾指出,"对一个共产党人来

---

① 方克立:《中国哲学史上的知行观》,北京:人民出版社1982年版,第23页。
② 杨国荣:《心学之思—王阳明哲学的阐释》,北京:中国人民大学出版社2009年版,第1页。
③ 何中华:《马克思与孔夫子:一个历史的相遇》,北京:中国人民大学出版社2021年版。
④ 参见方克立:《中国哲学史上的知行观》重印前言。
⑤《马克思恩格斯选集》第1卷,《关于费尔巴哈的提纲》,北京:人民出版社2012年版,第136页。

说,真正的检验就是看他是否懂得应该怎样、在什么地方、在什么时候将他的马克思主义变成行动"。① 中国文化强调"知行合一",与马克思主义所主张的理论联系实际、理论与实际相统一的立场,也不无相合之处。

对王阳明"知行合一"还可以从工夫论角度理解:

今人学问,只因知行分作两件,故有一念发动,虽是不善,然却未曾行,便不去禁止。我今说个知行合一,正要人晓得一念发动处便即是行了。发动处有不善,就将这不善的念克倒了。须要彻根彻底,不使那一念不善潜伏在胸中。此是我立言宗旨。②

王阳明认为,一念发动就是行,因此要在念上做工夫。人们曾以此认为王阳明主张以知代行,这其实是对王阳明的误解。其王阳明讲"一念发动处便即是行",但更多的是主张"克"的工夫,从目标上看要把"不善"的念头"克"倒;从"克"的程度上看是"彻根彻底";从"克"的结果上看,是"不使那一念不善潜伏在胸中";从"克"的重要性来看,这是其"立言宗旨"。所以王阳明强调的是"克",是行的动作。在王阳明看来,"格物"工夫就是"知行合一"工夫,要求吾人"善念发而知之,而充之;恶念发而知之,而遏之"③。这里的"充之""遏之"也是强调"行"的作用。王阳明还说:"真知即所以为行,不行不足谓之知。"④

此外,从王阳明讲得"致良知"处我们可以更深刻地感受到他强调的是"行",他对弟子陈九川说:"某于此良知之说,从百死千难中得来,不得已与人一口说尽,只恐学者得之容易,把作一种光景玩弄,不实落用功,负此知耳。"⑤王阳明在这里指出致良知的学说是从百死千难中"自家体贴出来"的,希望他的学生习得其说之后,可以真正能够落到实处。如果不落实用功,就是辜负了这个学说。在日本王阳明哲学甚至被称为是行动哲学⑥。

---

① 《列宁全集》第39卷,北京:人民出版社1986年版,第329页。
② 王阳明:《传习录》下,《王阳明全集》,上海:上海古籍出版社2012年版,第84—85页。
③ 王阳明:《传习录》上,《王阳明全集》,第19页。
④ 王阳明:《传习录》中,《王阳明全集》,第37页。
⑤ 王阳明:《王阳明全集》卷三十四,《年谱二》,第1050页。
⑥ 日本学者冈田武彦认为,"朱熹是基于'主知主义'说的立场而提倡'知行二分'说,王阳明则是基于'主行主义'的立场而提倡'知行合一'说",进而得出"阳明学被世人称为'实践哲学'也不是毫无道理的"之结论。参见[日]冈田武彦:《王阳明大传——知行合一的心学智慧》中卷,钱明审校,杨田等译,重庆:重庆出版社,2015年版,第16页。

我们强调知行合一,增强党性修养,加强党员干部作风建设,其中一个重要的内容就是要把党员干部的优良作风,尤其是中国共产党百年奋斗过程中关于党的作风建设的经验落实到实际行动中,真正践行共产党人的初心和使命。

做到"知行合一"就要坚决反对现实中的"两面人"现象。当前,有部分党员领导干部说一套、做一套,当面一套背后一套,做"两面人"。在党的十九大报告中习近平特别强调,全党要"弘扬忠诚老实、公道正派、实事求是、清正廉洁等价值观""坚决反对搞两面派、做两面人"。

三、"两创":知行合一思想对新时代干部队伍作风建设的价值

王阳明的心学正是中国传统文化中的精华,也是增强中国人文化自信的切入点之一。

(一)关系揭示

如果仅仅从理论上认为知行合一的思想有利于新时代党员干部作风建设,会对有过于简单化之虞。知行合一的思想,在实践上对新时代干部作风建设也有强烈的实践意义与现实关怀。

知行合一是新时代干部队伍作风建设的必然要求,同时也为新时代干部队伍作风建设提供了理论滋养。另一方面,新时代干部队伍作风建设也必定需要实践知行合一的思想,这对知行合一思想是一种继承和发展,二者的关系如图Ⅰ所示:

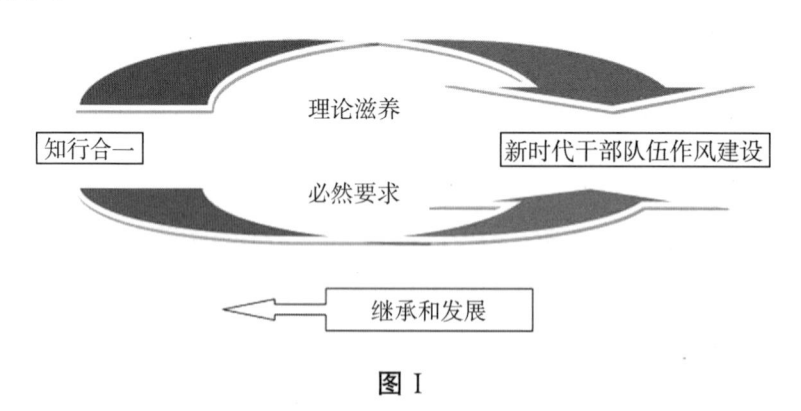

图Ⅰ

我们认为二者之间的关系可以说是"双向正反馈"关系,除了一般意义上我们所认为的王阳明知行合一思想对新时代党员干部作风建设有重要的资源

价值之外，党员干部作风建设的提升也有助于对王阳明知行合一思想乃至对其心学思想的继承和弘扬，也有利于对其创造性转化和创新性发展工作的展开。第一个方面相对比较容易理解和被人们所重视。第二个方面则相对容易被人们忽视。中国共产党是中华优秀传统文化的继承者和弘扬者，也是推动中华优秀传统文化创造性转化和创新性发展的主体。中共中央办公厅、国务院办公厅印发的《关于实施中华优秀传统文化传承发展工程的意见》指出，中华优秀传统文化传承发展要"发挥领导干部的带头作用"。党员干部作风建设得越好，党的建设越坚强有力，对于中华优秀传统文化的继承和弘扬就越有利。

党员干部的作风建设不是一个单一的概念，而是一个综合素养的集中体现，是各种综合素养的融聚。可以这样讲，高水平的作风修养不是与生俱来，其提升的过程也不是一蹴而就的，而是一个不断自我修养、自我完善、自我提升、克服私欲的自律过程，也是一个人格升华，完善人生境界，不断提高自我的过程。

中国文化讲究自助者天助之。周易有言"自天祐之，吉无不利"，但这里的天和西方宗教意义上的天不一样，这里的天不是自然神的天，而指的是文化意义上的天。"自天祐之，吉无不利"，就是自己要按照天道的原则做事。个人的修养要达到这个境界，就是天人合一。这个天不是外在于人的力量，而是让自己的行为符合德性的要求。

当一个人的道德修养达到一定的境界和高度，就会有浩然正气。当一个党员领导干部的作风修养水平达到一定的程度，也一定会有浩然正气，这样的浩然正气能够抵御外来诱惑，真正能够做到仰无愧于天，俯无愧于地。

由此，领导干部的作风建设必须由从外在约束转变为内在的心灵秩序，转变为"自我立法"。刘少奇在《论共产党员的修养》中写道，对于觉悟高的共产党员来说，"即使在他个人独立工作、无人监督、有做各种坏事的可能的时候，他能够'慎独'，不做任何坏事。"[1]慎独很难，它要求人们在没有任何外在监督的情况下坚守内心的道德原则和法律底线，自觉同各式各样的私心杂念、贪欲祸心做最坚决、最彻底的斗争。这是中国古代传统中知识分子追求的极高道德境界，也是衡量一个人道德觉悟和思想品质的最重要的标准。

---

[1] 刘少奇：《论共产党员的修养》，载《刘少奇选集》上卷，人民出版社1981年版，第133页。

(二)实践导向

"言必信,行必果":"真知即所以为行,不行不足谓之知。"王阳明认为,知与行要相互贯通和促进,化知识为德性,化德性为德行。据此,党员干部应该养成高尚的道德认知和品格修养,克服工作中不切实际、言行不一、表态多调门高、行动少落实差等不良作风,做到事不避难、义不逃责,"言必信,行必果"。

"真知与笃行":党员干部需要不断在实践中发现问题,通过深化认识解决问题,既要善于用马克思主义中国化的理论成果武装头脑,又要用以指导实践,做到知中有行,行中有知,以真知促笃行,以笃行促真知。

"亲在"的"参与":用海德格尔的话说,儒学是"当下上手状态"的,而不是"现成在手状态"的,也就是说,儒学是"亲在"(Dasein)式的"参与",而非"外在"式的"旁观"。儒学是一种道德生命体验的学问,知行合一亦是如此,需要自身去体验,也即是"当下(very now)上手"的状态、"亲在"式的"参与"。借用安乐哲的讲法,这种参与是"务实的参与"(Pragmatic engagement),而不是"抽象的假设"(abstract speculation)。在这个意义上,知行合一对干部队伍作风建设的启示是:党员干部必须躬身入局,"亲在"式参与。一方面,党员干部在检视自身问题时,要真正"把自己摆进去"。另一方面,党员干部也要"参与"到人民群众之中,真正去解决群众"急难愁盼"的问题。

(三)层层累进

"知行合一"思想的当代价值可以用层层累进的逻辑图式来认识和思考,如图 II 所示:

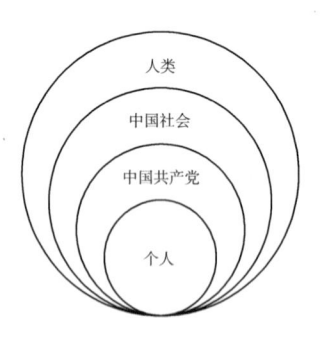

图 II

第一个层次:就个人而言,"知行合一"对人生有重要的启示。王阳明的"立志、勤学、改过、择善"对于个人的修身与成长有重要的启迪。

第二个层次：习近平总书记多次强调，要修炼共产党人的"心学"，指出党性教育是共产党人修身养性的必修课，也是共产党人的"心学"。知行合一必然地包含在共产党人的"心学"之中。对中国共产党来讲，"知行合一"的思想对提升党员干部的党性修养，对党的建设也有重要的理论意义和实践价值。习近平要求党员干部要把读书修德，知行合一作为修炼道德操守，提升从政道德境界的最好途径。习近平明确要求，"各级领导干部特别是高级领导干部，要不断提高政治判断力、政治领悟力、政治执行力，对'国之大者'了然于胸，把贯彻党中央精神体现到谋划重大战略、制定重大政策、部署重大任务、推进重大工作的实践中去，经常对表对标，及时校准偏差"，[1]并告诫"如果不沉下心来抓落实，再好的目标，再好的蓝图，也只是镜中花，水中月"。

第三个层次：从中国社会看，知行合一的思想有助于社会主义核心价值观的践行。习近平总书记多次强调，社会主义核心价值观要内化于心外化于行。

第四个层次：从全体人类来看，知行合一的思想有助于解决当代人类面临的难题。"知行合一"命题可以用于一切人类活动。[2] "经世致用、知行合一、躬行实践"的思想是中华优秀传统文化对解决当代人类面临的难题的重要启示之一。

当然我们这里需要特别指出的是，王阳明所说的"行"主要是指道德实践，是个人的修身养性的活动。从孔子开始，儒家思想就深深地打下了道德实践哲学特质的烙印。[3] 此后的儒家在修身、齐家、治国、平天下的目标进路上，讲求格物、致知、诚意、正心的工夫，这些工夫更多地强调道德实践。宋明理学作为儒家哲学发展的第二个高峰，其主要代表人物朱熹和王阳明同样也是强调道德实践的工夫，只不过是两个人的路向不同而已。在这个意义上，需要特别注意的是对中华优秀传统文化创造性转化和创新性发展的工作，我们不能简单地把道德实践理解为今天所讲的知行合一的"行"，尤其是把它简单地等同于马克思主义哲学的"实践"概念。我们至少要从多维度去创造性转化和创新性发展，要为其赋予新的时代的内涵，赋予其实践的意义，尤其是社会实践的内容。

---

[1] 习近平：《全党必须完整、准确、全面贯彻新发展理念》，《求是》2022年第16期。
[2] 高正乐：《王阳明"知行合一"命题的内涵与局限》，《中国哲学史》2020年第6期。
[3] 孔子正确地解决了"学"与"行"或者"知"与"行"的关系，强调"行"重于"知"或"学"。子曰："弟子入则孝，出则弟，谨而信，泛爱众而亲仁。行有余力，则以学文。志于道，据于德，依于仁，游于艺。"以孔子为代表的儒家哲学特别强调言行的一致性，孔子对人的考查也主张"听其言而观其行"。

韩愈参大颠,何以无特操?

李勇强

(中国人民大学孔子研究院)

摘要:韩愈倡道统说对儒家甚有功,但无须讳言其在潮州参大颠后而发生从排佛到崇佛的态度翻转。这种反复无常的举动在韩愈并非个例,而是多有出现。韩愈"无特操"的个性,源于其早年失怙、长年穷窘、仕途失意的命运下形成的功利人格,以及对儒家和佛老的认识流于表象、思之不精故而变化不定的文人本色。

关键词:韩愈;大颠;无特操;流入异端

韩愈提出道统说,且辟佛老甚力,对儒门的贡献自不待言。但韩愈在被贬潮州前后对佛教的态度变化,也不可因其对儒门有功而深为之讳。韩愈被贬潮州,参谒大颠和尚,此事至今聚讼不已。盖因韩愈谏迎佛骨,树立了辟佛斗士的形象,而因此事远谪潮州后,却与大颠和尚交游,前后变化之剧,引来挺韩和斥韩两派的不断争议。本文试就此事,再做梳理,旨在说明:韩愈参大颠,源于其"无特操"之人格。

一、韩愈参大颠,实乃无特操

对于韩愈"无特操"的批评,宋人陈善既已发疑:"韩退之讥服食必死,而自饵硫黄,亲见大颠,而后作《答孟简书》,似是无特操者。"[①]"无特操"之说出自《庄子·齐物论》:"罔两问景曰:'曩子行,今子止;曩子坐,今子起。何其无特

---

① (宋)陈善:《扪虱新话》卷之十一《神仙类·韩退之服硫黄》,山东人民出版社 2018 年 9 月版,第 137 页。

操与?'"向秀注云:"无特者,行止无常也。"①

对韩愈类似的批评不少。如周敦颐诗《按部至潮州题大颠堂壁》云:"退之自谓如夫子,原道深排释老非。不识大颠何似者,数书珍重更留衣。"周敦颐此诗的用意,即在讽韩愈先著《原道》排摈佛老,后参大颠写下三书并留衣告别。《疑耀》批韩愈:"始以谏佛骨而见斥,既欲以请封禅而媒进,非两截人乎?"②张萱直指韩愈为前后两端的"两截人"。

韩愈被贬潮州前后"无特操",主要表现在对佛教的态度有明显的变化。

韩愈谏迎佛骨,起因于唐宪宗元和十四年(819)正月迎凤翔法门寺释迦牟尼佛指骨舍利于宫中供奉。韩愈素不喜佛,上疏力谏,在辟佛檄文《论佛骨表》中,韩愈斥佛教为"夷狄之一法耳"③,并举汉明帝奉佛,"运祚不长",宋、齐、梁、陈、元魏时期事佛的帝王"年代尤促",而梁武帝三度舍身施佛,结果因侯景之乱而身死国灭,"事佛求福,反更得祸。"④因此,韩愈得出结论,佛不足事,更提出极为激烈的排佛主张:"乞以此骨付之有司,投诸水火,永绝根本。断天下之疑,绝后代之惑。"⑤览韩愈上疏后,宪宗怒甚,贬愈为潮州刺史。

韩愈一向以辟佛老为己任,"先生之业,可谓勤矣。觝排异端,攘斥佛老。"⑥在《原道》中,韩愈批评佛法"必弃而君臣,去而父子,禁而相生养之道,以求其所谓清净寂灭者。"⑦韩愈提出,对待佛教要"人其人,火其书,庐其居。"⑧

韩愈因辟佛而贬潮州后,却与大颠和尚相往还。大颠宝通和尚(732—824),广东潮阳人,俗姓陈。与药山惟俨同游南岳,参六祖惠能法孙石头希迁而开悟。后回潮阳,辟牛岩,立精舍。贞元七年(791),又创灵山禅院,门人传法者千余人,自号大颠和尚。

《祖堂集》卷五记载了韩愈与大颠交往的细节。值得注意的是,韩愈与大

---

① (清)郭庆藩撰:《庄子集释》卷一下《齐物论第二》,中华书局1961年7月版,第110页。
② (明)张萱:《疑耀》卷一《韩昌黎未见道》,文物出版社2019年8月版,第19页。
③ (唐)韩愈著,刘真伦、岳珍校注:《韩愈文集汇校笺注》卷二十九《论佛骨表》,中华书局2010年8月版,第2904页。
④ (唐)韩愈著,刘真伦、岳珍校注:《韩愈文集汇校笺注》卷二十九《论佛骨表》,第2904页。
⑤ (唐)韩愈著,刘真伦、岳珍校注:《韩愈文集汇校笺注》卷二十九《论佛骨表》,第2906页。
⑥ (唐)韩愈著,刘真伦、岳珍校注:《韩愈文集汇校笺注》卷二《进学解》,第147页。
⑦ (唐)韩愈著,刘真伦、岳珍校注:《韩愈文集汇校笺注》卷一《原道》,第3页。
⑧ (唐)韩愈著,刘真伦、岳珍校注:《韩愈文集汇校笺注》卷一《原道》,第4页。

颠的交往,是韩愈先主动的。大颠三请不赴,后不屈自来,是希望点化韩愈。但大颠的开示,韩愈并未领会,大颠留偈而别。随后,韩愈又多次进山参谒大颠。从《祖堂集》所叙,韩愈与大颠可谓过从甚密。陈善认为,韩愈对佛法大义并无多少了解,而在参谒大颠后,已有所悟。"今史传但载公论佛骨,而不知其始对佛光,已自不合上意,其实未知佛法大义。既见颠师,遂有入处。"①

与大颠交游期间,韩愈作有《与大颠书》三书,表达与大颠相见的急切之心与荣幸之情。从第一书的"日久竚瞻",第二书的"旦夕渴望",到第三书的"旦夕驰望"②,韩愈的态度是积极主动而且心情迫切的。韩愈在书中还表达了对大颠道行的赞叹与仰慕,称大颠不仅有"道德",还"道高","论甚宏博"③"惠勺至,辱答问,珍悚无已。所示广大深迥,非造次可谕。"④可见韩愈对大颠的禅法倍加叹赏。

对于韩愈与大颠三书的真伪,历来是非纷纷。苏轼等人认为《与大颠书》非韩愈所作,而欧阳修、朱熹等则认定,《与大颠书》实为韩愈所作,而且韩愈此时的态度已由排斥佛教转为崇信大颠。今人柯万成亦说:"受柳宗元影响,开始注意到'浮屠诚有不可斥者',而与大颠和尚书信往来……对佛教的态度已由排觝改为包容,从不信佛教的因果说改为名理之过从,反映了韩氏于佛教的态度已为圆融。"⑤

韩愈自潮州移袁州,还留衣与大颠作别。

韩愈对佛教态度的转折,在当时已经引起了舆论的关注。以嗜佛著称的孟简,还移书韩愈表示关切。韩愈在袁州的回信,就是《与孟简尚书书》。在这封信中,韩愈对自己和大颠的交往,作出了解释:"来示云:有人传愈近少信奉释氏者。此传之者妄也。潮州时,有一老僧号大颠,颇聪明,识道理。远地无可与语者,故自山召至州郭,留十数日。实能外形骸,以理自胜,不为事物侵乱。与之语,虽不尽解,要自胸中无滞碍。以为难得,因与来往。及祭神至海

---

① (宋)陈善:《扪虱新话》卷之十一《佛氏类·韩文公参大颠》,第133页。
② (唐)韩愈著,刘真伦、岳珍校注:《韩愈文集汇校笺注》卷三十二《与大颠书》,第3116页。
③ (唐)韩愈著,刘真伦、岳珍校注:《韩愈文集汇校笺注》卷三十二《与大颠书》,第3116页。
④ (唐)韩愈著,刘真伦、岳珍校注:《韩愈文集汇校笺注》卷三十二《与大颠书》,第3116页。
⑤ 柯万成:《韩愈古文新论》,台北文史哲出版社2012年6月修订版,第87页。

上,遂造其庐。及来袁州,留衣服为别。乃人之情,非崇信其法,求福田利益也。"①

韩愈承认了请大颠至州、造大颠之庐、留衣服为别的事实,肯定了大颠"颇聪明,识道理""以理自胜"的禅法深妙和"外形骸""不为事物侵乱"的生命境界,同时否认"信奉释氏""崇信其法",否认与大颠交游是为了"求福田利益"。但韩愈确实不到一年便得以离开贬所,这正是他希望看到的利益。

为了证明自己并未崇佛,韩愈再次在信中猛批佛老,再次祭起了诅咒之法:"释老之害过于杨墨,韩愈之贤不及孟子。孟子不能救之于未亡之前,而韩愈乃欲全之于已坏之后。呜呼!其亦不量其力,且见其身之危,莫之救以死也!虽然,使其道由愈而粗传,虽灭死万万无恨!天地鬼神,临之在上,质之在旁。又安得因一摧折,自毁其道以从于邪也?"②

从这封信,人们不由得怀疑韩愈交游大颠的真诚度。对此,大颠似乎有先见之明。《韩愈别传》载:"后改袁州刺史,有诣大颠,献衣二袭而告别焉,曰:'愈将去师矣,幸闻一言,卒以相愈也。'大颠曰:'吾闻之,易信人者,必其守易改;易誉人者,必其谤易发。子闻吾之言,而易信之矣,庸知子复闻异端,而不复以我言为非哉?'遂不教也。"③

大颠没有给韩愈临别赠言,只因认清了韩愈变化无常的性格。大颠深知,韩愈善于阿谀,也就善于诽谤。果不其然,当诽谤佛教成为自己所需,一度深深折服于大颠的韩愈,转背就给孟简提笔,否认自己有过崇佛之心。这依然是韩愈"无特操"的表现。

尽管韩愈"无特操",然为韩愈讳者不在少数。苏东坡说:"韩退之喜大颠,如喜澄观、文畅之意,了非信佛法也。"④但直言不讳者亦有之。欧阳修《韩愈别传跋》:"退之《答孟简书》,盖在袁州之后,其书尚深訾浮屠氏之学,然其易信人者必其守易改之,言果验耶?抑实未尝如《别传》所载,则大颠为屈耶?虽然如

---

① (唐)韩愈著,刘真伦、岳珍校注:《韩愈文集汇校笺注》卷八《与孟简尚书书》,第886页。
② (唐)韩愈著,刘真伦、岳珍校注:《韩愈文集汇校笺注》卷八《与孟简尚书书》,第888页。
③ (唐)孟简:《韩愈别传》,转引自曾楚楠编著:《韩愈在潮州》,广州:暨南大学出版社2015年版,第198页。
④ (宋)苏轼:《苏轼文集》卷六十六《题跋·记欧阳论退之文》,中华书局1986年版,第2055页。

《别传》之后,余意退之复生,不能自解免,得不谓天下之至言哉?"①韩愈认为,大颠作别韩愈时的一番话,确实在韩愈写给孟简的信中应验了,这是韩愈"不能自解免"的事实。元代李治《静斋古今注·逸文》:"《与孟简书》则若与人讼于有司,别白是非,过自缘饰。"②

朱熹明确表示,此时的韩愈对大颠和佛教"真个是有崇信之意"。③ 朱熹分析说:"退之晚来觉没顿身己处,如招聚许多人博塞为戏,所与交如灵师、惠师之徒,皆饮酒无赖。及至海上见大颠壁立万仞,自是心服。'其言实能外形骸,以理自胜,不为事物侵乱',此是退之死欸。"④

可见,韩愈心服于大颠,对佛教态度有了明显的转变,当为事实。而韩愈与孟简之书,不过是文过饰非,给舆论一个自辩而已。

二、韩愈"无特操",何以至此?

"无特操"性格之养成,当从韩愈的天生秉性、身世遭际、时代风气等诸层面来考察,方能探究其深层成因。

1. 不忍须臾之穷,遂为此谀悦之计

王若虚对韩愈《潮州刺史谢上表》中建言宪宗封禅一事提出了激烈的批评:"韩退之不善处穷,哀号之语,见于文字。世多讥之,然此亦人之至情,未足深怪。至《潮州谢表》,以东封之事迎宪宗,是则罪之大者矣。封禅,忠臣之所讳也,退之不忍须臾之穷,遂为此谀悦之计,高自称誉,其铺张歌颂之能而不少让,盖冀幸上之一动,则可怜之态,不得不至于此。其不及欧、苏远矣。"⑤

韩愈献谀,不唯面向皇帝,亦开放于众多达官贵人;不唯面向生人,亦对死人歌功颂德,故以"谀墓"著称。王若虚分析韩愈多"谀悦之计",归因于"不忍须臾之穷",颇有见地。事实上,韩愈的"穷","须臾"不足以当之,是长年的。

韩愈自述:"我生不辰,三岁而孤。蒙幼未知,鞠我者兄。在死而生,实维

---

① (宋)欧阳修:《韩愈别传跋》,转引自曾楚楠编著:《韩愈在潮州》,第199页。
② 转引自曾楚楠编著:《韩愈在潮州》,第27页。
③ (宋)黎靖德编:《朱子语类》卷第一百三十七 战国汉唐诸子,北京:中华书局1986年版,第3273页。
④ (宋)黎靖德编:《朱子语类》卷第一百三十七 战国汉唐诸子,第3275页。
⑤ (金)王若虚著,胡传志、李定乾校注:《滹南遗老集校注》卷二十九《臣事实辨(下)》,辽海出版社2006年1月,第330页。

嫂恩。"①韩愈三岁丧父，随兄韩会丁忧于河阳，读书于长安，播迁于岭南。韩会病死韶州，韩愈又随嫂扶柩河阳。韩愈《祭十二郎文》："吾少孤，及长，不省所怙，惟兄嫂是依。中年，兄殁南方。吾与汝俱幼，从嫂归葬河阳。既又与汝就食江南，零丁孤苦。"②

韩愈幼年失怙，养于兄嫂，童年即辗转南北，少年则家道穷窘。据其《答崔立之书》自述，成年后的韩愈，发生了一次心理转折："仆始年十六七时，未知人事。读圣人之书，以为人之仕者皆为人耳，非有利乎己也。及年二十时，苦家贫，衣食不足，谋于所亲，然后知仕之不唯为人耳。"③此时，只身前来长安举进士的韩愈，入仕的动机，已经不唯为人，还包括"利己"了，这是家贫带来的无奈。

韩愈于贞元三年至五年，连续三次参加礼部进士考试，均落榜，直至贞元七年的应试才终于登第。然而，"四举而后有成，亦未即得仕。"④随后的吏部博学鸿词科考试，韩愈再次屡战屡败。"凡二试于吏部，一既得之，而又黜于中书。"⑤已经二十八岁的韩愈，在《上宰相书》中说："四举于礼部乃一得，三选于吏部卒无成。"⑥

韩愈十九岁赴长安求仕，二十五岁方中进士，随即连续三年应吏部博学鸿词科，皆不中。到二十九岁入董晋幕府，韩愈十年光景处于无业状态，其穷苦窘迫可想而知。

韩愈在首次科举落第后，得以拜见北平王马燧。"始余初冠，应进士贡在京师，穷不能自存，以故人稚弟拜北平王于马前，王问而怜之，因得见于安邑里第。王轸其寒饥，赐食与衣。"⑦马燧的接济，可能才使韩愈勉强度日。吏部铨选无望后，韩愈先入董晋幕府，再入张建封幕府，直到三十四岁才得授国子监四门博士。韩愈童年和少年时期依附于兄嫂，三十而立的前后五年依附于节度使。多年的穷愁落寞和依附生涯，对韩愈性格的养成无疑是有影响的，而这

---

① （唐）韩愈著，刘真伦、岳珍校注：《韩愈文集汇校笺注》卷十三《祭郑夫人文》，第1460页。
② （唐）韩愈著，刘真伦、岳珍校注：《韩愈文集汇校笺注》卷十三《祭兄子十二郎老成文》，第1469页。
③ （唐）韩愈著，刘真伦、岳珍校注：《韩愈文集汇校笺注》卷六《答崔立之书》，第686页。
④ （唐）韩愈著，刘真伦、岳珍校注：《韩愈文集汇校笺注》卷六《答崔立之书》，第686页。
⑤ （唐）韩愈著，刘真伦、岳珍校注：《韩愈文集汇校笺注》卷六《答崔立之书》，第687页。
⑥ （唐）韩愈著，刘真伦、岳珍校注：《韩愈文集汇校笺注》卷六《后十九日复上书》，第665页。
⑦ （唐）韩愈著，刘真伦、岳珍校注：《韩愈文集汇校笺注》卷二十三《唐故殿中少监马君墓志》，第2564页。

使得韩愈在应试求仕、投书干进的过程中,一则哭穷,二则乞怜,三则献谀。

哭穷之例:

韩愈对崔元翰说:"今所病者在于穷约,无僦屋赁仆之资,无缊袍粝食之给。"①

韩愈吏部铨选失败后,三次上书宰相。其中自称:"遑遑乎四海无所归,恤恤乎饥不得食,寒不得衣。"②

乞怜之例:

韩愈《与崔群书》:"近者尤衰惫,左车第二牙无故动摇脱去。目视昏花,寻常间便不分人颜色。两鬓半白,头发五分亦白其一,须亦有一茎两茎白者。仆家不幸,诸父诸兄皆康强早世,如仆者又可以图于久长哉?"③

韩愈第二次上宰相书时说:"古之进人者,或取于盗,或举于管库。今布衣虽贱,犹足以方于此。情隘辞蹙,不知所裁,亦惟少垂怜焉。"④对此,张子韶讽云:"退之平生本强人,而为饥寒所迫,累数千言求官于宰相,亦可怪也。至第二书,乃复自比为盗贼、管库,且云'大其声而疾呼矣',略不知耻,何哉?岂作文者其文当如是,其心未必然邪?"⑤

献谀之例:

韩愈初试不第,在北平王马燧家,两只猫在同一天产子,其中一只死了,另一只猫便主动为死猫之子哺乳。韩愈便写《猫相乳说》一文记其事,以颂扬马燧之德感应天地,泽及禽兽:"北平王牧人以康,伐罪以平,理阴阳以得其宜。国事即毕,家道乃行。父父子子兄兄弟弟,雍雍如也,愉愉如也。视外犹视中,一家犹一人。夫如是,其所感应召致,其亦可知矣。"⑥

韩愈三试不第,前往河中谒见司空咸宁王浑瑊,作《河中府连理木颂》,颂扬浑瑊有五大德业,从而天人之气交畅,出现木结连理之祥兆:"维吾王之德,交畅者有五,是其应乎?训戎奋威,荡戮凶回;举政宣和,人则宁嘉;入践台阶,

---

① (唐)韩愈著,刘真伦、岳珍校注:《韩愈文集汇校笺注》卷三十二《上考宏词崔虞部书》,第3075页。
② (唐)韩愈著,刘真伦、岳珍校注:《韩愈文集汇校笺注》卷六《后十九日复上书》,第665页。
③ (唐)韩愈著,刘真伦、岳珍校注:《韩愈文集汇校笺注》卷七《与崔群书》,第773页。
④ (唐)韩愈著,刘真伦、岳珍校注:《韩愈文集汇校笺注》卷六《上宰相书》,第646页。
⑤ (唐)韩愈著,刘真伦、岳珍校注:《韩愈文集汇校笺注》卷六《后十九日复上书》笺注,第668页。
⑥ (唐)韩愈著,刘真伦、岳珍校注:《韩愈文集汇校笺注》卷四《猫相乳说》,第427页。

庶尹克司;来帅熊罴,四方作仪;闵人鳏寡,不宁燕息。"①

韩愈应试吏部前,前往凤翔,试图求助于凤翔节度使邢君牙,《与凤翔邢尚书书》高调阿谀邢君牙:"愈见天下之竹帛不足书阁下之功德矣,天下之金石不足颂阁下之形容矣。"②

贞元十八年(802),国子监四门学博士韩愈上书工部尚书、山南东道节度使于頔。在《与于襄阳书》中,韩愈自认为和于頔为先达之士、后进之士的关系,彼此相须,相互可援、可推。韩愈称颂于頔之才能为自己施以奥援:"侧闻阁下抱不世之才,特立而独行,道方而事实。卷舒不随乎时,文武惟其所用,岂愈所谓其人哉!"③

次年,韩愈又作《送许郢州序》,对于頔的属官郢州刺史许仲舆,讽于頔急于敛民。韩愈说:"为刺史者,恒私于其民,不以实应乎府;为观察使者,恒急于其赋,不以情信乎州。由是刺史不安其官,观察使不得其政。财已竭而敛不休,人已穷而赋愈急,其不去为盗也亦幸矣!"④韩愈不敢向于頔直谏,故对许仲舆动以微言。

韩愈对于頔先颂后刺,态度不一。三年后,竟又态度大变,再次对于頔大肆吹捧。韩愈元和元年(806)自江陵掾召为国子博士,行至邓州,作《上襄阳于相公书》,盛赞于頔:"阁下负超卓之奇材,蓄雄刚之俊德,浑然天成,无有畔岸。而又贵穷乎公相,威动乎区极,天子之毗,诸侯之师。故其文章言语与事相侔,惮赫若雷霆,浩汗若河汉;正声谐韶濩,劲气沮金石;丰而不余一言,约而不失一辞;其事信,其理切。孔子曰:'有德者必有言。'信乎其有德且有言也。"⑤

于頔,字允元,河南人。历长安县令、湖州刺史、襄州刺史、山南东道节度观察。"公然聚敛,恣意虐杀,专以凌上威下为务。"⑥于頔累迁至左仆射、平章事、燕国公。宪宗时拜司空、平章事。元和十三年八月卒,赠太保,谥曰"厉"。其子季友诉于穆宗,赐谥曰"思"。右补阙高钺上疏:"于頔生为奸臣,死获美谥。"⑦

---

① (唐)韩愈著,刘真伦、岳珍校注:《韩愈文集汇校笺注》卷三《河中府连理木颂》,第313页。
② (唐)韩愈著,刘真伦、岳珍校注:《韩愈文集汇校笺注》卷八《与凤翔邢尚书书》,第842页。
③ (唐)韩愈著,刘真伦、岳珍校注:《韩愈文集汇校笺注》卷七《上于襄阳书》,第765页。
④ (唐)韩愈著,刘真伦、岳珍校注:《韩愈文集汇校笺注》卷九《与许郢州序》,第996页。
⑤ (唐)韩愈著,刘真伦、岳珍校注:《韩愈文集汇校笺注》卷五《至邓州北寄上襄阳于頔相公书》,第619页。
⑥ (后晋)刘昫等撰:《旧唐书》卷第一百五十六《于頔传》,中华书局1975年5月,第4130页。
⑦ (后晋)刘昫等撰:《旧唐书》卷第一百五十六《于頔传》,第4132页。

太常博士王彦威又疏:"顷顷拥节旄,肆行暴虐,人神共愤,法令不容。"①均反对改谥。

韩愈的赞颂与史书所记,相去甚远。故契嵩斥云:"韩子《上于頔书》,称頔若有圣贤之言行,乃曰:'信乎其有德且有言也。'乃引杨子云言曰:'《商书》灏灏尔,周书《噩噩》尔,信乎其能灏灏而且噩噩也。'然与《頔列传》相反,不亦谀乎?"②朱熹亦说:"然今读其书,则其出于诡谀戏豫放浪而无实者自不为少……盖未免裂道与文以为两物,而于其轻重缓急、本末宾主之分,又未免于倒悬而逆置之也。"③

韩愈不仅以谀词取悦生人,对死人也多有谀墓之举。如韩愈谀韩弘:"公之为治,严不为烦,止除害本,不多教条。与人必信,吏得其职。赋入无所漏失,人安乐之,在所以富。"④韩弘,颍川人,刘玄佐甥,任汴州刺史、宋亳汴颍观察等使,累授检校左右仆射、司空、司徒、平章事。元和九年(814),宪宗授韩弘淮西诸军行营都统以讨淮西。"弘实不离理所,唯令其子公武率师三千隶李光颜军。弘虽居统帅,常不欲诸军立功,阴为逗挠之计。每闻献捷,辄数日不怡,其危国邀功如是。"⑤清姚鼐《古文辞类纂》批评道:"观弘本传及李光颜传,载弘以絮问桡光颜事,与志正相反;退之谀墓亦已甚矣。"⑥

韩愈为自己的多谀之举建立了一套理论,《与凤翔邢尚书书》宣称:"布衣之士身居穷约,不借势于王公大人则无以成其志;王公大人功业显著,不借誉于布衣之士则无以广其名。是故布衣之士,虽甚贱而不诎;王公大人,虽甚贵而不骄。其事势相须,其先后相资也。"⑦长年在依附关系中处于被庇护地位的韩愈,总结出了布衣之士与王公大人相互利用达成双赢的"相须""相资"之说,正是在这一观念的驱使下,韩愈善献谀词之举也就理所当然,"夫以贫贱而求

---

① (后晋)刘昫等撰:《旧唐书》卷第一百五十六《于頔传》,第4132页。
② (宋)契嵩:《镡津文集》卷第十六《非韩下·第二十六》,上海古籍出版社2016年8月,第339页。
③ (宋)朱熹:《晦庵先生朱文公文集》卷七十《读唐志》,《朱子全书》第二十三册,上海古籍出版社2010年9月,第3375页。
④ (唐)韩愈著,刘真伦、岳珍校注:《韩愈文集汇校笺注》卷二十二《唐故司徒兼侍中中书令赠太尉许国公神道碑铭》,第2366页。
⑤ (后晋)刘昫等撰:《旧唐书》卷第一百五十六《韩弘传》,第4134—4135页。
⑥ (清)姚鼐:《古文辞类纂》,转引自罗联添:《韩愈研究》,天津:天津教育出版社2012年1月,第382页。
⑦ (唐)韩愈著,刘真伦、岳珍校注:《韩愈文集汇校笺注》卷八《与凤翔邢尚书书》,第841页。

于富贵,正其宜也。"①

2.命运多舛叹无常

韩愈自儿提至壮年,孤苦贫贱,颠沛流离,"愚固泯泯,不能自计。周流四方,无所适归。"②入仕之后,同样命运多舛,屡遭贬黜。如因上书论天旱人饥而从监察御史贬为阳山令,因论刺史成党,从都官员外郎复贬为国子博士,因上《论淮西事宜状》而从中书舍人左迁为太子右庶子,因谏迎佛骨而从刑部侍郎远贬为潮州刺史等。"愈自以才高,累被摈黜。"③"屡起屡蹶,屡蹶屡伸;几言几忏,几忏几言。"④韩愈先后两度远谪岭南,第二次因谏迎佛骨惹怒宪宗,与死神擦肩而过,被贬路上,也未免生死考验。

当一个人真正面临生死问题时,往往会带来强烈的心理震撼与思想转折。

韩愈生命中第一次面对死亡阴影,当为三十五岁时登华山。《唐国史补》卷中:"韩愈好奇,与客登华山绝峰,度不能返,乃作遗书,发狂恸哭。华阴令百计取之,乃下。"⑤从华山事件可知,韩愈的内心是贪生惧死的。

被贬潮州途中,韩愈真正对死亡有了切肤之痛:女儿夭死途中。韩愈自述女儿之死:"愈既行,有司以罪人家不可留京师,迫遣之。女挐年十二,病在席。既惊痛与其父诀,又舆致走道,撼顿失食饮节,死于商南层峰驿,即瘗道南山下。"⑥女儿被草草埋葬,直到次年韩愈从袁州任上召为国子祭酒北归时,才将女挐携至河阳家族墓地安葬。

韩愈《祭女挐女文》,记载父女生离死别情形,痛心疾首,悲苦难抑,充满自责:"呜呼!昔汝疾疢,值吾南逐。苍黄分散,使汝惊忧。我视汝颜,心知死隔;汝视我面,悲不能啼。我既南行,家亦随遣。扶汝上舆,走朝至暮。天雪冰寒,伤汝羸肌。撼顿险阻,不得少息。不能食饮,又使渴饥。死于穷山,实非其命。不免水火,父母之罪。使汝至此。岂不缘我?草葬路隅,棺非其棺。既瘗遂行,谁守谁瞻?魂单骨寒,无所托依。人谁不死?于汝即冤。我归自南,乃临

---

① (唐)韩愈著,刘真伦、岳珍校注:《韩愈文集汇校笺注》卷八《与凤翔邢尚书书》,第842页。
② (唐)韩愈著,刘真伦、岳珍校注:《韩愈文集汇校笺注》卷三十二《上贾滑州书》,第3067页。
③ (后晋)刘昫等撰:《旧唐书》卷第一百六十《韩愈传》,第4196页。
④ (明)郭正域:《评选韩昌黎文序》,《韩文杜律》,文物出版社2020年7月,第5页。
⑤ (唐)李肇撰,聂清风校注:《唐国史补校注》卷之中《韩愈登华山》,中华书局2021年4月,第162页。
⑥ (唐)韩愈著,刘真伦、岳珍校注:《韩愈文集汇校笺注》卷二十五《女挐圹铭》,第2695页。

哭汝。汝目汝面,在吾眼傍。汝心汝意,冤冤可忘……"① 韩愈又题诗驿梁,诗云:"致汝无辜由我罪,百年惭痛泪阑干。"

丧女之痛,死亡如此切近,而生性强悍的韩愈却无力回天,这种无可奈何,这种彻底无助,很容易让人顿起人生无常之感。韩愈一路南下,至韶州。十岁时,被随被贬韶州刺史的兄长韩会迁于此地。四十二年过后,不意自己被贬潮州,再次路经韶州。韩愈作《过始兴江口感怀》:"忆作儿童随伯氏,南来今只一身存。目前百口还相逐,旧事无人可共论。"岁月弄人,命运多舛,物是人非,韩愈此时,无疑会有剧烈的内心冲击。

至韶州前,韩愈路经衡阳、郴州一带,桂管观察使裴行立遣元集虚前来慰劳,韩愈和元集虚有旬日之内同食共眠的交游。元集虚,字克己,河南人,与柳宗元有交谊。柳宗元《送元十八山人南游序》称:"太史公没,其后有释氏,固学者之所怪骇舛逆其尤者也。今有河南元生者,其人闳旷而质直,物无以挫其志;其为学恢博而贯统,数无以踬其道。悉取向之所以异者,通而同之,搜择融液,与道大适,咸伸其所长,而黜其奇邪,要之与孔子同道,皆有以会其趣,而其器足以守之,其气足以行之。"② 元十八山人,即元集虚,韩愈称元十八协律。从柳宗元的叙述,可知元集虚对佛教并不排斥,且有融通诸家学说的宽容思想。韩愈此前已从柳宗元处对元集虚有所了解,而今经历过命运的剧烈变故,再与思想包容的元集虚切磋砥砺时,韩愈也许会有微妙的心路变化。韩愈《赠别元十八协律六首》之一:"吾友柳子厚,其人艺且贤。吾未识子时,已览赠子篇。寤寐想风采,于今已三年。不意流窜路,旬日同食眠。所闻昔已多,所得今过前。如何又须别,使我抱惘惘。"韩愈自称,与元集虚的这段交谊,所得过于往昔所闻,至于所得为何,虽未明说,但不难想见,元集虚的儒佛会通思想,对韩愈当有所触动,特别是大起大落、生死交加的人生际遇就在当前,韩愈不可能无动于衷。

历经生死大劫,韩愈对佛教的态度,随着一路南迁,难免发生微妙的变化,而这为韩愈参谒大颠和尚,在排佛问题上"无特操",做足了行脚八千里的心理准备。

3.子学子耕,求官与名

儒者家境穷困者不少,而孔颜乐处为儒者树立了面对穷困的基本态度。

---

① (唐)韩愈著,刘真伦、岳珍校注:《韩愈文集汇校笺注》卷十三《祭女挐女文》,第1506页。
② (唐)柳宗元:《柳宗元集》卷二十五《送元十八山人南游序》,中华书局1979年9月,第663页。

颜回箪食瓢饮,而不改其为道之乐,韩愈却明确表示:"孔子称颜回'一箪食,一瓢饮,人不堪其忧,回也不改其乐'。彼人者,有圣者为之依归,而又有箪食瓢饮足以不死。其不忧而乐也,岂不易哉?若仆无所依归,无箪食,无瓢饮,无所取资,则饿而死,其不亦难乎?"① 韩愈自认为无依无靠,处境比颜回还差,故颜回不忧而乐容易,自己不忧而乐很难。

韩愈不仅不能如颜回般自处,还专门作《送穷文》,要送走智穷、学穷、文穷、命穷、交穷五鬼,视五大穷鬼为自身大患。此为儒门罕见之举,可见韩愈对于摆脱穷困的急迫之情。王夫之评论《送穷文》:"范缜以贫贱为粪溷,韩愈以送穷为悲叹,小人喻利之心,不足以喻义,而恶能立义?"② 在王夫之看来,韩愈送穷,不过是孔子所说的"小人喻于利"罢了,显然把韩愈排除在了君子之列。王夫子分析了韩愈耻于穷困的时代风气成因:"盖唐自立国以来,竞为奢侈,以衣裘仆马亭榭歌舞相尚,而形之歌诗论记者,夸大言之,而不以为怍。韩愈氏自诩以知尧、舜、孔、孟之传者,而戚戚送穷,淫词不忌,则人心士气概可知矣。"③ 唐朝奢侈之风,自诩儒家道统接续者的韩愈亦深陷其中,从韩愈送穷之文,可知当时士大夫竞尚奢华、追逐肥马轻裘的普遍心理状况。

《送穷文》中,韩愈抱怨自己"利居众后,责在人先。"④ 言外之意,韩愈向往的正是"利居众先,责在人后"的生活。韩愈明确自认:"子学子耕,求官与名。"⑤ 富贵与名利,正是韩愈追求的两大目标。

贞元二十一年(805),韩愈在阳山贬所,闻顺宗即位,作《县斋有怀》一诗,期待命运转机,其汲汲于仕进之心跃然纸上:"事业窥皋稷,文章蔑曹谢。濯缨起江湖,缀佩杂兰麝。悠悠指长道,去去策高驾。谁为倾国媒,自许连城价。"自视甚高的韩愈,心仪的是高官厚禄,自不待言。

程颐说:"退之正在好名中。"⑥ 苏轼亦云:"韩愈之于圣人之道,盖亦知好其

---

① (唐)韩愈著,刘真伦、岳珍校注:《韩愈文集汇校笺注》卷六《与李翱书》,第739页。
② (清)王夫之:《读通鉴论》卷十六《齐武帝一》,中华书局1975年7月,第1208页。
③ (清)王夫之:《读通鉴论》卷二十六《唐武宗四》,第803页。
④ (唐)韩愈著,刘真伦、岳珍校注:《韩愈文集汇校笺注》卷二十六《送穷文》,第2742页。
⑤ (唐)韩愈著,刘真伦、岳珍校注:《韩愈文集汇校笺注》卷二十六《送穷文》,第2742页。
⑥ (宋)程颢、程颐:《河南程氏遗书》卷第十八《伊川先生语四》,《二程集》,中华书局1981年7月,第231页。

名矣,而未能乐其实。"①程、苏二氏所说的"名",不仅仅指名声,当包括功名,且直指名利。朱熹说:"如韩退之虽是见得个道之大用是如此,然却无实用功处。它当初本只是要讨官职做,始终只是这心。他只是要做得言语似《六经》,便以为传道。至其每日功夫,只是做诗,博弈,酣饮取乐而已。观其诗便可见,都衬贴那《原道》不起。至其做官临政,也不是要为国做事,也无甚可称,其实只是要讨官职而已。"②朱熹揭开韩愈的内心隐秘:原道而不践道,做官而不做事,谋取富贵而已。林纾说:"昌黎怀才不遇,间有人扣以文章,则昌黎报书,其语必与仕进相关系。"③今人张清华《韩愈大传》说:"读书做官,光耀门楣在韩愈思想中影响极深。"④

韩愈《论佛骨表》激烈排佛,被贬潮州后又示好大颠和尚,离潮赴袁前还留衣服为别。这种前后反复的"无特操"举动,韩愈自解为:"乃人之情,非崇信其法,求福田利益也。"⑤但后人多有指出:韩愈排佛和亲大颠,都难脱"求福田利益"之嫌疑。明代郭正域评《论佛骨表》:"佛宗旨,昌黎未之知也,独不惑福田,犹胜乎在佛门而求利益者。"⑥王夫之说:"韩愈之谏迎佛骨,古今以为辟异端之昌言,岂其然哉?"⑦王夫之之所以对韩愈辟佛表示质疑,原因也在于义表利里,非君子之道:"所奉者义也,所志者利也,所言者不出其贪生求福之心量,口辨笔锋,顺此以迁流,使琅琅足动庸人之欣赏,愈之技止此耳,恶足以卫道哉?"⑧王夫之认为韩愈本质上不过是"贪生求福",哗众取宠,无意也难以担当"卫道"大任。

元和十年(815),韩愈在长安置屋,作《示儿》诗,感慨三十年求取功名,终于在长安有了自己的房产。诗中描写新屋中的生活:"主妇治北堂,膳服适戚疏。恩封高平君,子孙从朝裾。开门问谁来,无非卿大夫。不知官高卑,玉带悬金鱼。问客之所为,峨冠讲唐虞。酒食罢无为,棋槊以相娱。凡此座中人,十九持钧枢。"韩愈津津乐道于谈笑多贵人、往来无白丁的新居生活,对于权势

---

① (宋)苏轼:《苏轼文集》卷四《韩愈论》,中华书局1986年3月,第114页。
② (宋)黎靖德编:《朱子语类》卷第一百三十七 战国汉唐诸子》,中华书局1986年3月,第3260页。
③ 林纾:《韩文研究法》,《韩柳文研究法》,山西人民出版社2014年11月,第16页。
④ 张清华主编:《韩愈大传》,中州古籍出版社2003年版,第3页。
⑤ (唐)韩愈著,刘真伦、岳珍校注:《韩愈文集汇校笺注》卷八《与孟简尚书书》,第886页。
⑥ (明)郭正域:《韩文杜律》,文物出版社2020年7月,第17页。
⑦ (清)王夫之:《读通鉴论》卷第二十五《宪宗》十七,第2054页。
⑧ (清)王夫之:《读通鉴论》卷第二十五《宪宗》十七,第2057页。

的孜孜以求,溢于言表。苏轼点评此诗:"所示皆利禄事也。"

韩愈积年养成了牢不可破的"功名人格",在功利为先的原则下,因功利而来,亦可因功利而变,"无特操"性格的形成,也就在情理之中。

三、流入异端而不自知

陈善《扪虱新话》称:"韩退之谓:'荀、杨为未醇。'以予观之,愈亦恐未免。盖有流入异端而不自知者。愈之《原性》以为'喜怒哀乐皆出乎情而非性',则流入于佛老矣。《原人》曰:'一视而同仁,笃近而举远。'则流入于墨氏矣。《原道》鄙庄周之剖斗折衡,而著论排三器,则与庄周何异?此亦愈之未醇也。方知愈辟佛老而事大颠,不信方士而服硫磺,未足多怪。"① 韩愈认为荀子、扬雄非醇儒,而陈善从韩文中发现,韩愈自己也非醇儒,有"流入异端而不自知"之嫌,具体而言,包括流入佛老、墨子、庄子等。

作为辟佛斗士,韩愈确有流入佛氏而不自知的现象。

韩愈所处的时代,禅宗流行,士大夫崇佛也一时蔚为风气。韩愈有流入佛老的因素,当受时风影响。韩愈的交游圈,多有崇佛者。大历、贞元之间,文字多尚古学,韩愈游于梁肃之门,文风受梁肃影响,而梁肃得道于天台宗九祖荆溪湛然,受业于湛然弟子元浩。韩愈在京师任职期间,和柳宗元成为同僚,建立了莫逆之交,而柳宗元即奉佛。韩愈还交游诗僧贾岛等人,贾岛还俗前法名无本,韩愈留下了《送无本师归范阳》一诗。

屈守元、常思春主编的《韩愈全集校注》,所录韩愈存诗420首中,涉及佛道的作品有38首。从韩愈诗文可知,在参大颠之前,韩愈交往僧人、游览寺观、题名庙宇,并不鲜见。

韩愈"流入异端而不自知",具体有何根据,我们不妨从如下命题受佛教影响的可能性来加以讨论。

1.道统说激发于禅宗

韩愈《原道》谓:"斯吾所谓道也,非向所谓老与佛之道也。尧以是传之舜,舜以是传之禹,禹以是传之汤,汤以是传之文、武、周公,文、武、周公传之孔子,

---

① (宋)陈善:《扪虱新话》卷之三《子类·韩退之谓荀杨未醇》,第47页。

孔子传之孟轲。轲之死,不得其传焉。"①韩愈为儒家之道创立了从尧舜禹汤、文武周公到孔孟的传承谱系,这就是所谓的"道统说"。

佛教各宗派,都有其宗统的传承序列。如天台宗有三种相承说,一为金口相承,指因受佛金口之记而次第相承,摩诃迦叶至师子比丘计二十三祖。二为今师相承,指龙树、慧文、慧思、智顗等四祖,三为九祖相承,指龙树、慧文、慧思、智顗、灌顶、智威、慧威、玄朗、湛然等九祖。

禅宗有西天二十八祖之说,从摩诃迦叶到菩提达摩计二十八位祖师。菩提达摩又为东土初祖,菩提达摩、二祖慧可、三祖僧璨、四祖道信、五祖弘忍、六祖惠能,为东土六祖。六祖惠能门下,一花开五叶,形成五家七宗,不立文字、教外别传、以心印心、见性成佛,而其宗旨,端赖祖祖相传的传道体系。

韩愈针对禅宗的法统而建立儒家的道统,为禅宗兴起且影响力日益扩大所激荡,已为学界共识。陈寅恪谓:"退之从其兄会谪居韶州,虽年颇幼小,又历时不甚久,然其所居之处为新禅宗之发祥地,复值此新学说宣传极盛之时,以退之之幼年颖悟,断不能于此新禅宗学说浓厚之环境气氛中无所接受感发,然则退之道统之说表面上虽由孟子卒章之言所启发,实际上乃因禅宗教外别传之说所造成,禅宗于退之之影响亦大矣哉!"②

2.足乎己无待于外之谓德

韩愈《原道》说:"博爱之谓仁,行而宜之之谓义,由是而之焉之谓道,足乎己无待于外之谓德。"③韩愈"足乎己无待于外之谓德"的命题中,可谓融通三教:儒家的内在仁德、道家的"无待",佛教的"足乎己"。仁德之自心具足,佛教之自性具足,儒家的人皆为尧舜,佛教之人皆可成佛,在韩愈这里得以微妙呼应。佛教主张一切众生皆有佛性,《涅槃经》云:"我身即有佛性种子。"④"我者即是如来藏义,一切众生,悉有佛性,即是我义,如是我义,从本已来,常为无量烦恼所覆,是故众生不能得见。"⑤

自性具足,即自心皆具佛性,出自《佛说诸法本无经》卷下:"世尊!诸众生

---

① (唐)韩愈著,刘真伦、岳珍校注:《韩愈文集汇校笺注》卷一《原道》,第4页。
② (陈寅恪):《金明馆丛稿初编·论韩愈》,北京:生活·读书·新知三联书店2001年版,第320—321页。
③ (唐)韩愈著,刘真伦、岳珍校注:《韩愈文集汇校笺注》卷一《原道》,第4页。
④ (北凉)昙无谶译《涅槃经》卷八《如来性品第四之五》,北京:宗教文化出版社2011年版,第125页。
⑤ (北凉)昙无谶译《涅槃经》卷七《如来性品第四之四》,第115页。

本性无作及无作者,如来平等不过大悲,自性具足故。"①空、无我、平等、大悲的佛性精神,众生一一具足。禅宗将人人皆有佛性,发展为心即是佛、佛性内在、不可外求的禅法思想。如四祖道信说:"当知佛即是心,心外更无别佛也。"②五祖弘忍提出:"此真心者,自然而有,不从外来……守本真心,妄念不生,我所心灭,自然与佛平等无二。"③作为成佛依据的真心,人人都禀自天赋,守住这一本真之心,去掉心中妄念,破除我执、法执,就有了与佛平等无二的可能,也就可以解脱成佛。六祖惠能亦强调自性成佛说。《坛经·般若品》:"一切般若智,皆从自性而生,不从外入。"《坛经·疑问品》:"佛向性中作,莫向身外求。自性迷即是众生,自性觉即是佛。"既然自性即佛性,那么,对自心佛性的直接悟入,便能顿悟成佛。故《坛经·般若品》云:"若识自性,一悟即至佛地。"

韩愈从禅宗的自性具足、不可外求,意识到仁德内在、无待于外,从禅宗向内求佛,激发出儒家向内求道的思维转向。为此,韩愈"足乎己无待于外之谓德"的命题,恐与禅宗的影响不无关系。

3.诚意正心

《大学》原本为《小戴礼记》中之一篇,其升格为儒家"四书"之一,韩愈有先期发现推广之功。在《原道》中,韩愈率先推崇《大学》:

《传》曰:"古之欲明明德于天下者,先治其国;欲治其国者,先齐其家;欲齐其家者,先修其身;欲修其身者,先正其心;欲正其心者,先诚其意。"然则古之所谓正心而诚意者,将以有为也。今也欲治其心而外天下国家,灭其天常,子焉而不父其父,臣焉而不君其君,民焉而不事其事。孔子之作《春秋》也,诸侯用夷礼则夷之,进于中国则中国之。《经》曰:"夷狄之有君,不如诸夏之亡也。"《诗》曰:"戎狄是膺,荆舒是惩。"今也举夷狄之法,而加之先王之教之上,几何其不胥而为夷也!④

韩愈上文所举《大学》"八条目"中,未提及"格物"和"致知",说明韩愈看重的是诚意、正心。朱熹发现了韩愈这一细节,说对于"格物","这个道理,自孔孟既没,便无人理会得。只有韩文公曾说来,又只说到正心、诚意,而遗了格

---

① (隋)阇那崛多译:《佛说诸法本无经》卷下,《大正新修大藏经》第15册,第769页上。
② (唐)净觉:《楞伽师资记》,《大正新修大藏经》第85册,第1288页上。
③ (唐)弘忍述:《最上乘论》,《大正新修大藏经》第48册,第377页下。
④ (唐)韩愈著,刘真伦、岳珍校注:《韩愈文集汇校笺注》卷一《原道》,第4页。

物、致知。"①

韩愈之所以只说到诚意正心,个中奥妙在于,韩愈针芒所向乃佛教的"治心"。韩愈指责佛教的治心不事君、不事父、不事事、灭天常,是一种"外天下国家"的学说,属于夷狄之法。而儒家的诚意正心,则是"有为"的,属于先王之教,是利于天下国家的。韩愈之意,佛教的治心为虚,儒家的正心是实。市川勘谓:"韩愈讲由内之外的'正心'路线,而唐时佛老也携手联袂,共同走上了重内轻外的'治心'之途,其成佛、成仙之径也愈来愈简捷,省简只要心中有佛、有道,即能顿悟成佛,立地成仙。韩愈在此指出佛老的'治心',是'外天下国家,灭其天常',不是为了安邦治国和协调社会人伦纲常。而他的'正心',是要融天下国家于心,治现实社会于心,不是为了成佛成仙的飘然弃世,而是以天下国家为怀地积极入世。这样,韩愈就将他的'修心'观念与佛老'治心'观念划清界限了。"②余英时认为,韩愈推举儒家的诚意正心来抗衡佛家的治心,是对佛教的入室操戈:"韩愈以'治心'为始点而重振儒学,正是入佛教之室而操其戈。"③

尽管韩愈以儒家的诚意正心不"外天下国家"来彰显其相较于佛教"治心"的优越性,然韩愈此说,仍是在佛教以"治心"而著称的刺激下所作出的反应,同时,韩愈恰恰在推出儒家的诚意正心之说来加以应对的同时,并未意识到,自己某种意义上正在向佛教靠拢:儒家重视"心"的倾向,开始猛地抬头。罗联添说:"《大学》本是《礼记》中一篇,自汉至唐,无人重视,韩愈指出《大学》篇正心诚意之目的在治国平天下,与佛家治心而'外天下国家'的目标不大相同。然儒佛二家出发点相同,都注重'心'的修养。此一提示,使《大学》成为宋明理学家所依据之重要典籍,韩愈亦被尊为理学家之先驱。"④陈寅恪说:"退之首先发见小戴记中《大学》一篇,阐明其说,抽象之心性与具体之政治社会组织可以融会无碍,即尽量谈心说性,兼能济世安民,虽相反而实相成,天竺为体,华夏为用,退之于此以奠定后来宋代新儒学之基础"。⑤

---

① (宋)黎靖德编:《朱子语类》卷第十八《大学五·或问下·传五章·近世大儒有为格物致知之说一段》,第421页。
② [日]市川勘:《韩愈研究新论》,台北文津出版社有限公司2004年6月,第104页。
③ 余英时:《中国近世宗教伦理与商人精神》,《士与中国文化》,上海:上海人民出版社2003年版,第420页。
④ 罗联添:《韩愈研究》,第193页。
⑤ 陈寅恪:《金明馆丛稿初编·论韩愈》,第322页。

4.学所以为道,文所以为理

韩愈《送陈彤秀才书》:"读书以为学,缵言以为文,非以夸多而斗靡也。盖学所以为道,文所以为理耳。苟行事得其宜,出言适其要,虽不吾面,吾将信其富于文学也。"[1]韩愈重视"文理",亦重视"治理",并涉及"性命之理",对"理"的关注,亦可能受佛教的影响。韩愈为大颠所吸引,大颠"识道理"、"以理自胜"恰恰是重要的原因。[2] 佛教义学,重视义理,华严宗探讨理事关系,禅宗亦受其影响。孙昌武谓:"韩愈论'道',与先秦儒家在内容上有一个重大区别,就是他受到六朝以来佛教义学的影响,不只把'道'看作一种政治、伦理原则,还看作是一种精神本体,一种'理'。"[3]

5.师其意,不师其辞

韩愈的这一命题出自《答刘正夫书》:"有来问者,不敢不以诚答。或问:'为文宜何师?'必谨对曰:'宜师古圣贤人。'曰:'古圣贤人所为书具存,辞皆不同,宜何师?'必谨对曰:'师其意,不师其辞。'"

韩愈从师的旨趣,指向"意",即"道",儒家之道。韩愈作为古文运动的参与者,主张文以载道,《寄崔二十六立之》云:"文书自传道,不仗史笔垂。"李汉《韩昌黎集序》中所说的"文者,贯道之器也"反映的正是韩愈的文学观。这一观点在《答侯继书》中反复申明:"仆少好学问,自五经之外,百氏之书,未有闻而不求,得而不观者。然其所志,惟在其意义所归。"[4]"然愈之所志于古者,不惟其辞之好,好其道焉尔。"[5]"苟爱吾文,必求其义,愈之为古文,岂独取其句读不类于今者邪? 思古人而不得见,学古道则欲兼通其辞。通其辞者,本志乎古道者也。"[6]

在韩愈看来,载道、传道是文学的目的,作为艺术形式的"辞"服务于传道,显然居于次要地位,"通其辞"是为了"志乎古道"。韩愈对于文辞的要求,"文从字顺"即可。如韩愈《南阳樊绍述墓志铭》称:"文从字顺各识职,有欲求之此

---

[1] (唐)韩愈著,刘真伦、岳珍校注:《韩愈文集汇校笺注》卷十《送陈彤秀才书》,第1109页。
[2] (唐)韩愈著,刘真伦、岳珍校注:《韩愈文集汇校笺注》卷八《与孟简尚书书》,第886页。
[3] 孙昌武:《韩愈散文艺术论》,北京:中华书局2019年8月,第31页。
[4] (唐)韩愈著,刘真伦、岳珍校注:《韩愈文集汇校笺注》卷六《答侯继书》,第679页。
[5] (唐)韩愈著,刘真伦、岳珍校注:《韩愈文集汇校笺注》卷六《答李图南秀才书》,第725页。
[6] (唐)韩愈著,刘真伦、岳珍校注:《韩愈文集汇校笺注》卷十二《题哀辞后》,第1296页。

其躅。"韩愈对文辞的态度,恐与禅宗"不立文字"的时代风气有关。此外,陈寅恪发现,韩愈"以文为诗"的特点,也是效法汉译佛典偈诵的结果:"退之虽不译经偈,但独运其天才,以文为诗,若持较华译佛偈,则退之之诗词皆声韵无不谐当,既有诗之优美,复具文之流畅,韵散同体,诗文合一,不仅空前,恐亦绝后,决非效颦之辈所能企及者矣。后来苏东坡、辛稼轩之词亦是以文为之,此则效法退之而能成功者也。"①

禅宗各宗各派有着相对清晰的师承次第,祖祖相传,以心传心,蔚为流派纷呈、思潮活跃之大观。禅宗的师道大张,刺激韩愈著《师说》以倡儒家师道,接弟子以立儒家规模。"师者,所以传道、受业、解惑也。"韩愈所倡教授师的三大职责,"传道"居首。这句话中,"传道",所传之"道"固可以韩愈自己限定的儒家之道来框定范围,但受业、解惑则明显来自佛教。在禅宗,剃度后受教之师,名受业师。而"惑"亦为佛教的核心范畴之一,为烦恼之别名或总称。佛教有见惑、思惑之二惑说,又有八十一品思惑、八十八使见惑之细分;有贪、嗔、痴、慢、疑等五惑说;天台宗有见思、尘沙、无明等三惑说,等等。

当然,韩愈借来佛教的业、惑等概念,试图装入的是儒家的新酒。《坛经·付嘱品》载菩提达摩付授之偈:"吾本来兹土,传法救迷情。一华开五叶,结果自然成。""救迷情"即解众生之惑。菩提达摩的预言正在一一兑现之际,韩愈看到禅宗日渐兴盛之势,自然希望儒家的圣人之道在禅宗的紧逼下不坠于颓势,便力倡儒家师道之说。余英时谓:"韩愈所说的'传道解惑'即是'传法救迷'的另一说法。这又是他'入室操戈'的一大杰作。"②

6. 弟子不必不如师,师不必贤于弟子

在《师说》中,韩愈还从"圣人无常师",提出"弟子不必不如师,师不必贤于弟子"的命题。老师和弟子的分野,以闻道的先后来定,而无关乎年齿:"生乎吾前,其闻道也,固先乎吾,吾从而师之。生乎吾后,其闻道也,亦先乎吾,吾从而师之。"正因所师在"道",故从师不问长幼贵贱:"是故无贵无贱,无长无少,道之所存,师之所存也。"

六祖惠能法孙马祖道一弟子百丈怀海,和韩愈在世时间有交集,比韩愈年

---

① (陈寅恪):《金明馆丛稿初编·论韩愈》,第331页。
② 余英时:《中国近世宗教伦理与商人精神》,《士与中国文化》,第422页。

长48岁,早韩愈十年辞世。在一次师徒应机接对时,百丈怀海被马祖道一一声大喝,耳朵聋了三天。后来,百丈怀海谈起了这段往事,又成了弟子黄檗希运开悟的因缘:

一日师谓众曰:"佛法不是小事。老僧昔被马大师一喝,直得三日耳聋。"黄檗闻举,不觉吐舌。师曰:"子已后莫承嗣马祖去么?"檗曰:"不然。今日因和尚举,得见马祖大机大用。然且不识马祖,若嗣马祖,已后丧我儿孙。"师曰:"如是,如是。见与师齐,减师半德;见过于师,方堪传授。子甚有超师之见。"檗便礼拜。[①]

"弟子不必不如师,师不必贤于弟子","见与师齐,减师半德;见过于师,方堪传授"的观点,韩愈的观点和百丈怀海如出一辙。百丈怀海的这一公案,在禅林甚为有名,韩愈也许对这一公案有所耳闻?

以上诸例,见佛教对韩愈的刺激及影响,禅宗思潮作为一代时风,吹在韩愈的脸上,韩愈为之痛痒,在对此痛痒加以抗拒的同时,又不自觉地受其影响,虽然多停留于表面,未深及佛理,终究也有所作用。

小结

韩愈参大颠而生崇佛之意,当为实际存在的一段历史。韩愈对佛教态度前后翻转,源自其"无特操"的文人本色。韩愈早岁依附于兄嫂,成年后依附于节度使,形成了逢迎阿谀、摇摆不定的性格。长年穷愁困苦、求官失意的命运,形成了韩愈重功名利禄的功名人格(或曰功利人格),这也使其易因自身利害取舍而意志不定、反复无常。韩愈根本上言只是以文学见长,尽管排佛老以捍卫儒家之学,立道统以复兴先王之道,但在儒学上并无精妙的理论建树,斥佛老亦只涉及表面现象,因为思之不精,故在参大颠后易为后者鼓动。以上种种,是韩愈"无特操"的几大成因。韩愈在禅宗流行的形势下作出排佛之举,在命运急转直下之际参大颠试图扭转局面,均为"刺激——反应"模式下的行为选择,且以自身安危利害来权衡。在肯定韩愈以道统说对抗法统说于儒家居功厥伟的同时,对于韩愈参大颠后对佛教态度有所缓和,也无须深为之讳。

[①] (宋)赜藏主编集:《古尊宿语录》卷第一《百丈怀海大智禅师》,中华书局1994年5月,第7页。

试论中华优秀传统文化的当代价值

李宗桂(中山大学哲学系)　张造群(广东省社会科学院)

中华优秀传统文化源远流长、辉煌灿烂,是我们的祖先留给子孙后代最宝贵的精神财富,其思想内涵已构成我们的民族之魂,活在一代又一代中国人的心中,成为中华民族屹立于世界文化之林的文化根基。时至今日,中华优秀传统文化在当代仍然有着强大而持久的生命力,不仅渗透在我们民族的思维方式、价值观念、伦理道德、社会习俗和生活方式里,对人们的思想行为起着潜移默化的作用;而且,随着中华民族伟大复兴的进程,它还将对世界的发展产生巨大影响,对整个人类文明作出巨大贡献。

从学术研究和文化阐释的习惯来讲,从本质上看,本文所谓中国优秀传统文化,就是中华优秀传统文化;所谓当代价值,就是多年来研究传统文化与现代化的学者所讲的现代价值,亦即从现代化追求、现代化社会建构的层面阐扬中国文化的现代性及其在当代中国社会发展中,中华优秀传统文化所具有的与现代文明相协调、与当代社会相适应的特定的价值和功能。下文从不同的层面揭示我们所认为的中华优秀传统文化的当代价值的若干方面。

一、民族文化认同与构建民族精神家园的思想基础

民族文化认同是一个民族存在和发展的基础,精神家园是一个民族的文化依托和归宿。随着改革开放的发展和西方文化的影响,解决文化认同危机和重构民族精神家园成为我国当代社会和文化建设中的一个突出问题。中华优秀传统文化是增强文化认同与构建民族精神家园的重要思想基础。

(一)民族文化认同与民族精神家园的内涵及意义

"认同"原是一个心理学名词,意指体认与模仿他人或团体之态度行为,使

其成为个人人格一个部分的心理历程。根据主体、范围和内容的差异，认同可以划分为不同层次，如个体认同和社会认同，利益认同与价值认同，政治认同和文化认同，国家认同和民族认同等等。其中，文化认同关系到一个个体或族群安身立命的根本，是确定自身身份的特殊尺度。

文化认同（culturalidentity）是人类文化具有的一种现象，它一般是指一种个体或群体被某种文化影响的感觉。张汝伦先生认为，文化认同是指"特定个体或群体认为某一文化系统（价值观念、生活方式等）内在于自身心理和人格结构中，并自觉循之以评价事物、规范行为。"[1]它通常起源于群体（或民族）内部的成员由于共同的历史传统或共同的社会目标及共同的利益关系，从而对一些重大的事务和原则问题持有共同的认识与评价。如果这个群体指的是民族共同体，那么这样的认同就是民族文化认同。一般而言，文化认同是民族认同、国家认同最重要、最深层的基础，其作用在于标识民族特性，为个人提供精神动力和自我意识，培育共同体意识。作为民族共同体生命延续的精神基因，它能增强民族凝聚力的精神纽带；作为一种稳定的深层结构组织，文化认同是这个民族或国民身份的归属和精神力量，这是任何物质力量都无法替代的软实力，是国家综合国力的组成部分[2]。因此，全体公民对民族文化的认同是维系社会稳定的根基，也是一个民族生存和发展的基础和动力。

但是，一种文化在与异质或异族文化碰撞交融过程中，也会带来文化认同的某些变化，或是导致对外来文化的强力排拒和对自身文化的保护强化，或是受外来文化的先进性合理性的影响和感召而产生新的文化认同。文化认同，尤其是对外来文化价值的认同，足以瓦解一国的政治制度，一族的凝聚力；反之，本国人民对自身文化的强烈认同，既是该国自立于世界民族之林的伟大精神力量，又是使民族在激烈的国际竞争中立于不败之地的现实依托。但对这一问题决不能一概而论，它不能以古人狭隘的"非我族类，其心必异"作为标准，而应该以它是否优秀、是否符合社会进步和时代潮流来判别。例如，中国延续数千年的封建专制主义就被近代以来的先进分子所抛弃，而马克思主义作为一种先进的外来文化则被"向西方寻找真理的"民族思想精英所认同。

---

[1] 张汝伦：《经济全球化和文化认同》，《哲学研究》2001年第2期。
[2] 参见李文君：《基于国家文化安全的中国文化认同构建》，湖南师范大学博士论文，2011年。

文化认同作为一个重要问题受到人们的关注，是伴随着文化从传统向现代转变、异质文化融入当下文化而引发的文化危机而出现的。远古时代人的自我意识并不突出，文化认同意识也不强烈。只有进入文明史以来人们才开始关注人生的意义和价值，关注文化的认同和肯定。尤其是全球化进程的展开使得文化传播突破了传统的领土疆域，形成了一种全球意识和全球文化，这使得各民族国家之间的关系更为复杂化，中心与边缘、先进与落后，西方与非西方，一系列矛盾错综纠结，使合理处理民族文化认同成为一个紧迫的时代课题。

在我国，自近代的西学东渐以来已出现过几波文化认同危机。1840年的鸦片战争迫使中国人睁眼看世界，通过比较中西各方面的优劣，一些国人对长期以来坚信不疑的民族文化产生动摇，进而对传统儒家的价值体系进行反思与批判，其中不乏偏激之论，民族认同危机随之出现。改革开放以来，随着中国对外交流的不断扩大和全球化、信息化的迅猛发展，西方文化大量涌入国内，对中国人的思想文化、价值观念和行为方式产生了巨大冲击和影响。而市场经济取向的改革必然带来利益主体的多元化，带来人们价值观念和行为方式的多样化。在内外文化思潮的影响下，人们原有的认同模式和认同格局被打乱，非主流文化大有超过主流文化的趋势，文化认同危机成为困扰国人的现实问题。20世纪80年代末90年代初，由于苏联等社会主义国家改旗易帜，影响了人们对社会主义的信念，削弱了人们对马克思主义的信仰，导致物质享乐主义、拜金主义开始蔓延，部分人变得精神空虚、道德沦丧，进一步加深了我国文化认同危机。当前我国文化认同危机主要表现为一部分人对中国传统文化的价值和我们党倡导的主流价值观的怀疑，主张以外域思想文化取而代之。一旦如此，势必导致民族凝聚力的离散，从而使党和国家的根本制度发生危机。由此可见，文化认同对于当代中国而言，不只是一种文化立场和态度而已，更具有重大的战略意义。因此，在这个社会和文化转型的历史时期，必须高度重视民族文化认同问题，正确化解公民的文化认同危机。

与民族文化认同紧密相连的是建设民族精神家园问题。文化认同危机的加剧，动摇了民族的精神价值系统，导致人们的精神家园日渐荒芜空虚。精神家园是指特定社会（民族）中的个体以及作为整体的社会（和民族）自身对社会、对民族历史和文化的一种精神认同,这种认同能够为社会成员提供一个稳定的心理框架和积极的行为导向,一套积极的价值观念和合理的道德规范。它是一个民族的文化依托和归宿,反映了一个民族经过漫长的历史积淀所传承下来的特有的传统、习惯、精神、心理、情感等。精神家园在文化中的功能在于为个体提供精神的皈依,为精神世界建立起秩序,赋予个体以意义。[①] 精神家园对于一个民族的存在和发展具有重要意义,"它虽然是无形的,却是民族凝聚力的根源之所在。一个民族若是失去了精神家园,人们将会失去归属感,并导致价值判断的混乱,丧失民族的凝聚力,丧失文化创造的生命力,最终会影响社会的秩序,进一步会影响社会正义的实现"[②]。一个国家,只有坚守民族的共有精神家园,才会具有向心力、凝聚力和创造力,才会不断产生和强化民族自豪感与自信心,才会以巨大的合力创造时代的辉煌。

(二)优秀传统文化是保持文化主体意识的重要载体

然而,坚持民族文化认同与保持文化主体意识是密切相关的。当今世界是一个开放的世界,全球性的文化交流、文化交融前所未有,但西方强势文化也深刻影响着一些发展中国家和民族的文化。中国作为一个新兴的发展中大国,如何在经济崛起的过程中保持和增强自身的文化主体性,已成为我们最值得关注的问题之一。在这个全球化的时代,一个民族国家如果没有文化的主体意识,就有可能被其他文化侵蚀甚至同化,沦为"文化殖民地"。这是一个摆在我们面前的严峻的问题。楼宇烈先生说:"所谓文化的主体意识就是对本国文化的认同,包括对它的尊重、保护、继承、鉴别和发展等。"[③]台湾学者朱高正又说:"所谓文化主体意识,是指一个民族自觉到其所拥有的历史传统为其所独有,并对此历史传统不断做有意识的省察……"[④],包括优越之处发扬,不足之处加强,缺失之处改进,等等。因此,增强中华文化主体意识,并不意味着对自己的文化传统妄自尊大,当然也不妄自菲薄,这就需要防止"过与不及"两种极端。在这方面我们有历史上正反两方面的经验值得汲取。

众所周知,中华文明在世界上是文明唯一未曾中断的文明古国。这不但

[①] 参见严春友:《"精神家园"综论》,《太原师范学院学报》2010年第1期。
[②] 严春友、朱红文:《简论当代中国人精神家园的重建》,《北京师范大学学报》2010年第3期。
[③] 楼宇烈:《国学百年争论的实质》,《新华文摘》2007年第7期。
[④] 朱高正:《康德批判哲学的启蒙意义——谈文化主体意识的重建》,《哲学研究》1999年第7期。

与中国有着悠久历史和辉煌文化直接相关,也与中华民族在历史上一直保持着高度的文化自信有关。从历史上看,华夏文明与周边少数民族文化乃至周边国家相比较可谓一枝独秀,早在先秦时代,作为"中国""华夏"这样的称呼就是文明的代表,"居天地之中者曰中国,居天地之偏者曰四夷。"①孔颖达说:"中国有礼仪之大,故称夏;有服章之美,谓之华。"②这既是华夏民族自信的源泉,也深得周边少数民族和国家的仰慕。古人所谓"夷夏之别"虽然带有轻视"夷"的含义,但也包含着强烈的文化自我认同。所以孟子说"闻用夏变夷,未闻变于夷者也。"③即使是历史上曾经入主中原的少数民族如鲜卑、蒙古、满族等,尽管他们是军事上的胜利者,政治上的统治者,但仍不得不甘居文化上的小学生,学习中华文化来治理国家,并最终被中国文化所同化。值得指出的是,在世界历史上民族同化有两种:自然同化与强制同化。例如,阿拉伯帝国在其军事扩张中就到处推行伊斯兰教的强制同化。而在中国却是自然同化,这体现了中华民族和平的特性和中华文化强大的软实力。美国研究中国历史的著名学者费正清学生说:"中国作为古代东亚文明中心的漫长历史使其人民对所有外国人具有一种天生的优越感。""中国不是作为一个文化小单位,而是作为一个大的民族中心主义的世界作出反应,甚至在其军事力量相对落后于这个世界的边缘地区时仍然非常相信自己文化的优越。"④这种强烈的民族文化认同是中华民族能长期坚持文化主体意识并屹立于世界民族之林的重要基础。

但另一方面我们还要看到,民族文化认同如果走向极端就会导致妄自尊大乃至故步自封,这对本民族的发展同样是不利的。在古代,对"夷夏之别"的强调发展成"严夷夏之防",《汉书·匈奴传》对先王的"驭夷之道"有一个简要的总结:"《春秋》内诸夏而外夷狄,夷狄之人……人面兽心,其与中国殊章服,异习俗……是故圣王禽兽畜之……政教不及其人,正朔不加其国;来则惩而御之,去则备而守之。……盖圣王制御蛮夷常道也。"⑤当中原受夷狄侵凌时,如宋朝屡受夷狄之侮,对夷狄的认识也愈加情绪化,宋人郑思肖称:"彼夷狄,犬

---

① [宋]石介:《徂徕石先生文集》卷十《中国论》,北京:中华书局1984年版,第116页。
② 李学勤主编:《十三经注疏·春秋左传正义》定公十年疏,北京:北京大学出版社1999年版,第1587页。
③ 杨伯峻译注:《孟子译注·滕文公上》,北京:中华书局1960年版,第125页。
④ [美]费正清、赖肖尔:《中国:传统与变革》,北京:世界知识出版社2002年版,第181、182页。
⑤ [汉]班固撰,[唐]颜师古注:《汉书·匈奴传》,北京:中华书局2005年版,2830页。

羊也，非人类，非正统，非中国。"①明朝被夷狄所亡，更加深汉人对夷狄的仇视，如王夫之就宣称："夷狄者，歼之不为不仁，夺之不为不义，诱之不为不信，何也？信义者，人与人相与之道，非以施之非人者也。"②即使到了近代，西方资本主义迅速崛起，中国的社会发展已落后于西方，但国人对外界的变化却毫无所知，仍然孤芳自赏，故步自封。康熙以轻蔑的口吻说道："西洋人等小人，如何言得中国之大理。况西洋人等，无一同（通）汉书者，说言议论令人可笑者多。"③清帝对西方使节或国王亦总是居高临下地使用"上国""天朝""降谕""赐赉"之类的字眼。当英使马戛尔尼来华要求开关通贸时，乾隆还认为英夷来我天朝乃"向化输诚"，欲"观习教化"，又轻蔑地认定他们"学不会"，于是鄙夷地加以拒绝。1808年，嘉庆皇帝再次对来华英使加以申斥："天朝臣服中外，夷夏咸宾，蕞尔夷邦，何得与中国并论！"④到鸦片战争前夕，经过工业革命的英国国势正如日中天，林则徐在《拟颁发檄谕英国国王稿》中还高傲地宣称："洪惟我大皇帝抚绥中外……贵国王累世相传，皆称恭顺……感激天恩，是以天朝柔远绥怀，倍加优礼……谅贵国王向化倾心，定能谕令众夷兢兢奉法……"⑤俨然是一派君临全世界，并对臣妾恩威并施的气势。一个大国对世界发展大势如此闭目塞听，既不知彼亦不知己，一遇夷狄的坚船利炮，岂有不败之理？难怪马克思抨击腐朽的清王朝"不顾时势，安于现状，人为地隔绝于世并因此竭力以天朝尽善尽美的幻想自欺。"⑥应该看到，文化自信在一定情况下也可以成为"文化幻觉"！

所谓"文化幻觉"实质是一种文化病理学现象，它指的是文化落后的民族在不了解外界先进文明的情况下自我感觉良好的一种文化醉意。从全球历史的角度看，自我的文化醉意在"地区史"时代封闭环境中具有一定的必然性和普遍性。但"文化幻觉"又是比较而言的，当某一民族文化在本地区鹤立鸡群时，自豪并不是幻觉；但当世界性的优势文化或主流文明已经出现，如果不了

---

① [宋]郑思肖：《心史》，广智书局光绪三十一年版，第77、105页。
② [清]王夫之：《读通鉴论》，北京：中华书局1975年版，第195页。
③ 《康熙与罗马使节关系文书》，转引自翦伯赞、郑天挺主编《中国通史参考资料》第8册，北京：中华书局1966年版，第227页。
④ 《清实录》卷二百二十，《仁宗睿皇帝实录》。
⑤ [清]林则徐：《林则徐集》，北京：中华书局1963年版，第125页。
⑥ 《马克思恩格斯论中国》，北京：人民出版社2015年版，第70页。

解世界的变化,依旧坐井观天、孤芳自赏,那就是一种地道的"文化幻觉"。① 在中国,即使到19世纪末,腐儒们对西学或嗤之以鼻,不屑一顾;或牵强附会,自我吹嘘,他们声称:"西人立法施度,往往与儒暗合。世徒见其迹之强也,不思其法为儒所包,而反谓儒为不足用,是乌足语道哉?"②连郑观应这种了解西学的人也说:"彼实窃我中国古圣之绪余";俞樾更神气地说:"苟取吾儒书而熟复之,则所谓光学、化学、重学、力学,固已无所不该矣。"③历史证明这种盲目的自信自大曾经阻碍了中国近代的社会变革进程。中国自鸦片战争战败后,直到19世纪90年代还在做"中体西用"的美梦,不思改弦更张;而日本1853年被西方打开国门后,1868年即进行"明治维新"。显然,如果我们食古不化,那就不可能走出中世纪,更不可能找到马克思主义的伟大真理!

然而,在坚持民主文化主体意识的问题上还有一个时代背景的因素需要注意。"历史告诉我们,同是这个传统文化,不同的境遇会导致对她有不同的态度:国家积弱产生文化迷茫,民族自强则产生文化自信。清末民初的民族危机曾导致了对传统文化的全盘否定,而如今中国的大国崛起则催发了对优秀传统文化的再发现。"④但今天我们坚持民族文化认同既不要自我中心主义,也拒绝民族虚无主义,最合适的态度是实事求是。毛泽东同志说过:"我们这个民族有数千年的历史,有它的特点,有许多珍贵品。……从孔夫子到孙中山,通过总结,继承这一珍贵的遗产。"⑤对这些珍贵的遗产我们可以抽象继承。继承传统文化中那些有人民性、科学性、民主性的东西,抛弃那些反科学、反民主、反人民的东西。中华民族的传统文化虽然产生于农耕文明的时代,但其中的优秀成分可以超越时代的局限而具有超时空的现实意义。当封建王朝已被历史车轮碾碎之后,优秀传统文化中那些超时空的价值便重新焕发出强大的生命力,就像"轴心时代"的思想总是为后人提供精神动力那样。

众所周知,中国历史上也有一个极其辉煌的"轴心时代",诸子百家们的许

---

① 参阅王四达:《从"文化幻觉"到"文化自觉"——鸦片战争前后精英思想的嬗变及其启示》,《社会科学》2002年,第4期。
② [清]黎庶昌:《儒学本论序》,《拙尊园丛稿》卷五,光绪十九年刻本。
③ [清]俞樾:《王幹臣格致古微序》,《春在堂全书》,清光绪刻本。
④ 参见王四达、董成雄:《从"文以载道"看中国优秀传统文化的价值凝练和体现开展》,《哲学研究》,2016年第3期。
⑤ 《毛泽东选集》第2卷,北京:人民出版社1991版,第534页。

多思想正是我们民族传统文化中最优秀的成分,也是我们今天坚持民族文化认同的重要载体。社会主义虽然是一种先进的制度,但如果缺乏历史传承及民族心理的依托,时代性与民族性就可能脱节,再好的政治制度如果不与民族传统相融合,被民族心理所吸收,就可能成为被本株排异的嫁接枝。"返本"是"开新"的基础,可于其中找到传统文化中有人民性的东西可以和现代的民主性贯通起来。例如,中国古代"民本"思想与中国特色社会主义"民主"思想在"天下为公"这一点上是有交集的,故可以汲取其营养再进行创造性转化,使之与中央"立党为公,执政为民"的指导思想巧妙对接。

(三)优秀传统文化是构建民族精神家园的源头活水

任何一种文化均具有历史传承性,否定传统,割断历史,民族就会成为无根的浮萍,民族的精神家园也无从安置。继承和弘扬民族传统文化,是维系民族认同感和归宿感、建设共有精神家园的基本前提。也就是说,在传统与现代之间存在着一种历史的联系,任何国家和民族的文化发展,都是一个绵延不断、接续推进的过程,都是在继承传统的基础上开拓创新的过程。

中华优秀传统文化对于建设共有精神家园的作用是多方面的:它对于增强民族自信心和自豪感,具有强烈的激励作用;对于民族精神的培育,具有积极的引领作用;它对于青年价值观的形成,具有科学的导向作用;它对于和谐社会建设,具有积极的推动作用。从主体角度看,精神家园的建设具有历史继承性,它一般是以自我为中心并通过文化认同的路径实现的。因此,构建精神家园的主体必须要对本民族的精神有自知之明,对自身文化的优势与不足有自觉清醒的反思能力,才能根据文化环境的新变化作出正确的取舍,找回和确认民族文化主体的精神支柱,从而凝聚民族精神。马克斯·韦伯在其《新教伦理与资本主义精神》一书也指出,制度革新虽然重要,文化根基却更重要,那些古老的信条与新的历史要求相融合,保证了精神与物质、个人与社会之间的平衡,使价值观得以延续,使人的存在有归属感。这也涉及精神家园的问题。

什么是精神家园?"精神家园指一个民族经过长期的历史积淀所形成的精神支柱、情感寄托和心灵归宿;是人们对生活意义、生存价值和生命归宿的一种精神与文化认同。它包括该民族独特的传统、习惯、风俗、精神、心理、情感等。""精神家园既可以指一个人的精神归宿,也可以用来指一定群体和一定民族的精神世界,等等。"对个人而言,精神家园也就是其精神世界与心灵归宿,是对其生活世界中间那些具有价值与意义的东西的认识与追寻;对一个民族而言,则与其民族文化内在关联,是一个民族在文化认同基础上产生的文化寄托和精神归宿……"认同一定的精神家园,就是接受一定的文化传统。因为精神家园通常寄托于一定的文化传统之中。"中华民族共有精神家园的核心是中华民族精神。"[①]

早在"百家争鸣"的"轴心时代",中华文化就表现出一种崇尚理性、关怀社会的特质。在那个"礼崩乐坏"的时代,诸子们以"救世"的使命感思考社会问题,展开自由论辩,并由此形成了独立的精英文化,中华民族精神也在诸子的社会批判与社会关怀下得到自发的充分的展现:孔子通过对"天下无道""国灭世绝"的社会批判提出了"克己复礼"和"为政以德"的主张;老子通过对"厌民之生""惧民以死"的社会批判提出"圣人无常心,以百姓心为心"的主张;墨子通过对"别相恶""交相贼"的社会批判提出"兼爱""贵义"的主张;孟子通过对"独夫民贼""杀人盈城"的社会批判提出"民贵君轻""王道""仁政"的主张;庄子通过对"窃钩者诛,窃国者侯"的社会批判而提出"绝圣弃智,大盗乃止"的主张……总之,在这个"道术为天下裂"的时代,中华文化的博大精深得到了充分的体现,如道家的哲学精神、批判精神、自由精神;儒家伦理精神、正义精神、中和精神;墨家的博爱精神、平等精神、务实精神,法家的进取精神、变革精神、法治精神等等。即使汉代"独尊儒术"之后,这些理性精神千百年来仍不绝如缕,共同营造了中华民族的精神家园,也成为我们今天建设精神家园的源头活水。

二、马克思主义中国化的文化桥梁与"中国特色"的历史依据

一种外来文化要实现与本土文化的成功结合,必须从本土文化中找到能供其生长发育的土壤,这是人类文明发展的客观规律。在中国古代,源自印度文化的佛教之所以能在中国土壤上生根、开花、结果,与佛教在南北朝至隋唐实现中国化是分不开的。在近现代,西方历史条件下产生的马克思主义,之所以能够在中国传播、发展并实现马克思主义中国化,也说明它与中国传统文化中的优秀成分存在着内在的契合。也可以说,马克思主义中国化是以中国固

[①] 欧阳康:《中华民族精神家园如何构建》,《光明日报》2013年8月1日。

有的民族文化为土壤和条件的,马克思主义吸收、改造了中国传统文化的优秀思想为马克思主义中国化奠定了基础。

(一)优秀传统文化是马克思主义中国化的文化桥梁

首先,优秀传统文化为中国人民接受马克思主义提供了文化认同的基础。中国人民之所以选择和接受马克思主义,除了近现代革命先驱通过艰苦卓绝的斗争得出"只有社会主义才能救中国"这一认识外,一个重要原因是在民族文化心理上对马克思主义理论能够认同,而认同的基础就是二者的共同点和契合点。张岱年说:"中国文化中本有悠久的唯物论、无神论、辩证法的传统,有民主主义、人道主义思想的传统,有许多历史唯物主义的思想因素、有大同的社会理想,如此等等,因而马克思主义很容易在中国的土壤里生根。"[1]由于中国传统文化中的这些思想观念与马克思主义在价值观念上具有一定的相通之处,这在一定程度上促进了中国先进知识分子接受马克思主义,从而奠定了马克思主义中国化的传统文化资源。

其次,马克思主义哲学与中国古代哲学在唯物论与辩证法存在着相通之处。辩证唯物主义认为,世界的统一性在于它的物质性,人类社会的存在、发展及其构成要素都具有客观的物质性。而中国传统文化中对"气"的理解也包含了世界的物质统一性原理。古人认为世界的本源是物质性的"气":"通天下一气耳"[2]。世界万物有统一性,多样化的物质世界皆统一于"气"。中国古代的辩证法首推老子和《易传》。老子敏锐地看到对立的矛盾双方相互依存的一面,"有无相生,难易相成,长短相形,高下相盈,音声相和,前后相随"又看到矛盾双方相互转化的一面:"反者道之动","祸兮,福之所倚;福兮,祸之所伏。"[3]《易传》则用"阴阳"这对概念范畴来表示矛盾双方对立统一的关系:"一阴一阳之谓道";事物的发展是"变动不居"的,"生生之谓易","刚柔相推而生变化"[4]等,并通过对辩证法的把握提出"物极必反"和"否极泰来"的论断。中国古代的唯物论和辩证法虽然是一种朴素的,有明显的直观性、猜测性和不彻底性,但它毕竟与马克思主义科学的物质观既具有相通性,又具有一定差别。中国

---

[1] 张岱年、程宜山:《中国文化与文化论争》,北京:中国人民大学版社1990年版,第190页。
[2] 陈鼓应:《庄子今注今译·知北游》,北京:中华书局1983年版,第559页。
[3] 陈鼓应:《老子今注今译》,北京:商务印书馆2003年版,第80、226、284页。
[4] 黄寿祺、张善文:《周易译注》,上海:上海古籍出版社2001年版,第538、596、538、531页。

的马克思主义者在理解马克思主义时,就常把与中国传统文化的相通之处联系起来。

中国古代思想中有深厚的人文主义传统,这是马克思主义可以在中国社会土壤中扎根的依据。众所周知,人文关怀是马克思主义的一个最根本的维度,因为马克思主义就是在对无产阶级、劳动人民的生存处境、主体地位和价值尊严的深切关怀中产生的。马克思说过:"人是人的最高本质","人的类特性恰恰就是自由的自觉的活动。"[①]因此他的共产主义理想追求的是人的自由个性与全面发展,共产主义是"人向自身、也就是向社会的即合乎人性的人的复归","它是人和自然界之间、人和人之间的矛盾的真正解决,是存在和本质、对象化和自我确证、自由和必然、个体和类之间的斗争的真正解决。"[②]中国古代也有人文关怀的传统,有"以人为本"的思想,《尚书》曰:"一夫不获,则曰时予之辜。""匹夫匹妇,不获自尽,民主罔以成厥功。"[③]——即使还有一个普通民众不能实现他的愿望,也是我的过错。如果普通民众不能实现他们的愿望,作为人民之主的君主就不能说获得成功!《孝经》引孔子语曰:"天地之性人为贵"。《孟子·梁惠王上》说:"老吾老及人之老,幼吾幼及人之幼。"其他思想家也有不少爱民、重民的思想。《管子·霸言》明确指出:"以人为本,本治则国固,本乱则国危。"为此它提出了"上明""政平""亲仁""任贤""使能"等治国原则。不过我们应该承认,古人的"人本"更多是体现为"民本",是从如何实现政治清明和社会稳定的角度说的,它没有从个人的自由权利和人民在国家政治中应有的主体地位来看问题,也缺乏实现"民本"政治的制度建设。这虽然是时代的局限,但它还是包含了由"民本"发展为"民主"的文化基因,这就为马克思主义的人文关怀被中国人接受准备了条件。

再以"大同"理想为例。《礼记·礼运》开篇即说:"大道之行也,天下为公"。这种"大道"描绘一种"选贤与能,讲信修睦"、"人不独亲其亲,不独子其子,使老有所终,壮有所用,幼有所长,矜寡孤独废疾者皆有所养"、"货恶其弃于地也,不必藏于己;力恶其不出于身也,不必为己"的理想社会图景,体现着

[①]《马克思恩格斯文集》第1卷,北京:人民出版社2009年版,第18页。
[②]《马克思恩格斯文集》第1卷,北京:人民出版社2009年版,第185页。
[③] 李学勤:《十三经注疏·尚书正义》,北京:北京大学出版社1999年版,252、219页。

对"天下为公"的求索,俨然是一种中国式古代版的共产主义。过去一般认为这是古代中国的"乌托邦",然而即使是乌托邦理想也具有不可否定的积极意义,它一方面包含着对不合理的现实社会的批判,另一方面又包含着对未来理想社会的追求。在欧洲,正是空想社会主义为马克思的科学社会主义提供了丰富的理论资源。在中国古代,"大同"理想同样发挥着批判现实与建构理想的功能,在"大同"理想的激励下,历代有识之士以"均平"思想为号召展开了对社会"不平"的批判。如《潜书·大命》中通过对不平的批判导出了人权平等的观念:"人之生也,无不同也,今若此,不平甚矣。提衡者权重于物则坠,负担者前重于后则倾,不平故也。是以舜禹之有天下也,恶衣菲食,……惧其不平以倾天下也。"①近代以来,随着社会主义思想传入中国,学者们也把传统的"均平"思想与外来的社会主义联系起来。梁启超说:"故此贫富不均之问题,实为数千年来万国共苦而卒未能解决之一宿题,而欲解决之,则非国家振其枢焉而不可得也。其圆满之解决法,则如吾国古代之所谓井田,如泰西近世所谓社会主义,使人民不得有私财是也。"②由于"大同"理想孕育着社会主义思想的胚芽,因此近代以来,人们大都以"大同"概括和解读西方社会主义思想。从康有为到孙中山均把古代的"大同"理想与社会主义联系起来,康氏借助古人对"大同""小康"的划分,把物质生活富足的资本主义现代化比为"小康",把人人相亲、人人平等的"大同"社会比为社会主义,并指出"非经过小康之级,则不能进至大同;而经过小康之级,又不可不进至大同。"③孙中山也主张"发扬吾国固有之文化,且吸收世界之文化而光大之。以期与各国并驱于世界,以驯致于大同。"④他声称:"民生主义就是社会主义,又名共产主义,即是大同主义。"⑤

(二)优秀传统文化是社会主义核心价值体系的传统资源

社会主义核心价值观包括国家层面的富强、民主、文明、和谐;社会层面的自由、平等、公正、法治;公民层面的爱国、敬业、诚信、友善。严格说这些社会主义价值观的凝练与中华优秀传统文化之间存在着非常密切的关系,它既是

---

① [清]唐甄:《潜书·大命》,北京:中华书局1955年版,第97页。
② 《梁启超全集》第三卷,北京:北京出版社1999年版,1774页。
③ 易鑫鼎:《梁启超选集》下卷,北京:中国文联出版社2006年版,第745页。
④ 《孙中山全集》第7卷,北京:中华书局1981年版,第60页。
⑤ 《孙中山选集》,北京:人民出版社1981年版,第802页。

民族性与时代性相结合的典范,又体现了社会主义社会的本质特征。

从国家层面来看,所谓"富强""民主"就是要求一切从人民群众的利益出发,发展民生,唯有人民生活富足安乐,国家才能富强昌盛。这些思想可以从古代找到根源。《管子·治国》有"凡治国之道,必先富民"①之说;儒家有"百姓足,君孰与不足?百姓不足,君孰与足?"②之论,可见他们均看到人民的富足才是国家的富足。《周易·益·彖传》称:"损上益下,民说无疆;自上下下,其道大光。"③意即减于上而增于下,民众会喜悦无限;从上方施利于下,其道必大放光芒。而富民思想的基础则是"民本"思想。《尚书·五子之歌》称:"民惟邦本,本固邦宁。"④百姓是国家的根本和基础,唯有根本稳固,国家才能稳定安宁。尽管古代"民本"思想还不等于现代民主思想,但它包含着"立君为公""执政为民"的政治理念。《吕氏春秋·贵公》称:"天下非一人之天下也,天下之天下也。""昔先圣王之治天下也,必先公,公则天下平矣。……凡主之立也,生于公。"⑤《荀子·大略》强调:"天之生民,非为君也;天之立君,以为民也。"⑥《尚书·泰誓》曰:"天视自我民视,天听自我民听","民之所欲,天必从之。"所以君主执政必须奉天为民,"惟天惠民,惟辟奉天。"⑦因此古人也赞扬"文明"之世,把文明看做一种理想社会理想政治。《尚书·舜典》曰:"濬哲文明,温恭允塞。"孔颖达疏:"经天纬地曰'文',照临四方曰'明'。"⑧在这里"文明"指圣贤在位而天下清明。汉人焦延寿《易林·节之颐》曰:"文明之世,销锋铸镝。"又南朝鲍照《河清颂》曰:"大人在上,区宇文明。"前蜀杜光廷《贺黄云表》则称:"柔远俗以文明,慑凶奴以武略。"这些均可看出古代"文明"一词与现代颇有相似之处。文明之世必然要求社会和谐。中国自古以来就有对社会和谐的倡导与追求。"和谐"一词古已有之,它原指乐律的调和,后来又把它提到本体论的高度。西

---

① 黎翔凤撰:《管子校注·治国》,第924页。
② 杨伯峻译注:《论语译注·颜渊》,北京:中华书局1980年版,第127页。
③ 黄寿祺、张善文:《周易译注》,上海:上海古籍出版社2001年版,第344页。
④ 李学勤:《十三经注疏·尚书正义》,第177页。
⑤ 陈奇猷校释:《吕氏春秋新校释·贵公》,上海:上海古籍出版社2002年版,第45页。
⑥ 王天海校释:《荀子校释·大略》,上海:上海古籍出版社2005年版,第1072页。
⑦ 李学勤:《十三经注疏·尚书正义》,第277、274、275页。
⑧ 李学勤:《十三经注疏·尚书正义》,第51页。

周史伯指出:"和实生物,同则不继。"①《中庸》称:"中也者,天下之大本也;和也者,天下之达道也。致中和,天地位焉,万物育焉。"中和既是天地位、万物育的自然法则,也是人伦关系的社会法则:"万物并育而不相害,道并行而不相悖"②。孔子主张"和而不同",即与人交往既能与之保持和谐友善关系,又能坚守必要的原则。整个制度设计也贯穿和谐的理念:"礼之用,和为贵。先王之道,斯为美。"③这种理念要求人们在与人相处时应"求同存异",社会规范以和为贵;在与自然的关系中尊重自然,从而实现人与人、人与自然的和谐、可持续发展。

从社会层面来看,由于中国古代社会是一个礼制社会,因此在民族传统文化中比较缺乏对"自由""平等"的自觉意识。除了道家的庄子比较崇尚精神自由外,明确主张社会"平等"的主要是墨子。他反对"亲亲""尊尊"的等级秩序,并以上天的名义提出"虽天亦不辨贫富贵贱、远迩亲疏,贤者举而尚之,不肖者抑而废之。"还指出"今天下无大小国,皆天之邑也;人无幼长贵贱,皆天之臣也。"④虽说庄子式的精神自由和墨子式的天赋平等均缺乏必要的制度安排,但也体现了古代思想精英的理性思考。"公正"与"法治"在古代亦有悠久传统。古人从天道中解读出"天公平而无私,故美恶莫不覆。地公平而无私,故小大莫不载"⑤的自然理性,而天道之"公平"是人道之"公正"效法的依据,因此古人把"公"看作国家权力的来源和依据。《慎子·威德》明确指出:"立天子以为天下,非立天下以为天子也。立国君以为国,非立国以为君也"。他还看到,"天下之公"需通过制定法律、度量这样的制度与设施来落实,它才能转化为现实,"故蓍龟,所以立公识也;权衡,所以立公正也;书契,所以立公信也;度量,所以立公审也;法制礼籍,所以立公义也。"⑥《慎子·逸文》又曰:"法者,所以齐天下之动,至公大定之制也。"由于法被看做是"至公"之制,它应该用来统一天下的认识与行动,这就是"法治"。故慎子又说:"法,非从天下,非从地出,发于人

---

① 徐元诰撰:《国语集解·郑语》,北京:中华书局2002年版,470页。
② (宋)朱熹:《四书章句集注·中庸》,北京:中华书局2016年版,第18、38页。
③ 杨伯峻译注:《论语译注·学而》,第8页。
④ 吴毓江撰:《墨子校注》,北京:中华书局2006年版,第77、29页。
⑤ 黎翔凤撰:《管子校注·形势解》,第1178页。
⑥ 许富宏撰:《慎子集校集注·威德》,北京:中华书局2013年版,第16、18页。

间,合乎人心而已。"①《文子·上义》则进一步指出:"法生于义,义生于众适,众适合乎人心。"②可见在他看来法的现实依据就是"人心"。商鞅提出:"缘法而治"的"三不"原则:"言不中法者不听也,行不中法者不高也,事不中法者不为也。"③法成为衡量一切是非的准绳。故曰:"法不阿贵,绳不挠曲"④。

从公民层面来看,爱国、敬业、诚信、友善自古以来就是中国人的传统美德。众所周知,屈原是一个伟大的爱国主义诗人,毕生为自己的祖国"上下求索",甚至不惜投江而死!他的爱国精神一直被后世所景仰!葛洪《抱朴子外篇·广譬》指出:"烈士之爱国也如家。"⑤曾巩《和酬赵宫保致政言怀》诗云:"爱国忧民有古风",说明爱国是自古以来优秀传统。陆游在国家内忧外患时感叹:"位卑未敢忘忧国,事定犹须待阖棺。"文天祥在为国捐躯前吟出这样的诗句:"人生自古谁无死,留取丹心照汗青。"林则徐以"苟利国家生死以,岂因祸福避趋之"以明爱国之志!顾炎武在《日知录》中则发出这样的呐喊:"天下兴亡,匹夫有责。"这成了激励人们以国家兴亡为己任的历史责任感。中华民族历来有"敬业乐群"的传统美德。早在春秋时期,孔子就主张人在一生中始终要勤奋、刻苦,为事业尽心尽力。因为"天行健,君子以自强不息。"自强就必然要勤奋敬业。孔子主张"执事敬""事思敬""修己以敬",表明敬业是一个人自身修养的重要方面。而敬业就要忠于职守。马融《忠经》说:"忠而能仁,则国德彰;忠而能知,则国政举;忠而能勇,则国难清。"故"君子尽其忠能,而行其政令,而不理者,未之闻也。"另一个重要方面是诚信与友善。对国家来说,即使去兵、去食,统治者也必须取信于民,因为"民无信不立";对个人来说,"人而无信,不知其可也。大车无輗,小车无軏,其何以行之哉?"⑥在"友善"方面,孔子主张:"己所不欲,勿施于人。"⑦指要顾及他人感受,不能将自己不愿做的事情强加到别人身上。孟子说:"出入相友,守望相助。"教导人们要彼此关心、互相扶助。还说:"老吾老,以及人之老;幼吾幼,以及人之幼。"又说:"取诸人以为

---

① 许富宏撰:《慎子集校集注·慎子逸文存疑》,第108、102页。
② 王利器撰:《文子疏义·上义》,北京:中华书局2000年版,第476页。
③ 蒋礼鸿撰:《商君书锥指·君臣》,北京:中华书局1986年版,第131页。
④ (清)王先慎:《韩非子集解·有度》,北京:中华书局1998年版,第38页。
⑤ 杨明照撰:《抱朴子外篇校笺下·广譬》,北京:中华书局1997年版,第378页。
⑥ 杨伯峻译注:《论语译注·为政》,第21页。
⑦ 杨伯峻译注:《论语译注·颜渊》,第123页。

善,是与人为善者也。故君子莫大乎与人为善。"[1]指要待人善良、乐于助人。这些优秀传统文化在社会主义核心价值观有关公民层面的论述中得到了充分的体现。

(三)优秀传统文化是"中国特色"的历史依据

所谓"中国特色"一般认为有四大方面:即民族特色和时代特色;理论特色和实践特色。其中民族特色作为民族文化的遗传密码潜藏在中国人的血液之中,在无形中发挥着文化"语法"的作用,并通过"国情"这一客观要素对其他特色的形成产生了巨大而深远的作用。

从理论上来说,文化具有民族性,也有相对的独立性和稳定性,同时还具有抽象和超时代属性等特点,这些特点使文化能够成为古今之间的联系纽带。习近平指出,"宣传阐释中国特色,要讲清楚每个国家和民族的历史传统、文化积淀、基本国情不同,其发展道路必然有着自己的特色";"讲清楚中国特色社会主义植根于中华文化沃土、反映中国人民意愿、适应中国和时代发展进步要求,有着深厚历史渊源和广泛现实基础";"独特的文化传统,独特的历史命运,独特的基本国情,注定了我们必然要走适合自己特点的发展道路。"[2]作为一种社会主义新型文明,也有一个民族化或本土化的问题,其"中国特色"主要表现在与民族文化传统的结合上。任何一个国家的现代化都不能脱离本民族的传统文化,传统文化并非死的过去的东西,而是活的现在的东西,是对后世有价值有影响有作用有益的东西,是一个动态系统。中国要实现现代化,只能从自己本民族的传统出发,否则现代化便成为无源之水、无本之木。早在1943年整风期间,中共中央就指出:"中国共产党人是我们民族一切文化、思想、道德的最优秀传统的继承者,把这一切优秀的传统看成和自己血肉相连的东西,而且将继续加以发扬光大。"[3]事实证明,从孔夫子到孙中山,中华传统文化有许多珍贵的思想文化遗产,有许多具有普世性的价值观念,如天下为公、执政为民、以德治国、依法治国、以人为本、和谐社会、和谐世界、和而不同、与时俱进、经世致用、重德重教、修齐治平等。所有这些,对个人、对家庭、对国家和社会

---

[1] 杨伯峻译注:《孟子译注》,北京:中华书局1960年版,第119、16、83页。
[2] 习近平:《胸怀大局把握大势着眼大事 努力把宣传思想工作做得更好》,《人民日报》2013年8月21日第1版。
[3]《中共中央文件选集》第12册,北京:中央党校出版社1996年版,第13页。

都起到了巨大的维系与调节作用,正是这些优秀的思想文化遗产支撑着我们这个民族从过去走到现在,走向未来,构成了中华民族精神的核心。这些积极的优秀的思想文化遗产经过现代创新和转换,在现代社会仍具有重大的思想价值,已经融化到我们今天的思想观念和指导思想中,成为我们今天制定治国方略的重要历史资源和思想资源,成为推动我国现代化建设的强大动力。现代化只有通过民族的形式才能实现,民族文化只有经过现代化的洗礼才能发展。

中国特色社会主义的时代特色,是马克思主义中国化的时代精神的表现。毛泽东指出:"马克思主义必须和我国的具体特点相结合并通过一定的民族形式才能实现……就是要学会把马克思列宁主义的理论应用于中国的具体的环境……离开中国特点来谈马克思主义,只是抽象的空洞的马克思主义。因此,使马克思主义在中国具体化,使之在其每一表现中带着必须有的中国的特性,即是说,按照中国的特点去应用它,成为全党亟待了解并亟须解决的问题。"[1]这里的"具体特点""民族形式"和"中国的特性"均表明马克思主义除了要与中国的具体实际相结合外,还应与中国的传统文化相结合。邓小平强调要继承民族的优秀传统文化,使马克思主义具有鲜明的中国特色。他明确提出"中国特色"概念,反复强调中国搞社会主义一定"要有中国的特色。我们坚信马克思主义,但马克思主义必须与中国实际相结合。"[2]他赋予传统文化精华的"小康"思想以全新的时代内涵,提出建立"小康社会"作为"中国式的现代化"一个阶段性目标。这个古为今用的新概念、新思想,对于鼓舞全国人民建设中国特色社会主义起了极大的动员作用。

总之,马克思主义虽然是中国特色社会主义的主要理论来源,但是"中国化"这一定语也表明,马克思主义在中国的生根、开花、结果,又是中国的国情的产物,中国的民族文化是这些理论体系的另一重要理论来源,否则就不能称其为"中国化的马克思主义"。中国化的马克思主义无论是形式还是内容都体现了显著的民族性。中国化的马克思主义正是马克思主义吸纳中华优秀传统文化之成果、获得新发展的最好例证。

---

[1]《毛泽东选集》第二卷,北京:人民出版社1991年版,第534页。
[2]《邓小平文选》第三卷,北京:人民出版社1993年版,第213页。

三、中华文明对世界文明的独特贡献

在现代社会,人类面临着五大冲突,即人与自然、人与社会、人与人、人与自我心灵以及不同文明之间的冲突,由这五大冲突,造成了生态、社会、道德、精神以及价值的五大危机。五大冲突和五大危机时时刻刻在困扰着我们的社会,困扰着这个世界的每一个人。中国传统文化恰恰可以在解决这些矛盾冲突和危机方面为我们提供一些有价值的借鉴和帮助。

(一)当代世界文明尤其是西方文明面临着难题

以西方文化为指导的世界近现代工业文明取得了有目共睹的巨大成就,人类社会基本摆脱了物资极为匮乏的生存困境,人性也在一定程度上获得了解放。然而这种在西方文化所崇尚的"主客对立"基础上确立起来的人类主体意识支配下的工业化发展模式,虽然在现实层面满足了人们的需求,但也引起和加深了西方文化的深层危机。

美国著名学者丹尼尔·贝尔曾经提出"现代资本主义文化矛盾说"。他认为许多资本主义由于其内部的文化矛盾而处于文化危机之中。这种文化矛盾表现在两方面:一是由于资本主义所盛行的文化价值,如推崇个人自我实现导致极端的个人主义和享乐主义,与资本主义的基本经济原则(如讲究经济效率,精于合理计算,追求投入产出比的最大化,发展机械化的管理组织)发生了矛盾。这种矛盾是由资本主义经济和文化发展不平衡造成的。在资本主义早期盛行过清教文化价值,把劳动、节俭、艰苦和致富视为神圣的天职,抑制了享乐、奢侈、偷懒的欲望。这种新教育伦理曾经刺激了资本主义的经济发展(如马克斯·韦伯在《新教伦理与资本主义精神》一书中就有这样的观点)。但随着经济条件的改善,传统的新教伦理道德被人们所抛弃,代之而起的是一种反传统的现代主义文化思潮。它崇尚人的非理性因素,强调人的本能、直觉、启示式的情调和反理性行为的重要性。源于叔本华、尼采的现代非理性主义思潮,全面地动摇了人的地位和价值。哲学旨趣由理性到非理性的转变,导致了理性的"失落"甚至"毁灭"。

二是资本主义的社会结构是以一种官僚化、阶层性的形式组织起来的,个人在其中只是重复着高度机械的、单一的和专门化的行为。而资本主义的政治制度,形式上的人人平等、机会均等、大众参与,又与现代的社会结构发生矛盾。在这个官僚机器面前,权威的基础被摧毁了,人被扭曲、异化、非个性化,在意识形态和社会文化中都失去一个可以团结人们的统一精神。人们不再相信理念、本质、普遍性、崇高理想,摆在人们面前的是空无、孤独、死亡、异化、技术的漫天统治。在上述两种文化矛盾中,资本主义已失去它传统的合法性(即对资本主义合理性的信仰),人们对艰苦工作已失去了过去的虔敬,转而信奉及时行乐与物质主义的信条,而商业市场体系则进一步促进了享乐主义的生活方式。因此丹尼尔·贝尔的结论是,资产阶级旧有的价值观与新兴的现代主义成为一对死敌,互相攻击,互相对立,构成了资产阶级社会不可避免的文化矛盾。整个资产阶级的世界观已经坍塌,剩下的唯有"不受限制的自我"和猖獗的感官主义。[①] 这些现代资本主义生活方式的危机、价值观的危机、社会道德危机等,动摇了资产阶级统治的基础。人类面临着科技发展和社会现代化所产生的许多负面问题,诸如核战争威胁、生态失衡、环境污染、物欲膨胀、资源浪费等社会性问题,也出现了信仰失落、道德滑坡、拜金主义、人格扭曲、人情冷漠等精神性"疾病"。

法国当代著名思想家埃德加·莫兰就说过,"西方文明的福祉正好包藏了它的祸根:它的个人主义包含了自我中心的闭锁与孤独;它的盲目的经济发展给人类带来了道德和心理的迟钝……科学技术促进了社会进步,同时也带来了对环境、文化的破坏……特别是城市的污染和科学的盲目,给人们带来了紧张与危害,将人们引向核灭亡与生态死亡。"[②]这场危机带来了东西方文化内部结构的突破,为文化的融合进而转型以产生新的文化形态起到了开路的作用。解决这些社会性、精神性的疾病要从多元化出发,承认多元并存,公平相处、互相尊重、深入对话以求共同发展,在此基础上以开放的、创造性的、也是冷静的心态对待传统,摆正传统的位置,承认历史的合理性,在前人文化的或智慧的道路上继续迈进。因此,在日益严重的现代性危机面前,急需呼唤中华传统美德和核心价值理念的广泛参与。

---

① 孙乐强:《失落的幽灵:贝尔的文化救赎及其方法论幻象——重读〈资本主义文化矛盾〉》,《天津社会科学》,2012年第3期。
② 乐黛云:《中国传统文化的一些特点及其对世界可能的贡献》,《浙江大学学报》,第37卷第4期。

(二)中国文化在世界历史上具有广泛的文化认同

如果从中国文化在世界上获得的认可程度看,近代以来西方对中华文化的认识大致经历过一个"赞赏"——"批评"——"再发现"的过程。众所周知,在近代以前,中国作为世界文明古国一直是欧洲人赞美与向往的对象。中国"优越的国家政体主要经传教士介绍,在欧洲家喻户晓,人尽皆知。不仅那些喜爱思辨的哲学家、甚至就连政治家们也都几乎称赞它为安邦治国的最高典范。"[①]中世纪的马可·波罗等自不必说,即使是近代的莱布里茨、沃尔夫、伏尔泰等学者,虽然也看到中国的某些不足之处,但在他们的著作中还是充满了对中国的溢美之词。例如德国哲学家莱布里茨在《中国近事》序言中就把中国称为"全人类最伟大的文化和最发达的文明。"[②]另一个德国哲学家沃尔夫则称赞"中国人的智慧自古以来遐迩闻名,中国人治理国家的特殊才能也令人钦佩。"[③]法国思想家伏尔泰在赞美中国的古老文明时指出:当迦勒底人开始其历时1900年的天文观察时,"中华帝国已经光辉灿烂地生存世间。"[④]

然而,从近代以来,随着西欧资本主义的迅速崛起和对外扩张,一些西方思想家开始以世界先进文明的高度重新认识过去被理想化的中华文明,从18世纪的亚当·斯密、赫尔德、孟德斯鸠,到19世纪的黑格尔、谢林、约翰·密尔等人均是中国文化的批评者。"中华文明停滞论"几乎就是这些批评者的共同结论,甚至连马克思的东方社会理论对包括中国在内的东方专制主义也进行了猛烈的批判,并预言西方必将会把东方卷入世界历史的潮流之中。

19世纪末20世纪初,西方资本主义进入帝国主义阶段,西方社会各种内在矛盾与外部矛盾日趋激化,并相继引发了给世界了带来巨大灾难的两次世界大战。面对这一严酷的事实,西方知识界发出了"西方的没落"的哀叹。1920年梁启超游欧回国,发表《游欧心影录》,认为资本主义的自由竞争在个人方面导致个人主义与金钱崇拜,在国家方面则导致帝国主义与世界大战,造成西方物质文明破产、科学破产。有些西方学者也对西方文明感到悲观,有的声称"西方没落"(斯宾格勒),一时间有的贬低科学、理性,鼓吹直觉(柏格森),有

---

① [德]夏瑞春编:《德国思想家论中国》,南京:江苏人民出版社1997年版,第84页。
② [德]夏瑞春编:《德国思想家论中国》,第3页。
③ [德]夏瑞春编:《德国思想家论中国》,第29页。
④ 周宁:《西方看中国》上册,北京:团结出版社1999年版,第565页。

的鼓吹回归神学(马里坦)。与此同时,一些西方思想家则把目光转向东方特别是中国文化,于是追求人与自然、社会整体和谐的中国传统价值观,不但作为一种可资参照的"他者"进入了西方学者的视野,而且获得了广泛的认同。奥地利心理学家卡尔·容格曾在《东洋冥想的心理学》中指出:应该转换西方人已经偏执化了的心灵,学习整体性领悟世界的东方智慧,以使西方人放弃一些令人毛骨悚然的技术。美国研究中国问题的专家费正清指出:"近一个世纪以来我们西方社会的生活变的迅速恶化了。""对于艺术、文学、哲学和宗教领域的人文学者来说,中国的传统社会是西方文化的一面镜子,它展现出另外一套价值和信仰体系、不同的审美传统及不同的文学表现形式。"[①]他还具体指出"中国人的显著优点是对生活的目标持有一种正确的观念。如和平主义、宽容精神、忍耐与乐观……"[②]当代美国汉学家安乐哲和哲学家郝大维合撰的《通过孔子而思》,以及斯蒂芬·显克曼的《古代中国与希腊:通过比较而思》等著述,均不约而同地汲取了中国传统的伦理思想,来烛照西方"绝对自我"的负面社会作用。英国著名的历史学家汤因比说:"自从人类在大自然中的地位处于优势以来,人类的生存没有比今天再危险的时代了","不道德程度,已近似悲剧。而且,社会管理也很糟糕。"他认为中国传统的文化,特别是儒家、墨家的仁爱学说,是解决现代化社会伦理问题所急需的。他说儒家的仁爱"是今天社会之所必需","墨家主张的兼爱,过去只是指中国,而现在应作为世界性的理论去理解。"[③]上述这些著名西方学者对中国传统文化价值的"发掘"和取用,在很大程度上源于他们对西方"现代化"结果的整体性反思,并进而对中国由此的传统文化产生了真切的认同。

(三)中华文明能为解决当今世界难题提供独特贡献

传统文化既是一种过往的历史,又是一种活在当下的现实。挖掘这种意义,对克服现代社会的弊病是有积极意义的。西方已经历了现代化而走向了后现代,正在反思现代化所带来的种种弊病,人和物、人和人、人和自然的种种异化,日益暴露。社会矛盾的解决当然只能靠西方人自己去实践,但中华文化

---

① [美]费正清、赖肖尔:《中国:传统与变迁》,世界知识出版社2002年版,第2页。
② 周宁编著:《2000年西方看中国》下册,团结出版社1999年版,第1071页。
③ 汤恩比:《展望二十一世纪——汤因比与池田大作对话录》,国际文化出版公司1985年版,第388—389、425、426页。

的一些重要精神：天人和合，以民为本，群己相济，修身养性，自强不息等，成为西方文化发展的一个重要参照，对世界的文化创造作出自己应有的贡献。

第一，传统文化中的"身心合一"思想为调节自我身心矛盾、解决身心安顿问题提供思想资源。传统文化追求一种真、善、美的人生境界，它所注重的是生命的存在问题、个人的德行问题、人生的价值和意义问题。以儒学为主体的传统文化主张"身心合一"，认为肉体生命与精神生命之间存在着一种相即不离的和谐关系，而达到"身心合一"就要靠"修身"。修身之道是中国传统文化的重要组成部分，《郭店楚简·性自命出》说："闻道反己，修身者也。"[1]《大学》说："自天子以至庶人，壹是皆以修身为本。"《中庸》说："为政在人，取人以身，修身以道，修道以仁。"[2]修养是以符合不符合"道"为标准，做到使社会和谐就要有"仁爱"之心。这就把个人的道德修养（修身）与"仁"联系起来，《郭店楚简·性自命出》中说："修身近至仁"[3]。儒家讲"修身"不是没有目标的，而是为了"齐家""治国""平天下"。在中国传统文化中，一个有责任感的知识分子出于对"道"的维护，考虑的是精神的自我满足而不是外界的毁誉。《韩非子·难一》对"仁义"解释为："夫仁义者，忧天下之害，趋一国之患，不避卑辱，谓之仁义"[4]。所以"君子安而不忘危，存而不忘亡，治而不忘乱"[5]。传统文化认为，人的生命是有限的、短暂的，生死、富贵并不是人追求的终极目标，而道德学问的提升、人生境界的升华才是人追求的终极目标。因此，春秋时鲁国的叔孙豹把"立德""立功""立言"作为人生"三不朽"；孔子把"德之不修，学之不讲，闻义不能徙，不善不能改"[6]作为人生值得忧虑的大事。在古人看来，道德自律、修身养性、慎独，可以在纷繁多变的世界中寻找一处属于自己的精神家园和心灵港湾，可以在功名利禄、醉生梦死的世界中寻找属于自己的"孔颜乐处"。只有寻找到了安身立命之本，才能实现平治天下的宏伟目标，这表明传统文化不在于一种有限的、狭隘的功利之用，而是一种人生之妙用、人生之大用，它对于慰藉

---

[1] 刘钊：《郭店楚简校释·性自命出》，福建人民出版社2005年版，第104页。
[2] （宋）朱熹：《四书章句集注·中庸》，第28页。
[3] 刘钊：《郭店楚简校释·性自命出》，第104页。
[4] （清）王先慎：《韩非子集解·难一》，中华书局1998年版，第356页。
[5] 黄寿祺、张善文：《周易译注》，上海古籍出版社2001年版，第582页。
[6] 杨伯峻译注：《论语译注·述而》，中华书局1980年版，第67页。

人的心灵,变化人的气质,涵养人的德性,纯洁人的情感,提升人的精神,开阔人的视野,都有极大的帮助。

第二,传统文化中的"人我合一"观念为解决"人与人"之间的社会矛盾提供思想资源。在人与人的关系上,中国传统文化把个人修身和人际关系的和谐作为伦理关系的核心。"人我合一"是说在"自我"和"他人"之间存在着一种融洽的关系。何以如此呢?《中庸》引孔子的话说:"仁者人也,亲亲为大。"①"仁爱"的品德是人本身所具有的,爱自己的亲人虽然是最根本的,但"亲亲"可以扩大到"仁民"。所以孔子把"仁"当作修身、处理人际关系的重要原则。孔子所说的"仁"主要含义有三:一是"克己复礼为仁",即约束自己,使自己的行为符合伦理道德规范;二是"仁者,爱人""己所不欲,勿施于人",即关心别人,帮助别人;三是"己欲立而立人,己欲达而达人。"《郭店楚简·五行》说:"亲而笃之,爱也。爱父,其继爱人,仁也。"②汉代董仲舒进一步指出爱人为仁,正我为义:"仁之法在爱人,不在爱我;义之法在正我,不在正人。"③如果一个人把爱自己的亲人扩大到爱他人,如果一个人把"爱人"与"正我"结合在一起、注重"躬自厚而薄责于人"的道德修养,社会就可以实现和谐。如果一个民族、一个国家把对自己民族、自己国家的"爱"扩大到对别的民族、别的国家,世界就可以和平。因此,充分利用中国传统文化的积极因素,建立与现代社会相适应的价值观也是一种必然。

第三,传统文化中的"天人合一"观念为解决"人与自然"之间的矛盾、生态危机问题提供思想资源。1992年世界1575名科学家发表的《世界科学家对人类的警告》说:"人类和自然正走上一条相互抵触的道路"。造成这种情况不能不说与西方哲学曾长期存在的"天人二分"的思维模式有莫大关系。西方哲学长期把"天"和"人"看成是相互独立的,研究"天"可以不牵涉"人";研究"人"也可以不牵涉"天",这自然是一种"天人二分"的思维模式。但进入20世纪,西方哲学有了很大变化,已在打破"天人二分"的定式,如怀德海。中国的"天人合一"思想认为在"天"和"人"之间存在着相即不离的内在关系,研究其中一个

---

① (宋)朱熹:《四书章句集注·中庸》,第28页。
② 刘钊:《郭店楚简校释·性自命出》,第82页。
③ 钟肇鹏主编:《春秋繁露校释·仁义法》,河北人民出版社2005年版,第562页。

必然要牵涉另外一个。关于"天人合一"思想,朱熹总结说:"天即人,人即天。人之始生,得于天也;即生此人,则天又在人矣。"①"天"离不开"人","人"也离不开"天"。人初产生时,虽然得之于天,但是一旦有人,"天"的道理就要由"人"来彰显,即"人"对"天"就有了责任。如果"人"能对"天"有所敬畏,尽其保护之责,则"人"与"天"自然和谐了。"天人合一"作为一种世界观和思维模式,它要求人们不能把"人"看成是和"天"对立的,这是由于"人"是"天"的一部分,破坏"天"就是对"人"自身的破坏,"人"就要受到惩罚。因此,"天人合一"学说认为,"知天"(认识自然,以便合理地利用自然)和"畏天"(对"自然"应有所敬畏,要把保护自然作为一种神圣的责任)是统一的。"天人合一"思想要求"人"应担当起合理利用自然,又负责任的保护自然的使命。这种崇尚自然、效法自然的主张和知识经济时代对人与自然关系的要求是一致的。当今世界已陷入资源短缺和环境严重污染的困境之中,知识经济时代实现可持续发展关键在于协调人与自然的关系,人类必须意识到人类只不过是人与自然这个大系统中的一个要素,必须和其它要素协调发展,力争在发展过程中始终处于平衡状态。

第四,传统文化中的"尚中贵和"理念为处理当今世界复杂的国际关系、建设和谐世界提供有益资源。"尚中贵和"理念是中国传统思想文化的精髓和特质。两千多年来,在这一理念的引导下,中华民族始终倡导和谐与和平,为世界文明宝库增添许多以"和"为基调的美好乐章。"尚中"理念在中华文明的长河里源远流长。比如,《尚书·大禹谟》记载:"人心惟危,道心惟微,惟精惟一,允执厥中。"②《论语·尧曰》又说:"咨!尔舜!天之历数在尔躬,允执其中。四海困穷,天禄永终。"③这两段记载告诉我们,"允执厥中"("允执其中")曾是先古传说历史人物尧、舜、禹执政的心法。此后,中国古代重要的思想家都强调"中"的作用。孔子则将"中"与当时已有的"庸"字糅和在一起,称为"中庸"。孔子曰:"中庸之为德也,其至矣乎!"④这是说"中庸"被认为是一种最高境界的品德修养。与"尚中"观念相"贵和"的观念也由来已久。春秋时史伯就提出了

---

① (宋)黎靖德编:《朱子语类》卷十七,中华书局1986年版,第387页。
② 李学勤:《十三经注疏·尚书正义》,北京大学出版社1999年版,第93页。
③ 杨伯峻译注:《论语译注》,第207页。
④ 杨伯峻译注:《论语译注》,第64页。

"和实生物,同则不继"的观点。春秋末年,齐国的晏婴则进一步用"相济"、"相成"的思想丰富了"和"的内涵。他将其应用在君臣关系上,强调君臣在处理政务时意见"否可相济"的重要性。这一思想在以后又不断被丰富和发展,从老子的"万物负阴而抱阳,冲气以为和"的观点,到管子对"和乃生,不和不生"的强调,再到有子"礼之用,和为贵"和荀子"万物各得其和以生"的思想,还有董仲舒"和者,天地之所生成也",乃至后来张载"太和所谓道"的观点等,都蕴涵着"和实生物"的思想。在中国传统文化中,"尚中"与"贵和"历来紧密相关。中国古代思想家视中为天下之大本,和为天下之达道,主张通过"尚中贵和"态度和行动达到"致中和"的目的与结果。从现代国际关系的角度来看,"尚中贵和"可以被视作是处理各个民族、国家关系的法则。中国古人一直认为,"和"是解决国与国、地区与地区之间冲突的重要原则,主张"协和万邦"。"协和万邦"最早出现于《尚书·尧典》,其所主张的处理邦国、族群关系的准则成为中国封建统治者处理民族、国家关系的法则。它表现了中华民族爱好和平的优良传统,以"贵和"思想处理民族、国家关系,不仅体现了中国古代先贤的政治文明理念,也是一种民族文化、民族精神,促进了中华民族的大融合和多元一统。从中国政府倡导和平共处五项原则,主张国家不论大小,一律平等,到提出"与邻为善、以邻为伴"的方针,以及"睦邻、安邻、富邻"的政策,从积极倡导建立公正合理的国际政治经济新秩序,到主张不同文明之间的平等对话等等,无一不体现着和谐的理念。

总之,中国传统文化对于自然、社会和人生问题的看法无不与人类生存之世界休戚相关。虽然现代人的问题应该从现代人自身中去找原因,未来的世界必然是综合治理的社会,任何一派学说都不能解决现代社会的所有问题。但中华优秀传统文化能给我们提供思考的路子和有价值的理念(如世界观、人生观、价值观等等的理念),启发我们用中国的思维方式和人生智慧,在给这些思想资源以适应现代社会和人类社会发展前途新诠释的基础上,经过批判地继承,完全可以实现现代化转化,适应现代人的精神需要,为建设和谐的人类社会作出它可能作出的贡献。

"泰山府君"信仰源流辨考

刘晨

（清华大学人文学院）

内容提要：泰山从地域性信仰中心转变为国家祭祀和民间信仰中东方山岳的最高代表，从而获得了古代时空观念中东方的二元交替性格，并表现为通天达地、沟通阴阳之特征。由此出发，泰山成为祭告天地之所、干涉生死之地，泰山神也必然兼有双重性格。因此，专司冥界的泰山府君并非泰山神，而是"天神主死、地吏治鬼"观念与泰山通天达地"神德"结合以后，逐渐固定于泰山之下的死后地下世界即泰山冥界，以及地吏长官"地下二千石"的同义转化。

关键词：泰山信仰；时空观；泰山神；地下二千石；泰山治鬼

泰山府君，其名最早见于魏晋时期，被认为是中国早期冥界想象中的泰山死后世界主宰，随着佛教影响的扩大逐步变为阎罗王治下的地狱"十王"之一，甚至还作为日本阴阳道的主神备受天皇及权贵的崇祀，这无疑是泰山信仰中不容忽视的重要内容。然而，围绕泰山府君，尚存诸多疑问没有解决，就连对泰山府君的态度也是分歧明显：泰山府君在泰山民间信仰研究中备受关注、甚至时常被理所当然地视作泰山之神，而在讨论泰山国家祭祀等问题时却极少被提起，遑论被当成崇祀的对象了。[1]

即便在论及泰山府君的研究当中，对于它的身份、起源、在泰山信仰中的地位等问题，也并未达成一致结论。认为"泰山府君就是泰山神"的研究虽多，具体理解却相去甚远：贾海建视泰山府君为山岳信仰与早期地府观念融合而

---

[1] 吴荣曾：《镇墓文中所见到的东汉道巫关系》，《文物》，1981年第3期；刘兴顺：《泰山国家祭祀史》，济南：山东人民出版社2017年版，第1—20页。

成的泰山神；萧登福认为泰山神由山岳神转变为冥界主宰后就成了泰山府君；刘增贵则认为泰山府君不同于汉代民间传说有召死之能的岳神"太山君"，乃是后世民间信仰所新创。[①] 持相反意见的研究亦是如此：储晓军认为泰山神乃主死的人格神，不同于本就是冥界神灵的泰山府君；尚鸿则强调泰山神东岳大帝主生亦主死，与佛教地狱观影响下出现的泰山府君并非一人。[②]

出现如此差异化的结论，却未必源于泰山府君性格的复杂，毕竟在以泰山为死后世界或死后世界中心的民间信仰中，对于泰山府君司职冥界这一点是并无争议的。真正的问题在于，前述先行研究中，关于泰山神乃至泰山信仰的性格与形成过程等讨论的前提和背景缺乏有效的共识。这种基本认知的分歧，也使得我们对于"泰山冥界"观念的形成与发展、演变之理解同样存在讨论的余地。

换言之，有必要从"何为泰山府君"这一问题出发，重新梳理泰山在古代国家祭祀与民间信仰中的具体表现、基本性格及其形成过程，在此基础上探究泰山死后世界观念的真实状态，以期对泰山神和泰山府君形象，以及与之相关的信仰内容得出准确和全面的认识。

一 泰山信仰的形成与泰山神

依托于山体雄浑挺拔的自然特征和周边地区悠久深厚的文化传承，以泰山为对象的信仰活动出现很早，甚至可以上溯至大汶口文化时期。而且，泰山作为山东半岛的最高山，还被认为是上古时代东夷文化的信仰中心，乃至居于华夏世界"天地之正中"的古中岳。[③] 拥有如此自然与人文属性，为泰山信仰的产生与传播提供了充分的基础。

不过，这种以泰山为中心的山东（胶东）原始山岳信仰具有显著的地域局

[①] 贾海建：《魏晋六朝时期泰山府君与泰山神关系考论》，《聊城大学学报（社会科学版）》，2016 年第 1 期；萧登福：《先秦两汉冥界及神仙思想探原》，台北：文津出版社 2001 年版，第 125 页；刘增贵：《天堂与地狱：汉代的泰山信仰》，《大陆杂志》，1997 年第 94 卷第 5 期。

[②] 储晓军：《魏晋南北朝民间信仰研究》，博士学位论文，西北大学文学院，2009 年，第 242 页；尚鸿：《泰山主生死信仰观念溯源》，叶涛、孙爱军主编：《东岳文化与大众生活：第四届"东岳论坛"国际学术研讨会论文集》，桂林：广西师范大学出版社 2009 年版，第 91 页。

[③] 何新：《诸神的起源第一卷·华夏上古日神与母神崇拜》，北京：中国民主法制出版社 2008 年版，第 120 页；刘宗迪：《失落的天书：〈山海经〉与古代华夏世界观》，北京：商务印书馆 2016 年版，第 445 页。

748

限性，并不适用于先秦以降的大一统国家。关于泰山祭祀活动的早期记载，见于《礼记·王制》中周天子巡守的相关描述：天子分别于均分一年的四个时间巡守四方中的一方，并以该方一座名山为目的地祭祀山川诸神；其中，二月巡守东方时"至于岱宗（泰山），柴而望祀山川"；《尚书·尧典》中亦有相近叙述。[1] 由此可见，岱宗即泰山并非天子巡守的唯一或核心目标，而是作为四方时空体系中的东方目的地与其他三方名山并列——当然，作为后世"五岳独尊"的山岳代表，泰山或许享有高于他方名山的地位和待遇，但是至少通过天子巡守这一重要国家祭祀活动可知，泰山不仅已经被纳入大一统国家的信仰体系之中，而且在这一信仰体系中也并不享有其作为地域性信仰中心时所享有的绝对核心地位。

诚然，早期地域性山岳信仰为泰山成为大一统国家的山岳最高代表提供了必要条件，亦有研究指出，周初的泰山祭祀乃是周天子对东方宗教文化的妥协与认同，秦汉时期的泰山封禅也深受齐地方士影响。[2] 但是，将包括泰山在内的四方山川纳入国家祭祀范围，却显然源于它们作为重要地理标志物的国土象征意义，甚至在秦汉以后成为封建王朝体国经野的象征符号，而巡守本身也被认为是古代帝王威服四方、巩固王权的重要仪式。[3] 另外，以中央和四方名山之"五岳"和四大河川之"四渎"为最高代表的国家山川信仰体系，也随着商周以来山川祭祀的制度化而逐步确立，儒家礼经中还出现了"五岳视三公，四渎视诸侯"[4]等对应国家官僚等级的表达。

在这一山川信仰体系中，泰山不仅是毫无争议的"东岳"，更成为五岳之首与黄河分列山川之长。另外，秦汉时期的泰山祭祀，特别是汉武帝多次封禅、巡幸泰山等崇祀活动，也进一步强化了泰山的特殊地位。田天就认为，至汉武帝时，泰山已经成为东方地区祭祀的地理中心、山岳祭祀的中心乃至武帝管理东方事务的施政中心。[5] 其中影响最大且直接的，应属封禅大典。封禅一般被

---

[1] 沈啸寰、王星贤点校：《礼记集解》，北京：中华书局1989年版，第341—342页；顾颉刚、刘起釪：《尚书校释译论》，北京：中华书局2005年版，第129页。
[2] 参见刘兴顺：《泰山国家祭祀史》，济南：山东人民出版社2017年版，第32页。
[3] 唐晓峰：《体国经野：试述中国古代的王朝地理学》，《二十一世纪》，2000年第8号。
[4] 沈啸寰、王星贤点校：《礼记集解》，第347页，叶涛：《泰山香社研究》，上海：上海古籍出版社2009年版，第38页。
[5] 田天：《秦汉国家祭祀史稿》，北京：生活·读书·新知三联书店2015年版，第186—191页。

认为是先秦以来帝王告祭天地的重要祭祀活动,其仪式内容乃至祭祀意义在不同时期有多种演变,惟独祭祀场所始终是泰山(及梁父诸山)。①

对于封禅为何选定泰山,历来存在多种解释与推测。不过,至少在东汉以前,以东方在古代时空观中的性格作为泰山特殊性与泰山封禅之依据的观点已经趋于主流:《白虎通义》"封禅"章言"(封禅)所以必于泰山何? 万物之始,交代之处也",同"巡狩"章又言"东方为岱宗者何? 言万物更相代于东方也"②;《风俗通义》言泰山(岱宗)乃"万物之始,阴阳交代,云触石而出,肤寸而合,不崇朝而遍雨天下",故而易姓受命之帝王于功成之时在此封禅以告天地③。可见,东方"万物交代"的性格,是当时一般认识中泰山成为祭祀圣地的主因。此外,纬书《孝经援神契》中亦言"太山天帝孙,主召人魂;东方万物始,故主人生命之长短"④,此说得西晋张华《博物志》等后世文献反复引用,可见泰山以地处东方而具有的更始交代性格,不仅成为了其主要信仰特征,还进一步"催生"出了泰山主生死、召魂魄的信仰内容。

这一性格的确立还不仅源于其地处东方的地理属性。在以《礼记·月令》为代表的"时间空间化、空间时间化、时空一体化"的古代时空观念中,空间上的东方与时间上的春季相应,本就与初始更新、阴阳交替同义;而且,泰山更精确的地理位置其实在中岳的东北方,东北乃是古代空间中"四维"之一,与二十四节气之始的立春相应,更是后天八卦中象征山岳的艮卦所属之方位⑤。东方或东北方往往如前所述,被认为具有二元交代甚至沟通阴阳、通天接地的性格;与此相关,东亚世界中则广泛流传东北方向为沟通人鬼两界的"鬼门"之说。⑥ 此外,西汉宣帝神爵元年(前61)郊祀制度改革,五岳四渎作为山川最高代表开始享受常祭;东汉明帝时五部郊兆制度确立,其中立春日天子于首都洛

---

① [日]福永光司:《封禅説の形成:封禅と神仙説》,《東方宗教》,1955年总第7号。
② 吴则虞点校:《白虎通疏证》,北京:中华书局1994年版,第278、299页。
③ 王利器校注:《风俗通义校注》,北京:中华书局1981年版,第447页。
④ 安居香山、中村璋八辑:《纬书集成》,石家庄:河北人民出版社1994年版,第961页。
⑤ 刘晓峰:《八卦、五岳与山岳神话》,《文史知识》,2020年第1期。
⑥ 例如,《论衡》曾引《山海经》佚文言度朔山大桃木上"枝间东北曰鬼门,万鬼所出入也"(张宗祥校注:《论衡校注》,上海:上海古籍出版社,2013年版,第451页)。日本曾长期流传东北方向为鬼门之说,参见王秀文:《日本"鬼门"信仰之实态及渊源》,《东北亚文化》,2000年第2期。

阳东郊祭祀东方青帝时,泰山从祀。[1] 可以说,至少从两汉开始,泰山就已经从原始性或地域性山岳崇拜对象,彻底变成了大一统国家地理认知与时空观念中东方山岳的最高代表。此后,泰山信仰也主要与通天求仙、司冥治鬼等天地、阴阳、生死内容相关,足见东方(东北)在古代时空观念中的二元交替性格正是泰山神圣性的主要来源,同时也是泰山"神德"的基本特征。

可以推断,作为泰山信仰首要载体和直接表现的泰山神,其性格也必然会受此影响,从而区别于一般的山神或性格单一的下级神灵。值得一提的是,唐宋以降供奉泰山神"东岳大帝"的各地东岳庙中,都设有"七十二司"分管阴阳两界事务,恰恰反映出其与前述"神德"相吻合的兼司生死之双重性格。[2] 相比之下,泰山府君却专司冥界,有"治鬼"之能却无主生之能,显然无法真正代表基于二元交替性格的泰山。

二、民间信仰中的泰山神与泰山府君

那么,无法完整匹配泰山"神德"的泰山府君,是否有可能在特定的时期或条件下——比如泰山神形象确立的过渡阶段,或者仅在死后世界观念中——被视作泰山之神呢?解决这一疑问,需要梳理对应泰山信仰的不同发展阶段的泰山神形象,及其与泰山府君之间的关联性。

早期的泰山神形象往往具有原始山岳崇拜的特征,如《庄子·大宗师》言"肩吾得之,以处太山"[3],肩吾就被认为是居于泰山的猪形山神;人形化的泰山神也从很早就开始流传,如《晏子春秋》言齐景公过泰山时梦"二丈夫立而怒",占梦者自然地将"二丈夫"解释为泰山神,虽然该说法遭到了晏子的否定[4]。不过,这些相对原始的山神不仅形象各异,性格也无从知晓,更找不到或者说很难建立它们与后世泰山神之间的确切关联。

随着周代以来基于儒家思想的国家祭祀活动逐步制度化,五岳四渎成为

---

[1] 刘兴顺:《泰山国家祭祀史》,第59—64页。
[2] 尚鸿:《泰山主生死信仰观念溯源》,第93—94页。
[3] (晋)郭象注、(唐)成玄英疏:《南华真经注疏》,北京:中华书局1998年版,第146页;于淑娟:《中国古代人神共名现象的文化解读》,《河南师范大学学报》,2008年3期。
[4] 吴则虞:《晏子春秋集释》,北京:中华书局1962年版,第79页。

山川最高代表,并以"具有神格的自然神,或超自然的自然神"[①]的身份享受崇祀,地位也依照官僚等级被认定为"五岳视三公,四渎视诸侯"。不过,虽然祭祀活动中山川神的偶像化和人格化倾向由来已久,却因有违儒家鬼神观而屡遭批判,至隋代方才得到国家认可和保护。[②] 如此形成的泰山神本就化生自泰山,自然拥有完整的泰山"神德"。另外,隋唐以后山川神的人形化以及加封人爵等趋势愈演愈烈,至北宋时期泰山神获封"天齐仁圣帝",祭祀泰山神的东岳庙(行宫)被推广至全国各地,民间信仰中的"东岳大帝"形象也由此确立。换言之,基于国家祭祀的发展变化而形成的泰山神,不仅是毋庸置疑的泰山之神,更构成了后世东岳信仰的主要内容和基本前提。

当然,"泰山神"这一概念的所指范围并不局限在国家祭祀之中。在泰山"神德"和泰山祭祀逐步确立的两汉时期,就同时存在区别于国家祭祀中自然神的人形化泰山神,汉画中题榜为"泰山君"的冠服驾鹿者,抑或是怒目持剑立于"大山上"者;性格可考且符合泰山神身份的,则要数出现在汉代墓券(镇墓券或买地券)文中的"太山君"。汉代墓券文中,泰山(常作大山、太山)是与生者所归之西长安相对应的死者归处,与之相关的"太山君"则往往具有"召"死或"阅"死之权。刘增贵指出,此处的"山君"是对自然神明中山神的常见称呼,且"太山君"既非某些学者认为的泰山郡神,亦非后世出现的泰山府君。换言之,称呼表明了太山君的山神属性,召阅死者之权则表明了其执掌(或化生于)泰山这一死者归处的地位。因此,太山君确实称得上泰山之神,而且从其称呼与职能的人格化特征上看,应是以人形出现的泰山神。

值得注意的是,太山君一般被认为是民间信仰中的人格神,故而先行研究中往往在否定其与泰山国家祭祀有关的同时,又视其为泰山神人格化进程的阶段之一。实际上,在汉代民间信仰中,太山君所依托的泰山本身,就不仅具有"死者归处"的一面,还有作为"求仙长生处"的一面:在大量制造于两汉之际、被统称为"上太山镜"的汉镜上,多有"上太山,见神人"等相似叙述的铭文,这些铭文清晰地反映出以泰山为通天之路、神仙居所的求仙观念。[③] 也就是

[①] 甘怀真:《皇权、礼仪与经典诠释:中国古代政治史研究》,上海:华东师范大学出版社 2008 年版,第 147 页。
[②] 雷闻:《郊庙之外:隋唐国家祭祀与宗教》,北京:生活·读书·新知三联书店 2009 年版,第 40 页。
[③] 钱志熙:《两汉镜铭文本整理及文学分析》,《中华文史论丛》,2009 年第 1 期。

说,即便在汉代民间信仰中,泰山也同样具有沟通天地与阴阳的二元交替性格,并直观地表现为升仙(生)之处和召魂(死)之所,本质上与国家祭祀中的东岳"神德"完全一致。那么,身为泰山之神的太山君,也就不应只干死而不涉生,而应与国家祭祀中的泰山神性格相通。

已知材料虽然无法确切证明太山君与长生或求仙直接相关,但是同样无法否定其关联性。更何况,即便我们可以推知泰山为死者归处、太山君有召阅死者之权的观念在汉代已经流传,但由此便将太山君推定为地下世界的总管、或者将其等同于泰山府君,仍未免有过度解读之嫌。[①] 毕竟在汉代墓葬材料中,相比只能"召""阅"死者的太山君,天帝、黄神、北斗才是定夺生杀、主掌死籍的神明,地下世界的管理者则是地下两千石、冢丞冢宰等阴曹官吏。[②] 比如《刘伯平镇墓文》中,就在"大山君召"和"生属长安,死属大山"之后注明"有天帝教,如律令"[③],可见天帝主死之权并未分与太山君。

与其将太山君(泰山神)视作冥界之主,不如将其定义为民间信仰中逐渐形成的死后世界之所在,同时也是沟通天地与阴阳两界之地的泰山之主更为妥当。这一身份不仅与泰山二元交替性格相吻合,而且能够合理解释《孝经援神契》等文献中关于泰山为天帝孙且召魂魄、知生死的叙述。当然,这也意味着,专司冥界的泰山府君在身份和性格上都与太山君有本质之区别,绝非民间信仰中的泰山之神。

三、泰山死后世界观念与泰山府君

如此一来,以泰山府君为泰山神的可能,就只有泰山死后世界观念成为泰山信仰核心内容,或泰山神兼司泰山冥界时被称为泰山府君这两种情况了。明确这两种情况的关键,无疑是泰山死后世界观念的真实性格及其形成过程。

前述《孝经援神契》等文献中关于泰山召魂魄、知生死的叙述,以及墓券文所表现出的死归泰山观念,无疑推动了泰山在死后世界(冥界)观念中地位的

[①] 刘增贵:《天堂与地狱:汉代的泰山信仰》,第201页;吴荣曾:《镇墓文中所见到的东汉道巫关系》,第58页;储晓军:《魏晋南北朝民间信仰研究》,第241页。
[②] 刘屹:《敬天与崇道:中古经教道教形成的思想史背景》,北京:中华书局2005年版,第80—85页;马新等:《中国古代民间信仰:远古——隋唐五代》,上海:上海人民出版社2010年版,第162页。
[③] 罗振玉编纂:《贞松堂集古遗文》,北京:北京图书馆出版社2003年版,第358—360页。

上升。不过,前章也已经说明,这些内容基本源于东岳泰山的二元交替性格,并不意味着泰山冥界观念已经形成。事实上,不仅泰山冥界的成立时间无法确定,其成因和具体位置也存在争议。刘屹则认为泰山是因汉初承担了天帝的治鬼功能才演变为地下冥府的,并在此后才逐渐与死人聚集的蒿里连为一体。[①] 刘增贵认为泰山冥界观源于依托"人死山葬"习俗的"死者归山"习俗,泰山冥界是"山中死界"在泰山成为山岳之首之后统归泰山所形成,并指出泰山"地狱"在东汉中叶"上太山镜"骤减、泰山"天堂"消退之后才日趋凸显。[②] 也就是说,泰山冥界的成因存在天界(仙界)观念转变、天帝让渡权力、原始山岳信仰等多种猜想,其所在则主要有泰山本身和泰山之下两种可能。

据前章可知,泰山和泰山神与冥界之关联,本质上是由东岳二元交替"神德"延伸而成的沟通天地、干涉生死之能。因此,泰山原本既非"天堂"亦非"地狱",泰山神也不应被视为二者主宰。神仙界亦不等于天界,无论是泰山变成仙界,还是神仙居所因两汉之际神仙观念的"现世化"而由山中向市井转移[③],都与泰山通天之能无关。于泰山之上告天或赴泰山求生之类的活动在泰山冥界形成之后也依然存在,皆因"天"乃是需要"增泰山之高"以报的"天上神境"而并非泰山本身。

同理,于泰山之下所祭之"地"也不是泰山,与冥界主宰含义相近的"地下主"也不会是泰山神。两汉以后关于泰山冥界所在的认知并不明确,不过从唐代《括地志》中引道书所述"周回二千里"的泰山"又有地狱六,曰鬼神之府;从西上,下有洞天,周回三千里,鬼神考谪之府"[④]可知,后世观念中的泰山冥界同样是在山下或地下而非山中。由此看来,被当时的人传为"下里""黄泉"的蒿里,以及在陆机《泰山吟》"梁甫亦有馆,蒿里亦有亭"一句中与蒿里并举的梁父等泰山周边,可能也是对泰山冥界位置的模糊认识。

另一方面,泰山之下能够成为冥界或冥界中心,或许确与"死者归山"或"天帝治鬼"有关,但恐非缘于其山岳之首或天帝之孙的地位,而是基于泰山沟通天地的二元交替属性。在汉代信仰中真正定夺生死的乃是天神,除了天帝

---

① 刘屹:《敬天与崇道:中古经教道教形成的思想史背景》,北京:中华书局2005年版,第75—87页。
② 刘增贵:《天堂与地狱:汉代的泰山信仰》,第197、201页。
③ 刘屹:《敬天与崇道:中古经教道教形成的思想史背景》,第479、489页。
④ 贺次君辑校:《括地志辑校》,北京:中华书局1980年版,第121页。

治鬼以外，北斗及其下辖司禄、司命等星神主杀注死，与北斗并举的黄神"生五岳，主死人录，召魂召魄，主死人籍"等内容，也都见于《后汉书》《老子中经》等文献和汉代墓葬材料之中。[1] 作为通天达地之所的泰山，也因此变成了死后接受天神裁断的必经之地，以至于拥有了召魂魄、阅生死的职能。《风俗通义》云"俗说岱宗上有金箧玉策，能知人年寿修短"，《后汉书》云许曼因病"谒太山请命"等典故，应该都与此有关。[2] 由于泰山本来就同时具有达"地"之能，加之上述观念的推动作用，才使得原本各个地方性地下冥界逐步丧失独立性，进而统合成为单一的整体，也就是泰山之下的死后世界。《三国志·管辂传》云管辂预言自己死后将"至泰山治鬼，不得治生人"[3]，表明当时泰山冥界观已经形成，而这也正是所谓"泰山治鬼"成立的标志。

在此之前，民间信仰中已经出现了对于冥界实际管理者"地吏"的体系化构想。汉代墓葬材料中出现的地吏官职经吴荣曾整理，由最高级别的地下二千石至最低级别的亭长、父老、伍长乃至狱史、卒史等，基本"以汉官制度为范母扣制"[4]；而"二千石"正是俗称府君的府郡太守之俸禄。也就是说，泰山冥界形成以前的汉代冥界观念中，具体管辖冥界的最高级别官员本就可以称"地下府君"。待泰山之下变成了统合其他"地下"的单一冥界，其最高管理者也就自然可以相应地称"泰山府君"。也就是说，汉代民间信仰中地吏长官"地下二千石"与泰山冥界观念的结合，才是泰山府君这一管理泰山冥界之神灵出现的正源。

需要指出的是，贾海建也注意到了地下二千石的意义，并认为泰山府君是泰山神与土府及地下二千石结合的产物。[5] 但是，当时的墓葬材料冢，身为泰山神的太山君不仅与"地下二千石"同时存在，而且显然不属于冥界地吏，其召阅死者之能更不同于只有管理冥界之权、并无裁断生死之能的泰山府君。可见即便是在死后世界观念中，泰山府君也是不同于泰山神的独立存在。

---

[1] 吴荣曾：《镇墓文中所见到的东汉道巫关系》，第59—61页；朱磊：《中国古代的北斗信仰研究》，北京：文物出版社2018年版，第67—69页。
[2] 王利器校注：《风俗通义校注》，第65页；《后汉书》，北京：中华书局2000年版，第2731页。
[3]《三国志》，北京：中华书局1973年版，第819页。
[4] 吴荣曾：《镇墓文中所见到的东汉道巫关系》，第60页。
[5] 贾海建：《魏晋六朝时期泰山府君与泰山神关系考论》，第4页。

当然,随着汉魏以降泰山冥界观念的确立与广泛传播,加之佛教地狱观的影响与重塑,泰山府君在民间信仰中的地位也一度提升,未免出现越俎代庖的情况。不过仅就所见之魏晋至隋唐志怪、游冥文献和资料而言,其中罕有明言泰山府君为泰山神的例证,隋唐以前更是只有魏晋之际成书的《列异传》"蔡支"节中,出现过自称"太山神"的天帝外公,有仪卫"具如太守"的间接关联而已,更何况这位"太山神"也必须将人间生死交由其外孙"天帝"裁断,自己并无实际主死之权。[①] 不仅如此,早期关于泰山府君的志怪文献中,几乎从未触及府君裁断生死的内容,至多是将阳寿未尽而误死游冥之人送归人间;直到宣扬佛法教化的内容大量进入志怪故事之后,相关文献中的泰山府君才逐渐变为裁决死者善恶的地狱主宰。这也从一个侧面反映出了在佛教影响渗入之前泰山府君形象和性格形成过程的独立性。

四、结语

以从地域性中心山岳向大一统国家之山岳最高代表这一转变为契机,古代时空观念中东方(东北)所代表的万物更始、二元交替性格,构成了国家和民间信仰中泰山"神德"的本质特征。随着政治、宗教特别是国家祭祀的发展,泰山成为通天达地、沟通阴阳的神山,由此化生而成的自然神则构成了后世加爵封王以至于"东岳大帝"等泰山神的正源;另一方面,民间信仰中的泰山同样具备"仙人居所"与"死人归处"的双重身份,由此推动了与国家祭祀中自然神性格相近的人格化泰山神"太山君"形象的出现。专司冥界的泰山府君显然不同于以二元交替性格为本质特征的泰山神,后者因此特征而可以召魂魄、阅生死,前者则是依托于汉代死后观念中的地吏"地下二千石"而形成、因作为统合于泰山之下的死后世界的最高管理者而得名。

明确的"泰山府君"之名,最早见于《列异传》之"胡母班"残节中,东晋《搜神记》"胡母班"节中则首次对其身份、职权以及泰山冥界进行了较为详细的描述。[②] 结合本文论述,可以推断其形象应是在魏晋之际形成并开始传播的,而

[①] 李剑国辑释:《唐前志怪小说辑释(修订本)》,上海:上海古籍出版社2011年版,第170页。
[②] 李剑国辑释:《唐前志怪小说辑释(修订本)》,第272页;李剑国辑校:《搜神记辑校》,北京:中华书局2019年版,第96—97页。

这也正是所谓"泰山治鬼"思想开始流传的时期,二者相辅相成。隋唐以降,佛教地狱逐步吸收并取代民间信仰中的泰山冥界,泰山府君也最终成为阎罗王麾下的地狱主宰之一,以至于伴随密教修法东渡日本,演变为日本阴阳道信仰中有"祛病消灾"之功的重要神明,其发展与演变过程则反映出了中国民间信仰与佛教信仰之间的相互作用,以及东亚世界中泰山信仰和冥界观念流传轨迹。

孟子与荀子：他们到底在争什么？
——论孟荀之争的性质及传统两千年之误读和误解

路德斌

（山东社会科学院）

内容摘要：孟、荀人性论之争并非"人性善恶"之争，而是一场由"人之所以为人者"之命名而引发的名实、概念之争。在命名过程中，孟子通过"性命之辨"而对传统的"性"概念进行了一次"旧瓶装新酒"的改造，传统"性"概念所涵括的内容如耳目口腹之欲等等，被其完全剥离而统归于"命"一概念之下，而"性"则被其专用于指称"人之所以为人而异于禽兽者"；但荀子的做法不同，一方面，他严守"约定俗成"的原则，非常自觉地在传统的意义上使用"性"一概念；另一方面，对于"人之所以为人者"，因为传统中并无相应的"旧名""实名"或"善名"可用，故"有作于新名"，而命之曰"伪"。于是乎，一"命"一"性"，一"性"一"伪"，同名异实，同实异名，孟、荀之争由是起焉。

关键词：孟荀之争；人性善恶；性命之辨；性伪之辨

关于孟、荀人性论之争的性质，传统的认知几乎是一贯而没有异议的，即认为在二者之间所展开的是一场"人性善恶"之争。孟子道"性善"是在讲"人性本善"，荀子言"性恶"是在说"人性本恶"，二子所建构的完全是两种不同且正相对立的人性论形态。也正因为如此，自唐宋以来，随着"道统说"的滥觞、兴盛和孟学正统地位的确立，主张"性恶"的荀子及荀学便被理学家们判定为"大本已失"

而走上了一条备遭诟病、日渐衰微的不归路。以至于到了明朝嘉靖九年（公元1530年），从祀孔子近四百五十年之久的荀子，在皇帝的一纸诏令下，被扫地出门，永远地赶出了孔庙。这种情形直到今天都没有实质性的改变，在最有话语权的现代新儒家牟宗三先生的眼里，关于荀学的观感还是和宋代理学家们一样，仍然是"高明不足"，仍然是"大本不立"。

所以，对荀子和荀学来说，孟、荀之争的性质到底是什么，并不是一个只与过往的遭遇紧密相关的问题，而更是一个关乎其未来前途和命运的大问题。在这个问题上，笔者的研究结论与传统的认知大相径庭，要言之，孟、荀人性论之争并非"人性善恶"之争，而是一场由"人之所以为人者"的命名所引发的名实、概念之争。

一、孟荀之争非"人性善恶"之争

为什么说孟、荀人性论之争并非"人性善恶"之争呢？

正如同我们不能在没有眼见为实的情况下，仅仅凭着在人群中听到了一个熟悉的名字就立马断定他/她就是自己所认识的那个人一样，判定孟、荀人性论之争的性质也是如此，我们不能仅仅依据"性善""性恶"之名便想当然地认为发生在孟、荀之间的就是一场"人性善恶"之争。真正的判断和结论必须建立在事实基础之上，具体到孟子和荀子，那就是要看在"人的发现"问题上，二人究竟觉解到了什么或究竟说了些什么。那么，事实到底如何呢？下面的这个图示可以让我们一目了然。

		孟 子		荀 子
人之属性	人之所以为人者	善	人之所以异于禽兽者几希，庶民去之，君子存之。（离娄下） 无恻隐之心，非人也；无羞恶之心，非人也；无辞让之心，非人也；无是非之心，非人也。……人之有是四端也，犹其有四体也。（公孙丑上） 从其大体为大人。……先立乎其大者，则其小者弗能夺也。（告子上）	善	人之所以为人者，何已也？曰：……人之所以为人者，非特以其二足而无毛也，以其有辨也。（非相） 水火有气而无生，草木有生而无知，禽兽有知而无义，人有气、有生、有知，亦且有义，故最为天下贵也。（王制） 为之，人也；舍之，禽兽也。（劝学）
	人之动物性	恶	口之于味也，目之于色也，耳之于声也，鼻之于臭也，四肢之于安佚也，性也，有命焉，君子不谓'性'也。（尽心下） 从其小体为小人。……耳目之官不思，而蔽于物。物交物，则引之而已矣。（告子上） 养心莫善于寡欲。（尽心下）	恶	今人之性，生而有好利焉，顺是，故争夺生而辞让亡焉；生而有疾恶焉，顺是，故残贼生而忠信亡焉；生而有耳目之欲、有好声色焉，顺是，故淫乱生而礼义文理亡焉。然则从人之性，顺人之情，必出于争夺，合于犯分乱理而归于暴。……用此观之，然则人之性恶明矣。（性恶）

无需置辩，从图示中，我们可以非常直观而清晰地看到两个基本的事实：

第一，孟子和荀子都是两重人性论。在关于"人"或"人性"的觉解中，二人都认为"人"并非只是一重而是由两重属性构成的：一重是人的动物性，即人的自然生理之质及其欲望如耳目口腹之欲等等，它是人和禽兽共有、共通的属性；另一重则是人之所以为人者，孟子看到的是"四心/四端"，荀子发现的则是"辨"和"义"。与前一重属性不同，此一重属性恰是禽兽之所无而为人类所独有，是作为"人的本质"而将人和禽兽区别开来的属性。

第二，所谓"人性善恶"之争，在孟、荀之间其实是不存在的。大家可以看到,在"人之动物性"层面,二人都认为人的自然生理之质及其欲望乃是现实中"恶"之所以产生并滋长的内在根源,故荀子谓之曰"性恶",孟子则称之为"小体",并曰:"养心莫善于寡欲。"而在"人之所以为人者"层面,二人同样都认为"善"是有先天基础和内在根据的,虽然在具体内容上,二者的认知确实存在着深刻的差异,在孟子曰"四心/四端",在荀子曰"辨、义",但在其作为"人的本质"属性之为"善"的根据这一点上,孟、荀之间并不存在分歧和对立。这方面,孟子的表述在文本中可以说是俯拾皆是,而荀子的理念在荀书中同样有十分清楚的呈现。比如在《性恶》篇中,荀子就说:"塗之人也,皆有可以知仁义法正之质,皆有可以能仁义法正之具,然则其可以为禹明矣。……将使塗之人固无可以知仁义法正之质,而固无可以能仁义法正之具邪?然则塗之人也,且内不可以知父子之义,外不可以知君臣之正。……今塗之人者,皆内可以知父子之义,外可以知君臣之正,然则其可以知之质、可以能之具,其在塗之人明矣。"所谓"可以知之质",即"辨"也;所谓"可以能之具",即"义"也。荀子所要表达的意思很清楚,他就是想告诉世人,作为人之所以为人而异于禽兽者,"辨"和"义"是一种人人先天固有的机能和属性,它不仅是社会生活中伦理之善之所以可能的内在根据,同时也是"塗之人可以为禹"之不可或缺的先天基础。有之,不必然;但无之,必不然。

由此以见,像传统那样从"善恶"的立场和角度去解读孟、荀人性论之争,显然是一个错误。因为当我们摆脱概念(名)的蔽囿,真正面对事实本身的时候会发现,真相远不是传统所告诉我们的那个样子。在孟、荀之间,"人性善恶"之争是不存在的。人的耳目口腹之欲并非只是在荀子这里被视为是"恶"的源头,在孟子的观念中其实也是如此;同样,作为"善"的根据——人之所以为人而异于禽兽者,也并非只是在孟学那里才有所发现和发明,荀子及荀学在这个问题上其实有着同样深刻的觉解,只是在具体内容上,二人的认知有所不同而已。

二、孟荀之争是一场名实、概念之争

论述至此,那么接下来我们需要面对的便是一个大家一定会问而且在理论上也是无法回避的问题,那就是:既然孟、荀之间并不存在"人性善恶"之争,既然从"善恶"的角度去解读孟、荀之争是一个错误,那么荀书《性恶》篇中对孟子"性善论"所展开的批评又是所为何事呢？究竟从怎样一个角度去观察和解读孟、荀之争才能更加接近事实和真相呢？

在这个问题上,笔者的研究结论可能会让人感到十分诧异和难以置信,但在笔者看来却也是十分确定无疑的。要言之,孟、荀人性论之争不是"人性善恶"之争,而是名实、概念之争。具体说,是"性"概念如何使用、"人之所以为人者"如何命名之争。

如大家所知,诸子蜂起的春秋战国乃是中国文化的"轴心时代",因而从另一个侧面来说,也必然是一个概念史上的"制名迎新"的时代。随着经济、社会尤其是文化的裂变式发展,旧有的名称或概念已经远远不能满足如雨后春笋般涌现出来的新事物和新思想。于是乎,便出现了《荀子》文本中所描述的情形——"名守慢,奇辞起,名实乱,是非之形不明,则虽守法之吏、诵数之儒,亦皆乱也。"(《荀子·正名》)所以,对于当时的诸子们来说,他们经常面临着一项重要的且不能不做的工作,那就是"正名"——"有循于旧名,有作于新名。"(《荀子·正名》)而对于儒家的孟子和荀子来说,儒学发展到他们这里,恰恰就有这么一项迫切需要解决和完成的任务摆在面前,那就是为儒家自孔子以来之关于"人"的新发现——"人之所以为人者"进行命名的工作。孟、荀间的人性论之争,事实上就是由此引发并展开的。

在孟子,这项工作是通过"性命之辨"来进行的。其言曰：

> 口之于味也,目之于色也,耳之于声也,鼻之于臭也,四肢之于安佚也,性也,有命焉,君子不谓"性"也；仁之于父子也,义之于君臣也,礼之于宾主也,智之于贤者也,圣人之于天道也,命也,有性焉,君子不谓"命"也。(《孟子·尽心下》)

对于这一段文字,以往的学者往往只专注于对文本本身的解读,而忽略或者根本没有意识到我们所面对的其实是一个发生在概念史上的重大事件,那就是"性"概念的转变。在这里,我们必须看到或注意到,在为"人之所以为人者"命名的过程中,通过"性命之辨",孟子对传统的"性"概念进行了一次"旧瓶装新酒"的改造。传统"性"概念所涵括的内容如耳目口腹之欲等等,被其完全剥离而统归于"命"一概念之下,而"性"则被其专用于指称儒家之于"人"的新发现——人之所以为人而异于禽兽者。于是乎,"性"这个原本只是用来指称人与禽兽之共通属性因而并不具有"人之所以为人者"之内涵和意义的概念,在孟子的哲学体系中,因新内容之进替和新内涵、新意义之生成而变成了一个全新的概念,即变成了一个与传统涵义完全相反的、用以表征人区别于禽兽之本质属性的概念。换言之,孟子哲学中的那个在今天已经被大家广为熟悉的"性"概念,在当时其实并不是一个约定俗成、普遍流行的概念,而是一个创见,是一种新说。

那么在这个问题上,荀子又是如何做的呢?透过文本可见,在荀学这里,命名的工作是通过"性伪之辨"来完成的。其言曰:

> 若夫目好色,耳好声,口好味,心好利,骨体肤理好愉佚,是皆生于人之情性者也,感而自然、不待事而后生之者也。夫感而不能然、必且待事而后然者,谓之生于伪。是"性""伪"之所生,其不同之征也。(《荀子·性恶》)

> 凡性者,天之就也,不可学,不可事;礼义者,圣人之所生也,人之所学而能、所事而成者也。不可学、不可事而在人者,谓之性;可学而能、可事而成之在人者,谓之伪。是"性""伪"之分也。(《荀子·性恶》)

相对于孟子的"性命之辨",荀子的表述看起来似乎不是特别的清晰和规范,所以为方便理解和比较,我们不妨仿照孟子"性命之辨"的句式,将荀子"性伪之辨"的逻辑和理路重作梳理,表述如下。曰:

目好色,耳好声,口好味,心好利,骨体肤理好愉佚,是人之所生而有也,性也,感而自然,亦性也,故君子谓之"性"也;人之有义,人之能辨,是亦人之所生而有也,性也,有伪焉(即"感而不能然,必且待事而后然者"),故君子不谓"性"也。

即此,问题的症结和焦点亦可谓昭然若揭了。透过"性伪之辨",我们可以清楚地发现,与孟子"性命之辨"的理路和做法不同,在荀学这里,一方面,对于人的自然生理之质及其欲望,荀子严守"约定俗成"的原则,"有循于旧名",继续以"性"一概念"名"之;另一方面,对于"人之所以为人者",传统中并无相应的"旧名""实名"或"善名"可用,故当"有作于新名",荀子于是而命之曰"伪"①。于是乎,一"命"一"性",一"性"一"伪",同名异实,同实异名,孟、荀之争由是起焉。

不过,如此一来,便会有一个很大的疑惑和问题产生:作为一个晚生、后起的儒者,按照常理,在范畴或概念的使用上自然会遵循前人的定义和用法,但为什么在"人之所以为人者"的命名和"性"概念的使用问题上,荀子非但没有接受和沿用孟子"性命之辨"的做法及理路,相反,却由此引发了他与孟子之间的激烈纷争呢?认真研读荀书《正名》《性恶》两篇,我们不难找到问题的答案。

透过两篇的论述,我们可以确切地知道,在"性"概念如何使用、"人之所以为人者"如何命名问题上,孟、荀之间的分歧确实是无法调和的。因为在荀子眼里,孟子的"性命之辨"不仅在理论上存在着非常严重的过失,而且在实践中也必然会产生令人无法接受的后果。具体言之,在荀子看来,孟子用"旧瓶"来装"新酒"的做法,首先就违反了"约定俗成"的制名原则,既未守"名约"以言"性",亦未作新名以指"实",而是"析辞擅作,以乱正名",不仅无益于概念的明晰和思想的传达,相反,会愈发导致名实混乱,"使民疑惑,人多辨讼"(《荀子·正名》)。依荀子之见,在"生之谓性"的传统下,"性"之概念在当时已经是一个"约定俗成"、普遍流行的"实名"或"善名",在习俗和生活中早已形成了其表征自身并为人们不言而喻的概念属性或规定性。也即是说,对于生活在当时的人们来说,只要提起"性"这个概念,大家立马就会自然而然、不假思索地产生两点联想:第一,它是"生之所以然",也即"天之就也",与生俱来,不待人为而有;第二,它是"感而自然"或"不事而自然"(《荀子·正名》),也即感物而动,不待思虑而成。毫无疑问,对大众百姓来说,这是一个既成的、现实的语境,所以尽管孟子本人对"性"一概念进行了重新的界定,但当他把"仁义礼智圣"置换到"性"概念之下并以"性善"来标举自己的理念和主张的时候,关于"性"概念

---

① 关于"伪"字,在此需稍作疏解和辨正,因为此一用法上的"伪"字在荀学中是一个特别重要的概念,而传统对它的把握却一直存在着非常深的误读和误解。要言之,荀学中的"伪"并非只是一种后天的工具性行为,而是有先天、后天两层义蕴:就先天的层面说,"伪"首先是一种能力,是一种植根于人"心"并以"辨"、"义"为基础而成就"善"的能力;而从后天的层面说,"伪"则是一个过程,是一个"伪"以成"善",合外(仁义法正之理)内(辨义之知能)为一道的过程,用荀子自己的话说,即是一个"心知道,然后可道;可道,然后能守道以禁非道"(《荀子·解蔽》)的过程。

的传统思维定式会在自觉不自觉中将其"性善论"纳入到人们久已习惯了的思维理路中,并由此得出一个合乎逻辑、顺理成章的结论:善是生而有之的,亦是感而自然的。而这样一种观念所造成之后果,无论在理论上还是在实践中,在荀子看来都是灾难性的,因而也是不能被允许和接受的。依荀子的论述,基于"性命之辨"以建构起来的孟子"性善论",在传统思维定式的制约之下,必然会导致或造成两种与儒家精神完全相悖的后果:

其一,从人群社会层面说,即是否定圣王和礼义。荀子这样说:"今诚以人之性固正理平治邪?则有恶用圣王、恶用礼义矣哉!虽有圣王礼义,将曷加于正理平治也哉!……故性善,则去圣王、息礼义矣。"(《荀子·性恶》)如果"仁义礼智圣"果真乃"性"中固有且是感而自然,那么圣王、礼义便也就彻底失去了其存在的合法性和意义。欲求正理而去圣王,欲得平治却息礼义,对一个社会而言,这无异于摧毁了大厦的基础却又期望大厦能巍然屹立、不坠不覆,其可得乎?

其二,从个体修养层面说,则必形成一种误导——恃性善而慢修身,任自然而废问学。逻辑很简单,如果"仁义礼智圣"已然是"性"中固有,圆满自足,那么一切后天的作为和努力,对人而言便皆成多余而变得毫无疑义,任何人只需任随"性"之自然,即可毫无阻滞地呈现其"性"中固有的美善,睟面盎背,德充四体,并最终达致"通于神明,参于天地"的圣人之境。

"性"概念乱用的后果竟是如此之严重!身为名辨大师且以弘扬儒道为己任的荀子当然不可能听之任之,坐视不理,所以他一反孟子"性命之辨"的理路和做法,作"性伪之辨",辨名析理,严别"性""伪"。由此,我们再回头去看荀书的《性恶》篇,便会于刹那间豁然开朗,没有疑惑,不再纠结。荀子对孟子的批评,表面看是在纠缠"善恶",事实上却是在批评孟子于名实、概念上的"析辞擅作"。在荀子看来,孟学人性论的最要害的问题或最严重的失误不是出在别处,是出在概念上,是"不及知人之'性',而不察乎人之'性''伪'之分者也"。而如此不顾正名原则和现实语境的理论建构当然不可能在荀子这里获得认可和接受,所以从荀子的言语中我们可以看到,对于孟子的"性善论",荀子的态度是断然否定的——"无辨合符验,坐而言之,起而不可设,张而不可施行,岂不过甚矣哉!"(《荀子·性恶》)

三、结语：新视角下的孟、荀人性论

由此反思可见，在孟、荀之争问题上，传统的认知其实是犯了一个很严重的认识论上的错误，那就是"蔽于名而不知实"。乍见孟子道"性善"，荀子言"性恶"，便想当然地认为孟、荀之争就是一个"人性善恶"之争。而结果呢，大家都看到了，两千年来，谬误相袭，积久成习，儒家因此而内耗不止，荀学因此而衰微不振。但事实上，即如我们前文所梳理、分析和呈现的那样，荀子所言"性"与孟子所言"性"，名同实异，完全是两个不同的概念。孟、荀之争并非"人性善恶"之争，而是名实、概念之争，也即是"性"概念如何使用、"人之所以为人者"如何命名之争。

真相既已大白，那么如此一来，关于孟、荀人性论，基于传统认知而形成的所有观念及判断亦将因此而发生颠覆性的改变。概要说来，主要体现在以下两个大的方面：

第一，孟、荀人性论尤其是荀子人性论的性质到底是什么？

孟、荀之争既然不是"人性善恶"之争，那也就意味着在"人之所以为人者"之善恶问题上，荀子的观念并不与孟子构成矛盾或对立。既然如此，那我们还能像两千年以来的传统那样继续将荀子的人性论称作是"性恶论"吗？

的确，从前文的梳理和比较中我们可以清楚地看到，不只是荀子的人性论不能简单地化约为"性恶论"，就是孟子的人性论也同样不能简单地化约为"性善论"，因为事实上二人都是地地道道的两重人性论。所以在这个问题上，我们切不可再犯以往"以名定实"的错误，而必须回到事实本身，实事求是，稽实以定性。具体地说，就是需要从两个层面去分别把握和言说：从"人之动物性"层面言"性"，孟子和荀子都认为人的自然生理之质及其欲望乃是现实中"恶"之所以产生的内在根源，如果就此说荀子是"性恶论"，那么孟子当然也是"性恶论"；从"人之所以为人者"层面言"性"，孟子和荀子也都认为在人的先天禀赋中皆生而固有"善"之所以可能的内在根据，孟子曰"四心"，荀子曰"辨、义"，如果就此说孟子是"性善论"，那么荀子又如何可能是"性恶论"呢？进而言之，如果就此说孟学是"大本得立"，那又怎么可以说荀学是"大本已失""大本不立"呢？

第二,孟、荀人性论的不同或分歧到底在哪里?

当然,说孟、荀之间不存在"人性善恶"之争,并不意味着二人的人性论是相同的或没有区别的,相反,透过本文所揭示的名实、概念之争,我们所看到的可能是存在于两大思想家之间的更深刻、更具理论意味的分歧和差异。要言之,从宏观的角度看,建基于"性命之辨"之上的孟学人性论,其运思理路实乃是一条哲学上的唯理主义路线,虽然他的初衷也是为了解决现实人生问题,但他显然认为达成目的的最根本的途径就是抓住现象背后的"本质",所以在孟学这里,其所建构的理论主体乃是一个围绕"先验本质"("四心/四端")而展开的形而上学体系;而荀学的理路却不然,荀子走的是一条完全相反的经验主义路线,虽然他也不否认任何事物皆有其先天的、形而上的本质存在,但他认为理论思考的重点不应放在"先天"而应放在"后天",因为"先天"只是一个"自然",不待而有,不事而成,是人所无能为力的,只有"后天"才是人能够施展作为的广阔天地。也即是说,对现实人生而言,真正重要的不是探讨"何以可能",而是确定"如何去做"。故与孟学不同,基于"性伪之辨"而建构起来的荀学人性论很明显的是一个以实践为务的经验论体系。也正是源于这种哲学精神和进路的不同,所以在具体内容上,孟、荀人性论之间更是呈现出了全方位、多层面的差异,比如在"人之所以为人而异于禽兽者"问题上,孟、荀的觉解就有很实质的不同,孟子发现的是"四心",而荀子看到的是"辨、义","四心"类似于天赋的观念,而"辨、义"则是一种理性的能力。再比如在修养方法上,二者同样迥异其趣,孟学是一心向内,反求诸己,尽心,知性,知天,然后存之、养之、扩而充之;而荀学不然,是主观见之于客观,是"合外内"为一道,用荀子自己的话说,即所谓"心知道,然后可道;可道,然后能守道以禁非道"(《荀子·解蔽》)。等等等等,不一而足。平心而论,对孟、荀人性论来说,诸如此类的问题其实比两千年来人们一直纠结其上的所谓"人性善恶"之争更值得探讨,更有价值和意义,因为"人性善恶"对孟、荀来说不是问题,是一个伪问题。

论党性修养对阳明心学合理内核的融摄①

彭彦华

（尼山世界儒学中心）

摘要：党性修养是党员干部将党性内化于心、外化于行的锤炼过程，阳明心学"心悟"是指人经过长期思考后领悟新认识、新感知的过程。锤炼党性修养可以借鉴阳明心学治心路径。治心或主观世界改造的关键是道德的自我完善，道德自我完善的难点在于克制贪欲，克制贪欲的基本路径是致良知，治心对于党员干部来讲就是增强党性修养，致良知或增强党性修养的根本方法是知行合一。党性教育借鉴弘扬阳明心学的治心路径，有利于在每一个党员身上深深地根植下坚强的党性，筑牢信仰之基、从政之基、廉政之基。

关键词：党性修养；阳明心学；治心路径；共产党人；心学

十八届中央纪委六次全会公报明确提出："党性教育是共产党人的'心学'，是党员正心修身的必修课。"2021年1月22日，习近平总书记在十九届中央纪委五次全会上的讲话中提到："要坚持学懂弄通做实党的创新理论，以庆祝建党100周年为契机，引导党员、干部加强党性锻炼、党性修养，坚定理想信念，百折不挠把自己的事办好。"今年6月17日习近平总书记在中共中央政治局第四十次集体学习时又进一步强调："要弘扬党的光荣传统和优良作风，开展有针对性的党性教育、警示教育，用廉洁文化滋养身心，建立符合新时代新阶段要求的干部考核评价体系，注重对年轻干部的教育引导。"党性教育实际是共产党人修身养性的必修课，是共产党人的"心学"。阳明心学至今已有500

---

① 本文系贵州省哲学社会科学规划国学单列重大项目"陆王心学与当代国人的人文信仰建构研究"（项目编号：20GZGX09）阶段性成果。

余年,虽然时代背景已经很不相同,但是依然能够与党性修养产生交集,党性修养所遇到的困境和难题也可以在阳明心学中寻找启发思路和借鉴解决方法。

一、治心(或主观世界改造)的核心:道德的自我完善

中国哲学根底属生命哲学,尤其重视生命"体悟"。中国哲学重视体悟的特点,注定了对中国哲学的学习必须用心感悟。儒学被称为"内圣外王之学",心学作为儒学的一种形态,更加强调"内圣之学",心学最早可以追溯至孟子,两宋时程颢、陆九渊等将之发扬光大,明代王阳明建构了以知行合一、致良知为核心的"心学"思想体系。"心学"思想主张正心修身,由内向外、在找回"良知"中成为圣人。阳明心学的主题是治心,主张"身之主宰便是心"。[①] 他认为人由躯壳和心构成,而心是"真己"。"这个真己是躯壳的主宰。""所谓汝心,亦不专是那一团血肉。若是那一团血肉,如今已死的人,那一团血肉还在,缘何不能视、听、言动?"[②] 在王阳明看来,能修养到内圣境界,德性自高、智慧必达,"外王"事业便水到渠成。

共产党人的党性修养着力于主观世界的改造,用传统语言表达,就是如何治心的问题。心学精华提示共产党人强调"内圣",即触及人心灵的党性教育和党性修炼,共产党人的"心学"应该就是引导党员志于"外王"的"内圣"之学。习近平总书记在谈到全面从严治党问题时引用了王阳明"身之主宰便是心"和龚自珍的"不能胜寸心,安能胜苍穹"两句话,认为全面从严治党"既要注重规范惩戒,严明纪律底线,更要引导人向善向上,发挥理想信念和道德情操引领作用"。"对共产党人来讲,动摇了信仰,背离了党性,丢掉了宗旨,就可能在'围猎'中被人捕获。只有在立根固本上下功夫,才能防止歪风邪气近身附体。""'本'在人心,内心净化、志向高远便力量无穷。"[③] "身之主宰便是心",意在强调心的主导地位,心正则身修。

党性教育要求改造主观世界,提高党员的道德修养、培养君子人格,这与

[①] 王阳明著、梁启超点校:《传习录集评》,北京:九州出版社 2015 年版,第 11 页。
[②] 王阳明著、梁启超点校:《传习录集评》,第 89 页。
[③] 习近平:《在第十八届中央纪律检查委员会第六次全体会议上的讲话》(2016 年 1 月 12 日)。

传统心学的躬身自问、反求诸己等修身功夫是一致的。孟子讲"行有不得者,皆反求诸己"(《孟子·离娄上》)。王阳明在龙场悟道后,体会到"圣人之道,吾性自足,向之求理于事物者误也。"[①]"天下之物本无可格者,其格物之功,只在身心上做。"[②]进而将人的自我意识、内心感悟等作为道德修养的重要途径。王阳明把致良知之知解释为道德原理,认为它具有决定性的价值。他说:"良知不由见闻而有,而见闻莫非良知之用;……'致良知'是学问大头脑,是圣人教人第一义。今云专求之见闻之末,则是失却头脑,而已落在第二义矣。"[③]提升道德觉悟必然提升自己对于外事外物的认知水平。"大抵学问功夫只要主意头脑是当,若主意头脑专以致良知为事,则凡多闻多见,莫非致良知之功。盖日用之间,见闻酬酢,虽千头万绪,莫非良知之发用流行"。[④] 显然,在王阳明看来,重要的是如何达成道德的自我完善,道德的自我完善是一个比知识的获取更为困难的主题。在党性修养教育上,要使党员干部能够自觉达成自我要求与践行党章、党规、准则、条例、纪律相统一,不仅需要加强纪律约束的"他律",更重要的是要提高党员干部自我革命的"自律"意识,切实做到"从心所欲不逾矩"。从孔子的"从心所欲"到王阳明的"吾心光明",既有异曲同工之妙,又有一脉相承之意,从"心"做起,成就人生。

应该说,改革开放以来,党政干部的主观世界的改造在思想的解放、思维方式的更新方面取得了重要成绩,但在道德的自我完善与提升方面还有待提高。习近平总书记高度重视党员干部的主观世界改造,特别是道德修养问题。2014年5月,他在河南考察时强调:"面对纷繁复杂的社会现实,党员干部特别是领导干部务必把加强道德修养作为十分重要的人生必修课,自觉从中华优秀传统文化中汲取营养,……努力以道德的力量去赢得人心、赢得事业成就。"他还指出:"干部的党性修养、思想觉悟、道德水平不会随着党龄的增加而自然提高,也不会随着职务的升迁而自然提高,而需要终生努力。成为好干部,就要不断改造主观世界、加强党性修养、加强品格陶冶。要时刻用党章、用共产

---

① (明)王守仁撰,吴光、钱明、董平等编校:《王阳明全集》下,上海:上海古籍出版社1992年版,第1228页。
② (明)王阳明著,迟双明解译:《传习录全鉴》第2版,北京:中国纺织出版社2014版,第238页。
③ 王阳明著,梁启超点校:《传习录集评》,第157页。
④ (明)王守仁撰,吴光、钱明、董平等编校:《王阳明全集》上,第71页。

党员标准要求自己,要有'与人不求备,检身若不及'的精神,时刻自重自省自警自励,努力做到'心不动于微利之诱,目不眩于五色之惑',老老实实做人,踏踏实实干事,清清白白为官。"[①]"心不动于微利之诱",意思为讲道德修养要从小事做起,要有"正心"观念和"定心"观念,不要被蝇头小利诱惑而失去操守、坏了大事、忘了大义。"目不眩于五色之惑",是指不要被五光十色的外界所诱惑,不要被欲望牵着走,要有自我控制的能力。"自重、自省、自警、自励"是进行党性教育、提高党性修养行之有效的方法。《中国共产党章程》要求党员干部"正确行使人民赋予的权力,依法办事,清正廉洁,勤政为民,以身作则,艰苦朴素,密切联系群众,坚持党的群众路线,自觉地接受党和群众的批评和监督,做到自重、自省、自警、自励,反对官僚主义,反对任何滥用职权、谋求私利的不正之风。"在党性教育实践中,引导党员干部深刻理解党的方针路线,强化宗旨意识,坚定理想信念,将政治信仰、道德要求等内化为广大党员干部的思想自觉和价值认同。

二、道德自我完善的难点:克制欲望

党性修养意味着改造主观世界,关键是克制贪欲。对于人类的贪欲,古代思想家的应对办法就是克制。佛教、基督教和儒教都是如此。王阳明认为天理与人欲是对立的,圣贤是存天理去人欲的典范。"圣人之所以为圣,只是其心纯乎天理而无人欲之杂。犹精金之所以为精,但以其成色足而无铜铅之杂也。人到纯乎天理方是圣,金到足色方是精。"[②]王阳明也不否定人的自然需求,他认为天理不是外在的伦理规范,而是存在于每个人的心中,所谓心即理,"心之本体即是天理"。[③] 所谓人欲,就是超出人的自然生理需求的追求,具体来讲,是指好色、好货、好利、好名以及由此而来的闲思杂虑。应该说阳明心学,对于天理与人欲的界定是不适当的。人生必须有目标,这是人生的意义或价值所在。如果说好色、好货、好利、好名都是应当灭的人欲,那么人生的意义何在?即使是儒家成为圣贤的目标,也没有逃脱"好名"的范围。问题并非在

[①] 习近平:《在全国组织工作会议上的讲话》(二〇一三年六月二十八日),中共中央文献研究室编:《十八大以来重要文献选编》上,北京:中央文献出版社2014年版,第341—342页。
[②] (明)王守仁著,王先华译注:《传习录全集》,天津:天津人民出版社2014年版,第107页。
[③] (明)王守仁撰,吴光、钱明、董平等编校:《王阳明全集》上,第72页。

于人对于色、货、利、名的追求,而在于这种追求是否合理合法。君子爱财,取之有道。只要是在合理、合法的范围之内,对于色、货、利、名的追求都是正当的。正如饮食属于天理一样,党性也包含着对人性的充分尊重。这种尊重,意味着党尊重、肯定党员个人的合理利益。

虽然我们不能认同阳明心学对于天理与人欲的界定,但是其克制欲望的思路对于党性修养来说有着重大的参考价值。一方面,王阳明认为,心即理。天理内在于心中;另一方面,天理不是抽象的终极原理,而是具体的,要落实到每一个实际行动中。"去得人欲,便识天理"[①],天理展现于每一个实际行动中。王阳明认为,存天理与去人欲是一件事情的两个方面。存天理即意味着去人欲,而去人欲也就是存天理。

如果说党性是天理,那么党性要像天理一样内在于每个党员的心中。党员如果心中没有党性,实际上就丧失了作为一个党员的灵魂。但讲党性并不是整日唱高调,而是落实到每一个实际行动中。如果说"去得人欲,便识天理",那么我们也可以说,克制住了私欲,也就认识了党性。习近平总书记指出:"衡量党性强弱的根本尺子是公、私二字。"领导干部中出现的以权谋私等种种问题,"其中的动因不就是一个'私'字吗?有人说,现在不要讲'大公无私'了,因为干部的合理合法利益也要承认,应该是'大公有私'。这是一个谬论!干部合理合法的利益当然要承认,也要保障,但这同私心、私利、私欲不是同一个概念,不能混为一谈。"[②]可见,党绝不是要党员一无所有,搞越穷越革命那一套,而是强调心底无私无染,无私才无畏,无染才清明。中国共产党不是有利可图的党,中国共产党党员也不是唯利是图的人。立党不是为了赢利,入党也不是入股。

习近平总书记要求党员干部克制私欲。他说:"对于领导干部来说,必须分清合情合理的欲望和情理不容的贪欲之间的界限,在运用权力和交往活动中,坚守自己的道德底线,常思贪欲之害。"[③]"作为党的干部,就是要讲大公无

---

① (明)王守仁著,王先华译注:《传习录全集》,第92页。
② 习近平:《在参加河北省委常委班子专题民主生活会时的讲话》(2013年9月23日至25日),《习近平关于党的群众路线教育活动论述摘编》,北京:中央文献出版社2014年版,第38页。
③ 习近平:《干在实处 走在前列——推进浙江新发展的思考与实践》,北京:中共中央党校出版社2006年版,第374页。

私、公私分明、先公后私、公而忘私,只有一心为公、事事出于公心,才能坦荡做人、谨慎用权,才能光明正大、堂堂正正。"①早在 2004 年,习近平总书记就提出,"用权讲官德,交往有原则,必须常思贪欲之害。贪欲一起,祸害无穷。古人云:贪如火,不遏则自焚;欲如水,不遏则自溺。②有贪欲者往往越陷越深,最终把自己送入牢笼。"③无论是革命党还是执政党,中国共产党从来就没有私利可图,没有一己私利。从这个意义上讲,党性的境界就是"无"。"无"是一种超越的境界。2019 年 3 月,习近平总书记在罗马会见意大利众议长菲科时谈到,"我将无我,不负人民。我愿意做到一个'无我'的状态,为中国的发展奉献自己",道出了中国共产党人精神世界,诠释了全心全意为人民服务的根本宗旨。"无我"是一种大境界、大格局、大作为,是不计得失、不谋私利的理念,是夙夜在公、鞠躬尽瘁、无私奉献的实践。中国共产党人用一串串坚实的足迹,以枝叶关情、人民至上的中国答卷践行了"造福人民"的大格局,以不忘初心、驰而不息的精神状态彰显着"无我"的大境界,以实字当头、以干为先的奋斗姿态成就着"不负人民"的大作为。

加强党性教育就是要求共产党员按照党性要求,进行自我约束、自我教育、自我革命、自我完善。克制了自身的私欲,正确对待人、财、物问题,正确对待事关个人和家庭利益的问题,不越过党纪国法的红线,也就符合了党性原则。对于党员干部而言,私欲与党性是不相容的。在作风问题上,起决定作用的是党性。党性要求党员克制私欲,廉洁自律。一个人廉洁自律不过关,做人就没有骨气,做事就没有硬气,这是千古不变的道理。习近平总书记指出:"廉洁自律是共产党人为官从政的底线。我经常讲,鱼和熊掌不可兼得,当官发财两条道,当官就不要发财,发财就不要当官。要始终严格要求自己,把好权力关、金钱关、美色关,做到清清白白做人、干干净净做事、坦坦荡荡为官。"④为了克制私欲,党员干部必须增强党性。

---

① 习近平:《在第十八届中央纪律检查委员会第三次全体会议上的讲话》(2014 年 1 月 14 日)。
② 原文为"贪如火,不遏则燎原;欲如水,不遏则滔天。"(《韩非子》)。
③ 习近平:《干在实处 走在前列——推进浙江新发展的思考与实践》,北京:中共中央党校出版社 2006 年版,第 374 页。
④ 习近平:《做焦裕禄式的县委书记》,《学习时报》(京),2015 年 9 月 7 日。

三、克制欲望的基本路径：致良知，增强党性修养

克制欲望的基本路径是致良知，对于党员干部来讲就是增强党性修养。何为良知？《孟子·尽心上》曰："人之所不学而能者，其良能也，所不虑而知者，其良知也。"《大学》说："致知在格物"。阳明心学的经典表述，即著名的四句教："无善无恶心之体，有善有恶意之动，知善知恶是良知，为善去恶是格物。""致"是在事上磨炼、见诸客观实际。"致知"就是致吾心内在的良知。"致良知"就是将良知推广扩充到事事物物。"致"本身即兼知兼行的过程，"致良知"是心学的本体论与修养论直接统一的表现。共产党人的"心学"，可在党性教育上借鉴弘扬阳明心学的精华部分来加强党性修养。

在王阳明的心学思维中，道德自我完善的难点在于克制私欲，克制私欲的根本办法是致良知。王阳明认为，良知是人人都有的，然其明觉的程度并不相同。明觉的程度之所以不同，是因为良知容易为私欲所蔽。"夫良知即是道，良知之在人心，不但圣贤，虽常人亦无不如此。若无有物欲牵蔽，但循著良知发用流行将去，即无不是道。但在常人多为物欲牵蔽，不能循得良知。"①圣人之为圣人，是因为圣人能够克制自己的私欲，扩充自己的良知。"良知良能，愚夫愚妇与圣人同。但惟圣人能致其良知，而愚夫愚妇不能致，此圣愚之所由分也。"②当然这并不说，只有圣人才能扩充自己的良知，愚人就不能扩充自己的良知；而是说凡是能够扩充自己良知的就是圣人，不能扩充自己良知的就是愚人。只要能克私欲，致良知，普通人也能成为圣人。

致良知就是树立一种道德自觉，扩充自己的良知，把良知发挥到极致，建立自己的道德准则。王阳明说："若鄙人所谓致知格物者，致吾心之良知于事事物物也。吾心之良知，即所谓天理也。致吾心良知之天理于事事物物，则事事物物皆得其理矣。致吾心之良知者，致知也。事事物物皆得其理者，格物也。"③

在王阳明看来，要克制住私欲，除了致良知没有更好的办法。因为心术隐

---

① 王阳明：《答陆原静书》，(明)王守仁撰，吴光、钱明、董平等编校：《王阳明全集》上，第69页。
② (明)王守仁撰；吴光、钱明、董平等编校：《王阳明全集》上，第49页。
③ (明)王守仁撰；吴光、钱明、董平等编校：《王阳明全集》上，第45页。

微,只有自己的良知方能照察得出心灵深处的私欲。王阳明说:"人若不于此独知之处用力,只在人所共知处用功,便是作伪,便是'见君子而后厌然'。此独知处便是诚的萌芽,以处不论善念恶念,更无虚假一是百是,一错百错,正是义利诚伪善恶界头。于此一立立定,便是正本澄源,古人为学工夫精神命脉全体,只在此处。"①

致良知的过程就是良知与私欲作斗争的过程。因为致良知总会受到私欲的阻隔。"若无有物欲牵蔽,但循著良知发用流行将去,即无不是道。但在常人多为物欲牵蔽,不能循得良知。"②克制了私欲,良知就会得到彰显。"良知是天理之昭明灵觉处,故良知即是天理。"③"天命之性,粹然至善,其灵昭不昧者,此其至善之发见,是乃明德之本体,而即所谓良知也。"④良知能知是非善恶。

当一个人确立了自己的道德准则支配行为,私欲自然因此而得到遏止。2014年1月7日,习近平总书记在中央政法工作会议上指出:"执法不严、司法不公,一个重要原因是少数干警缺乏应有的职业良知。许多案件,不需要多少法律专业知识,凭良知就能明断是非,但一些案件的处理就偏偏弄得是非界限很不清楚。各行各业都要有自己的职业良知,心中一点职业良知都没有,甚至连做人的良知都没有,那怎么可能做好工作呢?政法机关的职业良知,最重要的就是执法为民。"⑤党性修养从根本上讲是党的本质属性在党员身上的内化。党员干部的党性修养需要终生努力,要自觉运用党性原则规范自己行为,克服和抵制各种错误思想,在不断改造主观世界中自我教育、自我改造、自我完善。

四、致良知或增强党性修养的根本方法:知行合一

致良知是一个人内心良知与私欲的较量。要想在这场较量中获得成功,需要坚强的意志,需要执行力。王阳明说:"人若真实切己用功不已,则于此心天理之精微,日见一日,私欲之细微,亦日见一日。若不用克己功夫,终日只是说话而已,天理终不自见,私欲亦终不自见。……今人于已知之天理不肯存,

---

① (明)王守仁著、王先华译注:《传习录全集》,第134页。
② (明)王守仁撰,吴光、钱明、董平等编校:《王阳明全集》上,第69页。
③ 王阳明著、梁启超点校:《传习录集评》,第159页。
④ 王阳明著、梁启超点校:《传习录集评》,第279页。
⑤ 《严格执法,公正司法》(2014年1月7日),《十八大以来重要文献选编》(上),第718页。

已知之人欲不肯去,且只管愁不能尽知,只管闲讲,何益之有?且待克得自己无私可克,方愁不能尽知,亦未迟在。"①王阳明认为知与行是高度融合的:"知是行的主意,行是知的工夫。知是行之始,行是知之成。若会得时,只说一个知,已自有行在。只说一个行,已自有知在。"②

王阳明所说的知与行,与常人的理解有所不同。他把心中的一个念头都看作是行的表现,即所谓"一念发动处便是行"。他说:"今人学问只因知、行分作两件,故有一念发动,虽是不善,然却未曾行,便不去禁止。我今说个'知行合一',正要人晓得一念发动处便即是行了;发动处有不善,就将这不善的念克倒了,须要彻根彻底不使那一念不善潜伏在胸中,此是我立言宗旨。"③这种知与行的高度合一,虽然并不合乎人们的日常思维习惯,但却有着重大的意义。因为知与行的分裂,使得人们对于自己的不善之念采取姑息态度,但如果将心中的念视作行,必将督促人们克制心中的不善之念。在这个意义上,知行合一不仅意味着要力行,而且意味着每时每刻克制不善之念。王阳明一个朋友对他感叹:"私意萌时,分明自心知得,只是不能使他即去。"阳明道:"你萌时,这一知处便是你的命根,当下即去消磨,便是'立命'工夫。"④王阳明认为,这个时刻是致良知的关键。王阳明说:"杀人须就咽喉上著刀,吾人为学当从心髓入微处用力,自然笃实光辉。虽私欲之萌,真是洪炉点雪,天下之大本立矣。"⑤

"知是行的主意,行是知的工夫",知与行的脱节在当下政治生活环境中依然是一个不可忽视的病态现象。知行不一暗中助长了奢靡之风、不正之风,给党风廉政建设带来很大危害。习近平总书记生动地将这些"知行脱节"的党员干部比作"两面人"。显然,党员干部中的"双面人"是典型的假知假行,这些假知假行的"双面人"使党组织内部的人际关系失去了"真诚",也使党组织陷入了蜕化、堕落的危险境地。此外,"双面人"也将自己推向了人格分裂的深渊,在家庭生活、社交场合、行政活动等处都要处处作假和装扮,无法过上正常人的生活,王阳明将之称为"鬼迷"。因此强调知行合一有针砭当下时弊的重要

---

① 王阳明著、梁启超点校:《传习录集评》,第50页。
② 王阳明著、梁启超点校:《传习录集评》,第8页。
③ 王阳明著、梁启超点校:《传习录集评》,第205页。
④ (明)王守仁著、王先华译注:《传习录全集》,第405页。
⑤ (明)王守仁撰,吴光、钱明、董平等编校:《王阳明全集》上,第152页。

意义。习近平总书记先后多次提到王阳明和他的学问,并特别突出"知行合一"。他认为,"知是基础、是前提,行是重点、是关键,必须以知促行、以行促知,做到知行合一"[①]。他尤其强调,"以知促行,以行促知,知行合一"。[②]

2014年5月4日,习近平总书记在考察北京大学时勉励大学生"道不可坐论,德不能空谈。于实处用力,从知行合一上下功夫,核心价值观才能内化为人们的精神追求,外化为人们的自觉行动。"对于党性修养来说,知行合一要求党员干部,要将党性落实到行动中,"一语不能践,万卷徒空虚"(明·林鸿《饮酒》)。首要的是以《中国共产党章程》为镜,关键是要发扬自我革命精神,多照一照自我、多量一量自身,认认真真查找差距、检视问题,永葆共产党人的政治本色。"在张口的时候要想想这句话该不该说,迈腿的时候要想想这个地方该不该去,伸手的时候要想想这些东西该不该拿。"[③]以践履躬行化解知行脱节。王阳明认为,践行便是真知,如果闭门修养,不在事上磨练,是不能提高自身道德修养的,"如言学孝,则必服劳奉养","岂徒悬空口耳讲说"。刘少奇在《论共产党员的修养》中也提出了理论联系实际的党性修养观点,"革命者只能在革命实践中改造自己","离不开实践中的自我修养和学习"。可见,只有将思想认识、道德原则等落实到行动上,才能算得上真正的"致良知"。所以,应当将党员干部的日常行为、工作作风、工作态度等作为党性修养教育的重要内容,在实践活动中培养党员干部的党性修养。

从方法上讲,知行合一主要是省察克治和事上磨练。程朱理学强调静坐。王阳明也曾提倡静坐。他最终认识到,反思是目的,静坐是手段。静坐使人心意平静,为反思创造前提条件。因此静坐之后,是"省察克治。省察克治之功,则无时而可间,如去盗贼,须有个扫除廓清之意。无事时将好色好货好名等私逐一追究,搜寻出来,定要拔去病根,永不复起,方始为快。常如猫之捕鼠,一眼看着,一耳听着,才有一念萌动,即与克去。斩钉截铁,不可姑容与他方便,不可窝藏,不可放他出路,方是真实用功。方能扫除廓清。到得无私可克,自有端拱时在。"[④]

[①] 人民日报评论部编著:《习近平用典》,北京:人民日报出版社2015年版,第147页。
[②] 本书编写组著:《第二批党的群众路线教育实践活动学习读本》,北京:新华出版社2014版,第5页。
[③] 习近平:《用权讲官德 交往有原则》,《求是》,2004年第19期,第38页。
[④] (明)王守仁撰,吴光、钱明、董平等编校:《王阳明全集》上,第16页。

王阳明认为,省察克治要以诚意和慎独为前提条件。他提出,道德修养上的立诚是根本。他说:"君子之学以诚身。格物致知者,立诚之功也。"①所谓诚意,就是确立真切的意愿。王阳明说:"夫诚者,无妄之谓。诚身之诚,则欲其无妄之谓。"②致良知要求真切的态度。王阳明认为,有无诚意,最显明地表现在独处之时。"独"是指人所不知而己所独知之地。《大学》《中庸》都强调"慎独",要求一人独处于人所不知之地勿要萌生恶念,产生恶行。这是最见诚意的地方。王阳明说:"人若不知于此独知之地用力,只在人所共知处用功,便是作伪,便是'见君子而后厌然'。此独知处便是诚的萌芽。此处不论善念恶念,更无虚假,一是百是,一错百错。正是王霸义利诚伪善恶界头。于此一立立定,便是端木澄源,便是立诚。古人许多诚身的功夫,精神命脉,全体只在此处,真是莫见莫显,无时无处,无终无始,只是此个工夫。"③致良知,要求在这个地方把持住自己。在这个意义上,"时习之要,只是谨独。谨独即是致良知。"④

在知行合一上,习近平总书记反复强调"慎独"的重要性。习近平同志指出:"官德修养需要我们做到一个'慎'字,具体说来就是慎初、慎独、慎微。慎者,谨慎,小心也。慎初,就是要走好第一步,特别是在手握大权、身居要职时,在初次接触、头遭相遇时,面对不安好心的'心意'和裹着糖衣炮弹的'意思',要高度警觉,莫轻意笑纳,勿'下不为例'。慎独,就是要在独处时谨慎不苟。独处时的行为,实际上是对一个人党性修养的最有效考验。只有做到了慎独,才能真正做到心中无愧。慎微,就是警惕于事物细微之处,'勿以善小而不为,勿以恶小而为之',防止小过酿成大错……慎初、慎独、慎微,关键在于'慎'字。'慎'是自尊、自爱、自强的表现。'初''独''微'三方面,都与生活相连,它更多地不是在台上、在公众场合,而是在台下、在家里、在八小时以外、在无人知晓的地方,甚至是潜意识里的一闪念。它直接反映的是个人的'内功',即个人的道德素质。道德素质好,就能不论白天黑夜、明里暗里,都能严防死守,矢志不渝,管住自己的口、自己的手、自己的腿,以及自己的亲属和身边工作人员,从

---

① (明)王守仁撰,吴光、钱明、董平等编校:《王阳明全集》上,第271页。
② (明)王守仁撰,吴光、钱明、董平等编校:《王阳明全集》上,第156页。
③ 王阳明著、梁启超点校:《传习录集评》,第87页。
④ (明)王阳明著,北京知行合一阳明教育研究院编注:《致良知——阳明先生经典语录中包含的非凡智慧》,北京:东方出版社2015年版,第139页。

而使自己永远立于不败之地。"①他要求党员干部时刻反躬自省,"不断加强自律,做到台上台下一个样,人前人后一个样,尤其是在私底下、无人时、细微处,更要如履薄冰、如临深渊,始终不放纵、不越轨、不逾矩。"②在就任总书记后,他多次谈到慎独问题。2014年3月,习近平总书记在河南省兰考县调研指导党的群众路线教育实践活动时要求,党员干部实实在在做人做事,做到严以修身、严以用权、严于律己,谋事要实、创业要实、做人要实,堂堂正正、光明磊落,敢于担当责任,勇于直面矛盾,善于解决问题,不搞"假大空"。对一切腐蚀诱惑保持高度警惕,慎独慎初慎微,做到防微杜渐。③ 2017年2月,在省部级主要领导干部学习贯彻十八届六中全会精神专题研讨班的开班式上,习近平总书记指出:"对领导干部特别是高级干部来说,加强自律关键是在私底下、无人时、细微处能否做到慎独慎微,始终心存敬畏、手握戒尺,增强政治定力、纪律定力、道德定力、抵腐定力,始终不放纵、不越轨、不逾矩。"④

除了强调省察克治之外,王阳明也提倡事上磨练,"人须在事上磨练做功夫,乃有益,若只好静,遇事便乱,终无长进。"⑤"人须在事上磨,方立得住,方能静亦定,动亦定。"⑥知行合一致良知应该落实到实际行动中,每一个实际行动都是知行合一致良知的机会。"若离了事物为学,却是著空。"⑦有一位官员因常听王阳明讲学,说:"此学甚好。只是薄书讼狱繁难,不得为学。"王阳明知道后说:"我何尝教尔离了簿书讼狱悬空去讲学?尔既有官司之事,便从官司的事上为学,才是真格物。如问一词讼,不可因其应对无状,起个怒心;不可因他言语圆转,生个喜心;不可恶其嘱托,加意治之;不可因其请求,屈意从之;不可因自己事务烦冗,随意苟且断之;不可因旁人潜毁罗织,随人意思处之:这许多意思皆私,只尔自知,须精细省察克治,惟恐此心有一毫偏倚,杜人是非,这便是格物致知。簿书讼狱之间,无非实学;若离了事物为学,却是著空。"⑧官员在

---

① 习近平:《用权讲官德 交往有原则》,《求是》2004年第19期,第38页。
② 习近平著:《之江新语》,杭州:浙江人民出版社,2007年版,第272页。
③ 程继隆著:《激浊扬清 习近平引经据典论廉政》,北京:中国方正出版社,2015年版,第1页。
④ 杨凯、望海楼:《习近平为何强调"慎独慎微"》,《人民日报》海外版,2017年02月17日。
⑤ (明)王守仁著、王先华译注:《传习录全集》,第283页。
⑥ (明)王守仁著、王先华译注:《传习录全集》,第49页。
⑦ (明)王守仁撰,吴光、钱明、董平等编校:《王阳明全集》上,第95页。
⑧ (明)王守仁撰,吴光、钱明、董平等编校:《王阳明全集》上,第95页。

从事"讼狱"等日常政务时,只要做到不动心,保持心体或良知本体的本然状态,并通过反复磨炼,就能不轻易起怒心、喜心、恶心、私心等意念。阳明还强调良知的"常觉常照"和检视自卫,"明诚相生,是故良知常觉常照。常觉常照,则如明镜之悬,而物之来者自不能遁其妍媸矣。"[①]"明镜之悬""常觉常照",即学会和善于"照镜子",通过"照镜子",检视自我的美与丑、优和劣,从而"易以知险,简以知阻",[②]达至良知。具体到党性教育,就是对照《中国共产党章程》,检视党性;对照《中国共产党廉洁自律准则》,检视信念;对照《中国共产党纪律处分条例》,检视行为。

习近平总书记认为"于细微处见精神,于细微处也见品德。……大多数腐败分子是从不注意小事小节逐步走到腐化堕落境地的。在推杯换盏中放松了警惕,在小恩小惠面前丢掉了原则,在轻歌曼舞中丧失了人格"。他提出,"小事当慎,小节当拘。……每个领导干部都应慎独慎微,从小事小节上加强自身修养,从一点一滴中自觉完善自己,懂得是非明于学习、境界升于自省、名节源于修养、腐败止于正气的道理,始终保持共产党员的本色。"[③]强调事上磨练,就是通过"照镜子"真发现问题、真改正问题,确实端正党员干部的仪容仪态,不断增强党的意识、党员意识、纪律意识,不断提升政治境界、思想境界、道德境界。

总之,当下继承和发扬中国文化,重视正心修身的优秀传统,尤其在党性教育上融摄阳明心学的合理内核,与时偕行,推陈出新,修好新时代共产党人的"心学",具有重要的现实意义和深刻的人文价值。

---

① (明)王守仁撰,吴光、钱明、董平等编校:《王阳明全集》上,第74页。
② (明)王守仁撰,吴光、钱明、董平等编校:《王阳明全集》上,第74页。
③ 习近平:《干在实处 走在前列——推进浙江新发展的思考与实践》,第368—369页。

儒、释、道人格精髓当代价值的创造性转化之原则和机理

邵龙宝

（上海杉达学院中华优秀传统文化研究所）

摘要：儒、释、道人格精髓为何？其创造性转化的方法论原则：其一，"四个讲清楚"：正确认识"中国特色"的"文化基因"；其二，"两个结合"：中华传统文化"双创"的基本原则；其三，"两个超越"：中华优秀传统文化"双创"的根本目标。儒、释、道人格精髓创造性转化的路径：一是应回到传统经典，把对经典的诠释与对"活着"的传统的考察结合起来；二是在确证儒、释、道人格精髓创造性转化的对象——现代化的公民人格的基础上进行理论建构；三是将心性修养与制度机制、环境的优化结合起来；四是把人格的培育放置在治理、管理、法理、伦理、心理"五理并重"的辩证逻辑中展开建构；五是将人格培育放在对中国式现代化和人类文明新样态的背景中对实然人格的描述与理想人格的理论建构、实践层面的培育结合起来。

关键词：儒、释、道人格精髓；创造性转化原则；机理

儒、释、道人格精髓为何？古今中外思想学说、哲学流派纷呈，但有一点是共通的，都关注人，都在自觉不自觉地为塑造、培养平凡、真实、快乐、善良的人不懈地进行思想的探索和冒险。儒、释、道精髓蕴含在思想家经典之中，思想家的人格特质含蕴在经典之中，例如孔子、孟子的人格风采渗透在《论语》《孟子》的文字中，字里行间饱含着喜怒哀乐和音容笑貌。马克思一生追求的崇高价值理想是"人的自由全面发展"——不仅是一种政治社会理想，也是个体心理、伦理、精神发展的终极关怀。马克思的人格渗透在他的皇皇巨著和一生为

人类的解放事业奋斗的奔波操劳的行动中。正是在这个意义上，思想史、哲学史实际上是人学史、人格发展的历史。在人类社会的思想史、哲学史上，儒、释、道人格理论是一笔极其丰厚的文化遗产，是世界人学史、人格理论中的一道璀璨的风景线，是中华优秀传统文化宝库中的珍贵殿堂。在21世纪的当代，全球面临一系列现代性危机，特别是当个人不断膨胀的欲望放大移植到国际政治、国际关系之中，所带来的世界性危机和人类的灾难是难以想象、不可估量的。人的成长发展离不开国际、国内环境，包括经济的、政治的、文化的、生态的、人际的各种制约人的生存之因素，但是世界上所有的一切，除了自然的，都是人所创造的。人的创造是文化的创造，是科学和人文的创造，所有这一切都离不开古今中西的文化对话、交融，人文和科技的相互依存和促进，人在创造世界的过程中创造着自己。本文从以下三方面展开探讨：一是儒、释、道人格精髓为何？二是儒、释、道人格精髓创造性转化的方法论原则。三是儒、释、道人格精髓创造性转化之机理为何？

一、儒、释、道人格精髓为何？

中华传统文化可以分四个层次来理解：一是观念文化，二是典章制度，三是庙宇设施，四是节庆风俗。还有的划分为精英文化、民间文化；大传统、小传统等。儒、释、道属于观念文化中最为主要的方面，儒、释、道经典和历史文献反映了中国社会和中国人的价值观念、思维方式、行为方式，包括人生观、宇宙观等，我们通过考察历史文献和经典可以清晰地观察、感知到思想家的行迹和人格操守。儒、释、道人格精髓首先可以从《周易》这个中国思想文化的源头去感悟和梳理。《周易》为群经之首，是中国文化大本大源之所在，孔子在其所作《易传》的《系辞传》中说："'夫《易》何为者也？夫《易》，开物成务。冒天下之道，如斯而已者也。'是故圣人以通天下之志，以定天下之业，以断天下之疑。"历代儒学名家如苏东坡、欧阳修、司马光、张载、王阳明等都花大量时间心血专门注《易》，故帝王、大臣经世之道，君子穷理尽性之道皆在《易》中。历代中国人遍历人生酸甜苦辣，感受人事物理之变化，将自身的得失经验熔铸其中，在实践中阐发《周易》的义理，故《周易》中蕴含着历代名臣大儒的智慧人格和生命实践。古人认为，明了六十四卦之道，能参透天下人事之变化，能尽阴阳变化之无穷。王船山在《周易内传》中说,不学《易》无以为君子,故《周易》中勾勒了君子人格的一个框架。如自强不息、厚德载物是君子人格的大本,是中国文化的根本之所在。"乾"是六十四卦中第一卦,代表人格中的刚健、武勇、重义气、威严、昭明豁达、自尊、正直、勤勉。"坤"是六十四卦中第二卦,代表人格中慈祥、温柔、包容、心胸博大宽广,无私承载万物而不需要万物感谢,它不束缚你,让你自由成长发展。第三卦为"屯",第四卦为"震",象征内欲动而险在外,喻指事物初生时会遇到艰难险阻,然而顺应时运突破艰难的万物必欣欣向荣,代表人格中要有识见,善于发现危险的隐微之处,"谨其小""知其险",审慎行事方能成就伟业。第六卦"讼"卦,引申意为取得了成功,如抓获了俘虏,但要戒惧警惕。虽事情的过程吉利,结果却会凶险。《易经》反对参与战争,认为好战没有好结果。第七卦"师"卦,代表人格中应崇尚和合、和平,与人为善,反对战争,因战争会带来凶险,会带来大量的人口伤亡,表明了战争的残酷。第八卦"比"卦,象征做人必须重视人际关系,阐发人格中有相互依赖、亲密无间、相亲相辅,宽宏无私、精诚团结的品质是多么重要。第十卦"履"卦,象征人的行动要深明大义,要符合"礼"即符合规律,循道而行。限于篇幅,不再赘述,《周易》六十四卦,几乎每一卦都对人格的塑造有某种象征意义,且上下左右相互联系印证,为儒道两家君子、至人人格修养奠定了基石。

《论语》《孟子》《大学》《中庸》四书可以说绝大部分文字都在阐发做人的道理,即如何培育、建构、修养中国人之为中国人的信仰亦即人格修为。从《论语》《孟子》的文字中可以感悟到孔子"高山仰止,景行行止"的人格操守和境界,可以触摸到孟子"富贵不能淫,贫贱不能移,威武不能屈"的大丈夫气概。从《大学》和《中庸》中可以体悟中国传统文化君子人格如何培育的"三纲领""八条目"和"孔门心法"即"七怔",修养的具体方式方法,尤其是《中庸》强调修养人性,它讲"博学之,审问之,慎思之,明辨之,笃行之"的学习方式,"五达道"的做人规范,"三达德"的人格修为的最高境界,以及自我修养、自我监督、自我教育、自我完善,共创天人合一,"致中和,天地位焉,万物育焉"的人格修养与和平世界的崇高境界。

另有《诗经》《尚书》《礼记》《春秋左传》《吕氏春秋》、朱熹的《近思录》、王阳明的《传习录》以及唐诗宋词海量的文化典籍中蕴藏着最为丰厚的人格修养的资源。至于佛教经典《金刚经》《心经》《坛经》等,也有许多人格建构心性修炼的理念。如《金刚经》的四句偈"色不异空,空不异色,色即是空,空即是色",是在阐发一个"空"。有人以为佛教宣传的理念是消极的,所谓"空"就是要看透人生,教人"四大皆空"消极厌世。其实,"空"指普遍的相对性,认为任何一个物体并没有质的规定性,缘聚则有,缘散则无;"空"不是没有,也不是虚无。现象世界是众因缘和合而生,"空"是假名、假有,是告诫芸芸众生,不要执着于"有",(尤其不要自我中心,自私自利,不要"我执"),也不要执着于"无",不要执着于"两边",要取其"中道"。"空"是佛教的一个世界观,主要用来克服有情众生对自我的一种执着。怎么克服？自我并不是一个永恒的东西,有聚就有散,生命体是无常的,都是无我的。用佛教的话来讲:"刹那生灭",没有独立的自性。佛学是宗教,是义理,又是哲学,佛教的修养是指向心,到了宋代,儒、释、道三教融合,佛学(佛教)使得儒道更加精致化,更具思辨色彩,也使得人格修养的理论更加理论化,更具有系统性、体系性。当然,儒释道人格理论均需在马克思主义世界观方法论的指导下进行反思批判,才能融入新时代中国特色社会主义精神文明建设的洪流中。

二、儒、释、道人格精髓创造性转化的方法论原则

早在 2013 年 8 月,习近平总书记在全国宣传思想工作会议上针对优秀传统文化提出了"四个讲清楚",指出对传统文化要"经过科学扬弃后使之为我所用"。党的十九届六中全会又指出:"要推动中华优秀传统文化的创造性转化与创新性发展。"习近平总书记在庆祝中国共产党成立 100 周年大会上指出,新的征程上,我们必须"坚持把马克思主义基本原理同中国具体实际相结合、同中华优秀传统文化相结合,用马克思主义观察时代、把握时代、引领时代,继续发展当代中国马克思主义、21 世纪马克思主义"。指明了中国化马克思主义对待中华传统文化创造性转化的方法论原则。

(一)"四个讲清楚":正确认识"中国特色"的"文化基因"

"四个讲清楚"的实质是明了"中国特色"的"文化基因"。"四个讲清楚"是指"要讲清楚每个国家和民族的历史传统、文化积淀、基本国情不同,其发展道路必然有着自己的特色;讲清楚中华文化积淀着中华民族最深沉的精神追求,

是中华民族生生不息、发展壮大的丰厚滋养;讲清楚中华优秀传统文化是中华民族的突出优势,是我们最深厚的文化软实力;讲清楚中国特色社会主义植根于中华文化沃土、反映中国人民意愿、适应中国和时代发展进步要求,有着深厚历史渊源和广泛现实基础。"

"四个讲清楚"中第一个讲清楚是指明"中国特色"的"文化基因"是中华优秀传统文化和优良的文化传统。第二个讲清楚指出,任何国家民族都有自己的精神追求,使其得到绵延不绝的发展壮大,中华民族生生不息的内在动因是传统文化和文化传统的精神力量和价值追求。第三个讲清楚指我们悠久的历史和灿烂的文化中五千多年一以贯之从未中断的中华优秀传统文化是我们突出的优势,这个"文化基因"是我们深厚的文化软实力。第四个讲清楚,深化总结中国特色社会主义的"文化基因"是中华优秀传统文化。

"四个讲清楚"是在时代精神的坐标中对中华优秀传统文化进行创造性转化和诠释的一个典范,它的精神标识是凝聚力和向心力,内蕴着马克思主义中国化的文化创新的实践逻辑,中国特色社会主义道路植根于中华文化的沃土,这个文化基因是中华民族精神突出的文化软实力,是中华民族生生不息、发展壮大的丰厚滋养。独特的文化传统、历史命运和基本国情开创了人类文明的新形态、中国道路的新模式。越是民族的越是世界的,越有中华民族的独特个性,越能融入和彰显出世界的普遍价值。中华民族的"民魂"渗透在中国道路和制度中,文化自信之所以是更基础、更广泛和更深厚的自信原因也在这里。儒、释、道传统文化并不全部都是精华,孙中山、毛泽东、习近平都强调对待中华传统文化应"取其精华去其糟粕",为我所用。甚至可以说,继承和弘扬传统文化的前提是反思和批判传统文化,不能把传统文化的精华和糟粕混为一谈。不能把继承弘扬传统和借鉴外来文化对立起来。中华传统文化的不竭生命力来自与现实的对话,来自与世界的对话,我们坚决反对崇洋媚外,也反对国粹主义。

(二)"两个结合":中华传统文化"双创"的基本原则

党的十九届六中全会《决议》指出,"坚持把马克思主义基本原理同中国具体实际相结合、同中华优秀传统文化相结合""不断推进马克思主义中国化、时代化",是"党之所以能够领导人民在一次次求索、一次次挫折、一次次开拓中完成中国其他各种政治力量不可能完成的艰巨任务"的根本原因。习近平"两个结合"思想是马克思主义中国化理论创新的新境界，也是传统文化"双创"的基本原则。"两个结合"相互依存，具有内在的逻辑关系，只有以时代精神为坐标，和中国实际相结合，直面当下中国的问题，寻找具体解决问题的办法，把普遍真理的理论形态与客观实际的实践形态结合起来，才能富有生命活力，绽放思想伟力，形成中国化马克思主义的治国理政的新观念、新理念、新战略。中国的具体实际与传统有着千丝万缕的联系，中国的今天是中国的昨天的延续，中国的现实包含着中国历史和文化传统的印记，无论制度、机制、社会集体无意识还是人们的思维方法、行为模式、价值观念都沉淀在传统文化和文化传统的血脉或基因中。许多人认为，我们已经抛弃了传统，自近代以来，中国人因文化自卑付出几代人的努力，结果是"几乎每一代人都发现，'传统'还在那里。"[1]传统是一种强大的力量，它是精华与糟粕的统一体。马克思主义原理同中华优秀传统文化相结合的过程同样离不开中国社会的当下实际，离不开时代精神的观照，离不开运用马克思主义的世界观和方法论对其进行反思和批判，通过吸收其精华，剔除其糟粕，"以我为主、兼收并蓄"，需要"不忘本来、吸收外来、面向未来"为我所用，"必须将古代封建统治阶级的一切腐朽的东西和古代优秀的人民文化即多少带有民主性和革命性的东西区别开来。"[2]马克思主义在中华大地的生命活力来自运用它的世界观方法论来解答中国革命和建设的问题，来自中华大地母体性、民族性、根源性的优秀传统文化的养料，马克思主义的普遍原理与中华优秀传统文化的结合，即是准确把握中国文化的土壤，它是物质的也是精神的，是历史的也是现实的，是理论的也是实际的，是传统文化的也是文化传统的有机结合。"两个结合"的实质是马克思主义的世界观、方法论同当下中国民众"思想观念和价值理念等进行深切频繁的'互动'与'融通'，继而'内化'为中国人民的思想方法和价值遵循，从而更真切地融入中国。"[3]习近平"两个结合"的思想之所以能成为传统文化的"双创"的基本原则，还在于中华优秀传统文化自身的魅力，经创造性诠释，它是人类第三次启蒙、

---

[1] 朱维铮：《音调未定的传统》，杭州：浙江大学出版社，2011年12月，第11页。
[2] 《毛泽东选集》第2卷，北京：人民出版社，1991，第708页。
[3] 吴文豪等：《习近平"两个结合"重要论断的三重逻辑论析》，《思想教育研究》，2022年3月。

破解当今世界贫富分化、地区冲突、零和博弈、生态破坏、人口膨胀、环境污染、单边主义、霸权主义等全球性难题的最为丰厚的智慧宝库。毛泽东、邓小平等国家领导人,应用历史唯物主义的观点科学梳理、阐发、评估中华优秀传统文化的当代价值,在治国理政中从中华优秀传统文化的宝库中不断汲取智慧进行理论创新。譬如从《周易》《道德经》、四书五经等经典中,吸收治国理政的理念运用于国际交往和国家治理制度和治理能力现代化的实践;对中华优秀传统文化的内涵、要素进行精辟阐释和凝练表达,指出中国特色社会主义文化的科学概念渊源于中华民族五千年文明史。理性吸纳中国古代"天人合一"的本体论,"道法自然"的宇宙观,"阴阳依存、平衡、互动"的辩证思维,人性本善的修养论,"民为邦本""礼法合治,德主刑辅"的政治论,"自强不息、厚德载物"、"日新、维新"的发展论,"贵中尚和"的方法论,"见利思义、诚信为本"的义利论,还有"勤俭廉政、精忠爱国""仁爱孝悌、谦和好礼""克己奉公、修身慎独""重民本""知行合一""民亦劳止,汔可小康""和实生物,同则不继""如乐之和,无所不谐"等思想观念和价值理念,赋予新的时代内涵和表达形式,开掘其现代意义,升华、创新出社会主义核心价值观体系和治国理政的一系列方略和步骤。习近平总书记还指出:"让收藏在博物馆里的文物、陈列在广阔大地上的遗产、书写在古籍里的文字都活起来",让观众与古人同悲喜,与时代共哀乐。这些运用都是对中华优秀传统文化进行马克思主义的理论升华。从具体的治理实践上又提出"小康社会"的奋斗目标、"一国两制"的伟大构想、"依法治国与以德治国相结合"的治国方略、"和谐社会""和谐世界""人类命运共同体"的价值追求和构想等,以上所有这一切集中体现了我们党关于马克思主义与传统文化的结合是"双创"的基本原则。

(三)"两个超越":中华优秀传统文化"双创"的根本目标

清华大学人文学院教授夏莹认为,中国式现代化实现了"两个超越",一是从文明观的意义上来说对于资本逻辑的超越,二是对于普遍性的西方化道路的超越。

我们现在正在建设中国式现代化,它的中国特色是具有5000多年的悠久历史和灿烂的文化,是由中国共产党领导下经过两个100年(其中新中国成立后100年还在路上),被实践证明(在今后的探索中将被进一步证明)中国式现代化是符合中国实际的现代化,它正在创造人类文明的新形态,它不仅要完成现代化任务,充分占有现代文明的成果,还要能够超越现代性本身,即不是从属于现代资本主义文明,而是要超越资本主义文明。中国式现代化和马克思主义中国化的当代形态有内生性联系。正如党的十九届六中全会强调的,习近平新时代中国特色社会主义思想是当代中国马克思主义、二十一世纪马克思主义,是中华文化和中国精神的时代精华,实现了马克思主义中国化新的飞跃。对于资本逻辑的超越和对于普遍性的西方化道路的超越这"两个超越"与"两个结合"以及"四个讲清楚"有着紧密的内在逻辑关系。马克思主义中国化离不开与中国实际相结合,与中华优秀传统文化相结合,与深刻认识中国的文化传统相联系,与创造性转化和创新性发展优秀传统文化相联系。中国社会现代化和创造人类文明新形态的文化底蕴离不开中华优秀传统文化。因此"两个超越"是"双创"的根本目标,我们要转化和创新、发展的中华优秀传统文化绝不是儒化马克思主义,也不是马克思主义的儒学化,而是要以中华优秀传统文化作为马克思主义中国化的文化血脉和基因,它的奋斗目标是使得中国特色社会主义现代化道路真正实现"两个超越"即对于资本逻辑的超越和对于普遍性的西方化道路的超越。

三、儒、释、道人格精髓创造性转化之机理

(一)**创造性转化的内蕴和实质**。马克思开创了唯物史观,强调物质和人的感性(或感性的人)的相互生产的历史实践。马克思关于社会发展的辩证法考察新的社会存在对社会意识的变革有何影响,其实是对创造的深刻理解。他认为只有人才是世界上唯一能够从事自主的、独立的、全面的创造性活动的存在物,只有人的活动才称得上是真正的创造。传统在经典之中,在习俗、规则甚至在人们的思维方法、行为模式和价值观念之中。创造并不必然排斥传统,应该是既保持传统的延续又促进它的更新。相较于古希腊罗格斯文化和中世纪的神文化,中国传统文化是"道"文化,也是"生生文化","生生文化"也就是一种创造的文化。"道"文化认为天地人三才一贯之道,天地是最富有创造能力的,人在天地之间就要效法天地去创造美好的物质、精神和思维产品。不少人认为中国传统文化是保守的,是阻碍创造的,其实阻碍创造的是专制制

度,不是儒、释、道文化理念和价值取向,儒、释、道都崇尚独立自主的人格,反对人生依附,富有怀疑精神,它构成创造型人才的重要品质和人格特质。创造性转化离不开中西文化的对话、交流和融合,使各自的传统得以滋养、拓展、深化。单靠自身内在动因的创新往往有局限性,任何传统都不能单凭自己的努力完全消除自身的视角盲点。真诚相待、中肯、友善的对话为各种传统扫除视角盲点,丰富对自身的认识提供了条件、机会和平台。在汉语学界,创造性转化的方法应包含"延续""认同"和"转化""开放",过程哲学的创造性转化方法论是一种反思各种文化传统对话的方法论,它强调多元、开放、生成、关系的基因,将文化传统的生命安放在未来的可能性中。一般认为,"创造性转化"在汉语学界最早由林毓生于20世纪70年代提出。按陈来的考证,林毓生又是在参考了罗伯特·贝拉的"创造的改良主义"(creative reformism)之后提出创造性转化之机理这一概念的。

(二)创造性转化之机理的内涵与实质。机理是指为实现某一特定功能,一定的系统结构中各要素的内在工作方式以及诸要素在一定环境条件下相互联系、相互作用的运行规则和原理。目前对机理有两种解释:一是机理指为实现某一特定功能,一定的系统结构中各要素的内在工作方式以及诸要素在一定环境下相互联系、相互作用的运行规则和原理;二是指事物发生变化的理由和道理。从机理的概念分析,机理包括形成要素和形成要素之间的关系两个方面。创造性转化之机理还有以下意蕴:其一,对中国传统文化的创造性转化,首先要全面了解中华传统文化的内涵、历史、特点,对此有清晰的认识。包括对物质文化、精神文化、思维产品和制度文化诸多方面的了解;对精英文化、民间文化、上层文化、底层文化均有较全面的认识。其二,以时代精神为坐标,对中华传统文化仍有借鉴意义的内涵和陈旧的表现形式加以改造,赋予其符合新的时代要求的内涵和当代表达形式,激活其生命力。对于此,有理念上的更新,有内容上的重塑,在实现路径上有具体路径的探索、实现机制的实验等。其三,机理是对文化与文化的关系、要素和形成的结构的把握。因此,要把握传统文化中的各种文化形态,对此有理性认识,了解其历史嬗变及不同时期的特点,了解儒、释、道和诸子百家相互之间的关系,对其内涵加以补充、拓展、完善,增强其影响力和感召力。更重要的是把握传统和现当代文化变迁的异同,把握中国文化和西方文化的异同,对中西历史、文化、哲学、伦理学、心理学、教育学、社会学等分门别类加以比较分析,由此获得的感性和理性的认识,理论和实践的智慧,都属于对中华优秀传统文化进行创造性转化的机理范畴。总之,传统文化创造性转化之机理,主要指创造性转化的主导思想、方法论原则、转化的规律和原理、如何转化的理念、具体转化的路径和方式方法等相互关系的把握。

(三)儒、释、道人格精髓创造性转化的路径。儒、释、道人格精髓创造性转化必然带来"传统价值体系向现代价值体系的转型、传统理想人格向现代理想人格的转型。"[①]创造性转化的路径包括以下几个方面:一是必须回到传统经典,把对经典的诠释和对"活着"的传统的考察结合起来;二是确证儒、释、道人格精髓创造性转化的对象——现代化的公民人格;三是将心性修养与制度机制、环境的优化结合起来;四是把人格的培育放置治理、管理、法理、伦理、心理"五理并重"的辩证逻辑中展开分析;五是将人格培育放在对中国式现代化和人类文明新样态的背景中对实然人格的描述与理想人格的理论建构、实践层面的培育结合起来。

1. 回到传统经典,把对经典的诠释与对"活着"的传统的考察结合起来。所谓经典是指各个知识领域中具有典范性、权威性、经久不衰的传世之作,是经历漫长年代由历史选择出来的、最有价值、最能表现本行业精髓的、最具代表性的、经久不衰的、具有重大原创性、奠基性的著作。所谓经典之"经",指历来被尊崇为典范的著作或宗教的典籍。中国最有影响的经典是包括《易经》的十三经、《道德经》等。"典"是个会意字,本义是指重要的文献、典籍。那么,今天我们为什么要强调回到经典?因为经典是我们的文化之根,是中华民族的精神命脉,它是中华民族走向未来的精神价值的源泉。经典常读常新,在读者与经典的对话中融入时代的现实问题,就会形成超越时代和国度的一流的智慧。

经典是文献典籍,世界各国都有自己的文化经典,是人类的共同精神财富。中国的文化经典汗牛充栋,最基本的也是最重要的经典在我看来还是四书五经。为了文化传承的需要,为了中华民族的伟大复兴,为了改变自己的气质,自觉建构自己的人格,读四书五经,尤其是四书中的《论语》《大学》和《中

[①] 邵龙宝:《中国道德文化的传统理念何以现代践行?》,《兰州学刊》,2014年第1期。

庸》,有利于了解中国人的精神气质、传统社会的价值体系,与古贤为伍可以提醒自己不要坠落俗流,鞭策自己提升精神境界。读经典,与经典对话,回到经典非常重要,了解"活着"的传统同样重要。事实上,每一个活着的中国人,都是"活着"的传统的一个组成部分。传统是以前时代留下的一种文化,代表了一种秩序和规则。苏格拉底教导年轻人,在你尚未立身处世之前首先要遵从传统,因为传统代表了社会的秩序和规范。如果人们不遵从传统的秩序和规则,整个社会就乱作一团。

  文化传统不同于传统文化的一个最主要的方面是它渗透在社会生活的方方面面,它活在现代生活中,它是在不断前行的生活浪潮中积淀下来的,是不断融入"现代"的东西重构出来的存在,在现代人的心理结构中积淀下来,在现代人的文化血脉中流淌着,甚至渗透在社会的制度机制中而习焉不察。它已经成为现代人的思维方式、价值观念和行为模式。它代表已经逝去的一种文化形态,但又顽固地存留在社会生活和"活着"的人的心理和精神层面,在不知不觉中支配着人的行为方式。这样的"活着"的传统我们很难认识它,这就是一个社会的人格,对个人来说就是人格特质。研究传统有两个诠释,一是诠释经典文献,另一是诠释"活着"的传统,这两种诠释都建立在哲学反思批判的基础上,都要与现实的时代问题、社会问题和个人的问题结合起来,它才能"活"起来。一代又一代的人们的反思批判与诠释、实践的活动就形成了文化传统。文化传统是由过去到现在,一直朝着无尽的未来不断展开的过程,它是鲜活的,不断与现代的新的价值观念、生活方式碰撞、变异,与人的思维方式、行为模式密不可分的一种存在。儒、释、道人格精髓创造性转化,首先要回到传统经典,把对经典的诠释与对"活着"的传统的考察有机结合起来。

  2.理论建构:儒、释、道人格精髓创造性转化的对象——现代化的公民人格。传统指向的对象是人,感悟传统、理解传统的也是人。人是由信仰、德行、价值观、意志品质、审美情趣、智慧等方面组成的复杂的个体。从人格的七层次框架结构来说,"人格的灵魂是信仰,人格得以站立起来的基石是德行,人格的动力源和指导原则是价值观,人格的心理张力是自由意志,人格的境界是审美情趣,人格的创造性魅力是智慧,人格的主体性是社会主义法权人格"[①]。

[①] 邵龙宝著:《中西智慧与人格建构》,北京:人民出版社2021年3月,第13页。

众所周知,儒家的内圣外王之道,它的君子人格是对至善的追求,内圣是指德性修养、人格完善,外王是从事政治实践。道家的逍遥人格,代表对自由的追求,通过修养达到一种自由而超越的精神境界,其外王的境界是以出世的心态做入世的事情。儒家以"善"统摄"真"和"美",其"真"的涵义在"诚"和"信"的范畴中加以诠释,将"至善"混同于真理。至于"美"的本质也是取决于道德上的完善。现代社会求真的科学技术素养已经被提升到极其重要的位置上,真善美统一的人格应在自然生态、社会政治、人文价值、身心精神四个共同体中加以创造性诠释。让公民人格的信仰、德行、价值观、意志品质、审美情趣和智慧统一在社会主义法权人格的主体性确立上,在中西对话、交流融合中进行理论建构。真善美统一的人格应有利于回归生命的绽放,不仅让人确立自然生态、社会政治、人文价值、身心和谐等一系列科学观念,更要为他们营造个性得以张扬、创造力得以培育、生命得以绽放的环境和条件。

3.将心性修养与制度机制、环境的优化结合起来。以庄子为代表的道家追求精神上的内在自由,如《逍遥游》反映人的主观意志对物欲的主宰作用,认为无需改变客观世界,只要改变主观世界,便可获得无拘无束的内在精神自由。内在自由之于人的心性修养的重要性毋庸置疑,但仅有内在自由,缺乏外在自由,它只是自由之花,"'外在自由'每获得一分,即有一分实惠之感。"[①]一种社会制度优越的标准是公民个体人格的自由发展运用到何种程度。斯宾塞尔曾说:"人愈有个人自由,就愈有生存竞争的能力"。马克思的崇高价值理念是"每个人的自由发展是一切人自由发展的条件",共产主义社会就是"以每个人的全面而自由的发展为基本原则的生活形式"。马克思进一步指出:"个人自由发展的程度是衡量社会进步的天然尺度。"儒释道有丰富、精深的价值意蕴,其中许多思想内核可以成为全球共识、人类公理。如"易"的生生不息,以和为贵的世界大同的文化基础、"天地与我同根,万物与我一体"的环境保护意识,"不识一字也要堂堂正正做人",礼乐文化和乐道精神、人本精神、笃行精神等经创造性转化均可与当代法治意识、契约精神、民主精神、公共理性和公共精神相结合,成为与现代制度相结合的人文底蕴和社会风尚。我们个人的行为往往由习俗决定,传统理念的精神价值往往通过风俗、制度来约定个体的行为

---

① 崔永东著:《内圣与外王——中国人的人格观》,昆明:云南人民出版社,第128页。

方式。"如佛教强调的道德上的善恶和人的内在精神的染和净、宇宙本质的真和假完全一致;禅宗大力提倡的返本还源、明心见性;瑜伽行派宣言的"转识成智"都与其不同教派的制度背景联系在一起。"[1]这些年来,四书等传统经典以现代形式进入各种教育平台和教育制度中、进入各级各类学校的课堂之中,尤其是2017年1月25日中共中央办公厅、国务院办公厅印发了《关于实施中华优秀传统文化传承发展工程的意见》,习近平总书记在各种场合反复强调继承弘扬传统文化的讲话精神,对中国社会和世界产生的影响难以估量。儒家的责任担当、仁者爱人、厚德载物等许多价值与道家和禅宗的"入乎其内和出乎其外"等均可以作为中国公民人格心性修养追求的目标,我们的制度设计要进一步为富有创造性才能、具有责任担当和意志自由的人格营造提供良好的环境和条件,这是中国特色社会主义现代化取得伟大成果的重要基石和条件。

4.把人格的培育放置在治理、管理、法理、伦理、心理"五理并重"的辩证逻辑中展开建构。治理、管理所侧重的是法理的普遍性规范体系的制度建设,而法理的规范性体系的有效性基础是人的个体的德性人格,它们之间有着内在的互动性和同构性。人之为人的底线也可成为做人的信仰,这既是对德性的要求,又是对现代法权人格的要求,即行为应做到权利和义务的统一。这在儒家那里,有一句著名的为人处世的格言"仰不愧于天,俯不怍于人",这是中国人之为中国人的信仰。政府官员、企业或事业单位的领导均应遵循法理和伦理原则行事,作为中国人之为中国人的信仰的精神价值和文化意蕴倘若被各级政府、企事业单位的领导者真正接受,作用于他们的心理即心性修养,进入到他们的血脉中,就可以成为巨大的整合社会、凝聚社会文化资本和软实力。传统美德是现代公共精神和公共理性的前提和基础,是中国人做人的底线道德要求。道德人格的底线要求和做人的信仰的崇高要求都通过儒、释、道心性修养可以得到提升,"五理并重"的辩证关系一方面相互依存、相互促进,另一方面心性修养是其根本。

---

[1] 邵龙宝著:《全球化语境下的儒学价值与现代践行》,同济大学出版社,2010年12月,189页。

5. **将人格培育放在对中国式现代化和人类文明新样态的背景中,把实然人格的描述与理想人格的理论建构、实践层面的培育结合起来。**新时代中国特色社会主义思想是中国式现代化和人类文明的新样态,是我国发展新的历史方位,中华优秀传统文化创造性转化和创新性发展的目的,是构筑中国精神、中国价值、中国力量,铸就中华文化新辉煌的文化能量。21世纪的今天,以美国为首的西方一些政客逆全球化甚至反全球化,主张和推行单边主义、霸权主义。我们则坚定不移地坚持改革开放,走中国式现代化道路,为建立人类文明新样态作出一份贡献,要努力从理论到实践上将儒、释、道观念文化价值创造性转化融入公民人格中,必须使马克思主义中国化向前推进,必须使中华优秀传统文化注入强劲新鲜的活力。马克思主义中国化和中华优秀传统文化的现代化都离不开主体人,儒、释、道的人格精髓的创造性转化和融入的主体是当代中国公民。"以人民为中心"的主张,两个一百年的奋斗目标都是为了人民大众的幸福和安康。习近平总书记在《辩证唯物主义是中国共产党人的世界观和方法论》中指出,要"学习掌握唯物辩证法的根本方法,不断增强辩证思维能力,提高驾驭复杂局面、处理复杂问题的本领",也是儒、释、道人格精髓融入当代公民人格建构的指导思想和原则。我们必须坚持不断探索马克思主义原理与中国实际问题的结合,与中华优秀传统文化的结合,探求儒、释、道人格精髓融入机理的根本原则。当务之急是要搞清楚当下中国社会在复杂的国际国内环境中"人"是什么、"心灵是什么",它们是怎样变化的?变化的客观条件和主观因素是什么?这就需要对中国公民个体的人格状况进行实然状态的描述,从而在此基础上进行应然人格的建构。这是一个巨大的工程,它是伴随改革开放、中国式现代化道路、人类命运共同体的建构、百年未有之大变局、日益复杂的国际国内环境的变迁而来的人的现代化的过程中的人生百态。客观描述较之应然建构难度要大得多。实然调查不能想当然,前者是后者的前提和基础,后者要根据前者客观描述的真实性将理想人格的建构建立在现实的基点上。经典马克思主义注重的是对社会制度结构层面的现代化的批判和社会制度结构的变革,对内在心灵秩序即人格的建构缺乏关注和探讨,我们应该在这方面寻求突破点。古人认为"亡德而富贵谓之不幸",这在今天仍有道理,然则当代中国迫切需要对"独立能力的个人""健全的人格""全面而独立自由的人格""创造性人才和全面发展的人"的关注；对置身红尘俗流却能卓尔不群，取得功名成就却能安之若素、虚怀若谷的人格精神的赞赏。实现传统社会的理想人格向现代社会的理想人格的转型，即为现代化社会提供适应当今时代和中国社会需要的理想人格范型，以填补转型社会理想人格范型的理论空白，在与制度、机制、设施、媒介等创新的互动中赋予传统社会"内圣外王"以新的内涵，为建设中国式社会主义现代化，人类文明新形态提供学理基础，这是本文的根本宗旨和出发点。

汉代经学语境下的经典诠释与王道理想
——以虞翻的《周易》诠释为例

王新春

（山东大学易学与中国古代哲学研究中心、哲学与社会发展学院）

摘要：武帝之后，经典诠释成了文化学术重构、人文价值重建的主要途径，经学的时代语境得以确立。汉末虞翻，在经学的语境下，继《易传》、魏伯阳月体纳甲说、孟喜以来卦气说之后，重新诠释了《易》，推出了阴阳消息之道视域下的虞氏易学。他指出，《易》为六经之首，由伏羲、文王、孔子三圣所作，阴阳是其神髓所在。天阳地阴对待，日月往来引动，在天而成日月往来意义上的八卦易场，在天地间而成四时递嬗意义上的四正卦易场，具体化为出入乾天坤地两仪的十二消息卦易场，并变生着五十二卦符示的繁复阴阳流转变易格局，即此而敞开宇宙宏大易世界。这一世界构成人整个生活的世界，人与天地并立为三才，当贯通三才之道，基于仁与义的践行与承当，引动这个世界迈向王道人文价值化的理想天下易世界。虞翻的《周易》诠释由此成为该时代经典诠释的典范，经学精神由此也得以重建。

关键词：阴阳消息之道；易场；宇宙易世界；经学精神；主体承当；王道理想

汉代进入经学化的时代，经典诠释成了文化学术重构、人文价值重建的主要途径，经学的时代语境得以确立。作为经典之一的《易》，自然成为时代关注的重点之一。六十四卦的符号系列与卦辞爻辞的文字系列一体互诠互显，构成了《周易》古经的经典文本。这一文本有着其所赖以诞生的特定整体历史文化语境，并令这一语境内化深化落实为其内在深层的独特学理、信念、信仰语境。这两项语境含蕴于文本之内,构成作为文本所以支撑的隐性语境,而文本所呈现的,则是基于此的显性语境。历代学者,基于自己所处的新的历史文化语境,本着明体而达用、通贯学与术的基本理念,程度不同地、自觉不自觉地在傅伟勋教授所言"创造的诠释学(creative hermeneutics)"[①]意义上,诠释、阐发着这一文本,活转、重构着这一文本的隐性与显性语境,由此引发出象数、义理、筮占——前瞻一体通贯理路下涵纳天地人物,笼罩古往今来,标举天—地—人三才共在主轴,期许人之一才承当、促成下的人生、天下理想境地之达成的易学专门之学与生生不息、影响日趋广泛深远的壮观易学活水长流。汉代经学语境下的经典诠释,开启了经典的新生面,其中包括易学的新生面。生当汉末的虞翻,立足于时代经学的氛围与语境,本着守正开新、光前裕后、继往开来的神圣经师信念和傲视群儒的自负,在经传一揆理念下,对《周易》经传作了具有一定"创造的诠释学"意义的系统诠释,重构起富有时代特色的《周易》隐性与显性语境,推出了彰显着鲜明学术自我的阴阳之道视域下的虞翻易学,成为该时代经典诠释的典范。

一、《易》为圣人之作,《易》的视阈即圣的视阈

夏、商、周三代,承续积淀着久远的历史文化大传统,成为后起中华文化价值理念与价值系统的奠立期。与这一时期相先后所诞生的几部著作《易》《书》《诗》等,因其所开示的文化价值理念、价值系统与学问思想被视为揭示了宇宙人生的常理常道,而具有了范导人生的恒久经典意义,从而渐次被奉为文化源头活水的"圣典"。武帝以降,在大儒董仲舒等人的促动下,《春秋》《书》《诗》《礼》《易》等的经典地位,首次由天子为代表的官方予以完整明确正定,奉诸部经典为价值理念、学问思想取之不尽用之不竭的源头活水,从而文化经学化,天下平治之道经学化,个体生命安立之道经学化,成为沛然莫之能御的时代潮流。于是,文化获得了经学的语境,天下获得了经学的氛围。今人常言美眼观世界,法眼看社会,礼眼观伦序,佛眼观尘世,微眼观天下,宏眼观宇宙,……说的是人们乃是借助一定眼光、视阈,切入生活世界,观照、理解宇宙人生的;而不同的眼光、视阈,可以引发不同的宇宙人生图景,促成人们获得对于宇宙人

[①] 傅伟勋:《从创造的诠释学到大乘佛学》,台北:东大图书公司1990年版。

生的不同体认；人们正是从不同眼光、视阈出发，观照理解相关领域，发现问题，厘清问题，进而找到解决问题的理则、方法与途径，从而达成自己理想的价值目标的。当时主流的观念是，经典所提供的，就是人们面对宇宙人生时，何以观照理解之，何以发现理清解决其中问题的正大视阈、理则、方法与途径。正因经典有此提供，所以就赢得了来自社会上下的敬畏尊崇，以至于经眼观文化，经眼观人生，经眼观天下，经眼论人道，经眼言治平，经眼议天人，成为时代心灵之归趋。在此历史文化语境下，虞翻主张，《易》为圣人之作，是诸经之首；《易》的视阈，是最具典范意义的圣的视阈。

《周易》古经与系统诠释它的《易传》，在汉代经学的语境下，一并被奉为《易》之一经不可分割的两个有机组成部分。古经是经，传也因其诠释的经典性跻身经位，于该经而成不可或缺。《汉书·艺文志》所谓："《易经》十二篇，施、孟、梁丘三家。"唐颜师古注云："上下经及十翼，故十二篇。"①诸经中，它由与他经不相上下的地位，渐次于西汉后期跻升诸经之首、大道之源的宝座。正如《汉书·艺文志》采纳刘向、刘歆父子之见所言："六艺之文，《乐》以和神，仁之表也；《诗》以正言，义之用也；《礼》以明体，明者著见，故无训也；《书》以广听，知之术也；《春秋》以断事，信之符也。五者，盖五常之道，相须而备，而《易》为之原。"②同书《扬雄传赞》亦云："（扬雄）以为经莫大于《易》，故作《太玄》。"③虞翻完全接受了《易》的这一经典定位，称："经之大者，莫过于《易》。"④就《易》之一经两个有机组成部分的作者，他明确指出，它们分属于不同历史时期的伏羲、文王与孔子。其中，伏羲确立了八卦与六十四卦的符号系列，文王撰写了卦辞爻辞的文字系列，二人思想先后贯通，完成了古经；在此基础上，孔子撰写了《易传》十篇，揭示了伏羲、文王借古经所建立的易学这门学问，诠释了易学所开示的现实易世界。他说：

  伏羲仰天县象，而建八卦，观变动六爻为六十四，以通神明，以类万物。⑤

---

① 班固：《汉书》，北京：中华书局1987年版，第1703—1704页。
② 班固：《汉书》，第1723页。
③ 班固：《汉书》，第3583页。黄沛荣教授就此做过详细论述，详见氏撰《论周易地位之提升－兼论六经之次第》，《孔孟月刊》1984年第23卷第3期。
④ 陈寿：《三国志·吴书·虞陆张骆陆吾朱传》裴注引《翻别传》，北京：中华书局1985年版，第1322页。
⑤ 陈寿：《三国志·吴书·虞陆张骆陆吾朱传》裴注引《翻别传》，第1322页。

庖牺则天八卦,通为六十四。①

伏羲仰观天象画出了八卦,进而以卦眼观万象,以八卦归类、符示、涵摄万象;又观万象的运动变化、流转互通,据在上之天确立三爻之位,据在下之地确立三爻之位,下三爻卦与上三爻卦的爻位以及下上内外贯通的六爻之位得以设立,从而将三爻的八卦衍展重叠为六爻的六十四卦,用以归类、符示、涵摄万象的变动流通。《系辞上传》所谓"天地设位"而虞注:"'位'谓六画之位。乾坤各三爻"。②《说卦传》所谓"《易》六画而成卦"而虞注:"乾坤各三爻而成六画之数也。"③

虞翻之前,在画卦、重卦之人问题上,主要有三说:伏羲画八卦,文王重为六十四卦;伏羲画八卦,并且重为六十四卦;伏羲画八卦,神农重卦。身处经学盛极喧嚣之后,出于为《易》之一经正本清源、拨乱反正之学术考量与担当,虞翻首先批判性地反思了以上诸说,宣示了他所认可之说。

《系辞下传》称:"古者庖牺氏之王天下也,仰则观象于天,俯则观法于地,观鸟兽之文与地之宜,近取诸身,远取诸物,于是始作八卦,以通神明之德,以类万物之情。"这成为公认的伏羲画八卦的经典依据。同篇又称:"八卦成列,象在其中矣;因而重之,爻在其中矣。……作结绳而为网罟,以佃以渔,盖取诸离。"《说卦传》又说:"昔者圣人之作《易》也,幽赞于神明而生蓍,观变于阴阳而立卦,发挥于刚柔而生爻,和顺于道德而理于义,穷理尽性以至于命。"这类论述,又为一些人视为伏羲重卦说的经典依据。《淮南子·要略》即认为:"今《易》之乾、坤足以穷道通义也,八卦可以识吉凶、知祸福矣,然而伏羲为之六十四变,周室增以六爻"。④ 这是明确认为伏羲演八卦为六十四。

《系辞下传》又云:"《易》之兴也,其当殷之末世,周之盛德邪?当文王与纣之事邪?"这又成为伏羲画八卦基础上文王重卦说的经典依据。司马迁在《史记》的《太史公自序》与《周本纪》中即分别说:"余闻之先人曰:'伏羲至纯厚,作《易》《八卦》。……昔西伯拘羑里,演《周易》。"⑤"西伯盖即位五十年。其囚羑

---

① 李道平:《周易集解纂疏》,北京:中华书局1994年版,第660页。
② 李道平:《周易集解纂疏》,第565页。
③ 李道平:《周易集解纂疏》,第692页。
④ 刘文典:《淮南鸿烈集解》,北京:中华书局1989年版,第707页。
⑤ 司马迁:《史记》,北京:中华书局1987年版,第3299—3300页。

里,盖益《易》之八卦为六十四卦。"①而扬雄在《法言·问神》中则言:"《易》始八卦,而文王六十四,其益可知也。"②刘向、刘歆父子亦有类似观点,而为班固收入《汉书·艺文志》:"《易》曰:'宓戏氏仰观象于天,俯观法于地,观鸟兽之文,与地之宜,近取诸身,远取诸物,于是始作八卦,以通神明之德,以类万物之情。'至于殷、周之际,纣在上位,逆天暴物,文王以诸侯顺命而行道,天人之占可得而效,于是重《易》六爻。作上下篇。"③

《系辞下传》又言:"庖牺氏没,神农氏作,斲木为耜,揉木为耒,耒耨之利,以教天下,盖取诸益。日中为市,致天下之民,聚天下之货,交易而退,各得其所,盖取诸噬嗑。"涉及重卦中的益(☲☳)与噬嗑(☲☳),据此,郑玄认为重卦者为神农。④

虞翻基本赞同《淮南子》之说,认为伏羲画八卦并重为六十四卦,而伏羲之后的圣人神农、黄帝、尧、舜以及文王等,则全面继承了伏羲的重卦,而不是重卦之人。所以在诠释《系辞下传》叙述涉及十三卦的观象制器文字时,他认为神农、黄帝、尧、舜就是在伏羲重卦的基础上,进行实际的观象制器运作的。⑤迥异乎他人的是,虞翻主张,伏羲画卦之前,在天已有八卦之象,此八卦可谓天八卦或天卦,伏羲仰而观之,发现了它们,进而效法它们,以阴阳爻画的方式,画出了符号系统的八卦。因此,伏羲不是八卦的创造者,而是发现者、效法者。这才是他运用"则天八卦"字眼表达的用意所在。他称:"庖牺观鸟兽之文,则天八卦效之。……八卦……非庖牺之所造也。故曰:'象者,像此者也。'则大人造爻象以象天,卦可知也。而读《易》者咸以为庖牺之时,天未有八卦,恐失之矣。'天垂象,示吉凶,圣人象之',则天已有八卦之象。"⑥伏羲因领悟、发现了天卦,而以卓荦大写人字之姿,远远超迈同时代及以往时代之人,开显了心契天的天眼、卦眼、圣眼、易眼,进而领悟、发现了易的世界,令《易》得以创立,

---

① 司马迁:《史记》,第 119 页。
② 汪荣宝:《法言义疏》,中华书局 1987 年版,第 144 页。
③ 班固:《汉书》,第 1704 页。
④ 孔颖达:《周易注疏》卷首《第二论重卦之人》言:"郑玄之徒以为神农重卦。"上海:上海古籍出版社 1990 年版,第 23 页。
⑤ 李道平:《周易集解纂疏》,第 624—633 页。
⑥ 李道平:《周易集解纂疏》,第 622 页。

易学得以滥觞。

至于何人在六十四卦、三百八十四爻之下各系属相应卦辞、爻辞，而成符号系列与文字系列相即不离、一体对显的《易》古经，何人对此古经作出典范诠释，虞翻说：

文王书《易》六爻之辞也。末世，乾上；盛德，乾三也。文王三分天下而有其二，以服事殷，周德其可谓至德也，故"周之盛德"。纣穷否上，"知存而不知亡，知得而不知丧"，终以焚死，故"殷之末世"也。①

兴《易》者，谓庖牺也。文王书《经》，系庖牺于乾五。乾为古，五在乾中，故"兴于中古"。系以黄帝、尧、舜为后世圣人，庖牺为中古，则庖牺以前为上古。②

孔子"行夏之时"，《经》用周家之月，夫子传《彖》《象》以下，皆用夏家月。③

在追溯《易》之成书过程时，前文已揭，《系辞下传》曾云："《易》之兴也，其当殷之末世，周之盛德邪？当文王与纣之事邪？"接下来即云："是故其辞危。危者使平，易者使倾。其道甚大，百物不废。惧以终始，其要无咎，此之谓《易》之道也。"虞翻之前，人们即据之认为文王作卦爻辞而完成《易》古经。上揭《汉书·艺文志》载，向、歆父子，班固，即据之在断言文王"重《易》六爻"成六十四卦之后，称文王"作上下篇"。"上下篇"，即通行本《周易》古经，因其分为三十卦的上经与三十四卦的下经。《系辞上传》解说大衍筮法时即已言"二篇之册（策）"。《周易参同契》亦云："若夫至圣，不过伏羲，始画八卦，效法天地。文王帝之宗，结体演爻辞。"④郑玄也认为卦爻辞出于文王；而考虑到爻辞中每每涉及文王以后之事，马融、陆绩等则认为卦辞出于文王，爻辞出于周公。⑤虞翻赞同文王作卦爻辞、撰成古经之说，认为文王承接光大了由伏羲开启，神农、黄帝、尧、舜踵武赓续的易学事业，完成了符号文字完满结合的具有里程碑意义的《易》之经典文本。在此文本中，文王将伏羲系属到了乾卦九五爻，将黄帝、尧、舜等系属于后世圣人之列，昭示伏羲以圣天子的身份，"观象于天，造作八

---

① 李道平：《周易集解纂疏》，第677页。
② 李道平：《周易集解纂疏》，第659—660页。
③ 李道平：《周易集解纂疏》，第403页。
④ 彭晓：《周易参同契通真义》，上海：上海古籍出版社1990年版，第19页。
⑤ 孔颖达：《周易注疏》卷首《第四论卦辞爻辞谁作》，第25页。

卦,备物致用,以利天下"①,开启了以人合天、泽被天下、沾溉万世的易学大业。乾符示老古,五又为中位,昭示伏羲德位中正,以厚重的历史担当,身处中古,上承上古,下启神农、黄帝、尧、舜等,衍为光前裕后,赓续不断,生生日新的易学大业历史长河。系殷世于乾卦上九没落亢极之位,纣王于否卦上九穷极趋于丧亡之位,自己于乾卦九三德盛地阔谨守臣分之位,宣示自己修德合天,接续光大伏羲以来的易学大业历史长河,撰成《易》之一经,以示忧患天下,昭告来者。伏羲肇端《易》的慧心与担当,神农等接续光大易学的慧心与担当,由此得以豁显,而他们的慧识则有了汇聚结晶升华之果。文王自身的慧心忧思慧识与担当,也同时豁显开来。

除追溯《易》的成书,《易传》还部分透露过《传》作者的信息:乾卦《文言传》出现过六次"子曰",《系辞上传》出现过十四次"子曰",《系辞下传》出现过十次"子曰",如此《传》共计出现过三十次"子曰"。后人往往将传文中的这些"子曰",理解为孔子说。与此相关,《论语》中则出现过两条孔子直接论《易》的文字:一为《子路篇》:子曰:"南人有言曰:'人而无恒,不可以作巫医。'善夫!'不恒其德,或承之羞。'"子曰:"不占而已矣。"一为《述而篇》:子曰:"加我数年,五十以学《易》,可以无大过矣。""不恒其德,或承之羞",属恒卦（☲☴）九三爻的爻辞。在此基础上,司马迁《史记·孔子世家》即断言孔子作《易传》:"孔子晚而喜《易》,序《彖》《系》《象》《说卦》《文言》。读《易》,韦编三绝。曰:'假我数年,若是,我于《易》则彬彬矣。'"②接续司马迁之说,班固《汉书·儒林传》又称:"(孔子)盖晚而好《易》,读之韦编三绝,而为之《传》。"而同书《艺文志》则说:"孔氏为之《彖》《象》《系辞》《文言》《序卦》之属十篇。故曰:《易》道深矣,人更三圣,世历三古。"③《易纬乾坤凿度卷下》称:"(孔子)五十究《易》,作十翼明也。"④《周易参同契》则说:"夫子庶圣雄,十翼以辅之。"⑤由此,孔子作《易传》成为主流共识。虞翻接纳了这一共识,认为伏羲肇端以来的《易》,因文王古经之作而凝立;凝聚着伏羲以来易学之果的古经,则因孔子《易传》的诠释而豁显其

---

① 李道平:《周易集解纂疏》,第 33 页。
② 司马迁:《史记》,第 1937 页。
③ 班固:《汉书》,第 3589、1704 页。
④ 赵在翰辑《七纬》,北京:中华书局 2012 年版,第 28 页。
⑤ 彭晓:《周易参同契通真义》,第 19 页。

所然与所以然。从伏羲至文王，立《易》与易学之所是，孔子则诠显挺立其所以是，而导人以进入易学殿堂之适切门径，可谓集易学之大成。三圣异世同调，共立《易》之一经，共成易学之一学。《易》与易学，成就了三圣之圣，反过来也向世人开示了，易眼即圣眼，《易》的视阈即圣的视阈。仔细契会《易》，深入易学之堂奥，人们即可望开显易眼、天眼、圣眼三而一的易学视阈，臻乎三圣般的大气、厚重、深邃的圣人之境。最后，虞翻特别指出，《易》与历法密切相关，历法不同，《易》的表达也就有了差异：周建子，殷建丑，夏建寅，周以子月为正月，文王的古经用的即是周正；夏以寅月为正月，孔子接受之，诠释古经时就用夏正。因此，读文王与孔子的《易》之经传，应注意周正与夏正的转换。

二、易道即阴阳消息之道

《易传》以阴阳诠释古经的两种爻画，以阴阳流转诠释八卦、六十四卦的符号系列，以阴阳贯穿《易》的整个体系，从而令阴阳成了《易》与易学的基点，于是有了《系辞上传》"一阴一阳之谓道"的鲜明论断。《庄子·天下篇》基于此则说："《易》以道阴阳。"汉代经学精神、经学哲学文化价值系统的奠基人是董仲舒。《春秋》公羊学出身的他，基于《易》开显的阴阳观，在本天道立人道，法天道成王道的经学理念下，将把握天道的切入点定于阴阳，而称"天道之大者在阴阳"[①]。从此，阴阳，阴阳大化，基于此的天人之际问题，成了时人的头等关注点。在此背景下，虞翻认为，"六经之始，莫大阴阳"[②]，透过诸经之首的《易》，圣人首要所展现的视阈，就是一种阴阳的视阈。阴阳是《易》的神髓之所在，是《易》被命名为"易"的最大秘奥所在，《易》之道的实质就是阴阳之道，阴阳之道就是易道的同义语。因此，阴阳是解开《易》的秘奥，进入《易》的殿堂，领悟易学奥蕴的秘钥。

唐陆德明《经典释文》卷二《周易音义》释"易"称："此经名也。虞翻注《参同契》云：'字从日下月。'"[③]

虞翻在诠释《周易》经传之前，先诠释了东汉道人魏伯阳的《周易参同契》，

[①] 班固：《汉书》，第2502页。
[②] 陈寿：《三国志·吴书·虞陆张骆陆吾朱传》裴注引《翻别传》，第1322页。
[③] 陆德明：《经典释文》，北京：中华书局1983年版，第19页。

深受其中月体纳甲说的启发,领悟到与黄老、丹道会通为一的《易》的阴阳神髓。

《参同契》云:"言不苟造,论不虚生,引验见效,校度神明,推论结字,原理为证。坎戊月精,离己日光,日月为易,刚柔相当。"①日月的升降往来引发阴阳的流转,圣人由日下月构字所成的"易",即旨在昭示《易》之所以名"易",乃因其神髓在阴阳。许慎《说文》:"《秘书》说曰:'日月为易,象侌昜也。'"②《易纬乾坤凿度》:"易名有四义,(其一)本日月相衔。"注:"日月往来,古日下有月为易。"③表达了类似的见解。这一神髓,虞翻认为,最鲜明的,首先由天借日月之本相与日月升降往来所引发的六种不同圆缺明晦之月相所昭示。日月之本相加其他六种不同月相,即为伏羲所发现的在天的八卦之象。《参同契》称:"三日出为爽,☳ 震庚受西方。八日 ☱ 兑受丁,上弦平如绳。十五(☰)乾体就,盛满甲东方。……七八道已讫,曲折低下降。十六转受统,☴ 巽辛见平明。☶ 艮直于丙南,下弦二十三。☷ 坤乙三十日,东北丧其明。节尽相禅与,继体复生龙。壬癸配甲乙,乾坤括终始。"④在此基础上,虞翻借诠释《系辞上传》"县象著明莫大乎日月",指明了日月运转所成的八卦之象:

日月县天,成八卦象。三日莫,震象出庚;八日,兑象见丁;十五日,乾象盈甲;十七日旦,巽象退辛;二十三日,艮象消丙;三十日,坤象灭乙。晦夕朔旦,坎象流戊。日中则离,离象就己。戊己土位,象见于中。日月相推而明生焉,故"县象著明,莫大乎日月"者也。⑤

每日正午时分,日现其本相于中天己位。晦夕朔旦,即每月最后一日的傍晚至下月初一的早晨,月现其本相于中天戊位。每月初三日,傍晚日将西落时分,新月之相现于西方庚位。初八日,日没西方之时,上弦月之相现于南方丁位。十五日,日将落时分,圆月之相现于东方甲位。十六或十七日晨,月始有缺之相现于西方辛位。二十三日,东方欲晓之际,下弦月之相现于南方丙位。二十九或三十日,月相全然消失于东方乙位而藏于北方癸位。天即借这八种

---

① 彭晓:《周易参同契通真义》,第7页。
② 段玉裁:《说文解字注》,郑州:中州古籍出版社2006年版,第459页。
③ 赵在翰辑《七纬》,北京:中华书局2012年版,第12页。
④ 彭晓:《周易参同契通真义》,第9—10页。乾卦符号原缺,依例补。
⑤ 李道平:《周易集解纂疏》,第603页。

日月之相显示了八卦之象,即己位的离象,戊位的坎象,庚位的震象,丁位的兑象,甲位的乾象,辛位的巽象,丙位的艮象,乙位的坤象。这就是所谓天八卦或天卦。伏羲即以阴阳爻画的方式,效法之,而将其画出,于是就有了 ☲ 离、☵ 坎、☳ 震、☱ 兑、☰ 乾、☴ 巽、☶ 艮、☷ 坤。天以月相光明面示阳,以月相阴暗面示阴,以光明、阴暗二面的变化示阴阳的消长:由新月之相而上弦月之相而圆月之相,即由 ☳ 震象而 ☱ 兑象而 ☰ 乾象,开示阳息阴消而达阳全显的过程;由始缺之月相而下弦月之相而全晦之月相,即由 ☴ 巽象而 ☶ 艮象而 ☷ 坤象,开示阴息阳消而达阴全盛的过程。文王、孔子继之,进一步指出、诠显,日月在天所成八卦之象,昭示的,就是阴阳,就是阴阳的对待与消长。进而,八象冰山一角般点示,天下就是一个阴阳的对待消长之场;天下之道,归根结底就是一种阴阳对待消长之道。而圣人所造的"易"字,质而言之,基于日月的往来,含蕴开示的,就是阴阳、阴阳对待消长流转。圣人所作《易》之一书,旨在奠基于日月往来所引发的阴阳对待消长流转,敞开一个阴阳对待变易流转的易世界。于是,天下可谓一阴阳对待消长之易场,天下之道可谓一阴阳对待消长流转之易道。日月的往来,对于这个变易着的世界显出其基础性意义,对于《易》之一经透出其奠基性价值。文王于坤(☷)、蹇(☵☶)两卦卦辞、孔子于两卦《彖传》所指出、诠显的,首要的就是环绕阴阳消息之道主题的这些内容:

坤卦卦辞云:"西南得朋,东北丧朋。"《彖传》诠释说:"'西南得朋',乃与类行;'东北丧朋',乃终有庆。"虞注云:

> 谓阳得其类,月朔至望,从震至乾,"与时偕行",故"乃与类行"。……阳丧灭坤,坤终复生。谓月三日,震象出庚,故"乃终有庆"。此指说易道阴阳消息之大要也。谓阳月三日,变而成震出庚,至月八日,成兑见丁,庚西丁南,故"西南得朋"。谓二阳为"朋"。故"《兑》君子以朋友讲习",《文言》云"敬义立而德不孤",《彖》曰"乃与类行"。二十九日,消乙入坤,灭藏于癸,乙东癸北,故"东北丧朋"。[①]

---

① 李道平:《周易集解纂疏》,第73—74页。

蹇卦卦辞云："利西南，不利东北。"《彖传》诠释说："'利西南'，往得中也。'不利东北'，其道穷也。……蹇之时用大矣哉！"虞注云：

> 坎为月，月生西南，故"利西南。""往得中"，谓"西南得朋"也。……月消于艮，丧乙灭癸，故"不利东北，其道穷也"，则"东北丧朋"矣。……坎月生西南而终东北，震象出庚，兑象见丁，乾象盈甲，巽象退辛，艮象消丙，坤象穷乙，丧灭于癸，终则复始，以生万物，故"用大矣"。①

月生明而成一阳震象现庚西，增明而成二阳兑象现丁南，意味着月生西、南，阳在西、南得其朋类。月明盈满而成三阳乾象现甲东，阳和其同类与时间的推移同步息长而达到极致。月亏明而成一阴巽象现辛西，消明而成二阴艮象现丙南。最终月明消失于乙东而成三阴坤象，继而隐藏于癸北而仍保持三阴坤象，意味着阳在东、北丧失自己的朋类，阳道陷入穷极终结之境。物极必反，穷极终结之际，离日坎月相会于此壬癸之北，不久震象又会重现于庚西，对于阳而言的吉庆之事发生，继之又会重现兑象、乾象，接下去则是重现巽象、艮象、坤象。如此往复循环，以至无穷。

日复一日，从而月复一月的日月升降往来，直接引发了月相的阴阳对待消长流转，促成了在天的八卦之象，确立了基于八卦之象出现于特定时空之位的日月往来意义上的阴阳对待消长流转八卦易场。八卦之象出现的特定时空之位，就是其各自在此易场中的场位：《系辞下传》"八卦成列，象在其中"虞注："乾坤列东，艮兑列南，震巽列西，坎离在中。故八卦成列，则象在其中。"②乾位甲东，坤位乙东；艮位丙南，兑位丁南；震位庚西，巽位辛西；坎位戊中，离位己中。又，坤象先是出现于乙东，之后出现于癸北，此际正是月末日月相会之时，是以坤位又含癸北，坎位可含壬北，离位可含癸北。

《说卦传》"帝出乎震"、"万物出乎震"两段文字，曾开示过一个由八卦所涵摄符示的时空一体互显的动态流转型立体宇宙图式，借此揭示阴阳的对待流转、四时的递嬗与万物的生化，点示人与物就生化于这一宇宙八卦易场之中。虞翻之前，魏相、《易纬》、荀爽等，相继深化过这一图式，赋予其鲜明的卦气说语境，令其开示着一宇宙八卦卦气易场。对于这一图式与易场，虞翻则以日月

---

① 李道平：《周易集解纂疏》，第362—364页。
② 李道平：《周易集解纂疏》，第615页。

往来意义上的八卦易场予以解构性诠释：

《说卦传》说："帝出乎震，齐乎巽，相见乎离，致役乎坤，说言乎兑，战乎乾，劳乎坎，成言乎艮。万物出乎震；震，东方也。齐乎巽；巽，东南也。齐也者，言万物之絜齐也。离也者，明也，万物皆相见，南方之卦也。圣人南面而听天下，向明而治，盖取诸此也。坤也者，地也。万物皆致养焉，故曰'致役乎坤'。兑，正秋也，万物之所说也，故曰'说言乎兑'。'战乎乾'。乾，西北之卦也。言阴阳相薄也。坎者，水也，正北方之卦也，劳卦也，万物之所归也，故曰'劳乎坎'。艮，东北之卦也。万物之所成终而所成始也，故曰'成言乎艮'。"虞注："震初不见东，故不称东方卦也……巽阳隐初，又不见东南，亦不称东南卦。……离为日、为火、故明。日出照物，以日相见，离象……日中正南方之卦也。……"坤阴无阳，故道广布，不主一方，含弘光大，养成万物。……兑象不见西，故不言西方之卦。……（乾）月十五日，暮盈于甲，晨象西北，故曰'西北之卦也'。……坎月夜中，故'正北方'。……万物成始乾甲，成终坤癸，艮东北是甲癸之间，故'万物之所成终而成始'者也。"①震象现于庚西，不以东方卦称之。巽象现于辛西，不现东南，亦不以东南卦称之。离象正午时分现于中天，此际可谓中天之卦；转瞬由中天渐现于正南中天，此际可谓正南方之卦。坤象先现于东，后现于北，不主一方，不称西南卦。兑象现于南，不说西方卦。乾象十五日夕现于东，此际可称东方卦；当日晨现于西北，此际又可称西北之卦。坎象每月最后一日的傍晚至下月初一的早晨，现于中天，其间可谓中天之卦；夜半时分现于正北，此际可谓正北方之卦。乾象现于甲东，坤象最终现于癸北，艮象现于丙南，介乎二者之间，是为甲、癸之间，即东、北之间。②

可见虞翻心目中的八卦，首要的是日月在天所成的八卦；他心目中的易场，最根本的是日月往来流转意义上的易场。借此具有新建构性的八卦与易场，审视以往人们所认定的《说卦传》所述以来的八卦图式与易场，一则正如清

---

① 李道平：《周易集解纂疏》，第694—697页。
② 惠栋：《易汉学》卷三《虞仲翔易》云："案仲翔之意，艮本东北之卦，而消于丙，当在南方。乾十五日也，坤三十日也，艮在中，距乾坤皆八日，甲东癸北，故云艮东北，甲癸之间。"甚是！惠栋《易汉学、易例》，上海：上海古籍出版社1990年版，第27页。

儒张惠言所言,"注明八卦在天之列是其本也"①,再则更具实质性的,后者原本时空架构意义上的内涵,显然就被解构了。他由此挺显起偏离主流的、异乎同时代其他学者的八卦图式与易场,并在易学史上树立起少有的解构性另类案例。解构性在此非但意味着非建构性,反而进一步意味着对于主流之见的破坏性、否定性。只是历史上对于虞翻这种解构性诠释应和者极寡,因此主流的八卦图式与易场并未受到动摇。

当然,虞翻的解构并不彻底。主流八卦图式与易场中四正卦震兑离坎所涵摄符示的时空意涵,仍被保留了下来,而构成一四时递嬗意义上的四正卦易场,并与其日月往来流转意义上的八卦易场对接起来。就四正卦易场,震涵摄符示春,值甲乙东位;离涵摄符示夏,值丙丁南位;兑涵摄符示秋,值庚辛西位;坎涵摄符示冬,值壬癸北位。六十四卦中,唯有归妹（䷵）一卦完整具备构成这一易场的此四正卦,是以孔子《彖传》云:"归妹,天地之大义也。"归妹下兑秋,上震春,二至四互离夏,三至五互坎冬,虞注:"震东兑西,离南坎北,六十四卦,此象最备四时正卦,故'天地之大义也'。"②就两个易场的对接,正因月复一月的日月升降往来,才引发春夏秋冬四时及其递嬗,由此又形成四时递嬗意义上的四正卦易场。经历周而复始的循环,两个易场方得以牢固确立,后一易场反而成了前一易场的统摄者,前一易场应自后一易场观之,由后一易场审视其八卦得以形成的场位,《系辞上传》"四象生八卦"虞注:"乾坤生春,艮兑生夏,震巽生秋,坎离生冬者也。"③乾坤之象生现于震春所值甲乙东位,艮兑之象生现于离夏所值丙丁南位,震巽之象生现于兑秋所值庚辛西位,坎离之象生现于坎冬所值壬癸北位。张惠言所谓:"此乃言在天八卦生于四时也。……月行至甲乙而乾坤象见,是乾坤生乎春也。月行至丙丁,艮兑象见。月行至庚辛,震巽象见。坎离在中,不可象。日月会于壬癸,而坎离象见,故生乎冬。"④四正卦易场空间之位与日月往来意义上的八卦易场空间之位的差异矛盾,就可见文献而言,虞翻并未予以合理解决。

---

① 张惠言:《周易虞氏义》,赵蕴如编次《大易类聚初集》本,台北:新文丰出版股份有限公司1983年版,第385页。
② 李道平:《周易集解纂疏》,第472页。
③ 李道平:《周易集解纂疏》,第602页。
④ 张惠言:《周易虞氏义》,赵蕴如编次《大易类聚初集》本,第372页。

不难看出，日月往来意义上阴阳的对待流转，八卦之象的显现与易场的形成，敞开的核心，就是三阳乾象渐次息成，继之反转渐被阴消而通往三阴坤象，再息成乾象，再消去乾象而入坤象，如此周而复始的过程。约而言之，就是往复循环的阳出显乾象，阳丧于阴而入坤象的过程。三阳本系乾象所固有，三阴本系坤象所固有，上述过程，是乾坤对待基础上出乾入坤的阴阳对待消长流转过程，《易》之易字的意涵与《易》的底蕴，首先就在于这一消长流转。

追溯阴阳之原，则有太极与两仪。《系辞上传》云："《易》有太极，是生两仪。两仪生四象，四象生八卦。"虞注："太极，太一。分为天地，故'生两仪'也。……四象，四时也。'两仪'，谓乾坤也。乾二五之坤，成坎离震兑。震春兑秋，坎冬离夏，故'两仪生四象'。……乾二五之坤，则生震坎艮。坤二五之乾，则生巽离兑，故'四象生八卦'"。① 太极即太一，为终极最大而无形无象又无丝毫界际之分的浑然整体之一，以其无阴阳之判的浑然一气，成为这个世界气、阴阳之气以及这个世界的本原。太极太一浑然一气发生分化，分化出阴气与阳气，后者升而为天，前者降而为地，成就起宇宙间两个最大的象，所谓两仪，天地转而成为分化后的阴气与阳气的两个最大的宝藏。天地的对待，天阳地阴的对待，确立起来。此后所发生的，就是在此对待基础上的天阳地阴的交感消长与流转。正因天阳地阴的交感消长与流转，才成就了在天的八卦之象，同时也成就了在地的八卦之形。《系辞上传》所谓："在天成象，在地成形，变化见矣。"虞注："谓日月在天成八卦：震象出庚，兑象见丁，乾象盈甲，巽象伏辛，艮象消丙，坤象丧乙，坎象流戊，离象就己，故'在天成象'也。'在地成形'谓震竹巽木，坎水离火，艮山兑泽，乾金坤土。在天为'变'，在地为'化'。"② 伏羲由天象开悟阴阳根基下的八卦之眼，进而以八卦之眼通盘审视归类在天所成之象与在地所成之形，基于阴阳根基，以阴阳爻画的形式画出符号形态的八卦，涵摄符示在天在地的诸象诸形。在天的八种象，显三阳三阴之本，呈基于此的阴阳消长流转之变；在地的八类形，亦显三阳三阴之本，并呈基于此的阴阳消长流转之化。在天在地的三阳三阴之本，本来是通贯一体的；在天之变与在地之化，原本也是基于此而发生的。伏羲据此确立起六阳之天与六阴之地之本及

---

① 李道平：《周易集解纂疏》，第600－602页。
② 李道平：《周易集解纂疏》，第543页。

其相互对待,梳理清基于此的天之变与地之化,于是立六阳之乾与六阴之坤以涵摄符示天阳地阴之本及其相互对待,立另六十二卦以涵摄符示基于此的宇宙大化,有着丰厚阴阳对待交感消长流转底蕴的六十四卦的符号系列得以确立。乾天之阳与坤地之阴对待往来交感而生离日坎月:乾天二五之阳往坤地二五之位,即生坎月(☵);坤地二五之阴往乾天二五之位,即生离日(☲)。于是离日坎月得乾天之阳与坤地之阴之中气,而成为阴阳之精。离日坎月往来,促成昼夜更迭、四时递嬗,归根结底四时亦因乾天坤地二五中气的往来交感促成:乾天二五之阳往坤地二五之位,内外坎冬之象,二至四震春之象;坤地二五之阴往乾天二五之位,内外离夏之象,三至五兑秋之象。是为作为两仪的乾阳之天与坤阴之地,生作为四象的四时。离日坎月往来,促成在天的八卦之象,令其生现于作为四象之四时所值之时空场位,归根结底,这八象也由乾天坤地二五中气的往来交感促成:乾天中气往坤地中位,内外坎象,二至四震象,三至五艮象;坤地中气往乾天中位,内外离象,二至四巽象,三至五兑象。实际上,所成八卦,不仅指向在天的八种象,而且指向在地的八类形,指向天地宇宙间的所有八大类象与形。

天地之间,天地借日月的往来,促成了阴阳的对待交感消长流转与万物的化生。日月旬复一旬往来于作为中宫的中天戊己之位,最终实现了这一切。《系辞下传》云:"《易》之为书也不可远,为道也娄迁,变动不居,周流六虚。"虞注:"迁,徙也。日月周流,上下无常,故'娄迁'也。……变,易。动,行。六虚,六位也。日月周流,'终则复始',故'周流六虚'。谓甲子之旬辰巳虚。坎戊为月,离己为日,入在中宫,其处空虚,故称'六虚'。五甲如次者也。"①干支相配而有六十甲子,用以纪日则有六旬。三旬当一月,六旬当两月。因干有十而支有十二,每旬缺二支而称孤(即后世术家所称旬空),与孤对冲之二支则称虚,此二支恰与各旬中的戊己相配。戊己的时空坐标在中天中宫,虚其中以应外。《史记·龟策列传》所谓:"日辰不全,故有孤虚。"②甲子旬中,戌亥孤而辰巳虚,辰日坎月、巳日离日入处中宫戊、己虚位以应辰巳之虚;甲戌旬中,申酉孤而寅

---

① 李道平:《周易集解纂疏》,第 666 页。
② 司马迁:《史记》,北京:中华书局 1987 年版,第 3237 页。参 3237－3238 页南朝宋裴骃《史记集解》所述《六甲孤虚法》。

卯虚,寅日坎月、卯日离日入处中宫戊、己虚位以应寅卯之虚;甲申旬中,午未孤而子丑虚,子日坎月、丑日离日入处中宫戊、己虚位以应子丑之虚;甲午旬中,辰巳孤而戌亥虚,戌日坎月、亥日离日入处中宫戊、己虚位以应戌亥之虚;甲辰旬中,寅卯孤而申酉虚,申日坎月、酉日离日入处中宫戊、己虚位以应申酉之虚;甲寅旬中,子丑孤而午未虚,午日坎月、未日离日入处中宫戊、己虚位以应午未之虚。六旬而有六戊己中宫之虚,期间坎月离日六度往来入处,周遍于此六虚,如此周而复始。六十四卦的六爻之位,深层模拟效法而又涵摄符示的,就是坎月离日往来入处的中宫戊己六虚;六十四卦各卦阴阳往来于六爻之位,变动无常,深层模拟效法而又涵摄符示的,就是坎月离日往来入处于中宫戊己六虚。

虞翻之所以对《易》作出这样的解读,显然仍系因深受《周易参同契》的影响:"天地设位,而易行乎其中矣。天地者,乾坤之象也。设位者,列阴阳配合之位也。易谓坎离。坎离者,乾坤二用。二用无爻位,周流行六虚,往来既不定,上下亦无常。"[1]

乾天坤地为体,坎月离日为用。日往月来,而有月复一月月相圆缺意义上的阴阳对待消长流转之出乾入坤。日往月来,更有年复一年十二月阴阳二气消长之出乾入坤。正因日月的往来,引发了乾天坤地之体的发用流行。乾天六阳之体(☰)与坤地六阴之体(☷)相对待,这是太极太一分化为天地两仪之后宇宙阴阳之本。因乎日月的往来,对待的两仪阴阳之体得以发用流行,各自基于对方息己消彼。息己消彼,具体分为阳息消阴、阴息消阳两种形式与两个阶段。阳本乎乾天六阳之体,阴原于坤地六阴之体,是以阳息消阴乃乾天阳息而消坤地之阴,阴息消阳乃坤地阴息而消乾天之阳。子月,乾天一阳发用,息显而消去坤地一阴,令对待的两仪成一阳五阴复(䷗)的格局,乾位初之阳的内涵即此而显;丑月,乾天二阳发用,息显而消去坤地二阴,令对待的两仪成二阳四阴临(䷒)的格局,乾位二之阳的内涵即此而显;寅月,乾天三阳发用,息显而消去坤地三阴,令对待的两仪成三阳三阴泰(䷊)的格局,乾位三之阳的内涵即此而显;卯月,乾天四阳发用,息显而消去坤地四阴,令对待的

---

[1] 彭晓:《周易参同契通真义》,第7页。

两仪成四阳二阴大壮（☰☱）的格局,乾位四之阳的内涵即此而显;辰月,乾天五阳发用,息显而消去坤地五阴,令对待的两仪成五阳一阴夬（☰☱）的格局,乾位五之阳的内涵即此而显;巳月,乾天六阳全幅发用,盛显而消去坤地六阴,令对待的两仪成六阳乾（☰☰）的格局,乾位上之阳的内涵即此而显。阳出于乾天而显乾天的过程于焉结束。结束而终显乾天六阳之体。阳极阴息。阴基于乾天之阳的息显发用流行过程开始。午月,坤地一阴发用,息显而消去乾天一阳,令对待的两仪成一阴五阳姤（☰☴）的格局,坤位初之阴的内涵即此而显;未月,坤地二阴发用,息显而消去乾天二阳,令对待的两仪成二阴四阳遯（☰☶）的格局,坤位二之阴的内涵即此而显;申月,坤地三阴发用,息显而消去乾天三阳,令对待的两仪成三阴三阳否（☰☷）的格局,坤位三之阴的内涵即此而显;酉月,坤地四阴发用,息显而消去乾天四阳,令对待的两仪成四阴二阳观（☴☷）的格局,坤位四之阴的内涵即此而显;戌月,坤地五阴发用,息显而消去乾天五阳,令对待的两仪成五阴一阳剥（☶☷）的格局,坤位五之阴的内涵即此而显;亥月,坤地六阴全幅发用,盛显而消去乾天六阳,令对待的两仪成六阴坤（☷☷）的格局,坤位上之阴的内涵即此而显。阴出于坤地而显坤地、同时阳消于阴而入全阴之坤的过程就此终了。终了而尽显坤地六阴之体。阴极阳息。阳基于坤地之阴的息显发用流行过程,随之又开始。如此往复循环,以至于无穷。① 不难发现,以两仪的相互对待为基础,以坎月离日往来、周流中宫六虚为契机,乾天之阳与坤地之阴互以对方为前提的发用流行、消息盈虚,引发了大宇宙背景场域下的阴阳消息流转变易,促成了自子至亥十二个时空场位下复、临、泰、大壮、夬、乾、姤、遯、否、观、剥、坤十二消息卦涵摄符示的十二种阴阳消息格局,渐显两仪六阳六阴之体,尽显两仪六阳六阴之用。《说卦传》"数往者顺,知来者逆"虞注所谓:"谓坤消从午至亥,上下,故顺也。谓乾息从子至巳,下上,故逆也。"②十二月、四时由此形成,月月间的交替,四时间的更迭,也由此

---

① 参《周易集解纂疏》中虞翻对十二消息卦的相关注释,并详王新春:《虞翻易学十二消息说语境下的宇宙大化》,载《中国哲学史》2011年第2期。
② 李道平:《周易集解纂疏》,第692页。

达成。是以《系辞上传》云："变通配四时。"而虞注称："变通趋时,谓十二月消息也。泰、大壮、夬配春,乾、姤、遯配夏,否、观、剥配秋,坤、复、临配冬。谓十二月消息,相变通而周于四时也。"[1]大宇宙因此成为以两仪为体,以坎月离日往来为契机,阴阳出乾天入坤地、出坤地入乾天的宏大易场。《系辞上传》所谓："天地设位,而易行乎其中矣。"乾天坤地是此易场之本,坎月离日是此易场的引动力量,十二消息卦涵摄符示的阴阳消息格局及其流转是此易场的基本表征。子月至巳月,就阳而言,是出于乾天而渐显之过程,就阴而言,是渐消于阳而入乾天之过程;午月至亥月,就阴而言,是出于坤地而渐显之过程,就阳而言,是渐消于阴而入坤地之过程。以子月至亥月为一大的周期,于阳而论,是一出于乾天而入于坤地之过程;于阴而论,是一入于乾天而出于坤地之过程。因阳气是一种生气,引发万物的生机生意,促成万物的生长,而阴气则是一种杀气,消弥万物的生机生意,不利万物的生长,所以有了尊阳卑阴的价值观。故而自阳的角度立言,可谓"易出乾入坤,上下无常,周流六虚,故'易行乎其中'也"[2]。

西汉孟喜之后,以卦涵摄符示阴阳消息,物候节气时序更迭,万物万象生化的卦气说,成为《易》的主干学说,这是对"《易》以道阴阳"说的深化与具体化。自称五世家传孟氏易学的虞翻[3],即此而进一步深化了孟喜易学的十二辟卦说,深化了孟喜以来卦气易学及整个经学阴阳论的语境与底蕴。这一深化还在继续,在虞翻看来,两仪阴阳之体对待而旁通,因坎月离日往来引动,由其彼此相互基于对方的发用流行所成诸阴阳消息格局,也构成对待旁通关系。

就符号系统而言,同位之爻爻性两两相反的卦,即构成旁通关系。甲乙两卦旁通,就甲而言,甲卦显,乙卦就涵摄于其下,甲显乙隐,两卦共时相通,一体同在;就乙卦而言,乙卦显,甲卦就涵摄于其内,乙显甲隐,两卦共时相通,一体同在。这是二者静态上的内在相通。甲卦诸爻自下而上次第动变,最终即会通向乙卦;乙卦诸爻自下而上次第动变,最终也会通向甲卦。这是二者动态上

---

[1] 李道平:《周易集解纂疏》,第564页。
[2] 李道平:《周易集解纂疏》,第565页"天地设位,而易行乎其中矣"虞注。
[3] 陈寿:《三国志·吴书·虞陆张骆陆吾朱传》裴注引《翻别传》,北京:中华书局1985年版,第1322页。参王新春《虞翻易学的两大理论支柱:"卦气说"与"月体纳甲说"》,载刘大钧主编《象数易学研究》(第一辑),济南:齐鲁书社1996年版。

的流转互通。如此,一对旁通之卦,静态上,一显一隐,相互涵摄,显的一方与隐的一方一体共在或相通一体;动态上,二者流转互通。静态上,显者为阳,其下必涵摄阴,而与此隐之阴一体共在;显者为阴,其下必涵摄阳,而与此隐之阳一体共在。动态上,一方爻阴阳的依次变动,最终即会通向另一方,而在变动通向另一方的过程中,显与隐两面仍一直保持一体共在关系。①

作为两仪的乾天六阳之体与坤地六阴之体对待而旁通,静态上,乾天六阳之体涵摄坤地六阴之体而与其一体共在,坤地六阴之体也涵摄乾天六阳之体而与其一体共在,以此保障了大宇宙六阳六阴一体共在的阴阳消息本原,而与太极太一浑然一气之一体相呼应。动态上,一方基于另一方的发用流行,令另一方发生变动而最终通向该方,继之,另一方基于该方的发用流行,又令该方发生变动而最终通向另一方。在双方彼此发用流行而显自身、继之反向变动而通向对方的过程中,形成了十二消息卦涵摄符示的十二种大宇宙阴阳消息格局。这十二种格局,成于自子至亥的十二个时空场位,互与对冲场位的格局构成旁通关系,从而成两两六对旁通之局:子复(䷗)与午姤(䷫),丑临(䷒)与未遯(䷠),寅泰(䷊)与申否(䷋),卯大壮(䷡)与酉观(䷓),辰夬(䷪)与戌剥(䷖),巳乾(䷀)与亥坤(䷁),互相旁通。如复卦卦辞虞注云:"阳息坤,与姤旁通。"②姤卦卦辞虞注云:"消卦也,与复旁通。"③子位,显大宇宙一阳五阴之复局,隐一阴五阳之姤局,显与隐的阴阳共时相通、一体同在;迁延至午位,复局通向了姤局,显大宇宙一阴五阳之姤局,隐一阳五阴之复局,显与隐的阴阳仍共时相通、一体同在。丑位,显大宇宙二阳四阴之临局,隐二阴四阳之遯局,显与隐的阴阳共时相通、一体同在;迁延至未位,临局通向了遯局,显大宇宙二阴四阳之遯局,隐二阳四阴之临局,显与隐的阴阳仍共时相通、一体同在。寅至亥位,以此类推,不再赘言。由此,两仪由对待而互动,由互动而彼此发用流行,引发了十二个时空场位上的十二种显的大宇宙阴阳消息格局,借诸显的格局带来春夏秋冬四时,促成万物的春生夏长秋

---

① 王新春《试论虞氏易学"旁通说"的易理内涵》,载《周易研究》1996年第3期;《虞翻易学旁通说的哲理内涵》,载《哲学研究》2001年第9期。
② 李道平:《周易集解纂疏》,第262页。
③ 李道平:《周易集解纂疏》,第401页。

收冬藏；而所引发的诸显的格局，共时性地涵摄着对冲场位上的格局，与后者一显一隐，共时相通，一体同在，从而从流转着的显与隐两面，含蕴敞开着，并持续保持着本于两仪的六阳六阴之大宇宙阴阳之全，也保障了诸格局间流转及流转互通的畅通性与不间断性，以此而敞开了显隐一体、流转无尽的宏大宇宙阴阳消息洪流。这一洪流令两仪相融一体，成为一体流转着的互融相摄性动态发用敞开者。

十二消息卦之外，尚有另五十二卦。基于万物万象发生的宇宙发生论的视阈，虞翻认为，三圣之《易》以其卦变说揭示了，这五十二个阴阳错杂而居的卦，纵有变例存在，实质乃由诸消息卦变来，归根结底则由乾坤两仪发用变来。《系辞下传》云："物相杂故曰文。"虞注："乾，阳物。坤，阴物。纯乾纯坤之时，未有文章。阳物入坤，阴物入乾，更相杂成六十四卦，乃有文章，'故曰文'。"[①]以此开示，两仪互动，发用流行，引发的十二种具有显隐两面流转着的大宇宙常态阴阳消息格局，进一步衍生着另五十二卦涵摄符示的同样具有显隐两面流转不居的更为繁复的大宇宙阴阳消息格局。这些格局，同样有着静态显隐两面之共时相通，一体同在，与动态两面之流转互通。本乎对待两仪的大宇宙阴阳消息交感，显隐一体，流转互通，以及由此所引发的大宇宙场域下万物春生夏长秋收冬藏的大化流行，成为六十四卦涵摄符示的核心内容。"文章"即文采，错杂艳丽的色彩。阴阳的消息，敞开了大宇宙场域下撼人心魄的阴阳流转洪流，精彩纷呈的万物万象大化场景，悦人耳目触人情愫的生化流转，这是天地两仪凭借阴阳的生花妙笔，写出并持续写下去的活生生大宇宙妙文，也是活生生的大宇宙之易。

三、协阴阳、通三才而成既济的王道价值追求

因乎宇宙本原太极太一的分化与乾天坤地六阳六阴之体的确立，因乎乾天坤地中气往来所成坎月离日来往中天中宫的引动，在天而成日月往来意义上的八卦易场，在天地间而成四时递嬗意义上的四正卦易场，具体化为出入乾天坤地两仪的十二消息卦阴阳显隐一体之流转易场，并变生着五十二卦涵摄符示的五十二种更为繁复的阴阳显隐一体的流转变易格局，以阴阳对待显隐

---

① 李道平：《周易集解纂疏》，第 676 页。参王新春《试论虞氏易学的卦变说》，载《易学与中国哲学》。

流转为厚重底蕴的万物万象生生化化的大化流行宇宙宏大易世界,即此而盛大敞开。依虞翻之见,伏羲、文王、孔子以开显易眼的圣眼发现,天地人三才成为这个世界的核心,人之一才的王道价值应然成为问题的焦点。

太极太一分化为阴阳,阴阳之道注定成为由阴阳之气所成就的这个世界的根本大道、常道。两仪对待互动而发用,天以阳涵摄阴,地以阴涵摄阳,天气地质,阳刚阴柔,阴阳互涵,刚柔互摄,变易流转,天道即表现为阴阳之道,地道则表现为柔刚之道。阴阳赋物以气,柔刚赋物以质。阳气生生,令物生生,健保这个世界的生机活力;阴气肃杀,闭结生机,使物生长有度而趋于成熟。生生彰显着天仁的德性与天道之仁,有度彰显着地义的品质与地道之义,彰显着本乎两仪的仁与义两种神圣宇宙价值。借阴阳对待互动交感消息流转的大化流行,天与天道之仁,地与地道之义,下贯到万物,造化所成富于生命自觉的人中,开显易眼而达到生命自觉最高境地的伏羲诸圣,发现而体认到了这一切,领悟到,人生化于这个易世界之中,这个世界,就构成他整个生活的世界,而作为造化所成万物中最具生命自觉的存在,人宜确立高度生命价值自觉意识,接通天地,顺应天地之道,遥契仁与义两种神圣宇宙价值,转换之为两种崇高人文价值,正定人道为仁义之道,借此继天地之后,庄严承担起这个世界,以与天地并立为三而自认关系这个世界三种核心力量之一的浩然宇宙气象气概,呼应日月引动这个世界的阴阳流转、大化流行,由己以仁义之道的践行,扬阳气之生生之善,引动这个世界的人文价值理想化,促成人文化的天下易世界。于是阴阳之道具体层层落实为三才之道。《说卦传》云:"昔者圣人之作《易》也,将以顺性命之理,是以立天之道曰阴与阳,立地之道曰柔与刚,立人之道曰仁与义。"作《易》圣人以符号系统涵摄符示:《说卦传》称"观变于阴阳而立卦",虞注"谓'立天之道曰阴与阳'";《说卦传》"发挥于刚柔而生爻",虞注"谓'立地之道曰柔与刚'";《说卦传》"和顺于道德而理于义",虞注"谓'立人之道曰仁与义'";《说卦传》"穷理尽性以至于命",虞注"以乾推坤,谓之'穷理',以坤变乾,谓之'尽性'。性尽理穷,故'至于命'"。[①] 乾阳天、坤阴地对待而旁通,阳气主生而有性,坤符示地而有地理,乾天阳息而推动坤地阴消,地之理以尽,是则"穷理";坤地阴息长而消变乾天阳,生之性以尽,是则"尽性"。乾阳生之性的

[①] 李道平:《周易集解纂疏》,第 689－690 页。

竭尽，换来了大宇宙万物的生生；坤阴地之理的竭尽，换来了万物得以安居生息的场所。作为其中生命存在之一的人，明了天地所带来的万物的生生及其安顿，守望天地造化的生命共同家园，成为其庄严使命。

虞翻对于《易》的诠释，以卦爻之位与卦爻之象为核心切入点，处处体现着上述思想。谨举豫卦（䷏）虞注一例以示之：

豫。利建侯行师。

虞注：复初之四，与小畜旁通。坤为邦国，震为诸侯。初至五体比象，四利复初，故"利建侯"。三至上体师象，故"行师"。

《彖》曰：豫，刚应而志行，顺以动，豫。豫顺以动，故天地如之，而况建侯行师乎。天地以顺动，故日月不过而四时不忒。圣人以顺动，则刑罚清而民服。豫之时义大矣哉！

虞注：小畜"乾为天"，"坤为地"。"如之"者，谓天地亦动以成四时。"而况建侯行师"，言其皆应而豫也。……豫变通小畜，"坤为地"，动初至三成乾，故"天地以顺动"也。……"过"谓失度，忒，差迭也。谓变初至需，离为"日"，坎为"月"，皆得其正，故"日月不过"。动初时，震为春，至四兑为秋，至五坎为冬，离为夏，四时位正，故"四时不忒"。……"清"犹明也。动初至四，兑为"刑"。至坎为"罚"。坎兑体正，故"刑罚清"。坤为"民"，乾为"清"。以乾乘坤，故"民服"。……顺动天地，使日月四时皆不过差，"刑罚清而民服"，故"义大"也。[1]

由两仪为本、日月引动、人在其中所敞开的这个易世界，因人之生命自觉而确立起三才并立共在的格局，继之着眼于人对此世界的主体承当与引动，而有此世界一转而成人整个生活的世界，天下意识随之豁显。这个世界，这个天下，一直处在由两仪发端的阴阳流转的大化流行之中，并以此作为深层宇宙根基、天道根据。豫，涵摄符示着这个世界、这个天下的一种一阳五阴格局态势，属于两仪互动发用流行所成十二消息格局之外另五十二局之一，由十二消息格局中一阳五阴复局衍生而来。复局初位之阳往至四位，四位之阴来至初位，豫局得成。由复局而来的豫局，旁通五十二局中的小畜（䷈），静态上，显自初位至上位的阴阴阴阳阴阴一阳五阴，涵摄自初位至上位的阳阳阳阴阳阳一

---

[1] 李道平：《周易集解纂疏》，第200—203页。

阴五阳,豫局显小畜局隐,两局共时相通,一体同在;动态上,豫变通小畜,小畜变通豫。豫下坤上震,坤地符示邦国,震长子承父业主祭祀抚民众而符示诸侯,初至五透过五爻连互成比(䷇)。比,亲和之象。比《大象传》:"地上有水,比。先王以建万国,亲诸侯。"虞注:"'先王'谓五。初阳已复,震为'建'、为诸侯,坤为万国、为腹,坎为心,腹心亲比,故'以建万国,亲诸侯'。"①三画而三才,初地二人上天。六画而三才,初二地,三四人,五上天。人值地位,接通地而顺应柔刚地道,厚重低调谦卑而作地人;值人位,接通人而遵循仁义人道,居仁由义守正不苟而作人人;值天位,接通天而顺应阴阳天道,大气恢宏包容而作天人。王与圣,是天人的典范。先王值九五为天人抚天下,封邦建国,亲和诸侯,天下万国归心于他。两仪所发端的阴阳大化,彰阴阳二气与阳刚阴柔两大类力量,成阳刚阴柔两大类事物,显初三五阳、二四上阴六种阴阳本然正位,示阳位本为阳所居,阴位本为阴所处,阳居阳位、阴处阴位为得其本然之正,阳居阴、阴处阳为失其本然之正,失正者宜变,则该位恢复本然得正的阴阳。比下体坤符示万国,初阴失正,恢复本然得正之阳,则下体成震,震初阳难拔,符示利建为诸侯,《说卦传》云坤为腹、坎为亟心,比下坤上坎而有腹心之象,是则先王继天接地而以恢弘天下意识,封侯建国,万国诸侯也与之腹心相照,协和万邦而万邦协和,天下秩序历然达成。豫四失正,复返复局中的初位,则复正难拔而成下体震建为诸侯。豫三至上,透过四爻连互约可成师(䷆)。先王协和万邦过程中,总有逆王不正寻隙作乱之徒与背王自立而不归心的方国,行师征战成为迫不得已的必要手段。豫五阴柔应和一阳刚,阳刚者的志愿得以推行。下坤上震,坤符示顺,震符示动,豫遂符示顺而动之象。大宇宙中,生活世界内,天地是顺势而动的,何况人事的封邦建国、行军作战呢!其必顺势而为,毫无疑义。天地顺势而动,所以日月往来不会出现过失,四时递嬗不会发生差错。法天地立人道而行王道,圣人亦顺势而动,顺天应人,得天时契地利孚人和,因此法度正大,刑罚清明,民众心悦诚服。豫天人顺势而动的时局,意蕴可谓大矣!具体而言,豫旁通小畜。动态上,豫自初发生动变即可通向小畜。豫下坤而小畜下乾,坤地显而涵摄乾天,与乾天共时相通,显隐一体。而

---

① 李道平:《周易集解纂疏》,第142页。

在豫动变通向小畜过程中,自初次第动变至三,静态共时相通的坤地乾天,转为坤地次第动而通乾天,是则"天地以顺动"。自初次第动变至五,成需（䷄）,三至五互离日之象,上坎月之象,构成离日坎月的三位阴阳皆得其正,是则"日月不过"。同是在上述动变的过程中,初动,下成震符示春;动至四,成泰（䷊）,二至四互兑符示秋;动至五,成需,三至五互离符示夏,上坎符示冬:四时之象具。震初一阳与兑上一阴,是震之为震与兑之为兑之基本表征,震阳在初,兑阴在四,各得其正;构成离夏坎冬的三位阴阳,更是皆得其正:是则四时位正而"四时不忒"。上述的兑与坎,兑秋杀又为毁折而符示刑,坎符示水,法度公正法水之平,就违法之人依法施罚,坎遂又符示罚。兑阴得正,坎三位皆正,是则坎兑体正而刑罚清明。豫下坤符示民众,小畜下乾阳符示清明,后者凭借前者动变而成,是则以乾乘坤,民众心服而赞以清明。

以阴阳切入大化,接通天地人,接通日月四时昼夜寒暑,感通天地人物,正定基于阴阳与三才的时位,安己于正位,促他人他物也安于正位,因应阴阳大化、天地人物互动所成各种人置身于其中的显隐共时相通一体、动态流转互通之局,以面向大宇宙与天下的生命主体性的挺立,遵循阴阳大化具体敞开落实的阴阳之天道、柔刚之地道与仁义之人道,积极引动这个本然的易世界,朝着人可预期的理想境地演进,迈向人之一才力量得以自觉应然充分发挥,处处打上人之一才印记,在透出人之一才精彩,并令三才精彩因之得以共臻极致而一并发皇的人文价值化了的美妙天下易世界。这个世界,即是王道理想的世界,它将是三才之道通贯流转,仁与义的宇宙价值与人文价值交相辉映、大显其用的世界;将是天下秩序井然而生气勃勃的可人意义世界,天地人物,男女夫妇,父子君臣,上下长幼,各安其位,各守其正,角色承当明确,声气心志相应,和谐互动,祥气流贯,融洽一体。用标准的易学术语言之,这是一个"成既济定"的世界。六十四卦中,唯独既济（䷾）一卦六爻阴阳皆当位得正,且初四、二五、三上彼此应和,《杂卦传》乃云:"既济,定也。"虞注则说"济成六爻得位,定也。"[1]其他六十三卦,皆存在阴阳失位失正的情形,虞意,失位者皆当变正,以令成既济定。如屯卦（䷂）三阴失正,六二爻辞虞注云:"三失位,……三动反

---

[1] 李道平:《周易集解纂疏》,第735页。

正,……谓成既济定也。"显然,向这一世界推进的过程,将是人以其三才之一的庄严生命主体承当,打通三才,接续阴阳大化流行的本然易世界,借自己的实际行动,自觉生动书写天下易世界新的精彩华章的过程。倡导书写这一华章的,是伏羲、神农、黄帝、尧、舜、文王、孔子等圣王、圣人。诠释圣人之《易》的底蕴,揭示借《易》圣人所倡导的一切,从而成为新时代的经师,进而以经师身份成王者之师,天下之师,万民之师,千秋万世之师,则昭示了虞翻为代表的士人庄严的角色意识与生命主体承当的高度自觉。这是他将《易注》示之同好孔融,进呈汉献帝御览,并面诸世人的初衷。[①] 其随《易注》上奏献帝书有云:"斯诚天子所宜协阴阳致麟凤之道矣。"[②] 这与董仲舒借《春秋》公羊学所阐发的经学理想,一先一后,遥相呼应,有力重建了经学的精神:"为人君者,正心以正朝廷,正朝廷以正百官,正百官以正万民,正万民以正四方。四方正,远近莫敢不壹于正,而亡有邪气奸其间者。是以阴阳调而风雨时,群生和而万民殖,五谷孰而中木茂,天地之间被润泽而大丰美,四海之内闻盛德而皆徕臣,诸福之物,可致之祥,莫不毕至,而王道终矣。"[③] 在上述阴阳视阈下虞翻借卦爻象数所诠显的一切,构成了他所理解的《易》的隐性语境,这继《易传》之后,将奠基于卜筮感通的《易》原本语境,作了进一步创造性转化,令《易》与易学彰显出新的面貌,铸就了影响深远的经典诠释的一个典范。

[①] 陈寿:《三国志》,第1320、1322页。
[②] 陈寿:《三国志·吴书·虞陆张骆陆吾朱传》裴注引《翻别传》,第1322页。
[③] 班固:《汉书》,第2502—2503页。